Diritto del lavoro e sindacale

IUSTITIAM COLIMUS

In copertina:
Collage di Floriana Coppola, Work.

Marco Esposito, Lorenzo Gaeta,
Antonello Zoppoli, Lorenzo Zoppoli

Diritto del lavoro e sindacale

QUARTA EDIZIONE

Giappichelli

VIA PO, 21 - TEL. 011-81.53.111 - FAX 011-81.25.100

http://www.giappichelli.it

ISBN/EAN 979-12-211-0311-3
ISBN/EAN 979-12-211-5461-0 (ebook - pdf)

G. Giappichelli Editore

Questo libro è stato stampato su carta certificata, riciclabile al 100%

Stampa: Stampatre s.r.l. - Torino

Indice* **

Sezione I
Profili storici e inquadramento sistematico

Capitolo I
Il percorso storico del diritto del lavoro italiano

---

[*] Il volume è frutto di un intenso lavoro comune. Ciascun capitolo è stato scritto da un autore: M. Esposito ha scritto i capp. III, IX, XV (con la collaborazione di P. Saracini), XVI, XVII (con la collaborazione di P. Bozzao) e i paragrafi 11, 12 e 13 del Cap. XIX; L. Gaeta ha scritto i capp. I, VIII; A. Zoppoli i capp. II (esclusi i paragrafi 13, 14 e 15), V, VI (con la collaborazione di U. Gargiulo e G. Natullo), VII, XIX; L. Zoppoli i capp. II (paragrafi 13, 14 e 15), IV, X (con la collaborazione di U. Gargiulo), XI (con la collaborazione di G. Natullo), XII, XIII (con la collaborazione di M. Delfino), XIV (con la collaborazione di V. Luciani), XVIII.

[**] Si segnala che i riferimenti bibliografici e le abbreviazioni delle magistrature, delle fonti normative, delle riviste e delle enciclopedie sono reperibili sul sito dell'editore.

pag.

Capitolo II

Le fonti: Costituzione, legge e contratto nella disciplina del rapporto di lavoro. I diritti fondamentali

Capitolo III

L'organizzazione e l'ordine giuridico del mercato del lavoro

Capitolo IV

I contratti di lavoro: subordinazione, organizzazione e rapporti con discipline speciali

pag.

Sezione II
Diritto sindacale

Capitolo V
Fenomeno sindacale e Costituzione

Capitolo VI
Soggetti e attività sindacale nei luoghi di lavoro

Capitolo VII
Il contratto collettivo tra *anomia* ed *effettività*

Capitolo VIII
Lo sciopero

pag.

Sezione III
Rapporto di lavoro

Capitolo IX
Doveri del lavoratore e poteri datoriali

Capitolo X
Professionalità del lavoratore, dinamiche organizzative e *jus variandi*

Capitolo XI
Obbligo di sicurezza nei luoghi di lavoro

Capitolo XII
Diritto alla retribuzione, obbligazioni datoriali e produttività del lavoro

Capitolo XIII
Luogo, durata della prestazione e sospensione del rapporto di lavoro per ragioni riguardanti il lavoratore

Capitolo XIV
L'estinzione del contratto di lavoro: risoluzione consensuale, dimissioni e licenziamenti

Capitolo XV
Il lavoro a termine e i contratti con finalità formative

Capitolo XVI
Lavoro esternalizzato, articolazioni dell'impresa e codatorialità

Capitolo XVII
Cassa integrazione guadagni, trattamenti di disoccupazione e strumenti per l'inserimento e la ricollocazione nel mercato del lavoro

Capitolo XVIII
Le discriminazioni sul lavoro

Registrati alla Biblioteca Digitale >

La **Biblioteca Digitale** di Giappichelli Editore è una piattaforma che offre allo studente strumenti e contenuti integrativi al libro.

Per accedere >

Aprire l'indirizzo ***https://biblioteca.giappichelli.it/studenti*** ed effettuare la registrazione impostando *login* e *password*.

Autenticarsi alla piattaforma con le credenziali scelte.

Per sbloccare il libro nella versione digitale e/o i contenuti integrativi associati:

- Accedere alla piattaforma;
- Cliccare sul pulsante "Aggiungi un libro";
- Inserire l'ISBN del volume acquistato;
- Inserire il codice di sblocco (presente sul bollino SIAE) che si trova nella prima pagina del volume.

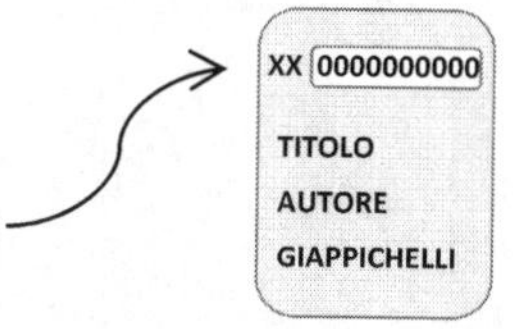

Avvertenza: i materiali on-line sono disponibili fin quando il testo sarà presente nel catalogo Giappichelli fatto salvo differente disposizione da parte dell'Editore

Presentazione

Ormai è finita l'era dei manuali giuridici destinati a formare intere generazioni. Capaci cioè di rimanere guide più o meno immutabili per venti, trent'anni; lo testimonia, in effetti, anche la varietà e l'eterogeneità della più recente produzione manualistica giuslavoristica, analizzata con scrupolo da Gian Guido Balandi in un suo saggio pubblicato sulla Rivista "Lavoro e Diritto" nel 2016 e ben messa in evidenza in un webinar organizzato dall'associazione Labour Law Community nel 2021 (v. *www.labourlawcommunity.org*). La ragione potrebbe essere il sempre più rapido evolversi della normativa e della sua applicazione, specie ad opera della giurisprudenza: un'evoluzione rapida in generale, ma un po' di più per quelle materie, come il diritto del lavoro e sindacale, che sono a diretto contatto con i mutamenti dell'economia e delle tecnologie. Non sarebbe però una ragione a nostro parere del tutto convincente. Infatti, da sempre, un manuale deve coniugare narrazione storica, individuazione dei principi e analisi critico-descrittiva del diritto vigente: e non è solo quest'ultimo ad essere toccato dall'incessante e rapida trasformazione dovuta ai fattori indicati. Purtroppo i tre aspetti sono indiscutibilmente molto intrecciati: persino la storia può essere raccontata in modo diverso quando ci si rende conto che certi assetti normativi, fino a ieri ritenuti indiscutibile punto d'arrivo di una branca del diritto, a partire da un certo momento possono apparire un'insopportabile palla al piede per realizzare nuovi equilibri, indispensabili per non rendere le norme ineffettive o del tutto anacronistiche. Inutile dire che neanche trincerarsi nei valori o nei principi ordinamentali mette un manuale al riparo della corrosione del tempo: a parte che sono gli stessi principi e valori ad essere messi concretamente in discussione con cadenze ben più ravvicinate di una volta (magari con esiti meno distruttivi), v'è comunque da ritenere che un testo attento a racchiudere solo quanto c'è di meno mutevole in una branca del diritto assolverebbe a una minima parte della sua funzione didattica e conoscitiva.

Non c'è dunque altra scelta che progettare e riprogettare continuamente i manuali e, in genere, gli strumenti della didattica.

Però anche in questo occorre aver misura. La tentazione di sostituire il manuale cartaceo con dispense o materiali più agili e fluidi – come per certi versi pure consentirebbero oggi la telematica e i vari dispositivi della tecnologia digitale – non è neanche da prendere in considerazione: fosse soltanto, lo si è già detto, perché un manuale non è (o non dovrebbe essere) un mero contenitore di nozioni e informazioni tarate su ciò che accade attimi prima del confezionamento del contenitore.

Oggi, in verità, un manuale è più che mai opera di difficile sintesi: tra conoscenza sedimentata e conoscenza meritevole di (o capace di) giungere a sedimentazione. Richiede filtro e sistemazione, oltre che una delicata opera di raccordo tra principi e innovazioni; innovazioni spesso più di dettaglio – o in prima battuta di dettaglio – ma che, a un certo punto, per la mole, finiscono per riflettersi, giocoforza, sulla tenuta o sugli stessi contenuti dei principi. Siamo lontani da soluzioni semplicistiche, in relazione ai mezzi come ai contenuti, per un manuale che voglia essere strumento didattico di formazione e non solo di informazione, più o meno affastellata.

Il manuale che presentiamo in questa quarta edizione – muovendo da tali consapevolezze e avvalendosi di esperienze precedenti – vuole essere un tentativo di significativa innovazione, pur nel rispetto della migliore tradizione della manualistica giuridica in genere e giuslavoristica in specie.

Il volume che il lettore ha tra le mani è in effetti il tassello centrale di un mosaico che richiederà un po' di tempo per comporsi nella sua interezza. In quanto tale è un testo piuttosto sintetico – *ça va sans dire*, dall'autonoma e precisa identità – nel quale il diritto del lavoro e sindacale viene sistemato nella sua evoluzione storica (fino a circa un mese fa), nel suo fondamento valoriale e costituzionale, nelle principali categorie concettuali, dando conto degli assetti normativi anche più recenti – frutto di legislazione, contrattazione, giurisprudenza e dottrina –, con riguardo a tutti gli istituti di cui oggi risulta composta la materia.

L'approccio è soltanto in parte descrittivo, volendosi fornire sempre una chiave di lettura anche critico-valutativa del diritto positivo, pur nei suoi equilibri prevalentemente dinamici. Gli autori – e coloro che hanno generosamente collaborato con gli autori – hanno utilizzato il registro della sintesi, anzitutto concettuale, pur tenendosi lontani da troppo facili semplificazioni e schematizzazioni.

Ma, dicevamo, si tratta di un tassello. La sintesi spesso costringe a tralasciare tanti, probabilmente troppi aspetti di una materia che negli ultimi vent'anni si è andata complicando ed espandendo. C'è poi da considerare che molteplici possono essere gli sviluppi formativi successivi al tradizionale percorso di laurea (scuole di specializzazione, master, dottorati, corsi specifici per questa o quella figura professionale), per i quali occorre ampliare e arricchire la prospettiva di studio. È per far fronte a tali diverse esigenze che abbiamo concepito un inedito impianto, modulare, adatto a più d'una finalità.

A questo volume, infatti, ne seguono altri, di approfondimento monotematico, sempre a carattere essenzialmente didattico-divulgativo, dedicati alle grandi linee di sviluppo della materia o a singoli istituti (la sicurezza sul lavoro, i licenziamenti, il diritto sovranazionale, il lavoro pubblico, rappresentanze sindacali aziendali, lo sciopero, la sicurezza sociale e via dicendo). Gli approfondimenti, ancorché scritti o curati da autori diversi (in *primis* da coloro che a questo manuale hanno collaborato), si innestano sul tronco del manuale che qui presentiamo, e magari contribuiranno a cambiarlo in tutto o in parte nelle successive edizioni. Ne sono una riprova i due volumi già usciti in materia di sicurezza sul lavoro e di licenziamenti individuali, scritti rispettivamente da Gaetano Natullo e Vincenzo Luciani.

Continuiamo, quindi, ad augurarci di aver dato vita ad uno strumento nuovo, duttile e dinamico: per i contenuti, per le possibili molteplici utilizzazioni, per la capacità di proiettarsi nel sempre meno prevedibile futuro della disciplina del lavoro. Ovviamente i primi da cui attendiamo riscontri sono gli studenti. Saranno l'esito del loro studio, l'interesse e la passione che le pagine di questo manuale susciteranno a rappresentare il banco di prova più impegnativo del nostro sforzo. In effetti, gli esiti delle precedenti edizioni hanno contribuito non poco a orientarci nelle modifiche e nelle correzioni apportate a questo volume. Anche in tale ottica, quindi, siamo consapevoli del valore imprescindibile di un aggiornamento costante della nostra opera.

Gli Autori

Napoli-Siena, settembre 2023

Sezione I
Profili storici e inquadramento sistematico

Capitolo I

Il percorso storico del diritto del lavoro italiano

1. Lo sviluppo del diritto del lavoro industriale

Definizione di diritto dol lavoro

Il diritto del lavoro può definirsi come il complesso delle regole giuridiche destinate a regolare il mondo del lavoro. Non tutte sono regole scritte; anzi, la materia – nella sua complessità – denota un'ampia formazione extra-legislativa, poiché molte delle sue "norme" non si trovano nei codici o nelle leggi, ma sono desumibili da fonti meno formalizzate, come ad esempio gli accordi collettivi, stipulati tra le "parti sociali" (cioè i rappresentanti di imprenditori e lavoratori), o addirittura non scritte, come ad esempio le prassi consuetudinarie.

Il diritto del lavoro che studiamo è quello industriale, formatosi cioè a seguito della rivoluzione industriale, che introdusse la macchina nei processi produttivi, soppiantando in breve i vecchi modi artigianali di produrre. Questi complessi sviluppi ebbero luogo a partire dal XVIII secolo, ma in Italia attecchirono nella prima metà di quello successivo. Da allora, il diritto del lavoro – inteso nel senso che si è detto – ha vissuto nel nostro paese diverse fasi, cronologicamente definibili, in gran parte dipendenti dai differenti assetti produttivi, politici e ideologici di volta in volta riscontrabili. È opportuno ripercorrerle, avvertendo che l'operazione non ha un mero valore di premessa storiografica, ma svolge un ruolo di primaria importanza, perché il diritto del lavoro è materia di formazione "alluvionale" e stratificata, nel senso che in esso sono riscontrabili ancora oggi elementi rapportabili ad ognuna delle "ere" dove i materiali si sono depositati, sovrapponendosi tra di loro. Ovviamente, il passaggio da una fase a un'altra non è mai avvenuto improvvisamente, con cesure troppo nette, neanche quando ci sono stati bruschi cambi di regime politico.

2. Lavoro e diritto nei primi decenni dell'Italia liberale

L'Italia divenne nazione unitaria nel 1861; in un paese appena toccato dalla rivoluzione industriale, la relazione lavorativa si svolgeva, senza intermediari, tra il proprietario della fabbrica, detentore del capitale (il "padrone", come lo chiamava finanche la legge), e il lavoratore, che spesso era un ex artigiano o un ex contadino costretto a inurbarsi per seguire il lavoro dove questo cominciava a concentrarsi, cioè nelle grandi industrie presenti nelle maggiori città, per lo più nel nord-ovest del paese.

Il codice civile del 1865 e il contratto

Dal punto di vista sociale ed economico, tale relazione era grandemente squilibrata a vantaggio di chi offriva il posto di lavoro, mentre chi lo cercava, essendo facilmente rimpiazzabile, doveva necessariamente sottostare alle condizioni imposte dal primo. Dal punto di vista giuridico, tale relazione era calata nei postulati liberali del diritto privato, espressi dal codice civile del 1865 (trasposizione, a sua volta, dei principi individualistici dello Stato borghese contenuti nella codificazione napoleonica). Il codice non prevedeva nulla di specifico riguardo al lavoro, se non il divieto di stipulare vincoli a tempo indeterminato (art. 1628), nel timore della riproposizione di rapporti servili a vita, considerati un retaggio feudale. Il vero perno della disciplina lavoristica fu, allora, costituito dal contratto, secondo le regole del liberismo più puro: si presupponeva, cioè, che ognuna delle due parti del rapporto di lavoro potesse in tutta libertà regolare come meglio credeva tale relazione, grazie appunto alle clausole da apporre al "libero" contratto.

Ovviamente, questa situazione formalmente paritaria ma sostanzialmente squilibrata produsse spesso conseguenze aberranti: in nome della libertà contrattuale pura, ci si "accordava" per lavorare anche diciotto ore al giorno in condizioni disumane, in cambio di un salario da fame; al pari di ogni altro vincolo contrattuale, poi, il rapporto di lavoro era risolvibile in ogni momento, senza necessità di addurre alcuna giustificazione. Il lavoratore era sì formalmente "libero" di sottoscrivere o meno un tale contratto, ma la sua libertà finiva lì, cioè nell'accettare di non lavorare (perché il datore avrebbe di sicuro trovato altre persone disposte ad accogliere le sue condizioni).

Il divieto di coalizione

L'unico modo, per i lavoratori, di non sottostare a ricatti del genere, avallati e legittimati dal sistema giuridico liberale, era quello di non presentarsi davanti al datore di lavoro come singoli, ma come coalizione. Senonché, anche un tentativo del genere poteva risultare vano, poiché, applicando fedelmente il divieto di costituire entità intermedie tra l'individuo e lo Stato, che aveva rappresentato uno dei capisaldi dell'ideologia borghese, la formazione di «intese tra gli operai» era rigorosamente proibita con sanzioni anche detentive (art. 386 c.p. sardo).

3. La legislazione sociale tra Otto e Novecento

Nell'ultimo decennio dell'Ottocento, questa visione liberale pura cominciò a reggere sempre meno, perché le allucinanti condizioni di vita dei lavoratori dell'industria erano sotto gli occhi di tutti. Si sviluppò così un movimento di opinione, che – in modo molto eterogeneo – andava dai più strenui difensori di ideologia marxista della classe operaia, costituitisi nel 1892 nel partito socialista, alla Chiesa cattolica, che auspicava la pacifica collaborazione tra le classi (nel 1891 Leone XIII emanò una forte enciclica "sociale", la *Rerum novarum*). Tutti, pur con accenti diversi, giudicavano insopportabile lo sfruttamento dei lavoratori e chiedevano misure correttive.

La legislazione sociale

Si fece lentamente strada, pertanto, un nuovo modo di gestione delle relazioni di lavoro, nel quale i principi restavano quelli del diritto privato di stampo liberale, corretti però da leggi "sociali", allo scopo di mitigare le conseguenze più aberranti che potevano derivare dall'applicazione pedissequa del liberismo puro. Le leggi più importanti riguardarono nel 1886 la tutela del lavoro dei fanciulli (e, nel 1902, delle donne), nel 1898 l'obbligo per il datore di lavoro di assicurarsi contro gli infortuni sul lavoro dei propri dipendenti (fino ad allora tutelati soltanto dalle penalizzanti regole civilistiche generali sul risarcimento del danno), nel 1907 il riconoscimento del riposo settimanale e festivo.

Senonché, buona parte di questa legislazione sociale non si applicava indistintamente a tutti i lavoratori, ma, aprendo una consuetudine ancora viva ai giorni nostri, soltanto ad alcune categorie ben determinate, per lo più i lavoratori della media e grande impresa industriale, cioè non quelli più numerosi (perché la stragrande maggioranza della forza lavoro operava allora in agricoltura), ma quelli la cui situazione appariva più bisognosa di tutele; oppure quelli che sembravano in quegli anni creare più timori, perché stavano iniziando a coalizzarsi e a ribellarsi.

Il sindacato, i contratti collettivi, lo sciopero

A fine Ottocento, infatti, vennero rimossi i precedenti divieti di coalizione, ormai anacronistici, e i lavoratori poterono liberamente dar vita alle proprie associazioni. Il "codice Zanardelli" del 1889 ne liberalizzò la costituzione, consentendo ad esse di stipulare coi datori di lavoro dei contratti "collettivi" che regolassero in maniera più equa le condizioni lavorative, in primo luogo l'ammontare dei salari, dei dipendenti iscritti alle associazioni firmatarie; libera, poi, anche se soggetta all'ordinaria sanzione civilistica del risarcimento dei danni, era considerata l'astensione collettiva dal lavoro, cioè lo sciopero, purché condotto in maniera pacifica.

Nel nuovo secolo l'aggregazione operaia si trasformò definitivamente in sindacato. Nacquero le "federazioni", che raggruppavano a livello nazionale tutte le associazioni dei lavoratori dello stesso settore produttivo (la prima fu nel 1901 la Fiom, degli operai metallurgici). Nacque, poi, nel 1906, la Confederazione generale del lavoro (Cgdl), che riuniva tutte le federazioni di mestiere, proponendosi addirittura come guida del movimento proletario. Sempre agli inizi del Novecento presero forma le prime associazioni di matrice cattolica (i "sindacati bianchi"), che rifiutavano l'ideologia della lotta di classe e promuovevano piuttosto la collaborazione tra le parti.

L'inderogabilità

È importante sottolineare come ogni norma sociale fosse caratterizzata – dapprima solo secondo la giurisprudenza, dal 1919 per espressa disposizione di legge – da un requisito che da allora in avanti sarebbe diventato uno dei punti fermi del diritto del lavoro, cioè l'inderogabilità, nel senso che una disposizione destinata a limitare il potere contrattuale della parte "forte" del rapporto non poteva poi essere annullata in tutto o in parte, in senso peggiorativo per il lavoratore, da una pattuizione individuale (ovviamente, squilibrata) tra questi e l'imprenditore.

I probiviri

In questo fondamentale momento genetico del diritto del lavoro, un ruolo importante fu giocato, da un lato, da una magistratura "non togata", i collegi dei probiviri, che, istituiti nel 1893 per dirimere equitativamente le controversie di lavoro nell'industria, finirono col creare molte regole innovative, spesso poi recepite dal legislatore; dall'altro lato, dalla prima dottrina che cominciò ad occuparsi della nuova materia: in particolare, Lodovico Barassi fu autore nel 1901 di una monumentale opera, nella quale sistemava civilisticamente il diritto del rapporto di lavoro, imperniandolo sulla categoria del lavoro subordinato.

Nei primi due decenni del Novecento, pur verso la fine devastati dalla terribile prima guerra mondiale, anche in Italia – accanto al prevalente lavoro in agricoltura – si affermò un'industria più matura, segnata dalle strategie dell'organizzazione scientifica del lavoro, il taylorismo. In questo contesto, il diritto del lavoro era ormai diventato materia centrale, riguardo alla regolazione sia del rapporto individuale che dei rapporti collettivi: entrambi, comunque, settori saldamente in mano a una visione privatistica liberale.

4. Il corporativismo fascista

Nel 1922, in modo piuttosto indolore, l'Italia divenne fascista. E il nuovo governo mostrò presto i tratti autoritari che i lavoratori già conoscevano, poiché lo "squadrismo" fascista si era già da anni distinto nella repressione, spesso brutale, dell'associazionismo sindacale. Poco dopo la presa del potere, il governo, ormai consolidatosi come regime, intervenne con decisione, progettando – con leggi definite "fascistissime" (1926) – una complessiva rimodulazione degli assetti economici e sociali del paese, che incideva perciò anche sul diritto del lavoro.

L'ideologia corporativa

Il fascismo impose, almeno nominalmente, una sistemazione giuridica piuttosto diversa da quella liberale, incentrandola sul "corporativismo". Con questo termine, mutuato – ma solo per suggestione – dalle corporazioni medievali, che aggregavano tutti coloro che a qualsiasi titolo (maestri o lavoranti) svolgessero un determinato mestiere, si voleva intendere un sistema nel quale non doveva più rilevare un interesse del capitale antagonista rispetto a quello dei lavoratori; l'unico interesse meritevole di essere preso in considerazione era, invece, quello superiore dello Stato, della "produzione nazionale", che doveva scavalcare ogni residua contrapposizione di classe. L'enunciazione più solenne di questi principi si ebbe con la Carta del lavoro del 1927.

Le corporazioni, destinate ad aggregare datori di lavoro e lavoratori di uno stesso settore produttivo, in realtà videro la luce solo nel 1934 e mai ne furono definiti con precisione i compiti, sicché può dirsi che il corporativismo restò per molti versi solo sulla carta, svolgendo quindi un ruolo meramente propagandistico.

Gli interventi sul rapporto di lavoro

Il nuovo autoritarismo del governo incise, però, comunque sulle relazioni di lavoro, accentuando in qualche modo la bipartizione della materia. Il rapporto individuale conservò praticamente inalterati i suoi tratti privatistici, vedendo semmai rafforzati i poteri datoriali nella gestione del rapporto di lavoro (in primo luogo, l'assoluta libertà di licenziamento). Il legislatore dell'epoca intervenne molte volte in materia di tutela del lavoro, sia migliorando e sistematizzando discipline preesistenti (anche nel campo del lavoro femminile, la cui quota diminuì però sensibilmente), sia con interventi di politica sociale, cui non era alieno anche l'intento di accattivarsi fasce cospicue di popolazione, che in effetti fornirono al regime, per tutti gli anni Trenta, quel forte consenso grazie al quale esso poté radicarsi nel paese. Particolarmente importante fu la legge che nel 1924 disciplinò in maniera organica e minuziosa il rapporto di lavoro degli impiegati delle aziende private (anche stavolta una minoranza della popolazione lavoratrice, ma rappresentante di quei ceti medi verso cui il regime voleva avere un occhio particolare, aspettandosene un tornaconto). Il fascismo, poi – come ogni altro governo del mondo occidentale –, dovette fronteggiare la terribile crisi economica sviluppatasi a partire dal 1929, e lo fece soprattutto tentando di governare, se non di arginare, la crescente disoccupazione con pesanti interventi imperativi, volti a selezionare le uscite dal lavoro, nonché creando una massiccia rete burocratica, demandata a organizzare le politiche sociali e del lavoro. Non va, infine, taciuto il vergognoso allontanamento di tutti gli ebrei dal mondo del lavoro, a seguito delle leggi razziali del 1938, nonché il trattamento diversificato per legge dei "sudditi" delle colonie africane, il cui lavoro era prossimo alla schiavitù.

Il nuovo diritto sindacale

Del tutto particolare si rivelò, invece, il diritto del lavoro collettivo, nel quale si esercitò a pieno la vocazione autoritaria del regime. Infatti, la libertà di organizzazione sindacale venne di fatto abolita. Ogni categoria produttiva esprimeva un unico sindacato, nominato dai vertici fascisti, ed esso rappresentava obbligatoriamente tutti i lavoratori della categoria, a prescindere dalla loro effettiva adesione all'organizzazione. Tale sindacato, ente di diritto pubblico, stipulava contratti collettivi che in realtà erano delle vere e proprie leggi, essendo applicati automaticamente a tutti i lavoratori interessati. Si impose, quindi, un modello dalle forti valenze pubblicistiche, nel quale anche il diritto penale riprendeva la parola (il "codice Rocco" del 1930 sanzionava pesantemente lo sciopero).

Nel 1942, in piena seconda guerra mondiale, entrò in vigore il nuovo codice civile, che, in ossequio – ancora una volta solo formale – al modello corporativo, ricomprendeva le (molte) norme che regolavano l'impresa e le (poche) norme che regolavano il lavoro nello stesso libro V, pomposamente intitolato «Del lavoro». Ma, essendo la parte lavoristica quasi tutta incentrata sulla regolazione del rapporto individuale, il codice si rivelava sostanzialmente molto più aderente all'ideologia liberale che non a quella corporativa, tant'è che costituisce ancora oggi, a parte qualche ritocco, l'ossatura della materia.

Sull'altro versante dei rapporti collettivi di lavoro, la rovinosa caduta del regime fascista (1943) produsse – nella parte del paese governata dagli anglo-americani – l'immediata abrogazione dell'ordinamento corporativo e il ripristino della libertà sindacale.

5. La Costituzione e le sue inattuazioni

La fine della seconda guerra mondiale (1945) portò alla progressiva formazione di uno Stato nuovo, che operò una svolta radicale rispetto alla dittatura fascista, ma che segnò un cambiamento anche rispetto al sistema liberale che l'aveva preceduta. Liquidata la monarchia col referendum del 1946, l'Italia nel 1948 si diede una Costituzione degna di un paese democratico e sociale. Da quel momento, e per quasi vent'anni, il diritto del lavoro si sviluppò, però, nella spesso pesante divaricazione tra il modello ideale prefigurato dalla Costituzione e la realtà dei fatti, molto diversa rispetto ad esso.

Il lavoro nella Costituzione

La Costituzione, infatti, delineava una struttura politica e sociale «fondata sul lavoro» (art. 1), in cui questo costituiva addirittura un «diritto» riconosciuto, promosso e tutelato (art. 4), in cui c'era libertà di espressione e manifestazione delle proprie opinioni (art. 21), in cui – soprattutto – si era preso atto che l'eguaglianza formale, quella agognata dalle rivoluzioni borghesi di fine Settecento, in realtà non esisteva e che era quindi compito dello Stato rimuovere le diseguaglianze di fatto e promuovere tutte le condizioni perché si realizzasse una vera eguaglianza sostanziale (art. 3 co. 2). In conseguenza di questo fondamentale corollario, veniva approntata tutta una serie di diritti a favore del lavoratore in qualche modo dipendente da altri: retribuzione adeguata, tutela del lavoro femminile e minorile, assistenza e previdenza sociale, organizzazione sindacale e sciopero («diritto» e non più mera libertà) (artt. 35-40). Il diritto del lavoro, quindi, veniva riconosciuto dalla Costituzione come fondamentale strumento antagonista di riscatto sociale e di promozione dell'eguaglianza sostanziale delle classi fino ad allora escluse.

L'inattuazione delle garanzie costituzionali

Ma questo modello ideale di disciplina giuridica delle relazioni di lavoro non attecchì quasi per niente nell'Italia degli anni Cinquanta, che preferì orientarsi molto diversamente, recuperando antiche logiche civilistiche, coniugate ancora secondo una concezione autoritaria dei poteri privati e dimentiche della fonte costituzionale appena entrata in vigore. Si rimase, quindi, ancora saldamente nell'orbita privatistica, non solo per reazione alla sistematica ampiamente pubblicistica dell'appena abbattuto corporativismo. A questa soluzione finirono per fare, loro malgrado, da supporto le nuove ricostruzioni teoriche dell'autonomia privata, individuale e collettiva, che si imposero in quegli anni, grazie all'autorevolezza di Francesco Santoro-Passarelli, e che erano state avanzate, invece, proprio per liberare definitivamente il diritto del lavoro da ogni residua incrostazione statalista di stampo autoritario.

I rapporti di lavoro crebbero, pertanto, in un contesto nel quale il datore di lavoro conservava intatte tutte le sue prerogative di carattere direttivo, tra cui principalmente il potere di licenziare liberamente il dipendente; a questi, peraltro, veniva negata ogni libertà di espressione all'interno del luogo di lavoro, considerato una sorta di propaggine privata dell'imprenditore, mentre l'aggregazione sindacale e le manifestazioni di autotutela venivano troppo spesso osteggiate e punite. A questo risultato contribuì massicciamente il clima di "guerra fredda" di quegli anni, col mondo diviso nettamente tra il blocco capitalistico occidentale e quello comunista sovietico, nel costante terrore di un devastante conflitto atomico, che faceva vedere nemici dappertutto. Il sindacato stesso, appena riconquistata la libertà, perse subito la propria unitarietà, scindendosi in vari tronconi, a seconda delle differenti scelte politiche operate.

La Costituzione, insomma, difficilmente varcò i cancelli delle fabbriche in quegli anni segnati, nel nostro paese, da forti flussi migratori interni dal sud verso il cosiddetto "triangolo industriale" e dal sorpasso degli addetti all'industria nei confronti degli addetti all'agricoltura. Negli anni Sessanta, il paese in macerie dell'immediato dopoguerra aveva superato la fase della ricostruzione e si era trasformato nel paese del "boom" e del "miracolo economico". In questa vera e propria mutazione, se innegabilmente una spinta al consumismo venne dal nuovo clima di libertà, un ruolo fu giocato anche dalla disapplicazione dei diritti dei lavoratori lungo tutto il decennio precedente.

6. Gli anni Sessanta e l'età del garantismo

Agli inizi degli anni Sessanta ci fu qualche avvisaglia di un cambio di direzione da parte del legislatore, con alcuni provvedimenti a tutela della classe lavoratrice (legge del 1960 sul divieto degli appalti di manodopera, del 1962 sui limiti al contratto a termine). Poi, dopo che nel 1963 era entrato al governo un partito tradizionalmente filo-operaio come quello socialista, nel 1966 si approvò una importantissima legge che finalmente richiese la sussistenza di un valido motivo per poter licenziare il dipendente.

La contestazione globale

Proprio verso la metà degli anni Sessanta, i tempi cambiarono profondamente: il mondo intero fu attraversato da una ventata di contestazione globale, che mise in discussione radicalmente i rapporti di forza esistenti all'interno della società, della famiglia, della scuola (il "sessantotto" fu solo una delle manifestazioni di questa tendenza molto più complessiva) e, ovviamente, del mondo del lavoro.

L'"autunno caldo" e lo statuto dei lavoratori

Qui vennero confutati i postulati del sistema che stava reggendo ormai da tempo le relazioni giuridiche di lavoro, negando l'unilateralità dei poteri privati e chiedendo con forza la democratizzazione e la "costituzionalizzazione" di tali relazioni. Sulla spinta di larghe masse di lavoratori, che fecero sentire in piazza la propria voce (nel cosiddetto "autunno caldo" del 1969), si poterono attuare le riforme che diedero finalmente una svolta garantista al diritto del lavoro.

Nel 1970 giunse lo "statuto dei lavoratori", una sorta di Costituzione del mondo del lavoro, quella stessa che per lunghi anni era rimasta solo ai suoi margini. Lo statuto provvedeva a limitare e disciplinare i poteri del datore di lavoro – fino ad allora quasi intoccabili – e allo stesso tempo fungeva da sostegno all'azione dei sindacati «maggiormente rappresentativi», cioè delle grandi confederazioni, che, superati i dissapori passati, vivevano una (effimera) stagione unitaria. Un altro importante provvedimento di quegli anni fu la legge sul nuovo processo del lavoro (1973), ora, almeno sulla carta, più informale e veloce; condizione indispensabile per garantire effettività ai diritti dei lavoratori.

La nuova dottrina lavorista

In realtà, buona parte della nuova normativa di tutela trovava applicazione, secondo una prassi ormai consolidata, ai soli lavoratori delle imprese di medio-grandi dimensioni, continuando a lasciare scarsamente tutelati i dipendenti delle piccole imprese, che in Italia hanno sempre costituito l'ossatura del sistema produttivo. In ogni caso, si affermò in quegli anni una "cultura delle garanzie", che sarebbe da allora rimasta impressa nelle menti di lavoratori e sindacati. E questa cultura fu portata avanti anche da chi il diritto del lavoro lo studiava e lo applicava: magistrati poco timorosi di scrivere sentenze controcorrente (i "pretori d'assalto") e studiosi che proponevano teorie innovative: in particolare, Federico Mancini coniugò l'esame rigoroso delle categorie giuridiche civilistiche con la "politica del diritto" e la valorizzazione del contesto costituzionale; Gino Giugni elaborò la teoria dell'ordinamento intersindacale, costituito da tutte le regole, per lo più non codificate, che governano la vita quotidiana dei rapporti tra le parti sociali; un ordinamento autonomo, con regole sue proprie, autoprodotte, talvolta configgenti con quelle dell'ordinamento statale, ma dotate di efficacia tanto più vincolante quanto maggiore è la "forza" degli attori all'interno del sistema di relazioni industriali. Questa ricostruzione trovò terreno fertile proprio nel particolare sviluppo delle relazioni industriali degli anni Sessanta, segnato dalla progressiva affermazione di un diritto sindacale "di fatto", nel quale avevano largo spazio i giudici, gli studiosi, le prassi, ma pochissimo le leggi.

7. Il diritto del lavoro "dell'emergenza"

La crisi economica del 1973

Il complessivo ridimensionamento della struttura autoritaria del rapporto di lavoro operato dalla legislazione garantista subì un brusco rallentamento dopo il 1973, quando si fecero sentire, in Italia come nel resto dell'occidente, gli effetti di una potente crisi economica. Essa giustificò la marcia indietro rispetto a molte delle conquiste appena ottenute, allo scopo di arginare la crescente disoccupazione, soprattutto giovanile, e la sempre più difficile sostenibilità da parte delle imprese, in presenza di un'elevata inflazione, dei costi salariali e normativi fino ad allora garantiti.

Il diritto dell'emergenza e il "mercato del lavoro"

Questo "diritto del lavoro dell'emergenza", pensato per risolvere una crisi temporanea ma poi diventato molto più stabile del previsto, fu incentrato sulla flessibilizzazione dei rapporti di lavoro, che cominciarono sempre più a divergere dal "prototipo" fino ad allora dominante del rapporto a tempo pieno e indeterminato, per avviarsi verso progressive articolazioni della prestazione, quasi sempre rispondenti più alle logiche dell'impresa in crisi (di non vincolarsi con rapporti troppo "stabili") che a reali esigenze dei lavoratori (di dimensionare meglio i propri tempi di lavoro). L'attenzione di un legislatore che, in modo spesso frammentario ed operando estesi rinvii regolativi ad altre fonti (secondo logiche di *deregulation*), cercava di risolvere i problemi di questo o di quel settore produttivo (quando non addirittura di questa o di quell'impresa in difficoltà) delinearono i contorni di un nuovo diritto del "mercato del lavoro", come ormai esso veniva chiamato (senza più paura di definire così il lavoro una merce). Le caratteristiche principali di questo diritto "emergenziale" furono, nel quadro complessivo del ridimensionamento delle tutele dei lavoratori, una grande attenzione agli "ammortizzatori sociali" (gli strumenti destinati ad attutire la perdita o la riduzione del lavoro), e, per la prima volta, un abbassamento del principio assoluto di inderogabilità della norma lavoristica di tutela. Dal canto suo, il sindacato, appena uscito trionfatore dalle lotte degli anni Sessanta, dovette abbandonare strategie troppo rivendicative e vide, anche per questo, ridimensionare repentinamente il suo ruolo, vivendo una profonda crisi di adesioni, nonché una nuova rottura dell'unità faticosamente riconquistata.

Questo sviluppo delle relazioni di lavoro si calò, in quegli anni Settanta, in un contesto generale non a caso definito degli "anni di piombo", segnati dal terrorismo, che individuò i primi bersagli da colpire proprio nei dirigenti delle fabbriche, e poi anche nei sindacalisti.

8. La concertazione sociale e le novità degli anni Ottanta

La concertazione sociale

Nel 1983, con la crisi diventata ormai endemica, si sperimentarono nuove strategie di gestione delle relazioni di lavoro, anzi dell'intera politica del lavoro italiana. Esse si fondavano sulla prassi della concertazione, cioè su incontri periodici trilaterali tra governo, sindacati e associazioni imprenditoriali, al fine di delineare concordemente gli assetti dei piani da assumere in materia di lavoro. Gli accordi conclusi a questi "tavoli" vincolavano ognuna delle tre parti a comportamenti corrispondenti agli impegni presi: le parti sociali a dare attuazione all'accordo garantendo una relativa "pace sociale", il governo, che interveniva non come mediatore ma come vera parte di un negoziato, a trasfonderne i contenuti in provvedimenti normativi, vincolanti per tutti e non per i soli iscritti alle parti stipulanti, come era invece la regola per ogni accordo collettivo post-corporativo.

Questo modello in quegli anni prese piede un po' in tutta Europa e resse a lungo, pur tra alti e bassi; essendo fondato sulla circostanza che i rappresentanti di imprenditori e lavoratori, accantonati i propri interessi di parte, decidevano di collaborare nell'interesse del paese, esso fu definito "neo-corporativo", ovviamente solo per suggestione, perché il corporativismo fascista aveva premesse e fini ben diversi. Perciò, il diritto del lavoro di questo periodo fu per lo più condiviso tra parti sociali e governi, sfociando in provvedimenti sul mercato del lavoro che assicuravano flessibilità nell'utilizzo dei rapporti e garanzie per le imprese, soprattutto riguardo alle politiche salariali.

I sindacati maggioritari, partecipando – in maniera ora più ora meno convinta a queste prassi – videro riconoscersi una sorta di ruolo "istituzionale", ma continuarono a perdere iscritti, spesso a favore del sindacalismo autonomo, monocategoriale e perciò più combattivo, sotto le critiche di lavoratori delusi, che lo accusavano di essersi burocratizzato e imborghesito.

La rivoluzione tecnologica, la globalizzazione, l'europeizzazione

Negli anni Ottanta, poi, scoppiò la "rivoluzione tecnologica", cioè l'irrompere dell'elettronica e dell'informatica nei processi produttivi, che ne furono letteralmente sconvolti, venendo interessati da processi di frammentazione e articolazione delle imprese, nonché da uno sviluppo incredibile del settore terziario; iniziò la globalizzazione, cioè l'allargamento dei mercati – compreso quello del lavoro – alla concorrenza mondiale, anche di paesi, una volta definiti "in via di sviluppo", aggressivi e meno garantisti sul piano delle tutele normative del lavoro; si impose la progressiva europeizzazione delle singole politiche nazionali, in un quadro sempre più segnato dagli organismi istituzionali e dagli organi giudiziali di una Unione europea che, proprio in quegli anni, iniziò a ingrandirsi verso i paesi del vecchio blocco comunista, collassato dopo la caduta del muro di Berlino (1989).

Pochissime norme di questi anni risposero ancora a logiche garantiste, come la sistemazione della normativa sui licenziamenti individuali (1990); la legge sulle "azioni positive" e le pari opportunità tra uomo e donna sul lavoro (1991); la revisione della disciplina degli ammortizzatori sociali (1991). Nel diritto collettivo del lavoro, una legge del 1990 disciplinò per la prima volta la materia dello sciopero, intervenendo nel solo campo dei servizi essenziali.

9. "Postmoderno" e neoliberismo a cavallo tra due secoli

Negli anni Novanta, una grave crisi politica interna legata al collasso dei grandi partiti politici (col passaggio ad una, impropriamente definita, "seconda Repubblica"), insieme con la scelta di partecipare dall'inizio all'esperienza europea della moneta unica concordata a Maastricht nel 1992, sottoposero l'Italia a sforzi riformatori di grande rilievo, portati avanti da governi di centrosinistra (o al più "tecnici"), che perseguirono con convinzione la collaudata politica della concertazione sociale, in una situazione economica quasi stabilizzata.

Le riforme degli anni Novanta

Quanto al rapporto di lavoro individuale, i punti principali su cui si intervenne riguardarono la "privatizzazione" del lavoro pubblico (1993), per meglio dire, l'osmosi tra due settori da sempre considerati rigidamente separati; la sicurezza sul lavoro (1994), fino ad allora rispondente in prevalenza a logiche di tipo risarcitorio ed ora, finalmente, imperniata su politiche di prevenzione e di controllo; il lavoro degli extracomunitari (1998), in presenza di fenomeni ormai massicci di immigrazione spesso clandestina. Ma gli interventi più incisivi furono relativi al mercato del lavoro, profondamente modificato dal "pacchetto Treu" (il giuslavorista che nel 1997 era ministro del lavoro), sempre nel solco della flessibilizzazione dei rapporti di lavoro.

Il diritto del lavoro dell'ultimo scorcio del secolo XX visse in uno scenario "postmoderno": espressione indicante estrema frammentazione, destrutturazione e complessità. Nel nostro campo, iniziarono a crollare certezze fino ad allora apparse tetragone, in un contesto nel quale il liberismo economico e l'esaltazione del pensiero unico d'impresa si stava poco alla volta affermandosi come dato quasi scontato.

In questo quadro complesso, due tragici eventi segnarono il passaggio da un secolo all'altro. Nel 1999 e nel 2002, le Nuove brigate rosse uccisero spietatamente Massimo D'Antona e Marco Biagi, giuslavoristi, collaboratori dei ministri del lavoro (di centrosinistra il primo, di centrodestra il secondo), individuando in loro il simbolo della mediazione e del dialogo tra capitale e lavoro.

Nel primo decennio del nuovo secolo, quando ormai il settore terziario era in fortissima espansione e i lavori "pesanti" venivano svolti sempre meno da italiani, il paese fu governato dal centrodestra, salvo una parentesi tra il 2006 e il 2008. In ogni caso, le normative lavoristiche di quegli anni, pur con diverse intonazioni ideologiche, risultarono più omogenee di quel che si potrebbe pensare, nell'ottica del neoliberismo sempre più spinto.

La perdita di centralità dei governi nazionali

Il contesto generale continuò ad essere segnato dallo sviluppo veloce dei processi di globalizzazione ed europeizzazione iniziati negli anni precedenti, in cui le istituzioni sovranazionali e quelle dell'economia globale svolgevano un ruolo sempre più importante: in particolare, l'Unione europea, allargatasi ormai a ventotto paesi, tramite la sua Banca centrale controllava ampiamente le economie nazionali e tramite il suo organo di governo, la Commissione, controllava le politiche legislative, quindi anche le politiche del lavoro, degli Stati membri. Si iniziarono a produrre, dunque, "pressioni" anche forti, che spesso si traducevano in condizionamenti reali delle scelte governative.

La "legge Biagi"

Il centrodestra si pose immediatamente l'obiettivo di liberalizzare e deregolamentare il mercato del lavoro. Tra tanti interventi, il provvedimento simbolicamente più importante fu la "legge Biagi" del 2003: improntata a una grande liberalizzazione dell'uso della forza lavoro, essa ebbe ad oggetto una revisione complessiva del mercato del lavoro, segmentato e individualizzato attraverso la previsione di una molteplicità di tipologie contrattuali, tutte contrassegnate da temporaneità (se non da precarietà) e da un generale affievolimento delle garanzie, mentre la contrattazione collettiva veniva nel complesso marginalizzata e resa sempre più derogabile. La legge, per altro verso, si poggiava su un "patto" concluso solo con alcune delle grandi confederazioni sindacali. In quegli anni, infatti, si deteriorò definitivamente la prassi della concertazione, soprattutto a causa dei rapporti sempre peggiori tra la Cgil e il governo di centrodestra, che preferì operare secondo un metodo più "leggero", quello del "dialogo sociale", in base al quale le parti sociali venivano semplicemente consultate.

L'aziendalizzazione delle relazioni di lavoro

Gli interventi normativi principali furono volti nella direzione di una liberalizzazione delle imprese dai vincoli imposti da un sistema di tutele sempre più percepito da esse come soffocante. I più importanti furono in tema di salute e sicurezza sui luoghi di lavoro e di lavoro pubblico (entrambi 2008-2009). Si intervenne, poi, pesantemente nel senso di minare direttamente o indirettamente l'inderogabilità delle norme legali e collettive (2011), supportando la spinta di una buona parte del mondo imprenditoriale italiano – di cui si fece portabandiera la più grande industria nazionale, la Fiat – verso una "aziendalizzazione" delle relazioni sindacali e della disciplina dei rapporti di lavoro.

Gli anni Dieci

Agli inizi degli anni Dieci l'Europa fu scossa da una profonda crisi finanziaria, che comportò effetti devastanti su tante economie nazionali e, quindi, sulla vita delle famiglie e dei lavoratori. Molti governi nazionali, tra cui quello italiano, si dimostrarono sempre più a "sovranità limitata": provvedimenti fondamentali vennero assunti sull'onda di fortissime pressioni provenienti sia dalle istituzioni politiche e monetarie dell'Unione europea, sia da qualche Stato egemone dell'area euro (in particolare, la Germania), sia dalle grandi e potentissime concentrazioni bancarie, sia, infine, da non meglio precisati "mercati". Le politiche recessive, poi, limitarono crescita e sviluppo, provocarono disoccupazione e impoverirono larghi strati di lavoratori, facendo venir meno la sicurezza e la fiducia nel futuro, in un contesto segnato dalla progressiva perdita di centralità del lavoro stabile e duraturo nella grande fabbrica industriale e dalla sempre più prepotente affermazione di una precaria e insicura "economia dei lavoretti".

Dal 2011 l'Italia ebbe governi "tecnici" o "consociativi", sempre sotto il vigile sguardo – e talvolta l'impulso diretto – di un'Unione europea più attenta agli interessi finanziari e produttivi del capitale piuttosto che a quelli economico-sociali delle classi lavoratrici.

Sparita ormai dall'agenda governativa ogni prassi concertativa, si susseguirono provvedimenti che in vario modo flessibilizzarono i rapporti di lavoro, abbassandone le tutele e rendendole sempre più derogabili: la "legge Fornero" del 2012, il "*Jobs Act*" del 2015, il "decreto dignità" del 2018. La crisi sanitaria insorta nel 2020 costrinse, poi, all'emanazione di alcuni provvedimenti di tipo emergenziale, che tra l'altro cercarono di favorire lo svolgimento del lavoro dal domicilio del dipendente e, più in generale, il lavoro cosiddetto "agile"; essi, però, per lo più esaurirono la propria efficacia con la cessazione dell'emergenza dovuta alla pandemia.

Solo nel 2022 si ritornò ad avere governi propriamente definibili "politici". Le prime mosse della nuova compagine guidata dalla destra confermano ed accentuano le tendenze neoliberali che ormai il diritto del lavoro presenta in tutto il mondo occidentale.

Capitolo II

Le fonti: Costituzione, legge e contratto nella disciplina del rapporto di lavoro. I diritti fondamentali

1. Lavoro, persona, cittadinanza nell'impianto costituzionale

L'assetto delle fonti di produzione e, più in generale, l'origine delle regole del rapporto di lavoro presentano alcune peculiarità, derivanti dalle caratteristiche della "subordinazione". In parte esse sono già emerse nelle riflessioni storico-sistematiche svolte nelle pagine precedenti, ma, poiché – com'è facile intuire – profondi sono stati i mutamenti verificatisi nel tempo, lo scenario cambia decisamente a seconda dei periodi e degli ordinamenti considerati. L'attenzione va ora concentrata sull'attuale quadro giuridico.

Peculiarità dell'assetto delle fonti

V'è anzitutto da premettere che tali peculiarità, più che tradursi in previsioni diverse dalle norme studiate in generale[1], si esprimono nel rilievo di que-

[1] Da segnalare che l'art. 2078 c.c., a differenza dell'art. 8 disp. prel. c.c., prevede espressamente, al co. 1, l'applicazione degli usi (normativi) in «mancanza di legge e di contratto collettivo» e la loro prevalenza se «più favorevoli ai prestatori di lavoro [...] sulle norme dispositive di legge». Si tratta tuttavia – come sarà più chiaro tra breve – di una norma appartenente all'ordinamento corporativo e di carattere comunque decisamente marginale per più ragioni: sia

sta o quella fonte e nel conseguente spazio dalle stesse occupato, finendo comunque per alterare gli abituali equilibri al loro interno. Gli assetti che ne derivano risultano inoltre suscettibili di cambiamenti a seconda del peso rivestito da ciascun atto di produzione di regole (quale tecnica normativa) e dai relativi contenuti negli anni mutevoli; di conseguenza pure a questo capitolo non sarà affatto estranea la prospettiva diacronica.

In effetti, un marcato tratto di specificità nell'assetto delle fonti del diritto del lavoro c'è, ed è dato dal contratto collettivo, presenza "propria" del diritto del lavoro; dopo l'abrogazione del sistema corporativo e delle relative fonti (art. 1, nn. 3 e 5, disp. prel. c.c.) il contratto collettivo sconta però un problematico inquadramento teorico-sistematico, come si vedrà.

V'è da precisare che per il momento non si esaminerà il lavoro pubblico; esso, infatti, malgrado la c.d. privatizzazione avviata agli inizi degli anni '90, continua a presentare un quadro d'insieme particolare che ne consiglia una specifica trattazione.

È il caso di prendere le mosse dalla Costituzione. A suggerirlo non è solo la sua posizione prioritaria nel sistema delle fonti, incluso il piano "esterno" – ossia in relazione agli ordinamenti sovranazionali –, ma anche, se non soprattutto, il fatto che nella Carta costituzionale si ritrovano le ragioni "interne" della specifica genesi delle regole lavoristiche e il significato giuridico più intimo e rilevante dalle stesse assunto nel corso dei decenni repubblicani. Si tratta, invero, di aspetti intrecciati, che, prima di essere esaminati, richiedono alcune riflessioni sul senso del lavoro nell'impianto costituzionale.

Il lavoro nella Costituzione

Il lavoro occupa una posizione di primissimo piano già negli artt. 1-4 Cost. È anzitutto elevato a fondamento dell'Italia quale Repubblica democratica. Lo speculare rifiuto di precedenti selettive esperienze (che valorizzavano la nascita, il censo, il ceto) – espressione dell'incontro tra varie correnti di pensiero sotteso alla Carta costituzionale (socialista/comunista, liberale/riformista, cattolico/sociale) – costituisce il punto di arrivo di un percorso cominciato nei secoli XVIII e XIX con l'avvio dell'era industriale, per molti tratti comune ai paesi più avanzati: che ha visto il lavoro, da subito, necessario interlocutore dei possessori di capitale e delle strutture produttive e quindi protagonista della questione sociale, per divenire poi, in seguito alle drammatiche esperienze belliche del Novecento, vero motore propulsore della ricostruzione economico-sociale e, più in generale, culturale del Paese.

A venire in primo piano è, quindi, il profilo "relazionale" dell'individuo: l'«apporto di ciascuno alla società» (Napoli, 2010, p. 33). Ma si tratta di una «sineddoche» (Mengoni, 1998), in quanto ciò è senza dubbio espressione del più generale valore/concetto di "persona", come chiaramente indicato nell'art. 2 Cost.

Lavoro e persona

E la duplice valenza (individuale e relazionale) del lavoro risulta immedia-

---

per l'alto tasso di regolazione del rapporto di lavoro (legale o contrattuale-collettiva), sia perché per il trattamento migliorativo il raffronto è con le sole *norme dispositive*, che costituiscono «un'ipotesi del tutto eccezionale nella nostra materia» (Riva Sanseverino, 1986, p. 139) e governata dall'autonomia delle parti (in tal senso v. anche il co. 2 della norma).

tamente confermata dall'art. 4 Cost., co. 1 e 2, ove si rinvengono: a) nel primo, non solo il diritto di libera scelta del lavoro, ma anche il diritto a una serie di prestazioni pubbliche funzionali all'occupazione (servizi per l'impiego, orientamento, formazione), oltre a specifiche istanze di tutela (emblematico il diritto a non essere arbitrariamente licenziati); b) nel secondo, il dovere di svolgere un'attività «che concorra al progresso materiale e spirituale della società»: un dovere, espressione di un principio giuridico – e quindi non meramente morale – su cui costruire «vere e proprie regole di comportamento» (Ballestrero-De Simone, 2022, p. 15).

Lavoro e cittadinanza

Il lavoro si delinea, dunque, come componente essenziale della "cittadinanza", intesa, secondo un'ormai diffusa e moderna accezione, quale «sintesi delle principali prerogative che denotano l'appartenenza dell'individuo alla comunità statuale» (Del Punta, 2022, p. 122).

Lavoro, eguaglianza, diritti sociali

Oggi è di sicuro prevalente l'opinione che riferisce l'art. 1 al lavoro *tout court*: la tutela del «lavoro in tutte le sue forme ed applicazioni» è chiaramente ribadita nel successivo art. 35 Cost. Tuttavia, se ad assumere rilevanza è il lavoro in generale, difficile dubitare che il lavoro svolto in condizioni di "debolezza" è investito, in particolare, da un altro principio fondamentale del nostro ordinamento, il principio di eguaglianza c.d. sostanziale, di cui all'art. 3, co. 2, Cost., fulcro dei diritti sociali: che sono, per l'appunto, quelle situazioni soggettive attraverso le quali lo Stato, in virtù di un intervento diretto o indiretto, «attua la sua funzione equilibratrice e moderatrice delle disparità sociali» (M. Mazziotti, 1964, p. 804). In una logica non di tensione – secondo la classica ispirazione liberale – bensì «di integrazione strumentale» con i diritti di libertà (Mengoni, 1998); come dire, la garanzia dei diritti sociali «è condizione per il buon funzionamento della democrazia, quindi per un effettivo godimento delle libertà civili e politiche» (M. Mazziotti, 1964, p. 805).

Lavoro e subordinazione

Ebbene, in un'economia (sia pur sociale) di mercato, cui hanno guardato i costituenti (art. 41 Cost.), la condizione di debolezza del prestatore di lavoro – tratto paradigmatico del diritto del lavoro, tradizionalmente elevato a suo elemento di «specialità» (F. Santoro Passarelli, 1953, I, p. 3; Scognamiglio, 1960, p. 1) – si riscontra "tipicamente", benché non esclusivamente, nel contratto di lavoro subordinato: attraverso il quale (in estrema sintesi) un soggetto mette a disposizione le proprie energie lavorative a favore di un altro, perpetuando, sul piano giuridico, la sua situazione di dipendenza socio-economica già esistente nel mercato del lavoro in ragione della mancanza di una propria soggettività economico-professionale.

In sostanza, l'art. 3, co. 2, Cost. – in piena coerenza logica con le due precedenti norme costituzionali – qualifica la suindicata duplice componente del lavoro, individuale (essenziale momento di espressione della persona) e relazionale (cardine del funzionamento della società). Sul punto si tornerà tra breve; per adesso preme sottolineare l'obiettivo fondamentale del nostro ordinamento: riconoscere e promuovere non un qualsiasi lavoro, bensì una precisa concezione del lavoro, che assicuri, in uno, «il pieno sviluppo della persona umana e l'effettiva partecipazione di tutti i lavoratori all'organizzazione politica, economica e sociale del Paese», come testualmente recitano le ultime parole dello stesso art. 3, co. 2. Sicché, con una certa tranquillità, possiamo affermare che la cittadinanza, in un'accezione moderna, incorpora questa concezione del lavoro.

2. *Segue*: La priorità della Costituzione nella prospettiva esterna e interna

La Costituzione nella prospettiva esterna

Ritornando alla prospettiva esterna, ossia alla posizione della Costituzione rispetto agli altri ordinamenti sovranazionali, si può ora osservare quanto segue.

Emblematico è anzitutto il raffronto con l'ordinamento europeo. Occorre considerare che, se fuori discussione sono le limitazioni derivanti alla sovranità nazionale – incluso il versante costituzionale –, il loro fondamento, secondo l'impostazione c.d. dualista, risiede pur sempre nella stessa Costituzione (art. 11). E, coerentemente, all'interno della Carta costituzionale si rinviene «un confine invalicabile» (Montuschi, 2010, p. 404) pure per le fonti "esterne", i principi fondamentali dell'ordinamento (c.d. teoria dei controlimiti)[2]. Conclusione cui si giunge, comunque, anche ricostruendo in chiave monista la relazione tra l'ordinamento nazionale e quello europeo (quest'ultimo scaturito, nell'ottica monista, dal Trattato istitutivo quale fonte autonoma)[3].

Sulla base di detti presupposti, la forte connotazione in senso sociale della nostra Costituzione va tenuta ben presente. Infatti, sebbene i due ordinamenti vadano indubbiamente visti in una prospettiva di integrazione se non di unità, questa connotazione non sempre risulta agevolmente conciliabile con l'impostazione dell'ordinamento europeo, da qualche decennio divenuta più problematica ma non al punto da smarrire l'originaria impronta di stampo economico, peraltro negli ultimi anni rinvigoritasi nelle politiche concretamente perseguite. Un esempio per tutti. La Corte di giustizia, in più di una circostanza[4], nell'ambito della sua classica opera di "bilanciamento" – nei casi in questione segnatamente tra libertà economiche e diritto di intraprendere azioni collettive, considerato anch'esso fondamentale nell'ambito del diritto comunitario –, è giunta finanche ad affermare la possibilità di sindacare le finalità dell'attività sindacale. Esito, questo, assai difficilmente conciliabile con il principio di libertà sindacale (art. 39, co. 1, Cost.: v. *amplius*, cap. V par. 4), cardine del nostro ordinamento e immediata espressione del fondamentale principio di eguaglianza

---

[2] Più precisamente, come afferma la Corte costituzionale, il diritto dell'Unione non può essere in contrasto «con i principi fondamentali dell'ordinamento costituzionale ovvero con i diritti inalienabili della persona» (Corte cost., ord. 454/2006, nonché, tra le altre, sent. 348/2007, 399/1975, 168/1991, 232/1975, 183/1973).

[3] La ricostruzione monista è sostenuta dalla Corte di giustizia a partire dal famoso caso *Costa c. Enel*, 15 luglio 1964, C-6/64.

[4] Cfr. le sentenze *Viking* e *Laval*, rispettivamente 11/12/2007, causa C-438-/05, e 18/12/2007, causa C-341/05.

(art. 3, co. 2, Cost.), classicamente riconducibile pertanto alla categoria dei diritti sociali.

La Costituzione nella prospettiva interna

La caratterizzazione sociale della Carta costituzionale sorregge anche la seconda prospettiva, quella "interna", attinente alla peculiarità della genesi e del significato delle regole lavoristiche nel corso dei decenni repubblicani. Anzi, il diritto del lavoro è, ad un tempo, «una delle manifestazioni più significative e importanti» di tale caratterizzazione e quindi della "costituzione economica", quale «attestazione del più ampio fenomeno della "costituzionalizzazione" del diritto privato» (Ghera, 2006, pp. 16 e 17).

È estremamente eloquente che proprio nell'art. 3, co. 2, Cost. si sia chiaramente individuato «il fondamento costituzionale del moderno diritto del lavoro» (Rusciano, 2006, p. 119). Il diritto del lavoro, in quanto branca a sé stante della scienza giuridica, si è preso cura di dare concreta realizzazione alla concezione del lavoro in precedenza tratteggiata: ha «ampliato il "pacchetto di diritti" che identificano la cittadinanza contemporanea» (Jeammaud, 2009, p. 51). In termini più espliciti, ha perseguito il fine di mettere colui che presta lavoro in condizioni di debolezza socio-economica e giuridica – secondo la configurazione tipica, il lavoratore subordinato – realmente «in grado di integrarsi come persona nella società e, quindi, di attivarsi come cittadino» (Nogler, 2009, p. 437). Si va delineando così in modo nitido (il punto è di grande rilievo teorico-sistematico) la stretta interrelazione tra la tutela della "persona" del lavoro subordinato e il più ampio piano dell'interesse generale, sublimato nell'elemento della cittadinanza.

Molte sono le norme costituzionali – alcune anche di immediata precettività – che, in coerenza con i principi fondamentali ricordati, si preoccupano di preservare la doppia valenza, individuale e relazionale, del lavoro e la conseguente correlazione con la cittadinanza nell'ipotesi in cui chi presta lavoro sia in condizione di dipendenza socio-economica: si pensi agli artt. 36, 37, 38, 39, 40 e 46. Si tratta delle concrete espressioni giuridiche del valore "qualificante" del lavoro subordinato nell'impianto costituzionale. Ma, continuando a far attenzione al sistema di produzione delle regole, va ora rimarcato come il Costituente abbia tracciato una duplice linea di tutela: statica e dinamica. La prima attraverso tutele dirette, il cui contenuto è delineato già a livello normativo: esemplare il diritto alla retribuzione di cui all'art. 36, co. 1; o il diritto al riposo settimanale e alle ferie annuali retribuite, previsto nel co. 3 della stessa norma; o il diritto alla parità di trattamento per la donna lavoratrice sancito nell'art. 37, co. 1. La seconda avvalendosi invece del soggetto collettivo-sindacale – come chiaramente indicato negli artt. 39 e 40 –, a cui è rimesso il compito di definire, in relazione ai diversi contesti, gli interessi e i conseguenti assetti di volta in volta da perseguire; emerge così, in tutta la sua importanza, il contratto collettivo, ad un tempo emblematica espressione di pluralismo sociale e inconfondibile peculiare fonte di disciplina dei rapporti di lavoro in senso proprio, in virtù della regolazione contemplata dalla seconda parte dell'art. 39. Il punto sarà ripreso già in questo capitolo. È opportuno però anticipare come, in un regime di libertà (art. 39, co. 1), la componente sindacale, a differenza delle precedenti esperienze storiche, assumerà un rilievo di primissimo piano. Il ri-

La duplice linea di tutela del lavoro nella Costituzione

sultato "principale" dell'attività del soggetto sindacale, ossia il contratto collettivo, troverà ampio e costante sviluppo (seppure diversificato nel tempo e nello spazio), quale espressione di una tecnica normativa – diffusa e duttile – particolarmente indicata a contemperare esigenze di tutela del lavoro e dell'impresa. E, pur scontando la mancata attuazione dell'art. 39, seconda parte – nell'ultimo decennio divenuta invero insostenibile –, esso svolgerà il compito di produzione dinamica delle regole del lavoro.

3. *Segue*: Subordinazione, organizzazione, inderogabilità

Costituzione e successiva legislazione

Passiamo a esaminare come la nuova impostazione del Costituente ha indirizzato il successivo sviluppo legislativo.

A prescindere da quanta parte del progetto costituzionale sia stata attuata, è fuor di discussione che il diritto del lavoro, con il progressivo incedere dell'esperienza repubblicana e della crescita socio-economica del paese, ha sensibilmente mutato fisionomia. Si è assistito a un percorso di ampliamento e intensificazione delle tutele del lavoro subordinato, particolarmente significativo nella seconda parte degli anni '60 e culminato nello Statuto dei lavoratori (l. 20 maggio 1970, n. 300).

Tale percorso ha incrociato quello che, sin dalle sue origini, è stato il tratto caratterizzante la norma lavoristica, ossia l'inderogabilità c.d. unilaterale (o *in peius*), a protezione del soggetto debole del rapporto: sicché, il ricco e variegato quadro di regole che compone il moderno diritto del lavoro risulta, tutto, «tendenzialmente inderogabile» (De Luca Tamajo, 1976, p. 48).

Inderogabilità unilaterale del diritto del lavoro e valori costituzionali

Il tratto di grande differenza rispetto al passato, da tener ben presente, è che l'inderogabilità non costituisce più l'isolata e circoscritta espressione dei primi interventi protettivi della legislazione sociale di fine Ottocento, dalla matrice di mero ordine pubblico "esterna" al contratto; o dell'istanza di garanzia dell'uniformità dei trattamenti normativi propria del contratto collettivo corporativo, eloquentemente incentrata sulla categoria e distante dai luoghi di lavoro; o della formale impronta liberale, sottesa al codice del 1942 come già alla legge sull'impiego privato del 1924, a sostegno del soggetto debole in una stretta logica paternalistica. Essa, invece, è divenuta la più immediata e concreta espressione giuridica dell'articolato intervento eteronomo dell'ordinamento diretto alla regolazione dei vari aspetti del rapporto di lavoro, visto nella sua interezza e complessità, secondo una logica di eguaglianza sostanziale. Un intervento, dunque, ora finalizzato – lungo la direttrice normativa tracciata dal Costituente ed effettivamente realizzatasi con lo Statuto dei lavoratori (v. par. 4 di questo capitolo) – a restituire al lavoratore la propria identità di "persona": che, nel lavoro, non subisce questo o quel trattamento né in generale la controparte datoriale, bensì, viceversa, ha la possibilità di esprimere sé stesso e di partecipare alla vita e allo sviluppo del Paese. In altri termini, la tendenziale inderogabilità dell'insieme di tutele apprestate dal diritto del lavoro riflette la sublimazione dell'originaria istanza di protezione del contraente debole nella tutela dei descritti valori costituzionali (lavoro-persona-cittadinanza), fondanti il nostro ordinamento: con la "sovrapposizione" o, più precisamente, l'"identificazione" tra quell'istanza (di carattere soggettivo) e questa tutela (di carattere oggettivo) e quindi con un rafforzamento del profilo superindividuale-generale.

Non va tuttavia al contempo taciuto come l'inderogabilità della norma lavoristica assolva anche ad un'altra diversa finalità, assai rilevante in un'economia avanzata: la definizione di un quadro di regole necessario per la leale concorrenza tra le imprese, distolte così dalla tentazione della competizione al ribasso sulle condizioni di lavoro. Ma questa istanza, rispetto a quella "sociale" di tutela del lavoratore-contraente debole – con la quale in concreto si incrocia –, avrà incidenza decisamente minore su estensione e caratteristiche dell'evoluzione del diritto del lavoro.

Dal rilievo generale dell'inderogabilità "unilaterale" discendono due importanti conseguenze, tra loro intrecciate.

La differenza rispetto al diritto comune dei privati

La prima è che nell'inderogabilità, solo talvolta esplicitata (art. 17 r.d.l. 1825/1924; art. 7, l. 741/1959; art. 12, l. 604/1966; art. 40, l. 300/1970) ma invece tendenzialmente generale ed in concreto espressa dal carattere inderogabile di ciascuna norma eteronoma «salvo rigorosa prova del contrario» (Pera 1990, 19), il diritto del lavoro ha suggellato la differenza rispetto al diritto comune dei privati, rivedendone l'impostazione, improntata invece alla salvaguardia dell'autonomia individuale. Quest'ultimo, se è vero che fornisce, tutt'oggi, "le infrastrutture e gli snodi" necessari allo sviluppo della trama pure del diritto del lavoro (Mengoni, 1990, p. 10), trova indubbiamente il suo principio cardine nell'autonomia negoziale, anche quando è alta l'attenzione prestata alla debolezza di uno dei contraenti, come nelle ipotesi, assai attuali, di nullità "di protezione" a favore del cittadino occasionale "consumatore". In breve, a differenza del diritto del lavoro, l'inderogabilità non è tratto intrinseco della norma del diritto dei privati, bensì eventuale connotazione prevista dal legislatore. Peraltro – come già accennato in precedenza – la diversità non è da intendersi quale "contrapposizione", essendo definita da una linea «non di confine, ma piuttosto di frontiera», che delimita un «campo di reciproca influenza e di possibile ibridazione» (Viscomi, 2010, p. 651; sul tema si tornerà nel par. 7 di questo capitolo).

Inderogabilità e sistema delle fonti

La seconda conseguenza della tendenziale inderogabilità unilaterale sta nella sua immediata ripercussione su tutti gli atti e, più in generale, sull'intero sistema di produzione delle regole eteronome del lavoro. L'inderogabilità finisce per estendersi, a cascata, dalla Costituzione alla legge e quindi al contratto collettivo (sebbene, per quest'ultimo, l'inattuazione dell'art. 39, seconda parte, Cost., l'abbia costretta in percorsi piuttosto tortuosi). Il punto sarà esaminato nei paragrafi successivi; per il momento è necessario considerarlo in relazione, prima, a un importante risvolto dell'evidenziato elemento di "specialità" del diritto del lavoro nel quadro costituzionale e nell'evoluzione della legislazione lavoristica, poi a un rilevante vincolo che ne deriva in capo al legislatore.

La rimozione dello squilibrio tra le parti del contratto, benché "sublimata" nell'impianto disegnato dal Costituente, non può costituire l'esclusiva finalità della materia. Si è già detto che nel nostro ordinamento, incentrato su un'economia sociale di mercato, il diritto del lavoro fornisce un esempio assai eloquente di intervento dello Stato per la regolazione e la delimitazione dell'azione economica. Ciò evidentemente significa che quest'ultima va, comunque, attentamente salvaguardata: esigenza non solo riconducibile alla generale tutela del lavoro, ma affermata a chiare lettere dal co. 1 dell'art. 41 Cost.; dove peraltro, al contempo, al co. 2 immediatamente ed eloquentemente si indicano i limiti inevitabili di quell'azione (da inserire nella più ampia trama costituzionale). Appare quindi piuttosto evidente la necessità di contemperare, tra loro, i principi in gioco nelle relazioni di lavoro, secondo quell'impostazione generale che, escludendo «una gerarchia precostituita di valori» nella Carta costituzionale, pone l'accento sulla tecnica del "bilanciamento" (Mengoni, 1996, p. 123)[5]. La necessità di contemperare tutela del lavoro ed esigenze dell'organizzazione datoriale finisce, in effetti, per derivare dalla stessa inestricabile correlazione che, in un'economia sociale di mercato, pur sempre esiste tra l'una e l'altra: in estrema sintesi, la stessa possibilità di lavorare, come la qualità del lavoro, dipendono, almeno in parte, dall'esistenza dell'impresa e dalle sue condizioni.

Il necessario contemperamento tra lavoro e impresa

Storicità degli equilibri

Il punto, dalle amplissime implicazioni, in questa sede va sottolineato perché, nel ricondurci ai tratti identitari del diritto del lavoro – segnatamente al suo essere diritto, sì, a tutela del prestatore di lavoro in condizione di debolezza, ma, non per questo, disattento agli interessi dell'organizzazione in cui il lavoro è prestato –, pone in immediata evidenza la connaturale storicità dell'assetto della materia. Se da un lato il rilievo dei due descritti piani – sociale ed economico – nei termini indicati è imprescindibile per l'analisi giuridica, dall'altro lato la loro correlazione è intrinsecamente fluida, dando vita a soluzioni non solo costantemente ma anche sensibilmente mutevoli, risentendo con ogni evidenza di numerose e differenti componenti. Sicché il profilo precedentemente emerso, in riferimento alla contrattazione collettiva e alla sua specifica caratteristica di tecnica normativa dinamica, va considerato anche prestando attenzione ai contenuti delle regole sul lavoro e, ancor prima, agli equilibri interni al relativo sistema di produzione così come delineatisi nel tempo.

La c.d. indisponibilità del tipo

Prima di passare a farlo attraverso la riflessione sugli sviluppi della legislazione lavoristica c'è però da mettere a fuoco il significativo vincolo derivante dalla descritta tendenziale inderogabilità del diritto del lavoro in capo al legislatore: la c.d. indisponibilità del tipo, considerata, per l'appunto, «variante semantica del concetto di inderogabilità delle norme del diritto del lavoro» (Romei, 2009, p. 85). Riprendendo la differenza rispetto al diritto privato – pure in questo caso utile per intendersi –, l'espressione indica come la rigidità della tutela sia rivolta anzitutto nei riguardi del legislatore: il primo a non poter "disporre del tipo". Nel senso che, dal carattere inderogabile della norma lavoristica, non solo deriva che il "tipo" contrattuale (art. 2094 c.c., con la relativa disciplina legale) si presenta rigido nei confronti delle parti – restringendo fortemente, per esse, la possibilità di integrazioni e modifiche nonché proibendo il ricorso a schemi "atipici" per soddisfare le medesime esigenze sottese

[5] In proposito, da ultimo e per tutte, v. Corte cost., n. 85/2013.

al tipo[6] –, ma discende anzitutto un preciso vincolo per il legislatore. Il quale, come ha affermato la Corte costituzionale, non può «negare la qualificazione giuridica di rapporti di lavoro subordinato a rapporti che oggettivamente abbiano tale natura, ove da ciò derivi l'inapplicabilità delle norme inderogabili previste dall'ordinamento per dare attuazione ai principi, alle garanzie e ai diritti dettati dalla Costituzione a tutela del lavoro subordinato»[7]. Né al legislatore è consentito attribuire alle parti la facoltà di «escludere direttamente o indirettamente, con la loro dichiarazione contrattuale, l'applicabilità della disciplina inderogabile prevista a tutela dei lavoratori a rapporti che abbiano contenuto e modalità di esecuzione propri del rapporto di lavoro subordinato. I principi, le garanzie e i diritti stabiliti dalla Costituzione in questa materia, infatti, sono e debbono essere sottratti alla disponibilità delle parti»[8].

4. Legislazione speciale e attuazione costituzionale

Addentrandosi nello sviluppo del sistema di produzione delle regole lavoristiche, si può cominciare l'analisi dalla "legge", fonte di diritto oggettivo "cardine" della regolazione del contratto di lavoro[9].

Legge e inderogabilità *in peius*

Dunque, la norma di legge ha carattere tendenzialmente inderogabile *in peius*: in mancanza di una diversa esplicita indicazione normativa non può essere modificata in senso peggiorativo per il lavoratore. Ciò – come si è detto – al di là di alcune specifiche previsioni, deriva dalla funzione del diritto del lavoro: di tutela minimale del prestatore di lavoro subordinato in ragione dell'interesse, sopraindividuale, espresso dalla sequenza lavoro persona cittadinanza.

Sul piano tecnico, la norma di legge si impone alla pattuizione difforme individuale, sostituendola, secondo le generali regole in materia di contratti di cui agli artt. 1339, 1374, 1418, co. 1, 1419, co. 2, c.c.

Il progressivo sviluppo del ruolo della legge

Dal punto di vista diacronico, la trama legislativa fornisce la prima compiuta traduzione giuridica della concezione del lavoro sottesa agli ordinamenti giuridici delle diverse fasi storiche e ai processi di mutamento di ciascun ordinamento. Non c'è quindi da meravigliarsi se, nell'esperienza repubblicana, assistiamo a un progressivo sviluppo del ruolo della legge sotto ogni punto di vista. È, questo, un riflesso del percorso di attuazione della Carta costituzionale e della relativa concezione del lavoro, segnatamente del lavoro subordinato.

Inizialmente il legislatore ha provveduto ad aumentare, in generale, le tute-

---

[6] Possibilità – come noto – contemplate invece dal diritto civile, ovviamente nei limiti dell'art. 1322 co. 2, c.c. e salvo specifiche fattispecie, come i contratti agrari o di locazione di immobili urbani.

[7] Corte cost. 121/1993; Cass., ord., 27077/2020.

[8] Corte cost. 115/1994.

[9] Del tutto marginale, sebbene da qualche anno crescente (v. ad es. gli artt. 17, d.lgs. 66/2003, 36, co. 1, e 78, co. 4, d.lgs. 276/2003), risulta invece il ruolo dei regolamenti.

le minimali e a disciplinare una serie di specifici rapporti di lavoro [10]. In un secondo periodo – che va dalla l. 604/1966, sui licenziamenti individuali, alla l. 533/1973, sul processo del lavoro, con il cruciale passaggio della l. 300/1970, cioè dello Statuto dei lavoratori – l'intervento legislativo cambia registro. Ed è questa la fase in cui l'ispirazione al disegno costituzionale acquista consistenza, all'esito di un decennio in cui il clima politico e culturale (non solo) del nostro paese è in forte cambiamento.

Lo Statuto dei lavoratori

Lo Statuto dei lavoratori mira, per un verso, a creare «"un contrappeso" sindacale al potere "assoluto" dell'imprenditore in azienda» (Rusciano, 1984, p. 114); per altro verso, a puntualizzare e dotare di maggior forza alcune posizioni individuali del prestatore di lavoro. Con il primo obiettivo, cui sono preordinate fondamentali novità [11], lo Statuto evidenzia, attraverso il piano collettivo-sindacale, la centralità del profilo effettuale, ossia della realtà dei rapporti di forza nei luoghi di lavoro. Con il secondo obiettivo, in una logica non differente, il legislatore statutario invece «utilizza per la prima volta in modo sistematico la disciplina vincolistica per incidere sugli assetti di potere fra le parti nel rapporto individuale» (Treu, 1989, p. 26): donde la regolamentazione del potere di controllo (artt. 2, 3, 4, 5, 6, 8), del potere disciplinare (art. 7), del mutamento di mansioni (art. 13), e, soprattutto, l'art. 18, che introduce la tutela c.d. reale contro il licenziamento.

L'art. 18, proseguendo sulla strada già tracciata dalla l. 604/1966, mostra, con ancora più evidenza, quanto sia cruciale la protezione contro il licenziamento. Da questo punto di vista esso segna la massima distanza dal codice civile, il cui impianto – se sotto il profilo strutturale continua a rimanere imprescindibile (a cominciare dall'individuazione della fattispecie di riferimento) – per quanto concerne gli equilibri degli interessi in gioco risulta inesorabilmente contraddistinto dalla libera recedibilità: che costituisce un'arma fatale nelle mani dell'imprenditore, comportando, secondo un'esperienza consolidata, «una pratica ineffettività di ogni diritto sancito dalla legge o dai contratti a tutela del prestatore di lavoro» (Ghezzi, 1991, p. 201), e, allo stesso tempo, dilatando potenzialmente a dismisura la posizione debitoria del lavoratore. In estrema sintesi, lo Statuto rappresenta «il crollo della chiave di volta del precedente edificio» (Liso, 1982, p. 73), disvelando, in una logica di eguaglianza sostanziale, la reale impostazione della disciplina codicistica, poco attenta all'effettiva situazione di inferiorità del prestatore di lavoro subordinato, della quale il timore del licenziamento era la più evidente manifestazione.

---

[10] Si pensi, ad esempio, alle leggi: 29 aprile 1949, n. 264, sul collocamento della manodopera; 26 agosto 1950, n. 860, sulla tutela delle lavoratrici madri; 19 gennaio 1955, n. 25, sull'apprendistato; 13 marzo 1958, n. 264, sul lavoro a domicilio; 2 aprile 1959, n. 339, sul lavoro domestico; 14 luglio 1959, n. 741, sui minimi di trattamento economico-normativo; 23 ottobre 1960, n. 1369, sul divieto di intermediazione di manodopera; 18 aprile 1962, n. 230, sul contratto a termine; 9 gennaio 1963, n. 7, sul divieto di licenziamento delle lavoratrici per causa di matrimonio.

[11] Emblematici gli artt. 19 e 28, che introducono, rispettivamente, le rappresentanze sindacali aziendali – titolari delle particolari prerogative di cui al titolo III dello stesso Statuto – e lo speciale procedimento d'urgenza di repressione della condotta antisindacale.

Lo Statuto costituisce, dunque, un passaggio cruciale per un «genuino recupero della funzione di equilibrio del contratto di lavoro» (Grandi, 1989, p. 328) e, ancor prima, per la riappropriazione della propria "persona" da parte del lavoratore, che ritrova così, al contempo, il senso pieno di una moderna cittadinanza.

Legislazione dell'emergenza e flessibilità

Con la prima crisi petrolifera (1973), terminata l'«Età dell'oro» (Hobsbawn, 2006, parte II), il vento cambia: prenderà avvio la legislazione c.d. «dell'emergenza» (De Luca Tamajo-Ventura, 1979), che confluirà, senza soluzione di continuità, in decenni variegati, dei quali un tratto distintivo (invero generico) suole trovarsi nella *flessibilità*, intesa come riduzione di questo o quel vincolo alle scelte e ai poteri del datore di lavoro. Mutano gli scenari economici, anche in ragione di fattori internazionali, e cambiano i contesti culturali, segnati dal tramonto delle grandi ideologie, prima fra tutte quella comunista. Assisteremo a importanti eventi: come i diffusi processi di innovazione tecnologica, il marcato sviluppo in senso globale dell'economia e la predominanza della finanza sulla produzione reale. Ciclici saranno i periodi di crisi economica.

... suoi criteri ispiratori e *ratio* originaria del diritto del lavoro

Per quanto attiene ai contenuti e alle finalità, il filo conduttore, a differenza degli anni '50-'70, non è più la tutela del prestatore di lavoro, giunta al suo livello più alto e significativo – come si è detto – con lo Statuto dei lavoratori. Beninteso, non mancano affatto interventi ancora in tal senso[12], tuttavia la legislazione è ora assai più diversificata: con finalità che vanno dal contenimento del costo del lavoro al sostegno alle imprese in crisi e ai relativi processi di ristrutturazione; dall'ampliamento delle figure contrattuali alla rivisitazione di questo o quel profilo gestionale delle relazioni di lavoro; dalla regolazione del conflitto alla riduzione della spesa previdenziale.

Buona parte delle regole del diritto del lavoro finiscono per essere interessate da questa ricca produzione normativa, sovente peraltro sviluppatasi in modo disordinato se non farraginoso, dietro la costante e pressante necessità, da un lato, di favorire processi economici ed occupazionali, dall'altro lato di contenere il debito pubblico – a livelli inaccettabili soprattutto per il nuovo contesto europeo –, mai invece nell'ambito di solidi progetti riformatori e di politiche economiche proiettata al di là del contingente.

La richiesta di maggiore flessibilità viene, da taluno, sostenuta argomentando dalla contrapposizione tra *insider* e *outsider*, messa a fuoco, non di rado, in una prospettiva di analisi economica del diritto: in sintesi – sostiene questo filone di pensiero – riducendo la tutela di chi ha lavoro si consente maggiore possibilità di impiego a chi del lavoro è privo. Tesi da molti decisamente respinta già sulla base di dati empirici, a cominciare dalla esperienza italiana, che sul territorio presenta, ad un tempo, tassi bassi ed assai alti di disoccupazione a parità di livelli di tutela.

Si registrano anche proposte di radicale rivisitazione della tradizionale archi-

---

[12] Dalle leggi 11 maggio 1990, n. 108, e 23 luglio 1991, n. 223, sui licenziamenti, rispettivamente, individuali e collettivi, ai dd.lgss. 19 settembre 1994, n. 696, e 9 aprile 2008, n. 81, sulla sicurezza nei luoghi di lavoro; dalla l. 29 dicembre 1990, n. 428, sul trasferimento d'azienda, ai dd.lgss. 9 luglio 2003, nn. 215 e 216, in materia di discriminazioni.

tettura della materia; anzitutto quelle confluite nel c.d. Statuto dei lavori, nel quale il doppio binario autonomia/subordinazione e la conseguente secca alternativa in termini di tutela eteronoma ("niente/tutto") vengono sostituite da uno schema modulare, composto da cerchi concentrici, ciascuno dei quali contraddistinto da una fattispecie di lavoro e da un determinato livello di protezione.

Nonostante tutto, il criterio ispiratore del diritto del lavoro non muta.

Nuovi contenuti e finalità continuano a fare i conti con la particolare situazione del prestatore di lavoro subordinato. La sua condizione di debolezza socio-economica (prima) e contrattuale (poi), nella ormai acquisita correlazione con il binomio costituzionale persona-cittadinanza, è pur sempre l'elemento da cui la prospettiva giuridica non può prescindere. Il rapporto di lavoro, nella sua interezza, continua a presentarsi altamente disciplinato all'insegna dell'inderogabilità "unilaterale", giacché il legislatore segue «non la strada della *deregolazione*, ma quella della *ri-regolazione*» (D'Antona, 1994, p. 33). Ciò vale per qualsiasi aspetto, anche quando l'intervento legislativo riduce il livello di tutela di questo o quell'istituto o incrementa le forme di impiego c.d. flessibile, che pure segnano un ampliamento non trascurabile dell'autonomia individuale.

Crisi economica e sue ripercussioni

Il discorso tuttavia diviene più problematico negli ultimi anni, sotto la pressione della difficilissima situazione economica e del continuo incremento della disoccupazione. Il legislatore pare sempre più sensibile alla menzionata contrapposizione tra *insider* e *outsider* e, al fine di superarla, propenso soprattutto ad ampliare, direttamente o indirettamente, questo o quel potere del datore di lavoro, dimostrando peraltro sempre minore attenzione al ruolo della contrattazione collettiva, così come conosciuto nella nostra esperienza pluridecennale.

Indebolimento fattuale dell'inderogabilità

In particolare, il quadro appare diverso dopo l'insieme delle novità introdotto dalla l. delega 10 dicembre 2014 n. 183 (c.d. *Jobs Act*), che, come prima accennato e meglio si vedrà in seguito (cfr. XIV par. 6 ss. e XV par. 1 ss.), ha modificato, profondamente, molti istituti del diritto del lavoro. Eloquenti sono ai nostri fini le regole concernenti l'apposizione del termine al contratto di lavoro e il licenziamento ingiustificato nel contratto a tempo indeterminato a tutele crescenti: attinenti, tutte, all'estinzione del rapporto e, in quanto tali, inevitabilmente *cardini dell'insieme delle tutele del lavoro subordinato*. Il carattere assai flessibile della disciplina del contratto a termine – ancorché mitigato dal d.l. 87/2018, conv. con mod. con l. 96/2018, e, secondo altra logica, dall'art. 24 del d.l. 48/2023, che ha riscritto l'art. 24 del d.lgs. 81/2015 (al riguardo v. cap. XV, par. 2,) e la compressione della tutela reale per il licenziamento ingiustificato, ormai ridotta al lumicino nel contratto a tempo indeterminato a tutele crescenti di cui al d.lgs. 23/2015, indeboliscono sensibilmente la posizione del lavoratore: l'una e l'altra lo proteggono, oggi, molto meno rispetto alla possibilità di perdere il lavoro, a fronte di un sostegno ancora incerto e comunque "assistenziale" nel mercato del lavoro (v. capp. III e XVII). Tutto ciò, con ogni evidenza, mette a rischio, *di fatto*, il complesso delle regole predisposte a sua tutela – invocabili evidentemente con più timore – e quindi mette a rischio, in breve, la cifra di queste regole, ovvero l'inderogabilità e, con essa, la sequenza lavoro-persona cittadinanza. Donde una serie di problemi di legittimità costituzionale, anche radicali, su cui ci si soffermerà in seguito (cfr. in particolare cap. XIV, par. 7 ss.).

5. La declinazione della relazione legge-contratto collettivo

Nonostante i più recenti sviluppi, vi sono tre aspetti della legislazione degli ultimi decenni da considerare, relativi alla tecnica normativa adottata, ossia al rapporto legge-contratto collettivo, parte significativa della menzionata tendenza a ri-regolare la materia: come tale, meritevole ancora oggi di particolare attenzione.

Rinvii legislativi e potere derogatorio del contratto collettivo

Il primo aspetto riguarda i frequenti specifici rinvii della legge al contratto collettivo. Non si intende il genere di rinvio, peraltro già contenuto nel codice civile – segnatamente alle norme corporative, talvolta esteso in via interpretativa anche all'attuale contratto collettivo –, in funzione attuativa o integrativa della norma di legge che regola il rapporto di lavoro; bensì si fa riferimento a quelle ipotesi in cui al contratto collettivo sono attribuiti poteri derogatori *in peius* al precetto legale o comunque compiti forieri di "svantaggi" per i lavoratori. Tale tecnica, del c.d. garantismo collettivo, ha riguardato svariati profili del rapporto di lavoro: dalla retribuzione all'orario, dal mutamento di mansioni al trattamento in caso di trasferimento d'azienda; dalla cassa integrazione guadagni ai criteri di scelta dei lavoratori da collocare in mobilità. A essa il legislatore ricorre, in modo e misura diversi nel tempo, anche per regolamentare profili delle forme di impiego flessibile, negli anni di numero crescente. E lo fa peraltro con soluzioni non sempre omogenee per quanto concerne i criteri selettivi dei sindacati legittimati a negoziare – per lo più individuati attraverso la formula della maggiore rappresentatività o della rappresentatività comparata – o dei livelli della contrattazione abilitati a intervenire.

Beninteso, neanche nelle fattispecie considerate si perde di vista la posizione di debolezza del prestatore di lavoro. Come si diceva prima, il punto è che, rispetto al passato, le trasformazioni socio-economiche determinano, da un lato, un maggior rilievo dell'interesse datoriale, espresso in questo o quell'aspetto organizzativo-gestionale, dall'altro lato un'articolazione e una frammentazione delle situazioni di chi presta lavoro (evidente, ad es., nelle crisi dell'impresa, dove c'è chi è licenziato o corre il rischio d'esserlo; o nella mutata composizione della forza-lavoro, con la crescente incidenza del variegato panorama degli impieghi flessibili).

A questa frammentazione è sostanzialmente riconducibile anche l'inedito art. 2, d.lgs. 81/2015, che per la nuova fattispecie di «collaborazioni organizzate dal committente» – ossia per i «rapporti collaborazione che si concretano in prestazioni di lavoro esclusivamente personali, continuative e le cui modalità di esecuzione sono organizzate dal committente» (v. cap. IV, par. 8), da un lato stabilisce l'applicazione (dall'1 gennaio 2016) della «disciplina del rapporto di lavoro subordinato», dall'altro esclude tale applicazione se «gli accordi collettivi nazionali stipulati da associazioni sindacali comparativamente più rappresentative sul piano nazionale prevedono discipline specifiche riguardanti il trattamento economico e normativo, in ragione delle particolari esigenze produttive ed organizzative del relativo settore».

In sintesi, la complessità dei contesti rende assai più difficile il contemperamento tra gli interessi in gioco. In questo periodo, l'istanza (non distintiva ma pur sempre imprescindibile nel diritto del lavoro) di tutela dell'interesse dell'organizzazione datoriale in cui svolge l'attività il lavoratore subordinato diviene più nitida. Di qui il ricorso a una tecnica normativa molto duttile come la contrattazione collettiva anche per compiti ad essa non familiari, quale la deroga peggiorativa alla norma di legge: il fatto è che solo una tecnica normativa del genere risulta davvero in grado di trovare soluzioni tempestive e adeguate ai differenti contesti, pure territoriali e aziendali, sostenute da sufficiente consenso.

La concertazione

Il secondo aspetto della legislazione degli ultimi decenni da considerare è in stretta continuità con quanto appena osservato. La tecnica indicata, infatti, si inscrive in quel generale modello di relazioni tra pubblici poteri e parti sociali improntato a una stretta collaborazione, che sovente si è tradotta nella c.d. concertazione: metodo dell'azione politica volto alla ricerca del massimo consenso possibile delle parti sociali, benché non produttivo di vincoli giuridici nei confronti del soggetto pubblico. La concertazione, nel nostro Paese, ha segnato alcuni passaggi assai delicati della vita politico-economica degli ultimi decenni, con caratteristiche diverse a seconda delle esperienze: talvolta contraddistinte da uno "scambio politico" (accordo del 22 gennaio 1983), talaltra da un sostanziale coinvolgimento delle parti sociali nella definizione delle politiche economiche (protocollo del 23 luglio 1983). Questa prassi, non a caso da alcuni denominata "neocorporativa", ha avuto anche il sostanziale avallo della Corte costituzionale[13]. E non di rado si è tradotta in esperienze di legislazione negoziata, allorché è sfociata in provvedimenti legislativi (particolarmente emblematica è, al riguardo, la l. 12 giugno 1990, n. 146, di disciplina dello sciopero nei servizi essenziali). Nel nuovo secolo però, parallelamente al mutare degli scenari politici, il suo spazio si è via via ridotto (v. cap. I, par. 8), sino a scomparire del tutto. Qualche tenue segno di ripresa si è registrato in relazione alla situazione determinata dall'emergenza pandemica, ma non ha avuto successivi sviluppi.

Di segno diverso è il terzo aspetto della legislazione in parola da rammentare. Il legislatore, in alcune discipline, ha posto anche "tetti", ovvero limiti verso l'alto, alla contrattazione collettiva, configurando, contrariamente all'abituale impostazione, *un'inderogabilità bilaterale della norma legale*. In queste ipotesi la norma di legge non può essere modificata, né dal contratto collettivo né dal contratto individuale, in senso non solo peggiorativo ma neppure migliorativo per il lavoratore (quindi né *in peius* né *in melius*). Anche in questo caso l'intento è quello di far fronte a difficili congiunture economiche: nell'ambito di politiche dei redditi volte a contenere il costo del lavoro (v. d.l. 12/1977 conv. con mod. in l. 91/1977, e il d.l. 70/1984, conv. in l. 219/1984), o mediante la disciplina della previdenza "complementare" (v. art. 59, co. 3, l. 449/1997), o se-

Inderogabilità bilaterale della legge

[13] Sent. 34/1985.

condo alcuni degli impieghi flessibili (ad esempio in merito all'art. 1, d.lgs. 368/2001), o più in generale del lavoro pubblico "privatizzato", specie dopo la riforma del d.lgs. 150/2009. In proposito la Corte costituzionale, in coerenza con una sua risalente giurisprudenza [14], ha affermato la piena legittimità costituzionale della compressione bilaterale dell'autonomia collettiva quando sia temporanea [15] e «sussista l'esigenza di salvaguardia di superiori interessi generali» [16], al contempo escludendo «una riserva, normativa o contrattuale, in favore dei sindacati, per il regolamento dei rapporti di lavoro», giacché – ha scritto la Consulta – «sino a quando l'art. 39 Cost. non sarà attuato non si può né si deve ipotizzare (...) conflitto tra attività normativa dei sindacati e attività legislativa» [17].

6. La centralità del contratto collettivo

È giunto il momento di dedicare più attenzione al contratto collettivo, già più volte sinora menzionato. Nello spirito di questo capitolo, si faranno soltanto alcune osservazioni generali, perché ovviamente il tema (come tanti altri prima sfiorati) sarà attentamente esaminato in seguito.

Centralità del contratto collettivo

Nel contratto collettivo, nitida espressione del pluralismo sociale cui si è ispirato il Costituente, oggi si rinvengono – si badi bene – buona parte delle concrete regole delle relazioni di lavoro, differenziate per ambiti merceologici, produttivi e territoriali. Regole concernenti i rapporti di lavoro non solo individuali ma, sin dalla fase di sviluppo industriale degli anni '50-'60, anche tra i soggetti collettivi. Secondo una classica distinzione, le prime sono contenute nella c.d. *parte normativa* del contratto collettivo, le seconde nella c.d. *parte obbligatoria*.

Rilievo storico del contratto collettivo

Il rilievo del contratto collettivo è testimoniato anzitutto dalla storia. Già nei cc.dd. concordati di tariffa delle prime esperienze sindacali della fine del XIX sec. si coglie appieno l'assoluta importanza dell'aggregazione collettiva dei singoli lavoratori – secondo l'antico brocardo dell'unirsi per rafforzarsi – al fine della determinazione di una componente assolutamente centrale delle relazioni di lavoro, quella che in seguito sarà denominata retribuzione. Nei decenni successivi, pur mutando il ruolo del contratto collettivo (si pensi al periodo corporativo), la sua importanza nella disciplina dei rapporti di lavoro sarà crescente. Ma è con la Costituzione – come già accennato – che esso assume una posizione inedita, all'interno della più ampia considerazione del fenomeno sindacale.

---

[14] Sentt. 106/1962 e 120/1963.

[15] Sent. 178/2015.

[16] Sent. 392/2000.

[17] Sent. 34/1985.

Il contratto collettivo nell'art. 39 Cost

Nella Carta costituzionale, sullo sfondo contrassegnato dal principio di libertà sindacale, il contratto collettivo esprime la tensione dialettica tra "individuale" e "collettivo" e, seppure attraverso tutta la relativa problematicità, vede attenuata la cesura tra autonomia ed eteronomia (art. 39). Al riguardo qui è sufficiente e necessario osservare come, nella Costituzione, il contratto collettivo racchiuda le caratteristiche dell'attività sindacale, in quanto di sicuro tra i suoi principali punti di approdo. Anzitutto, quale strumento volto a compensare la debolezza del singolo, come si evince già dall'art. 39, co. 1, Cost., di cui la dimensione individuale è componente essenziale. Le intrinseche caratteristiche del fenomeno sindacale collocano però il contratto collettivo al di là del singolo e della sua autonomia negoziale, giacché ne richiedono adeguata efficacia sul piano soggettivo (con la produzione di vincoli nei confronti non solo di coloro che in un modo o nell'altro hanno manifestato il consenso al contratto, bensì della generalità dei lavoratori interessati: c.d. efficacia *erga omnes*, o anche generale o *ultra partes*) ed oggettivo (cioè di sostituzione automatica nei confronti delle difformi pattuizioni individuali e non di rilievo meramente obbligatorio-risarcitorio: c.d. efficacia "reale"): l'uno e l'altro tipo di efficacia risultano indispensabili per garantire tanto (la finalità prioritaria del fenomeno sindacale, ossia) la tutela di chi presta lavoro in condizione di debolezza, quanto la definizione di un quadro di regole necessario per una leale e feconda concorrenza tra le imprese. La questione è affrontata dal Costituente nell'art. 39, seconda parte, Cost., che, in virtù della espressa previsione dell'efficacia nei confronti di tutti gli appartenenti alla categoria (classico esempio di efficacia *erga omnes*) fondata su una democratica legittimazione sindacale, proietta il contratto collettivo sul piano delle "fonti del diritto", ben distante da quello dell'autonomia negoziale del diritto dei privati.

Il contratto collettivo di diritto comune

Questa parte della norma tuttavia non troverà attuazione; anzi è l'emblema della tradizionale bassa regolazione del diritto sindacale italiano. Ciò complicherà la configurazione teorico-sistematica del contratto collettivo. All'inattuazione dell'art. 39, seconda parte, Cost. conseguiranno la ricostruzione privatistica dell'autonomia collettiva e l'inquadramento del contratto collettivo negli schemi del diritto comune (artt. 1321 ss. c.c.), assai difficili da conciliare con alcune intrinseche caratteristiche dello stesso contratto: *in primis*, la sua applicazione a tutti gli interessati (in relazione all'ambito di riferimento), appunto "generale" come dice l'art. 39, co. 4, che è poi l'elemento per lo più ritenuto decisivo ai fini dell'inquadramento dell'atto tra le fonti del diritto.

Eppure, il contratto collettivo riuscirà (quale tecnica normativa) ad assecondare la sua "vocazione" a regolare una pluralità aperta di rapporti di lavoro – cioè anche «tra soggetti diversi da quelli che stipulano gli stessi contratti collettivi» (L. Zoppoli, 2004, p. 4) –, nonostante nessuna delle ricostruzioni avanzate negli anni per scioglierne il nodo della configurazione giuridica convinca (si pensi, ad esempio, alla tesi della natura di fonte *extra ordinem*, sostenuta anche dalla Corte costituzionale, o a quella che nel contratto rinviene una fonte-fatto).

Il contratto collettivo nel sistema sindacale di fatto

In sostanza, malgrado la mancata attuazione dell'art. 39, seconda parte, Cost., ma in coerenza con la sua *ratio*, il contratto collettivo, nei decenni repubblicani, vedrà via via crescere il suo ruolo di strumento dinamico di regolazione dei rapporti di lavoro, particolarmente apprezzabile per le intrinseche caratteristiche già più volte menzionate. La ricostruzione privatistica dell'autonomia collettiva non impedirà al contratto collettivo di far fronte, sebbene in maniera poco convincente e non certo solida, ai suoi problemi di efficacia. Per quello che sarà eloquentemente definito il problema dell'efficacia *erga omnes*, si cercherà soluzione, per molti anni, più sul versante dell'*effettività* che della vincolatività giuridica: ossia nell'ambito delle relazioni che le parti sociali riusciranno *di fatto* a sviluppare facendo perno sull'unità tra le grandi confederazioni sindacali e su una serie di altri favorevoli fattori politici, economici e sociali. Non a caso il problema della claudicante efficacia soggettiva del contratto collettivo, già in precedenza ben avvertito, esploderà nel primo decennio del Duemila, dinanzi alla rottura dell'unità sindacale e al mutato contesto generale di riferimento, nel quale le grandi confederazioni, divise, finiranno per distribuire "sacrifici" anziché "vantaggi" (v. l'emblematica vicenda Fiat, approdata dinanzi alla Corte costituzionale, con la sent. 231/2013, concernente l'art. 19 dello Statuto dei lavoratori). Proprio per questi sviluppi le stesse confederazioni sono giunte a darsi, per la prima volta, un quadro di regole sulla rappresentanza sindacale, con gli accordi del 28 giugno 2011 e del 31 maggio 2013, confluite poi nel c.d. Testo Unico sulla rappresentanza del 14 gennaio 2014: regole di sicuro rilievo, benché pur sempre di natura contrattuale e quindi deboli soprattutto sul piano della complessiva legittimazione democratica. A ciò si aggiungono i mutamenti intervenuti pure sul versante della rappresentanza datoriale, negli anni articolatasi e frammentatasi, sì da allargare anche il panorama dei propri interlocutori.

Contratto collettivo e art. 2077 c.c.

L'inderogabilità unilaterale *in peius*, di carattere "reale", del contratto collettivo da parte del contratto individuale non sarà invece mai messa in discussione: grazie, però, anzitutto all'art. 2077 c.c., sempre applicato dalla giurisprudenza anche al contratto collettivo di diritto comune, nonostante riguardi una vera e propria fonte del diritto come il contratto collettivo corporativo: strada, questa, che ha finito per assicurare pure alle regole del contratto collettivo la tendenziale inderogabilità del diritto del lavoro.

In precedenza abbiamo visto come anche la relazione contratto collettivo-legge sia in linea di principio regolata, oggi come in passato, dall'inderogabilità "unilaterale" *in peius* e come, nel corso degli anni, sia stata disciplinata pure secondo il criterio, in alcuni casi, dell'inderogabilità "bilaterale", in altri, della derogabilità *in peius*. Sviluppi che hanno determinato un'ulteriore articolazione dei contenuti dei contratti collettivi, spingendo molti autori a configurarne una serie differenziata di figure (contratto collettivo normativo, gestionale, di regolazione dei lavori flessibili, di disciplina del conflitto). Fino a qualche anno fa il legislatore ha fatto un uso controllato della tecnica in parola. Nel 2011, con l'art. 8 del d.l. 138/2011, si è spinto invece piuttosto avanti, introducendo una nuova regolata figura di contratto collettivo, c.d. «di prossimità» (territoriale o aziendale), a cui ha attribuito il potere di derogare tanto alla legge quanto al contratto collettivo nazionale, anche *in peius* e con efficacia generale. La novità, di dubbia legittimità costituzionale e di applicazione non significativa (v. *infra* cap. VII, par. 15), non ha incrinato il principio dell'inderogabilità unilaterale del diritto del lavoro. Ciò nonostante ha messo ben in evidenza un problema non di oggi e non di poco conto. Davanti alla crescente complessità del presente – che rende sempre più difficile definire il punto di equilibrio tra gli interessi in gioco – v'è da chiedersi quanto quel principio, da un lato, sia un retaggio storico o un riflesso della ricostruzione privatistica, dall'altro, e soprattutto, possa ancora oggi affermarsi in modo rigido nei rapporti tra legge e contrattazione collettiva. Quest'ultima considerata però – si badi – nella sua globalità, quindi anzitutto a livello nazionale, quale indispensabile (specie nella prospettiva in parola) cornice normativa di ampio respiro per l'eventuale diversificazione delle regole in sede territoriale e/o aziendale. Come dire, un rapporto più elastico tra legge e contratto collettivo potrebbe meglio rispondere alle caratteristiche delle società contemporanee.

7. Il ruolo del contratto individuale

Quale, a questo punto, il ruolo del contratto individuale? Sulla sua rilevanza il lettore, considerato quanto sin qui detto su legge e contratto collettivo, potrebbe nutrire più di un dubbio.

Il ruolo del contratto individuale: il dibattito

La questione, in passato, ha dato vita in effetti a un ricco dibattito concernente già l'origine del rapporto di lavoro; dibattito interessante non solo sul piano storico, perché utile a comprendere meglio, tuttora, le peculiarità della subordinazione.

L'inquadramento del rapporto di lavoro negli schemi civilistici del contratto di scambio risponde inizialmente a intenti «conservatori» (Giugni, 1972, p. 177). Vale a dire che l'operazione di riconduzione della "subordinazione" alla struttura contrattuale, in presenza di un evidente squilibrio tra le parti, legittima, da subito, «l'autocrazia aziendale, piegando *ipso facto* il contratto, strumento formativo della libertà, alla funzione reale di strumento di costrizione» (Mariucci, 1979, p. 66). Ma la concezione contrattualistica assumerà, nel corso degli anni, tutt'altra valenza.

In verità la critica a questa concezione, se in origine ha «un segno progressivo (giuristi weimariani) e un fondamento innegabile (impossibilità logica di ricondurre alla fonte contrattuale l'insieme delle posizioni soggettive del rapporto)» (Mariucci, 1979, p. 66), presto sfocerà in ricostruzioni di tutt'altro genere, ossia nelle cc.dd. teorie istituzionalistico-comunitarie. Ad avviso di queste teorie, il rapporto di lavoro trarrebbe origine dall'inserimento del lavoratore nell'impresa, istituzione – si sostiene – contraddistinta da una comunione di scopo tra il datore e lo stesso lavoratore. L'impostazione, nell'esperienza del nostro Paese, apparirà in sintonia con l'ideologia corporativa, sì da sembrare, in qualche misura, accolta dal codice civile, che: a) regolerà la subordinazione nel titolo II («Del lavoro nell'impresa») del libro V («Del lavoro»), dedicato al diritto commerciale e del lavoro, anziché nel libro IV («Delle obbligazioni»), dove trovano disciplina i più rilevanti contratti di scambio; b) inserirà la prestazione di lavoro nell'impresa, struttura gerarchica e funzionalizzata all'interesse superiore della produzione nazionale (artt. 2086-2088 c.c.).

Tuttavia la dottrina ha considerato i descritti "cedimenti" codicistici all'impianto corporativo essenzialmente di superficie o comunque tali da non intaccare la natura contrattuale e di scambio del rapporto di lavoro. Anzi, ha acquisito via via più credito la tesi secondo cui il contratto sarebbe l'«unico diaframma formale» (De Luca Tamajo, 1976, p. 105) idoneo a delimitare le posizioni delle parti, segnatamente quella debitoria del lavoratore rispetto alla presenza e alle richieste dell'organizzazione datoriale.

In effetti, la prospettiva contrattuale ha assunto consistenza nel corso degli anni, parallelamente all'evoluzione legislativa del diritto del lavoro nella più matura fase post-costituzionale, quindi soprattutto con lo Statuto dei lavoratori, come prima si è osservato. Senz'altro, però, merita attenzione quell'opinione secondo cui proprio la predominante regolazione ad opera della legge e del contratto collettivo deporrebbe per una decisiva compromissione dello schema contrattuale, considerato svuotato e inadeguato per ricomprendere la complessità della subordinazione; per converso – secondo questa opinione – riconducibile direttamente al "rapporto", ovvero al fatto materiale della prestazione lavorativa ed al suo inserimento nell'organizzazione (cfr. Scognamiglio, 2007; Mazziotti, 1974). In proposito, uno specifico e rilevante dato di diritto positivo a favore si individua nell'art. 2126 c.c.[18]. L'opinione tuttavia, sebbene eloquente, non ha convinto.

L'art. 2126 c.c.

L'art. 2126 c.c. invero, come il dibattito ha ben dimostrato, non aiuta granché la tesi in parola, anzi finisce per indebolirla. La norma – volta evidentemente a tutelare il lavoratore, che certo non può chiedere la restituzione della prestazione svolta e sarebbe senza di essa assistito solo da rimedi generali, come l'azione di ingiustificato arricchimento (art. 2041 c.c.) – non prescinde affatto dal contratto: non solo lo contempla, ma, nel caso della sua invalidità, esclude che, per il futuro, sorgano le tipiche obbligazioni di prestare lavoro e di corrispondere la retribuzione in capo, rispettivamente, al lavoratore e al datore di lavoro. Ampliando poi la visuale, se l'art. 2094 c.c. fa riferimento al «prestatore di lavoro subordinato» e non al contratto, lo stesso non può dirsi per altre norme del codice (come gli artt. 2097, 2098, 2110 co. 2, 2111, 2112 co. 1, 2118, 2119 c.c.) o della legislazione speciale (v., tra gli altri, gli artt. 3, d.l. 726/1984, conv. con mod. in l. 863/1984; art. 2, d.lgs. 61/2000; art. 1, d.lgs. 368/2001; art. 22, 33 e 41, d.lgs. 276/2003; art. 1, d.lgs. 167/2011).

Inoltre, più in generale, vanno fatte altre due considerazioni.

Per quanto concerne la prevalenza della "eteronomia" – ossia delle norme di legge e di contratto collettivo – nella disciplina del rapporto, come già accennato in precedenza è ormai opinione comune che il contratto, nel diritto

---

[18] Articolo – rubricato «Prestazione di fatto con violazione di legge» – che, al co. 1, così recita: «La nullità o l'annullamento del contratto di lavoro non produce effetto per il periodo in cui il rapporto ha avuto esecuzione, salvo che la nullità derivi dall'illiceità dell'oggetto o della causa». E al co. 2: «Se il lavoro è stato prestato con violazione di norme poste a tutela del prestatore di lavoro, questi ha in ogni caso diritto alla retribuzione».

civile, non sia più esclusivo dominio della volontà delle parti, prestandosi piuttosto a contenere anche regole provenienti da questa o quella fonte in ragione della pluralità di esigenze da soddisfare.

L'indubbia natura contrattuale del rapporto di lavoro

In merito invece alle peculiari caratteristiche della subordinazione e agli speculari poteri organizzativi attribuiti al datore di lavoro, la dottrina ne ha dimostrato, in modo sostanzialmente soddisfacente, la compatibilità con lo schema contrattuale. Essa, sia pure con diversità di accenti, ha efficacemente messo a fuoco il rilievo dell'organizzazione ai fini della ragione economico-sociale del contratto, della sua "causa": l'attribuzione al datore anzitutto del "potere direttivo" e la corrispondente "disponibilità" del lavoratore mirano proprio ad assicurare l'utilizzazione delle energie del secondo da parte del primo in relazione alle dinamiche esigenze organizzative (v. *amplius*, cap. IV, par. 5).

In definitiva, che il rapporto di lavoro nasca da un contratto può ritenersi opinione radicata.

Proprio partendo da quest'assunto, non c'è da stupirsi se, anche per quanto concerne la disciplina del rapporto, sovente si è richiamata l'attenzione su un maggiore spazio per l'autonomia individuale. E lo si è fatto almeno da una duplice angolazione. Nell'assetto consolidato, come ampiamente detto nelle pagine precedenti, in considerazione della situazione di debolezza del lavoratore-cittadino le parti individuali possono, in linea di principio, modificare solo *in melius* (per lo stesso lavoratore) le norme di legge e di contratto collettivo: l'esigenza di ridurre tale rigidità è stata avanzata sul versante sia datoriale sia del prestatore di lavoro.

Per il primo versante, nell'ambito della flessibilità tanto invocata degli ultimi decenni: giacché è chiaro che la possibilità di contrattare con il singolo questo o quel profilo della disciplina della prestazione consente la massima elasticità del lavoro, da ogni punto di vista. Per il secondo versante, in riferimento invece alle specificità di ciascun lavoratore: che evidentemente, nell'espressione della propria persona, deve – si osserva – poter realizzare propri interessi e scelte. Istanze, queste, che meritano attenzione e che possono anche incontrarsi, a patto di bene intendersi rispetto al presupposto da cui muovono, ossia la condizione di debolezza del lavoratore: ragion d'essere della marcata riduzione dell'autonomia individuale, nell'impianto costituzionale assurta, attraverso la correlazione lavoro-persona-cittadinanza, a una dimensione generale-oggettiva, come tale tendenzialmente sottratta alla volontà individuale-soggettiva.

Autonomia individuale, esigenze dell'impresa e tutela del lavoro

Negli ultimi anni, invero, la questione si è posta soprattutto sul primo versante; le ragioni sono intuibili, considerando la necessità, pressoché costante, di far fronte a crescenti difficoltà socio-economiche. Al riguardo si è già osservato (v. *retro* par. 4 di questo cap.) come le modifiche legislative introdotte in particolare nella disciplina del contratto a termine e del licenziamento, specularmente all'indebolimento della posizione del lavoratore, abbiano intaccato, in concreto, l'inderogabilità della norma giacché hanno offerto spazio (non all'autonomia individuale bensì) al potere del datore di lavoro di attenuare, unilateralmente e "di fatto", i vincoli normativi che l'ordinamento appone alle prerogative del medesimo datore. Dalla evidente patologia di questa possibilità discendono i già menzionati dubbi di legittimità costituzionale cui vanno incontro le novità in parola.

Autonomia individuale e interessi dei prestatori di lavoro

Dell'intento di rafforzare l'autonomia negoziale a tutela invece delle scelte e degli interessi dei singoli lavoratori si è discusso soprattutto negli anni '90, una stagione a tinte più varie e meno assorbita dalla generale e accentuata situazione di crisi degli ultimi tempi. Non è mancata, però, qualche più recente voce che è tornata sull'argomento. Va detto che la richiesta di maggiore spazio per i singoli coinvolge anche l'autonomia collettiva, alla quale alcuni impuntano di aver contribuito a produrre, nel corso del tempo, un sostanziale appiattimento dei trattamenti economico-normativi, perdendo di vista le possibili differenze tra gli individui e il reale contatto con essi, a causa di deboli circuiti democratici. La questione è chiaramente molto complicata. In proposito qui è sufficiente osservare come il versante su cui appare più opportuno intervenire è proprio il versante della democrazia sindacale: ponendo fine a quella che è stata emblematicamente denominata l'«anomalia» del diritto sindacale italiano e prevedendo un sistema di diritti del singolo nei confronti della rappresentanza collettiva, per dar vita a una solida democrazia sindacale (Carrieri-Feltrin, 2016, p. 105; D'Antona, 1994, pp. 36 ss.; Mazzotta, 1994, p. 27).

La conclusione ci riporta, per altra via, anche al versante legislativo, ossia a quanto si rilevava al termine del precedente paragrafo circa l'opportunità di un rapporto più elastico tra legge e contratto collettivo rispetto a quello governato dal tradizionale criterio dell'inderogabilità unilaterale; infatti, anche un rapporto del genere inevitabilmente passa attraverso una compiuta definizione delle regole della rappresentanza sindacale, necessaria per ampliare le prerogative del contratto collettivo.

8. L'articolazione del potere legislativo tra Stato e Regioni

Per completare l'analisi delle peculiarità di Costituzione, legge e contratto – collettivo e individuale – nel diritto del lavoro secondo la prospettiva sin qui seguita occorre ancora esaminare due argomenti. Il primo è tutto interno alla fonte legislativa: l'articolazione delle competenze tra Stato e Regioni, che la riforma del titolo V della parte seconda della Costituzione (l. cost. 3/2001), con la riscrittura dell'art. 117 Cost., ha profondamente rivisto, producendo effetti anche sul sistema delle fonti del diritto del lavoro e, in particolare, sul rapporto tra legge statale e legge regionale, nel senso dell'ampliamento degli spazi attribuiti a quest'ultima in materia di lavoro. Il secondo argomento riguarda invece il piano sovranazionale, negli anni sempre più rilevante e solo in minima parte incontrato nelle pagine precedenti.

Il potere legislativo nell'originario testo dell'art. 117 Cost.

Per quanto attiene alla riscrittura dell'art. 117 Cost., il cambiamento è parso, fin da subito, evidente rispetto all'assetto previgente. L'originario testo dell'art. 117 Cost. attribuiva un potere legislativo generale allo Stato. Poche erano le materie, tassativamente elencate, oggetto di competenza legislativa concorrente tra Stato e Regioni, nelle quali, cioè, lo Stato aveva il compito di determinare i principi fondamentali e le Regioni quello di dettare la disciplina di dettaglio. Tra queste ultime, concerneva il diritto del lavoro soltanto l'«istruzione artigiana e professionale» (vale a dire, la "formazione professionale"). Il diritto del lavoro costituiva, pertanto, un settore dell'ordinamento fondamentalmente di livello statale[19]. Il nuovo testo dell'art. 117 Cost. ha prodotto un cambiamento di scenario anche al suo interno.

... dopo la l. cost. 3/2001

In linea generale, esso ha distinto tre tipi di potestà legislativa: a) "esclusiva" dello Stato, esercitabile nelle materie tassativamente elencate dal co. 2; b) "concorrente" Stato-Regioni, concernente le materie tassativamente elencate nel co. 3 (nelle quali, ancora oggi, lo Stato ha il potere di individuare i principi fondamentali e le Regioni quello di disporre la disciplina di dettaglio); c) "residuale" delle Regioni, in virtù della c.d. "clausola di residualità" di cui al co. 4: che attribuisce «alle Regioni la potestà legislativa in riferimento ad ogni materia non espressamente riservata alla legislazione dello Stato». In queste ultime, in quanto appunto non menzionate negli elenchi dei citati commi 2 e 3, la Regione ha competenza "piena", che esclude ogni intervento del legislatore statale; sebbene, anche in tale ipotesi, non vada dimenticato che unità e indivisibilità della Repubblica (art. 5 Cost.) possono sorreggere principi generali dell'ordinamento, limitativi pure del potere regionale.

La novità, per il diritto del lavoro, è costituita prevalentemente dalla comparsa, tra quanto attribuito alla potestà legislativa concorrente Stato-Regione (art. 117, co. 3, Cost.), della «tutela e sicurezza del lavoro». Materia priva di precedenti nell'ordinamento e dall'incerto significato, in virtù della sua formulazione: se intesa in senso ampio, potenzialmente riferibile all'intero diritto del lavoro[20] e, dunque, suscettibile di mettere in pericolo lo storico monopolio statale, con la creazione di una molteplicità di diritti del lavoro su base regionale.

Le novità per il diritto del lavoro: la competenza statale esclusiva

Di fronte alla novità, la dottrina si è cimentata nel non facile compito di interpretare il nuovo riparto di competenze, concentrandosi in particolare sulla questione principale: stabilire il rapporto tra «ordinamento civile» (materia riservata all'art. 117, co. 2, lett. *l*, Cost. alla competenza esclusiva statale), da una parte, e «tutela e sicurezza del lavoro», dall'altra. Prevalente è risultata la tesi secondo cui sono da ricondurre: a) all'«ordinamento civile» – e quindi alla potestà esclusiva dello Stato – la disciplina del contratto (e del rapporto) individuale di lavoro e le garanzie minime di tutela del lavoro, nonché il diritto sindacale (vale a dire, la disciplina della rappresentanza degli interessi organizzati e della partecipazione dei lavoratori, del contratto collettivo e dello sciopero): b) alla «tutela e sicurezza del lavoro», e di conseguenza alla potestà concorrente Stato-Regioni, il c.d. diritto amministrativo del lavoro e la disciplina del mer-

... la competenza concorrente Stato-Regioni

[19] Salvo alcuni più ampi spazi di competenza legislativa in materia di lavoro delle Regioni ad autonomia speciale e delle Province autonome di Trento e di Bolzano, alle stesse conferiti dai rispettivi statuti, che, come si sa, hanno forza giuridica di leggi costituzionali, ai sensi dell'art. 116, co. 1, Cost.

[20] Come, in effetti, inizialmente pure fu sostenuto in un'audace proposta interpretativa contenuta nel «Libro bianco sul mercato del lavoro in Italia» dell'ottobre 2001, presentato dal Ministro del lavoro e delle politiche sociali, all'inizio della XIV legislatura.

cato del lavoro. Ma non sono mancate altre proposte interpretative, parimenti volte a mantenere il diritto del lavoro fondamentalmente sotto l'egida del legislatore statale: ad esempio, facendo leva sull'esigenza, sottesa al principio costituzionale di eguaglianza (art. 3 Cost.), di garantire sul territorio nazionale l'uniformità della disciplina dettata per i rapporti fra privati; o rinvenendo nel diritto del lavoro la funzione primaria, contemplata dall'art. 117, co. 2, Cost., di determinare i livelli essenziali delle prestazioni concernenti i diritti civili e sociali da assicurare su tutto il territorio nazionale (anch'essa di competenza esclusiva statale).

L'interpretazione prevalente è stata sostanzialmente recepita dalla giurisprudenza della Corte costituzionale. La Consulta ha confermato: a) in primo luogo, la riconduzione del diritto del contratto (e del rapporto) individuale di lavoro e del diritto sindacale (concepito, evidentemente, secondo la tradizionale benché insoddisfacente ricostruzione privatistica) all'«ordinamento civile», di competenza legislativa esclusiva dello Stato (e configurato quale costituzionalizzazione del c.d. "limite del diritto privato" alla potestà legislativa regionale); b) in secondo luogo, l'attribuzione della disciplina pubblicistica del mercato del lavoro alla competenza legislativa concorrente tra Stato e Regioni in materia di «tutela e sicurezza del lavoro»[21]. La Corte, a quest'ultima espressione, ha dato valenza teleologica, considerando la "tutela del lavoro" alla stregua del «fine» della competenza[22] e rinvenendo invece il contenuto della stessa competenza secondo un criterio negativo, ossia includendovi quanto non ricompreso nel grande contenitore dell'«ordinamento civile». In tale logica la Consulta ha individuato alcuni istituti certamente riconducibili alla potestà legislativa concorrente Stato-Regioni, come in particolare «la disciplina dei servizi per l'impiego e in specie quella del collocamento»[23], nonché i profili della "sicurezza sul lavoro" estranei all'ordinamento civile, e altre discipline più circoscritte (come quella degli incentivi alle assunzioni).

... la competenza residuale regionale

Più limitato l'ambito della competenza residuale "piena" delle Regioni in materia di lavoro di cui all'art. 117, co. 4, Cost.: ad essa – come affermato ancora dalla giurisprudenza costituzionale[24] – è riconducibile con certezza solo l'«istruzione e formazione professionale», in virtù della relativa esclusione dalla «istruzione» espressamente indicata dell'art. 117, co. 3, Cost. Ciò, al riguardo, ha determinato un ampliamento dello spazio di competenza delle Regioni rispetto al precedente testo dell'art. 117 Cost., in cui l'«istruzione artigiana e professionale» compariva come unica materia assegnata alla competenza legislativa concorrente Stato-Regioni. Per quanto riguarda, tuttavia, la formazione che si svolge nell'ambito di un contratto di lavoro, e in particolare in quello di apprendistato, la Corte costituzionale ha distinto la formazione professionale "esterna", cioè erogata da un soggetto pubblico o da un soggetto privato con

[21] Tra le tante, Corte cost. 221/2012; 150/2011; 334/2010; 27/2008; 268/2007; 411/2006; 234/2005; 50/2005; 384/2005; 359/2003.

[22] Corte cost. 411/2006.

[23] Corte cost. 50/2005.

[24] V., per tutte, Corte cost. 287/2012.

cui la Regione abbia stipulato un accordo, da quella «interna» all'azienda, cioè erogata dallo stesso datore di lavoro: affermando che solo la prima è riconducibile alla competenza residuale delle Regioni, mentre la seconda, in quanto inerente al rapporto contrattuale, va ricondotta all'«ordinamento civile», e dunque alla potestà esclusiva dello Stato[25]. Vicenda, quest'ultima, eloquente della difficoltà di tracciare precise e rigide linee di demarcazione tra una competenza e l'altra. Peraltro, in questa specifica ipotesi, la Corte ha fatto riferimento anche al principio di "leale collaborazione" e, quindi, all'opportunità di valorizzare, nell'attuazione normativa, strumenti come le intese in sede di Conferenza Stato-Regioni.

Per completezza, occorre sottolineare che anche il diritto della sicurezza sociale risulta oggetto di riparto di competenze, secondo il nuovo testo dell'art. 117 Cost.: la «previdenza sociale» è attribuita alla potestà legislativa esclusiva dello Stato (art. 117, co. 2, lett. *o*); la «previdenza complementare e integrativa» è, invece, collocata tra le materie di potestà legislativa concorrente Stato-Regione (art. 117, co. 3). Infine, in base al più volte menzionato criterio della residualità di cui al co. 4 dell'art. 117 Cost., l'"assistenza sociale" può essere ricondotta alla potestà legislativa piena delle Regioni, non essendo espressamente ricompresa negli elenchi dei co. 2 e 3 dell'art. 117[26].

La mancata riforma costituzionale c.d. Renzi-Boschi

V'è da ricordare che il descritto riparto di competenze legislative sarebbe stato sensibilmente rivisto dalla c.d. riforma costituzionale Renzi-Boschi che, tra le altre modifiche della Carta costituzionale, aveva previsto un nuovo ampliamento della competenza statale. La relativa proposta di legge costituzionale, approvata dal Parlamento il 12 aprile 2016 con una maggioranza inferiore ai due terzi, non ha però superato il referendum confermativo (svoltosi il 4 dicembre 2016) previsto dall'art. 138 Cost.

La cd. autonomia differenziata

Da ultimo, va segnalato un disegno di legge, presentato dall'attuale Ministro per gli affari regionali e le autonomie, "per l'attuazione dell'autonomia differenziata delle Regioni a statuto ordinario ai sensi dell'art. 116, c. 3., Cost.", che potrebbe avere ripercussioni anche sul piano delle competenze legislative. Al riguardo, in generale, molte sono le perplessità per i rischi di accentuazione degli squilibri già esistenti tra le diverse realtà territoriali del nostro Paese.

9. Le fonti di diritto internazionale

Veniamo ora al piano sovranazionale, come si diceva solo in minima parte incontrato nelle pagine precedenti.

Per quanto concerne segnatamente il diritto internazionale, le fonti attinenti al diritto del lavoro – come del resto al diritto internazionale *tout court* – sono i principi generali e le norme di carattere consuetudinario, da un lato, e i

---

[25] Corte cost. 50/2005; 51/2005; 406/2006; 425/2006; 21/2007; 24/2007; 176/2010; 334/2010.

[26] Sulla questione, anche per la delimitazione della "assistenza sociale", v., tra le altre, Corte cost. 226/2010; 10/2010; 168/2009; 129/2009.

trattati internazionali, dall'altro. È noto che i principi generali e le norme di carattere consuetudinario hanno efficacia vincolante in base all'art. 10, co. 1, Cost.: grazie al quale entrano direttamente nell'ordinamento italiano, producendo vincoli in capo allo Stato per la loro attuazione o nei rapporti in cui esso è parte (cc.dd. rapporti verticali), e sono gerarchicamente sovraordinati alle leggi ordinarie (anche se è controverso il rapporto con le norme costituzionali, in quanto, secondo alcuni, il rango sarebbe il medesimo, secondo altri si tratterebbe di fonti intermedie fra quelle costituzionali e le leggi ordinarie). L'efficacia dei trattati internazionali, invece, è subordinata alla sottoscrizione e a un atto formale di ratifica e di esecuzione, in assenza del quale non sorgono obblighi né per lo Stato contraente né per i singoli. Siccome la ratifica e l'esecuzione nel nostro ordinamento avvengono con legge ordinaria, si ritiene che le norme dei trattati abbiano la stessa efficacia dell'atto normativo attraverso cui fanno ingresso nell'ordinamento giuridico.

Fonti di diritto internazionale vincolanti per l'Italia

Molteplici sono i trattati e le convenzioni internazionali, contenenti previsioni rilevanti per il diritto del lavoro, alle quali l'Italia è vincolata. Fra gli altri si possono ricordare: 1) la Dichiarazione universale dei Diritti dell'Uomo, proclamata dall'Assemblea generale dell'Onu nel dicembre del 1948, in attuazione della quale sono stati approvati nel 1966 i Patti relativi ai diritti economici, sociali e culturali e ai diritti civili e politici; 2) le varie convenzioni adottate dall'Organizzazione internazionale del lavoro, come: le Convenzioni 29/1930 e 105/1957 sull'abolizione del lavoro forzato e in schiavitù, 138/1973 e 182/1999 sul lavoro minorile, 100/1951 e 111/1958 sulla parità di trattamento retributivo tra uomo e donna e sul divieto di discriminazione in materia di impiego, 87/1948 e 98/1949 sulla libertà di associazione e sul diritto di organizzazione e contrattazione collettiva; convenzioni, tutte, ratificate dall'Italia e alla base della Dichiarazione sui principi e i diritti fondamentali nel lavoro, adottata sempre dall'OIL nel 1998; 3) la Convenzione europea per la salvaguardia dei diritti dell'uomo e delle libertà fondamentali (Cedu), firmata nel 1950 a Roma nell'ambito del Consiglio d'Europa; 4) la Carta sociale europea, sottoscritta a Torino nel 1961 dagli Stati membri del Consiglio d'Europa e rivista nel 1996.

10. Il diritto del lavoro europeo: la periodizzazione in tre fasi

Rispetto al diritto internazionale maggiore attenzione merita il diritto del lavoro europeo, in uno stadio più avanzato sotto molteplici aspetti.

In questo caso è opportuno anzitutto procedere a una periodizzazione in tre fasi, utile per meglio comprendere lo sviluppo di quest'ambito della materia e, in particolare, l'attuale assetto delle sue fonti.

La fase "mercantile"

La prima può essere definita la fase "mercantile" e va dall'istituzione della Comunità economica europea, con il Trattato di Roma del 1957, fino alla metà degli anni '80 del secolo scorso: fase caratterizzata dalla netta prevalenza delle esigenze del mercato e della libera concorrenza su quelle sociali. A tal proposito, eloquentemente si è scritto che il «diritto del lavoro tracciato [...] a Roma e poi sviluppato a Bruxelles non nasce dalla critica di un rapporto diseguale e generatore di grandi conflitti nel cuore del sistema capitalistico», poiché il Trattato ha «un solo, vero obiettivo: creare un mercato europeo» (Mancini, 1989, p. 10). La conseguenza di questa impostazione è stata (e, in parte, ancora è) che il Trattato e la legislazione comunitaria si sono occupati del lavoro quasi esclusivamente in vista del raggiungimento di quell'obiettivo. Di qui l'attenzione della Comunità delle origini per la regolamentazione di aspetti strettamente legati alla creazione e al mantenimento di un mercato comune: dalla libera circolazione dei lavoratori alla parità di trattamento retributivo. Se la regolamentazione di tali aspetti rappresenta il requisito minimo in un mercato europeo, perché impedisce la distorsione della concorrenza, non è escluso, però, che, incidentalmente ed eventualmente, essa produca anche «effetti socialmente benefici» (Mancini, 1989, p. 10): ma, appunto, si tratta di effetti "preterintenzionali" della legislazione comunitaria.

La fase delle politiche sociali

Bisognerà aspettare la seconda metà degli anni '80 per vedere la "colorazione sociale" della Cee aumentare di intensità. Con l'Atto unico europeo del 1987, il Trattato di Maastricht del 1992 ed il Trattato di Amsterdam del 1997, il diritto comunitario del lavoro entra nella seconda fase, delle politiche sociali.

Le modifiche apportate al Trattato istitutivo della Cee, che in questo periodo perde l'aggettivo "economica", procedono lungo tre direttrici: 1) l'accrescimento delle competenze comunitarie nell'ambito, appunto, delle politiche sociali; 2) la nascita e il consolidamento del dialogo sociale e della contrattazione collettiva europea; 3) il ricorso sempre più frequente al c.d. *soft law*, ovvero a fonti non vincolanti, che vede la sua massima espressione nel metodo aperto di coordinamento (MAC) delle politiche occupazionali: un articolato sistema previsto dal Trattato (art. 148 TFUE[27]), che, attraverso l'utilizzo di strumenti normativi non vincolanti e lo scambio di informazioni, è volto a orientare le politiche occupazionali dei singoli Stati membri.

La fase della "costituzionalizzazione" dei diritti sociali

Dal punto di vista dell'impianto normativo dell'Unione, centrale è, però, la terza fase del diritto del lavoro dell'Unione europea, quella della "costituzionalizzazione" dei diritti sociali: il cui inizio coincide con l'approvazione del Trattato di Nizza del 2000 e, soprattutto, con la proclamazione, nello stesso anno e nella stessa località in cui viene sottoscritto il nuovo Trattato, della Carta dei diritti fondamentali dell'Unione europea. Documento, quest'ultimo, inizialmente dalla valenza esclusivamente politica, che afferma una serie di diritti fondamentali di nuova generazione, o, per meglio dire, di nuova sistemazione, visto che non tutti i diritti costituiscono un'assoluta novità nel panorama del diritto del lavoro comunitario, in quanto in buona parte già rientranti nel patrimonio dell'Unione attraverso le pronunce della Corte di giustizia. Quel che rappresenta un reale cambiamento è la loro catalogazione in un unico documento normativo, unita alla circostanza che, per la prima volta, vengono posti sul medesimo piano diritti civili e politici, da un lato, e diritti sociali, dall'altro. E non è un fatto di poco conto: «con l'inserimento dei diritti sociali nella categoria dei diritti

[27] Come si sa, dal 2009, in seguito al Trattato di Lisbona, sono in vigore il Trattato sull'Unione europea (TUE) e il Trattato sul funzionamento dell'Unione europea (TFUE).

fondamentali, i diritti divengono "indivisibili", nel senso che tutti i diritti consacrati [...] hanno eguale rango» (Ballestrero, 2000, p. 559).

Il processo di costituzionalizzazione dei diritti sociali fondamentali ha subito una battuta d'arresto nel 2004, quando il Trattato costituzionale europeo, che prevedeva il recepimento della menzionata Carta dei diritti fondamentali dell'Unione europea nel corpo del Trattato medesimo, non ha visto la luce; ma ha poi ripreso vigore nel 2009, con l'approvazione del Trattato di Lisbona: l'art. 6, co. 1, del nuovo Trattato sull'Unione europea conferisce alla Carta «lo stesso valore giuridico dei trattati».

Alcuni Stati membri – Regno Unito, Polonia e Repubblica Ceca – hanno però scelto di limitare il rilievo della Carta nei propri ordinamenti giuridici. Il più importante di essi, il Regno Unito, aveva già escluso il proprio ordinamento, sino al 1999, dalle modifiche al Trattato istitutivo in materia sociale, apportate con i Trattati di Maastricht ed Amsterdam (sistema di c.d. *opting out*). È noto, d'altro canto, che, a seguito del referendum del 23 giugno 2016, il Regno Unito nel 2021, dopo un lungo negoziato, è uscito dall'Unione europea (c.d. *Brexit*), secondo la modalità prevista dall'art. 50 del TUE.

Il rinnovato sbilanciamento verso il piano economico

Ampliando la visuale al di là del piano normativo, vanno poi ricordati i frequenti interventi degli anni scorsi di alcune istituzioni europee (la Commissione, il Consiglio, la Banca centrale), attraverso atti formalmente non vincolanti (v. al riguardo il successivo paragrafo) ma politicamente incisivi e non privi di conseguenze afflittive di carattere finanziario, attenti più alle esigenze dell'economia che alla tutela dei diritti, finalizzati a tenere sotto controllo il rapporto deficit del bilancio pubblico/prodotto interno lordo dei Paesi membri, oggetto del c.d. Patto di stabilità.

Il c.d. Pilastro europeo dei diritti sociali

V'è tuttavia da aggiungere che, nel novembre del 2017, il Parlamento europeo, la Commissione e il Consiglio hanno proclamato solennemente il c.d. "Pilastro europeo dei diritti sociali", che comprende un'elencazione di principi e diritti fondamentali[28]. Sebbene si tratti di un atto non formalmente vincolante, le istituzioni europee si sono impegnate a garantire tali principi e diritti e ad attuarli a livello dell'Unione e degli Stati membri nell'ambito delle rispettive competenze. Il Pilastro costituisce lo "strumento" attraverso il quale l'Unione prova a rivitalizzare il modello sociale europeo e a correggere l'evidenziato atteggiamento di favore per le esigenze dell'economia.

Infine, In seguito alla pandemia da Covid-19, a parte alcune novità di carattere più circoscritto, anzitutto temporalmente, vanno rammentate, in primo luogo, la sospensione del già ricordato Patto di stabilità, decisa nel 2020 e mantenuta ancora per il 2023, con il congelamento della procedura d'infrazione per il superamento del previsto rapporto deficit pubblico/PIL, con l'evidente scopo di agevolare politiche nazionali di contrasto ai negativi effetti economici e sociali dell'emergenza sanitaria. In secondo luogo, il Piano nazionale di ripresa e resilienza (PNRR), predisposto dal governo italiano in merito all'utilizzazione dei fondi europei straordinari erogati in conseguenza della pan-

[28] Raggruppati in tre Capi: Pari opportunità e accesso al mercato del lavoro, Condizioni di lavoro eque e Protezione sociale e inclusione.

demia (c.d. *Next Generation EU*) e destinati anche ad ambiti d'interesse giuslavoristico, come l'inclusione sociale, le politiche attive del lavoro, la lotta al lavoro sommerso. Attualmente il piano è in fase di attuazione, e anche di parziale revisione, da parte del Governo in carica.

11. *Segue*: Il conseguente assetto delle fonti

L'assetto delle fonti

La periodizzazione appena tracciata ha prodotto progressivamente un assetto delle fonti ormai abbastanza consolidato.

La prima distinzione da compiere è fra fonti primarie, ovvero le norme del Trattato sull'Unione europea (TUE) e del Trattato sul funzionamento dell'Unione europea (TFUE) ed ora della Carta di Nizza, e fonti secondarie, ossia regolamento, direttiva, decisione, raccomandazione e parere (art. 288 TFUE).

Mentre le prime sono tutte vincolanti, sia pur con proprie caratteristiche, nell'ambito delle seconde vanno differenziate le fonti vincolanti (regolamenti, direttive e decisioni) da quelle non vincolanti (raccomandazioni e pareri). Per quanto riguarda le fonti vincolanti (c.d. *hard law*): a) i regolamenti hanno portata generale e sono direttamente applicabili; b) le direttive hanno anch'esse portata generale, ma non sono direttamente applicabili, necessitando di trasposizione nell'ordinamento nazionale con un atto legislativo, regolamentare, oppure con un contratto collettivo dotato di efficacia generalizzata; c) le decisioni (la cui vincolatività è rimessa all'istituzione che le emette), possono avere carattere generale (in determinate materie) o essere rivolte a uno o più destinatari.

V'è da aggiungere che la direttiva, qualora non sia stata trasposta ma contenga norme enunciate in maniera incondizionata e con un livello sufficiente di precisione, in grado di attribuire diritti ai singoli, produce immediatamente gli effetti giuridici voluti e i singoli possono fare valere tali diritti davanti al giudice nazionale (c.d. "effetto utile" o direttiva *self executing*); ciò accade per lo più nei cc.dd. rapporti "verticali", dove è parte lo Stato. Invece, nell'ipotesi in cui derivi un danno dalla mancata attuazione della direttiva, è possibile chiedere al giudice nazionale la condanna dello Stato al risarcimento. Il giudice interno, comunque, deve sempre interpretare le norme nazionali alla luce della direttiva non attuata (c.d. "interpretazione conforme").

La contrattazione collettiva europea

Il Trattato, inoltre, consente la regolamentazione delle materie rientranti nella politica sociale anche mediante la c.d. contrattazione collettiva europea, rivestita così – si noti – di un ruolo istituzionale. A tal fine, si è predisposto un procedimento normativo speciale, con la temporanea sospensione di quello ordinario, che riprende il suo corso qualora non si riesca a raggiungere, entro un termine prestabilito, un accordo fra le parti sociali europee (art. 154 TFUE). Per converso, nell'ipotesi in cui si riesca a sottoscrivere un contratto collettivo, si aprono due strade: 1) il contratto, su richiesta delle parti stipulanti, è recepito in una direttiva, da trasporre negli ordinamenti nazionali (come ad esempio è avvenuto in Italia per la disciplina dei congedi parentali o del contratto a termine); oppure 2) il contratto non è recepito in direttiva ed è attuato secondo le procedure e le prassi proprie delle parti sociali degli Stati membri (art. 155 TFUE).

Come in precedenza ricordato, le norme contenute nelle fonti primarie, nei regolamenti e nelle direttive prevalgono sul diritto nazionale, nel rispetto dei principi costituzionali fondamentali delle Costituzioni nazionali.

La Corte di giustizia

Un ruolo importante nell'ambito dell'Unione riveste la Corte di giustizia, tenuta ad assicurare l'osservanza e a vigilare sull'applicazione del diritto europeo. Essa agisce come una Corte internazionale quando giudica le controversie fra Stati membri, mentre opera in veste di Corte europea in tutti gli altri casi; e, tra questi, merita particolare attenzione l'ipotesi in cui, su richiesta dei giudici statali – mediante il c.d. "rinvio pregiudiziale" –, verifica la validità oppure l'esatta interpretazione di una norma eurounitaria[29].

L'incidenza della direttiva sullo sviluppo del diritto del lavoro

In chiave diacronica, si può rilevare anzitutto l'indubbia incidenza delle direttive sullo sviluppo del diritto del lavoro europeo degli ultimi 40 anni. Esse hanno interessato molti profili della materia: dalle discriminazioni al trasferimento d'azienda; dai licenziamenti collettivi alla sicurezza nei luoghi di lavoro; dalla partecipazione dei lavoratori ai lavori flessibili; dalla tutela della maternità ai congedi parentali. Tuttavia, con il progressivo aumento delle competenze eurounitarie e del numero degli Stati membri, si è registrata maggiore difficoltà ad approvare nuove direttive e, di conseguenza, più attenzione regolativa verso misure non vincolanti, come in particolare il coordinamento delle politiche, che, da quelle occupazionali, si è esteso, seppure in modo più informale, ad altri settori (l'inclusione sociale, la lotta contro la povertà e l'emarginazione sociale, le politiche volte a sviluppare la società dell'informazione, le politiche a favore delle imprese e le politiche dell'istruzione e della ricerca).

Il Semestre europeo e la *flexicurity*

C'è da aggiungere che l'incalzante crisi degli anni scorsi ha dato luogo ad un "aggiustamento" del metodo di coordinamento delle politiche occupazionali, attraverso: la sostanziale articolazione su base triennale invece che annuale; l'unificazione con il coordinamento delle politiche economiche e di bilancio; il c.d. Semestre europeo, a seguito del quale il coordinamento delle politiche occupazionali diventa ancillare al coordinamento delle politiche economiche e di bilancio; la nascita delle misure cc.dd. di *flexicurity*, volte a combinare (come già accennato) flessibilità e sicurezza nel rapporto di lavoro e nel mercato del lavoro. Di queste ultime la centralità è stata ribadita dalla strategia Europa 2020 e, in seguito, il periodo pandemico ha confermato l'utilità in particolare degli strumenti di *security* destinati a garantire un sostegno al reddito in caso di difficoltà occupazionali parziali o totali; al contempo, si è messa in discussione l'adeguatezza della *flexicurity* quale modello di sviluppo del mercato del lavoro nei contesti nazionali diversi da quelli specifici in cui il concetto è sorto.

---

[29] I giudici interni hanno peraltro l'obbligo di garantire la completa efficacia delle norme europee, "disapplicando" qualsiasi disposizione nazionale con esse incompatibile: v., per tutte, CGUE, 9 marzo 1978, C-106/77, *Simmenthal*.

12. *Segue*: Le competenze dell'Unione europea in materia di politiche sociali e diritto del lavoro

Le materie di competenza dell'Unione europea

Possiamo ora meglio definire l'attuale quadro delle competenze dell'Unione europea in materia di politica sociale e diritto del lavoro.

La norma-chiave è l'art. 153 TFUE, dove si afferma che, per perseguire gli obiettivi in materia di politica sociale previsti dall'art. 151 [30], a sostegno e completamento dell'azione degli Stati membri, viene assegnata la competenza all'Unione europea nelle seguenti materie: a) miglioramento dell'ambiente di lavoro; b) condizioni di lavoro; c) sicurezza sociale e protezione sociale; d) protezione dei lavoratori in caso di risoluzione del contratto di lavoro; e) informazione e consultazione; f) rappresentanza e difesa collettiva degli interessi dei lavoratori e dei datori di lavoro; g) condizioni di impiego dei cittadini dei paesi terzi soggiornanti legalmente nell'UE; h) integrazione degli esclusi dal mercato del lavoro; i) parità tra uomini e donne; j) lotta contro l'esclusione sociale; k) modernizzazione dei regimi di protezione sociale.

Sussidiarietà verticale e orizzontale

Al fine di ripartire le competenze fra Unione e Stati membri nelle materie indicate, è previsto il ricorso al principio di sussidiarietà c.d. "verticale", ora disciplinato dall'art. 5 TUE, secondo il quale l'Unione interviene solo se la sua azione è più efficace rispetto al livello nazionale. Il principio di sussidiarietà opera anche in senso "orizzontale", e in quanto tale, sul piano giuslavoristico, ha il suo fondamento negli artt. 152, 153, par. 3, 154 e 155 TFUE, riferiti segnatamente al dialogo sociale europeo. In base a questa seconda declinazione del principio, l'Unione interviene in materia di politica sociale con un proprio atto normativo solo se questo è più efficace rispetto alla contrattazione collettiva europea.

Applicando il principio di sussidiarietà nella sua duplice accezione, nell'ipotesi in cui l'Unione europea decida di regolamentare una materia che rientra nella sua competenza, il Trattato prospetta due percorsi diversi. In tutti i settori prima indicati, l'Unione può adottare: a) per un verso, misure destinate a incoraggiare la cooperazione fra Stati membri, mediante, ad esempio, iniziative volte a migliorare la conoscenza e a sviluppare scambi di informazioni e di migliori prassi, ad esclusione di qualsiasi armonizzazione delle disposizioni legislative e regolamentari nazionali (art. 153, par. 2, lett. *a*, TFUE); b) per altro verso, direttive che prevedano prescrizioni minime applicabili progressivamente (art. 153, par. 2, lett. *b*, TFUE) (da questa seconda ipotesi sono però escluse la lotta contro l'esclusione sociale e la modernizzazione dei sistemi di sicurezza sociale).

Per la gran parte dei settori, è utilizzabile la procedura legislativa ordinaria, ovvero la co-decisione del Consiglio e del Parlamento europeo, che assumono le loro determinazioni a maggioranza qualificata. In quattro settori (sicurezza sociale e protezione sociale; protezione dei lavoratori in caso di risoluzione del

---

[30] Vale a dire: promozione dell'occupazione, miglioramento delle condizioni di vita e di lavoro, protezione sociale adeguata, dialogo sociale, sviluppo delle risorse umane atto a consentire un livello occupazionale elevato e duraturo, lotta contro l'emarginazione.

contratto di lavoro; rappresentanza e difesa collettiva degli interessi dei lavoratori e dei datori di lavoro; condizioni di impiego dei cittadini dei paesi terzi soggiornanti legalmente nell'UE) si applica invece la procedura legislativa speciale, secondo la quale il Consiglio delibera all'unanimità, previa consultazione del Parlamento; il che, per intuibili ragioni, rende più difficile approvare un atto normativo europeo.

Materie escluse dalla competenza dell'Unione europea

Infine, vi sono quattro materie – retribuzione, diritto di associazione, diritto di sciopero e diritto di serrata – nelle quali l'Unione europea non può emanare né misure destinate a incoraggiare la cooperazione fra gli Stati membri né direttive. Se ne deduce che si tratta di materie escluse dalla competenza dell'Unione (art. 153, par. 5, TFUE), essendo dubbia anche la possibilità di interventi normativi diversi, come, ad esempio, il coordinamento informale delle politiche nazionali. Tutto ciò – va ricordato – non ha impedito alla Corte di giustizia (nei già menzionati casi *Viking* e *Laval*) di considerare il diritto di sciopero un diritto fondamentale dell'Unione europea, né di effettuare, al contempo, il suo bilanciamento con altri diritti o libertà fondamentali. Così come va segnalato che, per assicurare un salario minimo a tutti i lavoratori (anche tramite la promozione della contrattazione collettiva), nell'ottobre 2020 è stata approvata, su proposta della Commissione, la direttiva (UE) 2022/2041 del 19 ottobre 2022 (v. *amplius* cap. XII, par. 2). La nuova disciplina non realizza l'uniformità retributiva negli Stati membri, ma definisce solamente i criteri e le fonti deputate a regolare l'istituto, mirando a garantire a livello europeo un'armonizzazione *soft* in una materia che, formalmente, resta di competenza dei singoli Stati membri (v. cap. XII, par. 2).

13. I diritti fondamentali dei lavoratori. Fonti e "catalogo" dei diritti fondamentali

A questo punto è possibile ed opportuno ampliare la visuale per soffermarsi su un altro tema assai interessante e attuale, i "diritti fondamentali". Si tratta di un tema che, a partire dalla terminologia, non appartiene alla cultura del costituzionalismo novecentesco. Nelle Costituzioni del Novecento ricorrono più frequentemente altre terminologie, come diritti della persona, diritti del cittadino e/o diritti dell'uomo, magari qualificati come diritti inviolabili (al riguardo è emblematico l'art. 2 della nostra Carta costituzionale, che – come vedremo – contribuisce a formare il *corpus* dei "principi fondamentali").

Pur avvertendo che ci troviamo in un contesto semantico assai insidioso (per le affinità tra le parole, per la grande astrazione dei concetti che evocano, per la loro naturale proiezione plurilinguistica), si può affermare che la qualificazione di "fondamentali" distingue determinati diritti non per il loro contenuto bensì per il "rango" che occupano nella gerarchia delle tutele, in ragione dei beni tutelati e delle tecniche giuridiche con cui vengono protetti. Questo, da un lato, vuol dire che anche nell'ambito dei diritti previsti dalla Costituzione nazionale occorre distinguere quelli fondamentali; e, dall'altro lato, sta a significare che i diritti fondamentali vanno cercati pure, se non soprattutto, al di fuori delle Costituzioni nazionali.

Il dibattito sui diritti fondamentali

È bene al riguardo dire subito con chiarezza che la materia non è assestata anche perché il dibattito tra gli studiosi è assai ricco. Coesistono punti di vista disciplinari molto differenziati, con una tendenziale egemonia del punto di vista della teoria generale e della filosofia del diritto. Per quanto riguarda il dibattito tra i giuslavoristi – solo di recente in via di approfondimento – pure vi sono punti di vista differenziati. Alcuni, ad esempio, danno un giusto risalto alla categoria dei diritti fondamentali e, al fine di circoscriverla, guardano soprattutto ai valori tutelati e ai soggetti attivi e passivi della relazione giuridica che sempre si instaura quando si riconosce un diritto. Di conseguenza tendono a ritenere "fondamentali" solo i diritti di libertà dei lavoratori, articolandoli intorno ai valori dell'eguaglianza, della libertà di opinione, della dignità della persona e della libertà sindacale e, comunque, distinguendoli dai diritti conferiti al lavoratore in qualità di parte di un contratto. Altri invece, guardando soprattutto alle trasformazioni indotte negli ordinamenti giuridici dai processi di convergenza socio-economica mondiale, ritengono che i diritti fondamentali siano quelli che si possono far rientrare in un "nucleo duro" di diritti inviolabili del lavoratore sottratti «ad eventuali regressi, provocati dalla globalizzazione, della normativa di tutela» (Del Punta, 2018).

Il secondo orientamento sembra cogliere più nel segno, in quanto rende meglio conto della funzione "conservativa" che nel diritto del lavoro assume la recente categoria dei "diritti fondamentali", ponendoli in parte anche al riparo da critiche drastiche secondo cui bisogna evitar di arrivare a configurare dei «diritti insaziabili, che si impadroniscono di spazi propri della politica e che, considerati come elemento fondativo dello Stato, espropriano la stessa sovranità popolare» (Rodotà). Esso però è in qualche modo riduttivo, perché individua solo, per così dire, "in negativo" i diritti fondamentali. Così facendo trascura il fatto che il loro riconoscimento nel diritto sopranazionale può anche comportare una estensione o una trasformazione delle tutele in alcuni ordinamenti nazionali o per alcuni istituti oppure una diversa considerazione di determinati diritti quando si tratti di contemperarli con altri, pure riconosciuti dai diritti nazionali, ma da non ritenersi fondamentali.

Perciò rispetto ai due orientamenti appena ricordati, sembra preferibile un altro approccio fondato essenzialmente su due aspetti, uno formale e l'altro sostanziale. Il primo – grazie al quale si può parlare di un "rango" nella gerarchia delle tutele – vale a porre in rilievo la tipologia delle fonti che riconoscono i diritti attribuendo loro la peculiare caratura di diritti fondamentali; il secondo rimarca la connessione di tale classificazione con determinati valori da ritenersi irrinunciabili. Questo approccio appare ben sintetizzato in una sentenza della Corte di Cassazione italiana[31] secondo cui «i diritti inviolabili dalla valenza costituzionale sono quelli non solo positivizzati, ma anche che emergono dai documenti sopranazionali, quali interpretati dai giudici nella loro attività ermeneutica. Si tratta di diritti o interessi che l'ordinamento non solo ricono-

[31] Cass. 9422/2011.

sce, ma garantisce e tutela con efficacia *erga omnes*, proprio perché fondanti la persona umana, che presenta una sua dignità, la quale fa da presupposto ineludibile per il loro esercizio e la loro attuazione». La sentenza – che, sia detto per inciso, non considera fondamentale il diritto al tempo libero – indica anche i "documenti sopranazionali" da cui dedurre tali diritti, cioè: «la normativa costituzionale da un lato, le norme della Convenzione europea sui diritti dell'uomo, così come interpretati dalla Corte di Strasburgo, lo stesso Trattato di Lisbona con l'allegata – e giuridicamente vincolante – Carta di Nizza, la Carta sociale europea aggiornata nel 1999».

Diritti fondamentali come diritti con tutele sovranazionali

Anche questo approccio lascia aperte molte questioni teoriche e pratiche, soprattutto perché mette in risalto il ruolo della concreta attività ermeneutica, disilludendo subito chi si aspettasse un elenco chiaro, fisso ed esaustivo dei diritti fondamentali. Questi ultimi si rinvengono invece solo attraverso una ricerca tanto necessaria quanto faticosa, che sfida il giurista moderno alla continua e ben argomentata ricostruzione degli stessi fondamenti ordinamentali. L'ultimo approccio sembra perciò in grado di fornire una valida bussola per intraprendere la ricerca, una bussola costituita dalle citate Carte dei diritti fondamentali che, ai vari livelli, affermano valori irrinunciabili, seppure, come tra poco si vedrà, proteggendoli con una diversa intensità regolativa.

Così tratteggiata, si capisce bene come la sempre più frequente invocazione dei diritti fondamentali sia il segno di un ritorno ad un costituzionalismo universalizzante e non privo di rigidità protettive. Questo neo-costituzionalismo non è automaticamente sovrapponibile a quello novecentesco, che possiamo qui ricondurre, con una semplificazione a scopo didattico, alla statica (e un po' illusoria) "messa in sicurezza" di un insieme di principi e diritti affidata essenzialmente all'ordinamento giuridico nazionale. Al riguardo, parlando di tutele fondamentali di rilevanza costituzionale, non si deve mai ignorare la efficacissima sintesi di una dottrina molto autorevole (A. Barbera) a proposito di una "visione tripartita della Costituzione". Secondo tale visione la Costituzione non è solo un, pur importantissimo, "testo" normativo, ma vive di un "contesto" fattuale[32] e normativo[33], soprattutto in virtù di un "pre-testo", cioè del quadro assiologico cui il testo rinvia. Tale concezione aiuta molto a capire come oggi, in un mondo relazionale dai confini sempre meno coincidenti con quelli degli Stati tradizionali, anche sotto il profilo strettamente tecnico-giuridico sia irrealistico far riferimento solo al testo costituzionale nazionale al fine di individuare e proteggere effettivamente i diritti fondamentali.

Costituzionalismo multilivello e diritti dei lavoratori

Il costituzionalismo del terzo millennio emerge infatti soprattutto a livello globale ed europeo, è intrinsecamente multilivello ed ha tratti di marcata interdisciplinarità. Esso appare molto più dinamico, complesso e instabile di quello "classico". Con tutti i suoi limiti, costituisce pur sempre un importante argine ad un relativismo giuridico – cioè ad una rinuncia a dotare gli esseri umani di un minimo comun denominatore in materia di diritti – che non appare all'altezza della crescente integrazione economica e tecnologica del mondo

[32] Cioè l'esperienza sociale in cui il testo si cala, è destinato ad essere operativo e si rinnova.

[33] Cioè l'ordinamento giuridico continuamente ricreato da giudici e legislatore.

attuale. Il «costituzionalismo globale» (De Sanctis) appare come «costruzione del diritto per espansione orizzontale, un insieme di ordini giuridici correlati, non punto di arrivo, ma strutturati in modo da sostenere la sfida di un tempo sempre mutevole, quasi una costituzione infinita» (Rodotà).

Con particolare riguardo al diritto del lavoro il processo di costituzionalizzazione multilivello induce ad una utile riconsiderazione degli approcci concettuali e metodologici sorti nella fase della sua costituzionalizzazione nazionale (per l'Italia gli anni '50 del secolo scorso). Secondo studiosi di varie generazioni quella fase è stata caratterizzata dalla contrapposizione tra due scuole di pensiero: una che avrebbe voluto tradurre in tutele legali rigide tutti i diritti riconosciuti ai singoli lavoratori dalla "nuova" Costituzione; l'altra che invece avrebbe voluto puntare sul "pluralismo sociale" come base giuridica dell'intero diritto del lavoro, un pluralismo da intendersi qui come riconoscimento graduale o graduabile dei diritti dei lavoratori affidato soprattutto alla contrattazione collettiva in quanto fonte di tutele "flessibili". Pur con qualche iniziale oscillazione, la seconda linea di pensiero sarebbe sostanzialmente prevalsa. Questo avrebbe comportato una dinamicizzazione/storicizzazione/relativizzazione dei diritti dei lavoratori, anche di quelli tutelati nella Costituzione del 1948; e, per altro verso, una loro sostanziale "collettivizzazione", cioè una regolazione affidata, in parte dominante, alla contrattazione collettiva.

Al riguardo un esempio può chiarire tutto. Secondo la prima linea di pensiero l'art. 36 Cost. – che riconosce a tutti i lavoratori il diritto ad una retribuzione sufficiente – avrebbe richiesto una legislazione diretta a garantire in via generalizzata un livello salariale minimo; secondo l'altro orientamento invece è più coerente con il sistema costituzionale affidare interamente alla contrattazione collettiva la determinazione dei salari minimi, in modo da poterli differenziare anche per categoria, territori e, persino, singola impresa. Tra le due linee di politica del diritto, non può esservi dubbio sul fatto che sia prevalsa la seconda (non esiste a tutt'oggi in Italia una legge sui minimi salariali), anche se con temperamenti dovuti al fatto che la giurisprudenza ha ritenuto il lavoratore titolare di un diritto alla retribuzione proporzionata e sufficiente direttamente derivante dall'art. 36 Cost.

Diritti individuali e diritti collettivi

Comunque siano andati i fatti, un impianto sistematico basato sul "garantismo collettivo e flessibile" non si sarebbe mai potuto affermare senza il fondamento costituzionale del potere collettivo, magari delineato in modo da accordare una prevalenza ai diritti collettivi (dei sindacati) rispetto a quelli individuali (dei lavoratori intesi come persone e come cittadini). Perciò si può dire che anche il "pluralismo sociale" presuppone una tutela costituzionale di istituzioni che nascono dalle dinamiche autonome delle relazioni socio-economiche: cioè presuppone garanzie giuridiche robuste che servano ad evitare il prevalere dei meri e contingenti rapporti di forza sociali e politici e mettano in grado i soggetti collettivi di far valere e regolare i diversi interessi meritevoli di tutela. Insomma la tutela delle libertà sindacali e del diritto di sciopero e il riconoscimento di una particolare forza giuridica al contratto collettivo sono quanto mai necessari anche per affidare al pluralismo sociale la concreta tutela dei diritti dei lavoratori.

Quando si passa ad analizzare la creazione di un ordinamento giuridico sovranazionale che non sia sbilanciato unicamente sul versante della promozione di un mercato unico, le scelte da fare appaiono simili a quelle della costituzionalizzazione dei diritti del lavoro nazionali. Solo che le fasi storiche e le connesse dinamiche sociali sono differenti. In particolare si può osservare che mentre il circuito della giuridificazione internazionale dei diritti dei lavoratori è andato di pari passo con la formazione delle costituzioni nazionali ed è stato influenzato, più o meno, dalle medesime dinamiche sociali e da analoghe egemonie politico-culturali[34], così non è accaduto con la costruzione del diritto dell'Unione europea.

Bill of rights internazionali ed europei

Sul piano dei *Bill of rights*[35] internazionali (soprattutto la carta dei diritti Onu, le varie carte "regionali" dei diritti dell'uomo, le convenzioni internazionali promosse dall'OIL e la Carta sociale europea) i diritti dei lavoratori *uti singuli* vengono affermati unitamente e paritariamente con i diritti collettivi, soprattutto libertà sindacale e sciopero: delineando perciò un quadro omogeneo, e perciò stesso poco problematico, rispetto a quelle costituzioni nazionali – e in specie rispetto a quella italiana – che seguivano il medesimo percorso formale, pur realizzandosi, in quanto "costituzione materiale", soprattutto con un largo affidamento al "pluralismo sociale".

Assai diversamente è andata per la progressiva costruzione del diritto dell'Unione europea, dove ad un *Bill of rights* si è giunti solo assai di recente (2009), dopo che il baricentro dell'ordinamento giuridico – fondato sul c.d. diritto primario originariamente contenuto nel Trattato istitutivo del 1957 – è stato per un ventennio almeno costituito dalle c.d. quattro libertà economiche (la libertà di circolazione delle merci, dei capitali, delle imprese e delle persone) e la cultura politico-economica prevalente è sempre più divenuta quella liberista, assai diversa dal mix di culture (liberale, ma anche cattolica, socialista e comunista) che avevano dato vita alle Costituzioni nazionali dei paesi che hanno man mano aderito prima alla Cee e poi all'UE. Ciò ha determinato due importanti fenomeni, uno sul piano fattuale e un altro sul piano giuridico. Il primo è che la costruzione del mercato unico europeo e delle istituzioni europee ha coinvolto solo in modo limitato le istituzioni sociali (*in primis* i sindacati), già radicate nei sistemi nazionali e, fino ad un certo punto, molto lontane per cultura e struttura organizzativa dalla dimensione europea (vista essenzialmente come un ambiente frequentato da "mercanti"). Sul piano giuridico ciò ha significato che scarsa attenzione è stata riservata ai diritti sociali, tanto dei singoli quanto dei soggetti collettivi, anche sul presupposto che il "sociale" fosse appannaggio dei vari diritti nazionali, secondo i diversi equilibri propri a ciascun ordinamento (c.d. *embedded liberalism*). Emblematico è, ad esempio, che quando finalmente il diritto

[34] Nel senso che le principali vicende nazionali ed internazionali si sono sviluppate tra la fine della seconda guerra mondiale e la fine degli anni '70, durante i quali la politica e il sociale tenevano testa alle pressioni dell'"economico".

[35] Il termine – che ha il suo primo riferimento storico in un documento di basilare importanza costituzionale approvato dal Parlamento inglese nel 1689 – viene utilizzato nel testo nel significato generico di Carta o Dichiarazione dei diritti di valenza generale.

europeo ha cominciato ad occuparsi di più del "sociale"[36], si è deciso di escludere le retribuzioni e lo sciopero dalle materie per le quali è possibile adottare regole volte all'armonizzazione dei diritti nazionali (art. 136, n. 5 TCE, ora 153 TFUE). Ciò non significa che non ci sia comunque una crescente attenzione ai diritti collettivi anche nel diritto europeo, ma questa attenzione non è paragonabile a quella che i medesimi diritti ebbero oltre sessanta anni fa nella Costituzione italiana[37]. Perciò, anche se può apparire paradossale in un diritto europeo improntato al principio di sussidiarietà, si può dire che nell'Europa di oggi ancora non esistono i presupposti giuridico-istituzionali per affidare la tutela dei diritti dei lavoratori alle dinamiche regolative di un equilibrato pluralismo sociale. Potrebbero esistere in futuro, anche grazie all'auspicabile consolidamento di soggetti sociali a "dimensione europea" (strutture e operatori sindacali nati e attivi in una cornice europea; imprese transnazionali; comitati aziendali europei; contrattazione collettiva transnazionale, ecc.).

Intanto l'affidamento su una legislazione "ordinaria" in materia di rapporti di lavoro – che in chiave europea potrebbe realizzarsi attraverso le fonti c.d. di diritto derivato, cioè regolamenti e/o direttive – è anch'essa parsa sempre più complessa man mano che l'Unione europea si allargava (dai sei Stati originari passava agli attuali ventotto) ed acquisiva maggiori competenze e potere a causa delle differenze tra i vari Stati, anch'esse crescenti, e della grandissima difficoltà di raggiungere ampi consensi (istituzionalmente richiesti dai Trattati, seppure con qualche graduale alleggerimento) sugli aspetti di dettaglio nella regolazione dei vari istituti. Invece di abdicare del tutto al compito arduo di edificare nel diritto dell'Unione anche l'Europa sociale, ci si è dedicati, dal 2000 in poi, a stilare una Carta contenente appunto i diritti fondamentali degli europei. Tra questi finalmente campeggiano i diritti sociali individuali e collettivi, seppure da bilanciare con le originarie quattro libertà fondamentali. Inoltre il trattato di Lisbona prevede che l'Unione in quanto tale aderisca alla Dichiarazione universale dei diritti dell'uomo (un'adesione non facile, ancora non completata).

Core labour standards dell'OIL

Mentre l'Europa viveva questa stagione, bisogna poi anche considerare che il diritto internazionale del lavoro non ha conosciuto una fase felice, stretto tra le morse di un'economia sempre più globalizzata, con un ruolo crescente degli attori commerciali di dimensioni sopranazionali (c.d. multinazionali), e istituzioni sempre più deboli, che stentavano a far ratificare o comunque a dare effettività alle tante convenzioni stipulate nel secolo scorso. Dopo lunghe fasi di stagnazioni, anche l'OIL ha ritenuto di rilanciare il proprio ruolo attraverso la Dichiarazione relativa ai principi e ai diritti fondamentali del lavoro del 1998, con la quale si sono definiti i *core labour standards* ricavati da otto convenzioni. Tali convenzioni riguardano: la libertà di associazione e il riconoscimento del

---

[36] In particolare con il c.d. APS, accordo sulle politiche sociali, allegato al protocollo di Maastricht del 1991, che ha preceduto la prima grande riforma dei Trattati istitutivi della Cee grazie alla quale sarebbe andata avanti l'integrazione economica e monetaria, con la nascita dell'euro dopo un decennio.

[37] La costituzione europea è stata infatti approvata sulla spinta prevalente di «ideologie individualistiche e liberali» (A. Cassese).

diritto effettivo alla contrattazione collettiva; l'eliminazione del lavoro obbligatorio e forzato; l'eliminazione del lavoro dei minori; l'eliminazione delle discriminazioni sul lavoro. Seppure per ragioni diverse e con tutt'altro esito, anche nel diritto internazionale tornano dunque alla ribalta i diritti fondamentali con particolare attenzione al mondo del lavoro.

Bisogna però aggiungere, sul piano internazionale, che vi è anche una sempre più intensa produzione di regole volte a liberalizzare gli scambi commerciali mondiali. I diritti fondamentali dovrebbero trovare posto anche in questi trattati, attraverso la previsione di "clausole sociali" che subordinino l'abbattimento di barriere protettive di mercato almeno al rispetto dei diritti fondamentali dei lavoratori.

Le tendenze "sovraniste" e il Pilastro sociale europeo

Il processo di produzione di diritti fondamentali nell'ordinamento giuridico multilivello è dunque in grande movimento e incide sempre più sui diritti del lavoro nazionali. Non va però trascurato che dal 2016 in Europa come in altri continenti (soprattutto nell'America del Nord) si affermano partiti politici e leader che tornano a porre l'accento sulle priorità dei propri Stati nazionali (il c.d. "sovranismo"). In Europa ad esempio nel Regno Unito il Governo, a seguito del referendum, ha lungamente negoziato il recesso dall'Unione europea (c.d. *Brexit*, diventato effettivo dal 2021). Mentre gli Stati Uniti per un lungo periodo (grossomodo coincidente con l'amministrazione Trump) hanno imboccato la strada delle politiche protezionistiche, poco favorevoli a sviluppare diritti comuni al resto del mondo.

Si tratta di tendenze importanti, che hanno rallentato anche l'affermazione dei diritti fondamentali in materia di diritti del lavoro, benché appaia difficile oggi tornare indietro rispetto al pur complesso patrimonio giuridico acquisito con i *Bill of rights* ai vari livelli ordinamentali.

In Europa una prima reazione alle chiusure nazionalistiche si può considerare, nel novembre 2017, la proclamazione del c.d. "Pilastro europeo dei diritti sociali", che contiene 20 principi e diritti fondamentali per la tutela dei lavoratori. Questo importante documento impegna l'intera Unione a rilanciare l'Europa sociale, anche se la sua natura giuridica non è chiara.

In virtù dell'ampio e complicato processo descritto, oggi si può e si deve dunque parlare di diritti fondamentali dei lavoratori che non si identificano, per estensione e intensità di tutela, con i diritti espressamente menzionati nelle costituzioni nazionali. Ciò rende più arduo sia individuarli sia ritenerli accomunati da un identico regime giuridico. Da essi però non si può prescindere proprio perché "fondamentali", ovvero posti a base degli ordinamenti giuridici nei quali sono da ritenersi vigenti le norme che li riconoscono.

Un ordine convenzionale per un "catalogo" dei diritti fondamentali

Le fonti da cui ricavare il "catalogo" dei diritti fondamentali sono, come si è visto in precedenza, molteplici. Da ognuna di esse potrebbe partirsi per fornire una prima individuazione di tali diritti, poiché una preliminare delimitazione dei diritti fondamentali in virtù di una loro riconduzione ad una sfera (libertà) o ad un'altra (il contratto) potrebbe apparire arbitraria o preconcetta. In effetti la gran parte di essi hanno riguardo sì al lavoratore, ma innanzitutto considerato come persona o come cittadino. Prescindono quindi dal contratto. Questo non vuol dire che tali diritti siano tutelati indipendentemente dalla cornice contrattuale in cui in molti ordinamenti vanno inseriti i diritti (e i doveri) dei lavoratori. Ma si tratta di una questione giuridica ulteriore, che va affrontata in relazione a ciascun diritto fondamentale, anche in considerazione dell'ampiezza e dell'intensità della tutela che nel diritto costituzionale plurilivello viene accordata a quei diritti.

Sulla base di tali premesse, si potrebbe partire da uno qualsiasi dei testi di rango costituzionale per procedere all'individuazione dei diritti fondamentali senza mai dimenticare di raccordarlo con gli altri testi e, soprattutto, con la Costituzione italiana. La nostra Costituzione, pure interagendo con le altre fonti sopranazionali di diritti fondamentali, comunque conserva un ruolo cruciale per la semplice ragione che a presidio delle norme in essa contenute è posta la Corte costituzionale cui è affidato il compito di giudicare la conformità del diritto applicato in Italia con il testo del 1948. Anche se oggi occorre distinguere tra i principi e i diritti fondamentali e le altre regole costituzionali, destinate a soccombere dinanzi a diritti basati sulla Convenzione europea dei diritti dell'uomo o sul diritto dell'Unione europea, così come interpretati dalla Corte europea dei diritti dell'uomo (Strasburgo) o dalla Corte di giustizia dell'Unione europea (Lussemburgo). La Corte costituzionale italiana comunque svolge la delicatissima funzione "esterna" (cioè riguardante norme non prodotte da istituzioni nazionali) di salvaguardare gli irrinunciabili "principi e diritti fondamentali" che concorrono a delineare i tratti basilari dell'ordinamento costituzionale nazionale (c.d. teoria dei controlimiti)[38].

Pur nella precisata centralità della Costituzione italiana, per una sintetica ricognizione del catalogo attuale dei diritti fondamentali è opportuno, se non doveroso, partire dalla Carta dei diritti più moderna, non solo cronologicamente, cioè dalla Carta dei diritti fondamentali dell'Unione europea entrata in vigore nel 2009. In essa, come s'è detto, confluisce un processo storico-normativo peculiare e assai complesso che ci consegna uno specifico catalogo dei diritti fondamentali in cui sono ricompresi anche i diritti sociali fondamentali, seppure con definizioni e ponderazioni diverse rispetto a quelle rinvenibili negli altri *Bill of rights*. Perciò da essa si può e oggi si deve partire, ma senza dimenticare di confrontare tale catalogo con quello delle altre fonti e senza affatto stupirsi se una situazione giuridica riconducibile in un ordinamento ai diritti sociali si ritrovi, ad esempio, nell'ambito dei diritti di libertà.

Dignità, libertà, eguaglianza e solidarietà

Come si legge nel preambolo, la Carta dell'Unione si fonda esplicitamente sui valori indivisibili e universali della dignità umana, della libertà, dell'eguaglianza e della solidarietà; pone la "persona" al centro dell'azione dell'Unione e istituisce «la cittadinanza dell'Unione [...] creando uno spazio di libertà, sicurezza e giustizia». La Carta poi riafferma, nel rispetto delle competenze e dei compiti dell'Unione e del principio di sussidiarietà, i diritti derivanti in particolare dalle tradizioni costituzionali e dagli obblighi internazionali comuni agli Stati membri, dalla Convenzione europea per la salvaguardia dei diritti dell'Uomo e delle libertà fondamentali, dalle carte sociali adottate dall'Unione e dal Consiglio d'Europa, nonché dalla giurisprudenza della Corte

[38] Sul tema v., da ultimo, le sentenze 238/2014 e 24/2017.

di giustizia dell'Unione europea e da quella della Corte europea dei diritti dell'Uomo. Il preambolo ha una declinazione conseguente in termini di riconoscimento sistematico di puntuali diritti. Nell'analizzare alcuni tra quelli che più interessano il diritto del lavoro, appare dunque agevole seguire l'ordine e la tipologia abbracciata dalla Carta dell'Unione. Innanzitutto essa riconosce alcuni diritti fondamentali della persona – e quindi anche del lavoratore – riconducibili ai valori della dignità (tit. I), libertà (tit. II) ed eguaglianza (tit. III); poi contiene una nutrita serie di diritti ricondotti al valore della solidarietà (tit. IV).

La dignità umana inviolabile

Il "catalogo" parte proprio dalla qualificazione come «inviolabile della dignità umana» (art. 1), una qualificazione che sembra evocare l'art. 2 Cost. italiana, dove però si specifica che i diritti inviolabili riguardano tanto "il singolo" quanto «le formazioni sociali ove si svolge la sua personalità». La Carta dell'Unione riconduce poi alla tutela del valore "dignità" anche la proibizione della schiavitù e del lavoro forzato (art. 5), che, come s'è detto, è oggetto anche della Dichiarazione universale dei diritti dell'Uomo (DUDU) e, da ultimo, della specifica Dichiarazione del 1998 dell'OIL con particolare attenzione a quegli aspetti che possono riguardare paesi avanzati come il nostro (si pensi al lavoro carcerario o all'uso indiretto di lavoro forzato nelle multinazionali).

Libertà di associazione e sindacale, diritto alla formazione professionale

Del titolo sulla "libertà" della Carta dell'Unione meritano di essere messe in evidenza la libertà di riunione e di associazione, specificamente in campo sindacale (art. 12), e il diritto all'accesso alla formazione professionale e continua (art. 14). La libertà di organizzazione sindacale è riconosciuta già nella Costituzione italiana (art. 39.1 Cost.) e, a livello internazionale, nelle convenzioni OIL 87/1948 e 98/1949, ma il carattere vincolante per tutti gli Stati membri che acquisisce, grazie alla sua formulazione nella Carta, non può essere sottovalutato. Per quanto riguarda la formazione professionale, la Carta UE riconduce il «diritto ... all'accesso alla formazione professionale e continua» (*lifelong learning*) ai diritti di libertà e, in tal modo, ne rimarca il significato economico. Viene in rilievo il diritto dei lavoratori a non restare senza adeguata e continua formazione, quale presupposto fondamentale per un mercato del lavoro come quello europeo, in cui è facilitata la circolazione dei lavoratori e la possibilità (in alcuni casi la necessità) di cambiare occupazione.

Eguaglianza, tutela antidiscriminatoria, parità uomo-donna

Seguono quindi i diritti riconducibili al valore dell'eguaglianza – tra cui la c.d. eguaglianza formale sancita all'art. 20[39] – i divieti di discriminazione previsti all'art. 21 e l'affermazione della parità tra uomini e donne dell'art. 23. Sull'eguaglianza formale è evidente l'influenza esercitata dalle convenzioni OIL, dalle norme dei Trattati europei e dalle dettagliate direttive antidiscriminatorie trasposte nella legislazione nazionale, le quali hanno di certo contribuito a rendere il novero dei diritti affermati nella Carta UE decisamente più ampio e moderno di quello custodito dalla nostra Costituzione. Basti pensare che questi diritti riguardano tutte le persone e non solo i cittadini e l'elenco dei fattori di discriminazione vietati, richiamato all'art. 21, è assai più ricco di quello dell'art. 3.1 Cost. italiana.

---

[39] Art. 20 Carta UE: «tutte le persone sono uguali davanti alla legge».

Ci si potrebbe chiedere, sul tema, perché nella Carta UE manchi un esplicito riconoscimento dell'eguaglianza sostanziale che, come noto, è invece contenuto all'art. 3.2 della nostra Costituzione. Malgrado un'indagine specifica non sia possibile in questa sede, una risposta soddisfacente richiede di considerare che il principio fondamentale in base al quale l'azione della Repubblica italiana è rivolta alla rimozione degli ostacoli di ordine economico e sociale che impediscono lo sviluppo pieno della persona e la completa partecipazione politica, economica e sociale di tutti i lavoratori, serve più a dare un'impronta *interventista* allo Stato [40], che a riconoscere diritti veri e propri in capo ai cittadini. Non deve dunque meravigliare che affermazioni simili non si ritrovino nel tit. III della Carta UE, che riguarda ventotto Stati con tradizioni e ispirazioni assai diverse.

Il cuore dei diritti "sociali" contenuti nella Carta UE è comunque nel tit. IV, dedicato alla solidarietà, laddove compaiono i veri e propri diritti *sociali* fondamentali. Questi diritti, sebbene siano già riconosciuti dalla Costituzione italiana, non di rado vanno ben oltre le formule utilizzate a livello nazionale.

Diritti sociali collettivi: informazione e consultazione, contrattazione, sciopero e serrata

I diritti sociali collettivi: informazione e consultazione, contrattazione, sciopero e serrata

Una prima serie riguarda i diritti sociali che possono fondare relazioni industriali, cioè i diritti all'informazione e alla consultazione nell'ambito dell'impresa (art. 27) e i diritti di negoziazione e di azioni collettive (art. 28), che, con un po' di ottimismo, potrebbero essere definiti le norme costitutive del "diritto sindacale europeo". Per quanto riguarda l'art. 27, esso garantisce ai lavoratori o alle loro rappresentanze il diritto all'informazione e alla consultazione in tempo utile, in modo che i lavoratori siano coinvolti (*involvement*) nella gestione delle imprese e possano così svolgere azioni di difesa rispetto a eventuali lesioni dei loro interessi. Il successivo art. 28, invece, enuclea i diritti sociali fondamentali alla contrattazione collettiva, allo sciopero e alla serrata, che restano quelli diretti, in una dimensione "collettiva", ad interferire con il libero esplicarsi dei mercati concorrenziali. Il riconoscimento delle prerogative dell'art. 28 non deve comunque essere eccessivamente enfatizzato, rispecchiando l'*acquis juridique* del diritto internazionale e delle tradizioni costituzionali di molti Stati europei, tra cui l'Italia.

I diritti sociali individuali: a) divieto di lavoro minorile

Il titolo IV della Carta dell'Unione europea include anche una serie di diritti riconosciuti in capo ai singoli lavoratori e riguardanti le varie fasi di cui si sostanzia un rapporto di lavoro. Cercando almeno di dare conto di alcuni di essi, una tutela particolare e specifica riguarda il minore, che l'art. 32 della Carta UE vieta di adibire al lavoro, affermando che l'età minima per lavorare è «l'età in cui termina la scuola dell'obbligo». Le limitazioni all'utilizzazione del lavoro dei minori sono tra le più risalenti esigenze generate dalle società industriali, a riprova del fatto che lo sviluppo tecnico-produttivo non coincide sempre con il riscatto umano e sociale. In realtà, si può condividere l'affermazione, di un notissimo premio Nobel per l'economia (Sen), secondo cui il ri-

---

[40] Nel senso che gli «ostacoli di ordine economico e sociale» devono essere «rimossi» dalla Repubblica con ogni mezzo e non solo attraverso la regolazione.

corso diffuso e necessitato al lavoro minorile rappresenta un indice di mancato sviluppo economico, giacché questo si misura anche dalla libertà riconosciuta alle persone. Sul piano fattuale, pur riscontrandosi un affinamento di conoscenze e strumenti per contrastarlo, il lavoro minorile resta comunque una grave e diffusa piaga e al riguardo sembra più che mai da rimarcare la funzione di deterrenza esercitata dall'art. 32.

b) diritti riguardanti la retribuzione

Nella serie di diritti inerenti allo svolgimento del rapporto di lavoro merita anche di essere evidenziato che non esiste nella Carta UE un omologo dell'art. 36.1 della Costituzione italiana, che, con norma-caposaldo del nostro diritto del lavoro, garantisce al lavoratore «una retribuzione proporzionata alla quantità e qualità del suo lavoro e in ogni caso sufficiente ad assicurare a sé e alla famiglia un'esistenza libera e dignitosa». Le ragioni di questa lacuna si spiegano alla luce della rinuncia dell'Unione europea a dettar regole sul diritto alla retribuzione, ma da ciò – è bene chiarire – non deriva anche l'esclusione della materia dai diritti fondamentali. Esistono anzi diverse convenzioni dell'OIL che prevedono la garanzia di un minimo salariale (26/1928; art. 10, 117/1962; 131 e 135/1970) e la stessa Unione europea ha in cantiere una direttiva sui salari adeguati che interviene indirettamente sulla materia: il problema da rimarcare è un altro, e cioè che queste norme internazionali non riescono a incidere granché sugli spontanei equilibri economici di mercato che si registrano a livello globale.

c) diritto a non subire licenziamenti ingiustificati

Sempre con riferimento ai diritti sociali individuali, per quanto riguarda l'estinzione del rapporto di lavoro e, segnatamente, il licenziamento, la Carta UE fornisce una duplice esplicita tutela, in base alla quale «ogni lavoratore ha diritto alla tutela contro ogni licenziamento ingiustificato» (art. 30) e «ogni persona ha il diritto di essere tutelata contro il licenziamento per un motivo legato alla maternità» (art. 33.2). La Carta UE considera dunque un diritto fondamentale del lavoratore ricevere una tutela contro il licenziamento ingiustificato ovvero il diritto a non essere licenziato senza una. A questo va però aggiunto, almeno per i Paesi che hanno ratificato la Carta sociale europea (tra cui l'Italia), l'art. 24 della medesima, in base al quale sono riconosciuti: *a)* il diritto a non essere licenziati senza un valido motivo legato alle proprie attitudini o alla propria condotta o basato sulla necessità di funzionamento dell'impresa, dello stabilimento o del servizio; *b)* il diritto del lavoratore licenziato senza un valido motivo ad un congruo indennizzo o altra adeguata riparazione; e *c)* il diritto del lavoratore che ritenga di essere stato oggetto di un licenziamento immotivato di impugnarlo dinanzi ad un organo imparziale.

Diritti sociali connessi al *Welfare State*: tutele sociali per maternità, malattia, infortunio, vecchiaia, disoccupazione

Diritti sociali connessi al *Welfare State*: tutele sociali per maternità, malattia, infortunio, vecchiaia, disoccupazione

Infine, l'ultimo gruppo di norme relativo al titolo sulla solidarietà riguarda i diritti sociali connessi al *Welfare State*, come quelli riguardanti il diritto della previdenza, o meglio, della sicurezza sociale. Il *Welfare State* si è sviluppato entro le mura nazionali e per un lungo periodo ha convissuto con il progetto di un'integrazione europea essenzialmente economico-mercantile. Con l'incedere dell'integrazione europea economico-monetaria non è parso più possibile tollerare diversificazioni a livello statale, giacché i bilanci pubblici degli Stati membri si riflettono anche sulla stabilità e solidità dell'euro, divenuta moneta unica o prevalente dell'Unione dal 2002. Si è così avvertita l'esigenza di delineare i connotati comuni dello Stato sociale e, in tal senso, di riconoscere una serie di diritti alle prestazioni di sicurezza sociale e ai servizi sociali che assicurano la protezione in presenza, tra gli altri, dei seguenti eventi generatori di bisogno: maternità, malattia, infortuni sul lavoro, dipendenza (intesa come "non autosufficienza"), vecchiaia, perdita del posto di lavoro (art. 34.1).

Limiti alle tutele previdenziali e assistenziali

Il catalogo dei diritti sociali connessi al *Welfare State* (a cui appartengono anche gli artt. 34.3 e 35 Carta UE) è di particolare rilevanza in una Unione che di recente si è allargata a tanti Paesi ma che, quasi in parallelo, ha dovuto fare i conti con ristrettezze finanziarie che molto hanno inciso proprio sui servizi sociali erogati dagli apparati nazionali. Tuttavia non si deve neanche pensare che tali diritti siano garantiti in modo incondizionato, in quanto proprio gli artt. 34 e 35 della Carta UE ripetono ad ogni piè sospinto che i diritti da essi contemplati sono riconosciuti e garantiti «secondo le modalità stabilite dal diritto dell'Unione e le legislazioni e prassi nazionali». Mentre nella Costituzione italiana esiste dal 2012 il vincolo del pareggio di bilancio (artt. 81 e 97.1).

14. Il livello di protezione e il "contenuto essenziale" dei diritti fondamentali nel costituzionalismo multilivello

Contenuto "minimo" e realizzabilità giuridica dei diritti fondamentali

Quest'ultima notazione – che rimanda a tutte le altre norme sui diritti fondamentali dei lavoratori in Europa dall'analogo tenore (artt. 16, 27, 28, 30) – deve rendere avvertiti del fatto che la possibilità di redigere un "catalogo" di tali diritti con valenza non solo nazionale costituisce solo il primo passo verso la costruzione di uno statuto protettivo "minimo" del lavoratore europeo. Per ciascun diritto fondamentale occorre approfondire contenuto specifico e realizzabilità giuridica. Soprattutto la seconda non si può ritenere fondata solo su un generico riconoscimento di rango costituzionale, ma occorre verificare in concreto: l'articolazione della legislazione di dettaglio; i meccanismi sanzionatori; l'adeguatezza degli apparati amministrativi che intervengono con autorizzazioni, certificazioni, ispezioni, ecc.; il controllo sociale che può esercitare il sindacato dentro e fuori l'impresa; la possibilità non solo di agire in giudizio – che è un corollario necessario del riconoscimento del diritto (v. art. 47 Carta UE; art. 24 Cost.) – ma di ottenere una decisione equa in tempi ragionevoli. In tutti questi passaggi, che conducono dal solenne riconoscimento di un diritto fondamentale all'effettività della tutela, si innestano spazi di ampia differenziazione tra i vari diritti nazionali che possono condurre a forme di tutela più o meno blande o incisive.

La duplice questione differenziazione/effettività è ridimensionata quando il diritto fondamentale risulta presidiato non solo da norme di diritto internazionale o europeo, ma anche da norme della Costituzione nazionale, almeno quando la Carta Costituzionale ha un grado di cogenza garantito da un giudice specializzato e messo nella condizione di adeguare la legislazione a principi e norme costituzionali. È questo il caso dell'Italia, dove la Corte costituzionale ha svolto e svolge un ruolo ampio e determinante nel garantire la conformità costituzionale della legislazione in materia di lavoro.

Due principi che orientano nell'intreccio delle fonti:

In ogni caso il problema, come si è inizialmente accennato, risulta complicato dall'intersecarsi di fonti che intervengono sui medesimi diritti fondamentali. In sintesi due sono i principi che paiono poter orientare e, in qualche modo, tranquillizzare in ordine ad un vero e proprio "spaesamento ordinamentale", cioè dal ridursi dell'autonomia del diritto nazionale inserito in una gerarchia sopranazionale di fonti dal contenuto talora inevitabilmente generico. Il primo principio è quello della salvaguardia del livello di protezione dei diritti dell'uomo e delle libertà fondamentali riconosciuto «dal diritto dell'Unione, dal diritto internazionale, dalle convenzioni internazionali delle quali l'Unione o tutti gli Stati membri sono parti, in particolare dalla Convenzione europea per la salvaguardia dei Diritti dell'uomo e delle libertà fondamentali e dalle costituzioni degli Stati membri» (art. 53, Carta UE).

a) salvaguardia dei diritti dell'uomo e delle libertà fondamentali (art. 53 Carta UE)

Tale principio è rafforzato da due regole di carattere interpretativo in virtù delle quali: i diritti fondamentali della Carta UE corrispondenti a quelli garantiti dalla Cedu hanno «significato e portata [...] uguali a quelli conferiti nella convenzione», salvo protezione più estesa nel diritto complessivo dell'Unione (art. 52.3); i diritti fondamentali riconosciuti dalla Carta UE «quali risultano dalle tradizioni costituzionali comuni agli Stati membri [...] sono interpretati in armonia con tali tradizioni» (art. 52.4).

b) garanzia del "contenuto essenziale" dei diritti (art. 52.1 Carta UE)

Il secondo principio possiamo denominarlo «del contenuto essenziale del diritto» (art. 52.1 Carta UE). Per comprenderne il senso occorre avere ben chiaro che anche i diritti riconosciuti dalla Carta UE, come quelli previsti dalla Costituzione italiana (v., ad esempio, art. 40), possono subire "limitazioni all'esercizio". Tali limitazioni devono essere innanzitutto "previste dalla legge" e devono aver riguardo al "principio di proporzionalità" cioè devono "essere necessarie" e rispondere effettivamente «a finalità di interesse generale riconosciute dall'Unione o all'esigenza di proteggere i diritti e le libertà altrui» (sempre art. 52.1). Nonostante queste espressioni cautelative debbano mettere in allerta i legislatori nazionali, sottoposti evidentemente ad una valutazione di ultima istanza affidata alla Corte di giustizia dell'Unione, esse non sono tali da caratterizzare in modo chiaro i diritti fondamentali previsti dalla Carta UE, che come abbiamo visto in precedenza sono numerosi e sicuramente da contemperare tra loro e in rapporto con le libertà (prima tra tutte la "libertà di impresa"). È qui che interviene il "contenuto essenziale" del diritto, che l'art. 52.1 della Carta UE indica come limite invalicabile, identico per ogni legislatore nazionale, "nucleo" vitale incomprimibile dello statuto protettivo del lavoratore europeo. Qui si arresta la "fluidità" del costituzionalismo multilivello, almeno dentro i confini dell'Unione europea. A presidio di questo "contenuto essenziale" ci sarà innanzitutto la Corte di giustizia dell'Unione; ma il suo ruolo non può svolgersi in uno splendido isolamento, dal momento che dovrà fare i conti con il ruolo delle Corti nazionali a tutela dei diritti fondamentali riconosciuti da ciascun ordinamento giuridico in quanto recettivo dei livelli di protezione ai quali rinvia l'art. 53. Infatti il "contenuto essenziale" di ciascun diritto dovrà necessariamente essere individuato tenendo conto di quel livello di protezione che non può essere disconosciuto dai diritti nazionali in cui vige la norma che prevede il diritto fondamentale.

Ambito di applicazione della Carta UE (art. 51) come limite ai diritti fondamentali

Per quanto riguarda vincolatività ed incisività della Carta dei diritti dell'Unione europea vi è infine da tener presente che un peso crescente va acquisendo l'art. 51, che ne definisce l'ambito di applicazione. Secondo questa norma le disposizioni della Carta «si applicano alle istituzioni, organi e organismi dell'Unione [...], come pure agli Stati membri nell'attuazione del diritto dell'Unione». Secondo le prime sentenze in materia della Corte di giustizia questo vuol dire che i diritti fondamentali riconosciuti dalla Carta UE non possono essere imposti ai singoli Stati se sullo specifico istituto non vi siano altre norme di diritto dell'Unione (previste dai trattati, dai regolamenti, dalle direttive) già vincolanti[41]. Si tratta di un'interpretazione assai riduttiva, in quanto riduce notevolmente la possibilità di chiedere alla Corte di giustizia di sanzionare la violazione dei diritti fondamentali da parte dei singoli Stati. È vero che la Carta conserva la sua vincolatività nei confronti di ogni attività svolta da "istituzioni, organi e organismi dell'Unione"; ma neanche su tali attività o atti (salvo che non abbiano efficacia vincolante) la Corte di giustizia può intervenire.

15. Il ruolo dei diritti fondamentali nel diritto del lavoro in trasformazione

Approccio di analisi economica del diritto: critica

Come inizialmente s'è detto, i diritti fondamentali svolgono in ogni caso un ruolo molto importante nell'odierno diritto del lavoro in profonda trasformazione. Innanzitutto sul piano teorico valgono a tener agganciata la materia ai dibattiti più attuali che, proiettando i diritti fondamentali oltre la tradizionale distinzione tra diritto pubblico e diritto privato, pongono in risalto la necessità di presidiare alcuni valori con tecniche giuridiche più efficaci e resistenti. In effetti il lavoro, in quanto oggetto di una relazione contrattuale che si immagina radicata in un contesto di mercato, rischia da qualche anno di essere fortemente dominato da teorie o ideologie di tipo iperliberista. Tali ideologie – che si manifestano soprattutto nelle correnti di pensiero giuridico che si richiamano alla c.d. analisi economica del diritto[42] – spingono a valutare innanzitutto la congruenza della norma protettiva con l'obiettivo di maggiore efficienza eco-

---

[41] V. le sentenze della Corte di giustizia 26 febbraio 2013, *Åkeberg Fransson*, C-617/10; 18 gennaio 2014, *Association de médiation sociale*, C-176/12; 8 maggio 2014, *Pelckmans Turnhout NV*, C-483/12; 5 febbraio 2015, *Poclava*, C-117/14: 20 settembre 2016*, Ledra Advertising Ltd e altri*, C-8/15 e C-10/15; 13 giugno 2017, C-258/14, *Eugenia Florescu e altri*; 17 marzo 2021, *KO*, C-652/19.

[42] Si tratta di un filone di pensiero, nato negli anni '60 negli Stati Uniti d'America con gli studi di Ronald Coase e Oliver E. Williamson, che privilegia un approccio interdisciplinare di diritto e scienze economiche (detto infatti anche di *Law and Economics*) e "importato" nel diritto del lavoro italiano verso la metà degli anni '90 del secolo scorso soprattutto grazie agli studi di Pietro Ichino.

nomica. Questo approccio rende il contratto uno strumento più funzionale al mercato che alla garanzia di determinati diritti, persino fondamentali, in capo al lavoratore. Una forma di reazione a queste teorie si manifesta nel tentativo, assai più recente ed embrionale, di considerare il lavoro alla stregua di un "bene comune", cioè una sorta di *res* posseduta da tutti e da garantire indipendentemente dalla relazione contrattuale. In fondo si tratta del riemergere della necessità di tutelare il lavoro etero-organizzato prima e oltre il contratto, in quanto incide sulla sfera vitale della persona o del cittadino prima che del contraente. Ripartendo da questo dato ancora attuale – sebbene assai trasformato dalle tecnologie – dell'etero-organizzazione, proprio la teorica dei diritti fondamentali può aiutare a reggere l'urto delle tesi neo o iperliberiste. Meglio dunque continuare a ricondurre la tutela della dignità del lavoro all'interesse generale da garantire anche con norme rigide poste in cima alla gerarchia delle fonti, pur nella consapevolezza della odierna "liquidità" di questa gerarchia (Martelloni) e della crescente labilità dei confini tra diritto pubblico e diritto privato.

Lavoro come "bene comune": critica

Comunque già da questo dibattito, che può apparire astratto, derivano alcune conseguenze pratiche. Ad esempio se, come si è detto in precedenza, è da considerarsi fondamentale il diritto ad un'equa retribuzione, tale diritto deve trovare una circostanziata disciplina ad opera di una legislazione nazionale più specifica che, direttamente o indirettamente, ma con norme di generale vincolatività, individui qual è una ragionevole soglia sotto la quale il salario non è da considerarsi equo e deve essere adeguato *iussu iudicis*.

La funzione "pratica" dei diritti fondamentali

I diritti fondamentali svolgono poi funzioni che possono considerarsi ancora più importanti sotto il profilo "pratico". Al riguardo c'è chi li considera idonei a costituire "una piattaforma irrinunciabile" sottratta al dominio della politica e dell'economia e in grado di costituire un vero e proprio programma generale di politica del diritto valido innanzitutto per il legislatore. Chi è più scettico sulla possibilità di individuare in via legislativa tale piattaforma e, con un richiamo al realismo, affida di più alla giurisprudenza l'individuazione della giusta regola del caso concreto, ritiene però che le necessarie operazioni di bilanciamento affidate ai giudici devono, all'osso, tener conto dei diritti fondamentali (e in particolare del "principio normativo di dignità": Caruso) e di come si possano regolare i rapporti di lavoro senza negarne alcuno[43]. Sono approcci complessi che, al di là delle apparenze, delineano ancora profonde diversità nel fondamento e nei principi dinamici dei diversi sistemi giuridici (di *civil law* o di *common law*). Dal punto di vista del diritto del lavoro, appare comunque evidente che il discorso sui diritti fondamentali oggi non si muove più a livello di mere opzioni di politica del diritto, ma investe il piano dell'operatività delle regole che riconoscono tutele concrete in una pluralità di sedi giudiziarie. Perciò nello studio del diritto del lavoro, occorre conoscere bene il complesso dibattito sui diritti fondamentali, necessari per costruire, nelle temperie del mondo che sfugge alla regolazione illuminata da un'unica Ragio-

Statuto personale di portata transnazionale

[43] Per un recente esempio di bilanciamento assai problematico tra diritto alla salute e diritto al lavoro v. Corte cost. 85/2013 sul caso ILVA.

ne, una vera e propria cittadinanza europea intesa come «statuto personale di portata transnazionale» (Giubboni).

Diritti, doveri e responsabilità sociale

Un'ultima precisazione. Il tono e i contenuti delle analisi sin qui condotte sulla base dei dati di diritto positivo potrebbero far pensare che tale statuto debba contenere unicamente diritti. Sarebbe sbagliato e fuorviante. Infatti il nuovo diritto costituzionale multilivello ha tanti difetti, ma un grande pregio: non nasce dalla roboante retorica di una politica acerba e velleitaria, ma dalla profonda consapevolezza della complessità della storia dell'uomo moderno. Nasce così anche dalla consapevolezza che, se è fondativo di una comunità civile e moderna «il diritto di avere diritti» (Rodotà), tuttavia i diritti hanno un elevato costo sociale e tale costo non può essere accollato a soggetti estranei alla comunità stessa che riconosce quei diritti. Questo significa che il dovere di far parte con lealtà e correttezza di un sistema economico in grado di produrre ricchezza va di pari passo con il diritto di avere diritti, fondamentali e no. Questo basilare principio vale tanto per le imprese quanto per i lavoratori e, benché non risulti scritto con chiarezza in tutte le carte costituzionali (ma v. art. 2 Cost.), è da porre alla base di una responsabilità sociale che nasce nella coscienza individuale e solo grazie ad essa si propaga nella vita delle istituzioni politiche, economiche e sociali. Del resto non occorrono specifiche previsioni costituzionali per configurare il catalogo dei doveri dei lavoratori, senza il quale nessun datore di lavoro potrebbe realizzare il suo interesse. E questo emergerà ampiamente dall'analisi della concreta disciplina del rapporto di lavoro contenuta nella legislazione nazionale e nella contrattazione collettiva di ogni tipo e livello.

Capitolo III
L'organizzazione e l'ordine giuridico del mercato del lavoro

1. Premessa: il mercato e il diritto del lavoro

Procedendo nello studio della nostra materia è opportuno ora illustrare brevemente – arricchendo le premesse di ordine generale svolte nei precedenti capitoli, attinenti al metodo e alla strumentazione del diritto del lavoro – alcuni elementi del contesto economico e sociale su cui si innesta l'ordinamento giuridico-lavoristico. Difatti, questo ambito influenza il, ed è influenzato dal, "mercato del lavoro"; in altre parole il diritto del lavoro è causa ed effetto, al contempo, dell'impatto sulla "realtà" delle regole giuridiche definite per ordinare le relazioni lavorative, a livello individuale e collettivo.

Il mercato del lavoro

Anzitutto va evidenziato come, al di là di ogni accezione tecnica, la parola *mercato* sia suggestiva, perché rimanda alla logica dello scambio. Del resto il contratto di lavoro è senza dubbio strumento di transazioni di mercato: esso è il principale negozio attraverso il quale si compongono gli interessi che vengono in rilievo esattamente a seguito dell'incontro tra una proposta di lavoro e un'accettazione di questa.

"Domanda/offerta" di lavoro; le relazioni di lavoro sono, in prima battuta ed essenzialmente, il prodotto della convergenza tra questi due poli, valorizzabili in una prospettiva tanto micro quanto macroeconomica. In entrambe le prospettive l'ordinamento giuridico delinea contenuti precettivi e finalità operative che, rimandando a primari valori costituzionali, comportano una compiuta regolamentazione delle dinamiche del mercato del lavoro e degli effetti di esse sulle vicende delle imprese e dei lavoratori: ciò in ragione dell'evidente fatto che le persone non possono ridursi a meri beni di uno scambio commerciale.

La relazione tra diritto ed economia

In effetti, la relazione tra diritto ed economia impatta direttamente su molti aspetti: la realizzazione e il soddisfacimento di alcuni fondamentali bisogni e diritti della persona; l'andamento della ricchezza del Paese; la produttività delle imprese; la tenuta delle relazioni industriali e il ruolo delle rappresentanze sociali; la saldezza della convivenza civile. Le problematiche di fondo – è bene sottolinearlo – hanno carattere universale, là dove – pur con differenze e specificità – praticamente in tutto il mondo il diritto si premura di fissare un assetto variamente regolato degli scambi che avvengono nel mercato del lavoro: ciò agendo su molteplici versanti. Quest'attenzione alle regole di funzionamento del mercato del lavoro si spiega principalmente in ragione della struttura e della composizione di esso: ambedue caratterizzate dall'instabilità o, meglio, dall'estrema precarietà dell'equilibrio tra i due poli sopra richiamati (domanda/offerta). Del resto, la scarsità della "risorsa lavoro" disponibile sul mercato rispetto alla domanda occupazionale è oggi ancor più evidente, specie se si concepisce l'impiego lavorativo nella sua più tradizionale accezione di occupazione stabile a tempo pieno. Una delle esigenze maggiormente avvertite da sempre, allora, è quella di apprestare gli strumenti per consentire un'ottimale distribuzione delle occasioni di lavoro; e ciò in un'ottica di soddisfacimento degli interessi sia in senso stretto produttivi sia delle persone.

Bisogna in altri termini comprendere che le norme giuslavoristiche e la loro applicazione sono il frutto dinamico dell'operare congiunto di persone e istituzioni; esse vivono di un adattamento costante all'andamento dei cicli dell'economia reale. Cicli e contesti che si devono governare, per orientarli ad alcuni valori costituzionali fondamentali; sebbene spesso si assista a un capovolgimento di fronte, in cui è il diritto del lavoro a dovere resistere alla pressione dell'irregolare tumulto economico-finanziario.

In pratica l'intero sistema del diritto del lavoro non può comprendersi, e prima ancora studiarsi, se non si acquisisce almeno una minima confidenza con nozioni e definizioni socio-economiche che interagiscono con la dimensione normativa e giurisprudenziale propria dell'ordinamento giuridico.

In questo capitolo tracceremo un abbozzo di tutto ciò; in particolare ci soffermeremo sui principali indicatori economici del mercato del lavoro, sui protagonisti della regolazione normativa di quel dinamico scenario e sulle politiche – che chiameremo attive – volte ad assicurare il *matchmaking* tra domanda e offerta di lavoro.

2. Occupati, disoccupati, inattivi, poveri e pensionati

Un punto di partenza, semplice e lineare, è la rappresentazione delle occasioni di lavoro ovvero dei posti di lavoro. L'economia teorizza e spiega lo scambio tra domanda e offerta di lavoro; a domandare lavoro è chi se ne serve per svolgere la propria organizzata attività economica, e non solo (si pensi al lavoro domestico); a offrire lavoro è chi possiede conoscenze e abilità professionali e intende impiegarle alle dipendenze altrui. Ovviamente le relazioni di lavoro partecipano di scenari molto complessi: investimenti pubblici e privati; politiche industriali; strategie internazionali, di Paesi e Nazioni ma anche di grandi gruppi privati.

Il tasso di occupazione

Il tasso di occupazione della popolazione indica quante persone – tra quelle potenzialmente impiegabili – svolgono effettivamente un'attività lavorativa. È un indicatore importante di ricchezza e sviluppo, perché misura una fetta importante di percettori di reddito, i quali contribuiscono al finanziamento e alla tenuta del Welfare nel suo insieme considerato (beni, servizi e prestazioni); segnala, peraltro, l'efficienza e la razionalità delle politiche di istruzione e formazione professionale di un Paese, riscontrando i margini di allineamento tra le competenze richieste dal mercato del lavoro e quelle effettivamente disponibili. Secondo gli ultimi dati statistici forniti nel 2022 l'Italia ha registrato il tasso di occupazione più basso tra i 27 Paesi dell'Unione europea, con il 64,8% del totale delle persone con un impiego sul totale della popolazione attiva, seguita dalla Grecia (66,3%) e dalla Romania (68,5%). Nell'UE, nel 2022 il 74,6% delle persone di età compresa tra 20 e 64 anni era occupato e in tutti gli Stati membri il tasso di occupazione nel 2022 è stato superiore a quello del 2021. I dati ISTAT (aggiornati al 30.06.23) sottolineano che ad aprile prosegue la crescita dell'occupazione (+48 mila rispetto al mese precedente) che porta gli occupati a 23 milioni 446 mila, evidenziando che il numero è superiore di 390 mila unità rispetto a quello di aprile 2022, per effetto di un aumento dei dipendenti a tempo indeterminato e degli autonomi che è maggiore della diminuzione dei dipendenti a termine.

Il tasso di disoccupazione

Su base mensile, il tasso di occupazione sale al 61%, mentre quelli di disoccupazione e di inattività calano al 7,8% e 33,6% rispettivamente. Nel dettaglio, l'occupazione cresce (+0,2%, pari a +48 mila unità) per donne, dipendenti permanenti, autonomi, giovani e per chi ha almeno 50 anni; cala tra i dipendenti a termine e gli individui di età compresa tra i 25 e i 49 anni.

Gli inattivi

Gli inattivi sono i soggetti che non lavorano e non cercano lavoro, né sono coinvolti in percorsi di formazione. Il tasso di inattività, infatti, indica il rapporto tra le "non forze lavoro" della popolazione di un'età compresa tra i 15 e i 64 anni di età e il totale della popolazione corrispondente. Fanno parte della "non forza lavoro" tutte quelle persone che non sono occupate ma non cercano lavoro; non lo cercano perché non vogliono lavorare o comunque, pur volendo lavorare, non intraprendono percorsi di ricerca o restano in attesa di richieste di lavoro già avanzate: in quest'ultimo caso di parla di "forza lavoro potenziale". In Italia il numero degli inattivi è considerevole e nell'ultimo anno, come già detto, si è incrementato ulteriormente.

I Neet

Tra gli inattivi una particolare attenzione deve essere dedicata ai cc.dd. *Neet* (*Not in Education, Employment or Training*). Negli ultimi anni è emersa infatti una nuova categoria di persone vulnerabili nel paese, che possiamo chiamare i "nativi precari", giovani che non solo non studiano e non lavorano, ma che vivono anche in famiglie dove nessun genitore è occupato, e che rappresentano il 20% della popolazione fra i 15 e i 29 anni. Secondo l'Istat, gli indicatori del benessere dei giovani, in Italia sono ai livelli più bassi in Europa e, nel 2022, quasi un ragazzo su due tra 18 e 34 anni ha almeno un segnale di deprivazione, 4 milioni e 870 mila persone. Inoltre circa 1,7 milioni di giovani, quasi un quinto di chi ha tra 15 e 29 anni, non studia, non lavora e non è inserito in percorsi di formazione. La quota di Neet, pari a 1,7 milioni di persone, resta sopra la media Ue di oltre 7 punti, più bassa solo a quello della Romania.

Il fenomeno dei Neet interessa in misura maggiore le ragazze (20,5%) e, soprattutto, i residenti nelle regioni del Mezzogiorno (27,9%) e gli stranieri (28,8%). L'incidenza dei Neet diminuisce al crescere del titolo di studio.

I pensionati

Per completare il quadro, infine, è utile dar conto delle persone in pensione. Esse non sono più attive sul mercato del lavoro, ovviamente, ma la loro misurazione – rispetto al numero degli occupati e dei disoccupati – serve a comprendere la fragilità dell'equilibrio socio-demografico italiano, dove in prospettiva si corre il rischio che saranno più i pensionati che i lavoratori in servizio, ciò con gravi ricadute sul finanziamento della previdenza sociale. In più questo dato o, meglio, questa interrelazione può servire ad orientare il legislatore nella definizione della durata della vita lavorativa e, dunque, a conferire ragionevolezza alle riforme pensionistiche. In questa ottica le cifre sono davvero interessanti. L'INPS (Istituto Nazionale della Previdenza Sociale: v. *infra*) nel Rapporto annuale 2022 riporta il numero totale dei pensionati – ex lavoratori iscritti alle gestioni INPS – al 31 dicembre 2021: essi sono circa 16 milioni, di cui 7,7 uomini e 8,3 donne; nel Rapporto si rimarca come, sebbene siano più le pensionate che i pensionati, vi sia un divario nel reddito pensionistico a netto svantaggio delle donne.

La povertà

La Relazione del Presidente dell'INPS, che accompagna il Rapporto, ha poi evidenziato che crescono sempre più le diseguaglianze reddituali, anche a causa della precarizzazione del mercato del lavoro che potrebbe portare all'aumento dei cc.dd. *working poors*. La stessa relazione, poi, rimarca come il tasso di povertà sia particolarmente elevato, soprattutto nelle regioni meridionali e nelle isole.

3. All'ombra del mercato: il lavoro sommerso

Purtroppo le relazioni di lavoro spesso non si svolgono alla luce del sole. Esiste il c.d. lavoro nero – più tecnicamente lavoro sommerso o non dichiarato – che sfugge alle regole del diritto e della leale concorrenza imprenditoriale, e che rappresenta da sempre un campo di sfida formidabile per l'ordinamento giuridico, non solo nazionale.

Non esistono dati univoci sul lavoro non dichiarato; una realtà, per l'appunto, fuori dai circuiti formali di rilevazione. Si tratta, quindi, di elaborare stime e previsioni che richiedono l'incrocio di molti dati statistici. Ciò spiega perché, in genere, le rappresentazioni più accreditate non siano mai contestualizzabili ad una fase economica ravvicinata. Gli ultimi dati forniti dall'Istat rivelano che il lavoro sommerso, seppure in calo, anche per effetto della crisi pandemica, riguarda ancora una percentuale significativa di occupati, con incidenze più alte nei settori dell'agricoltura e delle costruzioni. Più avanti, comunque, ci soffermeremo con maggiori dettagli su tale fenomeno.

4. I principali attori del mercato del lavoro

Il contesto valoriale in cui si muove la disciplina del mercato del lavoro vede la più parte degli ordinamenti del mondo protesi non solo a fissare regole ma a svolgere un ruolo attivo nel governo delle dinamiche economico-sociali, attraverso soggetti pubblici ovvero, comunque, un sistema di servizi (non necessariamente solo pubblici) deputati al presidio dello scenario cui stiamo accennando. Istituzioni, quindi, che in Italia sono deputate, in ragione di un solenne impegno fissato dai nostri costituenti, a «*promuovere le condizioni che rendano effettivo*» il diritto al lavoro (art. 4 Cost.), sancito anche nella stragrande maggioranza di varie costituzioni nazionali e nelle fonti internazionali sui fondamentali diritti della persona.

Questa parte del capitolo vuole illustrare i soggetti la cui azione presenta ricadute dirette ed essenziali sulle principali dinamiche dell'occupazione e del lavoro: amministrazioni pubbliche e apparati istituzionali (nazionali, europei e internazionali); imprese e sindacati. Ovviamente ciascuno di questi soggetti riveste ruoli molto diversi l'uno dall'altro; ma vi è un filo conduttore che li lega tutti: i diritti costituzionali multilivello. D'altronde, anche solo partendo dalla nostra Costituzione, per ciascuno di questi soggetti rinveniamo puntuali riferimenti, talvolta a veri e propri obblighi e compiti, talaltra a limiti e condizionamenti (è il caso dell'art. 41, con riferimento all'iniziativa economica privata).

4.1. Le amministrazioni dello Stato, le Regioni e gli altri enti pubblici

Volendo disegnare un'ideale mappa, con al centro la nostra Costituzione, deve richiamarsi in primo luogo il Consiglio nazionale dell'economia e del lavoro (Cnel), organo ausiliario disciplinato dall'art. 99 Cost. Il Cnel

Si tratta di un «organo di consulenza delle Camere e del Governo». Tra le sue molteplici funzioni il Cnel esprime valutazioni e proposte sui più importanti documenti ed atti di politica e di programmazione economica e sociale, anche con riferimento alle politiche comunitarie. In ogni caso, il Consiglio può esprimere proprie valutazioni sull'andamento della congiuntura economica in sessioni semestrali e può contribuire all'elaborazione della legislazione quando comporti indirizzi di politica economica e sociale. Inoltre, al Cnel è stata affidata la redazione di una relazione annuale (consegnata al Parlamento ed al Governo) sui livelli e la qualità dei servizi erogati dalle pubbliche amministrazioni centrali e locali alle imprese e ai cittadini nonché la cura e la gestione dell'archivio nazionale dei contratti e degli accordi collettivi di lavoro. Ai sensi dell'art. 99, co. 3, il Consiglio «ha l'iniziativa legislativa e può contribuire all'elaborazione della legislazione economica e sociale secondo i principi ed entro i limiti stabiliti dalla legge». In ragione della sua funzione, consultiva e propositiva sui temi del lavoro e dell'impresa, ed ora anche delle pubbliche amministrazioni, il Cnel è composto da «esperti e rappresentanti delle categorie produttive, in misura che tenga conto della loro importanza numerica e qualitativa». Non è però una sede di rappresentanza, di composizione corporativa di interessi contrapposti, ma soggetto tecnico.

Il Ministero del Lavoro

Il Cnel non ha competenze operative; sono altre le sedi dove si svolge la effettiva programmazione politica in materia di lavoro e sicurezza sociale e dove ad essa si dà esecuzione. In primo luogo, il Ministero del lavoro e delle politiche sociali, che oggi – soppressa nell'estate del 2023 l'Agenzia per le politiche attive del lavoro (ANPAL) con la conversione in legge del d.l. 75/2023 – recupera anche le antiche funzioni in materia di politiche del lavoro ed è affiancata, per le attività ispettive, dall'Ispettorato Nazionale del Lavoro (INL). Il Ministero è organo del Governo ed ha competenze vastissime. Per quanto attiene alle politiche sociali e previdenziali esercita, fra l'altro, le funzioni di: definizione dei criteri generali per la programmazione della rete degli interventi di integrazione sociale e dei criteri di ripartizione delle risorse del fondo nazionale per le politiche sociali; assistenza tecnica, a richiesta degli enti locali e territoriali; controllo e vigilanza amministrativa e tecnico-finanziaria sugli enti di previdenza e assistenza obbligatoria e sulle organizzazioni non lucrative di utilità sociale e sui patronati.

Regioni e Province

Anche le Regioni e le Province autonome hanno un ruolo nell'ambito della gestione delle politiche del lavoro e del supporto del mercato del lavoro.

Quanto, invece, alle competenze in materia di politica attiva e promozione dell'occupazione può dirsi che esse avevano ereditato, in un primo tempo, le funzioni precedentemente attribuite al Ministero del lavoro, quali il collocamento, la preselezione di incontro tra domanda ed offerta, oltre che la programmazione ed il coordinamento di incentivi finalizzati all'occupazione ed alla rioccupazione; restando fermi in capo allo Stato i compiti di vigilanza in materia di lavoro dei flussi di entrata di lavoratori extracomunitari, di conciliazione di controversie individuali e risoluzione di controversie collettive di rilevanza pluriregionale, di conduzione coordinata ed integrata del Sistema informativo del lavoro e, infine, di raccordo con gli organismi internazionali e dell'Unione europea.

Lo scenario è quello di una gestione congiunta, sulla base di apposite convenzioni tra lo Stato, da una parte, e le Regioni e le Province autonome, dall'altra.

La rete dei servizi per le politiche del lavoro

L'Agenzia per le politiche attive del lavoro (ANPAL) svolgeva un ruolo fondamentale nella gestione dell'incontro tra domanda e offerta di lavoro e dei servizi per l'impiego; tale ruolo – come sopra accennato – passa oggi al Ministero del lavoro. Essa era il centro di coordinamento di una rete, la rete dei servizi per le politiche del lavoro, costituita anche da: strutture regionali; INPS, in relazione alle competenze in materia di incentivi e strumenti a sostegno del reddito; INAIL, in relazione alle competenze in materia di reinserimento e di integrazione lavorativa delle persone con disabilità da lavoro; Agenzie private per il lavoro e gli altri soggetti autorizzati all'attività di intermediazione; fondi interprofessionali per la formazione continua; fondi bilaterali; INAPP (Istituto nazionale per l'analisi delle politiche pubbliche, ex ISFOL) e Sviluppo Lavoro Italia S.p.a. (già ANPAL Servizi e ancor prima Società Italia Lavoro S.p.a.).

Coerentemente a quanto segnalato nei precedenti paragrafi, a proposito dell'essenziale relazione tra politiche del lavoro e dell'occupazione e politiche sociali, lo Stato affianca all'azione del Ministero del lavoro quella di ulteriori enti pubblici, che curano i compiti di sicurezza sociale riguardanti le misure di previdenza, assistenza e di protezione dei lavoratori nel senso più ampio: ciò in attuazione dell'art. 38 Cost., in virtù del quale ai compiti di sicurezza sociali ivi previsti provvedono organi "predisposti" o "integrati" dallo Stato, ferma restando la libertà dei privati di operare nel settore. L'ente principale, con un bilancio che è secondo soltanto a quello dell'intero apparato statale, è l'INPS, erede alla lontana della Cassa nazionale di previdenza per l'invalidità e la vecchiaia degli operai, costituita con la l. 17 luglio 1898, n. 350, che disciplinava e organizzava, in maniera embrionale e del tutto volontaria, la prima forma assicurativa a carattere previdenziale. A partire dagli anni '90 sono confluiti nell'INPS una serie di istituti previdenziali di categoria; in particolare a far data dal 31 marzo 2012 sono state trasferite le competenze dell'Inpdap (Istituto nazionale di previdenza per i dipendenti dell'amministrazione pubblica) e dell'Enpals (Ente nazionale di previdenza e di assistenza per i lavoratori dello spettacolo). INPS

L'attività principale dell'istituto consiste nella liquidazione e nel pagamento delle pensioni e delle indennità di natura previdenziale, basate su rapporti assicurativi e finanziate con i contributi di lavoratori e aziende, pubbliche e private; nonché nell'erogazione delle prestazioni di natura assistenziale, cioè degli interventi propri dello "stato sociale". Per alcune di queste prestazioni l'INPS è coinvolto solo nella fase di erogazione; per altre svolge invece tutto il procedimento di assegnazione.

L'altro ente competente sulla sicurezza sociale è l'Istituto nazionale per l'assicurazione contro gli infortuni sul lavoro (INAIL), la cui nascita risale al r.d. 23 marzo 1933, n. 264, con cui si operò l'unificazione della Cassa nazionale infortuni e delle Casse private di assicurazione, allo scopo di tutelare, dal punto di vista assicurativo, le vittime degli infortuni sul lavoro. Nel 1965 i principi fondamentali dell'assicurazione infortuni vengono tutti raccolti in un testo unico (d.P.R. 30 giugno 1965, n. 1124) e negli anni le successive modifiche ne hanno via via esteso la portata. In particolare nel 2010 l'Inail assorbe le funzioni dell'Ispesl (Istituto superiore prevenzione e sicurezza sul lavoro) e dell'Ipsema (Istituto di previdenza per il settore marittimo), accrescendo ulteriormente le proprie competenze istituzionali. In tal modo, accanto all'istituto previdenziale unitariamente configurato, prende forma di fatto quello che è stato definito il "polo della salute e della sicurezza". L'Inail è dunque oggi ente INAIL deputato alla tutela della salute negli ambienti di lavoro e di vita, fornendo assicurazione e indennizzo; prevenzione e ricerca scientifica; interventi di cura, riabilitazione e reinserimento ai lavoratori infortunati e servizi di consulenza, certificazione e verifica alle imprese.

I principi cardine di questo sistema di protezione sono immutati dal 1935 e sono la costituzione automatica del rapporto assicurativo e l'automaticità delle relative prestazioni.

4.2. Le imprese

Di tutt'altra natura sono azioni e ruolo delle imprese nel contesto che stiamo delineando in questo capitolo; evidentemente ispirate da logiche e motivazioni ben diverse, sebbene, secondo quanto prescritto dall'art. 41 Cost., ferma la libertà delle imprese, la loro attività deve essere indirizzata e coordinata a fini sociali.

Il panorama delle imprese italiane è molto frastagliato. Nel Censimento permanente delle Imprese fornito dall'Istat, effettuato con cadenza triennale, sono reperibili le informazioni sulle principali caratteristiche della transizione in atto nel nostro sistema produttivo. Volendo ricostruire, potremmo dire che dall'analisi dei dati dell'ultimo Censimento emerge l'eccessiva frammentazione del settore produttivo italiano, caratterizzato però da un aumento dal 2011 al 2018 del peso occupazionale delle grandi imprese (250 + addetti), dal 27% del 2011 al 28,3% del 2018 e, al contrario, da una riduzione del peso delle microimprese. Ad ogni modo, c'è stato il calo dell'1,3% delle imprese (–12.000) e l'incremento dell'1,3% degli addetti (+160.000); il nuovo censimento in atto potrà dire se sono confermati questi andamenti.

Oltretutto, dal Censimento del 2019 è emersa una forte polarizzazione tra settori in espansione e settori in ripiegamento occupazionale e una netta tendenza al decentramento della produzione all'estero: nel 2018 tra le imprese con almeno 10 addetti il 2,8% produce fuori dai confini italiano parte del proprio *output*. Per la maggioranza di queste imprese (oltre il 65% dei casi) la delocalizzazione produttiva è avvenuta in forma leggera, cioè solo attraverso la stipula di accordi e contratti. Il rimanente (il 35%) realizza la produzione estera tramite investimenti diretti, un'incidenza in aumento di circa 10 punti percentuali rispetto al 2011. In questa seconda ipotesi, il 32,2% dei casi reimporta i prodotti in Italia per usi finali (dalla Cina il 43,9%); nelle altre ipotesi il paese di insediamento svolge una funzione di piattaforma per esportare in paesi terzi.

Questi dati ci permettono di comprendere più facilmente come la gestione dei rapporti di lavoro e le rispettive regole siano significativamente influenzate dalla dimensione e del settore imprenditoriale in cui esse si svolgono: eppure il diritto del lavoro raramente tiene specificamente in conto questa variabile, almeno a livello legislativo. Più spesso è la contrattazione tra le rappresentanze collettive degli attori economico-sociali a disegnare discipline meglio tarate sulle effettive dimensioni delle diverse realtà produttive: l'ambito stesso di applicazione dei contratti collettivi viene distinto in base alle caratteristiche e alle dimensioni delle imprese. Questo deve far intendere quanto la dimensione collettiva e negoziale del diritto del lavoro italiano sia fondamentale per l'adattamento delle più generali discipline legislative.

4.3. I sindacati

L'osservazione con cui abbiamo chiuso il precedente paragrafo fa comprendere appieno perché le rappresentanze collettive degli interessi delle categorie professionali – lavoratori e imprese – rientrano a pieno titolo tra le Istituzioni del Diritto del lavoro. Diritto del lavoro che in questo ambito assume la denominazione di diritto sindacale (per dettagli v. i capp. V e VI).

I sindacati rappresentano i loro iscritti e, più in generale, le istanze del mondo del lavoro. Sono associazioni di diritto privato e il panorama italiano, pur caratterizzato dal principio del pluralismo sindacale (art. 39 Cost.), vede l'indubbio protagonismo storico di tre principali soggetti, sorti nell'immediato dopoguerra. Ci riferiamo a CGIL, CISL e UIL: la c.d. Triplice. La CGIL (Confederazione Generale Italiana del Lavoro) nasce nel 1944 come continuazione della preesistente CGdL (Confederazione Generale del Lavoro); la UIL (Unione Italiana del Lavoro), di ispirazione laica, democratica e socialista, segue nel 1950; la CISL (Confederazione Italiana Sindacati dei Lavoratori), di ispirazione cristiana, nasce anch'essa nel 1950.

Vi sono ovviamente anche altre confederazioni di portata nazionale: l'UGL (Unione generale del lavoro) innanzitutto, orientata politicamente a destra e in qualche modo erede della CISNAL (Confederazione Italiana Sindacati Nazionali Lavoratori), confederazione storica – del 1950 – ma minoritaria per la sua contiguità alla destra sociale. Altra Confederazione è la CISAL (Confederazione Italiana Sindacati Autonomi Lavoratori) sorta nel 1957, mentre nei primi anni '80 compare il fenomeno COBAS (Confederazione dei Comitati di Base), la cui sigla inizialmente si riferiva solamente alla scuola, per poi estendersi ai comitati di base anche di altre categorie professionali. Soggetto sindacale analogo, cioè di stampo autonomistico e non inquadrabile nella logica dell'azione delle storiche confederazioni, è la CUB (Confederazione Unitaria di Base) formalizzata nel 1992. Attualmente il soggetto di riferimento di quest'ultima forma di sindacalismo è la USB (Unione Sindacale di Base). Infine la CONFSAL (Confederazione generale dei sindacati autonomi dei lavoratori), nata nel 1979 dalla fusione di due organizzazioni sindacali, con buona rappresentatività nel pubblico impiego. Convivono in uno scenario tanto frastagliato anche realtà di nicchia come l'USI (unione sindacale italiana), che dal 1983 ha preso il testimone di una precedente sigla di stampo anarchico e libertario.

Meno compresse dall'autoritarismo fascista le sigle del sindacalismo datoriale, ancora operanti oggigiorno, hanno origini anche più risalenti. Più antica è la principale associazione di rappresentanza delle imprese manifatturiere e dei servizi in Italia, CONFINDUSTRIA, la cui fondazione risale al 1910; ad adesione volontaria, essa può contare su una base di oltre 150 mila imprese di tutte le dimensioni, per un totale di quasi 5 milioni e mezzo di addetti. Nel 1947 nasce

CONFAPI (Confederazione Italiana della Piccola e Media Industria Privata), mentre nel 1945 nasce CONFCOMMERCIO (Confederazione Generale Italiana delle Imprese, delle Attività Professionali e del Lavoro Autonomo), che è tra le maggiori rappresentanze d'impresa italiane, associando oltre 700 mila realtà. Le amministrazioni pubbliche sono rappresentate dall'ARAN (Agenzia per la rappresentanza negoziale delle pubbliche amministrazioni).

Con una convenzione sottoscritta il 19 settembre 2019 tra INPS, INL, Confindustria, CGIL, CISL e UIL, è stata nuovamente affidata all'INPS la competenza per la misurazione della rappresentanza dei sindacati dei lavoratori nelle aziende del sistema Confindustria. Con la Convenzione viene conferito all'INPS l'incarico di rilevazione dei dati degli iscritti alle organizzazioni sindacali, il c.d. "dato associativo" (il rapporto fra lavoratori iscritti a ogni organizzazione e il totale degli iscritti al sindacato). In collaborazione con l'Ispettorato Nazionale del Lavoro, all'Istituto viene inoltre affidata la raccolta di dati relativi alle rappresentanze nelle aziende, il c.d. "dato elettorale" (il rapporto fra lavoratori che, nelle elezioni delle rappresentanze sindacali aziendali, hanno votato la specifica organizzazione sindacale e il totale dei lavoratori che hanno preso parte al processo elettorale) (vedi più avanti per un chiarimento su questi concetti il cap. VII, sp. il par. 14).

Il ruolo del sindacato ha un importante riconoscimento anche nell'ambito dell'Unione europea. Qui – in seno al Comitato economico e sociale (v. avanti il par. 4.5.) – opera la Confederazione europea dei sindacati (CES ovvero, in inglese, European Trade Union Confederation – ETUC). Della CES fanno parte 93 Confederazioni sindacali nazionali provenienti da 41 paesi europei, e 12 Federazioni industriali europee. La Confederazione lavora con le altre parti sociali e le istituzioni europee per sviluppare l'occupazione e individuare politiche sociali e macroeconomiche che riflettano gli interessi dei lavoratori di tutta Europa. L'importanza della CES è data dal fatto che il Trattato attribuisce alle parti sociali il diritto di formulare proposte legislative, attraverso accordi intersettoriali sulle principali questioni di politica sociale. Partecipano ancora al Comitato anche le organizzazioni che rappresentano gli interessi dei datori di lavoro europei; le principali sono: l'Unione delle confederazioni europee dell'industria e dei datori di lavoro (*Businesseurope*), l'Unione europea dell'artigianato e delle piccole e medie imprese (Ueapmi) ed il Centro europeo delle imprese a partecipazione pubblica (Ceep).

4.4. La dimensione internazionale

L'OIL

Nell'ottica del diritto internazionale il posto principale deve assegnarsi all'Organizzazione internazionale del lavoro, agenzia delle Nazioni Unite che si occupa di promuovere il lavoro dignitoso e produttivo in condizioni di libertà, uguaglianza, sicurezza e dignità umana per uomini e donne. È stata la prima agenzia specializzata a far parte del sistema delle Nazioni Unite, nel 1946, ma la sua fondazione risale al 1919 in seno alla Società delle Nazioni. L'OIL riunisce rappresentanti dei governi, dei datori di lavoro e lavoratori nei suoi organi esecutivi. Essa opera attraverso: a) la Conferenza internazionale del lavoro, che ha cadenza annuale ed è la sede ove si stabiliscono gli standard internazionali del lavoro, si approva il budget e si elegge il consiglio di amministrazione; b) il Consiglio di amministrazione, l'organo esecutivo di durata triennale; decide la politica dell'Organizzazione, definendone il programma delle attività e il relativo budget; c) infine, l'Ufficio internazionale del lavoro, che opera quale segretariato permanente dell'OIL, che realizza i programmi e le attività ed è guidato da un direttore generale a carica elettiva.

L'OIL è impegnata nella formulazione degli standard minimi internazionali delle condizioni di lavoro e dei diritti fondamentali del lavoratore – considerati quali strumenti universali adottati dalla comunità internazionale che riflettono i valori e i principi comuni sui temi correlati al lavoro – oltre che nel fornire assistenza tecnica e nel promuovere lo sviluppo di organizzazioni di lavoratori e datori di lavoro indipendenti. Gli strumenti normativi propri dell'Organizzazione sono le convenzioni internazionali, che devono essere recepite dai singoli Stati, e le raccomandazioni, quest'ultime adottate in alternativa alle prime quando – per ragioni inerenti alla materia trattata – non ci siano le condizioni per l'adozione immediata di una convenzione.

Il Consiglio d'Europa

Altra istituzione di rilievo è il Consiglio d'Europa, organizzazione internazionale fondata il 5 maggio 1949 con il Trattato di Londra ed allo stato composta da 46 paesi, il cui scopo è promuovere la democrazia, i diritti dell'uomo, l'identità culturale europea e la ricerca di soluzioni ai problemi sociali in Europa. Al Consiglio d'Europa sono da ricondurre la Convenzione per la salvaguardia dei diritti dell'uomo, firmata a Roma nel 1950 e resa esecutiva con la l. 4 agosto 1955, n. 848, e la Carta sociale europea, firmata a Torino nel 1961, resa esecutiva con l. 3 luglio 1965, n. 929, riveduta nel 1996. A presidio della corretta applicazione di tali norme è istituita la Corte europea dei diritti dell'uomo, organo importante sia perché le norme della Carta sociale e alcune norme della Convenzione (soprattutto quelle in materia di discriminazione) riguardano direttamente il mondo del lavoro, sia per l'adesione dell'Unione alla Convenzione europea per la salvaguardia dei diritti dell'uomo e delle libertà fondamentali, con conseguente ingresso nel diritto euro unitario delle previsioni contenute nella Convenzione medesima.

4.5. L'Unione europea

Il nostro discorso non può, infine, trascurare il ruolo svolto in materia dall'Unione europea. Sia nei suoi Trattati sia nella Carta dei diritti fondamentali la promozione di regole per la tutela del lavoro e lo svolgimento di politiche per incrementare l'occupazione e il benessere dei lavoratori hanno una collocazione importante. A ciò si aggiunga la copiosa produzione normativa (direttive e regolamenti, in primo luogo) in materia sociale e il dinamico ruolo di adattamento interpretativo rivestito dalla Corte di giustizia: non vi è dubbio che il funzionamento del mercato del lavoro italiano poggi ormai in modo consistente sulle istituzioni europee. Tra queste, per le questioni attinenti all'occupazione ed alla politica sociale, una funzione consultiva significativa è svolta dal Comitato economico e sociale previsto dal Trattato di Roma. Esso è chiamato a coinvolgere i gruppi di interesse economico e sociale in un sistema di consultazione caratterizzato dal fatto che le opinioni espresse dal Comitato sono indirizzate al Consiglio, alla Commissione ed al Parlamento. A tale stregua, il Comitato contribuisce a rafforzare la legittimazione democratica e l'effettività del processo decisionale europeo.

Il Comitato economico e sociale

Sono configurate, invece, come Agenzie dell'Unione la Fondazione europea per il miglioramento delle condizioni di vita e di lavoro e l'Agenzia europea per la sicurezza e la salute sul lavoro. La Fondazione è un organo tripartito dell'Unione che è stato istituito con Regolamento (CEE) del 26 maggio 1975, n. 1365, allo scopo di contribuire alla pianificazione e alla messa in atto di migliori condizioni di vita e di lavoro in Europa (concretamente, valuta e analizza le condizioni di vita e di lavoro; fornisce pareri autorizzati e consigli ai responsabili e principali attori della politica sociale, con l'obiettivo di contribuire al miglioramento della qualità di vita). L'Agenzia svolge attività di sensibilizzazione e di informazione sull'importanza della salute e della sicurezza dei lavoratori per la stabilità e la crescita in Europa, da un punto di vista sia sociale sia economico.

5. Le azioni e gli strumenti per promuovere l'occupazione: le politiche attive

L'ordinamento giuridico del mercato del lavoro prende le mosse anzitutto da alcune specifiche politiche di sicurezza sociale; quelle per cui lo Stato assume su di sé oneri specifici a garanzia dell'emancipazione e del benessere sociale degli appartenenti alla comunità civile e promuove, dunque, l'incontro tra domanda e offerta di lavoro per il progresso della società.

Nel tempo le regole giuridiche in materia di politiche del lavoro sono state profondamente modificate. È lo scarto, a voler semplificare, che corre tra la nozione di "occupazione" e quella di "occupabilità", direttrice non casualmente inserita tra i pilastri della Strategia europea per l'occupazione (SEO) solo all'esito di una significativa maturazione del percorso di integrazione.

Semplificando al massimo, notiamo come si sia, nel corso del tempo, passati da una prospettiva statica – dove risulta prevalentemente curato il momento dell'avviamento delle persone al lavoro o, in alternativa, un loro sostegno economico in assenza di impiego – ad un'altra ben più complessa, che propone un'integrazione essenziale delle c.d. politiche attive e passive del lavoro; un raccordo, cioè, tra i servizi utili a consentire e a facilitare l'occupazione nonché a garantire l'incontro tra domanda ed offerta, da un lato, e le misure di sostegno al reddito, dall'altro, sì da soddisfare i diversi interessi che fanno da sfondo alle dinamiche occupazionali in relazione agli andamenti sempre più incerti dei flussi di lavoro nonché alle caratterizzazioni dei mercati del lavoro. Analisi della composizione del mercato del lavoro; formazione; erogazione di indennità e sussidi; mediazione attiva: sono le misure messe oggi in campo. Si è transitati dunque, dai servizi tradizionali ai servizi di agevolazione, addestramento e conduzione, al fine di incentivare tutti i cittadini e i datori di lavoro a proseguire nella gestione delle carriere professionali.

Questo spiega perché ormai, negli stessi testi legislativi oltre che nei contributi scientifici sul tema, si parli con formula sintetica di "servizi per l'impiego"; definizione che spiega il cambio di *ratio legislativa* ovvero il passaggio epocale dai vecchi modelli e sistemi di regolazione (concentrati sul mero collocamento e sull'avviamento) a quelli nuovi e più recenti. Questa definizione si riferisce ad una composizione molto articolata di soggetti, strutture, processi e attività che, superando una concezione troppo astratta e ideale di equità sociale, precede, accompagna e segue tutti i cittadini, e non solo, nell'esercizio di un fondamentale diritto. E si tratta di un diritto la cui soddisfazione può essere garantita da molte prestazioni, tra loro diversificate ma anche concorrenti, misurabili nella loro efficacia per i concreti ed effettivi risultati perseguibili, anche al fine di incrementare e migliorare l'efficienza stessa del sistema integrato [1].

6. Lo scenario internazionale

Le convenzioni internazionali

Il carattere globale e transnazionale dei temi e delle problematiche affrontati in questo capitolo spiega l'interessamento di molte Convenzioni internazionali sulla materia, per lo più ruotanti intorno all'importanza della promozione dell'occupazione e dell'attuazione di politiche che garantiscano la possibilità per tutti di ottenere un lavoro dignitoso [2]. Proprio nella Dichiarazione del Centenario dell'OIL per il Futuro del Lavoro adottata dalla Conferenza nella sua centottesima sessione, che si è tenuta a Ginevra il 21 giugno 2019 [3], è stato evidenziato che il persistere di povertà, diseguaglianze e ingiustizie in numerose aree del mondo costituiscono una minaccia a tali miglioramenti e alla garanzia di prosperità condivisa e lavoro dignitoso per tutti. È essenziale, dunque, agire per cogliere le opportunità e far fronte alle sfide al fine di costruire un futuro del lavoro equo, inclusivo e sicuro, caratterizzato da piena occupazione, lavoro produttivo, liberamente scelto, e lavoro dignitoso per tutti, in particolare agevolando la transizione dall'istruzione e dalla formazione al lavoro, con un'enfasi

---

[1] La conclusione è in qualche misura suggerita dal passaggio di una storica pronuncia della CGUE, intervenuta proprio a censurare l'assetto legislativo italiano in materia di mediazione e collocamento. Si tratta del noto caso "*Job Centre II*": in tale occasione la Corte di giustizia "bocciò" il monopolio pubblico del collocamento italiano, ritenuto palesemente inidoneo a soddisfare, per tutti i tipi di attività, la domanda esistente sul mercato del lavoro (CGCE 11 dicembre 1997, C-55/96).

[2] Così dispone l'art. 23 della *Dichiarazione universale dei diritti dell'uomo* (1948); e tanto si ribadisce nell'art. 6 del *Patto Internazionale dei Diritti economici, sociali e culturali*, adottato dall'Assemblea generale dell'Onu il 16 dicembre 1966.

[3] Dichiarazione che rinvia alle più importanti Convenzioni OIL, come la *Dichiarazione di Filadelfia* (1944); la *Dichiarazione dell'OIL sui principi e i diritti fondamentali nel lavoro* (1998) e la *Dichiarazione dell'OIL sulla giustizia sociale per una globalizzazione equa* (2008).

sull'effettiva integrazione dei giovani nel mondo del lavoro. Ancora, secondo la Dichiarazione è prioritario promuovere la transizione dall'economia informale a quella formale.

Ciò presuppone che l'accesso al lavoro sia aperto, senza distinzione di razza, sesso e religione, e sia proteso al progresso materiale e allo sviluppo spirituale delle persone, in condizioni di libertà, dignità e sicurezza economica, con eguali possibilità per tutti. I programmi d'azione ed i provvedimenti adottati sul piano nazionale ed internazionale, specialmente nel campo economico e finanziario, devono essere capaci di favorire il raggiungimento di quest'obiettivo fondamentale; così, le nazioni devono elaborare programmi che garantiscano pieno impiego dei lavoratori [4] ed elevazione del tenore di vita. Lungo tali direttrici si colloca il rilievo dei servizi per l'impiego [5], della formazione tecnica e professionale [6], dell'orientamento. Per i medesimi scopi, altresì, i sistemi nazionali devono introdurre forme di indennizzo in caso di disoccupazione [7] e provvedere affinché il sistema di protezione contro la disoccupazione contribuisca effettivamente alla promozione del pieno impiego, produttivo e liberamente scelto, non scoraggiando quindi i datori di lavoro dall'offrire, e i lavoratori dal cercare, un'occupazione produttiva [8].

Tra i destinatari della normativa internazionale un posto privilegiato è dedicato alle categorie a maggior rischio di esclusione e/o di emarginazione dal mercato: è il caso dei giovani, dei disabili e delle donne.

Come parte integrante dei programmi nazionali volti a garantire e a mantenere l'occupazione e a sviluppare e utilizzare le risorse produttive, la Convenzione OIL n. 88 adottata a San Francisco il 9 luglio 1948 ha previsto che gli Stati predispongano un servizio di collocamento gratuito organizzato in modo da garantire l'efficacia del reclutamento e dell'impiego dei lavoratori, aiutando tanto questi ultimi a trovare un'occupazione conveniente quanto i datori di lavoro a reclutare dei lavoratori adatti ai bisogni delle imprese e di porre in essere azioni che facilitino lo sviluppo positivo del mercato del lavoro (art. 6, lett. *a*).

Inizialmente, e questo come si vedrà ha avuto ripercussioni anche sul nostro ordinamento nazionale, si riteneva che l'attività di collocamento potesse essere

---

[4] La possibilità di adottare politiche attive per promuovere il pieno impiego è sancita anche nell'art. 1 Convenzione OIL 9 luglio 1964, n. 122 sulle politiche di impiego.

[5] Art. 7, Convenzione OIL 168 concernente la *promozione dell'impiego e la protezione contro la disoccupazione* conclusa a Ginevra il 21 giugno 1988, ove si afferma che «Ogni Membro deve formulare, come obiettivo prioritario, una politica intesa a promuovere il pieno impiego, produttivo e liberamente scelto, con tutti i mezzi appropriati, inclusa la sicurezza sociale. Questi mezzi dovrebbero comprendere segnatamente i servizi dell'impiego, la formazione e l'orientamento professionali».

[6] Convenzione OIL *Dichiarazione riguardante gli scopi e gli obiettivi dell'Organizzazione Internazionale del Lavoro*, 1944, artt. 2 e 3.

[7] Art. 13, Convenzione OIL n. 168.

[8] Art. 2, Convenzione OIL n. 168. Si introduce già a livello internazionale un concetto di *welfare to work* affinché le indennità di disoccupazione non disincentivino la ricerca del lavoro. Nell'ordinamento italiano è stata introdotta la c.d. condizionalità proprio al fine di evitare questo rischio.

svolta esclusivamente da enti pubblici[9], per il timore che i soggetti privati abusassero di tale attività arrecando danni al mercato del lavoro ed ai lavoratori[10]. Un cambiamento netto di orientamento si è avuto con la Convenzione OIL 181/1997 sulle agenzie per l'impiego private, la quale riconosce a questi operatori una funzione, per così dire, fluidificante delle dinamiche del mercato del lavoro, legittimandole allo svolgimento di un gran numero di servizi[11]. Pur introducendo questa possibilità, nella Convenzione non è mai tralasciata la tutela del lavoratore, disponendosi che anche tali attività devono essere gratuite e che ogni Stato deve accertarsi, in particolare quando i servizi siano erogati da imprese private, dell'assenza di discriminazioni basate sulla razza, sesso, colore, opinione politica, ascendenza nazionale, origine sociale o ogni altra forma di discriminazione coperta dalla legislazione e dalle prassi nazionali, come l'età e l'invalidità[12].

Il principio di parità e di non discriminazione è alla base del concetto di pieno impiego, più volte citato nelle convenzioni esaminate, cui si connette il riconoscimento del diritto a lavorare in condizioni adeguate, eque e dignitose[13]. Si parla, a tal riguardo, di *Decent Work*[14]: non solo, allora, condizioni di lavoro coerenti con il riconoscimento di essenziali diritti fondamentali, ma possibilità di scegliere liberamente un'occupazione, nell'ambito di effettive opportunità, a parità di *chance* con tutti gli altri lavoratori, per conseguire un effettivo sviluppo personale e sociale.

7. Il contesto europeo

La normativa a livello europeo in tema di occupazione, politica sociale ed equiparazione dei generi trascende per certi versi le norme e le iniziative internazionali, incorporandone comunque i più importanti principi come base di numerose iniziative, politiche e normative, dell'Unione stessa e degli Stati membri: ambiti e materie ricalcano, quindi, quelli già osservati nel precedente paragrafo.

I principi generali si rinvengono nei Trattati e nella Carta dei diritti fondamentali dell'Unione europea, nonché nel Pilastro europeo dei diritti sociali[15].

---

[9] Anche se l'art. 11 della citata convenzione dispone «Le autorità competenti devono prendere tutti i provvedimenti necessari per garantire una cooperazione efficace tra il servizio pubblico di collocamento e gli uffici privati di collocamento a scopi non lucrativi».

[10] Convenzione OIL sugli uffici di collocamento a pagamento, 1949.

[11] Art. 1, Convenzione OIL n. 181/1997.

[12] Art. 5, Convenzione OIL n. 181/1997.

[13] Il riferimento alle condizioni adeguate ricorda molto le disposizioni dell'ordinamento nazionale italiano che prevedono la necessità per il lavoratore di accettare le proposte di lavoro da parte dei servizi per l'impiego quando l'offerta sia congrua, pena la perdita dei vantaggi riservatigli.

[14] Nel 2008 il concetto di lavoro dignitoso è stato istituzionalizzato formalmente con l'adozione della Dichiarazione dell'OIL *sulla giustizia sociale per una globalizzazione giusta*.

[15] Risoluzione del Parlamento europeo del 19 gennaio 2017 su un pilastro europeo dei diritti sociali [2016/2095(INI)].

Quest'ultimo esprime principi e diritti fondamentali per assicurare l'equità e il buon funzionamento dei mercati del lavoro e dei sistemi di protezione sociale nell'Europa del XXI secolo, specialmente considerando le sfide derivanti dai cambiamenti sociali, tecnologici ed economici.

Ogni individuo ha il diritto di lavorare e di esercitare una professione liberamente scelta o accettata ed ha la libertà di cercare un lavoro, di stabilirsi o di prestare servizi in qualunque Stato membro [16].

Per garantire ciò, ognuno ha diritto ad accedere a servizi di collocamento [17] e, nel caso di difficoltà, l'Unione riconosce e rispetta il diritto di accesso alle prestazioni di sicurezza sociale e ai servizi sociali che assicurino protezione in casi quali: la maternità, la malattia, gli infortuni sul lavoro, la dipendenza o la vecchiaia, oltre che in caso di perdita del posto di lavoro, secondo le modalità stabilite in ambito comunitario e nazionale. Inoltre, l'Unione favorisce l'adozione di misure [18] nei confronti dei disabili per garantirne l'autonomia, l'inserimento sociale e professionale e la partecipazione alla vita della comunità [19]. L'Unione europea in tal modo ambisce alla creazione di un'economia sociale di mercato fortemente competitiva che mira alla piena occupazione, alla protezione sociale e alla formazione [20]. Tali passaggi rappresentano, in effetti, la direzione della Strategia europea per l'occupazione (SEO), inaugurata a partire dal Trattato di Amsterdam.

Oltre ad enunciare obiettivi e principi di diritto, l'Unione europea partecipa anche in concreto al raggiungimento delle finalità dette attraverso: il Fondo Sociale Europeo [21]; un portale informatico europeo per lo scambio delle informazioni a livello transnazionale; mediante l'elaborazione di programmi che mirano a raggiungere gli obiettivi sino ad ora esposti.

Tra i vari riferimenti, merita un richiamo la Decisione del Parlamento europeo e del Consiglio n. 573/2014/UE, che favorisce e incoraggia la cooperazione tra stati, soprattutto per la condivisione delle migliori prassi, riconosciute tali a seguito di valutazioni comparative delle misure adottate nei diversi Stati [22]. Con il Regolamento UE 2016/589 si è resa ancor più cogente la rete europea dei servizi per l'impiego (EURES), al fine di sostenere effettivamente la libera circolazione dei lavoratori. Tale rete dovrebbe anche contribuire all'attuazione

---

[16] Art. 15, Carta dei diritti fondamentali dell'Unione europea.

[17] Art. 29, Carta dei diritti fondamentali dell'Unione europea.

[18] Art. 34, Carta dei diritti fondamentali dell'Unione europea.

[19] Art. 26, Carta dei diritti fondamentali dell'Unione europea.

[20] Art. 3, TUE.

[21] Ossia lo strumento finanziario, un Fondo strutturale, dell'Unione europea per attuare le politiche sociali. Il fondo, ad esempio, finanzia il Pon Spao, Programma operativo nazionale Sistemi di politiche attive per l'occupazione, che supporta le riforme strutturali in tema di occupazione, mercato del lavoro, capitale umano e produttività e sostiene gli obiettivi di crescita dell'Italia.

[22] Essa dovrebbe collegare i risultati basati su attività di valutazione comparativa e di apprendimento reciproco così da consentire lo sviluppo di un processo di apprendimento comparativo, sistematico, dinamico ed integrato.

di iniziative strategiche nel settore dell'occupazione e, in particolare, sostenere i gruppi sociali più vulnerabili con alto tasso di disoccupazione, specialmente i lavoratori più anziani ed i *Neet*, oltre che le persone escluse dal mercato del lavoro, nonché favorire il lavoro dignitoso e agevolare il funzionamento del mercato del lavoro.

La rete europea dei servizi pubblici per l'impiego

Va evidenziata poi la rete europea dei servizi pubblici per l'impiego (Public Employment Services Network), che mira a rafforzare l'efficienza dei servizi pubblici per l'impiego e ad attuare iniziative strategiche nel settore dell'occupazione, comprese quelle dirette ai soggetti vulnerabili e a rischio di esclusione sociale.

Ancora, dal 1° luglio 2020 è stato attivato un nuovo portale, Europass, con strumenti e servizi web per l'orientamento, l'istruzione, la formazione e il lavoro in Europa. Si tratta di una rete europea dei Centri nazionali di contatto coordinati dalla Commissione Europea, che crea un ponte per garantire effettivamente un mercato del lavoro unico in Europa.

L'Unione europea ha provato ad essere fattiva anche in occasione dell'emergenza da SARS-CoV-2; in questo caso, attraverso risoluzioni e comunicazioni, ci si è focalizzati sul sostegno delle fasce deboli di lavoratori e sul supporto economico delle imprese, specialmente quelle piccole e medie [23].

8. L'influenza internazionale ed europea sull'ordinamento giuridico nazionale: dal collocamento pubblico ai servizi per l'impiego

Le vicende legislative italiane relative agli istituti del mercato del lavoro seguono un andamento parallelo e, al tempo, convergente rispetto all'evoluzione del quadro legislativo sovranazionale poc'anzi descritto.

Il collocamento pubblico

La disciplina giuridica sull'organizzazione del mercato del lavoro italiano assume una prima forma post-costituzionale alla fine degli anni '40. Come anticipato la regolamentazione fa tutta leva sulla funzione del collocamento pubblico: una funzione di selezione dei lavoratori, di controllo sulle assunzioni (così da garantire equità della distribuzione dei posti di lavoro disponibili) e sui licenziamenti, oltre che di certificazione dello stato di disoccupazione. La l. 264/1949 [24] disponeva, infatti, il divieto di intermediazione privata, affidando tale attività esclusivamente agli uffici periferici del Ministero del lavoro.

La discrezionalità dei contraenti in tal caso era limitata, al punto che non era il datore di lavoro a scegliere quale lavoratore assumer. Si parlava di *ri-*

---

[23] V. Risoluzione del Parlamento Europeo del 17 aprile 2020, n. 2020/0054; Comunicazioni della Commissione Europea: COM (2020) 174 def.; COM (2020) 139 def.; COM (2020) 139 def.; COM (2020) 113 def.; COM (2020) 112 def.; COM (2020) 2215 def.

[24] Che sostanzialmente tendeva a lasciare immutati i caratteri essenziali del Collocamento pubblico del regime corporativo.

chiesta numerica di avviamento: era l'ufficio competente a decidere quale fosse il soggetto da occupare in base all'anzianità di disoccupazione che risultava da apposite liste (le c.d. liste di collocamento, appunto).

L'inidoneità di un tale sistema a gestire il mercato del lavoro emerse ben presto; primi segni di declino si manifestarono attraverso tentativi di riforma della struttura delle liste di collocamento, dapprima, e, successivamente, del sistema della richiesta numerica, attraverso l'ampliamento della possibilità per le imprese di effettuare richieste nominative. È nel 1996, con la l. n. 608, che le assunzioni vengono liberalizzate, mediante l'abolizione dell'obbligo di richiesta preventiva, introducendosi così come regola generale quella delle assunzioni dirette. Fu previsto (e opera tuttora) solo un obbligo di comunicazione dell'avvenuta assunzione alle strutture pubbliche deputate a monitorare i flussi occupazionali.

9. *Segue*: Gli ambiti interessati dalle riforme degli anni 1997-2003

Il mutamento radicale dell'organizzazione giuridica del mercato del lavoro – con il superamento sostanziale dell'impianto sin qui sinteticamente descritto – si è avuto negli anni 1997-2003. Per ragioni di semplificazione didattica possiamo individuare alcuni ambiti fondamentali di innovazione. Si tratta, essenzialmente, dei soggetti e delle competenze nonché delle prestazioni e delle attività.

Il ruolo dei soggetti privati

Anzitutto, il superamento del monopolio pubblico; lasciate alle spalle le vecchie resistenze, un ruolo sempre più ampio è stato assegnato ai privati, a partire dal d.lgs. 469/1997, che riconobbe in capo a tali soggetti la possibilità di esercitare attività di intermediazione, ricerca e selezione del personale e ricollocazione, sulla scorta di un regime autorizzativo nonché, successivamente, di accreditamento locale (con il d.lgs. 276/2003).

In quegli anni, inoltre, è stato totalmente ridefinito il rapporto Stato-Regioni in ambito amministrativo e legislativo con la l. 59/1997, con il d.lgs. 469/1997 e la l. cost. 3/2001. Quest'ultima legge ha riconosciuto alle Regioni maggiore potere legislativo: la materia "tutela e sicurezza del lavoro", inclusa la disciplina dei servizi per l'impiego, è stata affidata alla legislazione concorrente.

La creazione dei centri per l'impiego

L'assetto degli Uffici di collocamento fu stravolto, al punto che questi scomparvero a seguito della creazione di nuove strutture non più ministeriali ma gestite dagli enti locali, i Centri per l'impiego, ai quali furono attribuite funzioni di sostegno e promozione dell'occupazione. Il mutamento del ruolo ha implicato una migliore definizione dei destinatari delle politiche sociali dell'occupazione e delle politiche attive stesse, che riguardano non solo l'attività di intermediazione ma anche quella di ricerca e selezione e ricollocazione professionale, oltre che la necessità di integrare le politiche del lavoro con percorsi di formazione e orientamento (d.lgs. 181/2000).

Nel 2002 si interviene nuovamente e radicalmente sul funzionamento istituzionale e organizzativo del governo del mercato del lavoro: con il d.lgs. 297/2002 si dispone la soppressione delle liste di collocamento e l'introduzione delle schede anagrafiche e personali dei lavoratori[25] e si iniziano a implementare strumenti già previsti, sulla carta, nel 1997, con l'obiettivo di facilitare lo scambio di informazioni. Si è tentato così di creare canali informatici, banche dati, attraverso il Sistema Informativo Lavoro (SIL)[26] prima e la Borsa Continua Nazionale del Lavoro (BCNL), poi, nel 2003.

È nel 2015 che si arriva a un integrale riordino della normativa in materia di servizi per il lavoro e politiche attive ad opera del d.lgs. 150/2015, sulla base della l. delega 183/2014. La profonda riforma è stata in seguito ritoccata a più riprese, tuttavia senza stravolgimenti rispetto all'impianto originario delineato dal c.d. *Jobs Act*. Una nuova stagione per i servizi per l'impiego e le politiche attive del lavoro si profila all'orizzonte preannunciata dal significativo investimento previsto nel Piano Nazionale di Ripresa e Resilienza (PNRR) per favorire il potenziamento e la razionalizzazione dei centri per l'impiego e il rilancio del coordinamento e della cooperazione con gli operatori privati.

10. I livelli essenziali delle prestazioni, i destinatari delle misure e i principi alla base delle politiche attive

In materia di servizi per il lavoro e politiche attive, ai sensi dell'art. 117 Cost. e del d.lgs. 150/2015, è stato creato quel sistema nazionale anticipato già nel paragrafo 4.1.

Livelli essenziali delle prestazioni

Quanto alle politiche attive, l'ordinamento deve assicurare livelli essenziali delle prestazioni ed è il Ministero del lavoro ad essere tenuto a definire le linee di indirizzo triennali e gli obiettivi annuali in questo ambito, oltre che i livelli minimi dei servizi da garantire su tutto il territorio nazionale, previa intesa in Conferenza Stato-Regioni e Province autonome.

I livelli essenziali delle prestazioni devono essere stabiliti puntualmente in apposite convenzioni tra Stato, Regioni e Province. In ogni caso, però, è necessario assicurare l'esistenza di uffici territoriali aperti al pubblico (i c.d. Centri per l'Impiego, Cpi) oltre che servizi e misure di politica attiva a tutti i residenti sul territorio italiano, a prescindere dalla regione o dalla provincia autonoma di residenza. Per di più, le strutture regionali sono tenute ad individuare misure di attivazione dei beneficiari di ammortizzatori sociali residenti nel territorio della regione o della provincia autonoma; a garantire i servizi per i disabili e l'avviamento a selezione nei casi previsti dall'art. 16, l. 56/1987, salva diversa attribuzione al Ministero del lavoro stesso. Devono essere predisposte, altresì, attività

[25] Art. 1-*bis*, d.lgs. 181/2000.

[26] Art. 11, d.lgs. 469/1997.

di orientamento, ausilio, avviamento alla formazione e accompagnamento al lavoro. È il Ministero del lavoro a controllare che tali livelli minimi delle prestazioni siano effettivamente garantiti e a coordinare la gestione dei servizi per il lavoro, del collocamento delle persone disabili e delle politiche di attivazione dei lavoratori disoccupati.

Nell'ambito della gestione dei servizi per l'impiego, protagonisti sono anche enti, associazioni e istituzioni – privati e pubblici – che possono svolgere attività di mediazione, ricerca e selezione del personale. Un ruolo fondamentale è svolto dalle Agenzie private per il lavoro; queste società devono essere iscritte a un apposito elenco, diviso in sezioni in base all'attività svolta, ossia somministrazione, intermediazione, selezione e supporto alla ricollocazione professionale. Gran parte di queste attività sono peraltro esercitabili anche da altri operatori, ivi inclusi le Università (pubbliche e private), i Comuni, le Camere di commercio, gli istituti di scuola secondaria di secondo grado statali e paritari, le associazioni dei datori e dei lavoratori, i patronati, gli enti bilaterali e le associazioni senza fini di lucro, oltre che i gestori di siti internet e l'ordine nazionale dei consulenti del lavoro attraverso un organismo appositamente costituito.

Autorizzazione e accreditamento

L'iscrizione all'Albo presuppone il rilascio di un'apposita autorizzazione da parte del Ministero del lavoro, per ottenere la quale è necessario che sussistano alcuni requisiti, spesso molto stringenti[27] (come nel caso delle Agenzie per la somministrazione di lavoro: v. cap. XIV).

Diverso dall'autorizzazione è l'accreditamento. Si tratta di un provvedimento con cui un soggetto – in genere privato, ma anche pubblico secondo alcune normative regionali: è il caso della legislazione in Lombardia – viene riconosciuto idoneo a operare nell'ambito della rete dei servizi per l'impiego territoriali, a supporto e integrazione della stessa azione regionale.

I soggetti accreditati a svolgere funzioni e compiti in materia di politiche attive del lavoro sono iscritti ad un albo nazionale. Le Regioni e le Province autonome conservano la competenza a definire propri regimi di accreditamento. È previsto, infine, anche un apposito albo di enti di formazione accreditati dalle regioni e province autonome.

La nozione di disoccupazione

L'intero sistema dei servizi per l'impiego è rivolto ai «disoccupati», ovvero coloro che «privi di impiego» dichiarino al portale nazionale delle politiche del lavoro la propria «immediata disponibilità» allo svolgimento di attività lavorativa ed alla partecipazione alle misure di politica attiva del lavoro concordate con il servizio per l'impiego; nonché ai lavoratori «a rischio di disoccupazione», ossia i lavoratori che abbiano ricevuto la comunicazione del licenziamento, pur se in pendenza del periodo di preavviso: ciò, ovviamente, per accelerare la presa in carico da parte dei Centri per l'impiego. Va considerato, comunque, che i servizi per l'impiego sono destinati anche a coloro che godono di misure di contrasto alla povertà e delle altre categorie c.d. svantaggiate.

D'altronde, in tema di misure di contrasto alla povertà, la nozione di disoccupato è perfino più ampia. Nel d.l. 4/2019, conv. con modificazioni in l.

[27] Tutti i requisiti sono elencati nell'art. 5, d.lgs. 276/2003.

26/2019, all'art. 4, co. 15-*quater*, è previsto che per le finalità di inclusione si considerano in stato di disoccupazione anche i lavoratori il cui reddito da lavoro dipendente o autonomo corrisponde a un'imposta lorda pari o inferiore alle detrazioni spettanti ai sensi dell'art. 13 del testo unico delle imposte sui redditi, di cui al decreto del Presidente della Repubblica 22 dicembre 1986, n. 917. Si tratta, in altre parole, dei c.d. *working poors*.

Al fine di poter beneficiare delle misure di politica attiva, ma anche delle misure di sostegno al reddito, bisogna registrarsi telematicamente e impegnarsi al coinvolgimento in tutte le azioni che i servizi per l'impiego sono abilitati a mettere in campo[28].

Condizionalità

Si parla di condizionalità, infatti, in quanto l'erogazione delle prestazioni da parte dei servizi per l'impiego e degli enti previdenziali è in pratica subordinata all'assolvimento di alcuni puntuali impegni: veri e propri oneri, in taluni casi obblighi, accompagnati da specifiche misure sanzionatorie. In particolare il disoccupato si impegna, tra l'altro, ad accettare un'offerta congrua di lavoro (v. *infra*) che dovesse essergli comunicata dai servizi per l'impiego. Con la suddetta dichiarazione, quindi, il disoccupato formalizza sul piano giuridico la sua volontà di non abusare dei benefici riservatigli e, altresì, quella di voler uscire dallo stato di disoccupazione.

Sulla base delle informazioni fornite in sede di registrazione telematica, gli utenti vengono assegnati in una «classe di profilazione» al fine di valutarne il livello di occupabilità (classe aggiornata poi sulla base degli ulteriori dati raccolti dai Centri per l'impiego durante le attività di assistenza). Essi, al fine di confermare lo *status* di disoccupato, vengono poi convocati dai centri per l'impiego, entro sessanta giorni dalla registrazione, per la stipula di un patto di servizio personalizzato (art. 20, d.lgs. 150/2015). Nel caso in cui siano decorsi i sessanta giorni dalla registrazione e il disoccupato non sia stato convocato dai Centri per l'impiego, sorge il diritto a richiedere, tramite posta elettronica, le credenziali personalizzate al fine di accedere direttamente alla procedura telematica di profilazione.

Patto di servizio personalizzato

Il patto di servizio personalizzato ha quali elementi essenziali: l'individuazione di un responsabile delle attività; la definizione del profilo personale di occupabilità; la definizione degli atti di ricerca attiva che devono essere compiuti e la tempistica degli stessi; la frequenza ordinaria di contatti con il responsabile delle attività; le modalità con cui la ricerca attiva di lavoro è dimostrata al responsabile delle attività.

È necessario che nel patto sia riportata la disponibilità del disoccupato a partecipare a proposte e laboratori per il rafforzamento di competenze nella ricerca attiva del lavoro (ad esempio la stesura di un *curriculum vitae* o la preparazione per sostenere colloqui di lavoro), o ad altre iniziative formative, di riqualificazione o, comunque, di politica attiva. Infine, come anticipato, è di

[28] La procedura di profilazione – ora definita *assessment* – è stata riscritta in occasione dell'attuazione del programma GOL dalla delibera 9 maggio 2022, n. 5 del Commissario straordinario dell'ANPAL, che ha disposto l'articolazione della stessa in un livello "quantitativo" e un livello "qualitativo" per accentuare la personalizzazione delle prestazioni.

fondamentale importanza che il soggetto si renda disponibile ad accettare un'offerta congrua di lavoro (art. 25, d.lgs. 150/2015).

Offerta congrua

Un'offerta è definita "congrua" in base ai parametri stabiliti dal Ministero del lavoro nel d.m. 10 aprile 2018. In ogni caso, però, essa può ritenersi tale solo tenendo conto della coerenza con le esperienze e le competenze precedentemente maturate, della distanza dal domicilio e dei tempi di trasferimento mediante mezzi di trasporto pubblico e, infine, della durata della disoccupazione e dell'ammontare della retribuzione oggetto della proposta[29].

La mancata comparizione alla convocazione di cui si è sopra parlato, così come la mancata accettazione della offerta, preclude la possibilità di fruire degli ammortizzatori sociali (v. anche il cap. XVII). È forte, quindi, il collegamento tra politiche attive e passive, al punto che, anche qualora un soggetto presenti domanda di Naspi (Nuova prestazione di Assicurazione Sociale per l'Impiego) o Dis-Coll (Disoccupazione per i collaboratori), essa equivarrà a dichiarazione di immediata disponibilità e sarà inserita nel Sistema informativo delle politiche attive e dei servizi per l'impiego. I beneficiari di prestazioni a sostegno del reddito, che non abbiano riottenuto una occupazione, saranno quindi chiamati a stipulare il Patto di servizio personalizzato.

Infine, i lavoratori titolari di strumenti di sostegno del reddito potranno essere chiamati a svolgere attività di servizio nei confronti della collettività nel territorio del Comune di residenza (art. 26, d.lgs. 150/2015). Lo stesso vale per i percettori di misure di contrasto alla povertà. L'utilizzo dei lavoratori in tali attività non determinerà l'instaurazione di un rapporto di lavoro. A questi lavoratori spetterà un importo mensile, pari all'assegno sociale, erogato dall'INPS.

A seguito dell'emergenza pandemica, alla luce dell'impianto appena descritto, è stato introdotto il programma nazionale del Ministero del lavoro e delle politiche sociali "Garanzia di occupabilità dei lavoratori" (GOL)[30], finalizzato a prendere in carico, profilare, formare e ricollocare i percettori di ammortizzatori sociali, nonché i soggetti disoccupati, vulnerabili o in condizioni di svantaggio, i *Neet* e i *working poor*, garantendo in tal modo il loro inserimento nel mercato del lavoro. Il programma, previsto dalla legge di bilancio 2021 è finanziato principalmente dalle risorse del c.d. *Recovery Plan* e vorrebbe coinvolgere almeno 3 milioni di persone entro il 2025.

In ogni caso, come già anticipato nel paragrafo 4, sebbene i principali destinatari delle misure di politiche attive siano i soggetti a rischio di esclusione sociale, l'area di intervento è molto più ampia. Basti pensare che per rimediare agli effetti dello shock pandemico sono state stanziate delle risorse *ad hoc*, attraverso l'istituzione del Fondo Nuove Competenze, destinate alle imprese che intendano adeguare le competenze dei propri lavoratori attraverso la forma-

---

[29] Parametri più stringenti operano per la definizione della congruità dell'offerta nell'ipotesi in cui la stessa sia proposta ai percettori di misure di sostegno al reddito e più specificamente ai percettori di RDC. Ciò ancor più dopo la riscrittura dell'istituto del RDC ad opera del d.l. 4 maggio 2023, n. 48, conv. con mod. in l. 3 luglio 2023, 85 che introduce nuove misure di inclusione sociale e lavorativa a partire dall'Assegno di inclusione. V. cap. XVII.

[30] Art. 1, co. 324, l. 30 dicembre 2020, n. 178.

zione erogata durante l'orario di lavoro. Il Fondo copre il costo orario della retribuzione del personale quando esso è impegnato nei percorsi formativi.

Anche in prospettiva futura, come emerge dal PNRR, le due aree di intervento appena descritte rappresenteranno i tasselli fondamentali delle politiche attive per sostenere, da un lato, l'occupabilità di lavoratori in transizione e disoccupati e per promuovere, dall'altro, la revisione della *governance* del sistema di formazione professionale in Italia. Per far ciò sarà indispensabile rafforzare i Centri per l'Impiego.

11. Gli strumenti operativi per l'incontro tra domanda ed offerta: in particolare, le "banche dati"

Sin quando è stata operativa l'ANPAL – ed ora anche tale funzione dovrebbe trasferirsi al Ministero del lavoro – navigando sul suo sito istituzionale non solo era possibile avere tutte le informazioni per accedere al mercato del lavoro ma, in più, era disponibile un portale espressamente dedicato all'incrocio tra domanda e offerta di lavoro. Questa possibilità di un luogo telematico tendenzialmente unitario, dove convergono richieste e offerte di lavoro nazionali e transnazionali[31] e dove il disoccupato può registrarsi e mettersi in carico ai servizi per il lavoro, chiude un lungo percorso di digitalizzazione dei supporti alla gestione del mercato del lavoro. Anche se, è doveroso affermarlo, esso ancora non è entrato pienamente a regime. Ci si auspica che il Sistema informativo unitario delle politiche attive del lavoro (SIUL) previsto dal d.lgs. 150/2015 possa essere pienamente attuato anche con lo sviluppo di sistemi di *blockchain*, ossia di sistemi informatizzati capaci di creare registri digitali condivisi, che permettono di archiviare dati e protocolli informatici e potenzialmente garantire l'incontro tra domanda e offerta di lavoro.

Banche dati nazionali

In ambito nazionale si sono succeduti e sovrapposti vari portali, ad iniziare dal SIL, Servizio Informativo Lavoro[32], che era un sistema chiuso[33] mai decollato. Con l'art. 15, d.lgs. 276/2003 è stata introdotta la Borsa Continua del Lavoro (BCL): un sistema aperto e trasparente alimentato da tutte le informazioni utili immesse liberamente dagli operatori pubblici e privati, autorizzati o accreditati e, direttamente, da lavoratori e imprese. L'interconnessione della BCL è avvenuta grazie al portale "ClicLavoro" che, basandosi su un sistema di nodi

[31] Presso il Ministero del lavoro si istituirà, probabilmente, l'ufficio di coordinamento nazionale della rete EURES, della quale si è parlato nel par. 7. Il sistema integrato predisposto permette di consultare le opportunità di lavoro nei Paesi UE, nonché le condizioni di vita e lavoro nei Paesi esteri (tassazione, pensioni, assicurazione malattia e sicurezza sociale).

[32] Art. 11, d.lgs. 469/1997.

[33] Infatti esso era riservato al Ministero del lavoro e della previdenza sociale, alle regioni, agli enti locali, nonché ai soggetti autorizzati alla mediazione tra domanda e offerta di lavoro; era esclusa quindi ogni possibilità di accesso per i datori di lavoro ed i lavoratori o altri soggetti interessati.

regionali e date le sue caratteristiche tecniche, ha rappresentato la concreta attuazione della Borsa Continua Nazionale del lavoro. Come si è detto lo snodo telematico fondamentale era gestito da ANPAL e adesso, quindi, passerà presumibilmente nelle mani del Ministero del lavoro.

Oltre alla BCL è stata istituita presso l'INPS una banca dati dei percettori di trattamenti previdenziali o altri sussidi o indennità pubbliche[34]. Con essa si mira allo scambio di informazioni tra servizi per l'impiego ed enti previdenziali. L'INPS è tenuta a comunicare i dati dei percettori di misure di sostegno al reddito al fine di garantirgli i servizi per l'impiego e in modo che questi siano obbligati ad accettare l'offerta congrua di lavoro; e i soggetti abilitati, attraverso questa banca dati, comunicano eventuali cause di decadenza dai trattamenti previdenziali.

È, poi, previsto un sistema informativo – al fine di razionalizzare gli interventi di politica attiva di tutti gli organismi centrali e territoriali coinvolti – istituito nell'ambito delle strutture del Ministero del lavoro che raccoglie le informazioni concernenti i soggetti da collocare nel mercato del lavoro, i servizi erogati per una loro migliore collocazione nel mercato stesso e le opportunità di impiego. In tale "Banca dati politiche attive e passive" confluiscono la Banca dati percettori, l'Anagrafe nazionale degli studenti e dei laureati delle università, nonché la c.d. dorsale informativa disposta dalla l. 92/2012 (l. 99/2013). Più di recente all'interno della stessa è stata istituita un'apposita sezione dedicata alla "Banca dati del collocamento mirato", già prevista dall'art. 9, c. 6-*bis*, l. 68/1999 (introdotto dal d.lgs. 151/2015) ma resa operativa solo a partire da maggio 2022 per effetto di un Decreto ministeriale del 29 dicembre 2021.

12. L'accesso al mercato del lavoro della gente di mare, dei lavoratori dello spettacolo e in agricoltura

L'intero quadro sino ad ora delineato va integrato con alcune discipline speciali. È il caso, anzitutto, della normativa sul collocamento della gente di mare, caratterizzata da una regolamentazione parzialmente differenziata alla luce della tutela dell'interesse pubblico alla sicurezza dei traffici marittimi.

Collocamento della gente di mare

Infatti, la disciplina di cui al d.lgs. 150/15 (art. 27, rubricato *Collocamento della gente di mare*) va raccordata con il d.P.R. 18 aprile 2006, n. 231, come modificato dal d.lgs. 151/2015, intitolato *Regolamento recante disciplina del collocamento della gente di mare.* Questa disciplina speciale riguarda "i lavoratori marittimi appartenenti alla gente di mare disponibili a prestare servizio a bordo di navi italiane per conto di un armatore o società di armamento". Per essi, l'attività di arruolamento è gestita dagli uffici di collocamento della gente di mare (art. 5, co. 1), che sono alle dipendenze funzionali del Ministero del lavoro e delle politiche sociali. In questo ambito è significativo il ruolo di que-

[34] Art. 19, co. 4, d.l. 185/2008.

gli enti bilaterali costituiti a iniziativa di una o più associazioni nazionali degli armatori e dei lavoratori marittimi quali sedi privilegiate per la regolazione del mercato del lavoro marittimo. In effetti gli enti bilaterali, ferma l'interconnessione con la borsa del lavoro marittimo, possono essere autorizzati allo svolgimento dell'attività di intermediazione a favore dei propri associati, nonché, mediante convenzione con il Ministero del lavoro e delle politiche sociali, allo svolgimento di tutti gli adempimenti e le certificazioni affidati ai competenti uffici di collocamento della gente di mare. Il sistema coordinato da tali soggetti e dagli uffici di collocamento della gente di mare è articolato secondo un *iter* del tutto peculiare e differente da quello ordinario, a partire dall'iscrizione in una sezione speciale dell'elenco anagrafico dei lavoratori sino all'arruolamento del personale.

Lavoratori dello spettacolo

Altra tipologia di lavoratori che può essere considerata speciale per la peculiarità dell'attività svolta è quella dei lavoratori dello spettacolo. Rientrano in tale categoria coloro che stabilmente e professionalmente, ancorché in compiti ausiliari, sono impiegati per svolgere attività essenzialmente destinate alla realizzazione di spettacoli, sia che si tratti di artisti, sia di coloro che svolgono compiti organizzativi di tipo intellettuale, amministrativo o manuale. Per tali lavoratori, in materia di collocamento, con d.P.R. 2053/1963 e l. 8/1979, era stata istituita una lista unica per il personale artistico e tecnico da impiegare per la realizzazione di spettacoli attraverso la chiamata nominativa. L'art. 8, d.lgs. 297/2002 ha però abrogato l'Ufficio speciale dei lavoratori dello spettacolo, uniformando le procedure di assunzione a quelle degli altri settori. Attualmente, nonostante la specialità del rapporto e alcune peculiarità in materia di trattamento previdenziale[35] e di lavoro dei minori nell'ambito di questa categoria lavorativa, opera la disciplina generale del rapporto di lavoro[36].

Lavoratori agricoli

La terza categoria di lavoratori che soggiace ad una disciplina parzialmente diversa è quella dei lavoratori agricoli. Sono definiti tali tutti quei lavoratori che, a tempo determinato o indeterminato, prestano la propria attività alle dipendenze di imprenditori agricoli, ossia di quegli imprenditori che esercitano la coltivazione del fondo, la selvicoltura, l'allevamento di animali e attività con queste connesse. Le peculiarità dell'attività dei lavoratori agricoli sono determinate dalla saltuarietà e dalla poca programmabilità dello svolgimento della prestazione. Per tale ragione, ad opera del d.l. 7/1970 convertito con modificazioni dalla l. 11 marzo 1970, n. 83 era stato previsto un sistema di norme in materia di collocamento e accertamento dei lavoratori agricoli, quasi totalmente modificato e abrogato con d.l. 25 giugno 2008, n. 112, convertito con modificazioni dalla l. 6 agosto 2008, n. 133, e con d.l. 6 luglio 2011, n. 98, convertito con modificazioni dalla l. 15 luglio 2011, n. 111. Il quadro di riferimento in materia di lavoro agricolo è contenuto, comunque, nel d.lgs. 375/1993 ss.mm.ii.

---

[35] Si consideri, del resto, che per tali soggetti a seguito dell'emergenza pandemica sono stati introdotti ammortizzatori sociali mirati. V. cap. 19.

[36] Con la l. 106/2022 è stata emanata la "Delega al Governo e altre disposizioni in materia di spettacolo" finalizzata al riordino della disciplina relativa al lavoro nel settore dello spettacolo; la delega legislativa, per effetto della proroga contenuta nella l. 14/2023, è esercitabile entro il 18 agosto 2024.

13. Il collocamento dei disabili

Lavoratori disabili

Al di fuori dei rapporti speciali di lavoro, vi sono altre "categorie" lavorative che meritano particolare attenzione nel mercato del lavoro al fine di evitarne l'esclusione da esso. È il caso dei disabili, cui il legislatore ha dedicato apposita disciplina da tempo. Infatti, dopo il primo intervento avutosi con l. 2 aprile 1968, n. 482, rivelatosi ineffettivo poiché volto semplicemente a garantire che ogni azienda di una certa dimensione assumesse una determinata percentuale di appartenenti a tali categorie protette, il sistema è stato rivisto con la l. 12 marzo 1999, n. 68, che ha espressamente abrogato la normativa precedente. La nuova legge muta radicalmente impostazione rispetto al passato, poiché si pone quale obiettivo la promozione dell'inserimento e della effettiva integrazione lavorativa delle persone disabili nel mondo del lavoro attraverso servizi di sostegno e di collocamento "mirato". Una razionalizzazione di tale sistema è prevista nel d.lgs. 151/2015 sulla "semplificazione", la cui attuazione è in parte rimessa alle "Linee Guida in materia di collocamento mirato delle persone con disabilità" adottate con d.m. 11 marzo 2022, n. 43.

Collocamento mirato

Per collocamento mirato si intendono tutte quelle misure tecniche «che permettono di valutare adeguatamente le persone con disabilità nelle loro capacità lavorative e di inserirle nel posto adatto, attraverso analisi del posto di lavoro, forme di sostegno, azioni positive e soluzioni dei problemi connessi con gli ambienti, gli strumenti e le relazioni interpersonali sui luoghi quotidiani di lavoro e di relazione» (art. 2, l. 68/1999). Come si vede, quindi, la finalità non è più quella di imporre ad ogni costo una assunzione, quanto quella di inserire in maniera produttiva il disabile nel mondo del lavoro.

Possono richiedere l'iscrizione nelle apposite liste del collocamento "obbligatorio" le persone disabili non occupate, appartenenti a determinate categorie: in sostanza, invalidi civili (con capacità lavorativa ridotta del 45%), invalidi del lavoro (con invalidità superiore al 33%) e per servizio (ormai del tutto residuale è la categoria degli invalidi di guerra), sordomuti e non vedenti. La l. 17 luglio 2020, n. 77, di conversione del c.d. decreto rilancio, ha ampliato la categoria dei soggetti protetti, al fine di garantire l'inserimento lavorativo dei *care leavers,* ossia di quelle persone che, compiuti 18 anni, vivono fuori dalla famiglia di origine sulla base di un provvedimento dell'autorità giudiziaria.

Rimangono comunque operanti le norme speciali per alcune categorie di non vedenti (ad esempio, quelle per l'assunzione di centralinisti, massaggiatori e insegnanti).

Tutti i datori di lavoro privati e pubblici sono tenuti ad avere alle proprie dipendenze lavoratori appartenenti alle categorie precedentemente indicate, in misura diversificata a seconda della dimensione dell'azienda: sotto i 15 dipendenti, non sussiste alcun obbligo; da 15 a 35 dipendenti, è obbligatorio assumere un lavoratore disabile; da 36 a 50 dipendenti, due; oltre i 50 dipendenti, il 7% dei lavoratori occupati. Per quanto riguarda, invece, gli orfani e i coniugi di cui si è detto, l'obbligo, aggiuntivo rispetto al precedente, scatta per i datori di lavoro che occupano più di 50 dipendenti, nella misura di una persona per le aziende fino a 150 dipendenti e dell'1% dell'organico complessivo per quelle più grandi.

L'obbligo di assumere un lavoratore disabile nasce in modo differenziato, anche qui secondo le fasce occupazionali del datore di lavoro. Infatti, per i datori di lavoro che occupano da 15 a 35 dipendenti tale obbligo (da perfezionarsi entro un anno) sorge soltanto al momento in cui si procede ad una "nuova assunzione", intendendosi per tale quella che realizza un effettivo incremento dell'organico aziendale, ritenuta aggiuntiva rispetto al numero dei dipendenti in servizio. Non sono considerabili nuove assunzioni quelle effettuate: per la sostituzione di lavoratori assenti con diritto alla conservazione del posto; per la sostituzione di lavoratori cessati dal servizio, se avvenute entro 60 giorni dalla cessazione; con contratto di apprendistato (art. 7, co. 3, d.lgs. 167/2011). Rappresentano, invece, nuove assunzioni il passaggio di personale a seguito di una delle operazioni societarie di cui all'art. 2112 c.c. (trasferimento d'azienda, cessione o fusione) in quanto si realizza, in capo al nuovo datore di lavoro/cessionario, un sostanziale ampliamento della base occupazionale, cui è necessario riferirsi ai fini della corretta determinazione della quota di riserva.

Al fine di favorire maggiormente l'inserimento e l'integrazione dei disabili nel mondo del lavoro, l'art. 4, co. 27, l. 92/2012 ha rivisto i criteri utili per il calcolo della copertura della quota di riserva per la loro assunzione, prevedendo la computabilità di tutti i lavoratori assunti con contratto di lavoro subordinato, salve alcune tassative esclusioni. Per di più al medesimo fine sono previsti dall'art. 13 l. 68/1999 incentivi a favore del datore di lavoro che assuma disabili, garantiti attraverso un fondo che negli ultimi anni è stato sempre più incrementato[37].

I criteri per l'accertamento dello stato di invalidità si basano, allo stato, sul profilo socio-lavorativo e sulla diagnosi funzionale nonché sulla valutazione della documentazione medica preesistente, ovviamente proveniente da parte di istituzioni pubbliche. È attesa una riscrittura dei sistemi di accertamento dell'invalidità civile, cecità, sordità, handicap e di valutazione multidisciplinare per l'elaborazione dei progetti individualizzati, nonché di altri profili connessi (in particolare: nozione di disabilità; progetti di vita indipendente e inclusione) nell'ambito della delega che attribuisce al Governo il compito di predisporre una legge quadro sulle disabilità (l. 22 dicembre 2021, n. 227).

L'art. 5, co. 8, l. 68/1999 stabilisce che gli obblighi di assunzione di disabili e di categorie equiparate devono essere rispettati a livello nazionale. Pertanto le imprese private che occupano personale in diverse unità produttive e quelle facenti parte di un gruppo possono assumere in un'unità produttiva, o in un'impresa del gruppo, un numero di lavoratori aventi diritto al collocamento mirato superiore a quello prescritto, portando le eccedenze in via automatica, e senza alcun peculiare onere formale, a compenso del minor numero di lavoratori assunti nelle altre unità produttive o nelle altre imprese del gruppo. L'automa-

---

[37] Si v. da ultimo la l. 27 dicembre 2019, n. 160, che ha disposto (con l'art. 1, co. 332) che lo stanziamento del Fondo per il diritto al lavoro dei disabili, di cui all'art. 13, co. 4, l. 12 marzo 1999, n. 68, è incrementato di 5 milioni di euro nell'anno 2020. Un ulteriore incremento è stato previsto per l'annualità 2022 (d. int. 26 settembre 2022).

ticità della compensazione non è invece prevista per i datori di lavoro pubblici, che però possono essere autorizzati, su motivata richiesta, ad assumere in una unità un numero di disabili superiore a quello prescritto, portando le eccedenze a compenso di altre unità della stessa regione.

L'obbligo, per il datore di lavoro, di attingere alla lista speciale segue ora il criterio della richiesta nominativa.

L'avviamento al lavoro dei disabili, oltre che a seguito della richiesta di assunzione da parte del datore di lavoro, può essere attuato mediante convenzioni da stipulare tra i datori di lavoro (anche non obbligati) e gli uffici competenti (art. 11, l. 68/1999).

Ai lavoratori assunti ai sensi della l. 68/1999 si applica il trattamento economico e normativo previsto dalle leggi e dai contratti collettivi di lavoro: vige pertanto il principio di parità di trattamento rispetto ai lavoratori "comuni", con il vincolo per il datore di lavoro ad adottare "accomodamenti ragionevoli" modellati sulle esigenze del lavoratore e del contesto lavorativo in cui lo stesso è inserito. Un tale vincolo è imposto già a partire dalla fase di accesso e selezione della persona disabile, con un approccio integrato e personalizzato, che potrà essere favorito pure dalla figura del responsabile dell'inserimento lavorativo (*disability manager*) – la cui introduzione è agevolata dai contributi dell'art. 14, co. 4, l. 68/1999 – chiamato a risolvere i «problemi legati alle condizioni di lavoro (...), in raccordo con l'Inail per le persone con disabilità».

Il datore di lavoro non può chiedere al lavoratore disabile una prestazione non compatibile con le sue minorazioni; nel caso in cui, a seguito di accertamenti sanitari, che possono essere richiesti sia dal lavoratore che dal datore di lavoro, venga riscontrata una situazione di aggravamento che risulti incompatibile con la prosecuzione del rapporto di lavoro, il disabile ha diritto a un periodo di sospensione non retribuito, fino a che la situazione persista.

Con l'intento di evitare abusi nel ricorso all'istituto dell'esonero totale o parziale dall'obbligo di assunzione dei disabili – consentito ad alcuni datori di lavoro che operano in particolari settori o per le speciali condizioni delle loro attività – è stato potenziato il sistema dei controlli, prevedendo, da una parte, l'obbligo per i Centri per l'impiego di comunicare, con cadenza almeno mensile, alle competenti Direzioni territoriali del lavoro il mancato rispetto delle quote di riserva o dei vincoli previsti dalla disposizione in materia di esoneri; dall'altra, l'adozione di un decreto ministeriale che ridefinisca i procedimenti relativi agli esoneri, in un'ottica di prevenzione dei possibili abusi.

Il sistema sanzionatorio prevede pene, ovviamente diversificate, sia per le aziende private e gli enti pubblici economici sia per le pubbliche amministrazioni che trasgrediscano alle disposizioni della legge (art. 15, l. 68/1999).

14. Il lavoro dei cittadini non appartenenti all'Unione europea

La disciplina dell'incontro tra domanda e offerta di lavoro assume connotati particolari quando il lavoratore sia un cittadino extracomunitario. Infatti, mentre per i cittadini europei vige il principio della libera circolazione e prestazione di servizi, nel caso di un lavoratore di Paesi Terzi sono previste norme speciali.

Dopo il superamento dei primi interventi normativi volti a regolare i fenomeni migratori introdotti con la l. 30 dicembre 1986, n. 943 e con la l. 28 febbraio 1990, n. 39, tutte le disposizioni in materia di collocamento di cittadini di Paesi Terzi sono rinvenibili nella l. 6 marzo 1998, n. 40 (c.d. Turco Napolitano) trasfusa nel testo unico sull'immigrazione, ad opera del d.lgs. 25 luglio 1998, n. 286 e ss.mm.ii.

Per poter accedere e lavorare nel territorio nazionale italiano è anzitutto necessario che il soggetto extracomunitario abbia diritto ad un permesso di soggiorno regolare. Il d.lgs. 4 marzo 2014, n. 40, attuativo della direttiva 2011/98/UE del Parlamento europeo, ha introdotto nel nostro ordinamento la procedura per il rilascio del "permesso unico di soggiorno e lavoro". Per ottenerlo è necessario attivare un lungo percorso burocratico volto ad accertarsi della sussistenza di tutti i requisiti.

Decreti flusso

Anzitutto, l'ingresso per motivi di lavoro subordinato, anche stagionale, e autonomo necessita del rispetto delle quote massime di stranieri ammessi nel territorio dello Stato, determinate annualmente con apposito decreto (c.d. flussi d'ingresso) (art. 3, co. 4, T.U.). I criteri per la determinazione di tali flussi sono individuati nel documento programmatico relativo alla politica dell'immigrazione e degli stranieri nel territorio italiano predisposto dal Presidente del Consiglio ogni tre anni. Con apposite intese concluse tra il Ministro degli affari esteri, di concerto con il Ministro dell'interno e con il Ministro del lavoro e della previdenza sociale, può essere stabilito che i lavoratori stranieri che intendono fare ingresso in Italia per motivi di lavoro subordinato, anche stagionale, si iscrivano in apposite liste. Il d.l. 20/2023 ha previsto la possibilità di adottare decreti flussi anche prima del triennio e di disporre di quote riservate per i paesi che collaborano al contrasto al lavoro irregolare, nonché procedure semplificate di nulla osta al lavoro.

Permesso di soggiorno per lavoro subordinato

Infatti, una volta emanato il decreto flussi, la stipula di un contratto di lavoro subordinato con un cittadino extracomunitario è disciplinata dagli artt. 22 ss. t.u.i. Per ottenere l'autorizzazione al lavoro, è necessario che il datore di lavoro si attivi presso la Prefettura competente e presenti allo sportello unico per l'immigrazione della provincia di residenza ovvero di quella in cui ha sede legale l'impresa, ovvero di quella ove avrà luogo la prestazione lavorativa, una richiesta nominativa di nulla osta al lavoro, previa verifica presso il Centro per l'impiego competente della indisponibilità di un lavoratore presente sul territorio nazionale idoneamente documentata. Altresì, è tenuto a presentare idonea documentazione relativa alle modalità di sistemazione alloggiativa per il lavoratore straniero; la proposta di contratto di soggiorno con specificazione delle relative condizioni, comprensiva dell'impegno al pagamento da parte dello stesso datore di lavoro delle spese di ritorno dello straniero nel Paese di provenienza; infine, la dichiarazione di impegno a comunicare ogni variazione concernente il rapporto di lavoro. È evidente, quindi, che il datore debba conoscere e impegnarsi a sostenere, anche con l'alloggio, lo straniero. Qualora non conoscesse lo straniero, ma avesse bisogno di specifiche qualifiche, potrebbe richiedere di attingere alle liste istituite appositamente.

Lavoratore autonomo extracomunitario

L'ingresso in Italia di lavoratori extracomunitari per l'esercizio di una attività non occasionale di lavoro autonomo, invece, può essere consentito a condizione che l'esercizio di tali attività non sia riservato dalla legge ai soli cittadini italiani e comunitari e che sussistano sufficienti condizioni economiche per lo svolgimento delle stesse (art. 26 t.u.i.).

Il d.l. 4 ottobre 2018, n. 113, convertito con modificazioni dalla l. 1° dicembre 2018, n. 13, ha poi introdotto delle novità in materia di ingresso e soggiorno nell'ambito di trasferimenti intra-societari. Negli artt. 27-*quinquies* e *sexies* del t.u.i., infatti, è stata prevista la possibilità di accedere al territorio nazionale – alle condizioni stabilite negli articoli stessi e al di fuori delle quote flusso – per gli stranieri che soggiornano fuori del territorio dell'Unione europea e per gli stranieri in possesso di permesso di soggiorno per trasferimento intra-societario ICT rilasciato da altro Stato membro.

Una volta ottenuto il permesso di soggiorno, i lavoratori extracomunitari hanno diritto ad un trattamento economico e normativo pari a quello dei lavoratori comunitari. Pertanto, anche nel caso di interruzione del rapporto di lavoro, il soggetto ha diritto di essere iscritto nelle liste di collocamento e nei Centri per l'impiego al fine di poter trovare occupazione. Ciò, per tutto il periodo di residua validità del permesso di soggiorno, e comunque, salvo che si tratti di permesso di soggiorno per lavoro stagionale, per un periodo non inferiore ad un anno ovvero per tutto il periodo di durata della prestazione di sostegno al reddito percepita dal lavoratore straniero, qualora superiore.

Un cenno a parte merita la fattispecie del lavoro irregolare dei cittadini extracomunitari cui, come vedremo nel paragrafo seguente, il legislatore dedica particolari misure di contrasto, incentrate sulla previsione di particolari responsabilità penali del datore di lavoro, come nel caso dell'art. 22 t.u.i., da raccordare poi con il reato di caporalato, previsto dall'art. 603-*bis* c.p. (v. *infra*, par. 16).

15. Il lavoro sommerso: le coordinate del tema

Come dimostrano i dati evidenziati nel paragrafo 3, una quota consistente e significativa delle relazioni di lavoro si instaura troppo spesso al di fuori delle regole e dei canali istituzionali esaminati. Altrettanto spesso, poi, nello svolgimento del rapporto di lavoro non si applica, o comunque non si applica integralmente, la disciplina protettiva e di tutela che configura il nucleo essenziale, e la funzione stessa, del Diritto del lavoro. Questi due aspetti contraddistinguono le vicende rientranti nella definizione di lavoro sommerso, nero, irregolare, che l'ordinamento giuridico, a vario titolo e attraverso tecniche molteplici, si propone ciclicamente di contrastare.

La fenomenologia dell'economia sommersa non è affatto omogenea: sommerso è il c.d. doppio lavoro del dipendente pubblico; lo sono le saltuarie prestazioni lavorative senza contratto in cui di frequente proprio studenti giovani sono impiegati; così come l'impiego di immigrati clandestini in condizione di semi-schiavitù, ecc. Ciò spiega, e fa comprendere, da un lato, le difficoltà del diritto a impostare politiche e modelli di contrasto efficienti, dall'altro l'estrema alternanza di tecniche e rimedi messi in campo nel corso del tempo. L'inventario è davvero frastagliato e, in buona misura, la sensazione che si ricava in generale è quella di una continua sperimentazione, di un processo regolamentare dinamico, molto influenzato da contingenze storiche di tipo politico e sociale. Tuttavia si parte da una certezza: i fenomeni di sfruttamento illegittimo della manodopera devono essere tenacemente osservati, tenuti sotto controllo e perseguiti. Ciò per le ricadute particolarmente lesive di essi su: la libertà e la dignità delle persone, la solidarietà fiscale ed economico-finanziaria, la leale concorrenza tra imprese, l'ordine pubblico, nonché la socialità e la trasparenza del mercato del lavoro.

Sono proprio queste ampie ricadute a spiegare l'attenzione ordinamentale multilivello nei confronti di queste situazioni: si ripropone, dunque, nella lotta al lavoro sommerso, l'identica varietà di fonti già registrata quando abbiamo affrontato il tema dei servizi per l'impiego, e ciò non casualmente, proprio perché si tratta di aspetti speculari, per tanti versi, al governo giuridico del mercato del lavoro.

Definizione

Mentre il legislatore italiano non introduce una definizione unitaria delle varie ipotesi di lavoro sommerso – optando piuttosto per una modalità descrittiva tipologica che individua di volta in volta le possibili condotte irregolari – è all'Europa che dobbiamo guardare per una sintesi descrittiva: e difatti comunemente ci si rifà alla definizione fornita dalla Commissione europea, nella fondamentale *Comunicazione sul lavoro sommerso* del 1998 (COM/98/219): sommersa sarà allora «qualsiasi attività retribuita di per sé lecita ma non dichiarata alle autorità pubbliche, tenendo conto della diversità dei sistemi giuridici vigenti negli Stati membri» (c.d. *undeclared work*).

E l'Europa interviene spesso sulla materia, affrontandola almeno da tre diverse prospettive. Due si può dire più tradizionali, che poggiano sulle istanze di garanzia di alcune libertà economiche fondamentali e sulla dimensione sociale europea ovvero sulle linee della SEO; ed una terza, consolidatasi più di recente in ragione dell'eccezionale flusso migratorio diretto nei paesi europei e proveniente da paesi terzi: flusso che inevitabilmente acutizza – per ragioni diverse – domanda e offerta di lavoro sommerso, specie nelle aree dove il fenomeno è già ben radicato. Il frutto più maturo di questa crescente attenzione della Unione europea si è prodotto proprio in tale ultimo contesto; è del 2009 una Direttiva (Direttiva 2009/52/CE del Parlamento europeo e del Consiglio) che «vieta l'impiego di cittadini di paesi terzi il cui soggiorno è irregolare al fine di contrastare l'immigrazione illegale»: essa stabilisce norme minime comuni relative a sanzioni e provvedimenti applicabili negli Stati membri nei confronti dei datori di lavoro che violano tale divieto. Questa Direttiva è stata recepita in Italia con d.lgs. 109/2012. Una particolare attenzione al fenomeno si ha poi anche nella prospettiva della repressione del reato c.d. di caporalato *ex* art. 603-*bis* c.p., come modificato dalla l. 199/2016, consistente nella condotta di intermediazione e sfruttamento del lavoro.

Piattaforma europea sul lavoro sommerso e ELA

L'Unione europea ha sempre tenuto piuttosto alta l'attenzione verso la lotta al lavoro sommerso: nel 2008, con una specifica risoluzione (2008/2035(INI)) e ancora di recente. Prima, nel 2014, una Risoluzione del Parlamento europeo in merito alla funzione delle ispezioni sul lavoro per il miglioramento delle condizioni di lavoro e poi, nel 2016, con la Decisione (UE) 2016/344 del Parlamento europeo e del Consiglio del 9 marzo 2016 è stata istituita una piattaforma europea per il rafforzamento della cooperazione volta a prevenire e scoraggiare il lavoro sommerso. La piattaforma ha riunito le autorità preposte all'applicazione della legge e le parti sociali degli Stati membri in un'unica rete per consentire un apprendimento reciproco dalla controparte e un'azione comune, contribuendo a un mercato del lavoro europeo più equo. Agendo in tal senso tale piattaforma ha altresì contribuito a fornire risultati in relazione al pilastro europeo dei diritti sociali.

Nel settore della mobilità del lavoro, un importante sviluppo è stato l'istituzione nel 2019 dell'Autorità europea del lavoro (ELA) che garantisce l'applicazione delle norme dell'UE sulla mobilità dei lavoratori in maniera equa, semplice ed efficace. Il regolamento (UE) 2019/1149 del Parlamento europeo e del Consiglio, del 20 giugno 2019, che istituisce l'Autorità europea del lavoro prevede l'integrazione della piattaforma in seno a tale Autorità come gruppo di lavoro permanente. Grazie a tale passaggio, le attività della piattaforma nell'ambito della lotta al lavoro non dichiarato possono avvalersi della più ampia prospettiva dell'ELA in materia di applicazione e prevenzione, oltre a sviluppare sinergie con altri compiti svolti dall'ELA quali la fornitura di informazioni, le ispezioni congiunte e concertate e il rafforzamento delle capacità. A questo proposito costituisce un altro passo importante l'avvio della campagna europea a favore del lavoro dichiarato *#EU4FairWork* con la partecipazione dell'ELA.

16. *Segue*: Tecniche e modelli di intervento per il contrasto e la prevenzione del lavoro sommerso. L'evoluzione normativa

Tecniche e modelli di intervento

Veniamo ora ad esaminare natura e modalità degli interventi del legislatore italiano in materia di lavoro sommerso. I cicli legislativi si muovono sostanzialmente fra tre tipi di tecniche di intervento; un primo tipo, diretto, impostato sull'intensificazione delle attività ispettive degli organi di vigilanza e sull'inasprimento delle sanzioni repressive connesse; il secondo, promozionale ma pur sempre diretto, è finalizzato ad agevolare la regolarizzazione delle attività non dichiarate, inducendo i datori di lavoro ad osservare le leggi ed i contratti collettivi vigenti; vi è poi una serie di interventi, indiretti, molto variegata: si va dalla flessibilizzazione tipologica dei rapporti di lavoro (orientata alla domanda: è il caso della previsione del lavoro accessorio o del lavoro intermittente) alla semplificazione delle procedure di avviamento al lavoro, passando per la disciplina della responsabilità nelle catene degli appalti.

Misure dirette

Limitandoci all'analisi delle misure dirette possiamo segnare l'avvio della stagione legislativa dell'emersione con la previsione sui contratti di riallineamento, cioè con la l. 389/1989 (artt. 1, 6 e 7, di conversione del d.l. 338/1989) e i successivi interventi modificativi ed integrativi. Tali contratti sono stati definiti anche "accordi di gradualità", a sottolineare la peculiarità del meccanismo, che prevedeva un'applicazione – graduale appunto – dei contratti collettivi nazionali di lavoro, da realizzare entro un certo numero di anni. Il riallineamento retributivo si fondava sul coinvolgimento di una molteplicità di soggetti, promuovendo un sistema concertativo di scambio tra aziende, sindacati e autorità pubbliche (l'INPS, in prima battuta). L'esperienza prosegue sino all'ottobre del 2001, termine ultimo segnalato dalla Commissione europea (Decisione 17 ottobre 2000 – "Aiuto di Stato n. 236/A/2000"), che aveva sottolineato come gli incentivi all'emersione fossero aiuti di Stato, ponendosi per tal via in contrasto con l'art. 87 del TCE (oggi art. 107 TFUE).

Nel 2001 dunque la tecnica del riallineamento retributivo ed il modello di matrice negoziale, su cui esso faceva perno, vengono messi da parte. Il segno della nuova stagione è opposto: è l'impresa in quanto tale ad essere protagonista.

Con la l. 383/2001 e successive modifiche si riconoscono incentivi fiscali e contributivi ai datori di lavoro che effettuino una "dichiarazione spontanea" circa la sussistenza di un rapporto di lavoro irregolare con un proprio dipendente. In realtà, il modello disegnato dal legislatore nel 2001 ha rivelato molti limiti sul piano operativo, apparendo troppo incentrato sulla discrezionale iniziativa imprenditoriale; anche se a fare da contrappeso avrebbe dovuto operare la riforma dei servizi ispettivi, realizzata con il d.lgs. 124/2004 (v. par. 16). Bisogna attendere il 2006 per una nuova e più promettente stagione: la legge finanziaria per il 2007 (l. 296/2006) prescrive numerose misure «per contrastare il lavoro nero e migliorare il livello di sicurezza e salute dei lavoratori nei luoghi di lavoro». Tra le novità principali spicca, innanzitutto, l'introduzione dei c.d. "indici di congruità", cioè di indici che rapportano la qualità dei servizi e beni prodotti dalle imprese con la quantità delle ore necessarie per produrli e il cui mancato rispetto può costituire elemento sintomatico di lavoro non dichiarato ovvero nero. Sul piano operativo, inoltre, la finanziaria del 2006 si apprezza per la previsione di specifici meccanismi di rafforzamento della capacità ispettiva. L'azione di Governo di questa stagione mette mano anche agli aspetti della sicurezza del lavoro (su cui cap. XI) e proprio all'interno della revisione della legislazione in materia di salute e sicurezza sui luoghi di lavoro viene inserita una disposizione dall'ampio titolo "Disposizioni per il contrasto del lavoro irregolare e per la tutela della salute e della sicurezza dei lavoratori" (art. 5, l. 123/2007, confluito poi nell'art. 14, d.lgs. 81/2008 – il testo unico, appunto – successivamente modificato dall'art. 11, d.lgs. 3 agosto 2009, n. 106).

Indici di congruità

Purtroppo l'insediamento nel 2008 di un nuovo esecutivo resetta molte iniziative in materia di sommerso: significativa l'espressa abrogazione della previsione sugli indici di congruità ad opera di una delle primissime leggi del nuovo

Parlamento (art. 39, co. 10, lett. *n*, d.l. 112/2008)[38]. Di egual segno anche le modifiche al testo unico sulla sicurezza del 2008, apportate con il d.lgs. 106/2009.

Gli eterogenei interventi di quest'ennesimo scarto legislativo si muovono tutti lungo una direttrice primaria, decisamente finanziaria e fiscale. L'impostazione trova ragione nell'impellente esigenza contabile di ridurre il debito pubblico, in presenza di una recessione economica, particolarmente grave nel nostro Paese e nel mondo intero.

Misure sanzionatorie e ispettive

Le politiche adottate dal 2011 sino ad oggi si concentrano in via prevalente sui profili ispettivi e sanzionatori, ma lasciano anche spazio all'emersione. Si pensi che nel 2012 c'è stata l'attuazione della direttiva 2009/52/CE in materia di occupazione di cittadini extracomunitari irregolarmente soggiornati.

Caporalato

Nell'ambito penale va evidenziato il reato legato allo sfruttamento illegale di manodopera. È il c.d. caporalato, *ex* art. 603-*bis* c.p., che, ai sensi delle modifiche apportate dalla l. 199/2016, si realizza nei casi di reclutamento di manodopera allo scopo di destinarla al lavoro presso terzi in condizioni di sfruttamento, approfittando dello stato di bisogno dei lavoratori; o, ancora, nelle ipotesi di utilizzazione, assunzione o impiego di manodopera, anche mediante l'attività di intermediazione, sottoponendo i lavoratori a condizioni di sfruttamento ed approfittando del loro stato di bisogno. Particolare attenzione è prestata a questo reato, specialmente adesso che il mercato del lavoro è diventato anche digitale e potrebbe essere più semplice occultare rapporti di lavoro e sfruttare manodopera[39]. Del resto, anche il PNRR ha previsto una specifica linea strategica di contrasto agli insediamenti abusivi per il contrasto al caporalato e allo sfruttamento dei lavoratori ed è stato istituito un Tavolo operativo per la definizione di una nuova strategia di contrasto al caporalato e allo sfruttamento lavorativo in agricoltura, presieduto dal Ministro del Lavoro e delle Politiche Sociali, che riunisce tutti gli Enti istituzionali coinvolti a livello nazionale e territoriale, le parti sociali e le principali organizzazioni del Terzo Settore.

Al contempo, però, il legislatore ha dimostrato una tendenza alla depenalizzazione di molti reati attinenti al diritto del lavoro, *ex* d.lgs. 7 e 8/2016. Ne è esempio la depenalizzazione del reato di omesso versamento delle ritenute previdenziali.

Maxisanzione

Per quanto attiene alle sanzioni diverse da quelle penali, invece, si segnala anzitutto la c.d. Maxisanzione, più volte modificata e incrementata. La violazione in conseguenza della quale essa è irrogata consiste proprio nella mancata preventiva comunicazione di instaurazione del rapporto lavorativo da parte del datore di lavoro privato (ad eccezione del lavoro domestico). L'applicazione è esclusa se, dal versamento dei contributi, si evidenzi comunque la volontà di non occultare il rapporto, anche se dovesse trattarsi di una sua differente qualificazione. Il d.lgs. 151/2015 ha rivisto i criteri di applicazione della maxisan-

---

[38] Specifiche norme sono previste per gli indici di congruità nel settore edile.

[39] Si veda il decreto del Trib. Milano, 27 maggio 2020, n. 9.

zione, reintroducendo anche l'istituto della diffida *ex* art. 13, d.lgs. 124/2004 (della quale si parlerà nel paragrafo successivo). Altresì, i decreti attuativi della l. delega 183/2014 e l. 145/2018[40] hanno, poi, rimodulato e incrementato la sanzione. Il d.l. 48/2023 conv. in l. 85/2023 ha previsto l'aumento della sanzione in caso di assunzione di lavoratori beneficiari della misura dell'assegno di inclusione.

Nonostante il *leitmotiv* delle ultime politiche sul versante repressivo e amministrativo, il quadro complessivo consente di valorizzare qualche approccio innovativo, volto a incentivare l'emersione del lavoro subordinato o del c.d. "falso lavoro autonomo". Basti pensare che sono stati tracciati negli ultimi anni molteplici istituti tesi a incentivare l'instaurazione e la regolarizzazione di rapporti di lavoro subordinato (v. i decreti 149/2015 e 151/2015, qui l'art. 22). Anzitutto, merita un cenno l'intervento avutosi nel 2016, con l. n. 199, art. 10, che ha rievocato, per il settore agricolo, proprio il contratto di riallineamento retributivo e contributivo *ex* art. 5, co. 1, d.l. 1° ottobre 1996, n. 510, conv. in l. 28 novembre 1996, n. 608, al fine di ridare almeno in questa area un ruolo alla contrattazione provinciale, permettendo anche la sospensione degli obblighi di contribuzione previdenziale, sì da consentire l'emersione dei rapporti irregolari subordinati. In questa prospettiva possono anche leggersi sia le norme volte a disincentivare le "false" collaborazioni coordinate sia la procedura di emersione prevista dall'art. 103, d.l. 34/2020 – conseguente all'emergenza Covid – che ha offerto la possibilità di assumere o regolarizzare rapporti di lavoro irregolari con cittadini italiani, europei o di paesi terzi[41].

Nessuna delle linee di azione sinora descritte sarà trascurata nei prossimi tempi e, anzi, stando al PNRR ciascuna di esse sarà valorizzata e potenziata. In particolare, in attuazione della misura a titolarità del Ministero del lavoro e delle politiche sociali (Missione 5, componente 1, Riforma 1.2) del PNRR, è stato istituito un Tavolo tecnico di lavoro che ha elaborato un "Piano nazionale per la lotta al lavoro sommerso per il triennio 2023-2025", adottato con d.m. 21 dicembre 2022 e aggiornato con d.m. 6 aprile 2023, n. 58 per rimarcare le sinergie con il Piano triennale di contrasto allo sfruttamento e al caporalato in agricoltura. Il Piano è stato, infatti, arricchito di un paragrafo sulle "Azioni volte a favorire l'impiego regolare di lavoratori stranieri in agricoltura attraverso il contrasto agli insediamenti abusivi e la promozione di azioni di politica attiva". Il Tavolo caporalato adotterà "Linee guida per l'operatività su

---

[40] Art. 1, co. 445, che ha previsto la maggiorazione degli importi sanzionatori delle violazioni che, più di altre, incidono sulla tutela degli interessi e della dignità dei lavoratori (v. circ. INL n. 2/2019 del 14 ottobre 2019). In forza dell'art. 3, co. 3-*quater*, le sanzioni sono aumentate del 20% in caso di impiego di: lavoratori stranieri ai sensi dell'art. 22, co. 12, d.lgs. 286/1998; minori in età non lavorativa; percettori del reddito di cittadinanza di cui al d.l. n. 4/2019 (conv. da L. 26/2019). La legge di bilancio 2019 ha altresì disposto, oltre alla maggiorazione del 20% degli importi dovuti a titolo di sanzione, il raddoppio di tali percentuali laddove il datore di lavoro, nei tre anni precedenti, sia stato destinatario di sanzioni amministrative o penali per i medesimi illeciti (c.d. recidiva). Sul punto cfr., da ultimo, INL, nota 20 aprile 2022, n. 856 – Maxisanzione per lavoro sommerso.

[41] Per chiarimenti sulla procedura v. decreto Min. Int., 27 maggio 2020.

tutto il territorio nazionale degli standard abitativi minimi previsti dalla normativa", saranno realizzate attività di informazione e formazione per gli operatori dei CPI e di altri servizi pubblici e privati ed intraprese azioni sperimentali per i lavoratori del settore agricolo realizzate dai beneficiari dei percorsi formativi.

La lotta al lavoro sommerso comprenderà una molteplicità di azioni che riguarderanno, in particolare: i) un processo di affinamento delle tecniche di raccolta e delle modalità di condivisione migliorare la conoscenza del fenomeno da parte di tutte le Autorità competenti; ii) l'introduzione di misure dirette e indirette per trasformare il lavoro sommerso in lavoro regolare in maniera che i benefici dall'operare nell'economia regolare superino i costi del continuare ad operare nel sommerso (per esempio: misure di deterrenza, come il rafforzamento delle ispezioni e delle sanzioni, e misure che promuovono il lavoro regolare, quali gli incentivi finanziari, anche attraverso una revisioni di quelli esistenti); iii) il lancio di una campagna informativa rivolta ai datori di lavoro e ai lavoratori, con il coinvolgimento attivo delle parti dei dati sul lavoro sommerso, volto a sociali, in linea con le più recenti iniziative adottate dalla Commissione europea, per sensibilizzare i destinatari sul "disvalore" insito nel ricorso ad ogni forma di lavoro irregolare; iv) una struttura di *governance* che assicuri una efficace implementazione delle azioni. In questa prospettiva si colloca la costituzione del Comitato nazionale per la prevenzione e il contrasto del lavoro sommerso, cui è affidato il compito di coordinare e monitorare l'attuazione delle misure contenute nel Piano nazionale per la lotta al lavoro sommerso, nonché di vigilare sul rispetto della Road map attuativa (d.m. 6 aprile 2023, n. 57).

Le azioni descritte dal Piano si inseriscono nel più generale obiettivo di rafforzamento dell'Ispettorato nazionale del lavoro.

17. Le attività ispettive

Le ispezioni sul lavoro rappresentano un'attività cardine del sistema delle garanzie dei diritti del lavoratore. Si tratta di controlli amministrativi, svolti da specifici funzionari pubblici, finalizzati alla «prevenzione e promozione dell'osservanza delle norme di legislazione sociale e del lavoro, ivi compresa l'applicazione dei contratti collettivi di lavoro e della disciplina previdenziale» (art. 1, d.lgs. 124/2004).

L'INL L'attività di vigilanza è attribuita all'Ispettorato Nazionale del Lavoro, che è un'agenzia governativa, il cui operato è sottoposto alla vigilanza del Ministero del lavoro e delle politiche sociali e della Corte dei conti (d.lgs. 149/2015). Sua principale funzione è il coordinamento, sulla base di direttive emanate dal Ministro del lavoro, della vigilanza in materia di lavoro, contribuzione e assicurazione obbligatoria; a tal fine, l'Ispettorato definisce tutta la programmazione ispettiva e le specifiche modalità di accertamento e detta le linee di condotta e le direttive di carattere operativo per tutto il personale ispettivo (compreso quello in forza presso INPS e INAIL). In supporto alla programmazione dell'attività di vigilanza svolta dall'Ispettorato, si prevede l'obbligo per l'INPS, l'INAIL e l'Agenzia delle entrate di mettere a disposizione dell'Ispettorato, anche attraverso l'accesso a specifici archivi informatici, dati e informazioni, sia in forma analitica che aggregata. Per il rafforzamento della programmazione dell'attività ispettiva, il d.l. 48/2023 ha previsto la condivisione gratuita tra gli enti pubblici e privati di tutti i dati utili.

Al fine di rafforzare l'azione di coordinamento con altri organi preposti alla vigilanza si prevede inoltre: la stipula di appositi protocolli, anche con i servizi ispettivi delle aziende sanitarie locali e delle agenzie regionali per la protezione ambientale, onde assicurare l'uniformità di comportamento ed una maggiore efficacia degli accertamenti ispettivi, evitando la sovrapposizione degli interventi; l'obbligo per ogni altro organo di vigilanza che svolga accertamenti in materia di lavoro e legislazione sociale di raccordarsi con l'Ispettorato.

I poteri ispettivi

La potestà ispettiva si concretizza in procedimenti di tipo istruttorio, finalizzati all'acquisizione di elementi di fatto e di diritto, e nell'adozione di peculiari provvedimenti, spesso di natura sanzionatoria, atti a ripristinare le condizioni di legalità del lavoro. L'esercizio dei poteri di vigilanza, che fu una delle prime preoccupazioni della "legislazione sociale", è regolato da una normativa in rapida evoluzione, che è partita addirittura dalla l. 380/1904. Un ruolo preminente è occupato dal d.lgs. 124/2004 (attuativo dell'art. 8, l. 30/2003) e dal d.lgs. 149/2015, che hanno riformato e razionalizzato l'intero assetto dei servizi ispettivi[42]; essi hanno ridefinito alcuni poteri già esistenti in capo agli organi di vigilanza (disposizione, diffida precettiva, prescrizione obbligatoria) e ne hanno attribuiti altri *ex novo* (diffida accertativa e conciliazione monocratica). In particolare, il d.lgs. 149/2015, ha unificato funzionalmente i vari corpi ispettivi, precedentemente divisi tra ispettori del Ministero del lavoro e delle politiche sociali, dell'INPS e dell'INAIL, così da creare un'armonizzazione di competenze.

Le ispezioni sul lavoro comprendono anche i controlli in materia di previdenza sociale e quelli sull'igiene e sicurezza del lavoro (attribuiti, in via generale, ancora agli ispettori delle Aziende sanitarie locali, anche dopo l'intervento correttivo intervenuto sul c.d. testo unico sulla salute e sicurezza nei luoghi di lavoro: art. 13, co. 2, d.lgs. 81/2008, come corretto dal d.lgs. 106/2009), i quali a loro volta hanno significative ricadute sul piano degli accertamenti fiscali e tributari.

Gli ispettori del lavoro hanno facoltà di visitare in ogni parte, a qualunque ora del giorno e della notte, i laboratori, gli opifici, i cantieri ed i lavori, in quanto siano sottoposti alla loro vigilanza, nonché i dormitori e refettori annessi agli stabilimenti, con l'unico limite rappresentato dai locali annessi ai luoghi di lavoro che non siano direttamente o indirettamente connessi con l'esercizio dell'azienda, sempre che non si abbia il fondato sospetto che tali luoghi servano a compiere o a nascondere violazioni di legge, nel quale caso è possibile accedervi (art. 8, d.P.R. 520/1955). L'accertamento di eventuali inosservanze della legislazione sociale impone agli organi di verifica, nei rispettivi ambiti di com-

[42] Sul punto, Corte cost. 384/2005.

petenza, un'attività conoscitiva dei luoghi e delle attività produttive in cui si effettuano le prestazioni lavorative.

L'ispettore del lavoro può chiedere informazioni a qualunque soggetto o ente, pubblico o privato, compresi lavoratore, datore di lavoro, consulente del lavoro, ecc., circa l'attività oggetto di indagine; la mancata ottemperanza o la fornitura di notizie scientemente errate è sanzionata penalmente.

L'ispezione segue procedure diversificate a seconda dell'ambito penale o amministrativo di rilevanza dei fatti in contestazione.

Prescrizione obbligatoria

In relazione all'area penale, la prescrizione obbligatoria è il provvedimento che l'organo ispettivo, in qualità di ufficiale di polizia giudiziaria, emette ogniqualvolta si ravvisino estremi di reato di natura contravvenzionale in materia di lavoro (rispettivamente, artt. 6 e 15, d.lgs. 124/2004). Essa consiste nell'emanazione di direttive per rimuovere o far cessare la violazione. Il trasgressore, per beneficiare dell'estinzione del reato, deve adempiere entro il termine stabilito e successivamente pagare una somma pecuniaria, avente natura amministrativa, pari ad un quarto della somma edittale massima prevista per la relativa ammenda. In ogni caso, allorquando gli ispettori, nell'esercizio delle loro funzioni, riscontrino indizi di reato, sono tenuti a darne tempestiva notizia all'autorità giudiziaria (art. 331 c.p.p.) e ad acquisire elementi di prova.

Ben più ampi sono i poteri amministrativi, tra i quali ha una posizione di rilievo la contestazione di illecito amministrativo, che comporta una sanzione pecuniaria, e che, in caso di inadempimento, può confluire nell'adozione di un'ordinanza-ingiunzione (artt. 13-31, l. 689/1981).

Diffida precettiva e accertativa

La diffida precettiva è un atto amministrativo con cui si ordina al datore di lavoro di regolarizzare inosservanze sanabili. In caso di adempimento, l'importo della sanzione è pari alla misura del minimo previsto dalla legge ovvero pari ad un quarto della sanzione stabilita in misura fissa (art. 13, co. 3, d.lgs. 124/2004). La diffida è condizione di procedibilità per la contestazione dell'illecito amministrativo (art. 33, l. 183/2010).

La diffida accertativa per crediti patrimoniali ha specifiche finalità deflattive e consegue all'accertamento di violazioni da cui risultino somme spettanti ai lavoratori, derivanti da disapplicazione di norme di legge o contrattuali. A seguito della notifica della diffida, il datore può adempiere, corrispondendo le somme direttamente al lavoratore, oppure promuovere entro trenta giorni un tentativo di conciliazione. Decorso inutilmente il termine o fallita la conciliazione, la diffida accertativa acquista valore di accertamento tecnico, con efficacia di titolo esecutivo. Ciò comporta che il lavoratore può agire mediante atto di precetto al fine della soddisfazione dei crediti retributivi, potendo fondare le proprie pretese su un provvedimento amministrativo, avente natura di titolo immediatamente esecutivo.

Disposizione

La disposizione (art. 14, d.lgs. 124/2004) è un atto emanato dagli ispettori, nei casi in cui essi sono abilitati a integrare le norme in materia di lavoro con un proprio apprezzamento discrezionale. Essa comporta un nuovo obbligo immediatamente esecutivo per il datore di lavoro, che specifica quello generico previsto dalla legge, in particolare quando essa non stabilisca puntuali modalità di adempimento.

La conciliazione monocratica (art. 11, d.lgs. 124/2004) è un meccanismo finalizzato alla soluzione conciliativa di eventuali infrazioni civili o amministrative rilevate e riguarda diritti patrimoniali del lavoratore o crediti di lavoro derivanti dal mancato rispetto degli obblighi retributivi e contributivi.

Conciliazione monocratica

Questa procedura può essere contestuale, se immediatamente attivata dall'ispettore, previo consenso delle parti, all'inizio di un accesso ispettivo, cioè in un momento in cui non sono stati ancora acquisiti elementi di prova. La conciliazione può avere anche carattere preventivo, quando a seguito di richiesta di intervento da parte del lavoratore o dell'organizzazione sindacale che lo rappresenta, si riscontrino i presupposti per il raggiungimento di un'intesa di una soluzione pacificatoria. Il tentativo di conciliazione può portare ad un accordo inoppugnabile e con efficacia di titolo esecutivo. Il pagamento effettuato dal datore di lavoro di crediti dovuti al lavoratore e il relativo versamento dei contributi previdenziali e dei premi assicurativi estingue il procedimento ispettivo. Qualora, invece, la procedura abbia un esito negativo per mancato raggiungimento dell'accordo, si fa seguito all'accertamento ispettivo.

Le funzioni ispettive in materia di previdenza ed assistenza sociale sono svolte anche dal personale di vigilanza dell'INPS, dell'INAIL e degli altri enti per i quali sussiste la contribuzione obbligatoria, nell'ambito dell'attività di verifica del rispetto degli obblighi previdenziali e contributivi.

Tra gli obiettivi dell'attività ispettiva rientra senz'altro il contrasto al lavoro "sommerso" e "irregolare", cioè il controllo sulla corretta costituzione dei rapporti di lavoro e la conseguente possibilità di irrogare sanzioni in caso di violazioni di specifiche disposizioni. In particolare, il datore di lavoro è tenuto a una serie di adempimenti quali la registrazione dei lavoratori nel libro unico del lavoro (LUL), la comunicazione preventiva agli uffici competenti per l'assunzione, nonché tutte le denunce obbligatorie da effettuarsi per l'intera durata del rapporto, al fine di documentarne l'esistenza nei confronti degli enti previdenziali.

Uno strumento davvero essenziale del quale possono avvalersi gli ispettori nel contrasto al lavoro irregolare e nella tutela della salute e la sicurezza dei lavoratori è rappresentato dalla sospensione dell'attività di impresa (art. 14, d.lgs. 81/2008). Gli organi di vigilanza ministeriali possono adottare tale provvedimento se si accerti l'impiego di personale non risultante dalla documentazione obbligatoria in misura pari o superiore al 20% di tutti i lavoratori presenti sul luogo di lavoro, oppure in caso di gravi e reiterate violazioni in materia di tutela della salute e della sicurezza sul lavoro. La sospensione comporta anche, quale pena accessoria, la comunicazione all'Autorità nazionale anticorruzione (d.l. 90/2014) e al Ministero delle infrastrutture di un atto interdittivo che impedisce all'impresa la contrattazione con le pubbliche amministrazioni e la partecipazione a gare pubbliche. Il d.lgs. 151/2015 ha modificato il provvedimento di sospensione dell'attività imprenditoriale, favorendo una immediata eliminazione degli effetti della condotta illecita. Ulteriori disposizioni sono finalizzate alla semplificazione normativa in materia di ricorsi amministrativi e giudiziari riguardanti gli atti degli organi ispettivi.

Sospensione dell'attività

L'art. 12-*bis* del d.l. 76/2020, aggiunto in sede di conversione dalla l. 11 settembre 2020, n. 120, ha previsto nuove e ulteriori disposizioni di semplificazione delle procedure di competenza dell'Ispettorato Nazionale del lavoro. In particolare, è intervenuto in tema di autorizzazioni, diffida e disposizioni del personale ispettivo.

Capitolo IV

I contratti di lavoro: subordinazione, organizzazione e rapporti con discipline speciali

1. Il contratto di lavoro come espressione di autonomia negoziale privata: potenzialità e limiti

La funzione "civilizzatrice" del contratto di lavoro

Con il termine "contratto" intendiamo innanzitutto la fonte *volontaria* dei doveri e dei diritti connessi ad un rapporto di lavoro. Attraverso il contratto di lavoro il sistema capitalistico e il salariato – che ne è uno dei protagonisti indiscussi nella teoria come nella storia economica – si affrancano dai sistemi precedenti, incentrati su varie forme di lavoro coatto, che andavano dalle più smaccate schiavitù ad istituti servili di varia tipologia fino a modalità di organizzazione del lavoro basate su profonde restrizioni della libertà personale. Proprio guardando a questo passato Alain Supiot, importante giuslavorista francese, ha parlato di una *missione "civilizzatrice" del contratto individuale* (o funzione antropologica), grazie alla quale nel mondo del diritto si sarebbe dovuta affermare fino in fondo la distinzione tra "cose" e "persone". Da tale distinzione prima germina e poi si sviluppa il moderno diritto del lavoro (non solo italiano). Alla base c'è un'affermazione di principio di carattere non solo giuridico, sintetizzata in modo tanto lapidario quanto efficace sin dall'inizio del Novecento, e ancora valida nonostante le profonde trasformazioni politiche e culturali (art. 19 Trattato di Versailles e convenzione istitutiva dell'OIL): «il lavoro non è una merce».

Giustizia commutativa e giustizia distributiva

Questo imperativo etico-politico ("*no commodity*" se si parla di lavoro) è alla base di una profonda divaricazione del concetto di giustizia da porre a base della regolamentazione del contratto individuale di lavoro: esso, in quanto contratto connesso ad un'economia di mercato, partecipa delle logiche della giustizia commutativa; ma avendo tra i suoi elementi essenziali (soggetto/oggetto) il lavoro, inscindibile dalla persona fisica che porta con sé anche le prerogative del cittadino, non può non partecipare anche delle logiche della giustizia distributiva. In questo modo il rapporto di lavoro nel sistema capitalistico, dal fondamento e dalla natura profondamente contrattuale, si sviluppa nel mondo del diritto secondo regole e logiche tutt'altro che lineari ed armoniche. Esso rimane essenzialmente un contratto di scambio, ma con tratti di peculiarità forti e sfaccettati. Per un verso il lavoratore/cittadino si vede riconosciuti diritti e tutele da leggi ordinarie e addirittura da rilevantissime norme costituzionali; per altro verso però il diritto non può ignorare il prevalente radicamento nell'impresa di quel tipo contrattuale, ponendone sempre più in risalto l'indubbia funzione organizzativa.

Attualità e limiti del fondamento contrattuale del diritto del lavoro

Alcuni sviluppi ordinamentali improntati ad una crescente eteroregolazione farebbero – e fanno – pensare ad una prevalenza dello *status* sul contratto e del collettivo sull'individuale. Ma alla fin dei conti neanche le concezioni più organicistiche riescono a cancellare l'originaria matrice contrattuale del lavoro subordinato, presidio di libertà soggettiva ed ancoraggio ai fondamenti dell'economia di mercato. La cornice concettuale resta quella e, superato il periodo dei totalitarismi, viene coniugata con il pieno esplicarsi del costituzionalismo democratico e pluralista e con la costruzione dello Stato sociale nel secondo dopoguerra. Per l'Italia soprattutto la legislazione di tutela del decennio 1960-1970 – culminata nello Statuto dei lavoratori – si presta ad essere letta come armonica con il fondamento contrattuale del rapporto di lavoro, un contratto "sbilanciato" che richiede il ripristino della parità formale dei contraenti. E in effetti è proprio l'intervento della legislazione inderogabile che mitiga grandemente le preoccupazioni per un uso strumentale della funzione organizzativa del contratto. Tanto più che, a partire dalla fine degli anni '70, questa linea di intervento legislativo sarà irrobustita da una serie di regole e tecniche dirette a rafforzare le tutele antidiscriminatorie e, addirittura, a promuovere un "diritto diseguale", ritenuto diretta filiazione del principio costituzionale di eguaglianza sostanziale e, quindi, non in contrasto con il rispetto formale della libertà contrattuale. Negli ultimi anni le politiche del diritto, come si è visto, hanno mutato di segno: e non è agevole verificarne oggettivamente l'impatto sulla disciplina strutturale del contratto individuale. Anche perché nel recente passato la dottrina giuslavorista, acquisita intramontabilità e irrinunciabilità dello strumento contrattuale, ha un po' trascurato la questione delle regole connesse all'uso del contratto individuale per fondare e disciplinare corrette relazioni di lavoro subordinate.

Purtroppo però, quando ci si accinge a riconsiderare la rilevanza del contratto individuale negli equilibri complessivi della materia, ci si rende conto che si tratta di uno strumento buono per molti, forse troppi, usi. Sostanzialmente il contratto – almeno con riguardo alla maggior parte dei rapporti di lavoro subordinati – non è un vero e proprio meccanismo regolatore diretto, in quanto i contenuti negoziali risultano in gran parte determinati dalle leggi o dalla contrattazione collettiva. Esso dunque funziona piuttosto come "catalizzatore" di regole eteronome (Montuschi). Ciononostante il contratto rimane una "categoria" giuridica forte per la sua storia e per la sua diffusione generalizzata, oggi più che mai soggetta a diverse utilizzazioni, su cui ferve, in tutta Europa, un dibattito acceso anche in relazione ai sistemi di valori e ai principi giuridici che si pongono a fondamento del diritto dei contratti in genere.

A partire dal 2021 – soprattutto a seguito della crescente importanza dei temi della sostenibilità (cioè del contemperamento) di esigenze economiche, sociali e ambientali (le ultime entrate nella Costituzione italiana grazie alla l. 1/2022: v. artt. 9, co. 3, e 41, co. 2) e dei mutamenti organizzativi indotti dalle c.d. rivoluzioni digitali susseguitesi negli ultimi anni – ancora più acceso è il confronto intorno alla configurazione del contratto di lavoro subordinato in ordine sia alla sua causa (o funzione) sia alla distinzione rispetto a contratti limitrofi. Al punto che molti dubitano della centralità che alla fattispecie contrattuale si deve ancora assegnare nei concreti sviluppi della disciplina (c.d. approccio rimediale o "a matrice"). Di questa problematica occorre essere pienamente consapevoli, anche perché nella teoria generale del diritto si discute da qualche tempo della validità di una regolazione per fattispecie anziché per principi o tipologia di bisogni da tutelare. Per quanto riguarda il sistema giuslavoristico va però ancora ribadita la centralità della fattispecie del contratto, seppure con inevitabili e complesse modifiche e vari aggiornamenti anche di notevole rilievo teorico.

2. Le parti

Occorre ora soffermarsi sugli elementi essenziali e sulla formazione del contratto individuale di lavoro.

Partendo dai soggetti, vediamo anzitutto la figura del datore di lavoro, distinta spesso per la tipologia della categoria datoriale e per le dimensioni dell'impresa.

I datori di lavoro

Anzitutto si distingue tra datori di lavoro "imprenditori" e "non imprenditori". Il titolo II del libro V del codice civile è rubricato *Del lavoro nell'impresa* e l'art. 2086 c.c. fa coincidere il datore di lavoro con il capo dell'impresa da cui dipendono gerarchicamente tutti i suoi collaboratori. L'art. 2239 c.c. però estende l'applicazione della disciplina sul lavoro subordinato (artt. 2094-2134 c.c.) ai rapporti di lavoro non inerenti all'esercizio di un'impresa «in quanto compatibile con la specialità del rapporto».

Nelle leggi speciali si trova anche la nozione di organizzazione di tendenza, interna alla categoria dei datori di lavoro privi della qualifica imprenditoriale e fondata sul criterio della *finalità lucrativa*. Si tratta di «datori di lavoro non imprenditori che svolgono senza fini di lucro attività di natura politica, sindacale, culturale, di istruzione ovvero di religione o di culto». Per tali soggetti vi sono alcune rilevanti peculiarità su istituti importanti come gli atti discriminatori (v. art. 3, co. 5, d.lgs. 216/2003) e la reintegrazione in caso di licenziamenti illegittimi (v. art. 9, co. 2, d.lgs. 23/2015).

Dimensione, natura giuridica e rilevanza della organizzazione datoriale

Spesso rilevante nella disciplina applicabile è la dimensione dell'organizzazione datoriale, ancora prevalentemente commisurata al numero dei dipendenti (mentre normative europee poco considerate in Italia prendono in considerazione anche fatturato o bilancio totale annuale). Essa condiziona campo di applicazione delle discipline o specifiche tutele, in ordine, ad esempio, ai licenziamenti individuali e collettivi, cassa integrazione guadagni, assunzioni di disabili, costituzione di rappresentanze sindacali aziendali.

Giuridicamente di grande rilievo è anche la natura giuridica pubblica o privata del datore di lavoro, su cui si tornerà alla fine del capitolo. All'interno di questa grande bipartizione possono assumere poi ulteriore rilevanza giuridica altre caratteristiche del datore di lavoro, come la natura di ente pubblico economico, il regime giuridico di impresa a prevalente partecipazione pubblica, l'appartenenza al c.d. terzo settore. In quest'ultimo caso l'impresa si caratterizza per il perseguimento di una finalità che ha particolare rilevanza sociale per la quale si applica il codice del terzo settore (d.lgs. 3 luglio 2017, n. 117).

Il lavoratore: capacità giuridica e di agire

La disciplina riguardante il lavoratore come parte del contratto di lavoro è ancora più articolata, anzitutto a partire dalla capacità giuridica di essere parte. L'art. 2, co. 1, c.c. riconosce solo a chi ha compiuto la maggiore età la normale capacità di agire, mentre al co. 2, fa salve le leggi speciali che stabiliscono un'età inferiore in materia di capacità a prestare il lavoro (*capacità giuridica speciale*), riconoscendo al minore anche la capacità di esercitare i diritti e le azioni dipendenti dal contratto (*capacità di agire*). Si può ritenere oggi che le due capacità coincidano secondo la disciplina contenuta nelle leggi speciali. In materia vi sono varie leggi speciali (art. 3, l. 977/1967, modificata dal d.lgs. 345/1999, di attuazione delle Direttiva 94/33/CE per la protezione dei giovani sul lavoro; art. 1, co. 622, l. 296/2006), a seguito delle quali l'età minima per accedere a un rapporto di lavoro è sottoposta ad un duplice requisito: il compimento dell'età minima prevista dalla legge (16 anni) e l'assolvimento dell'obbligo di istruzione (per almeno 10 anni).

I limiti descritti influiscono anche sul divieto di adibire al lavoro i bambini, intendendosi per tali i minori che non hanno ancora compiuto 16 anni di età o che sono ancora soggetti all'obbligo scolastico. Si tratta di una disciplina dai contenuti imperativi, la cui violazione implica la nullità del contratto, fermo restando il diritto alla retribuzione per l'attività effettivamente prestata dal soggetto tutelato (*ex* art. 2126, co. 2, c.c. e art. 37 Cost.) [1].

---

[1] V. Cass. 18856/2010.

3. La disciplina della forma e della volontà negoziale. Obblighi informativi del datore di lavoro e diritto del lavoratore alla trasparenza

La forma tra libertà e garanzie di genuinità del consenso

Al contratto di lavoro si applica il principio generale di libertà della forma. Ciò significa che, in linea generale, la stipulazione del contratto non richiede particolari requisiti formali e può anche essere pattuita verbalmente. Il principio ha però rilevanti eccezioni, a garanzia della genuinità del consenso del lavoratore, specialmente nella disciplina dei contratti di lavoro flessibili, per i quali il legislatore spesso prevede infatti la forma scritta come requisito *ad substantiam* (forma imposta a pena di nullità del contratto o della clausola: ad esempio, nel patto di prova o nei contratti a termine) o *ad probationem* (la forma non condiziona la validità del contratto o del patto, ma, in mancanza, l'interessato deve dare prova della sua esistenza: ad esempio, nel lavoro *part-time*). Al contratto stipulato per iscritto il legislatore equipara lo *smart contract* (art 8-*ter*, co. 2 e 3 del d.l. 135/18 conv. con la l. 12/2019).

Anche i contratti collettivi contengono talora specifiche previsioni sul ricorso a requisiti formali in ordine alla stipulazione del contratto individuale. In questi casi si discute se esse integrino o no un'ipotesi di forma convenzionale, secondo quanto previsto dall'art. 1352 c.c. con le relative conseguenze in ordine alla validità del contratto. La giurisprudenza fornisce soluzioni diverse, a seconda che consideri il sindacato abilitato a prevedere per conto delle parti del rapporto individuale di lavoro un requisito formale che si ripercuota sulla validità dell'atto negoziale, secondo la specifica previsione dell'art. 1352 c.c.[2].

Gli obblighi di informazione del datore di lavoro e il diritto del lavoratore alla trasparenza

Non introduce un vincolo formale l'art. 1, d.lgs. 152/1997 (modificato dall'art. 4, .d.lgs. 104/2022, attuativo della direttiva UE 2019/1152), che però obbliga il datore di lavoro pubblico e privato a fornire importanti informazioni al lavoratore subordinato e parasubordinato (v. *infra*), Tali informazioni riguardano molteplici aspetti tra cui: l'identità delle parti; il luogo di lavoro; la data di inizio del rapporto di lavoro; la durata del rapporto di lavoro; la durata del periodo di prova se previsto; l'inquadramento, il livello e la qualifica attribuiti al lavoratore; la tipologia di rapporto di lavoro; l'importo iniziale della retribuzione ed il periodo di pagamento; la durata delle ferie retribuite nonché degli altri congedi retribuiti cui ha diritto il lavoratore; l'orario di lavoro; i termini del preavviso in caso di recesso; la programmazione dell'orario di lavoro oppure, se le modalità organizzative sono in gran parte o interamente imprevedibili, gli elementi necessari per consentire al lavoratore di organizzarsi; il contratto collettivo anche aziendale. Qualora le modalità di esecuzione della prestazione siano organizzate mediante l'utilizzo di sistemi decisionali o di monitoraggio integralmente automatizzati, il datore di lavoro deve fornire sia le suddette informazioni sia ulteriori informazioni che mettano in grado il lavoratore di conoscere in pieno le modalità della gestione automatizzata del rapporto di lavoro. In tal caso il dirit-

---

[2] V. *contra* Cass. 10306/1991; a favore Cass. 4471/1996 e 9554/2001.

to alla trasparenza del lavoratore contempla il diritto di accedere ai dati e di richiedere ulteriori informazioni, anche tramite le proprie rappresentanze sindacali aziendali o territoriali ((art. 1-*bis*, d.lgs. 152/1997, come modificato dall'art. 26, co. 8 del d.l. 48/2023, conv. con l. 85/2023). In queste disposizioni non può rinvenirsi un superamento del principio di libertà della forma; essendo solo previsto l'obbligo di consegnare ai lavoratori una copia della comunicazione di instaurazione del rapporto di lavoro nel momento in cui sorge il medesimo rapporto e prima dell'inizio dell'attività di lavoro o, per alcune informazioni, anche dopo l'inizio dell'attività entro sette giorni: obbligo che si intende assolto, qualora il datore di lavoro consegni al lavoratore una copia del contratto individuale contenente tutte le informazioni previste dall'art. 1, d.lgs. 152/1997. L'omessa comunicazione delle informazioni dà luogo infatti solo a sanzioni amministrative, per quanto rafforzate nella trasposizione della citata direttiva UE. Da non sottovalutare però è che il d.lgs. 104/2022 rafforza le tutele per tutti i casi in cui i lavoratori dovessero essere svantaggiati o discriminati dal datore di lavoro per aver azionato il proprio diritto alla trasparenza.

L'accordo tra le parti

Al di là dei vincoli di forma, anche nel contratto di lavoro si applicano gli artt. 1321 e 1325 c.c.: perciò senza l'accordo delle parti il contratto non nasce, indipendentemente dal reale spazio per definire i contenuti negoziali, compressi come si è detto dalla disciplina eteronoma.

Del tutto libera deve essere la scelta di stipulare il contratto e di scegliere l'altro contraente. Solo nel lavoro pubblico la scelta del contraente incontra un forte limite: in applicazione dell'art. 97, co. 3, Cost., l'art. 35, co. 1, d.lgs. 165/2001, prevede che il contratto deve essere stipulato a seguito di formali procedure selettive, dirette ad accertare la professionalità del lavoratore da assumere o mediante avviamento degli iscritti nelle liste di collocamento per qualifiche e profili rispetto a cui è richiesto il solo requisito della scuola dell'obbligo. Dunque nelle amministrazioni pubbliche la volontarietà della scelta del contraente è subordinata alla collocazione nella graduatoria frutto della selezione alla posizione del lavoratore nella lista di collocamento. Per la dirigenza pubblica sussistono poi ulteriori specificità (v. artt. 19, co. 1, e 28 ss., d.lgs. 165/2001).

L'accordo posto a fondamento del contratto di lavoro deve essere immune dai vizi del consenso previsti in generale dal codice civile.

I vizi del consenso: a) l'errore

Innanzitutto non deve esservi errore che incida sul processo formativo del consenso, dando origine ad una falsa o distorta rappresentazione della realtà – di cui deve dar prova chi vuole far valere il vizio della volontà – per effetto della quale la parte sia indotta a manifestare il proprio consenso[3]. L'errore deve poi essere essenziale e riconoscibile. L'essenzialità, da provare con criteri oggettivi, ricorre se l'errore cade su aspetti determinanti della concreta fattispecie negoziale, secondo il disposto dell'art. 1429 c.c.[4]. L'errore di diritto è essenziale solo qualora sia stata la ragione unica o principale del contratto. La ricono-

---

[3] V. Cass. 16679/2004.

[4] V. Cass. 75/1998.

scibilità dell'errore, invece, va valutata con riguardo all'astratta possibilità di essere ravvisato con una media diligenza (art. 1431 c.c.).

Il dolo consiste nei raggiri ai quali ricorra uno dei contraenti per indurre in errore l'altra parte. Perché rilevi è sufficiente provare che, in assenza del dolo, la parte indotta in errore non avrebbe mai concluso il contratto. Non di rado il dolo, oltre che commissivo, si presenta con condotte omissive, come il silenzio o la reticenza. Perché queste configurino però un dolo devono riguardare elementi costitutivi del rapporto o qualità essenziali del lavoratore e l'inerzia della parte va comunque ricondotta ad un insieme di comportamenti preordinati, con malizia o astuzia, a ingannare l'altro contraente (art. 1349 c.c.)[5].

Di rilievo teorico e pratico è poi il vizio dell'accordo simulato. Anche a tal riguardo si applica la disciplina codicistica della simulazione, distinguendosi l'ipotesi di simulazione assoluta (stipulazione di un contratto in realtà non voluto: art. 1414, co. 1, c.c.) – che non produce alcun effetto tra le parti – da quella della simulazione relativa (le parti stipulano un contratto ma ne vogliono realmente uno diverso: art. 1414, co. 2, c.c.) – in cui è valido l'accordo dissimulato, purché ne sussistano i requisiti di forma e di sostanza. Se il contratto di lavoro subordinato è del tutto simulato non produce effetti, salvo l'applicazione dell'art. 2126 c.c. per prestazioni comunque svolte dal lavoratore. Più di frequente capita che le parti dichiarino di stipulare un contratto di lavoro autonomo, mentre intendono stipulare un contratto di lavoro subordinato. In questa ipotesi potrebbe ricorrere una simulazione relativa, che non esclude la validità del contratto dissimulato, cioè del contratto di lavoro subordinato. Non sempre però è necessario provare la simulazione, essendo piuttosto nella pratica sufficiente per qualificare il contratto di lavoro dare rilievo alle modalità della sua esecuzione piuttosto che alla volontà delle parti, che non può comunque impedire l'applicazione della disciplina sul lavoro subordinato.

Un'altra ipotesi di simulazione relativa interessante e attuale si riscontra nei casi di collegamento economico-funzionale tra imprese riconducibili a uno stesso gruppo societario, quando il contratto di lavoro subordinato stipulato formalmente con un datore di lavoro venga svolto anche o esclusivamente alle dipendenze di imprese collegate e la simulazione riguardi il frazionamento di un'unica attività lavorativa fra le varie imprese. La giurisprudenza, se ricorrono determinati elementi, riconduce il contratto in capo ad una delle imprese utilizzatrici[6].

---

[5] V. Cass. 7751/2012.

[6] V. Cass. 3482/2013. Gli elementi sono: a) unicità della struttura organizzativa e produttiva; b) integrazione tra le attività esercitate dalle varie imprese del gruppo e connesso interesse comune; c) coordinamento tecnico e amministrativo-finanziario tale da individuare un unico soggetto direttivo che riconduca le attività delle singole imprese verso uno scopo comune; d) utilizzazione contemporanea della prestazione lavorativa da parte delle società, tale da rendere la prestazione indifferenziata e resa contemporaneamente a vantaggio di vari datori di lavoro.

4. Il patto di prova

Forma e natura giuridica

Il contratto di lavoro può prevedere un patto di prova, cioè la previsione di un periodo iniziale in cui le parti possono recedere senza obbligo di preavviso (art. 2096 c.c.). Si tratta di un elemento accidentale del contratto, da considerare come una condizione risolutiva, in quanto la sua prosecuzione viene preclusa dall'esito negativo della prova. Il patto deve risultare da atto scritto, requisito formale *ad substantiam*, la cui mancanza determina la nullità solo parziale del contratto (art. 1419, co. 2, c.c.) e rende l'assunzione definitiva sin dal momento della stipulazione del contratto non potendo operare la condizione risolutiva[7].

Contenuto e durata

Il patto di prova, sempre a pena di nullità, deve contenere, anche tramite rinvio a un contratto collettivo[8], la specifica indicazione delle mansioni da espletare, senza la quale non è possibile un'effettiva valutazione di capacità e professionalità[9]. La prova tutela infatti l'interesse di entrambe le parti del rapporto a sperimentare in concreto la convenienza del contratto[10]: quindi tanto l'imprenditore quanto il prestatore di lavoro sono rispettivamente tenuti a consentire lo svolgimento della prova (art. 2096, co. 2, c.c.). In pratica però il patto di prova è più funzionale all'interesse del datore di lavoro, che così può meglio scegliere i propri dipendenti.

Anche se nel codice civile non si fissa la durata della prova, normalmente la prevedono i contratti collettivi, contenendola entro sei mesi. Questo termine risulta indirettamente legificato sin da quando l'art. 10, l. 604/1966, ha previsto che le disposizioni sui licenziamenti individuali si applicano in ogni caso ai lavoratori assunti in prova decorsi sei mesi dall'inizio del rapporto di lavoro. Oggi il limite massimo di sei mesi è più generalmente previsto dall'art. 7, d.lgs. 104/2022.

Licenziamento arbitrario del lavoratore in prova e tecniche di tutela

In ordine al licenziamento il datore di lavoro non può comunque, durante la prova, recedere liberamente, cioè del tutto arbitrariamente. Dottrina e giurisprudenza hanno chiarito che, pur non essendo necessario fornire al lavoratore una motivazione finale sulla valutazione delle capacità e del comportamento professionale, occorre che si consenta un effettivo svolgimento della prova. Infatti il lavoratore, accollandosi l'onere probatorio *ex* art. 2697 c.c., può sempre impugnare il licenziamento se determinato da motivi illeciti (art. 1345 c.c.) non attinenti all'esperimento della prova. Il motivo illecito può ritenersi sussistente non solo se la prova non viene espletata, ma anche se in concreto risulti esigua o oggettivamente superata con esito positivo.

In caso di illegittima interruzione del periodo di prova prima di sei mesi, non potendosi applicare la disciplina dei licenziamenti, il lavoratore può chiedere di proseguire l'esperimento fino alla scadenza del periodo pattuito o, in

---

[7] V. già Cass. SU, 1756/1981.

[8] V. Cass. 11582/2014.

[9] V. Cass. 21698/2006.

[10] Cass. 10440/2012.

alternativa, di vedersi risarcito il danno, quantificabile con riguardo alle retribuzioni dovute durante la prova [11].

La prova nei contratti flessibili

La clausola di prova è molto usata nella prassi, anche se di fatto la sua importanza si è ridotta per le più ampie possibilità di stipulare contratti flessibili (somministrazione, termine, contratti formativi), spesso anche di più lunga durata, ai quali peraltro pure può apporsi il patto di prova. Ne favorisce comunque la diffusione quella giurisprudenza che ritiene legittimo prevedere la prova anche per contratti di lavoro successivi tra le stesse parti, salvo che vi sia già stato un esito positivo per le stesse mansioni rese dallo stesso lavoratore, entro un congruo lasso di tempo, a favore del medesimo datore di lavoro. Dal 2022 è stato però introdotto il divieto del patto di prova per le medesime mansioni in caso di rinnovo del contratto di lavoro a tempo determinato (art. 7, co. 2, d.lgs. 104/2022). Questa norma dovrebbe escludere la legittimità della ripetizione del patto di prova in tutti i casi di successivi contratti di lavoro tra le stesse parti (c.d. catene di contratti a termine) prima ammessa dalla giurisprudenza se diretta a verificare elementi variabili nel tempo, come il comportamento e la personalità complessiva del lavoratore in relazione all'adempimento della prestazione [12].

5. La fattispecie contrattuale sotto il profilo causale: subordinazione, funzione organizzativa, corrispettività. I c.d. indici sintomatici della subordinazione

Il contratto va poi individuato nei suoi tratti caratterizzanti perché solo la chiarezza di questi tratti consente due ulteriori operazioni intellettuali giuridicamente rilevantissime: la qualificazione delle fattispecie concrete e la sistematizzazione degli assetti regolativi.

Nel nostro ordinamento l'individuazione dei tratti caratterizzanti del contratto di lavoro deve tener conto innanzitutto della definizione dell'art. 2094 c.c. secondo cui «è prestatore di lavoro subordinato chi si obbliga mediante retribuzione a collaborare nell'impresa, prestando il proprio lavoro intellettuale o manuale alle dipendenze e sotto la direzione dell'imprenditore» [13].

---

[11] V. Cass. 21965/2010. Qualche sentenza ritiene però applicabile l'art. 18 St. lav., quando le mansioni oggetto della prova siano significativamente diverse da quella pattuite: v. Cass. 15432/2001, 10618/2015 e 31159/18.

[12] V. Cass. 10440/2012; 8237/2015; 29193/2018; 22809/2019.

[13] Può essere utile ricordare che sul finire del secolo scorso, man mano che si è andata sgretolando l'unicità novecentesca della categoria giuridica della subordinazione, sempre più si è discusso sul metodo da utilizzare per ricostruire la fattispecie centrale del diritto del lavoro. Essenzialmente si sono affermate due scuole di pensiero. La prima, assai attenta alle esigenze di promuovere politiche del diritto flessibilizzanti, si richiama al c.d. metodo tipologico, in base al quale la fattispecie contrattuale astratta va ricostruita dall'interprete tenendo adeguatamente conto del dato normativo di riferimento, da cui trarre il "concetto" giuridico (dato che non necessariamen-

La centralità dell'art. 2094 c.c.

Nel ricostruire oggi la fattispecie contrattuale è imprescindibile la considerazione dell'art. 2094 c.c., ma occorre tenere presenti vari fattori di complicazione: il primo è che quel dato normativo, già in origine incentrato sul lavoro nell'impresa, non è l'unico diretto a individuare fattispecie contrattuali in cui vengono dedotte obbligazioni lavorative da adempiere in connessione con un'organizzazione altrui [14]. Man mano che le organizzazioni si diversificano e, addirittura, si "smaterializzano" (si pensi all'incidenza delle tecnologie digitali) il rapporto tra lavoro e organizzazione si caratterizza per elementi diversi. Il secondo è che la nozione di subordinazione – o qualche suo surrogato – si rinviene in fonti sovraordinate all'art. 2094 c.c., come le norme della Costituzione italiana o quelle del diritto dell'Unione europea: per cui da esse non sarebbe possibile prescindere nel ricostruire la fattispecie centrale del diritto del lavoro.

A nostro parere, pur considerando rilevantissimi i fattori di complicazione, sia per le finalità inizialmente indicate sia per individuare la causa del contratto di lavoro, è oggi ancora centrale il riferimento all'art. 2094 c.c. La norma, pur avendo quasi ottant'anni e una semantica politicamente connotata nella sua genesi [15], va tuttora considerata il "baricentro" del diritto del lavoro nazionale. Infatti a ben guardare i nuovi contratti (o lavori) si configurano ancora oggi come "satelliti", "varianti", rispetto al "tipo normativo" centrale grazie al quale è possibile individuare, per ciascuna delle parti, gli interessi tipici che il regolamento contrattuale deve mirare a soddisfare [16]. Il "luogo" di rilevanza giuridica di tali interessi è tuttora l'art. 2094 c.c., da rileggere naturalmente anche

---

te deve essere costituito dal solo art. 2094 c.c.), ma rileggendo quel dato alla luce del modello socialtipico al quale quel dato normativo risulta ancorato (esempio: il lavoro nell'industria medio-grande svolto ad orario pieno): con la conseguenza che può non esserci identità tra la fattispecie di riferimento e la disciplina legale applicabile in concreto, potendo esservi scostamenti e adattamenti in considerazione della diversità degli elementi sostanziali riscontrabili in un determinato rapporto di lavoro non conforme al modello socialtipico. La seconda scuola di pensiero è invece diretta a ribadire (e salvaguardare) la validità del classico metodo sussuntivo, secondo cui la fattispecie astratta va ricostruita esclusivamente con riferimento al quadro normativo (legale) da utilizzare come "setaccio" per poi scrutinare la ricca fenomenologia del reale, distinguendo in essa ciò che può appartenere alla subordinazione, ed essere assoggettata alle regole relative, e ciò che invece va ricondotto ad altri contratti tipici o atipici. Questo metodo elimina o riduce molto la discrezionalità dell'interprete nell'adattare la disciplina a peculiarità eventualmente presenti nella variegata tipologia dei contratti di lavoro. Una eco di questo dibattito è registrabile anche nei dubbi di oggi sulla centralità della fattispecie contrattuale nel diritto del lavoro cui si è fatto cenno alla fine del primo paragrafo.

[14] Si pensi all'art. 409, co. 1, n. 3, c.p.c., che prevede le collaborazioni coordinate e continuative (c.d. co.co.co.); all'art. 61, d.lgs. 276/2003, che, fino al 26 giugno 2015, prevedeva il collaboratore a progetto (c.d. co.co.pro.); all'art. 2, d.lgs. 81/2015, che introduce il lavoro etero-organizzato (v. ampiamente *infra*); oppure allo stesso art. 2222 c.c. sul contratto d'opera, che, a parere di molti, oggi ricomprenderebbe situazioni in cui il lavoratore, formalmente autonomo, si trova in condizioni di sostanziale dipendenza da un unico committente.

[15] Il termine collaborazione risale chiaramente al «modello corporativo» (v. cap. I).

[16] Secondo il rapporto ISTAT del 2022 sulla situazione del Paese (www.istat.it)i rapporti di lavoro standard calcolati sul totale dei rapporti di lavoro subordinati o autonomi assommano comunque a circa il 60% del totale.

alla luce della Costituzione del 1948 e senza ignorare che in altre dimensioni ordinamentali (come quella europea) possono emergere nozioni di subordinazione più o meno simili, ma, allo stato dell'arte, aventi finalità regolative differenziate perché proiettate verso la tutela di interessi diversi. Al riguardo è senz'altro ancora vero che il diritto dell'Unione europea contiene una propria definizione di subordinazione soprattutto per quanto attiene alla libertà di circolazione dei lavoratori, dimensione nella quale viene essenzialmente garantito l'originario interesse della CEE ad avere un unico mercato del lavoro per tutti gli Stati membri [17].

Le caratteristiche del lavoro subordinato

Dunque i tratti caratterizzanti del contratto di lavoro subordinato vanno ancora oggi ricavati da un'attenta interpretazione dell'art. 2094 c.c., riguardato alla luce dei mutati equilibri costituzionali e multiordinamentali. Tale interpretazione conduce ai seguenti risultati:

a) il contratto di lavoro è un contratto di scambio, nel quale una parte si obbliga a collaborare con l'altra mediante (cioè "in cambio" di) una retribuzione, che non è lasciata però interamente alla regolamentazione contrattuale, ma deve essere fissata in modo da risultare proporzionata alla quantità e qualità del lavoro prestato e sufficiente a garantire al lavoratore un'esistenza libera e dignitosa (art. 36 Cost.);

b) il contratto di lavoro, insieme ad una funzione commutativa eteroregolata, ha un'intrinseca funzione organizzatrice, in quanto l'adempimento della prestazione lavorativa deve realizzarsi «sotto la direzione dell'imprenditore», cioè rispettando tutte le disposizioni impartite per l'esecuzione della prestazione – da adempiere comunque con una diligenza qualificata (art. 2104 c.c.) – ed assoggettandosi ai restanti poteri datoriali (conformativo, di controllo e disciplinare: v., rispettivamente, art. 2103 c.c.; artt. 2, 3, 4, 6, 8 St. lav.; artt. 2106 c.c. e 7 St. lav.: v. capp. IX e X). Perciò può dirsi che, in base all'art. 2094 c.c., il contratto di lavoro ha la funzione tipica di garantire l'inserimento di una prestazione lavorativa retribuita in un'organizzazione predisposta e diretta da un soggetto diverso rispetto al debitore di lavoro.

c) con la stipulazione del contratto il datore di lavoro acquisisce dunque una serie di poteri e di obblighi. Gli obblighi principali sono di corrispondere la retribuzione (v. cap. XII) e quello c.d. "di sicurezza", che consiste nell'adozione di tutte le misure necessarie a tutelare l'integrità psico-fisica dei lavoratori (v. cap. XI).

Il tratto caratterizzante della subordinazione sta dunque nella strutturale sottoposizione funzionale del lavoratore ai poteri datoriali, intesa essenzialmente come continuità giuridica dell'essere a disposizione adottando tutti i comportamenti richiesti dal contratto [18]. In sintesi il contratto di lavoro subordinato, attraverso la etero-direzione, garantisce la più ampia organizzabilità giuridica della concreta prestazione professionale.

---

[17] V. però da ultimo C.G.E. 2020 causa C-658/18; nonché la tendenza a individuare una nozione comune di subordinazione per le tutele da garantire ai lavoratori delle piattaforme.

[18] V., per tutte, Cass. 10242/2009; 26758/2017; 29646/2018; 5436/2019.

Differenze tra lavoro subordinato e lavoro autonomo. *Gig economy* e *riders*

Al riguardo se è vero che anche in altri tipi contrattuali (lavoro autonomo; appalto) il creditore può in qualche modo influire sull'esecuzione della prestazione contrattuale, è ben chiara in punto di diritto la differenza: nel lavoro subordinato la prestazione dedotta in contratto, oltre a dover essere eseguita personalmente dal debitore (salvo limitatissime eccezioni, come il contratto di portierato), è, quanto all'oggetto, definita dal contratto medesimo solo a grandi linee (con un riferimento alle "mansioni" di assunzione); sono proprio le modalità attraverso cui deve essere eseguita la prestazione – sintetizzate con l'espressione «sotto la direzione» – a caratterizzare il contratto: che è dunque intrinsecamente dinamico nei contenuti plasmabili attraverso l'esercizio *fisiologico* dei poteri del creditore-datore di lavoro. In altri contratti sono invece sempre e solo le «condizioni stabilite dal contratto» a legittimare *eventualmente* interventi del creditore volti a verificare che in fase esecutiva la prestazione non si discosti dagli impegni negoziali (v. art. 1662, co. 2, c.c.)[19]. Può apparire, nei fatti, una distinzione puramente quantitativa: come accade quando si controverte sulla qualificazione di rapporti di lavoro dove non si riscontri un effettivo esercizio di poteri datoriali. Ipotesi peraltro non rare, specie laddove si tratti di professionalità elevate – dirigenti, medici, giornalisti – o, all'opposto, molto ripetitive ma collocate fuori da organizzazioni strutturate – si pensi agli addetti alle vendite sul territorio, alle attività di pulizia condominiali o, da ultimo, ai tanti "lavoretti" della c.d. *gig economy* o economia delle piattaforme digitali, tra i quali hanno assunto particolare rilevanza i c.d. *riders*, cioè lavoratori che eseguono la prestazione (generalmente di consegna di beni o cibo) con utilizzo di biciclette o ciclomotori secondo modalità definite mediante applicazioni informatiche[20]. Ma è importante non assumere prospettive valutative falsate: le parti stipulano un certo contratto perché da esso scaturisce la *possibilità* di esercitare poteri organizzativi; se di fatto quei poteri non vengono tutti esercitati, conta relativamente. È ad esempio del tutto ovvio che il mancato esercizio del potere disciplinare non vuol dire affatto che un determinato lavoratore non sia suscettibile di essere punito; in concreto significa solo che o non vi sono state infrazioni o che il datore di lavoro non ha ritenuto opportuno sanzionarle.

Gli indici della subordinazione e la volontà delle parti

Invece grande rilievo riveste ai fini qualificatori nella assai varia fenomenologia di utilizzazione del lavoro il riscontro dell'esercizio effettivo almeno del potere direttivo nelle sue manifestazioni minimali o, comunque, di concrete modalità nella gestione dell'esecuzione del contratto dalle quali possa desumersi la subordinazione tecnico-funzionale del lavoratore. È ciò che accade nella casistica dove la giurisprudenza valorizza i c.d. indici sintomatici, che possono consistere tanto nel rilevare precise modalità di impartire direttive, fissare la durata della prestazione, rilevare la continuità materiale della prestazione svolta all'interno di un'organizzazione, determinare i compensi[21], quan-

---

[19] Diverso è il caso di prestazioni lavorative dedotte in schemi contrattuali a carattere associativo, su cui v. par. 12.

[20] V. ad esempio, il caso Foodora su cui l'importante sentenza della Cass. 24 gennaio 2020, n. 1663.

[21] V., tra le tante, Cass. 9256/2009.

to nel comparare uno specifico rapporto di lavoro ad altri indubitabilmente dedotti in contratti di lavoro subordinato. Si tratta di operazioni qualificatorie che i giudici devono necessariamente condurre partendo dalla realtà dell'esecuzione del contratto per risalire poi alla riconduzione ad un determinata fattispecie piuttosto che a un'altra. In molti casi la medesima giurisprudenza si trova a dover attentamente valutare anche il peso da dare alla volontà delle parti, quando il contratto stipulato non corrisponda affatto alle modalità con cui viene eseguito [22]. E nella realtà quasi ogni attività lavorativa considerata nel suo materiale esplicarsi può presentarsi con caratteristiche analoghe pur essendo giuridicamente espressione di diverse tipologie contrattuali.

È proprio questa la ragione per cui da anni ormai si ritiene priva di qualsiasi valenza qualificatoria in concreto l'antica bipartizione tra *locatio operis* (lavoro autonomo) e *locatio operarum* (lavoro subordinato). Sebbene appaia basata su una netta distinzione concettuale tra un c.d. *opus perfectum* e *operae* genericamente individuate, anch'essa non fa altro che rinviare a modalità di esecuzione del contratto, perché nei fatti moltissime attività lavorative in quanto tali possono essere indifferentemente oggetto di un contratto d'opera o di un contratto di lavoro subordinato (si pensi alla prestazione del sarto o dell'avvocato). Dunque ai fini qualificatori più precisa e utilizzabile del riferimento romanistico appare l'espressione "sotto la direzione" codificata dall'art. 2094 c.c.

La certificazione

In ordine poi alla qualificazione pattizia del rapporto, proprio per ridimensionare le incertezze giurisprudenziali, si è introdotto l'istituto della certificazione (artt. 71 ss., d.lgs. 276/2003), che, per quanto qui interessa, consente di ottenere una qualificazione rafforzata da parte di vari soggetti pubblici o privati individuati dal legislatore (v. art. 76, d.lgs. 276/2003), ai quali le parti possono rivolgersi al momento dell'assunzione oppure durante lo svolgimento del rapporto. Oggi la certificazione potrebbe accompagnarsi anche all'utilizzo dello *smart contract* che viene elaborato mediante tecnologie basate su registri distribuiti (c.d. *blockchain*: v. art. 8-*ter* del d.l. 135/2018, cit.). L'istituto presenta una molteplicità di profili problematici che vanno analizzati nello specifico (v. cap. XIX). Qui è tuttavia opportuno dire subito che il contratto certificato può sempre essere sottoposto a verifica giudiziale, tra l'altro, «per difformità tra il programma negoziale e la sua successiva attuazione» e, in ogni caso, prevarrà, anche retroattivamente, la qualificazione giudizialmente accertata (v. artt. 79 e 80, d.lgs. 276/2003).

[22] V. Cass. 4054/2009; 4500/2007.

6. La fattispecie contrattuale e le sue inevitabili ricadute socio-strutturali: la dipendenza del lavoratore

Dipendenza dalla organizzazione e descrizione del tipo normativo

La collaborazione in cui si concretizza l'attività lavorativa subordinata determina "dipendenza" dall'organizzazione, nel senso che il lavoratore, strutturalmente e giuridicamente, dipende tipicamente dall'attività organizzatrice del suo creditore per tutto quanto attiene al soddisfacimento delle esigenze personali e professionali (tempo libero, reddito personale e familiare, gratificazione professionale, carriera). L'espressione "alle dipendenze" si ritrova testualmente nell'art. 2094 c.c. ed è stata oggetto di innumerevoli riflessioni dottrinali ed utilizzazioni giurisprudenziali: perciò occorre intendersi bene sul suo significato e sulla sua rilevanza. Se essa non può essere espunta in modo disinvolto (in quanto pleonastica o troppo generica) perché allude con chiarezza ad una condizione ulteriore e diversa rispetto alla subordinazione tecnico-funzionale, occorre però riconoscere che la "dipendenza" non contribuisce a caratterizzare le funzioni tipiche del contratto, già plasticamente rese e praticamente garantite dall'espressione "sotto la direzione" di cui poco prima si è detto. La dipendenza dunque non opera al livello del "dover essere" garantito dal contratto. Essa invece sta lì proprio per completare la descrizione del tipo normativo – in quanto puntuale proiezione di una relazione sociale resa giuridicamente rilevante – come un contratto intrinsecamente sbilanciato nel quale la realizzazione della funzione negoziale primaria – l'inserimento organizzativo – perpetua – se si considera la posizione che gran parte dei lavoratori ha su un mercato del lavoro squilibrato per tanti versi a favore della domanda di lavoro – o determina "dipendenza" di una parte rispetto all'altra, come sua necessaria ricaduta socio-strutturale. Segnalando questo tratto caratteristico del tipo, l'art. 2094 c.c. si rivela di straordinaria modernità, proprio perché innesta nel cuore della fattispecie contrattuale uno sbilanciamento contestualizzato, cioè connesso al radicamento organizzativo della prestazione lavorativa, indipendentemente dalla collocazione professionale e gerarchica del lavoratore (v. art. 2095). Questa unificazione potrà apparire per certi versi eccessiva e persino mistificatrice (ad esempio con riguardo ai c.d. *top manager*), ma non si può negare che si tratta di una traccia di realismo regolativo salutare per far lievitare le specificità del contratto di lavoro subordinato, pur nell'ambito di una codificazione che lo attrae verso una mortale assimilazione alle manifestazioni di autonomia negoziale basate sulla parità formale dei contraenti. L'art. 2094 segnala come tale parità formale incontri un limite invalicabile nella funzione organizzatrice del contratto di lavoro, che deve generare subordinazione e con essa genera, pur in modo non identico per tutti i lavoratori, inevitabilmente dipendenza, anche a prescindere dalle dinamiche del mercato del lavoro. Perciò l'ordinamento giuridico, tenuto a tutelare il lavoro in tutte le sue forme ed applicazioni in virtù dell'art. 35 Cost., non può non tener conto della "dipendenza" come tratto caratterizzante di un contratto che richiede regole peculiari per far sì che la necessaria subordinazione non generi un inaccettabile *eccesso* di dipendenza.

Dipendenza e differenziazione delle tutele

Come s'è detto questo non significa e non comporta che tutte le "dipendenze" siano uguali; al contrario la dipendenza può anche servire come un indicatore concreto – o, *rectius*, un indicatore suscettibile di assumere vari gradi di concretezza – al quale ancorare una ragionevole differenziazione di tutele del lavoro subordinato, in ragione di fattori interni o esterni al contratto, come la durata della prestazione, l'esclusività del rapporto con l'organizzazione, lo svolgimento di funzioni dirigenziali, l'alta professionalità di alcune prestazioni professionali (si pensi alle superstar dello sport e dello spettacolo).

Indisponibilità del tipo negoziale

Quanto detto da ultimo consente anche di fare un ulteriore cenno a quella giurisprudenza costituzionale che, creando non poco sconcerto, ha sostenuto la indisponibilità del tipo negoziale anche, se non soprattutto, con riguardo alla possibilità per il legislatore di differenziare le tutele in presenza di determinate caratteristiche sostanziali della prestazione lavorativa (v. cap. II, par. 3). Quella giurisprudenza pare avere soprattutto a cuore l'esigenza di delineare una figura di lavoratore subordinato costituzionalmente rilevante rispetto al quale il legislatore è tenuto ad osservare i criteri della ragionevolezza e della coerenza nelle differenziazioni legislative. Tale figura viene delineata con particolare attenzione al dato socio-strutturale dell'estraneità all'organizzazione produttiva dalla quale consegue una condizione di debolezza contrattuale, un dato letteralmente non presente nell'art. 2094 c.c., ma che costituisce un'efficace sintesi dei tratti caratterizzanti sin qui esaminati. La fattispecie delineata da tale giurisprudenza vale però a delimitare il perimetro invalicabile per una legislazione di tutela che voglia attestarsi su un livello omogeneo, minimo o massimo che sia. Non può invece precludere al legislatore di graduare le tutele in ragione del grado di dipendenza del lavoratore, una volta garantite le tutele minime di rango costituzionale connesse alla stipulazione di un contratto di lavoro subordinato.

7. Tendenze del terzo millennio: più collaborazione, meno subordinazione, più dipendenza

Da quanto sinora detto emerge abbastanza nettamente che la fattispecie contrattuale fondamentale intorno a cui viene costruito il diritto del lavoro risulta da un complesso equilibrio tra una cruciale funzione collaborativa del lavoratore garantita al creditore dalla subordinazione tecnico-funzionale e un effetto di dipendenza generato dallo stesso contratto. In sintesi potremmo dire che "collaborazione" e "subordinazione" sono elementi apprezzati dall'ordinamento giuridico, in quanto consentono all'organizzazione produttiva di esistere e svilupparsi. La "dipendenza" – pur essendo inevitabile – non è invece né un valore né una relazione giuridicamente meritevole di sostegno legislativo; anzi, essa richiede interventi "correttivi", sia perché contraddice il "dogma contrattuale" sia perché confligge con valori costituzionali come l'eguaglianza, la libertà, la solidarietà, l'armonico sviluppo della personalità di ciascuno.

Gli interventi "correttivi" della dipendenza

Nella tormentata evoluzione del diritto del lavoro italiano, è però accaduto che per bilanciare la eccessiva "dipendenza" del lavoratore subordinato si è intervenuti in modo assai incisivo sulla fattispecie contrattuale, sottoponendo a limiti via via più penetranti tutti i "poteri organizzativi" del datore di lavoro e, *in primis*, ridimensionando progressivamente la libera recedibilità dal contratto. Questa trasformazione per tanti versi configura la vera modernizzazione del diritto del lavoro italiano, che in questo modo ha dato piena attuazione ai principi costituzionali, portando il nostro paese all'avanguardia degli Stati sviluppati, specie di quelli europei che hanno tutti variamente affrontato le sfide novecentesche edificando il c.d. Stato sociale (o *Welfare State*), basato appunto sul riconoscimento dei diritti sociali dei lavoratori. Il modello italiano si caratterizza però per aver lungamente sposato un riequilibrio della fondamentale relazione contrattuale incentrata su un sostegno alla dialettica tra le parti, intese essenzialmente come portatrici di interessi strutturalmente contrapposti. In sintesi può dirsi che per bilanciare la fattispecie contrattuale di riferimento il nostro ordinamento per oltre trent'anni ha puntato molto sulle potenzialità del conflitto, ponendo le condizioni perché sempre più il conflitto industriale potesse svilupparsi ad armi pari. Ciò, come pure si è inizialmente detto, ha prodotto un potenziamento degli strumenti legali per garantire ai lavoratori una rappresentanza collettiva, basata su un'ampia garanzia del diritto di sciopero e su un favore diffuso per la disciplina dei rapporti di lavoro affidata alla contrattazione collettiva, soprattutto di livello nazionale. Così il lavoratore subordinato, pur restando in azienda confinato in una condizione di dipendenza, ha potuto avvalersi di regole dirette a limitare sempre più i poteri datoriali, con il fine precipuo di contenerne gli sconfinamenti oltre la stretta funzione organizzativa. Questi limiti hanno finito per caratterizzare – anche al di là della realtà socio-economica italiana, molto e sempre più differenziata – il modello normativo della subordinazione, al quale si ritengono connaturati istituti giuridici e tecniche di riequilibrio profondamente influenzabili dall'esito del conflitto collettivo e dei relativi rapporti di forza tra le parti sociali. Insomma un modello sempre più ingessato da regole destinate ad essere gestite dai giudici, ma al contempo incerto e instabile perché suscettibile di essere alterato a seguito di conflitti più o meno frequenti e incerti.

Ciò ha comportato una progressiva divaricazione tra la finalità collaborativa e la subordinazione, come categoria giuridica. Sul piano ordinamentale tale divaricazione è all'origine di due fenomeni importanti: la nascita di altre fattispecie dirette a realizzare una collaborazione continuativa tra impresa e lavoro (v. soprattutto le collaborazioni coordinate e continuative, poi dette in modo gergale co.co.co., previste dall'art. 409 c.p.c.); una progressiva «fuga dalla subordinazione», intesa sia come propensione delle imprese a scegliere tipi contrattuali diversi da quello classico regolato dall'art. 2094 c.c., sia come decentramento o addirittura delocalizzazione, cioè tendenza a dislocare l'organizzazione imprenditoriale in "luoghi" ordinamentali (nazionali o extranazionali) dove le regole da applicare non fossero quelle della fattispecie centrale del diritto del lavoro italiano.

Questi processi hanno fatto registrare nel tempo una domanda crescente di collaborazione senza subordinazione (c.d. parasubordinazione), dal momento che la subordinazione porta con sé vincoli legali e conflitti duri da combattere.

Ne è conseguito uno sviluppo assai complesso e ancora meno lineare delle basi contrattuali del diritto del lavoro italiano, che occorre aver ben presente per comprenderne gli attuali equilibri sistematici e le (dis)funzioni.

Fuga dal lavoro subordinato e nuovi problemi di dipendenza

In Italia la reazione legislativa alla c.d. «fuga dal lavoro subordinato» ha conosciuto una complessa evoluzione, dando vita a una notevole frammentazione del mercato del lavoro. Cosicché la fattispecie contrattuale posta al centro del diritto del lavoro sviluppatosi fino ai primi anni del 2000 si è vista attorniata da molti altri contratti, talora anche numericamente significativi (come i contratti a termine o i co.co.pro.), talaltra destinati a dar vita a poche migliaia di peculiari rapporti di lavoro. In tutti e due i casi si è ottenuto l'effetto di sminuzzare la modellistica contrattuale finalizzata all'utilizzazione di lavoro erogato da soggetti diversi dall'organizzatore, rendendo appunto più complesso il diritto del lavoro e più segmentato il mercato del lavoro e aggiungendo agli elementi che tradizionalmente tipizzano la fattispecie una nuova nozione di dipendenza che non è del tutto sovrapponibile a quella codicistica, perché basata su elementi diversi come la committenza unica o plurima e l'individuazione di fasce reddituali. Sotto un altro versante la collaborazione senza subordinazione genera comunque dipendenza, intesa come dipendenza dall'organizzazione cui la prestazione è raccordata, e, con essa, la tendenza a riequilibrare, anche al di fuori della subordinazione, gli effetti deleteri della dipendenza stessa.

Il travagliato riassetto operato dalla riforma Fornero, dal *Jobs Act* e dal decreto dignità

Frutto di questa ultima tendenza sono le norme introdotte dalla riforma Fornero del 2012, che, pur avendo abbandonato il primigenio obiettivo di realizzare il c.d. "contratto unico"[23], aveva tra i suoi obiettivi dichiarati quello di rendere di nuovo "dominante" (art. 1, lett. *a*, l. 92/2012) il contratto di lavoro subordinato a tempo indeterminato e di incentivare i contratti flessibili con più garanzie rispetto a quelli meno garantiti (in sintesi più contratti a termine e meno contratti parasubordinati). La loro corretta comprensione e valutazione non può però prescindere dalla consapevolezza del fatto che la relativa riduzione della dipendenza nei c.d. lavori atipici si accompagnava al tentativo più incisivo mai fatto in Italia fino al 2012 di intervenire sulla flessibilità in uscita, allentando i vincoli al licenziamento che sono in fondo il vero antidoto ad una subordinazione che degeneri in dipendenza (v. cap. XIV). Perciò in questa fase emerge già con chiarezza un diritto del lavoro che, nonostante la relativa resipiscenza sulla frammentazione contrattuale, procede con la retromarcia, verso la centralità di una fattispecie contrattuale che coniuga di nuovo la subordinazione con uno sbilanciamento delle posizioni tra le due parti, questa volta favorevole al datore di lavoro.

Dopo solo tre anni la riforma Fornero è stata prevedibilmente rivisitata con i d.lgs. n. 23 e n. 81/2015 (attuativi della l. delega 10 dicembre 2014, n. 183:

---

[23] Da varie parti tra il 2008 e il 2012 si è chiesto a gran voce di eliminare tutti i contratti di lavoro atipici, introducendo un "contratto unico" di varia configurazione, ma il cui tratto comune fosse quello di consentire un'elevata flessibilità anche in uscita per i primi due/tre anni.

c.d. *Jobs Act*), ma non nel senso dell'introduzione del "contratto unico", bensì nel senso di rendere più chiara e lineare la riduzione dei vincoli al potere di licenziamento per tutti gli assunti con il contratto a tutele crescenti, che è il solo contratto di lavoro utilizzabile per assumere lavoratori subordinati a tempo indeterminato a partire dal 7 marzo 2015 (v. cap. XIV). Ciò significa appunto attenuare fortemente la protezione del lavoratore rispetto ad una condizione di eccessiva "dipendenza" nei confronti del datore di lavoro e dell'organizzazione in cui è, più o meno organicamente, inserito. L'ulteriore passo indietro viene però ancora fatto con una certa gradualità: sia perché l'ulteriore alleggerimento della tutela contro i licenziamenti illegittimi riguarda solo i nuovi assunti con il contratto a tutele crescenti e nel 2018 viene rivisitata in senso opposto dal c.d. decreto dignità (d.l. 101/2019, conv. con la l. 128/19: v. ancora cap. XIV); sia perché vi è un parziale allargamento delle tutele del lavoro subordinato ai co.co.co. (art. 2, co. 1, d.lgs. 81/2015) e poi, addirittura, ad alcune fasce del vero e proprio lavoro autonomo (v. l. 81/2017); sia perché rimane un'ampia possibilità di utilizzo di lavori non standard (specie a termine: v. cap. XV). Seppure in modo poco lineare queste tendenze incerte e in parte contraddittorie sono state confermate dalla legislazione e dalla giurisprudenza sia nella fase della pandemia da coronavirus sia (soprattutto) nella fase successiva.

Tenendo conto di tutte queste innovazioni il diritto del lavoro italiano sembra interessato da una profonda trasformazione che, pur essendo lontana dal raggiungere assetti stabili, ne estende la portata "sociale", ma al contempo frammenta e complica la trama delle tutele. Al riguardo dottrina e giurisprudenza – pur con posizioni diversificate – segnalano, come si è detto, la progressiva emersione di un approccio "rimediale" [24], cioè, in sintesi, di una tendenza legislativa più attenta alle risposte da dare ai vari bisogni sociali che ad una rigorosa individuazione e delimitazione della fattispecie normative.

Vediamo ora un po' più nel dettaglio la disciplina dei diversi contratti di lavoro generati dalla complessa evoluzione descritta nelle sue linee generali.

8. La parasubordinazione, ovvero la collaborazione dipendente ai confini della subordinazione: le collaborazioni coordinate e continuative ex art. 409 c.p.c. prima e dopo il d.lgs. 81/2015

Le co.co.co.: genesi e requisiti

Come poc'anzi si diceva, la progressiva rottura dell'unicità della fattispecie contrattuale giuslavoristica ha preso le mosse da una norma che al suo apparire destò scarsa preoccupazione e, anzi, qualche speranza di ampliare l'area delle tutele oltre i confini della subordinazione in senso stretto. L'art. 409 c.p.c., novellato dalla l. 533/1973, estendeva infatti le regole sull'allora nuovo processo del

[24] V. ancora Cass. 1663/2020. Ma la successiva giurisprudenza di merito sembra confermare la tradizionale bipartizione delle fattispecie (subordinazione/autonomia).

lavoro (unitamente all'art. 2113 c.c. sulle rinunce e transazioni: v. cap. XIX) anche alle prestazioni lavorative personali rese senza vincolo di subordinazione ma in modo coordinato (cioè connesse funzionalmente ad un protratto inserimento nell'organizzazione aziendale) e continuativo. I poi notissimi "co.co.co." aprono la breccia della c.d. parasubordinazione, un'area grigia tra subordinazione vera e propria e lavoro autonomo, destinata a crescere, prima ancora che nella realtà, nel dibattito giuridico e nella feconda elaborazione di nuove politiche del diritto.

In effetti i co.co.co. non sono portatori di nessuna rigidità legislativa e, anzi, sono anche meno costosi, perché, quanto meno, ad essi originariamente non si applicano le sempre più elevate aliquote degli oneri previdenziali. Nel corso degli anni '70 e '80 il loro numero cresce, unitamente all'impiego sempre più sospetto di contratti di lavoro autonomo (c.d. partite IVA) raccordati ad organizzazioni di vario genere. Tutto ciò mentre modelli tecnologici e organizzativi favoriscono ridimensionamenti aziendali (c.d. *downsizing*) ed esternalizzazioni (v. cap. XVI), insieme all'affermazione di nuove professionalità meno restie ad avvalersi delle forme contrattuali diverse dal lavoro subordinato o dei contratti c.d. atipici (a termine, *part-time*, formazione-lavoro), anch'essi in progressiva crescita a partire dal 1983.

Al riguardo, per evitare equivoci, è opportuno precisare che il sempre più frequente ricorso, anche nella semantica giuslavoristica, al termine "contratti o rapporti atipici" va spiegato più in un'accezione economico-statistica che strettamente giuridica. Infatti l'Istat, anche per coerenza con i sistemi statistici sovranazionali, distingue tra lavoratori standard, parzialmente standard e atipici. Questi ultimi, a rigore, sono i lavoratori assunti a termine e i "collaboratori", mentre i *part-timers* sono *parzialmente standard* e tutti i lavoratori con rapporti a tempo indeterminato sono *standard*, senza distinzione tra subordinati e parasubordinati. Queste classificazioni non ricalcano rigorose logiche giuridiche, per le quali "tipicità" e "atipicità" attengono, classicamente, allo schema causale del contratto deducibile innanzitutto dalla sua disciplina legale. Il linguaggio giuslavoristico risente però sempre più di una forte contaminazione con quello economico-quantitativo, perché, specie in ambito europeo, crescente è la necessità di confrontare quantità e qualità dell'occupazione nei vari Stati europei, nei quali si afferma, a partire dalla fine degli anni '90, la c.d. Seo, strategia europea per l'occupazione (v. cap. III). E i raggruppamenti classificatori necessari per effettuare i raffronti non vengono realizzati con le categorie giuridiche del diritto del lavoro italiano, ma secondo logiche diverse, appunto più economico-statistiche.

La "fuga dalla subordinazione" e il dibattito sulla flessibilità

È proprio negli anni '90 che si parla di fuga dalla subordinazione, una fuga ancora soprattutto "interna" – cioè con ricorso ai rapporti di lavoro meno costosi – spesso arginata abbastanza tempestivamente grazie ad un sistema giudiziario e sindacale assai sensibile ai rischi di erosione delle garanzie del lavoro subordinato, pienamente raggiunte in fondo solo da pochi anni, ma culturalmente e socialmente ben radicate, con ovvi riflessi sugli equilibri politico-elettorali.

La reazione giuridico-sindacale alimenta però un nutrito dibattito sull'esigenza di flessibilizzare la legislazione in materia di lavoro subordinato e, per converso, adeguare regole e costi complessivi del c.d. lavoro atipico. Mentre si elevano, a partire dal 1995, i costi previdenziali dei co.co.co.[25], fioriscono iniziative legislative volte ad introdurre un *tertium genus* di contratto, da collocare tra subordinazione ed autonomia, oppure a dar vita ad uno *Statuto dei lavori*, che contenga tutta la possibile gamma di contratti di utilizzazione organizzata del lavoro con graduazione delle tutele, legali e sindacali. Queste iniziative non approderanno a vere e proprie riforme organiche del diritto del lavoro, al di là della l. 196/1997, che comunque tentò una prima regolazione di buona parte delle nuove flessibilità emerse nei precedenti vent'anni.

Nascita e morte del lavoro a progetto

Tutto il nuovo dinamismo legislativo confluisce nella riforma Biagi del 2003, che già con gli artt. 61 ss., d.lgs. 276/2003 (poi modificato varie volte in seguito) introduce le collaborazioni coordinate a progetto, dette anche "co.co.pro.", affiancandole alle co.co.co. previste dall'art. 409 c.p.c., ridotte ad eccezioni per la maggioranza dei datori di lavoro privati[26]. La continuità regolativa tra le due fattispecie non coincide però con l'omogeneità della disciplina, perché, pur trattandosi in entrambi i casi di lavoro autonomo (v. art. 61, co. 1; art. 62, co. 1, lett. *d*; art. 69, d.lgs. 276/2003), da un lato, i requisiti per la stipulazione del contratto sono profondamente diversi[27] e, dall'altro lato, per i co.co. pro. vengono introdotte alcune tutele[28]. Inoltre, soprattutto a seguito della riforma realizzata con la l. 92/2012 – c.d. riforma Fornero, che, dopo nemmeno una decina d'anni, ha ritenuto il lavoro a progetto espressione di una «cattiva flessibilità» – vengono previste varie precauzioni per evitare l'abuso dei co.co.pro.[29]. Il contratto di lavoro a progetto è stato infine abrogato dall'art. 52, d.lgs. 81/2015.

---

[25] Saliti dal 10% circa del 1995 all'attuale 34%, seppure con differenziazioni all'interno dell'eterogenea categoria degli iscritti alla gestione separata Inps (v. circolare INPS 12/2023).

[26] Si tratta essenzialmente di soggetti che svolgono attività sportive (art. 61, co. 3), oggi sottoposte ad una profonda riforma dal d.lgs. 28 febbraio 2021, n. 36. Il contratto *ex* art. 409 c.p.c. può poi essere stipulato anche per le professioni intellettuali per le quali sussiste la necessità di iscrizione in albi, per i componenti degli organi di amministrazione e controllo delle società, per i partecipanti a collegi e commissioni e per i titolari di pensioni di vecchiaia.

[27] A cominciare dal fatto che era espressamente prevista la forma scritta *ad substantiam* (art. 62, come modificato dall'art. 7, co. 2, lett. *d*, d.l. 76/2013 convertito con l. 99/2013) e che il lavoro a progetto doveva essere riconducibile a uno o più progetti specifici determinati dal committente e gestiti autonomamente dal collaboratore (art. 61 cit.).

[28] Sin dal 2003, il d.lgs. 276 contemplava alcune tutele per i co.co.pro. in tema di: corrispettivo, che, a seguito della l. 92/2012, non poteva essere inferiore, a parità di durata della prestazione, alle retribuzioni minime previste «dai contratti nazionali di categoria applicati nel settore di riferimento alle figure professionali il cui profilo di competenza ed esperienza sia analogo a quello del collaboratore a progetto» (art. 63, co. 2); sospensioni ed estinzione del rapporto (artt. 66 e 67), ivi comprese le dimissioni (v. art. 7, co. 2, lett. *e*, d.l. 76/2013). Pur dopo gli irrigidimenti previsti dalla l. 92/2012, si trattava comunque di tutele più blande rispetto a quelle previste per il lavoro subordinato.

[29] Il progetto doveva essere funzionalmente collegato a un determinato risultato finale, non poteva comportare lo svolgimento di compiti meramente esecutivi e ripetitivi (art. 61 co. 1, come modificato dall'art. 7, co. 2, lett. *c*, d.l. 76/2013 convertito con l. 99/2013), doveva avere una durata predeterminata o comunque determinabile nel tempo (art. 62). Nell'insieme, seppure in modo tortuoso, veniva così identificato un nuovo tipo contrattuale che arricchiva le modalità di raccordo tra organizzazioni e lavoro.

L'articolata disciplina delle co.co.co. nel d.lgs. 81/2015

Rimane intatta invece la possibilità di stipulare co.co.co. *ex* art. 409 c.p.c. (art. 52, co. 2, d.lgs. 81/2015). Non si tratta però di un mero ritorno al passato perché, oltre a permanere una più elevata contribuzione previdenziale, l'art. 2, d.lgs. 81/2015 ha anche introdotto un'ulteriore articolazione della disciplina dei co.co.co. tale da determinarne una sorta di tripartizione così sintetizzabile:

a) co.co.co. liberamente stipulabili, anche a tempo indeterminato, *ex* art. 409 c.p.c. da tutti i datori di lavoro privati, purché abbiano determinate caratteristiche che nettamente li distinguano dalla prestazione di lavoro subordinato. In particolare l'art. 15, co. 1, l. 81/2017 precisa che «la collaborazione si intende coordinata quando, nel rispetto delle modalità di coordinamento stabilite di comune accordo dalle parti, il collaboratore organizza autonomamente l'attività lavorativa»;

b) co.co.co. che «si concretino in prestazioni di lavoro prevalentemente personali, continuative e le cui modalità di esecuzione siano organizzate dal committente» (art. 2, co. 1, d.lgs. 81/2015, modificato dal d.l. 101/2019 conv. con la l. 128/2019): a tali contratti si applica la disciplina del contratto di lavoro subordinato, al quale sono dunque totalmente assimilate. Poiché però la definizione del d.lgs. 81/2015, pur dopo le modifiche del 2019, non ricalca esattamente l'art. 2094, ma ad essa si aggiunge, tali co.co.co. si pongono in una zona di confine tra subordinazione vera e propria e universo del lavoro autonomo/parasubordinato. Pur non avendo in comune con il lavoro subordinato la prestazione esclusivamente personale, deve ritenersi che le co.co.co. assoggettate tendenzialmente alla disciplina della subordinazione si caratterizzino per una etero-organizzazione che, seppure priva di tutti o di alcuni dei tipici poteri del datore di lavoro, limiti fortemente la libertà del prestatore. Indubbiamente si tratta di una definizione che, seppure imprecisa, allarga i confini della subordinazione di cui all'art. 2094 c.c., includendo una più ampia tipologia sociale di lavoro organizzato dall'impresa[30];

c) altri co.co.co. individuati o in virtù di specifiche discipline sul trattamento economico e normativo contenute in «accordi collettivi stipulati dalle confederazioni sindacali comparativamente più rappresentative sul piano nazionale» o perché riguardanti: l'esercizio di professioni intellettuali per le quali è necessaria l'iscrizione in appositi albi professionali; prestazioni svolte nell'ambito di determinati organismi collegiali[31]; prestazioni rese a fini istituzionali in favore di associazioni ed enti che svolgono attività sportive[32] (art. 2, co. 2, d.lgs.

---

[30] Fino al limite della "incompatibilità ontologica": così Cass. 1663/2020.

[31] Organi di amministrazione e controllo delle società, collegi e commissioni.

[32] Si tratta degli stessi soggetti per i quali il d.lgs. 276/2003 aveva mantenuto la possibilità di stipulare co.co.co. e non co.co.pro., ad eccezione dei titolari di pensione di vecchiaia e delle pubbliche amministrazioni. Le pubbliche amministrazioni erano escluse dall'applicazione dell'art. 2, co. 2, d.lgs. 81/2008 fino al 31 dicembre 2019 (v. art. 22, co. 8, d.lgs. 75/2017); per enti e associazioni che svolgono attività sportive tale applicazione era ancora esclusa fino al 1° gennaio 2023 (v. art. 52, co. 1, d.lgs. 36/2021). Nel d.lgs. 276/2003 (art. 61, co. 2, abrogato dall'art. 52, d.lgs. 81/2015) era ricondotto alle co.co.co. anche il lavoro occasionale, individuato con riguardo a parametri assai pragmatici, consistenti in una durata non superiore a trenta giorni nell'anno solare

81/2015). A questi co.co.co. non si applica automaticamente l'intera disciplina del lavoro subordinato, ma sicuramente quella collegata all'applicazione dell'art. 409 c.p.c. (processo del lavoro e art. 2113 c.c.). Per il resto, tutto è lasciato all'autonomia negoziale e all'opera degli interpreti.

Strumenti di fuga dalla subordinazione possono essere anche il lavoro occasionale, dalla dubbia qualificazione[33], e il lavoro autonomo.

9. Il lavoro occasionale

Il lavoro occasionale ha preso il posto di una tipologia di rapporto denominato lavoro accessorio, che era stato introdotto nel 2003 (art. 70, d.lgs. 276/2003), e riformato prima in senso restrittivo dalla l. 92/2012 e poi in senso misuratamente estensivo dal d.lgs. 81/2015 (artt. 48-50)[34]. Sul lavoro accessorio, proprio perché usato in modo sempre più diffuso e distorto, viene proposto un referendum abrogativo nel 2017, evitato con l'abrogazione delle norme appena citate. Poco dopo però viene appunto introdotto – con caratteristiche simili, ma non identiche[35] – il lavoro occasionale, destinatario di una minuziosa regolamentazione legale. A questo particolare tipo di rapporto – disciplinato dall'art. 54-*bis* del d.l. 50/2017, conv. con modifiche dalla l. 21 giugno 2017, n. 96, e oggetto di ulteriori cambiamenti per effetto di normative successive(d.l. 87/2018 nella versione convertita in legge 96/2018, d.lgs. 104/2022, l. 197/2022, d.l. 48/2023, come convertito in l. 85/2023 – può farsi ricorso se lo svolgimento della prestazione, nell'anno civile, dà luogo: a) per ciascun lavoratore, con riferimento alla totalità degli utilizzatori, a compensi di importo complessivamente non superiore a 5.000 euro; b) per ciascun utilizzatore, con riferimento alla totalità dei lavoratori, a compensi di importo complessivamente non superiore a 10.000 euro (elevati a 15.000 euro per gli utilizzatori che operano nei settori dei congressi, delle fiere, degli eventi, degli stabilimenti termali e dei parchi divertimento); c) per le prestazioni complessivamente rese da ogni lavoratore in favore del medesimo utilizzatore, a compensi di importo non superiore 2.500 euro. Dopo la l. 205/2017, può rientra-

Limiti di reddito

ovvero a 240 ore (nei servizi di cura e assistenza alle persone), purché con committente unico e compenso percepito nel medesimo anno solare non superiore a 5.000 euro (un lavoro "marginale" per reddito e transitorietà: nel 2010 furono attivati circa 20.000 rapporti).

[33] V., pur fuggevolmente, Corte Cost. 234/2022.

[34] La definizione di accessorio è dovuta alla modifica apportata con l'art. 7, co. 2, lett. *e*, d.l. 76/2013 convertito con modif. dalla l. 99/2013, in quanto prima veniva definito dal legislatore, con scarsa fantasia, come «di natura meramente occasionale». Oltre ad essere ammesso con vari limiti, la peculiarità del lavoro accessorio è che veniva compensato tramite "buoni orari" (c.d. *voucher*), dal valore nominale di 10 euro, esente da imposizione fiscale, ma comprensivo di oneri sociali nella misura del 20% e del compenso per il concessionario del servizio di vendita dei *voucher* (individuato con decreto del Ministro del lavoro).

[35] V. l'ordinanza della Cassazione del 29 novembre 2017.

re nel lavoro occasionale anche l'attività di "steward negli impianti sportivi", purché, con riferimento a ciascuna società sportiva utilizzatrice, il compenso non ecceda i 5.000 euro.

Soggetti utilizzatori

Al lavoro occasionale possono ricorrere: a) le persone fisiche, sempre che non esercitino attività professionale o d'impresa, e le società sportive mediante il Libretto Famiglia; b) gli altri utilizzatori privati e le amministrazioni pubbliche mediante il contratto di prestazione occasionale.

Il Libretto Famiglia

Il Libretto Famiglia è un libretto nominativo prefinanziato, acquistabile attraverso la piattaforma informatica INPS ovvero presso gli uffici postali e le rivendite di generi di monopolio, per il pagamento delle prestazioni occasionali rese per: a) piccoli lavori domestici, compresi lavori di giardinaggio, di pulizia o di manutenzione; b) assistenza domiciliare ai bambini e alle persone anziane, ammalate o con disabilità; c) insegnamento privato supplementare; d) attività di "steward negli impianti sportivi" rese a società sportive. Ciascun Libretto Famiglia contiene titoli di pagamento dal valore nominale fissato in 10 euro, adoperabili per compensare prestazioni di durata non superiore a un'ora.

Il contratto di prestazione occasionale

Gli altri utilizzatori privati, ai quali è preclusa la possibilità di adoperare il Libretto Famiglia, e le amministrazioni pubbliche possono invece far ricorso al contratto di prestazione occasionale. Per attivarlo l'utilizzatore deve versare, attraverso la piattaforma informatica INPS, le somme utilizzabili per compensare le prestazioni: al riguardo, va precisato che è imposto un compenso orario minimo pari a 9 euro. Almeno un'ora prima dell'inizio della prestazione, l'utilizzatore, attraverso la piattaforma informatica INPS oppure mediante i servizi di *contact center* predisposti dall'INPS, deve comunicare una dichiarazione contenente: a) i dati anagrafici e identificativi del prestatore; b) il luogo di svolgimento della prestazione; c) l'oggetto della prestazione; d) la data e l'ora di inizio e di termine della prestazione ovvero – se imprenditore agricolo, azienda alberghiera o struttura ricettiva che opera nel settore del turismo o ente locale – la durata della prestazione con riferimento a un arco temporale non superiore a dieci giorni; e) il compenso pattuito per la prestazione, in misura non inferiore a 36 euro, per prestazioni di durata non superiore a quattro ore continuative nell'arco della giornata. Il prestatore riceve contestuale notifica della dichiarazione attraverso comunicazione di *short message service* (SMS), posta elettronica o tramite la consegna della stessa in forma cartacea prima dell'inizio della prestazione.

Il pagamento della prestazione, secondo l'art. 54-*bis* co. 19 del d.l. 50/2017, viene effettuato dall'INPS nel limite delle somme preventivamente acquisite dagli utilizzatori. Tuttavia, con il "decreto dignità" si è introdotta la possibilità, su richiesta del prestatore, di effettuare il pagamento tramite mandato o autorizzazione di pagamento emesso dalla piattaforma informatica INPS, stampato dall'utilizzatore e consegnato al prestatore che può riscuoterlo presso qualsiasi sportello postale e, a partire dal luglio 2023, anche presso le rivendite di generi di monopolio.

Nel ricostruire la disciplina del contratto di prestazione occasionale non è assolutamente marginale considerare la diversa natura del soggetto utilizzatore, perché da essa dipende una differente articolazione dei limiti legali al suo impiego.

Divieto di lavoro occasionale

Ai privati è vietato ricorrervi se: a) gli utilizzatori hanno alle proprie dipendenze più di dieci lavoratori subordinati a tempo indeterminato (ad eccezione degli utilizzatori che operano nei settori dei congressi, delle fiere, degli eventi, degli stabilimenti termali e dei parchi divertimento per i quali il limite numerico è elevato a venticinque lavoratori subordinati a tempo indeterminato); b) si tratta di imprese del settore agricolo, benché per queste sia stata prevista una disciplina *ad hoc* applicabile in via sperimentale per il biennio 2023-24; c) si tratta di imprese dell'edilizia e di settori affini, delle imprese esercenti l'attività di escavazione o lavorazione di materiale lapideo, delle imprese del settore delle miniere, cave e torbiere; d) nell'ambito dell'esecuzione di appalti di opere o servizi.

Per le amministrazioni pubbliche il lavoro occasionale è consentito solo qualora sussistano esigenze temporanee o eccezionali e l'attività rientri nell'ambito di: a) progetti speciali rivolti a precise categorie di soggetti in stato di povertà, di disabilità, di detenzione, di tossicodipendenza o che fruiscono di ammortizzatori sociali; b) lavori di emergenza correlati a calamità o eventi naturali improvvisi; c) attività di solidarietà, in collaborazione con altri enti pubblici o associazioni di volontariato; d) manifestazioni sociali, sportive, culturali o caritative.

Tutele

Il lavoratore occasionale ha comunque diritto ad un nucleo unitario di tutele consistente: nell'assicurazione per l'invalidità, la vecchiaia e i superstiti; nell'assicurazione contro gli infortuni sul lavoro e le malattie professionali; nel diritto a riposo giornaliero, pause e riposi settimanali; nella protezione di salute e sicurezza (v. art. 3, co. 8, d.lgs. 81/2008).

Sanzioni

Importanti sono le sanzioni. Con l'eccezione delle pubbliche amministrazioni, si prevede la trasformazione del lavoro occasionale in un rapporto di lavoro a tempo pieno e indeterminato quando venga superato il limite di 2.500 euro per le prestazioni complessivamente rese da ogni prestatore in favore del medesimo utilizzatore o il limite di durata della prestazione pari a 280 ore nell'arco dello stesso anno civile. La legge prevede poi una sanzione amministrativa pecuniaria solo per alcune ipotesi: violazione del divieto assoluto di utilizzare lavoro occasionale; ricorso al contratto di prestazione occasionale senza comunicare all'INPS la dichiarazione sui contenuti della prestazione e sui dati anagrafici del prestatore. Nessuna conseguenza invece è espressamente prevista quando ad essere violate sono le altre soglie reddituali così come nessuna misura alternativa alla trasformazione è indicata per le amministrazioni.

10. Il lavoro autonomo. In particolare i *riders* autonomi e l'equo compenso per le prestazioni professionali

Per quanto riguarda il lavoro autonomo nel 2012 era stata approvata una complessa disciplina diretta a regolare minuziosamente il ricorso al contratto di lavoro autonomo in situazioni limitrofe a quelle in cui è possibile utilizzare lavoro subordinato[36]. Tale disciplina è stata seccamente abrogata dall'art. 52,

[36] L'art. 69-*bis*, d.lgs. 276/2003 (introdotto dalla l. 92/2012 e subito modificato dal d.l. 83/2012,

co. 1, d.lgs. 81/2015, ripristinando una situazione in cui tutto il lavoro autonomo in senso stretto è il "deserto delle tutele" o, più ottimisticamente, il "regno dell'autotutela negoziale". Fatta salva ovviamente l'applicazione delle poche regole codicistiche (art. 2222 ss.) in cui si prevedono tutele, specialmente per il contratto d'opera intellettuale, che però non sono paragonabili a quelle esistenti per il lavoro subordinato. Ciò determina spesso gravi ingiustizie, specie nelle situazioni in cui ci si trovi dinanzi a casi di "falso lavoro autonomo"[37].

Su questa materia si registrano ulteriori sviluppi legislativi. In particolare vanno ricordate la l. 22 maggio 2017, n. 81 – c.d. statuto (o *Jobs Act*) del lavoro autonomo – e la disciplina dell'equo compenso per le prestazioni d'opera intellettuale di cui all'art. 2230 c.c. regolate da convenzioni e svolte in favore di imprese bancarie e assicurative (e loro controllate e mandatarie) e delle imprese con più di 50 lavoratori o con ricavi superiori a 10 milioni di euro (l. 21 aprile 2023, n. 49, interamente sostitutiva di una precedente disciplina pure introdotta dalla l. 81/2017).

Il c.d. *Jobs Act* del lavoro autonomo (l. 81/2017)

La l. 81 garantisce a tutti i lavoratori autonomi che stipulino contratti di lavoro autonomo previsti dal titolo III del libro V del codice civile e non siano imprenditori, neanche piccoli, le seguenti tutele:

a) per le transazioni commerciali con le imprese, si applica il d.lgs. 231/2002[38], in quanto compatibile e salvo disposizioni più favorevoli;

b) si considera abusivo il rifiuto del committente di stipulare il contratto per iscritto;

c) sono considerate abusive e quindi inefficaci le clausole contrattuali che attribuiscano la facoltà: di modificare unilateralmente il contratto; di recedere senza congruo preavviso nei contratti di durata; di prevedere termini di pagamento superiori ai sessanta giorni dal ricevimento della fattura o dalla richiesta di pagamento;

d) si applica l'abuso di dipendenza economica di cui all'art. 9, l. 192/1998, che sanziona con la nullità «l'imposizione di condizioni contrattuali ingiustificatamente gravose o discriminatorie»;

e) al lavoratore spettano i proventi derivanti da apporti originali e invenzioni realizzati nell'esecuzione del rapporto;

f) si rafforzano o estendono protezioni legate alla sicurezza sul lavoro, alla maternità, alla malattia, alle indennità di disoccupazione.

---

convertito con mod. dalla l. 134/2012) prevedeva infatti una presunzione semplice in base alla quale il lavoratore titolare di posizione fiscale ai fini dell'imposta sul valore aggiunto (IVA) si considerava co.co.pro. qualora si verificassero alcune condizioni. Se operava questa presunzione semplice, al contratto a progetto del titolare di partita IVA doveva poi normalmente applicarsi la disposizione sulla conversione in contratto di lavoro subordinato nel caso di mancanza del progetto (art. 69, d.lgs. 276/2003).

[37] Su questa espressione v. la decisione della CGUE 8 dicembre 2014, *FNV Kunsten Informatie en Media c. Staat der Nederland*. Più di recente è interessante vedere gli sviluppi degli orientamenti nell'ordinamento europeo che si riflettono nella Comunicazione della Commissione europea 2022/C374/02.

[38] Che contiene varie disposizioni per prevenire e sanzionare i ritardi nelle transazioni commerciali con le imprese.

Nel 2019 si sono poi introdotte alcune specifiche garanzie per i c.d. *riders* autonomi (rafforzate dal già citato d.lgs. 104/2022 in materia di obblighi informativi). Questi, anche se in modo insoddisfacente, sono definiti dal legislatore nel modo seguente: «lavoratori autonomi che svolgono attività di consegna di beni per conto altrui, in ambito urbano e con l'ausilio di velocipedi a motore ..., attraverso piattaforme anche digitali», cioè programmi e procedure informatiche utilizzate dal committente (art. 47-*bis*, l. 81, introdotto dalla l. 128/2019). Per questi *riders* la legge impone: a) un contratto stipulato per iscritto *ad probationem*; b) criteri per la determinazione di un compenso complessivo fissato da specifici contratti collettivi [39] o, in alternativa, il diritto a un compenso minimo orario pari ai minimi tabellari previsti da contratti collettivi nazionali di settori affini o equivalenti; c) indennità per lavoro notturno, festivo o con cattivo tempo; d) divieti di discriminazione, protezione dei dati personali, coperture assicurative contro gli infortuni sul lavoro e le malattie professionali.

L'equo compenso per le prestazioni professionali

L'equo compenso introdotto alla fine del 2017 – regolato con la tecnica del divieto di clausole vessatorie, inusuale per il lavoro subordinato – riguarda solo avvocati e specifici liberi professionisti iscritti ad albi ed elenchi indicati dalla legge (art. 1, l. 49/2023) che siano titolari di contratti di lavoro autonomo [40] e soggetti a convenzioni con le imprese sopra indicate (v. art. 2, l. 49/2023), convenzioni colpite da nullità se non prevedono un compenso proporzionato alla quantità e alla qualità del lavoro svolto, nonché al contenuto e alle caratteristiche della prestazione.

In generale non si tratta di tutele particolarmente incisive o di agevole applicazione, specie nei casi di maggiore debolezza socio-economica del lavoratore autonomo.

11. Il lavoro agile (o *smart work*)

Definizione e caratteristiche

La l. 81/2017, oltre a regolare tutele anche previdenziali per il lavoro autonomo non imprenditoriale, introduce un istituto volto a favorire la flessibilità dei tempi e dei luoghi di svolgimento del lavoro subordinato. Si tratta del lavoro agile, definito, all'art. 18, come una «modalità di esecuzione del rapporto di lavoro subordinato», privato e pubblico (art. 18, co. 3), caratterizzata da: a) assenza di precisi vincoli riguardanti il luogo di lavoro, che può essere prestato in parte all'interno dei locali aziendali e in parte all'esterno senza una postazione fissa; b) assenza di precisi vincoli di orario di lavoro, contenuto nel solo limite della durata massima giornaliera e settimanale; c) possibile utilizzo di strumenti tecnologici per lo svolgimento dell'attività; d) possibile organizzazione del lavoro in fasi, cicli e obiettivi.

---

[39] In tema v. Trib. Bologna 30 giugno 2021.

[40] A parte va considerato l'"equo compenso" per il lavoro autonomo giornalistico, previsto nel 2012 (v. art. 1, co. 1, l. 233).

L'istituto[41] presenta evidenti elementi di contatto con più la tradizionale forma di lavoro a distanza, il telelavoro[42], ed è dichiaratamente introdotto, e incentivato[43], allo scopo di incrementare la competitività delle imprese e agevolare la conciliazione tra tempi di lavoro e non lavoro nel contesto della rivoluzione digitale, che sta cambiando sia i processi produttivi (la c.d. *industry 4.0.*) sia gli stili di vita delle persone. Esso, però, ancor più del telelavoro introduce, nel rapporto subordinato, una dose di autodeterminazione del lavoratore (su tempo, luogo e contenuti del lavoro) che riflette la modernità socioeconomica e culturale nella fattispecie fondamentale del diritto del lavoro, generando meno subordinazione e più collaborazione.

Necessità di uno specifico accordo

Ai sensi della l. 81/2017, la modalità agile di lavoro è stabilita mediante un accordo tra le parti stipulato in forma scritta (art. 19, co. 1) all'atto della costituzione del rapporto di lavoro oppure nel corso del suo svolgimento. L'accordo può essere a tempo sia determinato sia indeterminato; in quest'ultimo caso, il recesso è condizionato ad un preavviso di almeno trenta giorni (che per il datore di lavoro aumentano a novanta, se il lavoratore è disabile) ad eccezione dell'ipotesi di giustificato motivo, che consente ad entrambe le parti il recesso senza preavviso oppure, se la modalità agile è a termine, prima della scadenza (art. 19, co. 2).

Con riferimento alla prestazione svolta all'esterno della sede aziendale, l'accordo regola importanti aspetti delle garanzie del lavoratore e dell'esercizio dei poteri del datore.

Per questi ultimi, la legge rimette alla volontà delle parti la determinazione delle (sole) "forme di esercizio" (non anche i contenuti) del potere direttivo (art. 19, co. 1) e del potere di controllo sulla prestazione (art. 21, co. 1). L'accordo è, invece, più pervasivo riguardo al potere disciplinare, perché individua le condotte del lavoratore disciplinarmente rilevanti (art. 21, co. 2).

Rispetto a questa disciplina "fisiologica" occorre tener conto di una disciplina eccezionale che, per promuovere ancor più il lavoro agile al fine di contenere le difficoltà organizzative causate dalla necessità di prevenire il contagio da virus SARS-CoV-2, ha eliminato per quasi due anni (2020-2021) ogni necessità di pattuizione individuale sulle modalità di esecuzione della prestazione tanto nel lavoro privato quanto nel lavoro pubblico.

La disciplina derogatoria dell'accordo individuale, in quanto strettamente legata all'emergenza epidemiologica, è venuta meno con la fine dello stato di emergenza. Non è però da escludere che questa fase, ancora non del tutto metabolizzata, influenzerà la previgente disciplina, inducendo nuove modifiche, oggetto di numerose proposte di legge.

Tutele. Il c.d. diritto alla disconnessione

Sul piano delle garanzie del lavoratore, il legislatore già prevede dal 2017 alcune specifiche regole. Esse riguardano anzitutto la protezione della salute e dal rischio di commistione/confusione tra tempi di lavoro e non lavoro (i c.d.

---

[41] Sperimentato nelle realtà aziendali nazionali già prima della l. 81/2017, spesso con il coinvolgimento degli attori sindacali aziendali.

[42] Non agevole la distinzione. In sintesi il telelavoro dà luogo ad un'esecuzione della prestazione più stabilmente collocata al di fuori della sede fisica dell'azienda.

[43] Art. 18, co. 4, l. 81/2017; d. interm. 12 settembre 2017.

rischi specifici del lavoratore agile, che, come si è detto, non è vincolato ad una precisa articolazione del tempo di lavoro giornaliero o settimanale), con l'obbligatoria previsione, anche in mancanza di accordo individuale, dei tempi di riposo e delle misure utili alla "disconnessione" del lavoratore dalle strumentazioni tecnologiche di lavoro (art. 19, co. 1). Il diritto alla disconnessione è stato successivamente rafforzato sia nella normativa italiana sia in quella europea. Le regole riguardano, inoltre, l'obbligazione di sicurezza sul luogo di lavoro, adattata alle peculiarità del lavoro agile (che è liberato dal vincolo stanziale) con due prescrizioni: l'obbligo, del datore, di rendere almeno annualmente al lavoratore, e al rappresentante per la sicurezza, un'informativa sui rischi generali e specifici connessi all'esecuzione del lavoro; l'obbligo, del lavoratore, di cooperare per fronteggiare i rischi specifici della prestazione svolta all'esterno dalla sede aziendale (art. 22). Previsioni specifiche riguardano anche le tutele previdenziali in caso di infortunio sul lavoro: se ne ribadisce l'applicabilità anche alla modalità agile di lavoro svolta all'esterno della sede aziendale, pure con riferimento all'infortunio *in itinere* (art. 23).

Viene infine affermata la parità di trattamento economico e normativo per coloro che scelgono la modalità agile di lavoro, e una esclusiva formazione permanente, formale e informale, con certificazione delle competenze (art. 20).

Nella l. 81/2017 la contrattazione collettiva è poco valorizzata, mentre, specie dopo la pandemia, l'istituto è sempre più oggetto di una significativa regolazione da parte di contratti collettivi tanto nazionali quanto aziendali. Nel dicembre 2021 è stato stipulato un importante protocollo tra il Governo e le parti sociali volto soprattutto a riconoscere un ruolo di maggior rilievo alla contrattazione collettiva in materia di lavoro agile e da remoto, una modalità organizzativa che pare destinata a interessare comunque milioni di lavoratori[44].

12. Il lavoro e le organizzazioni in forma associativa

Un'attenzione specifica richiede l'utilizzazione del lavoro a favore di organizzazioni che ricorrono a schemi giuridici di tipo associativo. Si tratta essenzialmente del contratto di associazione in partecipazione (art. 2549 c.c.) e della società cooperativa.

Contratto di associazione in partecipazione e prestazione lavorativa

Nel primo caso è spesso capitato che il contratto di associazione dissimuli un rapporto di lavoro subordinato, nel quale l'associante, invece di corrispondere la retribuzione, compensa l'associato con una quota degli utili derivanti dalla gestione della sua impresa o di un suo affare, secondo quanto prevede la disciplina dello specifico contratto, magari garantendogli comunque un guadagno minimo. Questo regolamento di interessi è infatti perfettamente sovrapponibile ad un contratto di lavoro subordinato, nel quale l'art. 2099 c.c. consente che l'obbligazione retributiva venga determinata, almeno in parte,

[44] Nel 2022 circa 2.800.000 lavoratori italiani hanno lavorato occasionalmente o abitualmente da casa v. Assolombarda, *Lo smart working in numeri. Rapporto 05/2023*, in www.assolombarda.it.

con una partecipazione agli utili dell'impresa. Per qualificare in concreto la relazione tra le parti la giurisprudenza ha insistito molto sull'autenticità del contratto di associazione, andando alla ricerca di taluni elementi essenziali[45]. In mancanza di tali elementi «si ricade nel rapporto di lavoro subordinato in ragione di un generale favor accordato dall'art. 35 Cost., che tutela il lavoro in tutte le sue forme ed applicazioni»[46]. Il problema è stato espressamente affrontato negli ultimi anni dal legislatore, nell'ambito del tentativo prima descritto di arginare «la fuga dal lavoro subordinato». Prima con una disciplina alquanto blanda contenuta nel d.lgs. 276/2003[47]; poi con un più incisivo intervento della l. 92/2012[48]. Anche a tal riguardo l'art. 53, d.lgs. 81/2015 ha drasticamente aggiunto all'art. 2549 c.c. un comma che vieta che l'apporto della persona fisica associata possa consistere in una prestazione di lavoro. Sono fatte salve solo le prestazioni in atto al 25 giugno 2016 fino alla loro cessazione.

Il lavoro in cooperativa

Per il lavoro in cooperativa si pone un problema analogo laddove ci si trovi in presenza di un socio-lavoratore, cioè di un socio che conferisca la sua quota associativa in termini di una prestazione lavorativa. Al riguardo la giurisprudenza, a differenza del contratto *ex* art. 2549 c.c., ha ritenuto prevalente il rapporto associativo, richiedendo requisiti piuttosto restrittivi per riconoscere la sussistenza di un contratto di lavoro subordinato, essenzialmente in ragione della posizione paritaria dei soci rispetto alla finalità mutualistica[49]. Anche qui è comunque intervenuta un'apposita disciplina legislativa (l. 142/2001, modificata dall'art. 9, l. 30/2003 e dal d.lgs. 276/2003) che configura come fisiologica la costituzione di un ulteriore rapporto di lavoro in capo al socio-lavoratore, rapporto che può essere subordinato, autonomo o di qualsiasi altro tipo. Centrale al riguardo è il "regolamento sulla tipologia dei rapporti di lavoro", che ciascuna cooperativa deve adottare e che può essere certificato (art. 75, d.lgs. 276/2003): la conformità a tale regolamento sarà il primo elemento da considerare per la qualificazione in concreto di ciascun rapporto di lavoro. Ovemai se ne riconoscesse poi la natura subordinata, al rapporto del socio-lavoratore si applicano comunque alcune regole speciali, di cui le principali riguardano il licenziamento[50], la retribuzione (v. d.l. 248/2007 convertito in l. 31/2008)[51], i diritti sindacali, la competenza del giudice del lavoro.

---

[45] V. da ultime Cass. 4070/2013; 1817/2013.

[46] Ancora Cass. 1817/2013.

[47] Che richiedeva una partecipazione dell'associato *effettiva* e adeguatamente remunerata e consentiva la certificazione di tali contratti (artt. 86 e 75, d.lgs. 276/2003).

[48] V. art. 1, co. 28-31, che aveva introdotto nell'art. 2549 c.c. un limite massimo di associati.

[49] V. Cass. 1917/1998. Particolarmente significativa Corte cost. 30/1996, che, enfatizzando la doppia alienità del lavoratore subordinato dal risultato e dall'organizzazione, considera la «subordinazione non [...] semplicemente un modo di essere della prestazione dedotta in contratto, ma [...] una qualificazione della prestazione derivante dal tipo di regolamento di interessi prescelto dalle parti con la stipulazione di un contratto di lavoro».

[50] L'art. 18 St. lav. non si applica ogniqualvolta venga a cessare, con il rapporto di lavoro, anche quello associativo.

[51] Al riguardo v. Corte cost. 51/2015.

Anche dalle questioni affrontate in relazione ai nessi tra lavoro e forme organizzative di tipo associativo risulta una crescente complicazione regolativa, dalla quale si tende ad uscire con il proliferare di leggi speciali e con un'enfasi sull'istituto della certificazione: entrambi i rimedi sono di dubbia efficacia e rendono più importante e al contempo delicata la valutazione degli equilibri sistematici, sempre in bilico tra differenziazioni e atavica attrazione verso un *corpus* normativo unitario e compatto.

13. I rapporti di lavoro con discipline speciali

Come a questo punto già si è avuto modo di capire, il diritto del lavoro è attraversato da una duplice tensione: da un lato tende a garantire diritti e tutele omogenee per tutti i lavoratori, indipendentemente dalle qualità soggettive, dal tipo contrattuale, dal contesto organizzativo in cui la prestazione viene eseguita; dall'altro, invece, differenzia la regolazione, più o meno sensibilmente, in relazione a una serie di variabili, ritenute meritevoli di tale rilevanza da configurare addirittura regimi giuridici piuttosto diversi. Una conoscenza completa della materia dovrebbe abbracciare tutti i regimi giuridici che presentano qualche significativa differenziazione rispetto a quella generale in ragione, essenzialmente, delle caratteristiche giuridiche o anche fattuali del datore di lavoro (come accade per lavoratori del c.d. "terzo settore" e i volontari; i dipendenti delle aziende pubbliche e delle società a partecipazione pubblica; quelli delle imprese familiari e artigiane; per il lavoro nautico e quello dei giornalisti e degli sportivi), dei mercati del lavoro (agricolo, dello spettacolo e degli extracomunitari), delle qualità personali o professionali del lavoratore (è il caso dei dirigenti, del lavoro domestico, del portierato, degli autoferrotramvieri, dei religiosi e dei detenuti). Si tratta però di un mondo regolativo fortemente eterogeneo dove non è agevole la ricostruzione teorico-sistematica e dispersivo può essere un approccio esegetico. Anche perché frequentemente la presenza di normative differenziate si spiega più con la storia che con la dogmatica giuridica. In una trattazione manualistica è preferibile rinviare ad appositi approfondimenti l'analisi della maggior parte di queste specifiche discipline (ma per alcuni cenni alle specialità della disciplina dei dirigenti v. cap. X), da tenere peraltro nel massimo conto quando si tratta di affrontare problemi gestionali, sindacali o giudiziari negli specifici contesti. Si fa solo un'eccezione per la disciplina dei rapporti di lavoro con le pubbliche amministrazioni, sia perché, da quando la gran parte di quei rapporti ha perso i connotati pubblicistici, la relativa disciplina è sì speciale, ma molto ampia e con soluzioni tecniche di grande interesse; sia perché si tratta di oltre tre milioni di lavoratori.

14. Contratto di lavoro e pubbliche amministrazioni

Il modello pubblicistico

All'inizio degli anni '90 la dialettica differenziazione/unificazione delle regole sul lavoro ha interessato in modo rilevantissimo i dipendenti delle pubbliche amministrazioni, che fino alla riforma avviata dalla l. delega 421/1992 seguita dal d.lgs. 29/1993, erano confinati in una relazione giuridica dai tratti di marcata specialità, giustificata dalle peculiarità giuridico-istituzionali e organizzative del datore di lavoro, e incentrata su una disciplina contenuta in leggi o, comunque, in fonti unilaterali, con esclusione di ogni rilevanza delle pattuizioni individuali o collettive. Ciò, secondo alcuni, in ossequio all'art. 97 Cost., nel quale si leggeva una riserva di legge testualmente riferita ai profili organizzativi («i pubblici uffici sono organizzati ...»), ma da estendere anche alla disciplina dei rapporti di pubblico impiego. Questi ultimi, oltre tutto, erano considerati di matrice non contrattuale in quanto il c.d. rapporto organico – cioè il rapporto connesso alle funzioni svolte dall'ufficio pubblico – assorbiva, fino a renderlo giuridicamente irrilevante, il c.d. rapporto di servizio – cioè la relazione lavorativa vera e propria – e determinava una sorta di pubblicizzazione diffusiva di tutti gli atti di costituzione, gestione, estinzione dei rapporti di lavoro, con un'applicazione solo eventuale e marginale della disciplina codicistica del lavoro subordinato (art. 2129 c.c.). La sequenza concettuale legava inscindibilmente il perseguimento di interessi generali di tipo pubblicistico con una predeterminazione in base alla legge di tutte le regole riguardanti i pubblici dipendenti, nel presupposto che in tal modo si potesse preservare l'organizzazione dei pubblici poteri dall'emergere di interessi confliggenti dei lavoratori in quanto tali.

Questa costruzione giuridica – da taluno ricondotta a visioni hegeliano-weberiane legate alla nascita degli Stati nazionali e borghesi di fine Ottocento – poteva avere una sua validità quando le pubbliche amministrazioni erano essenzialmente costituite dai Ministeri o, comunque, da organizzazioni tendenzialmente simili, accentrate, di dimensioni relativamente limitate[52] e con funzioni principalmente regolative; amministrazioni in cui vi era anche una certa omogeneità sociale e culturale della burocrazia di ruolo, molto vicina alla classe politica di cui costituiva poco più di un'emanazione. Tale realtà era forse ancora prevalente nell'Italia agricola del secondo dopoguerra, quando una Commissione, di cui faceva parte anche Francesco Santoro-Passarelli, elaborò il primo testo unico degli impiegati civili dello Stato (d.P.R. 3/1957) che costituisce l'acme della costruzione giuridica appena descritta. Ma dopo appena pochi anni l'Italia ha subito modificazioni sociali, economiche, culturali e politiche profondissime che hanno avuto sensibili ripercussioni anche sugli apparati burocratici, sulle loro funzioni e sulla loro organizzazione. In un breve lasso di tempo i Ministeri perdono centralità; scuola, sanità, amministrazioni locali diventano sempre più importanti, sviluppando attività e modelli organizzativi e assumendo dipendenti con caratteristiche sociali e culturali sempre più simili a quelli esistenti in organizzazioni analoghe che operano con principi, regole e

Il mutato assetto organizzativo e funzionale degli apparati pubblici

[52] Anche se si è sempre puntato il dito contro l'elefantiasi delle strutture pubbliche.

prassi uguali a quelle riguardanti il mondo delle imprese (ed anzi esse stesse imprese: si pensi alle cliniche e alle scuole private). È questa trasformazione di forme e contenuti delle organizzazioni pubbliche che rende via via più obsoleta la concezione giuridica organicistica del lavoro pubblico. Questa in concreto pare irrigidire modelli organizzativi e procedure degli apparati statali e, al contempo, degradare ad interessi legittimi le posizioni giuridiche dei dipendenti pubblici, costretti a rivolgersi ad un giudice speciale e privati della possibilità di negoziare apertamente le proprie condizioni di lavoro. Dopo la Costituzione del 1948 e il riconoscimento generalizzato del diritto di sciopero, ai pubblici impiegati non si poteva però certo impedire di organizzarsi in sindacati liberi e di porre in essere comportamenti conflittuali simili a quelli degli altri lavoratori subordinati: introducendo così una contraddizione logica, giuridica e fattuale che doveva minare dall'interno il vecchio edificio pubblicistico.

La "privatizzazione" del lavoro pubblico (1993 e 1998/2001)

Dopo vari tentativi, prima frammentari poi con crescenti ambizioni sistematiche (culminati nella l. quadro 93/1983), di modernizzare l'assetto pubblicistico del lavoro con le amministrazioni inserendo tra le fonti del diritto anche fonti negoziate (c.d. delegificazione), si giunge nel 1992/1993 ad una scelta più drastica, passata alla storia come "privatizzazione" del pubblico impiego. Intesa correttamente tale scelta sotto il profilo giuridico significa che una buona parte dei rapporti di lavoro con le pubbliche amministrazioni viene assoggettata, in linea di principio, alla medesima disciplina che si applica ai rapporti di lavoro subordinato nell'impresa (art. 2, co. 2, d.lgs. 165/2001[53]), con l'eccezione di alcune peculiari disposizioni contenute espressamente dal d.lgs. 165/2001 o da altre norme di legge. In definitiva si ribalta l'assetto cui alludeva l'art. 2129 c.c. Ma soprattutto si stabilisce che:

a) i rapporti di lavoro dei dipendenti delle amministrazioni pubbliche sono regolati contrattualmente, chiudendo l'era della "specialità pubblicistica" e ponendo a fondamento del sistema regolativo il contratto individuale (art. 1, co. 3, d.lgs. 165/2001), con conseguente competenza esclusiva degli organi di gestione ovvero dei dirigenti pubblici, ad adottare le «determinazioni per l'organizzazione degli uffici e le misure inerenti alla gestione dei rapporti di lavoro»;

b) tutti gli atti di organizzazione degli uffici e di gestione dei rapporti di lavoro sono assunti «con la capacità e i poteri del privato datore di lavoro», cioè, fatte salve specifiche regole per questa o quella amministrazione pubblica, secondo le regole del codice civile e delle leggi sul lavoro nell'impresa, senza che il giudice possa astrattamente sindacarne la funzionalizzazione al perseguimento di un interesse pubblico;

c) i rapporti di lavoro possono, e per qualche materia (trattamenti econo-

[53] L'originario d.lgs. 29/1993 ha subito svariate modifiche, fino ad essere riformulato ad opera di un altro d.lgs., appunto, del 2001, adottato in base ad una nuova l. delega (50/1999), prorogata nel 2000, che delegava il Governo ad adottare un nuovo testo unico per i dipendenti delle pubbliche amministrazioni, questa volta in un contesto generale di tipo privatistico. Il d.lgs. 165/2001 non è proprio un testo unico in senso stretto (e infatti non ha neanche questo titolo), ma è divenuto sicuramente la legge di riferimento per la disciplina di tutti i rapporti di lavoro con le pubbliche amministrazioni.

mici: v. art. 45, d.lgs. 165/2001) debbono, essere regolati da contratti collettivi, seppure specificamente regolati dal medesimo d.lgs. 165/2001, che prevede non pochi vincoli di carattere procedurale e sostanziale;

d) le controversie di lavoro pubblico sono devolute al giudice ordinario, con eccezione delle controversie in materia di procedure concorsuali per l'assunzione (art. 69, co. 4, d.lgs. 165/2001), attratte in regime pubblicistico dalla costituzionalizzazione del principio del concorso pubblico (art. 97, co. 4, Cost.).

La "privatizzazione" riguarda tutte le pubbliche amministrazioni, centrali e periferiche (art. 1, co. 2, d.lgs. 165/2001), e tutti i dipendenti pubblici, ivi compresi i dirigenti, a partire dal 1998 (anno in cui maturò una c.d. "seconda privatizzazione", più ampia ed incisiva di quella del 1993). Ne restano escluse alcune figure di dipendenti pubblici, per i quali, a torto o a ragione, si ritiene che, vista la delicatezza delle funzioni svolte, prevalga la c.d. immedesimazione organica (ovvero la primazia del c.d. rapporto organico), imponendo la conservazione di un rapporto di tipo pubblicistico. Tali figure sono: magistrati ordinari, amministrativi e contabili; avvocati e procuratori dello Stato; personale militare, delle Forze di polizia di Stato, del Corpo nazionale dei Vigili del fuoco, della carriera diplomatica, prefettizia e della carriera dirigenziale penitenziaria; personale degli enti che svolgono attività di vigilanza sul sistema finanziario e creditizio, come la Banca d'Italia. In via temporanea – cioè in attesa di una specifica disciplina che tuteli anche l'autonomia universitaria di cui all'art. 33 Cost. (attesa che dura ormai da oltre vent'anni) – sono esclusi dalla "privatizzazione" anche i professori e i ricercatori universitari (v. art. 3, d.lgs. 165/2001, modificato nel 2004, 2005 e 2008).

Pur con queste eccezioni, la riforma degli anni '90 ha riunificato nello schema giuridico del contratto di lavoro i circa 3 milioni di dipendenti pubblici, incidendo profondamente sulla cultura e sulle prassi gestionali di tutte le amministrazioni italiane. Tale riforma è stata ritenuta pienamente compatibile con i principi di cui all'art. 97 Cost. anche da alcune importanti pronunce della Corte costituzionale, con cui è stata respinta qualsiasi pretesa di conferire veste costituzionale allo statuto pubblicistico del dipendente (o anche solo del dirigente) pubblico. Infatti sono state ritenute infondate tutte le eccezioni di incostituzionalità della privatizzazione o contrattualizzazione del lavoro pubblico sempreché la legge garantisca «un adeguato dosaggio del sistema delle fonti»[54]. Con questo si deve intendere che la regolamentazione del lavoro pubblico può ben essere incentrata sul contratto individuale di lavoro subordinato di stampo privatistico (oltre che sul contratto collettivo) che è pienamente funzionale a garantire il buon andamento delle pubbliche amministrazioni ed, anzi, per una maggiore duttilità rispetto alla strumentazione pubblicistica, può persino consentire una maggior flessibilità gestionale, agevolando una virtuosa contaminazione di modelli manageriali tra privato e pubblico. Ma l'unificazione di strumenti contrattuali e regole gestionali non può fare a meno di un peculiare sistema delle fonti che assegni al legislatore il

[54] V. Corte cost. 309/1997.

ruolo di garanzia di un sistema ordinato, nel quale sia sempre tutelata in modo specifico la funzione degli apparati pubblici, diretta ad assicurare il godimento dei diritti fondamentali in modo imparziale a tutti i cittadini. A tal fine l'art. 2, co. 1, d.lgs. 165/2001 prevede che la c.d. macro-organizzazione (le linee fondamentali di organizzazione degli uffici, l'individuazione degli uffici di maggiore rilevanza e i modi di conferimento dei medesimi, le dotazioni organiche complessive) sia definita attraverso atti organizzativi di carattere unilaterale adottati da ciascuna amministrazione secondo il proprio ordinamento (art. 2, co. 1, d.lgs. 165/2001).

Le riforme del lavoro pubblico del 2009 e del 2015/17

È dentro questa filosofia ordinamentale che va intesa la particolare rilevanza che hanno assunto il "risultato" e il "merito" nella disciplina dei rapporti di lavoro pubblico. Rilevanza che ha condotto ad un'ulteriore fase di riforma, la c.d. riforma Brunetta, tradottasi nella l. delega 15/2009 seguita dal d.lgs. 150/2009 (che ha modificato molte norme del d.lgs. 165/2001), nella quale però si è ecceduto nel regolare minuziosamente con la legge profili, istituti e funzioni tanto del contratto individuale quanto del contratto collettivo. Al punto di arrivare quasi a configurare una disciplina legale, che, pur continuando a mantenersi all'interno di un paradigma privatistico, è molto più pervasiva e autoritaria di quanto non fosse quella assestatasi nel precedente scenario pubblicistico, ingenerando vari dubbi sulla costituzionalità di una tale differenziazione di regole tra contratti di lavoro pure riconducibili ai medesimi principi ispiratori. In ogni caso questa ulteriore fase – sebbene rallentata e poi bloccata dalla crisi economico-finanziaria che ha indotto tutti i Governi, a partire dal 2010, a ridurre drasticamente qualunque spesa volta ad incrementare la produttività del lavoro nelle amministrazioni – ha accentuato l'esistenza di regole specifiche su vari istituti del contratto di lavoro con le pubbliche amministrazioni, regole che dovranno essere analizzate in relazione a ciascuno dei diversi istituti. Però la direzione di marcia della riforma del '92-'93, cioè l'attrazione del lavoro pubblico nell'ambito di un diritto del lavoro unificato, non sembra invertita. Ne sono conferma sia la sentenza della Corte cost. n. 178 del 23 luglio 2015, che ha dichiarato l'incostituzionalità del prolungato blocco della contrattazione collettiva nel lavoro pubblico; sia la parziale attuazione con i d.lgs. 74 e 75/2017 della l. delega 7 agosto 2015, n. 124 sulla riorganizzazione delle pubbliche amministrazioni (c.d. quarta riforma del lavoro pubblico), che, pur non rinnegando la riforma del 2009, hanno confermato una scelta regolativa incentrata sul contratto individuale, da un parte, e sul contratto collettivo dall'altra.

Nel 2021 sembra essersi aperta una nuova fase nella disciplina del lavoro pubblico, determinata soprattutto dall'esigenza di migliorare ancora l'efficienza degli apparati amministrativi italiani, snodi delicatissimi per l'utilizzazione piena e tempestiva delle risorse previste dal piano europeo per superare la grave crisi socioeconomica indotta dalla pandemia (c.d. *Next Generation EU*). I tanti provvedimenti legislativi adottati negli ultimi tre anni all'insegna dell'urgenza sembrano orientati a snellire regole e procedure per assunzioni e progressioni di carriera e riconoscere nuovi spazi e dinamismi alla contrattazione collettiva, in linea con le riforme di inizio millennio (v. soprattutto d.l. 80/2021, conv. con l. 113/2021; d.l. 198/2022, conv. con l. 14/2023; d.l. 44/2023, conv. con l. 74/2023).

Sezione II
Diritto sindacale

Capitolo V

Fenomeno sindacale e Costituzione

SOMMARIO: 1. Lavoro e interesse collettivo-sindacale. – 2. Soggetti sindacali e moduli organizzativi. – 3. Contrattazione collettiva e sua struttura. – 4. La libertà di organizzazione sindacale (art. 39, co. 1, Cost.): senso e profili. – 5. *Segue*: L'ambito soggettivo. – 6. Sindacato e contratto collettivo con efficacia generale (art. 39 seconda parte Cost.). – 7. La ricostruzione privatistica del fenomeno sindacale. – 8. La teoria dell'ordinamento intersindacale.

1. Lavoro e interesse collettivo-sindacale

Il singolo lavoratore, in un'economia di mercato, per far fronte alla situazione di debolezza rispetto alla controparte, tende a unirsi ad altri individui nelle sue stesse condizioni al fine anzitutto di contrattare le regole del rapporto di lavoro. Tale dinamica, che si potrebbe in realtà estendere a qualsiasi sistema economico caratterizzato dalla distinzione tra chi ha il potere organizzativo e chi nell'organizzazione presta lavoro offrendo le proprie energie, è tipica della "subordinazione". Ne contraddistingue, molto nitidamente, già le origini.

Aggregazione dei lavoratori e fenomeno sindacale

Quella di aggregarsi è, per il singolo, una scelta "di necessità", nel senso che è una scelta prioritaria perché consente una qualche "difesa" rispetto a chi è, o sarà, il datore di lavoro prescindendo da interventi di altri soggetti, incluso lo Stato; anzi, come in precedenza osservato, nelle sue prime espressioni sfida finanche i tradizionali divieti di stampo liberale per le entità poste tra Stato e individuo (v. cap. I, par. 2). In breve, coloro che, in conseguenza dei processi di industrializzazione del XIX secolo, abbandonano campagne e botteghe per offrire le proprie energie lavorative – parte di una moltitudine di soggetti ormai dipendenti, già per il solo sostentamento, dalle nuove prospettive di occupazione – nella spontanea aggregazione cercano il primo strumento di difesa contro lo sfruttamento dei datori di lavoro, impossibile da contrastare singolarmente per la radicale differenza di forza contrattuale. Una reazione che, quindi, precede il piano giuridico e che risulta immanente a un dato contesto economico. Da questo punto di vista, il fenomeno sindacale assume un tratto che si potrebbe dire "ontologico", con una marcata connotazione fattuale, e risulta strettamente legato all'integrità dell'individuo, in quanto finalizzato a restituirgli la capacità di contrattare, in una logica di libertà, le condizioni di lavoro e a non subire il datore di lavoro nello svolgimento del conseguente rapporto.

Individuale e collettivo nel fenomeno sindacale

Tuttavia – come altra faccia della stessa medaglia – il fenomeno sindacale, se nasce per sostenere la dimensione individuale, non può, per definizione, esaurirsi in essa: altrimenti l'individuale non ricorrerebbe al collettivo. Osservazione semplice, ma densa di implicazioni, assai rilevanti per il diritto. Andare oltre l'individuo pone infatti una serie di delicate domande sul piano giuridico: in cosa si traduce e come si realizza il valore aggiunto del collettivo? Come l'ordinamento regola il rapporto tra individuo e collettivo? E come disciplina la relazione tra i vari collettivi, ossia tra le diverse aggregazioni cui i singoli possono dar vita? Daremo risposta a queste domande in seguito, quando le esamineremo in relazione all'istituto per il quale si pongono con più forza ed evidenza, ossia al contratto, appunto, collettivo (v. cap. VII). Ora occorre approfondire il concetto di "interesse collettivo" nel fenomeno sindacale.

L'interesse collettivo

Punto di partenza è la convinzione che l'interesse sotteso all'aggregazione sindacale sia, già esso, intrinsecamente differente rispetto ai singoli interessi individuali. La dottrina al riguardo non ha mai avuto dubbi. Abitualmente, nell'*anomia* del nostro diritto sindacale – per l'inattuazione della seconda parte dell'art. 39 Cost. privo di regole nei suoi gangli vitali, come si vedrà meglio più avanti –, non essendovi indicazioni normative sulla nozione di interesse collettivo si fa riferimento a una classica definizione, secondo la quale l'interesse collettivo, indivisibile e volto a realizzare il bisogno della collettività, è «sintesi» non mera somma degli interessi individuali, a cui è «superiore» in quanto riferito all'organizzazione sindacale (Santoro Passarelli, 1961; Id., 1952). Tuttavia, l'impostazione – eloquentemente, dal suo stesso autore, sviluppata nell'ambito delle categorie e delle regole del diritto privato –, sebbene assai rilevante, non riesce a dare interamente ragione della radicale diversità della dimensione individuale rispetto a quella collettiva; come in effetti già lascia intuire il concetto di "sintesi", che rimanda pur sempre alle singole situazioni, in qualche misura ricomprendendole.

Il suo carattere interrelazionale nell'organizzazione

Sviluppando ulteriormente la riflessione, ci si rende conto che, nel momento in cui il singolo si aggrega, il suo interesse è necessariamente sottoposto al confronto e alle tensioni "relazionali". Il singolo deve esser disposto a sacrificare (nel senso anzitutto di mettere in discussione) il proprio "ideale" vantaggio: aggregandosi accetta di coordinarsi con altri. Ne conseguono, in primo luogo, il raffronto tra le prospettive individuali; in secondo luogo, la definizione *interrelazionale* dell'interesse da perseguire o, se si preferisce, il suo essere «esito di un processo di formazione della volontà di una pluralità organizzata di persone» (Giugni, 2014, p. 64). In altre parole, il coordinamento presuppone che gli interessi individuali, più che un'entità determinata, costituiscano un punto di partenza per il raccordo intersoggettivo, nel quale le originarie impostazioni, a prescindere da quello che ne sarà l'effettivo grado di mutamento, acquistino nuovo contenuto e, ancor prima, nuova genesi, per il solo fatto di essere prodotte all'interno del "gruppo" e, di conseguenza, sulla base del confronto o quanto meno di valutazioni necessariamente rapportate alla presenza dei componenti lo stesso gruppo. Insomma, l'interesse collettivo, espresso dall'organizzazione, è, dal punto di vista logico-empirico, "altro" rispetto ai singoli interessi.

... "altro" rispetto all'interesse individuale

Al riguardo, non giova alla chiarezza ricordare che la vicenda riguarda «interessi pur sempre individuali» (Persiani, 1972, p. 123). Se con questo si intende far riferimento alla ineluttabile centralità dell'individuo in ogni fenomeno umano, cioè all'inevitabile riconduzione di qualsiasi regola ad atti «di uomini nati da ventre di donna» (Ascarelli, 1959, p. 236), *nulla quaestio*. Tuttavia, una simile descrittiva prospettiva si rivela fuorviante nella comprensione del fenomeno sindacale, giacché, oscurandone le differenze sostanziali rispetto alla dimensione individuale, ne altera la peculiarità strutturale – definizione interrelazionale dell'interesse collettivo – e ne complica la traduzione giuridica – in prerogative "proprie", contemplate da regole *ad hoc*, adeguate alle relative intrinseche finalità di tutela (prerogative che il singolo non può in alcun modo attribuire semplicemente perché, come vedremo bene a proposito dell'efficacia del contratto collettivo, ne è privo). A conti fatti, è sull'intrinseca necessità di regole e poteri specifici, «intraducibili» in una logica individuale secondo «il principio di alterità» (Zatti, 1975), che si esprime e concretizza inconfutabilmente sul piano giuridico l'"identità" dell'interesse collettivo (*rectius*, dell'organizzazione sindacale): il suo essere altro rispetto ai singoli lavoratori [1].

Interesse collettivo e interesse generale

Peraltro, la proiezione sopraindividuale del fenomeno sindacale nel tempo si è arricchita di significati, estendendosi verso una sfera più ampia, tradizionalmente individuata attraverso l'interesse generale. Fondamentalmente ciò è avvenuto su due piani: in primo luogo, nella sua stretta strumentalità alla tutela del lavoro e, quindi, ai conseguenti valori della persona e della cittadinanza cui nel secolo scorso si sono ispirati gli ordinamenti delle società più avanzate (e tra questi il nostro, come ampiamente illustrato nel cap. II); in secondo luogo, in relazione al ruolo via via crescente del sindacato sul versante politico-economico, all'apice con le esperienze di concertazione (v. il cap. I, par. 8).

Tipicità dell'interesse collettivo-sindacale

Si delinea, dunque, una tipicità dell'interesse collettivo-sindacale – connaturato a relazioni di lavoro contraddistinte da uno squilibrio socio-economico –, che si riflette, poi, sui conseguenti poteri giuridici dell'organizzazione deputata alla sua realizzazione, che evidentemente (è il caso di sottolinearlo ancora) non possono trovare fondamento in una dimensione contrattuale-individuale.

La tensione dialettica tra individuale e collettivo

Dovrebbe essere evidente, al contempo la tensione dialettica tra "individuale" e "collettivo": il singolo lavoratore subordinato, in ragione della situazione d'inferiorità rispetto al datore di lavoro, necessita del "collettivo", che

[1] A ben riflettere, *nihil sub sole novi*: quando il diritto conferisce rilievo a un gruppo, elevandolo a soggetto collettivo di diritto – ossia a centro di imputazione di diritti e obblighi –, lo fa "per" e "attraverso" l'attribuzione di un *peculiare* trattamento giuridico, a cui il singolo, come tale, non può accedere: è quanto avviene per la "persona giuridica" o anche per l'"ente di fatto", contraddistinti, entrambi, da un certo grado di "autonomia patrimoniale", indubbio privilegio rispetto alla regola della responsabilità patrimoniale che governa le obbligazioni contrattuali e a cui il singolo è inevitabilmente costretto (art. 2740 c.c.).

però è "altro" rispetto ad esso. Il che significa che la "protezione" del collettivo, per essere adeguata, richiede, in qualche misura, un sacrificio della libertà di scelta dei singoli. Per comprendere appieno l'importanza di questo passaggio basti ricordare che l'impianto del diritto privato è storicamente incentrato sull'autonomia individuale, vero motore della società nella classica impostazione liberale.

Naturalmente, assumendo ancora il fenomeno sindacale nella sua origine "dal basso", come mostra la storia e come riconosce il nostro ordinamento costituzionale con l'art. 39, co 1, il singolo ha la fondamentale libertà (sindacale) di fuoriuscire da un gruppo e di creare o di aderire a un altro gruppo. E anche di rimanere "inattivo", cioè di non aggregarsi ad alcuna organizzazione sindacale (magari mirando a trarre comunque benefici indiretti dall'azione sindacale da altri svolta: c.d. *free rider*).

La coesistenza tra organizzazioni

A questo punto il lettore intuirà facilmente un importante risvolto "collettivo" della libertà sindacale, cioè la possibile coesistenza di diverse organizzazioni sindacali (v. *amplius* il par. 4 di questo capitolo): che possono assumere la veste di coalizioni occasionali, sorte anche solo per una specifica e breve controversia, o di figure più stabili, come le associazioni, destinate a vivere nel tempo.

V'è da chiedersi: sono, queste, tutte strutture in grado di dar vita a un interesse collettivo? La risposta è affermativa.

Concezione empirica e concezione neo-dogmatica dell'interesse collettivo

Come prima detto, nel nostro ordinamento, non vi è un'esplicita nozione di interesse collettivo. L'approdo a cui siamo giunti è il suo carattere "interrelazionale": sicché, ogni organizzazione può esprimere un siffatto interesse ancorché viva un solo giorno e sia composta da un numero assai esiguo di persone (concezione c.d. «empirica» dell'interesse collettivo). Questo è l'unico approdo pienamente coerente con il fondamentale principio di libertà sindacale di cui all'art. 39, co. 1, Cost. (cfr. ancora il successivo par. 4). Altrettanto non può dirsi per l'opinione, pure sostenuta da più d'uno, a favore di una diversa concezione dell'interesse collettivo (c.d. «neo-dogmatica»: per entrambe le definizioni cfr. Caruso, 1990, p. 113), circoscritta a questa o quella figura di sindacato: quindi circoscritta anzitutto a un soggetto collettivo (non semplicemente sindacale, ma) strutturato e, per lo più, dotato di alcune caratteristiche che lo rendono particolarmente idoneo ad esprimere l'interesse di una pluralità, tendenzialmente estesa, di lavoratori (emblematico è il caso del sindacato maggiormente rappresentativo). Sul punto si tornerà tra breve, quando si esaminerà più da vicino l'art. 39, co. 1, Cost.

2. Soggetti sindacali e moduli organizzativi

Le forme dell'organizzazione

Vediamo allora più da vicino quali forme, in concreto e nel tempo, abbiano assunto l'aggregazione dei lavoratori, ossia la dimensione organizzativa del soggetto sindacale.

Il primo punto da considerare è l'individuazione dell'ambito di interessi (e di lavoratori) di cui ci si fa portatori. È bene rammentare anche a tal proposito come il principio costituzionale di cui al primo comma dell'art. 39 Cost. inevitabilmente giochi un ruolo fondamentale, assicurando oggi, al soggetto sindacale, la massima apertura e la più ampia scelta di moduli e strutture.

Mestiere e ramo d'industria

Una classica distinzione è tra sindacato "di mestiere" e sindacato "per ramo d'industria". Il primo, più risalente nel tempo, fa riferimento, quale criterio di aggregazione, appunto al "mestiere" esercitato dai lavoratori: guardando l'attualità, il sindacato di piloti di aeromobili, di macchinisti di treni, di insegnanti, di medici, ecc.

Il secondo criterio, nel nostro Paese più diffuso, considera invece l'attività svolta non dai lavoratori bensì dalle imprese ove essi lavorano, e dunque sostanzialmente il settore produttivo: aziende metalmeccaniche, edili, tessili, chimiche, ecc. (ad esempio, Fiom – Federazione italiana operai metalmeccanici; Filca – Federazione italiana lavoratori costruzioni e affini, ecc.).

Sindacati confederali e sindacati autonomi

Altra tradizionale distinzione di massima è quella tra sindacati "confederali" e sindacati cc.dd. "autonomi". Le confederazioni più note e rilevanti storicamente sono la Cgil (Confederazione generale italiana del lavoro), la Cisl (Condeferazione italiana sindacati liberi) e la Uil (Unione italiana del lavoro), di differenti ispirazioni politico-culturali ma comunque con una visione ampia e solidaristica del mondo del lavoro. In esse si sono "confederate" le diverse organizzazioni sindacali di categoria (le federazioni in precedenza menzionate); ad esempio: nella Cgil, tra le altre, la già ricordata Fiom, la Federazione italiana lavoratori dei trasporti (Filt), la Federazione lavoratori della conoscenza (Flc); nella Cisl, la Federazioni italiana metalmeccanici (Fim), la Federazione italiana trasporti (Fit), la Federazioni italiana lavoratori costruttori e affini (Filca) ecc.; nella Uil, l'Unione italiana lavoratori metalmeccanici (Uilm), l'Unione italiana dei lavoratori agroalimentari (Uila), la Unione italiana lavoratori del tessile, energia e chimica (Uiltec) e via dicendo.

Un cenno particolare meritano, nell'ambito confederale in parola, le più recenti strutture intercategoriali per i lavoratori cc.dd. atipici e parasubordinati, come la NiDil – Cgil (Nuove identità di lavoro), la FeLSA – Cisl (Federazione lavoratori somministrati autonomi e atipici), UilTemp (Categoria nazionale dei lavoratori temporanei autonomi atipici e partite Iva).

A livello europeo, Cgil, Cisl e Uil aderiscono alla Confederazione europea dei sindacati (CES), sorta a Bruxelles nel 1973. Esse aderiscono pure alla Confederazione sindacale internazionale (CIS), costituitasi a Vienna nel 2006 dalla fusione tra la Confederazione internazionale dei sindacati liberi (CISL) e la Confederazione mondiale del lavoro (CML).

Sono invece denominate "autonome" le organizzazioni sindacali sorte per la tutela di interessi più circoscritti, di specifiche professionalità (piloti, controllori di volo, macchinisti) o determinati settori (credito, scuola), soprattutto nei servizi e nelle pubbliche amministrazioni. V'è da dire che, nel tempo e con l'evoluzione del sistema di relazioni sindacali, la distinzione con i sindacati confederali è però sfumata, perdendo la sua originaria valenza semantica. Infatti, anche le federazioni sindacali "autonome" a loro volta hanno dato luogo a fenomeni di accorpamento/associazione in strutture di tipo confederale (v.

ad es. l'Ugl – Unione generale del lavoro, nata nel 1996, in cui è confluita la Cisnal; la Consfal – Confederazione generale dei sindacati autonomi dei lavoratori; la Cisal-Confederazione italiana sindacati autonomi dei lavoratori). Ciò anche per conseguire i requisiti utili per il riconoscimento della rappresentatività richiesta dal legislatore a questo o a quel fine.

Meno assestate dal punto di vista organizzativo e con un'impronta conflittuale accentuata sono alcuni soggetti sindacali, come i Cobas (Confederazione dei Comitati di base), diffusi soprattutto tra i docenti della scuola secondaria e i macchinisti delle ferrovie. Anche su questo versante si registrano processi di aggregazione: si pensi, ad esempio, all'Usb (Unione sindacale di base), in cui sono confluite le Rappresentanze di base.

Sindacati e partiti politici

Per comprendere appieno, in chiave storica, il quadro descritto, in particolare in relazione alle grandi confederazioni sindacali, è opportuno velocemente richiamare anche il collegamento tra sindacati e partiti politici. Nesso al giorno d'oggi meno evidente, ma assai stretto dal dopoguerra sino alla fine della "prima repubblica" ed alla crisi dei partiti "storici" in Italia (DC, PSI, PCI, ecc.) dei primi anni '90. Infatti, la scissione avuta nel 1948 all'interno della Cgil dette vita a un'articolazione del quadro sindacale confederale a ridosso dell'articolazione dei maggiori partiti politici dell'arco parlamentare: la Cisl delle formazioni politiche di area cattolica (prima Partito Popolare, poi Democrazia Cristiana), la Cgil dell'area della Sinistra (Partito-Socialista e Partito Comunista), la Uil dell'area che potremmo definire di Centro-Sinistra. Nonostante non ridaranno più vita a un'unità formale, le tre confederazioni procederanno nei decenni successivi, sino ai primi anni del nuovo millennio, secondo una sostanziale "unità di azione", che avrà un ruolo decisivo nello sviluppo della nostra esperienza sindacale.

Confederazioni e federazioni

Tornando alla distinzione tra federazioni e confederazioni, le prime esercitano la rappresentanza dei lavoratori dell'ambito di riferimento rappresentato e svolgono, in particolare, l'attività di contrattazione collettiva per la categoria produttiva (contratto nazionale di categoria – CCNL). Le confederazioni, invece, si occupano anzitutto della definizione delle strategie dell'azione politico-sindacale e del conseguente indirizzo e coordinamento nei confronti delle federazioni aderenti. In sede negoziale, la loro attività si concreta nella stipula degli accordi sindacali di massimo livello (accordi interconfederali), volti a indicare o definire discipline uniformi per una pluralità di categorie (si pensi, ad es., agli accordi interconfederali sui licenziamenti degli anni '50 o agli accordi interconfederali sulle rappresentanze sindacali unitarie degli anni '90).

Strutture verticali e strutture orizzontali

La distinzione tra federazioni e confederazioni è poi strettamente collegata a un'altra classica differenziazione, tra strutture sindacali "verticali" e "orizzontali". Le prime riflettono l'articolazione interna sul territorio di ciascuna associazione (federazione) di categoria, che alla dimensione (struttura) nazionale aggiunge diversi livelli organizzativi interni in corrispondenza dei vari ambiti territoriali "istituzionali" (di solito regionale e provinciale). Esemplificativamente, la Fiom (aderente, si ricorderà, alla Cgil), oltre alla struttura nazionale, avrà un'articolazione di livello regionale (Fiom Lombardia, Fiom-Campania, ecc.) e una di livello provinciale (Fiom Milano, Fiom Napoli, ecc.). Con la dimensione "orizzontale", invece, ci si riferisce alle corrispondenti articolazioni intercategoriali sul territorio delle Confederazioni, a loro volta strutturate in livelli regionali e territoriali, per lo più provinciali (come la Camera del lavoro per la Cgil, l'Unione sindacale per la Cisl, la Camera sindacale per la Uil).

L'organizzazione dei datori di lavoro

Passiamo ora alle organizzazioni dei datori di lavoro. Della loro qualificazione in termini "sindacali" si dirà nel successivo per. 4. Qui, proseguendo nell'analisi empirica, continuiamo a occuparci delle forme in concreto assunte.

Anche al riguardo ritroviamo un'articolazione verticale, associazioni/federazioni di categoria, e una "orizzontale", corrispondenti confederazioni. In relazione ai principali settori economici si possono ricordare Confindustria, Confcommercio, Confagricoltura, ciascuna con le proprie articolazioni sul territorio (livello nazionale, regionale, territoriale/provinciale, ecc.).

A differenza dell'associazionismo dei lavoratori, negli esempi appena indicati le confederazioni delle imprese fanno riferimento ai grandi settori economici (industria, agricoltura, commercio). Non mancano però altri criteri organizzativi: ad esempio, alle imprese di piccole dimensioni fanno riferimento la Confapi nell'industria, la Coldiretti per i coltivatori diretti, la Confesercenti nel Commercio. Da rammentare anche le associazioni che rappresentano le imprese bancarie e assicurative, come ABI e ANIA.

Pure sul versante datoriale, ovviamente, troviamo organizzazioni a livello europeo. La Business Europe e la UAPME (Unione europea degli artigiani e delle piccole e medie imprese) operano rispettivamente per le imprese medio-grandi e le imprese medio-piccole. Alle imprese pubbliche è rivolta invece la CEEP (Centro europeo per l'impresa pubblica).

Di rilievo solo storico è la distinzione tra imprese private e imprese a partecipazione statale – quest'ultime in passato associate all'Intersind o all'Asap – distinzione superata parallelamente al tramonto di questo genere di intervento da parte dello Stato.

Vanno infine segnalate due contrapposte tendenze delle organizzazioni sindacali datoriali che, ormai da qualche anno, hanno assunto rilievo nei mutati scenari economico, produttivo e sociale (in seguito ad eventi come la globalizzazione, la diversificazione dei mercati, il susseguirsi di crisi, l'articolazione delle strutture delle imprese, la riduzione di risorse pubbliche e via dicendo). Da un lato, la tendenza – più rilevante per le conseguenze disaggreganti sul sistema contrattuale – della moltiplicazione e della frammentazione organizzativa, in particolare con la nascita di nuovi soggetti o la fuoriuscita di preesistenti da grandi e anche storici sindacati (Confindustria, Confcommercio, Confservizi), tra cui spicca l'uscita di Fiat da Confindustria nel gennaio 2012, non a caso al centro di profondi cambiamenti del nostro assetto di relazioni sindacali (cfr. cap. VII, parr. 13 e 14). Dall'altro lato, la tendenza all'aggregazione in strutture associative che accorpano ambiti più estesi di rappresentanza: come la costituzione della Associazione "R.E TE. Imprese Italia", organismo di rappresentanza unitaria di cinque importanti associazioni datoriali delle piccole e medie imprese commerciali ed artigiane (Casartigiani, CNA, Confartigianato Imprese, Confcommercio – Imprese per l'Italia, Confesercenti); o l'Alleanza delle Cooperative italiane, coordinamento nazionale costituito dalle Associazioni della cooperazione italiana AGCI, Confcooperative e Legacoop con prospettive di sviluppo unitario in una sola Federazione.

3. Contrattazione collettiva e sua struttura

Contrattazione collettiva

Le organizzazioni sindacali, dei lavoratori e dei datori di lavoro, nelle loro diverse articolazioni, verticali e orizzontali, danno vita a una rete di relazioni, volta, in generale, alla regolamentazione dei rapporti di lavoro, abitualmente denominata "contrattazione collettiva". Essa costituisce il maturo sviluppo di quel processo di aggregazione dei prestatori di lavoro, funzionale alla loro tutela, di cui abbiamo parlato nel par. 1 di questo capitolo. Nelle moderne economie diviene, presto, il principale metodo, a disposizione delle parti sociali, per regolare congiuntamente i rapporti di lavoro, individuali e collettivi.

Originariamente l'espressione veniva riferita a prassi e comportamenti, tendenzialmente periodici, finalizzati alla stipulazione dei contratti collettivi. Negli anni ha assunto accezioni più ampie, estendendosi all'insieme delle relazioni, anche informali e continue, concernenti la fase di applicazione del contratto collettivo o altri moduli di interazione tra le parti sociali, consultivi e partecipativi o, finanche, l'azione sindacale nei confronti dei pubblici poteri.

... e sistema di relazioni industriali

In realtà la contrattazione collettiva costituisce parte fondamentale del più ampio sistema di relazioni industriali. Questo sistema, a dispetto della denominazione ormai da tempo non più limitato all'industria bensì riferibile all'intero panorama produttivo di beni e servizi, indica la trama di comportamenti e prassi tra associazioni sindacali (dei lavoratori e dei datori), soggetti politici e pubblici poteri in generale che, insieme, in quel panorama operano e alle relative complesse e mutevoli componenti (economiche, sociali, politiche, giuridiche) si rapportano, ognuno con i propri strumenti. Il ruolo giocato in concreto da ciascuno di questi attori distingue i vari sistemi di relazioni industriali. Ad esempio, secondo una diffusa classificazione, nel sistema c.d. pluralista hanno una posizione di primo piano le parti sociali e la contrattazione; nel sistema c.d. statalista a essere centrali sono il potere pubblico e l'intervento legislativo; nel sistema c.d. neo-corporativo l'asse portante è costituito dalla stretta collaborazione tra attore sindacale e attore pubblico. E gli esempi potrebbero continuare.

Ma torniamo alla contrattazione collettiva.

La struttura della contrattazione collettiva

Essa – si accennava – riflette, in buona misura, l'articolazione dell'organizzazione sindacale. E, nel suo sviluppo, assume una determinata *struttura*, con diversi livelli, soggetti, competenze e procedure. Che cambia fisionomia, anche sensibilmente, nel tempo e nello spazio.

Soffermiamoci sulla nostra concreta esperienza, continuando quindi ad adottare la prospettiva delle pagine precedenti.

Da premettere che oggetto di attenzione sarà il lavoro "privato": la contrattazione per il lavoro con le amministrazioni pubbliche ha una storia meno lunga e tuttora una specifica disciplina, che considereremo più avanti (cap. VII, par. 17).

L'esperienza italiana mostra essenzialmente tre livelli di contrattazione: interconfederale, di categoria, decentrato.

Accordi interconfederali

Per un primo inquadramento, possiamo dire che gli accordi interconfederali – come rammentato in precedenza – sono stipulati dalle confederazioni, quando lo ritengono opportuno, al fine di dare indicazioni o regolazioni normative uniformi per più categorie. Accanto ai già menzionati accordi degli anni '50 in materia di licenziamenti, basti qui ricordare i più recenti (degli anni 2011-2014) sul sistema sindacale in generale, di cui si parlerà più volte in seguito.

Il CCNL

Il contratto di categoria è invece volto a regolare, a livello nazionale, i rapporti individuali di lavoro (c.d. parte normativa), e le relazioni collettive (c.d. parte obbligatoria). In un contesto di libertà sindacale – come già osservato – sono le stesse parti sociali a individuare concretamente i confini della *categoria*. Nella nostra tradizione, la categoria si identifica con la categoria produttiva. Donde il contratto collettivo nazionale (CCNL) dei metalmeccanici, dei chimici, dei tessili, ecc., che prevedono, con cadenze periodiche, regole comuni per i rapporti di lavoro di ciascuna di tali categorie in relazione alle rispettive caratteristiche. V'è da segnalare come, da qualche tempo, le forti trasformazioni del sistema produttivo, con le conseguenti generali ripercussioni, abbiano reso talvolta più incerti i confini tra le varie attività, rendendo più difficile l'individuazione della categoria e dando luogo a forme di contrattazione comprensive di ambiti non omogenei e foriere di sovrapposizioni tra contratti collettivi (Treu 2000).

Il livello decentrato

A livello decentrato il contratto collettivo può essere territoriale o aziendale. È, questo, il livello deputato a definire gli istituti del rapporto di lavoro più strettamente legati ai singoli contesti produttivi e organizzativi (inquadramento dei lavoratori, orari di lavoro, retribuzione incentivante, ecc.). Il contratto territoriale, di più limitata diffusione, tradizionalmente si stipula, a livello provinciale, nei settori dell'edilizia, del commercio e dell'agricoltura, e, a livello regionale, nel settore dell'artigianato. A livello aziendale, il contratto collettivo riguarda per lo più la singola impresa; talvolta però anche ambiti più piccoli, come uno stabilimento o una filiale, talaltra più ampi, come un gruppo d'impresa. Comunque, generalmente, a stipularlo sono le imprese medio-grandi giacché le ridotte dimensioni organizzative sono sfavorevoli alla presenza sindacale, ne costituiscono un ostacolo.

Il carattere mutevole della struttura contrattuale

Ma quali sono più esattamente il ruolo e lo spazio di ciascun livello contrattuale nonché il rapporto tra di essi? Nell'esperienza italiana, contrassegnata – come si vedrà ampiamente in seguito – per un verso, dall'anomia e quindi dalla informalità, per un altro dalla libertà sindacale, la risposta è, più che mai, strettamente legata ai diversi periodi storici.

In linea di massima, le fasi di difficoltà o di scarso sviluppo economico, le ridotte dimensioni delle imprese, la conseguente debolezza sindacale favoriscono l'accentramento della struttura contrattuale, in ragione vuoi degli obiettivi di controllo complessivo delle politiche retributive e del lavoro in generale, vuoi della scarsa capacità degli attori di tessere rapporti contrattuali. Per converso, il positivo andamento del ciclo economico, la maggiore competitività tra le imprese, la crescita occupazionale, la diffusione e la forza sindacale determinano una diversificazione delle esigenze contrattuali, e quindi spingono verso il decentramento.

Procediamo però, sia pure schematicamente, a una panoramica sulla nostra esperienza storica (rinviando il discorso più strettamente tecnico-giuridico: cfr. cap. VII, par. 11).

Gli anni '50

Negli anni '50 si rileva, prima, un deciso predominio del livello interconfederale e, poi, una graduale apertura per i contratti di categoria, stipulati dalle varie Federazioni. Ma sarà solo alla fine del decennio che questi ultimi prenderanno piede, assumendo la veste di cardine del sistema, tendenzialmente svolta sino ai giorni nostri. E sempre in quegli anni farà formale ingresso la contrattazione aziendale: nel 1962 diviene, con il Protocollo firmato tra le federazioni di categoria dei metalmeccanici e Intersind e Asap, il livello inferiore della prima ordinata struttura contrattuale (c.d. appunto contrattazione articolata), di carattere gerarchico, cioè dominata dal CCNL, che al livello aziendale rimette alcune (invero limitate) materie attraverso le cc.dd. clausole di rinvio.

La contrattazione collettiva c.d. articolata del 1962

Questo lineare quadro non terrà a lungo. Nei decenni successivi si registrerà un andamento altalenante.

La conflittualità di fine decennio: il c.d. autunno caldo

Dopo il c.d. boom economico, con la conseguente centralità operaia e le relative crescenti rivendicazioni nei luoghi di lavoro, il c.d. autunno caldo e il CCNL del 1969 segnano la fine della contrattazione articolata: dunque la nuova autonomia tra i vari livelli contrattuali e spazi crescenti per la contrattazione decentrata.

La nuova tendenza all'accentramento

Ben presto, però, la crisi petrolifera del 1973 rispinge il pendolo verso il centro: eloquenti, nel 1975, l'accordo interconfederale sulla c.d. scala mobile e, nel 1983, la prima esperienza di c.d. contrattazione triangolare tra parti sociali e Governo, con l'"Accordo Scotti" (dal nome del Ministro del lavoro dell'epoca).

... e la rinnovata spinta al decentramento

Ma l'ampliamento dei mercati e della competizione tra le imprese determinerà, di lì a breve, anche una crescita della domanda di adeguamento delle regole ai diversi contesti organizzativo-produttivi, spingendo nuovamente e comunque verso il livello decentrato.

Il Protocollo del 23 luglio 1993

Sarà un altro accordo a carattere triangolare, il Protocollo del 23 luglio 1993, a riproporre un'ordinata struttura contrattuale. Lo farà nell'ambito di un ambizioso e rilevante tentativo di ridefinire il sistema sindacale nel suo complesso, a fronte dell'agenda politico-economica segnata dalla domanda di stabilità politica e di controllo della spesa pubblica (con il c.d. passaggio dalla prima alla seconda Repubblica e l'ingresso dell'Italia nell'Unione europea). Anche nel Protocollo del '93 si rinviene il criterio gerarchico, con il ruolo centrale del contratto di categoria. Ma ad esso le parti sociali affiancheranno un criterio "funzionale", in virtù del quale al contratto decentrato sono attribuite alcune competenze, *in primis* sulla retribuzione incentivante, con il limite della non ripetibilità delle materie regolate a livello superiore.

Tuttavia il tentativo di combinare i due livelli non darà risultati soddisfacenti. La presenza della contrattazione aziendale nelle sole imprese medio-grandi e la ridotta diffusione della contrattazione territoriale non risponderanno alla domanda di decentramento delle imprese. Che invece, con il nuovo secolo, si accentua ulteriormente, non solo per la crescente competitività internazionale, ma anche per la forte crisi economica del 2007.

Il nuovo secolo

Frattanto, sempre agli inizi del nuovo secolo, con il passaggio dalla "concertazione" al "dialogo sociale" (cfr. cap. I, par. 9), ha inizio la marginalizzazione dei grandi sindacati confederali nello scenario politico-economico. Dopo qualche anno a essa si accompagnerà, sul versante interno del fronte sindacale, la rottura della c.d. unità di azione tra le tre storiche confederazioni (Cgil, Cisl e Uil: cfr. cap. VII, par. 14).

Giungiamo così ai giorni nostri.

L'Accordo quadro del 2009

In primo luogo assume rilievo l'Accordo quadro del 22 gennaio 2009 sulla riforma degli assetti contrattuali, accordo cd. separato perché non sottoscritto dalla Cgil. Tale accordo prevede una durata triennale dei contratti e riconferma i due livelli di contrattazione, la cui chiave di volta è ancora il contratto di categoria. Il livello decentrato resta competente per la retribuzione incentivante e, più in generale, per le materie e gli istituti "delegati" dal livello nazionale o dalla legge, sempre con la clausola della "non ripetibilità". La contrattazione decentrata può però – e questa è una sensibile novità, motivo principale del dissenso della Cgil – anche derogare, in via temporanea, alla disciplina di singoli istituti del contratto nazionale per far fronte a situazioni di crisi o per favorire lo sviluppo economico e occupazionale in azienda o nel territorio (cc.dd. clausole di uscita), sempre che ciò sia previsto dallo stesso contratto nazionale e secondo le procedure e modalità ivi indicate.

Gli accordi interconfederali del 2011-2014

Dopo qualche anno la scena viene occupata dall'Accordo interconfederale del 28 giugno 2011, confluito, insieme al Protocollo del 31 maggio 2013, nel c.d. Testo Unico sulla rappresentanza sindacale del 10 gennaio 2014[2]. Questi nuovi accordi ritrovano la firma di tutte e tre le storiche confederazioni e, quindi, si propongono anzitutto di porre fine all'incertezza creata dall'Accordo quadro del 2009, come si ricorderà non sottoscritto dalla Cgil.

Anche in tale circostanza sono ribaditi la struttura gerarchica e il ruolo cardine e di coordinamento del contratto di categoria. A quest'ultimo viene attribuita anzitutto la «funzione di garantire la certezza dei trattamenti economici e normativi comuni per tutti i lavoratori del settore ovunque impiegati nel territorio nazionale». Al contempo le parti condividono «l'obiettivo di favorire lo sviluppo e la diffusione della contrattazione collettiva di secondo livello», le cui competenze sono, anche in questo nuovo quadro, "delegate" dal CCNL o dalla legge. L'intento trova riscontro, segnatamente, nell'assenza della clausola di non ripetibilità tra i due livelli e nella conferma del potere derogatorio del contratto decentrato. Poiché però in questo caso il fine è l'attivazione di «strumenti di articolazione contrattuale mirati ad assicurare la capacità di aderire alle esigenze degli specifici contesti produttivi», il potere derogatorio è previsto per la sola contrattazione aziendale. Essa, «in via sperimentale e temporanea», potrà modificare il contenuto dei contratti di categoria «nei limiti e

[2] Questi accordi sono stati stipulati da Confindustria, Cgil, Cisl e Uil. Il Testo Unico è stato poi sottoscritto anche da altri sindacati, tra i quali Ugl, Cisal, Confsal, Cobas, Cub, Usb. Successivamente, sulla falsariga di questo T.U., Cgil, Cisl e Uil hanno stipulato altri accordi interconfederali, tra i quali quelli con Confservizi (10 febbraio 2014), Confcommercio (26 novembre 2015), Confapi (26 luglio 2016), Confesercenti (7 settembre 2017).

con le procedure previste dagli stessi contratti collettivi». E si aggiunge: «Ove non previste e in attesa che i rinnovi [dei ccnl] definiscano la materia [...], i contratti collettivi aziendali conclusi con le rappresentanze sindacali operanti in azienda d'intesa con le organizzazioni sindacali territoriali firmatarie del presente accordo interconfederale, al fine di gestire situazioni di crisi o in presenza di investimenti significativi per favorire lo sviluppo economico ed occupazionale dell'impresa, possono definire intese modificative con riferimento agli istituti del contratto collettivo nazionale che disciplinano la prestazione lavorativa, gli orari e l'organizzazione di lavoro».

Il c.d. Patto della fabbrica del marzo 2018

L'assetto descritto trova ulteriore e piena conferma in successivi interventi delle parti sociali. In particolare, dopo il documento unitario del gennaio 2016 – eloquentemente intitolato «Un moderno sistema di relazioni industriali» – dove peraltro si rinviene un possibile ampliamento delle sedi decentrata (con l'indicazione di: distretto, sito, filiera), esso è stato rilanciato dall'Accordo interconfederale del 9 marzo 2018, stipulato da Confindustria, Cgil, Cisl, Uil (c.d. Patto della fabbrica). Nel tracciare linee e indirizzi di rilievo sul piano politico-sindacale, le parti sociali hanno riproposto, con convinzione, il T.U. del 2014 nonché il sistema sindacale nel suo complesso, anche nell'interlocuzione con i pubblici poteri. In primo luogo, viene ribadita l'articolazione in due livelli della struttura contrattuale, con il CCNL perno regolatore e, tra l'altro, competente a individuare il c.d. TEC (trattamento economico complessivo: cfr. cap. XIV, par. 5). In secondo luogo, si dà rilievo alla misurazione anche della rappresentatività dei datori di lavoro e alla perimetrazione dei contratti collettivi (che ci riporta alla questione della "categoria" in precedenza evidenziata), al fine di contrastare le già sottolineate moltiplicazione e connessa frammentazione dei soggetti datoriali, specie nei servizi, sovente funzionale ai fenomeni di «dumping contrattuale», ovvero di contrattazione c.d. al ribasso o pirata, con soggetti privi di reale rappresentatività (talvolta spinta fino a una contrattazione soltanto fittizia: Ciucciovino 2000), con il numero dei CCNL nell'ultimo decennio più che raddoppiato sì da superare il migliaio (per l'esattezza 1037)[3]. In terzo luogo, l'accordo si propone di «incentivare lo sviluppo virtuoso – quantitativo e qualitativo – della contrattazione di secondo livello, orientando le intese aziendali – raggiunte anche attraverso i percorsi definiti dall'Accordo interconfederale del 14 luglio 2016 – ovvero quelle territoriali (laddove esistenti, secondo le prassi in essere), verso il riconoscimento di trattamenti economici strettamente legati a reali e concordati obiettivi di crescita della produttività aziendale, di qualità, di efficienza, di redditività, di innovazione, valorizzando i processi di digitalizzazione e favorendo forme e modalità di partecipazione delle lavoratrici e dei lavoratori»[4]. Non manca l'attenzione anche al *welfare* contrattuale, altro piano di sviluppo della contrattazione di secondo livello.

---

[3] Cfr. il 17° Report periodico dei CCNL, aggiornato al giugno 2023.

[4] L'Accordo interconfederale del 14 luglio 2016 riguarda l'applicazione della l. 208/2015 (art. 1, co. 182) concernente la detassazione degli elementi della retribuzione legati a «incrementi di produttività, redditività, qualità, efficienza ed innovazione, misurabili e verificabili».

La tendenza al decentramento ha coinvolto anche il legislatore, con l'introduzione, nel 2011, del contratto collettivo c.d. di prossimità (d.l. 138 conv. in l. 148/2011), dall'inedita disciplina e, in particolare, dal potere derogatorio, espressamente attribuito nei confronti della legge e del contratto collettivo nazionale di lavoro (cfr. cap. VII, par. 15). Siamo ovviamente su un ben distinto versante, che non riguarda i comportamenti autonomi dei soggetti sindacali. Infatti, come si vedrà, l'intervento legislativo si inserisce in una vicenda assai singolare e delicata della nostra storia sindacale, al punto da trovare scarso seguito e sollevare molti dubbi di legittimità costituzionale.

Il decentramento sul versante legislativo: il c.d. contratto "di prossimità" e l'art. 51, d.lgs. 81/2015

Al piano legislativo è da ricondurre pure l'art. 51, d.lgs. 81/2015 che, sebbene strettamente attinente ai cc.dd. rinvii del medesimo d.lgs. al contratto collettivo, si inserisce nella tendenza al decentramento giacché pone sullo stesso piano i vari livelli di contrattazione.

4. La libertà di organizzazione sindacale (art. 39, co. 1, Cost.): senso e profili

Dopo aver dedicato alcune pagine al profilo fenomenico, individuale e collettivo, sotteso al diritto sindacale, passiamo ad esaminare, con la dovuta attenzione, come, rispetto ad esso, si rapporti la norma fondamentale nel nostro ordinamento – eloquentemente già più volte in precedenza incontrata –, l'art. 39 co. 1, Cost.

La centralità del fenomeno sindacale nel disegno del Costituente è ben evidente nella sintetica ma assai incisiva e densa formula adoperata, di immediata precettività: «l'organizzazione sindacale è libera».

Il significato storico del principio di libertà sindacale

Va anzitutto ricordato il contesto storico in cui l'art. 39 si inserisce. L'Italia, appena uscita dal secondo conflitto mondiale, ha conosciuto un ventennio di dittatura, nel quale la progressiva compressione della libertà e del pluralismo ha interessato in maniera significativa il sindacato, privato dell'esercizio della libertà e oggetto di vere e proprie persecuzioni, sfociate, nei momenti più duri, nella repressione violenta dei fenomeni di autotutela e nell'eliminazione, talora anche fisica oltre che politica, dei suoi esponenti. In breve, una parentesi di completo stravolgimento del significato dell'esperienza sindacale: del tutto allontanata dalla più volte sottolineata aspirazione a divenire strumento collettivo di rafforzamento del singolo, in una logica di libertà, a favore di un sistema sindacale autoritario, imposto dall'alto, espressione dell'ideologia e dello Stato fascista (v. cap. I). Il Costituente, dunque, nell'affermare il principio di libertà sindacale, nella sua massima ampiezza, segna, in modo perentorio, una netta discontinuità con il periodo storico e politico precedente: il sindacato, nell'art. 39, e lo sciopero, nell'art. 40, vengono riconosciuti e tutelati attraverso un "combinato disposto" di libertà massima degli spazi di espressione e di ingerenza minima da parte dell'ordinamento.

V'è da dire che il principio di libertà sindacale è contemplato, proprio a partire dagli anni immediatamente successivi alla fine della seconda guerra mondiale, anche da non poche previsioni di fonte internazionale, di differente rilevanza sul piano giuridico: le convenzioni OIL 87/1948 e 98/1949; la Convenzione europea per la salvaguardia dei diritti dell'uomo e delle libertà fondamentali del 1950; la Carta Sociale Europea del 1961; il Patto internazionale sui diritti economici, sociali e culturali del 1966. Previsioni tutte ratificate dall'Italia.

In ambito europeo, occorre poi segnalare la Carta dei diritti sociali fondamentali di Strasburgo del 1989 e la Carta dei diritti fondamentali sottoscritta a Nizza del 2000. Quest'ultima, nel 2009 con il Trattato di Lisbona, si vedrà attribuito il medesimo valore giuridico dei Trattati istitutivi dell'Unione.

Ma ritorniamo all'art. 39, co. 1, della nostra Costituzione.

Libertà di organizzazione e fenomeno sindacale

In linea generale la norma conduce al significato più intimo del fenomeno sindacale, sul quale ci siamo intrattenuti nel par. 1 di questo capitolo. Apre le porte al dato empirico dell'aggregazione tra i lavoratori, quindi del raccordo e del coordinamento delle prospettive individuali, e ne "riconosce" il fondamentale rilievo giuridico, in funzione di riequilibrio tra le parti del rapporto di lavoro. In questa logica essa, non solo – come detto – cancella l'esperienza del ventennio fascista, ma segna pure una netta distanza dalla precedente esperienza liberale, contraddistinta dalla "neutralità" rispetto all'assetto del rapporto di lavoro dipendente secondo una concezione del tutto formale e a paritaria delle sue parti. Per converso, è stretto il collegamento tra l'art. 39, co. 1, e altre due cruciali previsioni della Carta costituzionale, gli artt. 2 e 3: giacché l'organizzazione sindacale è, ad un tempo, riconosciuta come particolare formazione sociale dove si "svolge la personalità del singolo" e strumento imprescindibile per l'eguaglianza sostanziale, con tutte le relative implicazioni sulla correlazione lavoro – persona – cittadinanza (cfr. *amplius* cap. II). E altrettanto stretto, *ça va sans dire*, è il raccordo con l'art. 40 della Costituzione (anch'esso ampiamente oggetto di attenzione in seguito: v. cap. VIII).

Esaminiamo i contenuti in cui tutto ciò si sostanzia, nel tempo sempre più ampi e di maggior peso.

Il profilo individuale

L'art. 39, co. 1, riguarda, inevitabilmente, la libertà tanto individuale quanto collettiva, nelle sue implicazioni positive e negative.

Sul piano individuale, la libertà, intesa in senso positivo, copre l'intero fenomeno sindacale, dalla manifestazione del pensiero all'attività sindacale in senso stretto: il singolo può costituire un sindacato, aderirvi, contribuire alla sua nascita e al suo sviluppo (raccogliendo, ad esempio, contributi e facendo proselitismo), svolgere attività sindacale (riunendosi in assemblea o dedicando energie e tempo all'attività di contrattazione o alle forme tipiche di autotutela e via dicendo).

La libertà sindacale negativa, pure compresa (anzitutto per necessità logica) nella norma, abbraccia forme diverse di esercizio: dalla libertà di non aderire ad alcun sindacato ovvero di recedere da quello a cui ci si è iscritti, fino alle manifestazioni di dissenso rispetto alla linea politica dell'organizzazione.

Direttamente connessi a queste due espressioni della libertà sindacale individuale sono gli artt. 14 e 15 dello Statuto dei lavoratori (l. 300/1970), che si propongono la concreta attuazione della previsione costituzionale. L'art. 14 riconosce ai lavoratori il diritto di costituire associazioni sindacali, di aderirvi e di svolgere attività sindacale, con specifico riferimento all'interno dei luoghi di lavoro. L'art. 15 sancisce la nullità di qualsiasi patto o atto diretto a subordinare l'occupazione di un lavoratore all'adesione o alla non adesione al sindacato ovvero lo discrimini nelle diverse vicende del rapporto di lavoro (dall'assegnazione di qualifiche o mansioni, al trasferimento, fino al licenziamento) a causa della sua affiliazione o attività sindacale oppure della partecipazione ad uno sciopero.

Ne deriva che in Italia sono vietate, per contrasto con il precetto costituzionale, le cc.dd. clausole di *closed shop*, diffuse nell'ordinamento americano (fino agli anni '80 anche in Gran Bretagna), attraverso le quali i contratti collettivi settoriali o aziendali subordinano l'occupazione del lavoratore alla sua affiliazione sindacale: con la formula sia del c.d. *pre-entry closed shop*, che impone al datore di lavoro di assumere solo gli iscritti al sindacato, sia del *post-entry closed shop* (anche nota come *union shop*), che prevede l'obbligo di far iscrivere al sindacato i lavoratori assunti e dunque di estromettere i lavoratori che non siano iscritti o che non versino le quote associative. L'obiettivo di siffatte pattuizioni è di scoraggiare fenomeni di "parassitismo" (il già citato *free-riding*) e garantire il controllo delle politiche salariali.

Connessa alla tutela della libertà sindacale è anche l'art. 16 dello Statuto dei lavoratori, che vieta i "trattamenti economici collettivi discriminatori" (questa la rubrica della norma) di maggior favore ai sensi dell'art. 15, vale a dire per effetto dell'adesione o della non adesione al sindacato. La norma prevede che, su domanda dei lavoratori sfavoriti ovvero della stessa associazione sindacale, il giudice condanni il datore di lavoro al pagamento di una somma pari ai trattamenti economici di maggior favore illegittimamente corrisposti, disponendone il pagamento al fondo adeguamento pensioni presso l'INPS. Sanzione, invero, di scarsa applicazione per carenza di interesse dei lavoratori discriminati, che non ricevono un vantaggio patrimoniale diretto dal riconoscimento giudiziale della discriminazione stessa.

Il profilo collettivo

Passiamo al profilo collettivo della libertà sindacale garantita dall'art. 39 Cost. La formulazione usata assicura anzitutto libertà tanto della forma che il sindacato assume quanto delle regole che disciplinano gli assetti e l'organizzazione interna. Impedisce, poi, qualsivoglia intervento o interferenza esterna, a cominciare da quella dello Stato, in merito all'individuazione di obiettivi, strategie, strumenti dell'azione sindacale.

Prioritaria espressione di questa ampiezza della libertà organizzativa è l'indiscutibile soluzione dell'alternativa tra concezione ontologica e concezione volontaristica della "categoria" rappresentata dal sindacato, questione già incontrata in precedenza. La prima si fonda sull'idea della preesistenza strutturale della categoria medesima. A essa, eloquentemente, si ispirò il legislatore nel periodo corporativo (l. 563/1926) con la determinazione, da parte dello Stato, delle "categorie" e, per ciascuna di esse, il riconoscimento (e l'attribuzione della rappresentanza legale a favore) di un solo sindacato. La seconda concezione rimette invece alla libera determinazione del sindacato la scelta dei confini dell'ambito di riferimento, il cui rilievo è del tutto evidente. E altrettanto evidente è che – come già accennato in precedenza – questa seconda concezione è la sola compatibile con la latitudine del principio affermato dalla Costituzione.

Sul primo comma dell'art. 39 trova fondamento anche l'attività di contrattazione collettiva. Ancor più dopo l'inattuazione della seconda parte della norma, di cui tra breve si dirà meglio. Con riguardo quindi a soggetti, oggetto, procedure, struttura, finalità della contrattazione.

Sicché, l'art. 39, co. 1, Cost. impedisce al legislatore la limitazione dell'autonomia negoziale dell'organizzazione sindacale, possibile solo a salvaguardia di interessi generali e in presenza di situazioni temporalmente circoscritte. Al riguardo è, da ultimo, emblematica la giurisprudenza costituzionale che ha censurato il perdurare del blocco dell'attività contrattuale nel settore pubblico e, per effetto di esso, delle dinamiche negoziali che interessano i trattamenti retributivi, materia nel lavoro pubblico di competenza pressoché esclusiva della contrattazione collettiva[5].

Analogamente, se in taluni limitati casi, espressamente previsti dalla legge ordinaria, le organizzazioni sindacali sono obbligate a trattare con la controparte, l'ordinamento non può mai imporre ad esse un obbligo a contrarre, vale a dire a sottoscrivere necessariamente un contratto collettivo.

La libertà circa la scelta della forma giuridica che il sindacato intende assumere, così come le caratteristiche dell'organizzazione interna, risultano ancor più chiare se si confronta il primo comma dell'art. 39 con l'art. 18 Cost. concernente la libertà di associazione.

Organizzazione e associazione

L'art. 39 Cost. contiene una formulazione inclusiva, che non irrigidisce l'attività sindacale entro schemi formali predefiniti. Se la forma "associativa" (dell'associazione non riconosciuta, *ex* art. 36 c.c.: v. *infra*) è quella più comune per il "sindacato", caratterizzato da un minimo di struttura e stabilità, nel precetto in questione sono comprese anche le formazioni caratterizzate dalla massima informalità, come i comitati di lotta o le delegazioni di lavoratori: in breve, le coalizioni occasionali e spontanee di lavoratori di certo riconducibili alla più fluida e duttile espressione «organizzazione» adoperata dal Costituente. Si ricorderà che proprio nella "libertà di organizzazione sindacale" trova fondamento la concezione empirica dell'interesse collettivo, in virtù della quale qualsiasi aggregazione di lavoratori può dar vita a siffatto interesse e, attraverso di essa, qualsiasi lavoratore può ritrovare la capacità di negoziare con la controparte datoriale. Il nostro Costituente, guardando alla dignità e alla libertà del lavoratore, ci riporta, dunque, all'essenza del fenomeno sindacale.

5. *Segue*: L'ambito soggettivo

Il carattere sindacale

Proseguendo nella stessa prospettiva, adeguata attenzione merita anche l'attributo sindacale, per effetto del quale la formazione sociale ricade nell'ambito di tutela della previsione costituzionale.

[5] Corte cost. 178/2015.

La libertà sindacale dei datori di lavoro

Se per sindacale s'intenda qualsiasi esperienza rappresentativa di interessi professionali – come una diffusa opinione ritiene –, sotto l'ombrello dell'art. 39 rientrano anche le organizzazioni che rappresentano gli interessi datoriali (concezione c.d. bilaterale della libertà sindacale). Se invece si adotta una prospettiva anzitutto "storica", più in sintonia con le intime ragioni del fenomeno sindacale, l'aggettivo si presta a qualificare soltanto l'aggregazione dei lavoratori funzionale a compensare la situazione di inferiorità socio-economica del singolo lavoratore, attraverso i tradizionali strumenti di autotutela (anzitutto la contrattazione collettiva e lo sciopero). In questa seconda più solida prospettiva, la copertura dell'art. 39 Cost. è limitata alle esperienze di rappresentanza e tutela del lavoro subordinato, con la possibile estensione ai lavoratori cc.dd. parasubordinati, quali soggetti in situazione di soggezione economica (concezione c.d. unilaterale della libertà sindacale). Per converso, l'associazione datoriale e, più in generale, tutta la relativa esperienza collettiva sono da considerare una reazione, un fenomeno "di risposta" all'aggregazione dei lavoratori: come dire, un fenomeno sindacale per traslazione o improprio, riconducibile, più che all'art. 39 Cost., co. 1, nell'alveo, pur esteso ma di minore estensione e pregnanza, degli artt. 18 e 41 Cost. In questo senso, invero, spinge anche, nel nostro ordinamento, l'asimmetria conseguente alla garanzia costituzionale del diritto di sciopero cui non corrisponde un analogo riconoscimento degli strumenti – in primo luogo la serrata – caratteristici dell'azione (*rectius*: reazione) datoriale (cfr. cap. VIII). Comunque, per quanto concerne l'attività di contrattazione collettiva, nessuno dubita dell'ampiezza della libertà di autodeterminazione di entrambe le parti stipulanti, anche solo per effetto del riconoscimento "civilistico" dell'autonomia negoziale.

Peraltro l'associazionismo imprenditoriale tradizionalmente si connota per lo svolgimento, oltre che delle funzioni negoziali, anche di attività di servizi di supporto alle imprese (assistenza fiscale, consulenza legale, creditizia, commerciale, tecnologica, ecc.), laddove per le organizzazione dei lavoratori questo genere di attività (assistenza per vertenze di lavoro, per formazione professionale, per erogazione della pensione e di indennità, per adempimenti fiscali, ecc.) è molto più recente, quale conseguenza soprattutto della riduzione del tasso di sindacalizzazione.

L'art. 17 St. lav.

Tra le previsioni legislative ordinarie direttamente connesse al primo comma dell'art. 39 Cost., dello Statuto dei lavoratori, oltre ai già menzionati artt. 14, 15 e 16, va ricordato pure l'art. 17, che vieta ai datori di lavoro e alle associazioni datoriali «di costituire o sostenere, con mezzi finanziari o altrimenti, associazioni sindacali di lavoratori». Si tratta dei cc.dd. sindacati di comodo (denominati anche gialli). Il legislatore interviene a tutela dell'effettività della libertà sindacale, impedendo che attraverso un sostegno di qualunque genere vi sia una distorsione della fisiologica dialettica tra datori e sindacati.

Vanno infine segnalate talune significative limitazioni della libertà sindacale con riferimento ad alcuni specifici contesti.

Il lavoro pubblico

Di rilievo esclusivamente storico è il caso dei dipendenti pubblici. Le relative limitazioni, inquadrabili nella pubblicistica concezione novecentesca dell'impiego pubblico, sono state gradualmente superate, come definitivamente sancito dal d.lgs. 29/1993, con il quale – si ricorderà – è stato avviato il processo di privatizzazione del lavoro alle dipendenze delle pubbliche amministrazioni. Sebbene ciò non escluda che in ragione dell'interesse generale, comunque tratto distintivo di quest'area del lavoro dipendente, possano esservi regole peculiari, come d'altronde accade anche per il rapporto di lavoro.

Polizia di Stato e Forze armate

All'attualità appartengono invece le particolari discipline dei lavoratori della Polizia di Stato e delle Forze armate. I primi, non più militari ormai da anni, possono aderire ad organizzazioni sindacali formate, dirette e rappresentate esclusivamente da appartenenti alla Polizia, alle quali è vietato affiliarsi a confederazioni esterne; non possono però, in ogni caso esercitare il diritto di sciopero[6]. I secondi sono anch'essi soggetti a regole analoghe ma in virtù di recenti sviluppi. In seguito alla sentenza della Corte cost. 120/2018[7], infatti, la l 46/2022 ha previsto per il personale delle Forze armate la possibilità di costituire associazioni sindacali, e di aderirvi, esclusivamente nell'ambito di associazioni sindacali militari, introducendo peraltro un'inedita procedura per il loro riconoscimento. Queste associazioni, a loro volta, possono aderire o avere altre relazioni di carattere organizzativo soltanto con le associazioni costituite ai sensi della stessa l. 46/2022. E anche per le Forze armate viene sancito il divieto di esercitare il diritto di sciopero.

6. Sindacato e contratto collettivo con efficacia generale (art. 39 seconda parte Cost.)

La dialettica individuale-collettivo e le necessarie regole *ad hoc*

Il pluralismo sindacale alla base del nostro ordinamento, e quindi la coesistenza tra più organizzazioni sindacali, ci riportano a un'altra delicata questione, prima solo sfiorata: la necessità di una sua regolazione. Per meglio intenderci: se ciascuna organizzazione, per il medesimo ambito contrattuale, intende perseguire interessi collettivi diversi, espressi in questa anziché in quella rivendicazione contrattuale o più in generale in differenti strategie negoziali, come si concilieranno le molteplici posizioni? Facile intuire che la risposta deve fare i conti con altre delicate questioni, concernenti, ad esempio, l'intervento dello Stato nel libero confronto sindacale, il rapporto tra i vari sindacati, ancor prima il rapporto tra lavoratori e sindacati, e via discorrendo.

Non va ovviamente dimenticato che il soggetto collettivo, nella sua origine, riconduce pur sempre alla libertà sindacale individuale, che nello stesso si esprime. Altra faccia (di segno negativo) della stessa medaglia è la libertà del singolo di non attivarsi sindacalmente: che ripercussione dovrà avere la sua scelta sugli altri prestatori di lavoro? Eventualmente come e da quale del-

---

[6] V. la l. 121/1981. La disciplina indicata non riguarda il Corpo della Polizia penitenziaria (l. 395/1990).

[7] La Consulta ha dichiarato illegittimo costituzionalmente l'art. 1475, co. 2, d.lgs. 66/2010, che vietava per il personale delle Forze armate la costituzione o l'adesione ad associazioni professionali a carattere sindacale.

le diverse organizzazioni sindacali il lavoratore "inattivo" sindacalmente verrà tutelato?

È proprio per dare risposta a queste e ad altre simili domande che al primo comma dell'art. 39 Cost. ne seguono altri tre. Più precisamente, il Costituente ha cercato di intervenire in relazione al piano dove tali problemi sono più evidenti e pressanti, cioè con una disciplina *ad hoc* sul contratto collettivo e sulla sua efficacia soggettiva. Sull'argomento già qualcosa si è detto (v. cap. II) e ampiamente si tornerà quanto parleremo, appunto, del contratto collettivo (cap. VII). Per il momento è opportuno illustrare, per grandi linee, l'impostazione del Costituente.

Il micro-sistema normativo dell'art. 39 seconda parte Cost.

Nei tre capoversi dell'art. 39 il Costituente prova a disegnare un micro-sistema funzionale all'attribuzione di efficacia soggettiva generalizzata al contratto collettivo. Ovviamente tenendosi ben lontani dal modello corporativo, dove – si rammenterà – alla negazione della libertà sindacale era speculare il sindacato "unico" (per ciascuna categoria determinata dallo Stato), soggetto di diritto pubblico con la rappresentanza legale dei lavoratori, sì da stipulare un contratto collettivo a tutti gli effetti fonte del diritto (cfr. cap. 1), quindi con efficacia generale (cioè per tutti i lavoratori della categoria di appartenenza). L'intervento del Costituente è assai meno invadente.

Nell'art. 39 Cost. i sindacati sono chiamati a chiedere la registrazione presso uffici locali o centrali, secondo le norme di legge. I sindacati registrati, in primo luogo, acquistano la personalità giuridica; in secondo luogo, possono stipulare il contratto collettivo con efficacia generale per tutti gli appartenenti alla categoria mediante una rappresentanza unitaria, in cui cioè sono presenti ciascuno in proporzione dei propri iscritti. Anche in ragione di tale efficacia, è richiesta, ai fini della registrazione, l'adozione di uno statuto che sancisca "un ordinamento interno a base democratica".

La sua inattuazione

Per l'attuazione di questo micro-sistema sarebbe stata necessaria una legislazione di attuazione; come sappiamo, invece, non vi è mai stata. In questo ha origine l'anomia del nostro diritto sindacale, ossia l'assenza di norme sugli aspetti cruciali del fenomeno ad esso sotteso.

Le ragioni dell'assenza legislativa sono diverse: alcune strettamente legate agli anni '50, altre di carattere più latamente politico-sindacale, che hanno accompagnato l'evoluzione delle relazioni di lavoro nel tempo. Volendone ricordare in breve le principali, va anzitutto detto che le organizzazioni sindacali, appena uscite dalla esperienza corporativa, non videro affatto di buon grado il controllo sul numero degli iscritti e sulla democraticità dello statuto necessario per la registrazione. La misurazione della consistenza numerica degli iscritti fu poi decisamente avversata dalla Cisl – interlocutore privilegiato della Democrazia Cristiana, dell'epoca e per parecchi anni partito di maggioranza –, che, in caso di verifica della capacità aggregativa, sarebbe risultata minoritaria rispetto alla Cgil. Più in generale, le grandi confederazioni, nonostante le diverse ispirazioni culturali, trovarono ben presto un punto di convergenza, e convenienza, nel preferire, rispetto all'attuazione del precetto costituzionale, lo sviluppo del c.d. sistema sindacale di fatto (sul quale ampiamente ci si soffermerà in seguito), completamente anomico quanto a regolazione normativa

Anomalia del diritto sindacale e sistema sindacale di fatto

statale e, per converso, basato su una sostanziale pariteticità e unità di azione fattuale tra le grandi confederazioni dei lavoratori, da un lato, e il reciproco riconoscimento con la controparte datoriale, dall'altro. In estrema sintesi, la vicenda ci riporta all'intima problematicità della dialettica tra i diversi interessi sottesi al fenomeno sindacale: ostacolo dunque insormontabile anche per le regole *ad hoc* apprestate dal Costituente per dare adeguata espressione all'interesse collettivo.

7. La ricostruzione privatistica del fenomeno sindacale

La ricostruzione privatistica del fenomeno sindacale

Il vuoto normativo venutosi a creare negli anni '50 ha fatto sì che, sul piano strettamente giuridico, il fenomeno sindacale fosse anzitutto nuovamente ricondotto nell'ambito del diritto dei privati, nonostante la sua distanza dalle peculiarità dell'interesse collettivo (cfr., per tutti, F. Santoro Passarelli, 1952; Id., 1961).

Le organizzazioni sindacali, al pari dei partiti politici, hanno in primo luogo scelto, in pratica, di restare nell'alveo, scarsamente regolato, delle associazioni non riconosciute. Con il singolare parallelo paradosso per il quale due tra le più importanti formazioni sociali, in grado di incidere sulla vita economica e politica del Paese, risultano prevalentemente autoregolate e dotate di "mera" soggettività giuridica, anziché della più pregnante personalità destinata dall'ordinamento ai soggetti collettivi. Tra gli interpreti, infatti, è sostanzialmente unanime l'inquadramento della disciplina dell'organizzazione sindacale, almeno quando essa sia organizzata in forma associativa, nelle poche regole di cui agli artt. 36, 37 e 38 c.c.

Minore attenzione è stata dedicata alla coalizione di lavoratori occasionale e spontanea, in quanto tale per lo più ricondotta alla figura del comitato (art. 39 c.c.) ovvero del mandato collettivo, benché più probabilmente da configurare secondo una peculiare soggettività sindacale, scaturente anzitutto dalla libertà di organizzazione sindacale (art. 39, co. 1, Cost.).

Concentrando l'attenzione sull'esperienza associativa, di certo maggiormente diffusa, in base alle essenziali disposizioni codicistiche, ordinamento interno e amministrazione dell'associazione sono regolati dagli accordi tra gli associati. L'associazione quindi può stare in giudizio tramite coloro ai quali è conferita, in virtù degli stessi accordi, la presidenza o la direzione (art. 36 c.c.). Sul piano patrimoniale, è dotata di un fondo comune, che resta indiviso per tutta la vita dell'ente, formato dai contributi degli associati e dai beni acquistati con tali contributi (art. 37 c.c.). Il fondo comune costituisce la garanzia patrimoniale per le obbligazioni assunte per conto dell'associazione, ferma restando la responsabilità, personale e solidale, di coloro che abbiano agito in suo nome e per suo conto (art. 38 c.c.).

La rappresentanza sindacale

La disciplina del codice civile è evidentemente concentrata sull'esigenza di tutelare le ragioni dei creditori ed è diretta quasi esclusivamente alla regolazione dei profili patrimoniali dell'attività associativa. Al di là delle lacune normative in relazione alle più generali vicende associative, nella nostra prospettiva a balzare all'occhio sono le ripercussioni dell'inquadramento privatistico sul fondamento del potere sindacale nei riguardi dei lavoratori. Nel senso che l'attività contrattuale dell'associazione sindacale, stando agli schemi del diritto privato, dovrà basarsi necessariamente sul potere di rappresentanza che il singolo lavoratore attribuisce, alla stessa associazione, all'atto dell'iscrizione, con il conferimento del mandato. Ciò significa, più in generale, che il fenomeno sindacale e, quindi, l'interesse collettivo vengono giocoforza ricondotti a una dimensione individuale, per le ragioni più volte illustrate, agli stessi estranea. Questo delicatissimo punto della ricostruzione privatistica sarà, anch'esso, ampiamente esaminato quando affronteremo, *ex professo*, il contratto collettivo, cartina di tornasole della configurazione del fenomeno sindacale e delle sue implicazioni (v. cap. VII).

L'inadeguatezza rispetto all'interesse collettivo

8. La teoria dell'ordinamento intersindacale

La nuova prospettiva dell'ordinamento intersindacale

Rimanendo attenti agli sviluppi conseguenti all'inattuazione dell'art. 39 seconda parte Cost., i limiti appena indicati non si rinvengono in un'altra ben diversa impostazione, per il diritto sindacale assai rilevante da ogni punto di vista. Si tratta della teoria dell'ordinamento intersindacale, in cui trova compiuto inquadramento il c.d. sistema sindacale di fatto, nelle pagine precedenti più volte incontrato e che ora esaminiamo da vicino. L'autore, stavolta, è un giuslavorista, Gino Giugni (1960). L'impostazione, di matrice anglosassone, segna un netto distacco dai precedenti studi, già sul piano metodologico, e imprimerà una svolta all'intera materia. Per tali ragioni merita particolare attenzione.

Giugni riconosce alla ricostruzione privatistica l'indubbio pregio di aver risposto alla istanza di libertà insita nelle dinamiche, individuali e collettive, proprie del fenomeno sindacale della società italiana degli anni '50. Tuttavia, ne ha ben chiara, al contempo, l'inadeguatezza a esprimere le peculiarità di quel fenomeno. In estrema sintesi, per Giugni, il fenomeno sindacale è qualcosa di "nuovo" per l'ordinamento e le tradizionali categorie dell'autonomia individuale non possono "comprenderlo".

Quello di Giugni è dunque, come accennato, anzitutto un cambio di prospettiva metodologica. Ed è questa probabilmente la ragione per cui la sua teoria avrà più fortuna di altre, pure condivisibilmente attente a dare un fondamento al potere sindacale (almeno in parte se non interamente) diverso da quello del diritto privato, ma comunque in una prospettiva giuridica più classica, come tale destinata sempre a scontrarsi con l'assenza di dati di diritto positivo soddisfacenti (cfr., per tutte, la tesi del potere sindacale quale «potere originario»: Persiani, 2004, p. 7; Id., 1972, p. 125; Scognamiglio, 1971, p. 159).

È importante aver chiaro che oggetto di osservazione è un Paese (nelle parti più avanzate) in un periodo di sviluppo economico e di sostanziale omogeneità degli interessi del lavoro dipendente, la cui figura centrale è il c.d. operaio-massa. L'esperienza sindacale degli anni '50-'60 è, sotto l'aspetto politico-sociale, "giovane", destinata a crescere quale importante banco di prova per una società industriale che si avvia ad essere tra le più progredite.

Giovandosi della famosa teoria della pluralità degli ordinamenti giuridici di Santi Romano – che comunque adatterà –, Giugni si distacca dai percorsi classici del positivismo legalista, portato a identificare il diritto nella legge dello Stato. Si concentrerà, piuttosto, sulle relazioni e sulle regole che le parti sociali si danno nella loro autonomia e nel reciproco interesse: il piano di osservazione è, quindi, la realtà dei fatti, ciò che *effettivamente* accade. Semplificando, si può dire che il tradizionale percorso si inverta: nella visuale dell'ordinamento intersindacale è la realtà a conformare la norma.

L'effettività

Giugni rileva come i protagonisti di quegli anni – le ormai ben note grandi confederazioni: Confindustria, da un lato, Cgil, Cisl e Uil dall'altro – abbiano dato vita a un vero e proprio sistema "fattuale" di produzione di norme, di istituti per la loro interpretazione e amministrazione nonché per la risoluzione extragiudiziale delle relative controversie. Un insieme normativo "di fatto", finalizzato a garantire un equilibrio dinamico tra gli interessi delle parti, dove hanno rilievo tanto le regole sui rapporti individuali di lavoro, quanto (se non soprattutto) quelle concernenti le relazioni tra i soggetti collettivi, in cui si sostanzia il suddetto sistema di produzione, inquadrabili nella c.d. parte obbligatoria del contratto collettivo.

... e il sistema sindacale di fatto

Giugni riconduce tale insieme normativo a un autonomo ordinamento, indipendente da quello statuale; in verità, a suo avviso, anche originario, ossia non derivato dall'ordinamento statuale: ma questo secondo aspetto, più discusso e discutibile – non foss'altro perché vi è pur sempre l'art. 39, co. 1, Cost. sullo sfondo –, può essere tenuto da canto.

L'architrave è il "reciproco riconoscimento" delle parti: ciascuna delle quali legittima l'altra nella veste di portavoce dell'intero ambito di riferimento. Per comprendere appieno il punto, va sottolineato un elemento decisivo, sempre di carattere fattuale. Sul versante dei lavoratori, tra le tre grandi confederazioni vi è "unità di azione", improntata a un criterio di parità tra le stesse: ciò ne fa un fronte sindacale compatto e dalle marcate potenzialità aggregative del consenso dei lavoratori, sia per la storia delle grandi confederazioni sia per loro costante evoluzione ed espansione, finanche sul piano politico-economico, come sappiamo.

... il reciproco riconoscimento tra le parti

... l'unità di azione tra le grandi confederazioni

Ad assumere rilievo è, dunque, il concetto di "rappresentatività", ossia della capacità del sindacato di interpretare e tutelare in concreto gli interessi dei prestatori di lavoro, riconducendoli a unità e acquisendo consenso, al di là dei soli iscritti. Il concetto è decisivo: è facile intuire che in tanto la controparte riconosce nell'altra il proprio interlocutore in quanto è certa che essa sia in grado di garantire il rispetto delle regole pattuite; il che presuppone la "forza" delle organizzazioni sindacali di "guidare" la cerchia dei rispettivi potenziali interessati (datori di lavoro e lavoratori): appunto – giova ripeterlo – la capacità di generare e conquistare consenso.

La rappresentatività sindacale

Un tale assetto non è privo di rimedi "autosanzionatori" al suo interno. *In primis* lo sciopero, il cui significato travalica ampiamente il piano individuale, assumendo la veste di «garanzia sociale» (Giugni 1960, p. 128) degli equilibri definiti dalle parti collettive: anzitutto perché ad esso le organizzazioni sindacali dei lavoratori ricorrono là dove la controparte datoriale non rispetti le regole pattuite.

Anche nell'ordinamento intersindacale il contratto collettivo (come si vedrà nel cap. VII par. 8) ha, ovviamente, precisa collocazione e concreta espressione.

La rilevanza del sistema sindacale di fatto

Dunque, nella teoria di Giugni – si diceva in apertura del paragrafo – trova compiuto inquadramento il sistema sindacale di fatto. A ben vedere questo sistema è stato, dagli anni '50, l'asse portante di un assetto assai composito e articolato (anch'esso, per comodità didattica, sarà oggetto d'esame quando studieremo il contratto collettivo) che, in sostanza, ha compensato l'inattuazione della seconda parte dell'art. 39 Cost. E che, peraltro, aiuta a comprendere anche gli ostacoli in cui si è imbattuta l'attuazione di un'altra importante norma della Carta costituzionale, l'art. 46, dedicato alla partecipazione dei lavoratori alla gestione delle imprese (v., *amplius*, par. 8 cap. VI). Pure in questa evoluzione storica Giugni svolse un importante ruolo, precisamente sul piano legislativo. In veste di consulente governativo, dette un apporto decisivo allo Statuto dei lavoratori, che, nella sua versione originaria, mirava proprio a sostenere il sistema sindacale di fatto nel difficile passaggio della fine degli anni '60. L'operazione ebbe sostanzialmente esito positivo.

La sua attuale crisi e la rinnovata esigenza di regole *ad hoc*

Oggi, però, lo scenario è nuovamente mutato e il sistema sindacale di fatto non se la passa granché. Le difficoltà già emerse agli inizi del nuovo secolo sono esplose con la vicenda Fiat, nel 2009. Il suo assetto, anzitutto l'"unità di azione", ne è risultato fortemente indebolito, come dimostrano i successivi accordi interconfederali del giugno 2011 e del maggio 2013, confluiti nel Testo Unico sulla rappresentanza del gennaio 2014. A ciò si aggiungono i cambiamenti della rappresentanza datoriale in atto ormai da qualche tempo, con ulteriori spinte disaggreganti sul sistema contrattuale. Sicché, l'anomalia del diritto sindacale e la conseguente esigenza di regole *ad hoc*, originata dall'inattuazione dell'art. 39 seconda parte Cost., sono di nuovo attuali. Su tutto questo torneremo più avanti.

Capitolo VI

Soggetti e attività sindacale nei luoghi di lavoro

1. Rappresentanza dei lavoratori e rappresentanza del sindacato. Cenni storici

L'istanza sindacale nei luoghi di lavoro

Sono evidenti le ragioni della rilevanza di una stabile presenza ed azione sindacale nei luoghi di lavoro, dove la contrapposizione tra datore e prestatori di lavoro – un tempo si sarebbe detto tra "capitale" e "lavoro" – trova la sua espressione immediata e diretta.

Prima di addentrarsi nel relativo studio è necessaria una premessa su un punto elementare ma fondamentale.

Lavoratori, organizzazione, Associazione sindacale

La presenza sindacale anche nei luoghi di lavoro può trovare forme diverse di espressione: nella coalizione occasionale e spontanea di un gruppo di lavoratori costituitasi per una specifica e circoscritta vicenda; negli organismi stabili propri dello specifico contesto lavorativo; nel sindacato strutturato che opera pure all'esterno dell'impresa, e via dicendo. Ciò che ora preme sottolineare è che i lavoratori nei luoghi di lavoro possono dar vita o far capo a questo o a quel soggetto, ma essi esprimono, già in quanto lavoratori, un'entità con cui fare i conti. La quale, con questo o quel soggetto sindacale più o meno stabile e strutturato, si pone in un rapporto dialettico: che assume forme e modalità mutevoli nel tempo e nello spazio, non senza tensioni e contrasti, come l'esperienza mostra.

Peraltro, sul piano terminologico, non è raro imbattersi nella imprecisa distinzione tra rappresentanza "dei lavoratori" e "rappresentanza sindacale", dove l'aggettivo sindacale viene evidentemente riferito al solo soggetto con una qualche stabile struttura: in modo, da un lato, riduttivo, perché – come insegna l'art. 39, co. 1, Cost. – l'attributo sindacale copre qualsiasi esperienza di tutela di lavoratori in condizioni di debolezza socio-economica a prescindere dalla forma organizzativa adottata; dall'altro, improprio e fuorviante, perché l'attività sindacale è, appunto, sempre, in ultima istanza, dei lavoratori. Corretta diviene invece la distinzione se l'aggettivo sindacale è sostituito dalla locuzione specificativa "del sindacato", che configura l'organismo come un soggetto stabile e strutturato, costituitosi in associazione. Da questo punto di vista essa evoca la distinzione tra "istituzione" e "movimento".

Canale unico e canale doppio

Ciò premesso, si può dire che, in una prospettiva storico-teorica, i due principali modelli di rappresentanza in azienda sono: a) il modello c.d. a canale unico; b) il modello c.d. a doppio canale. Il primo si caratterizza per la presenza di un'unica struttura organizzativa di rappresentanza di tutti i lavoratori in azienda, cui sono attribuite l'insieme delle attività di tutela dei lavoratori: sia quelle più in generale "partecipative" (informazione, consultazione, ecc.) sia quelle di vera e propria "contrattazione". Il secondo modello, a doppio canale, diffuso in molti paesi europei (tra cui Francia, Germania, Spagna), vede invece la contestuale presenza di due strutture: una squisitamente "associativa", in quanto sostanzialmente articolazione di specifici sindacati – quale propaggine inferiore della struttura verticale –, cui è rimessa la "contrattazione" in azienda; l'altra di diretta espressione dei lavoratori, normalmente di origine elettiva, che si occupa invece della partecipazione.

Le Commissioni interne

In Italia, dove il modello a canale unico (ancorché non senza commistioni) risulta storicamente prevalente, la storia delle rappresentanze dei lavoratori nei luoghi di lavoro ha in pratica inizio con la costituzione, ai primi del '900 (1906), delle Commissioni interne. Organismo previsto e disciplinato dalla contrattazione collettiva – soppresso, per intuibili ragioni, durante il periodo corporativo, che solo nel 1939 vide la pressoché inutile figura del cd. fiduciario d'azienda – di costituzione elettiva e rappresentativo dei lavoratori dell'impresa. Per un breve periodo, dal 1943 al 1947, furono ad esse attribuite anche poteri contrattuali.

Di seguito assai scarso furono, successivamente, i tentativi, soprattutto della Cisl, di costituire in azienda organismi di diretta filiazione associativa, le Sezioni sindacali aziendali (SAS).

Quest'assetto si è perpetuato sino alla fine degli anni '60, quando le istanze movimentiste e contestatarie proprie di quel periodo produssero i loro effetti anche nei luoghi di lavoro, traducendosi nell'affermazione di nuovi soggetti, espressione diretta dei lavoratori.

Consigli dei delegati

Presero così vita i delegati, rappresentanti di gruppi omogenei di lavoratori dell'azienda (reparto, ufficio) ed i Consigli dei delegati, anche denominati Consigli di fabbrica, che, di fatto, posero fine alla esperienza delle Commissioni interne.

Le grandi confederazioni si trovarono dinanzi a nuovi organismi, sorti spesso in polemica, anche marcata, con esse. Nel giro di qualche anno riuscirono tuttavia a interpretare tali sviluppi e a rapportarsi alla mutata realtà. Nel Patto federativo del 1972 – sul piano formale il punto più alto del percorso unitario di Cgil, Cisl e Uil – i Consigli dei delegati furono riconosciuti come "istanza sindacale di base con poteri di contrattazione sui posti di lavoro". Nella vicenda un posto di primo piano spetta però al legislatore dello Statuto dei lavoratori (l. 300/1970).

2. Statuto dei lavoratori e rappresentanza sindacale aziendale

Il legislatore, con lo Statuto dei lavoratori, mirò a supportare normativamente, e a consolidare, la presenza e l'attività del sindacato nei luoghi di lavoro. Intendeva anzitutto assorbire, così, gli effetti dei movimenti di contestazione, fortemente conflittuali, e le conseguenti richieste di maggior partecipazione di quegli anni, favorendone il dialogo in particolare con le associazioni sindacali riconosciute a livello nazionale, principalmente le storiche confederazioni (Cgil, Cisl, Uil).

La *ratio* e la formula originarie dell'art. 19 St. lav.

Donde la *ratio* e la formula dell'art. 19 dello Statuto, con cui il legislatore italiano, per la prima volta, prevede l'istituzione di rappresentanze nei luoghi di lavoro, appunto le rappresentanze sindacali aziendali (da ora RSA), per assegnare ad esse funzioni e prerogative particolarmente rilevanti – ossia i diritti sindacali di cui al titolo III dello Statuto dei lavoratori (v. il successivo par. 5) –, con il ragionevole limite delle dimensioni del contesto (art. 35: unità produttive con oltre 15 dipendenti). Lo Statuto introduce, in tal modo, un ulteriore livello di tutela sindacale: alla generale libertà di organizzazione e di azione, ribadita nell'art. 14 della stessa normativa statutaria, aggiunge quello, ulteriore e più ricco, dei diritti sindacali indicati nel menzionato titolo III, di cui (giova ribadirlo) sono titolari le RSA, costituite secondo le modalità indicate nell'art. 19.

Il sostegno al sistema sindacale "di fatto"

A ben vedere si tratta di una normativa di "sostegno" del sindacato nei luoghi di lavoro prima che di regolamentazione della rappresentanza dei lavoratori. In sostanza, con il titolo III dello Statuto, il legislatore, dinanzi alle spontanee contestazioni nei confronti delle grandi confederazioni, anziché riaprire l'annosa e delicata questione di una regolazione del fenomeno sindacale – ormai sopita da qualche anno insieme al dibattito sull'attuazione della seconda parte dell'art. 39 Cost. – ritiene conveniente operare in continuità con il passato, e quindi con l'anomia del nostro diritto sindacale, limitandosi a intervenire in modo mirato su un preciso profilo, il rapporto tra "base" e "vertici" dei sindacati protagonisti dell'esperienza repubblicana: a tal fine introduce, con il titolo III dello Statuto, particolari diritti sindacali volti, appunto, a riavviare o a rafforzare in chiave democratica, attraverso il dialogo, quel rapporto. L'obiettivo ultimo era, in estrema sintesi, dar nuova linfa al c.d. sistema sindacale di fatto, negli anni '60 già divenuto asse portante della regolazione delle relazioni di lavoro. Come è stato scritto, lo Statuto costituisce «un esempio del raccordo funzionale tra ordinamento statuale e ordinamento intersindacale» (Rusciano, 2003, p. 119).

Proprio allo scopo di evitare rigidità controproducenti per il rapporto tra lavoratori e sindacati, il legislatore dello Statuto, tra i vari modelli organizzativi della rappresentanza in azienda, opta per una formula normativa assai duttile, idonea a combinare in vario modo l'istanza "movimentista-diretta" con quella "associativo-istituzionale".

I requisiti delle RSA

Secondo l'originario testo della norma (come si vedrà, modificata in sede referendaria nel 1995), le RSA potevano essere costituite, da un lato, «ad iniziativa dei lavoratori», dall'altro «nell'ambito» di: a) organizzazioni aderenti alle confederazioni sindacali maggiormente rappresentative a livello nazionale; b) di altre associazioni sindacali, le quali, pur non aderendo alle predette confederazioni, risultassero però firmatarie di contratti collettivi nazionali o provinciali applicati all'unità produttiva in questione.

Entrambi i requisiti – "l'iniziativa lavoratori" e il collegamento con il sindacato espresso dall'inedita formula giuridica "nell'ambito" – sono non formalmente definiti bensì aperti, come tali si prestano a essere soddisfatti da più elementi purché di un minimo di evidenza; come, per il primo, la condivisione anche solo fattuale da parte dei lavoratori di una istanza del sindacato o, per il secondo, un qualche riconoscimento dei soggetti sindacali indicati dalla norma.

Rappresentatività storica e rappresentatività tecnica

Per quanto concerne specificamente il criterio selettivo, la duplice ipotesi rifletteva una rappresentatività sindacale tanto "storica" quanto più strettamente "tecnica". Più precisamente, con il criterio *sub* a) il legislatore assicurava un collegamento tra le nuove rappresentanze sui luoghi di lavoro e le principali e storiche Confederazioni; con il criterio *sub* b), residuale, soddisfaceva la necessità di dare spazio anche ad altre associazioni sindacali comunque dotate di una certa rappresentatività in quanto firmatarie (questo il dato tecnico) dei menzionati contratti collettivi.

Gli indici della rappresentatività

Quanto alla verifica della "rappresentatività" utile a selezionare le confederazioni legittimate a costituire le RSA, in assenza di criteri normativamente formalizzati, è stata decisiva l'elaborazione dottrinale e giurisprudenziale, che ha valorizzato alcuni indici: numero degli iscritti; equilibrata presenza in un ampio ventaglio di categorie professionali; diffusione sull'intero territorio nazionale; esercizio costante dell'attività sindacale nel suo insieme (contrattazione, governo del conflitto, dialogo con le istituzioni). In ragione di un accertamento non basato su elementi quantitativi misurabili, questa rappresentatività è stata definita anche "presunta".

L'operazione del legislatore, in effetti, raggiunge il doppio obiettivo prefissatosi: 1) agevolare un'azione di "riassorbimento" delle rappresentanze spontanee nate in quegli anni (consigli di fabbrica) da parte delle nuove RSA, e dunque essenzialmente e anzitutto da parte delle grandi centrali sindacali, che all'epoca indiscutibilmente coincidevano con le "confederazioni maggiormente rappresentative a livello nazionale" contemplate dalla menzionata lett. *a* dell'art. 19; 2) istituzionalizzare la presenza del sindacato in azienda, soprattutto delle predette confederazioni, e con essa sostenere il c.d. sistema sindacale di fatto.

La giurisprudenza costituzionale

Il progetto statutario trova a sua volta conferma e supporto da parte della giurisprudenza, in primo luogo della Corte costituzionale, chiamata a più riprese a intervenire sulla norma.

Già in occasione del primo intervento nel 1974 (sent. n. 54), la Corte chiarì la piena compatibilità della disposizione tanto con l'art. 39 Cost. quanto con l'art. 3 Cost. In relazione all'art. 39, sottolineando la valenza "definitoria" e non "permissiva" dell'art. 19, afferma che la disposizione, nell'istituire le RSA quali specifiche rappresentanze costituite nel rispetto dei requisiti previsti, non lede il principio di libertà sindacale di cui all'art. 39 Cost.: la norma – osserva la Consulta – non impedisce che vengano "organizzate" altre e diverse forme di rappresentanza dei lavoratori in azienda, ma si limita a circoscrivere (definire) i soggetti sindacali cui riconoscere per legge la titolarità di particolari "diritti sindacali" (quelli di cui al titolo III).

Né tale differenziazione può, secondo la Corte, integrare una irragionevole disparità di trattamento, e dunque collidere con l'art. 3 Cost., trattandosi, in estrema sintesi, di una scelta (disparità) razionale, volta ad impedire un utilizzo non equilibrato dei diritti (sindacali) riconosciuti dallo Statuto.

Nei successivi interventi il giudice delle leggi ha sempre affermato la piena compatibilità dell'art. 19 con la Costituzione. In particolare: 1) ha negato la possibilità di estensione, mediante accordo con il datore di lavoro, dei diritti sindacali a rappresentanze costituite nell'ambito di associazioni sindacali non dotate dei requisiti di cui all'art. 19 Statuto dei lavoratori, favorendo, tale estensione, il mero «potere di accreditamento» del datore di lavoro, senza alcuna garanzia oggettivamente verificabile[1]; 2) ha considerato legittimo il riferimento al livello confederale anziché di categoria, ambito menzionato nell'art. 39 Cost., sostenendo la non sindacabilità di scelte legislative volte a privilegiare livelli di maggiore aggregazione sindacale, giustificate dall'esigenza di favorire «un processo di aggregazione e di coordinamento degli interessi dei vari gruppi professionali [...] al fine di ricomporre le spinte particolaristiche in un quadro unitario»[2].

Era però inevitabile che il circuito virtuoso (o vizioso, a seconda dei punti di vista) determinato dall'art. 19 tra il riconoscimento "premiale" della maggiore rappresentatività delle Confederazioni sindacali storiche (Cgil, Cisl, Uil) ed il conseguente ulteriore rafforzamento della loro "egemonia" rappresentativa non potesse reggere a lungo, considerato il suo carattere "presunto", ossia l'assenza di specifici e sicuri criteri normativi di valutazione.

Infatti, la stessa Corte costituzionale, nel menzionato intervento del 1990[3], pur ribadendo la legittimità costituzionale della norma, segnala che i profondi mutamenti dei contesti produttivi e di organizzazione del lavoro e la conseguente maggiore eterogeneità degli interessi collettivi l'hanno resa non più adatta a rispecchiare l'effettiva rappresentatività delle associazioni sindacali. Per tale ragione la Consulta esplicita l'opportunità di dettare nuove regole, adeguate alla mutata situazione, che garantiscano la possibilità di attribuire i diritti sindacali di cui al titolo III dello Statuto anche ad altre associazioni sindacali in grado di dimostrare significativi livelli di consenso attraverso una concreta e incisiva azione sindacale.

---

[1] Corte cost. 30/1990.

[2] Corte cost. 334/1988. V. anche, successivamente al referendum del 1995, Corte cost. 492/1995.

[3] Corte cost. 30/1990.

I referendum del 1995

La Corte, in realtà, era ben consapevole della "crisi" di rappresentatività delle grandi confederazioni sindacali maturata in quegli anni. Crisi che aveva alimentato un vivace dibattito e, soprattutto, condurrà, nel 1995, alla modifica dell'art. 19 in sede referendaria.

Nel 1995, all'esito di due referendum abrogativi, la norma viene completamente riformulata: è del tutto eliminato il criterio della maggiore rappresentatività confederale e, con esso, l'intera lett. "a"; mentre il criterio della stipula di contratti collettivi, con la cancellazione degli aggettivi «nazionali o provinciali» (lett. "b"), viene esteso anche ai contratti collettivi di livello aziendale, con un sensibile ampliamento di campo.

Il cambiamento di significato della norma

In questo modo si rompe, sul piano normativo, il "monopolio" dei sindacati confederali, favorendo, per quanto possibile all'intervento referendario, una rappresentatività "verificata" attraverso il dato tecnico della firma del contratto. Obiettivo del resto esplicitato dalla stessa Corte costituzionale in sede di valutazione di ammissibilità del referendum[4].

Con la modifica, la norma statutaria, con ogni evidenza, perde il significato originario di raccordo tra ordinamento statuale e ordinamento intersindacale, per assumere le più generiche sembianze di normativa a sostegno del sindacato firmatario del contratto collettivo, di questo o quel livello, applicato nell'unità produttiva. E si rinnova il dibattito in dottrina e giurisprudenza circa la sua legittimità costituzionale.

Inevitabilmente anche la Corte costituzionale è chiamata di nuovo ad intervenire.

Il c.d. potere di accreditamento del datore

All'indomani del referendum l'attenzione si concentra sul rischio conseguente all'allargamento della lett. "b" al livello aziendale, che – secondo molti – rimetterebbe al datore di lavoro l'individuazione della controparte con cui firmare il contratto e quindi, di fatto, il c.d. potere di accreditamento della RSA.

Corte cost. 244/1996

La Consulta non accoglie questi dubbi. Rigetta la questione di legittimità costituzionale sollevata in riferimento agli artt. 3 e 39 Cost., e valorizza al contrario, in breve, la capacità del sindacato di imporsi alla controparte. Per la precisione, nella sent. 244/1996, la Corte segue una lettura restrittiva, con riferimento sia alla firma del contratto, ritenuta insufficiente se non supportata dall'effettiva partecipazione al processo negoziale, sia alla natura e caratteristica del contratto collettivo utile ai fini della norma[5].

Ma l'art. 19 è destinato a tornare dinanzi alla Consulta. Stavolta a mutare sarò lo scenario delle relazioni sindacali, come la stessa Corte rimarcherà: la realtà cambia la norma.

Caso Fiat e Corte cost. 231/2013

Con la sent. 231/2013 – originata dalla cruciale vicenda Fiat, emblema della già accennata profonda crisi del sistema sindacale di fatto (ma v. *amplius* cap.

---

[4] Corte cost. 1/1994.

[5] Per la precisione, ad avviso della Consulta, occorre la stipulazione di un «contratto normativo che regoli in modo organico i rapporti di lavoro, almeno per un settore o un istituto importante della loro disciplina, anche in via integrativa, a livello aziendale, di un contratto nazionale o provinciale già applicato nella stessa unità produttiva». Per la successiva giurisprudenza di legittimità cfr. Cass. 21910/2013; Cass. 5765/2002; Cass. 11310/2002; Cass. 12584/2002; Cass. 520/2008; Cass. 19275/2008.

VII, par. 13) – la Corte costituzionale accoglie i dubbi di legittimità costituzionale per contrasto con gli artt. 2, 3 e 39 Cost., pronunciando una sentenza c.d. additiva che "salva" la norma ma ne modifica contenuto e portata. La Corte dichiara l'illegittimità costituzionale dell'art. 19 «nella parte in cui non prevede che la rappresentanza sindacale aziendale possa essere costituita anche nell'ambito di associazioni sindacali che, pur non firmatarie dei contratti collettivi applicati nell'unità produttiva, abbiano comunque partecipato alla negoziazione relativa agli stessi contratti quali rappresentanti dei lavoratori dell'azienda». In tal modo a divenire decisivo è la mera partecipazione alla attività negoziale, indipendentemente dalla successiva sottoscrizione del contratto (come accaduto alla FIOM nel caso Fiat). Rimane però avvolto nell'incertezza il criterio alla luce del quale determinare il diritto alla partecipazione negoziale o il livello di partecipazione sufficiente.

3. Autonomia collettiva e rappresentanze sindacali unitarie

Le difficoltà incontrate dalle grandi confederazioni sindacali negli anni '80, oltre alla modifica referendaria dell'art. 19 Statuto dei lavoratori, hanno condotto a un'altra importante riforma della rappresentanza sui luoghi di lavoro, questa volta ad opera delle stesse confederazioni.

Autonomia collettiva e RSU

Nell'intento di arginare le suddette difficoltà e di giocare d'anticipo rispetto a eventuali interventi legislativi, l'autonomia collettiva ha dato vita a un nuovo modello di rappresentanza nei luoghi di lavoro, volto a coniugare l'istanza di un fondamento effettivo e verificato dell'azione sindacale con l'esigenza di mantenere saldo il raccordo con le grandi confederazioni e con il sistema della contrattazione collettiva. Hanno così avuto origine le Rappresentanze Sindacali Unitarie (da ora RSU), previste dal protocollo del 23 luglio 1993 e poi disciplinate, nel dettaglio, anzitutto dall'Accordo Interconfederale del 20 dicembre 1993; disciplina ripresa, con qualche modifica, nell'Accordo Interconfederale del 28 giugno 2011 e nel Protocollo del 31 maggio 2013, confluiti nel Testo Unico sulla rappresentanza sindacale del 10 gennaio 2014.

Le RSU hanno via via preso piede, sì da essere ormai costante riferimento anche del legislatore nella regolazione di più di un istituto. Anzi, poiché il dato elettivo concernente la loro costituzione assume rilievo in questa o quella ipotesi normativa, prima di tutto per l'accesso alla contrattazione collettiva nel pubblico come nel privato (v. cap. VII, parr. 14 e 17), esse risultano anche formalmente incentivate. La loro esperienza, peraltro, ha confermato, attraverso le competizioni elettorali nei luoghi di lavoro, la maggiore rappresentatività delle grandi confederazioni.

Il rapporto tra RSU e RSA

Prima di esaminarne la disciplina, è opportuno chiarire l'assetto dei rapporti tra le RSU e le RSA.

Le RSU, come già detto di fonte negoziale, non hanno ovviamente prodotto l'abrogazione delle RSA, di fonte legislativa. Le parti, però, hanno espressamente regolato la possibile concorrenza/conflitto tra i due modelli, prevedendo sostanzialmente che la "scelta" del modello RSU comporti la rinuncia alle RSA. Dunque, le organizzazioni sindacali aderenti all'accordo interconfederale istitutivo delle RSU e che partecipano alla costituzione delle RSU rinunciano a costituire le RSA *ex* art. 19 Statuto dei lavoratori.

Ciò significa evidentemente che, almeno in linea teorica, è comunque possibile la coesistenza di una RSU con una o più RSA (eventualmente costituite da associazioni sindacali non aderenti al "modello" RSU e dotate dei requisiti previsti dall'art. 19 Statuto dei lavoratori). Fermo restando, ma sempre in linea teorica, che, in virtù del principio di libertà sindacale di cui all'art. 39 Cost. (e come affermato dalla Corte costituzionale sin dalla sent. 54/1974), sarebbe ovviamente sempre possibile per qualsivoglia organizzazione sindacale (che non abbia partecipato alla costituzione delle RSU né possa costituire RSA) costituire una propria rappresentanza in azienda senza però usufruire delle importanti prerogative e guarentigie che la legge e la contrattazione collettiva attribuiscono (esclusivamente) a RSA e RSU.

La disciplina delle RSU

Le principali differenze della RSU rispetto alla RSA, oltre alla natura contrattuale e non legislativa, risiedono: a) nella previsione della "unicità" dell'organismo per ciascuna unità produttiva (sempre nelle unità produttive con oltre 15 dipendenti), rispetto alla "pluralità" delle RSA; b) nella natura elettiva.

Per quanto concerne le elezioni (a suffragio universale e scrutinio segreto), l'elettorato attivo è costituito da tutti i lavoratori dell'unità produttiva; l'elettorato passivo, dai candidati di cui alle liste presentabili: a) dalle associazioni sindacali aderenti alle confederazioni firmatarie dell'accordo interconfederale istitutivo; b) da altre associazioni sindacali, formalmente costituite con atto costituivo e statuto (per evitare organizzazioni sindacali "estemporanee") che, oltre ad accettare espressamente ed integralmente i contenuti del T.U. del 2014, raccolgano un certo numero di adesioni dei lavoratori dell'unità produttiva interessata (almeno il 5% degli aventi diritti al voto nelle aziende con oltre 60 dipendenti; almeno tre firme in quelle di minori dimensioni).

All'esito delle elezioni, la originaria disciplina del 1993 prevedeva l'assegnazione proporzionale dei "seggi" in base ai voti riportati dalle liste, ma con una "riserva" di un terzo degli stessi per le liste presentate dalle associazioni sindacali firmatarie del contratto collettivo nazionale applicato nella unità produttiva. La previsione, evidentemente funzionale a garantire alle principali centrali sindacali una quota certa di componenti, e per questo molto discussa, è stata eliminata dal Protocollo del 2013. Quindi attualmente l'assegnazione avviene integralmente in maniera proporzionale ai voti ricevuti. La clausola in parola, peraltro, non ha avuto un ruolo decisivo nella già ricordata conferma, nelle competizioni elettorali, della rappresentatività delle grandi confederazioni.

Il protocollo del 2013, ponendo fine a precedenti incertezze, per il componente della RSU che cessi di far parte del sindacato nella cui lista era stato eletto (c.d. cambio di casacca) prevede il venir meno della carica e la sostituzione con il primo dei non eletti della stessa lista.

I recenti accordi interconfederale del 2011-2014 precisano inoltre che la RSU approva il contratto collettivo aziendale a maggioranza dei componenti.

In quanto alla natura, la RSU è vicina al "canale unico" di rappresentanza sui luoghi di lavoro, coniugando la matrice elettiva (di espressione dei lavoratori) con quella associativa (liste presentate da associazioni sindacali in possesso di determinati requisiti) e non essendo estranea a nessuna delle attività sindacali.

Infine, per quanto concerne i "diritti sindacali" già propri delle RSA *ex* titolo III dello Statuto dei lavoratori, la disciplina interconfederale espressamente dispone il subentro delle RSU.

4. Le rappresentanze sindacali nel lavoro pubblico

Nel settore pubblico, sebbene in linea di principio trovino applicazione regole e istituti del settore privato, come di frequente accade pure con riguardo alle rappresentanze dei lavoratori nei luoghi di lavoro non sono poche né marginali le differenze.

Le peculiarità delle rappresentanze sindacali nel lavoro pubblico

Anche nelle pubbliche amministrazioni è possibile dar vita a due differenti strutture rappresentative, ma, diversamente dal "privato", entrambe sono previste per legge. Infatti, oggi, è il d.lgs. 165/2001 (art. 42) a contemplare la possibilità di costituire sia RSA sia organismi di "rappresentanza unitaria del personale".

A questa prima basilare differenza rispetto al settore privato se ne aggiungono altre.

Quanto alle RSA, pur richiamando l'art. 19 dello Statuto dei lavoratori, in realtà il citato art. 42 prevede una diversa disciplina, dal momento che legittima alla loro costituzione (solo) le organizzazioni sindacali ammesse alle trattative per la sottoscrizione dei contratti collettivi nazionali (quelle che, ai sensi del successivo art. 43, sono rappresentative perché in possesso del requisito del 5% come media tra il dato elettorale ed il dato associativo).

Quanto invece alle rappresentanze unitarie, la loro regolazione discende dal combinato disposto dell'art. 42, d.lgs. 165/2001 e della contrattazione collettiva, a cui lo stesso art. 42, al co. 5, rinvia.

Il rinvio legislativo è stato raccolto dall'Accordo quadro del 7 agosto 1998. Questo Accordo ha in pratica riproposto nel settore pubblico, con poche differenze, la disciplina del settore privato, a partire dalla denominazione di tali organismi (RSU) e dalla loro possibile costituzione nelle amministrazioni con oltre 15 dipendenti.

In sintesi, si ripropone il metodo elettivo (a suffragio universale e voto segreto), con liste presentate sia dai sindacati rappresentativi (di cui sopra) sia da altre organizzazioni sindacali aderenti agli accordi istituivi delle stesse RSU, purché, in entrambi i casi, le organizzazioni raggiungano un certo numero di firme di lavoratori dipendenti nell'amministrazione[6].

---

[6] L'art. 4, co. 2, dell'Accordo richiede un numero «non inferiore al 2% del totale dei dipendenti nelle amministrazioni fino a 2.000 dipendenti e dell'1% o comunque non superiore a 200 in quelle di maggiore dimensione».

L'assegnazione dei saggi avviene integralmente, come ora anche nel settore privato, mediante il metodo proporzionale.

Per quanto concerne i poteri, alle RSU vengono trasferiti diritti e prerogative sindacali delle RSA nonché è attribuita la titolarità dei diritti di partecipazione (informazione, consultazione). Inoltre le RSU, come nel "privato", sono riconosciute quali soggetti negoziali; segnatamente per la contrattazione decentrata integrativa, con la possibilità, per gli accordi nazionali di comparto, di prevedere, accanto ad esse, la presenza di rappresentanti delle organizzazioni sindacali rappresentative firmatarie degli stessi accordi (integrazione puntualmente avvenuta).

Per tutte le decisioni delle RSU l'accordo prevede il criterio della maggioranza dei componenti.

5. I diritti sindacali ex titolo III dello Statuto dei lavoratori

La titolarità dei diritti sindacali di cui al titolo III St. lav.

È giunto il momento di analizzare i più volte menzionati peculiari diritti sindacali previsti dal titolo III dello Statuto dei lavoratori.

Giova ancora una volta ribadire che la loro titolarità è attribuita alle RSA e alle RSU, secondo quanto precisato nelle pagine precedenti.

La finalità

Al contempo è utile rimarcare che il titolo III dello Statuto dei lavoratori, se in generale mira a sostenere la presenza sindacale in azienda nel quotidiano evolversi delle relazioni con la controparte datoriale – dando così, evidentemente, concreta e massima attuazione al principio costituzionale di libertà sindacale –, in una prospettiva storica s'inserisce perfettamente nella tradizione del nostro diritto sindacale, anzi ne costituisce un passaggio assai rilevante ed emblematico. Come osservato in precedenza, attraverso i diritti sindacali ivi contemplati, il legislatore del 1970, con un intervento circoscritto e in piena sintonia con il suo ormai radicato astensionismo in materia sindacale, si proponeva di sostenere il sistema sindacale di fatto, asse portante della nostra esperienza. In questa logica, la funzione ultima dei diritti sindacali del titolo III è da individuare, in chiave democratica, nel rafforzamento del dialogo tra lavoratori e sindacati; secondo la versione originaria dell'art. 19 dello Statuto, del dialogo tra i lavoratori e *in primis* le confederazioni storiche.

Gli obblighi e le esigenze del datore di lavoro

Passiamo al loro esame. Va premesso che essi pongono a carico dell'imprenditore obblighi di soggezione e di cooperazione, che talora sfociano nel sacrificio delle esigenze produttive. Queste esigenze, evidentemente, non assurgono a limite generale dell'attività sindacale, ma vanno bilanciate con le esigenze collettive dei lavoratori, anche sulla base della concreta applicazione – sostiene la giurisprudenza – dei principi di correttezza e buona fede (artt. 1175 e 1375 c.c.).

Assemblea

A) Assemblea.

L'assemblea è il "luogo" nel quale i singoli partecipano alle decisioni e contribuiscono, collettivamente, alla formazione delle scelte dell'azione sindacale, anzitutto con riferimento alle strategie contrattuali.

In base all'art. 20, i lavoratori di ciascuna unità produttiva hanno diritto di riunirsi in assemblea nell'unità presso la quale prestano la propria attività fuori dall'orario di lavoro ovvero, nei limiti di 10 ore annue per le quali ricevono regolarmente la retribuzione, durante l'orario di lavoro, salvo migliori condizioni stabilite dalla contrattazione collettiva.

L'assemblea è indetta, singolarmente o congiuntamente, dalle RSA, alle quali spetta l'atto d'impulso; nella prima ipotesi si rispetterà l'ordine di precedenza delle convocazioni, così come comunicate al datore di lavoro. Anche in tal caso al contratto collettivo (pure di livello aziendale) è consentito fissare ulteriori modalità per l'esercizio del diritto.

Qualora nell'unità produttiva sia costituita una RSU, il diritto all'indizione dell'assemblea è rimesso a quest'ultima, nella sua collegialità, e non alle associazioni sindacali singole componenti[7]. Gli accordi interconfederali – da ultimo il c.d. T.U. sulla rappresentanza sindacale del 2014 – hanno, al contempo, riconosciuto un diritto d'indizione dell'assemblea (limitato a tre ore annue) anche ai singoli sindacati firmatari del contratto collettivo nazionale applicato nell'unità produttiva.

L'assemblea deve avere ad oggetto «materie di interesse sindacale e del lavoro», cioè in buona sostanza qualunque argomento sia ritenuto rilevante dai medesimi lavoratori. Trattandosi di un diritto potestativo, il datore di lavoro deve sottostarvi e non può entrare nel merito della scelta; peraltro, non può partecipare all'assemblea, a meno che non vi sia stato invitato. Per converso, alla riunione possono prendere parte dirigenti esterni del sindacato che ha costituito la RSA, ma in tal caso dando preavviso al datore.

Referendum

B) Referendum.

L'art. 21 impone al datore di consentire, in ambito aziendale, lo svolgimento di referendum, che, a differenza dell'assemblea, deve aver luogo fuori dall'orario di lavoro e su iniziativa congiunta di tutte le RSA, con diritto di partecipazione dei lavoratori dell'unità produttiva o che appartengano alla categoria interessata dalla consultazione. L'ambito oggettivo del referendum risulta più ristretto di quello dell'assemblea, ricomprendendo «materie inerenti all'attività sindacale», sebbene la distinzione non sia sempre agevole e risulti rimessa, in definitiva, pur sempre ai soggetti che propongono la consultazione.

Va segnalato come questo strumento di democrazia diretta sia particolarmente utilizzato in momenti nei quali si registra un maggiore "scollamento" tra rappresentanti sindacali e base dei lavoratori e, anche per questa ragione, sia previsto e valorizzato dal Testo Unico sulla rappresentanza del 2014, nella prospettiva di assicurare efficacia ed "esigibilità" ai prodotti della contrattazione collettiva (v. *amplius*, cap. VII par. 14).

Trasferimento dei dirigenti di RSA

C) Trasferimento dei dirigenti di RSA.

L'art. 22 prevede che il trasferimento dall'unità produttiva dei dirigenti delle rappresentanze sindacali aziendali può essere disposto solo previo nulla osta delle associazioni di appartenenza. A detti dirigenti sono equiparati i candidati e i membri delle ormai desuete commissioni interne.

---

[7] Cfr. Cass., Sezioni unite, 13978/2017; cfr. anche Cass. 815/2021 e 13978/2017 che valorizzano le indicazioni dell'autonomia collettiva.

Quindi, per i dirigenti sindacali, il trasferimento deve non solo essere supportato da una delle ragioni giustificative indicate all'art. 2103 c.c., come per tutti gli altri lavoratori, ma anche essere preceduto dal nulla osta dell'organizzazione di appartenenza del rappresentante sindacale.

La previsione, con ogni evidenza, è finalizzata a garantire il libero e incontrastato esercizio dell'attività sindacale nei luoghi di lavoro, attraverso l'inamovibilità del lavoratore investito di cariche sindacali. Per questo il diniego del nulla osta non può essere censurato e impugnato giudizialmente.

D) I permessi sindacali.

Permessi sindacali

Ai dirigenti delle RSA sono riconosciuti permessi retribuiti «per l'espletamento del loro mandato», in misura proporzionale alla dimensione occupazionale dell'unità produttiva, salvo clausole più favorevoli dei contratti collettivi (art. 23)[8].

Per l'esercizio del diritto è richiesta una mera comunicazione scritta al datore di lavoro, che deve essere trasmessa di regola ventiquattro ore prima, attraverso la rappresentanza sindacale aziendale. Il datore non può giudicare l'inerenza dell'attività al mandato sindacale, trattandosi di valutazione rimessa al sindacato, fatta eccezione per l'ipotesi di utilizzo palesemente fraudolento dei permessi, fonte anche di responsabilità disciplinare per il lavoratore.

Ai dirigenti sindacali l'art. 24 riconosce pure il diritto a permessi non retribuiti «per la partecipazione a trattative sindacali o a congressi e convegni di natura sindacale, in misura non inferiore a otto giorni all'anno». La giurisprudenza ritiene che l'elenco delle ipotesi nelle quali può essere richiesto un permesso non retribuito abbia soltanto valore esemplificativo e non esaurisca quindi il novero delle attività sindacali per le quali è possibile usufruirne[9]. Le modalità di esercizio del diritto (comunicazione tramite la rappresentanza) non mutano, salvo il termine di preavviso al datore di lavoro, che è di regola di tre giorni.

Su un distinto piano, ai componenti degli organi direttivi, provinciali e nazionali, delle associazioni di cui all'art. 19 dello Statuto, è riconosciuto, dall'art. 30 sempre dello Statuto, «il diritto a permessi retribuiti, secondo le norme dei contratti di lavoro, per la partecipazione alle riunioni degli organi suddetti». E ai dirigenti provinciali e nazionali dei sindacati in generale l'art. 31 attribuisce, a richiesta, il diritto alla «aspettativa non retribuita», che comporta, per il periodo interessato, la sospensione del rapporto di lavoro[10]. Queste due ultime

---

[8] L'art. 23 dello Statuto segnatamente prevede che hanno diritto ai permessi in parola «almeno: a) un dirigente per ciascuna rappresentanza sindacale aziendale nelle unità produttive che occupano fino a 200 dipendenti della categoria per cui la stessa è organizzata; b) un dirigente ogni 300 o frazione di 300 dipendenti per ciascuna rappresentanza sindacale aziendale nelle unità produttive che occupano fino a 3.000 dipendenti della categoria per cui la stessa è organizzata; c) un dirigente ogni 500 o frazione di 500 dipendenti della categoria per cui è organizzata la rappresentanza sindacale aziendale nelle unità produttive di maggiori dimensioni, in aggiunta al numero minimo di cui alla precedente lett. *b*. I permessi retribuiti di cui al presente articolo non potranno essere inferiori a otto ore mensili nelle aziende di cui alle lett. *b* e *c* del comma precedente; nelle aziende di cui alla lettera a) i permessi retribuiti non potranno essere inferiori ad un'ora all'anno per ciascun dipendente».

[9] Cass. 9765/1996.

[10] Stesso diritto è attribuito, dall'art. 31 dello Statuto, ai lavoratori che ricoprono talune cariche

previsioni, in ragione del diverso referente soggettivo, non incontrano, per l'applicazione, i limiti dimensionali di cui all'art. 35 dello Statuto.

Affissione

E) Affissione.

Le RSA hanno anche diritto, in base all'art. 25, di affiggere «pubblicazioni, testi e comunicati inerenti a materie di interesse sindacale e del lavoro» in appositi spazi che il datore di lavoro è obbligato a predisporre, in luoghi accessibili a tutti i lavoratori, all'interno dell'unità produttiva.

La valutazione d'inerenza a materie di interesse sindacale e del lavoro è rimessa esclusivamente all'organizzazione sindacale, posto che, ad avviso della giurisprudenza, qualsiasi argomento è da considerare d'interesse sindacale ove il sindacato stesso lo assuma ad oggetto della propria azione. Il datore di lavoro può opporre come limite all'esercizio del diritto di affissione solo la necessaria provenienza del materiale dalle RSA, ma non ha il diritto di impedire le affissioni, manomettere le bacheche o rimuovere da esse il materiale in base a una propria valutazione circa i suoi contenuti [11].

Per converso, l'obbligo del datore di lavoro è soddisfatto quando mette a disposizione delle rappresentanze sindacali aziendali uno spazio idoneo all'interno dell'unità produttiva. Il datore di lavoro può anche legittimamente spostare in luoghi ugualmente idonei le bacheche già installate, non potendo ritenersi acquisito, da parte delle rappresentanze sindacali, il diritto all'affissione in un determinato luogo, neanche qualora l'originaria collocazione fosse stata preventivamente concordata [12].

Merita di essere segnalata la giurisprudenza che ha considerato antisindacale la condotta del datore di lavoro il quale, servendosi abitualmente di strumenti informatici per comunicare con i propri dipendenti su qualsiasi argomento, non consenta alle organizzazioni sindacali di utilizzare i medesimi strumenti di comunicazione; in tal caso – ha affermato la giurisprudenza – il datore di lavoro è tenuto, secondo un'interpretazione evolutiva dell'art. 25, a mettere a disposizione delle RSA, in relazione alla specifica organizzazione aziendale, uno spazio virtuale apposito all'interno del sistema telematico, che funga da «bacheca sindacale informatica» [13].

Proselitismo e contributi sindacali

F) Proselitismo e contributi sindacali.

Sempre in funzione di sostegno al sindacato, l'art. 26 Statuto dei lavoratori riconosce il diritto dei singoli lavoratori di raccogliere contributi e di svolgere attività di proselitismo all'interno dei luoghi di lavoro, purché senza arrecare pregiudizio al normale svolgimento dell'attività aziendale.

La norma, a differenza delle precedenti, non riserva – si badi – il sostegno alle sole associazioni rappresentative, nel cui ambito sono costituite RSA, bensì a qualunque sindacato; che, quindi, attraverso l'attività dei singoli lavoratori –

---

pubbliche elettive. Inoltre, per alcune di queste cariche, là dove il lavoratore non richieda l'aspettativa, il successivo art. 32 prevede il diritto ad assentarsi dal lavoro per espletare il mandato, senza decurtazione della retribuzione, nonché, in qualche caso, anche il diritto a permessi non retribuiti.

[11] Cass. 2807/1994.

[12] Cass. 1199/2000.

[13] Ancora significativi i rilievi di Pret. Milano 3 aprile 1995.

testuali destinatari della previsione e titolari di un diritto individuale funzionale alla soddisfazione di un interesse collettivo –, può beneficiare dell'attività di raccolta dei contributi, essenziali ad assicurare il necessario sostegno.

Il proselitismo consiste in quelle attività finalizzate ad avvicinare i lavoratori al sindacato e a informarli sulle azioni programmate. Vi rientrano anche le condotte strumentali, come la raccolta delle iscrizioni e gli adempimenti necessari alla raccolta dei contributi mediante delega. Classico esempio di proselitismo è il c.d. volantinaggio. È evidente che, anche in questo caso, l'attività sindacale può risentire del mutare degli usi e della tecnologia: frequentemente, infatti, si assiste a un "volantinaggio informatico", svolto utilizzando il sistema di posta elettronica aziendale [14].

La raccolta dei contributi, come l'attività di proselitismo, in generale non può arrecare pregiudizio alla normale attività aziendale, il cui ordinario svolgimento viene in rilievo non tanto, e non solo, con riguardo alla prestazione del soggetto che svolge proselitismo (per il quale si potrebbe ricorrere ai permessi sindacali), quanto con riferimento all'attività lavorativa dei destinatari della propaganda sindacale, che potrebbero essere infastiditi o comunque rallentati nel ritmo di lavoro dall'interferenza dell'agente sindacale. Appare preferibile che l'attività venga svolta durante le pause e gli intervalli dell'attività lavorativa.

Il referendum del giugno 1995, oltre all'abrogazione parziale dell'art. 19, ha abrogato anche i commi 2 e 3 dell'art. 26, in virtù dei quali il datore di lavoro era obbligato a operare la trattenuta sulla retribuzione richiesta dal lavoratore e al successivo versamento all'organizzazione sindacale da questi indicata. Di conseguenza, tale meccanismo è ora rimesso all'esercizio dell'autonomia delle parti e disciplinato dal diritto comune. Si è discusso, in particolare, se esso vada configurato come delegazione di pagamento (art. 1268 c.c.) ovvero come cessione di credito (art. 1260 c.c.), che non necessita del consenso del datore di lavoro tenuto al versamento del credito ceduto. Le Sezioni Unite della Cassazione si sono espresse nel secondo senso [15]. Il problema si pone soprattutto per le sigle sindacali minori e non firmatarie di contratti collettivi; il meccanismo della trattenuta sindacale, infatti, è previsto nei contratti collettivi, vincolando datori di lavoro e lavoratori iscritti alle organizzazioni stipulanti.

Si rammenta, peraltro, che le trattenute sindacali rilevano per la misurazione della rappresentatività dei sindacati ai fini della contrattazione collettiva (v., da ultimo, il Testo Unico sulla rappresentanza del gennaio 2014).

G) Locali sindacali.

Locali aziendali

In base all'art. 27, nelle unità produttive con almeno 200 dipendenti, il datore di lavoro deve mettere permanentemente a disposizione delle RSA, per l'esercizio delle loro funzioni, un idoneo locale all'interno dell'unità produttiva o nelle immediate vicinanze di essa. Nelle unità produttive con un numero inferiore di dipendenti, invece, le RSA non possono ottenere l'assegnazione permanente di uno spazio, ma hanno diritto di usufruire di un locale per le riunioni, quando ne facciano richiesta.

---

[14] Cass. 35643/2022.

[15] Cass., Sezioni unite, 28269/2005.

6. Diritti sindacali e pubbliche amministrazioni

Le peculiarità dei diritti sindacali nel lavoro pubblico

Anche per il lavoro pubblico, in coerenza con la sua "privatizzazione", l'art. 42, d.lgs. 165/2001 rinvia allo Statuto dei lavoratori la tutela della libertà e dell'attività sindacale.

Ciò, pure in tale circostanza, non significa uniformità di regole: come per ogni altro istituto, il peculiare contesto delle pubbliche amministrazioni può comunque richiedere questo o quell'adattamento legislativo. Si pensi ad esempio: 1) all'applicazione dello Statuto, che prescinde dal numero dei dipendenti dell'amministrazione (art. 51, co. 1, d.lgs. 165/2001); 2) alle prerogative di cui agli artt. 23, 24 e 30, attribuite ai sindacati ammessi «alle trattative per la sottoscrizione dei contratti collettivi [...] in proporzione alla rappresentatività» (art. 42, co. 2, d.lgs. 165/2001), nel pubblico oggetto di precisa verifica (cfr. cap. X).

Il CCNQ del 2017

Non sorprende, quindi, se la contrattazione collettiva ha poi provveduto all'adozione di una disciplina che tenga conto delle peculiarità delle pubbliche amministrazioni (per aspettative e permessi sindacali cfr. art. 50, d.lgs. 165/2001). Oggi essa si rinviene del Contratto Collettivo Nazionale Quadro (di seguito CCNQ) del 4 dicembre 2017.

Preliminarmente va segnalato come il CCNQ individui puntualmente (all'art. 3) i soggetti sindacali qualificati come dirigenti sindacali e dunque titolari dei diritti in parola (tutti o, talora, solo alcuni di essi): individuazione che consente di superare i problemi applicativi che talvolta si registrano nel settore privato.

I dipendenti pubblici hanno diritto di partecipare, durante l'orario di lavoro, ad assemblee sindacali (art. 4 CCNQ), in idonei locali concordati con l'amministrazione, per dieci ore annue *pro capite*, senza decurtazione della retribuzione (fatte salve le norme di miglior favore contenute nei ccnl di comparto o di area). Le assemblee, che riguardano la generalità dei dipendenti o gruppi di essi, possono essere indette singolarmente o congiuntamente, con specifico ordine del giorno su materie di interesse sindacale e del lavoro, dai «dirigenti sindacali» indicati nell'art. 3, co. 1, lett. da b) ad e), dello stesso CCNQ, o dalla «RSU unitariamente intesa». La convocazione, la sede, l'orario, l'ordine del giorno e l'eventuale partecipazione di dirigenti sindacali esterni devono essere comunicati all'ufficio del personale con preavviso di almeno tre giorni lavorativi. L'amministrazione può disporre uno spostamento della data dell'assemblea, in presenza di condizioni eccezionali e motivate da comunicare alle rappresentanze sindacali promotrici, per iscritto, quarantotto ore prima della data fissata per la riunione assembleare. Qualora l'attività lavorativa sia articolata in turni, l'assemblea è svolta di norma all'inizio o alla fine di ciascun turno di lavoro e analoga disciplina si applica per gli uffici con servizi continuativi aperti al pubblico. In ogni caso, durante lo svolgimento dell'assemblea, le unità operative interessate devono garantire la continuità delle prestazioni indispensabili, secondo quanto previsto da specifici accordi di comparto o di area.

Quanto al diritto di affissione (art. 5 CCNQ), rispetto al settore privato è da ricordare l'esplicita previsione della possibilità di utilizzare «anche ausili informatici» (la c.d. bacheca informatica), con l'unico limite che questi siano «disponibili».

A norma dell'art. 6 del CCNQ (art. 6) l'amministrazione con almeno duecento dipendenti è obbligata a mettere a disposizione dei dirigenti sindacali espressamente elencati dalla disposizione, in maniera permanente, «un idoneo locale comune» per consentire lo svolgimento delle proprie attività. Nelle amministrazioni con un numero inferiore di dipendenti, invece, i soggetti prima indicati potranno usufruire, per le riunioni, di un locale all'interno della struttura.

Il CCNQ prevede poi un'articolata disciplina dei distacchi sindacali, con mantenimento della retribuzione, e dei permessi retribuiti per l'espletamento del mandato sindacale o per la partecipazione agli organismi direttivi statutari delle associazioni sindacali rappresentative. Sono contemplate anche talune ipotesi di fruizione di aspettativa non retribuita per l'intera durata del mandato, sempre per consentire ai dirigenti sindacali di ricoprire cariche negli organismi direttivi delle proprie associazioni rappresentative. Si tratta di un sistema complesso, puntualmente regolato – che non è il caso qui di esaminare nel dettaglio – con ricadute economiche e organizzative significative sulle singole amministrazioni.

Va segnalata, per la specificità della disciplina (art. 20 CCNQ), la tutela del «dipendente o dirigente che riprende servizio al termine del distacco o dell'aspettativa sindacale», il quale può chiedere di essere trasferito – con diritto di precedenza rispetto agli altri richiedenti – «in altra sede della propria amministrazione collocata in diverso comune ovvero in altra amministrazione dello stesso o di diverso comparto o area»; prerogativa che si aggiunge alla tutela in caso di trasferimento, estensiva di quella prevista dall'art. 22 Statuto dei lavoratori, in quanto affianca al nulla osta dell'associazione sindacale quello della RSU, per i componenti della stessa.

7. L'art. 28 dello Statuto dei lavoratori: la repressione della condotta antisindacale

La condotta antisindacale

Vera e propria norma di chiusura dello Statuto dei lavoratori è l'art. 28. La norma prevede uno speciale procedimento giurisdizionale dedicato alla «repressione della condotta antisindacale» del datore di lavoro.

Tale condotta si configura – scrive il legislatore – in presenza di «comportamenti diretti a impedire o limitare l'esercizio della libertà e dell'attività sindacale nonché del diritto di sciopero».

La connotazione teleologica

Il comportamento vietato non è identificato per le sue caratteristiche oggettive, bensì soltanto in relazione all'idoneità lesiva rispetto ai beni protetti: si tratta pertanto di una fattispecie strutturalmente aperta e indeterminata, connotata teleologicamente. Il legislatore appare insomma consapevole della difficoltà di tipizzare *a priori* i comportamenti vietati, che peraltro potrebbero configurarsi attraverso atti giuridici, ma teoricamente anche mediante condotte materiali o addirittura omissioni, apparentemente "neutrali" ed effettivamente idonee a ledere i beni protetti (la libertà sindacale, l'attività sindacale, il diritto di sciopero).

La legittimazione attiva

La legittimazione attiva spetta agli organismi locali delle associazioni sindacali nazionali che vi abbiano interesse. Al pari di quanto accade per l'art. 19, pure in tal caso il legislatore filtra i soggetti cui conferisce una particolare posizione di sostegno/tutela. A differenza dell'art. 19 però – si badi – l'unico requisito cui viene riconnessa un'adeguata rappresentatività è il carattere nazionale dell'organizzazione sindacale, cui inevitabilmente si accompagna la forma associativa.

In giurisprudenza si sono contrapposti due orientamenti: uno c.d. soggettivo, che si limita alla verifica delle disposizioni statutarie per valutare la caratura nazionale dell'associazione; l'altro c.d. oggettivo, probabilmente più coerente con la *ratio* della norma, che, per evitare l'autoreferenzialità del requisito, richiede lo svolgimento di un'effettiva azione sindacale a livello nazionale, in particolare, anche se non in via esclusiva, con riferimento all'attività contrattuale.

Dovrà invece guardarsi allo statuto interno del sindacato per individuare l'organismo locale – solitamente si tratta di strutture zonali/provinciali – concretamente abilitate alla proposizione dell'azione giudiziale. Secondo la giurisprudenza prevalente non sono ricomprese nella definizione legislativa le RSA e le RSU.

Comportamenti cc.dd. plurioffensivi

Privi di legittimazione attiva sono sicuramente i singoli lavoratori; i quali, anche in caso di comportamenti cc.dd. plurioffensivi – che cioè ledono uno dei diritti sindacali protetti dall'art. 28 Statuto dei lavoratori e, al contempo, un diritto del singolo lavoratore (si pensi al licenziamento del dirigente sindacale) – non potranno utilizzare questo speciale procedimento, affidato al solo soggetto collettivo nel cui interesse è previsto dall'ordinamento.

Le questioni di legittimità costituzionale

Le caratteristiche e l'ampiezza della legittimazione attiva hanno portato la norma diverse volte dinanzi alla Corte costituzionale, la quale ha sempre respinto le censure d'incostituzionalità, spesso nell'ambito delle stesse sentenze che hanno riguardato l'art. 19. La Consulta ha, da subito, sottolineato la «razionalità della norma», la quale affida il particolare strumento «ad organizzazioni responsabili che abbiano un'effettiva rappresentatività nel campo del lavoro e possano operare consapevolmente delle scelte concrete, valutando, in vista di interessi di categorie lavorative e non limitandosi a casi isolati e alla protezione di interessi soggettivi di singoli lavoratori, protetti questi dalle norme comuni spettanti ad ogni individuo, l'opportunità di ricorrere alla speciale procedura» [16]. In sostanza, ad avviso della Corte, un'estensione della legittimazione attiva avrebbe potuto favorire la proliferazione dei ricorsi e, di conseguenza, ostacolare, quando non paralizzare completamente, l'azione dell'impresa.

Il Giudice delle leggi ha superato pure la censura di potenziale conflitto della norma statutaria con l'art. 24 Cost., considerando lo speciale procedimento come aggiuntivo e non sostitutivo dei mezzi giudiziari, inclusi quelli di

[16] Corte cost. 54/1974.

urgenza, a disposizione dei singoli lavoratori o delle associazioni sindacali prive delle caratteristiche soggettive contemplate dalla norma.

L'interesse ad agire

Una lettura "aperta" della norma concerne anche il concetto di interesse sulla base del quale l'organizzazione sindacale valuta la lesione della propria libertà e quindi essenziale una reazione. L'ampiezza dell'interesse è collegata all'estensione stessa del principio di libertà riconosciuto dal Costituente: un sindacato, ad esempio, potrebbe avere interesse a reagire al licenziamento di un sindacalista di altra sigla, qualora ritenga l'atto impugnato una minaccia per l'azione di qualsiasi organizzazione presente nello specifico contesto produttivo.

La legittimazione passiva

Legittimato passivo è il datore di lavoro, il quale risponde anche dei comportamenti dei propri collaboratori che, secondo l'organizzazione dell'azienda, svolgono attività a lui imputabile, esercitando una frazione più o meno ampia del potere imprenditoriale. Viceversa, la giurisprudenza prevalente non ritiene soggetto attivo di condotta antisindacale l'organizzazione rappresentativa dei datori di lavoro.

L'elemento soggettivo

Molto dibattuta, per anni, è stata la questione della rilevanza dell'elemento soggettivo. In giurisprudenza, anche su questo aspetto, si sono contrapposti due diversi orientamenti: uno a favore della necessaria sussistenza dello specifico *animus* di antisindacalità, l'altro della irrilevanza dell'elemento soggettivo del dolo o della colpa. È quest'ultimo il punto di approdo cui è giunta la Cassazione, con una decisione a Sezioni Unite del 1997 [17], che ritiene sufficiente l'accertamento dell'oggettiva idoneità lesiva del comportamento datoriale, prescindendo da ulteriori, peraltro complessi, accertamenti in merito all'intenzionalità della condotta.

Condotta antisindacale e contratto collettivo

La legge – come già detto – non identifica i singoli comportamenti vietati, che vengono individuati, si direbbe, *ex post*, alla luce dell'effetto ingenerato sui primari interessi tutelati dalla norma. In questa logica si è posto il problema della configurabilità di una condotta antisindacale in presenza di violazione di previsioni dei contratti collettivi. Al riguardo, mentre non sorgono dubbi dinanzi alla violazione della parte obbligatoria dei contratti collettivi, maggiore attenzione richiede la violazione della loro parte "normativa", che – come si sa – ha quali destinatari i singoli prestatori di lavoro. In tal caso, potrà configurarsi un comportamento antisindacale solo là dove la violazione dei diritti dei singoli, in particolare se iscritti ad un certo sindacato, abbia come scopo mediato il *vulnus* al soggetto collettivo. Segnatamente si è giudicata antisindacale la violazione sistematica degli *standard* di trattamento, tale da determinare un attentato alla stessa immagine del sindacato.

Fattispecie legislative

Il legislatore ha previsto specifiche tipizzate ipotesi di comportamento antisindacale: come per la violazione delle previsioni degli accordi e contratti collettivi di lavoro concernenti i diritti e l'attività del sindacato nel settore dei servizi pubblici essenziali (art. 7, l. 146/1990, modificato dall'art. 5, co. 1, l. 83/2000) e nel caso di mancato rispetto, da parte del cedente o del cessionario, degli obblighi di coinvolgimento del sindacato previsti dalla procedura

[17] Cass., Sezioni Unite, 5295/1997.

del trasferimento d'azienda (art. 47, co. 2, l. 428/1990, modificato dall'art. 2, co. 1, d.lgs. 18/2001).

L'applicabilità alle pubbliche amministrazioni

L'applicabilità dello speciale procedimento in esame anche ai rapporti di lavoro alle dipendenze delle pubbliche amministrazioni, in passato oggetto di ampio dibattito, è ora espressamente contemplata da un'esplicita previsione di legge (art. 63, d.lgs. 165/2001)[18].

I confini della condotta antisindacale

La voluta indeterminatezza della fattispecie genera, come ovvio, non poche questioni sui limiti all'antisindacalità. Non basta, ad esempio, la sussistenza di qualsiasi interesse aziendale a giustificare il comportamento del datore e ad escludere l'applicabilità dell'art. 28. Occorre, piuttosto, un interesse specifico e circostanziato, sì da escludere che il comportamento sia diretto a contrastare l'esercizio dei diritti sindacali.

In merito al rapporto con l'esercizio del diritto di sciopero, e dunque alla verifica circa l'antisindacalità delle reazioni datoriali alle azioni di autotutela rivolte ad assicurare il funzionamento dell'organizzazione, sono considerate antisindacali quelle relative ad azioni di sciopero realizzate nel rispetto dei limiti legali e giurisprudenziali.

Terreno frequente di scontro giudiziario è la valutazione dei comportamenti datoriali nelle trattative. Al riguardo occorre partire dal rilievo per il quale l'ordinamento non prevede in termini generali un obbligo a trattare a carico del datore di lavoro privato; nel nostro sistema conflittuale ed autoregolato, infatti, non esiste un simile obbligo e tutto è lasciato ai rapporti di forza tra le parti. Il rifiuto di negoziare con la controparte per la stipulazione di contratti collettivi è, quindi, un classico esempio di condotta che "non" si oppone al conflitto, ma si colloca "nel" conflitto: in quanto tale non costituisce condotta antisindacale, salvo che specifici diritti alla trattativa siano previsti per il sindacato da leggi o da contratti collettivi.

Discusso è stato anche il tema delle trattative a "tavoli separati". In effetti, non è configurabile un obbligo di parità di trattamento tra organizzazioni sindacali, sussistendo solo divieti di discriminazione tra singoli lavoratori o divieti di ostacolo e limitazione delle attività del sindacato[19]. Sicché, la prassi delle cc.dd. trattative "a tavoli separati", a meno che non si traduca in un'obiettiva coartazione della libertà di azione sindacale[20] ovvero in un uso distorto della libertà contrattuale da parte del datore[21], è giudicata legittima.

Il procedimento

Quanto al procedimento, quella prevista dall'art. 28 è una procedura giudiziale a cognizione sommaria, caratterizzata da un'attività istruttoria rapida e limitata agli accertamenti minimi indispensabili. L'azione è introdotta con ricorso al Tribunale del luogo ove è posto in essere il comportamento denunciato. Il giudice convoca le parti (la legge prevede un termine meramente ordinatorio, di due giorni, indicativo però della rapidità con la quale il procedimento deve concludersi), assume sommarie informazioni e all'esito degli accertamenti

---

[18] Al riguardo cfr. Cass., Sezioni unite, ord. 20161/2010.

[19] Cass. 6166/1998.

[20] Cass. 1700/1986.

[21] Cass. 8512/1996.

svolti, qualora ritenga fondata la domanda, emette un decreto motivato, immediatamente esecutivo, con il quale ordina la cessazione del comportamento e la rimozione degli effetti.

La parte soccombente può, entro quindici giorni dalla comunicazione del provvedimento, proporre un giudizio di opposizione dinanzi al medesimo Tribunale che ha emanato il provvedimento impugnato. Il giudizio di opposizione è a cognizione piena, si svolge quindi secondo le regole del processo ordinario del lavoro, non sospende l'efficacia esecutiva del decreto opposto e si conclude con una sentenza, impugnabile secondo le regole del rito del lavoro. Il giudizio di opposizione è peraltro meramente eventuale; in carenza di opposizione, il decreto che decide il procedimento, non avendo carattere anticipatorio, assume tendenziale stabilità.

La legge rafforza la decisione urgente e la sua efficacia deterrente prevedendo che la mancata esecuzione dell'ordine giudiziale sia sanzionata penalmente ai sensi dell'art. 650 c.p. (disobbedienza all'ordine dell'autorità). Il datore di lavoro, condannato definitivamente per condotta antisindacale, è poi colpito dalla revoca delle agevolazioni fiscali concesse per incentivare la creazione di nuova occupazione (art. 7, co. 7, l. 388/2000).

Sempre con riferimento all'accertamento giudiziale, va segnalato, quale esame preliminare alla verifica dei profili oggettivi della condotta antisindacale, il controllo circa l'attualità del comportamento datoriale. Esso consente una valutazione della sussistenza dell'interesse alla reazione da parte dell'organizzazione sindacale, della permanenza della potenzialità lesiva dei beni protetti e, in definitiva, della stessa azionabilità del procedimento speciale in luogo degli ordinari rimedi processuali. La giurisprudenza considera peraltro ammissibile anche una condanna in futuro quando si tratti di condotta suscettibile di reiterazione.

8. La c.d. partecipazione debole: i diritti di informazione e consultazione

Per completare l'analisi dell'attività sindacale nei luoghi di lavoro vanno infine esaminati i diritti volti a coinvolgere i lavoratori e le loro rappresentanze nei processi decisionali e gestionali dell'azienda che riguardino, direttamente o indirettamente, loro interessi. In materia, la norma fondamentale nel nostro ordinamento è il già menzionato art. 46 Cost., dedicato appunto alla partecipazione dei lavoratori alla gestione delle imprese.

La c.d. *Mitbestimmung*

V'è da ricordare che un ruolo importante, storicamente, riveste la c.d. *Mitbestimmung* (codeterminazione), che incarna nel modo migliore il prototipo dell'impresa partecipata (e socialmente responsabile) e costituisce un po' il "fiore all'occhiello" del sistema tedesco. Essa, in quel sistema, ha contribuito, anche nelle fasi più critiche, a garantire un solido sostegno per stabili relazioni collettive. Nella stessa logica, pure in altri Paesi europei (Olanda, Danimarca, Svezia), dove è presente con alcune varianti, è caratterizzata da un livello di massima istituzionalizzazione.

L'art. 46 Cost., una norma programmatica

Come si diceva, nel nostro ordinamento la via della partecipazione trova, certo, fondamento nell'art. 46 Cost., dove si afferma che: «Ai fini della elevazione economica e sociale del lavoro e in armonia con le esigenze della produzione, la Repubblica riconosce il diritto dei lavoratori a collaborare, nei modi e nei limiti stabiliti dalle leggi, alla gestione delle aziende». Tuttavia la formulazione della norma riflette i forti contrasti insorti già nel dibattito svoltosi in seno all'Assemblea costituente sul modo di concepire la partecipazione. Da una corrente di ispirazione marxista, che proponeva di attribuire un esplicito fondamento costituzionale alla coeva (benché breve e tormentata) esperienza dei consigli di gestione maturata in quegli anni, si distingueva, in particolare, l'ala democristiana, che guardava invece ad altre soluzioni, ponendo l'accento anche sui benefici dell'azionariato operaio o della partecipazione agli utili.

La diversità di impostazioni condusse alla stesura di una norma programmatica, dal carattere compromissorio e dalla ridotta incisività: l'art. 46, che, pur adottando una formula aperta, si limita a un'enunciazione di principio e affida alla scelta del legislatore il compito di specificare i contenuti, i modi e gli strumenti attraverso i quali attuare la partecipazione.

La difficile attuazione

Negli anni a seguire la norma si imbatterà in più di un ostacolo.

Lo sviluppo di istituti partecipativi ha storicamente incontrato scarso interesse da parte della classe politica e forti resistenze da parte delle forze sociali. Il carattere marcatamente conflittuale che ha caratterizzato l'esperienza sindacale del nostro Paese, il sostanziale disaccordo tra i sindacati confederali sulle forme in cui la partecipazione avrebbe dovuto esprimersi e l'ostilità, talvolta preconcetta, delle principali organizzazioni datoriali hanno impedito l'adozione di forme incisive di partecipazione.

Le prime esperienze contrattuali e legislative di partecipazione

Soltanto dagli anni '70 si è prestata una certa attenzione alla materia, anzitutto ad opera della contrattazione collettiva (parte c.d. "obbligatoria" dei contratti collettivi) e poi dal legislatore, da qualche decennio sicuramente più attento ai suoi sviluppi.

Esempi legislativi che prevedono il diritto del soggetto sindacale ad essere informato e consultato, quindi di partecipazione c.d. "debole", si hanno nella disciplina della cassa integrazione, del trasferimento d'azienda, dei licenziamenti collettivi. In due casi il legislatore si è spinto sino alla configurazione di specifiche ipotesi di cd. partecipazione "forte", con la previsione di un diritto a contrarre, ossia negli artt. 4 e 6 dello Statuto dei lavoratori (su tutte queste ipotesi – nonché su quelle più recenti, come nelle delocalizzazioni o nell'utilizzo di sistemi decisionali o di monitoraggio automatizzati – v. *infra*).

Per quanto concerne l'autonomia collettiva, gli esperimenti più avanzati e ambiziosi di istituzionalizzazione della partecipazione sono l'esperienza Elettrolux-Zanussi, nel 1997, e, prima ancora, il Protocollo Iri, nel 1984. In tempi più recenti particolarmente significativi sono gli accordi Lamborghini, stipulati tra il 2012 e il 2017, e di altre imprese emiliane affiliate del gruppo Volkswagen in Italia, del 2012, che hanno adottato un modello partecipativo, imperniato sull'istituzione di Commissioni tecniche bilaterali, ciascuna competente su temi specifici. Si tratta di esperienze in cui riecheggia, in qualche misura, la filosofia partecipativa del sistema tedesco.

L'impulso dell'Unione europea

Non v'è dubbio che un importante impulso all'ampliamento della partecipazione è pervenuto dalla Unione europea.

Un generale riconoscimento dei diritti di informazione e consultazione (nonché di negoziazione) a livello europeo è oggi contenuto nella Carta dei diritti fondamentali (c.d. Carta di Nizza), ove – si ricorderà – si prevede espressamente che ai lavoratori o ai loro rappresentanti devono essere garantite, ai livelli appropriati, l'informazione e la consultazione in tempo utile nei casi e alle condizioni previsti dal diritto comunitario e dalle legislazioni e prassi nazionali (art. 27).

Il principio generale trova riscontro in numerose direttive europee. Di particolare rilevanza, tra queste, sono, oltre a quelle più risalenti che prevedono diritti di informazione e consultazione nell'ambito di specifiche vicende aziendali (trasferimenti d'azienda, licenziamenti collettivi[22]) – all'origine dei già menzionati interventi del nostro legislatore –, la direttiva 2009/38 relativa ai Comitati Aziendali Europei e la direttiva 2002/14 introduttiva di una generale diritto di informazione e consultazione dei lavoratori in tutte le imprese medio-grandi (oltre 50 dipendenti).

Le direttive sui CAE e i relativi decreti legislativi

La direttiva sui CAE[23], trasposta in Italia con il d.lgs. 74/2002 (e poi con il d.lgs. 113/2012), mira a garantire, anche nelle imprese di dimensioni europee (o gruppi di imprese)[24], il diritto dei lavoratori a essere informati e coinvolti nei processi di riorganizzazione, ristrutturazione, fusione, ecc., di loro interesse per gli effetti prodotti sui rapporti di lavoro. Il carattere evidentemente sovranazionale di tali processi e la conseguente inadeguatezza delle strutture di rappresentanza dei lavoratori esistenti nelle aziende nei diversi paesi membri richiedono la costituzione di specifici organismi[25]. A tal fine la direttiva prevede che la partecipazione avvenga attraverso l'istituzione di apposite e stabili rappresentanze, appunto i Comitati aziendali europei, o, più semplicemente, mediante altre idonee procedure di informazione e consultazione transnazionale.

La direttiva 2002/14 su informazione e consultazione e il d.lgs. 25/2007

La direttiva 2002/14, attuata in Italia con il d.lgs. 25/2007, ha invece introdotto un generale obbligo di informazione e consultazione dei rappresentanti dei lavoratori nelle imprese con oltre 50 dipendenti, rinviando alla contrattazione collettiva la concreta articolazione ed implementazione di tali diritti. Ciò sempre con riguardo a vicende aziendali di interesse dei lavoratori in ragione degli effetti sull'organizzazione e sui rapporti di lavoro (flussi occupazionali,

---

[22] Direttiva 77/187, successivamente modificata e poi consolidata con la direttiva 2001/23; direttiva 75/129 mod. dalle direttive 92/56 e 98/59.

[23] La direttiva "originaria" sui CAE risale al 1994 (n. 45) ed è stata poi aggiornata con la direttiva 38/2009.

[24] La direttiva individua come «imprese di dimensioni comunitarie» quelle che impiegano almeno 1000 lavoratori negli Stati membri e almeno 150 lavoratori per Stato membro in almeno due Stati; per «gruppo di imprese comunitarie», un gruppo di imprese (costituito da impresa "controllante" e imprese "controllate") che impieghi almeno 1000 lavoratori negli Stati membri e che abbia almeno due imprese del gruppo in Stati diversi.

[25] La partecipazione avviene, secondo la direttiva, o attraverso l'istituzione di specifiche e stabili rappresentanze (appunto i Comitati aziendali europei) o più semplicemente mediante altre idonee procedure di informazione e consultazione transnazionale.

condizioni economiche o normative, ecc.) e con lo scopo – recita espressamente la direttiva – di intensificare il dialogo sociale e le relazioni di fiducia nell'ambito dell'impresa attraverso il coinvolgimento dei lavoratori nella sua conduzione e nella determinazione del suo futuro.

In particolare la direttiva prevede che l'informazione sia fornita «secondo modalità e con un contenuto appropriati, suscettibili in particolare di permettere ai rappresentanti del lavoratori di procedere ad un esame adeguato e di preparare, se del caso, la consultazione». La consultazione deve poi avvenire: «a) assicurando che la scelta del momento, le modalità e il contenuto siano appropriati; b) al livello pertinente di direzione e di rappresentanza, in funzione dell'argomento trattato; c) sulla base delle informazioni pertinenti fornite dal datore di lavoro e del parere che i rappresentanti dei lavoratori hanno il diritto di formulare; d) in modo tale da permettere ai rappresentanti dei lavoratori di avere un incontro con il datore di lavoro e di ottenere una risposta motivata al loro eventuale parere; e) al fine di ricercare un accordo sulle decisioni che dipendono dal potere di direzione del datore di lavoro».

Il d.lgs. 25/2007, come si diceva, ha dato attuazione alla direttiva nel nostro ordinamento, affidandone il compito alla contrattazione collettiva, secondo quanto previsto dalla stessa direttiva. Da segnalare che il d.lgs., per l'individuazione dei «rappresentanti dei lavoratori», fa riferimento agli Accordi interconfederali del 20 dicembre 1993 e 27 luglio 1994, e successive modificazioni, o ai contratti collettivi nazionali qualora i predetti accordi interconfederali non trovino applicazione.

La direttiva 2001/86 sulla società europea e il d.lgs. 188/2005

Da menzionare, infine, la normativa sulla c.d. Società europea, di cui al Regolamento n. 2157/2001 e alla direttiva 2001/86, attinente alla relativa partecipazione dei lavoratori, attuata in Italia dal d.lgs. 188/2005. Si tratta invero di una disciplina di scarso successo, della quale con favore, da più parti, si vedrebbe la modifica.

La recente attenzione italiana alla partecipazione

Tornando al versante nazionale, negli ultimi anni, in concomitanza con la sfavorevole congiuntura economica, il tema della partecipazione ha vissuto una nuova fase di dibattito teorico e di progettualità legislativa, parallelamente al riaffacciarsi delle questioni di fondo concernenti la regolazione eteronoma della rappresentanza sindacale e, più in generale, la riforma delle relazioni industriali. In particolare, con l'art. 4, l. 92/2012 (c.d. riforma Fornero), il Parlamento aveva attribuito una delega al Governo per emanare uno o più decreti legislativi in materia di "democrazia economica", con l'intento dichiarato di "conferire organicità e sistematicità" alle regole sul coinvolgimento dei lavoratori nell'impresa e sulla partecipazione dei dipendenti agli utili e al capitale dell'impresa. La delega non ha però avuto seguito per l'opposizione delle associazioni datoriali, *in primis* di Confindustria.

Non sono mancati segnali di attenzione alla materia. Dopo il documento unitario di Cgil, Cisl e Uil del 14 gennaio 2016, alla partecipazione dà particolare rilievo l'Accordo interconfederale del 9 marzo 2018, tra Confindustria e le stesse confederazioni, nell'ambito dei cambiamenti produttivi e tecnologici in corso. Da ultimo si registra un'articolata proposta di legge d'iniziativa popolare promossa dalla Cisl.

Ampliando ulteriormente il concetto di partecipazione, un cenno meritano la partecipazione azionaria e gli enti bilaterali, a cui dedicano spazi anche gli ultimi documenti richiamati.

La partecipazione azionaria

La partecipazione azionaria dei lavoratori è materia invero tuttora controversa in Italia. Sovente circoscritta alla partecipazione meramente economica, ad essa le istituzioni europee danno, da qualche tempo, un rilevante impulso, sia pure con iniziative di *soft law*[26]. È eloquente che gli atti d'indirizzo degli ultimi anni sollecitino l'accostamento della partecipazione dei lavoratori al capitale alla partecipazione alle decisioni dell'impresa, sul presupposto che pure la prima possa contribuire al miglioramento del sistema di relazioni industriali[27].

D'altronde, le criticità delle esperienze fino ad ora attuate in via negoziale[28] attestano la necessità di un intervento legislativo volto a superare l'impostazione individualistica sottesa alla normativa societaria in materia[29] e ad accordare una specifica forma di (etero)tutela e di rappresentanza all'interesse collettivo dei lavoratori azionisti. In tale ottica, è sempre più avvertito il bisogno di riconoscere ai lavoratori, anche quale contropartita di un loro diretto coinvolgimento nel rischio, un accesso privilegiato negli organismi societari, se del caso attraverso apposite strutture associative. Da più parti si invoca poi un sostegno all'azionariato collettivo, in modo da consentire, ai lavoratori interessati dai piani, di partecipare indirettamente al capitale della società mediante un fondo istituito *ad hoc*, che gestisca le azioni ed i relativi diritti e, al contempo, garantisca di incidere in qualche misura su tale gestione.

La concreta attuazione di questa linea di apertura a favore dell'azionariato collettivo non può certo essere rimessa interamente ai soggetti collettivi, ma richiede, giocoforza, una puntuale disciplina eteronoma. Basti pensare solo alle esigenze di raccordo tra salario ed erogazione di azioni nel rispetto dei principi costituzionali (spec. art. 36) o, più in generale, agli ostacoli derivanti dalla presenza della normativa di diritto societario.

Gli enti bilaterali

Per quanto concerne invece gli enti bilaterali, si tratta di enti privati costituiti da associazioni dei datori di lavoro e dei lavoratori. Più precisamente, l'art. 2 del d.lgs. 276/2003 li definisce «organismi costituiti a iniziativa di una o più associazioni dei datori e dei prestatori di lavoro comparativamente più rappresen-

[26] Cfr. in particolare la raccomandazione UE del 27 luglio 1992 e la Comunicazione del 2201 della Commissione.

[27] Cfr. la Risoluzione del Parlamento europeo del 2014 sulla partecipazione finanziaria dei dipendenti agli utili dell'impresa (2013/2127 (INI), il parere del Comitato economico e sociale del 21 ottobre 2010 sul tema della "Partecipazione finanziaria dei lavoratori in Europa" (2011/c51/01), la risoluzione del Parlamento europeo del 2003 nonché vari rapporti ufficiali (come le cc.dd. relazioni Pepper).

[28] In passato, in più di un'occasione, si è tentato di prevedere, tramite la contrattazione collettiva, una partecipazione di rappresentanti di lavoratori azionisti, sovente di diretta emanazione del sindacato, negli organi societari. Le esperienze più significative hanno riguardato Alitalia (1998), Dalmine (2000), Gucci (2000), Umbria Cuscinetti (2007-2008). Tuttavia le previsioni contrattuali sono rimaste quasi sempre lettera morta proprio a causa delle criticità cui si fa cenno nel testo.

[29] Cfr. in particolare artt. 2349 e 2441, ult. co., c.c.; art. 141, d.lgs. 58/1998.

tative, quali sedi privilegiate per la regolazione del mercato del lavoro attraverso: la promozione di un'occupazione regolare e di qualità; l'intermediazione nell'incontro tra domanda e offerta di lavoro; la programmazione di attività formative e la determinazione di modalità di attuazione della formazione professionale in azienda; la promozione di buone pratiche contro la discriminazione e per l'inclusione dei soggetti più svantaggiati; la gestione mutualistica di fondi per la formazione e l'integrazione del reddito; la certificazione dei contratti di lavoro e di regolarità o congruità contributiva; lo sviluppo di azioni inerenti alla salute e alla sicurezza sul lavoro; ogni altra attività o funzione assegnata loro dalla legge o dai contratti collettivi di riferimento».

Capitolo VII

Il contratto collettivo tra *anomia* ed *effettività*

SOMMARIO: 1. Individuale, collettivo e *anomia* del diritto sindacale. – 2. Il potere sindacale nel prisma dell'efficacia del contratto collettivo; le ragioni strutturali dell'efficacia *ultra partes* del contratto collettivo. – 3. *Segue*: ... e dell'efficacia "reale". – 4. Il periodo liberale: categorie giuridiche e novità del fenomeno sindacale (i cc.dd. concordati di tariffa). – 5. La (mistificatoria) "parentesi" del contratto collettivo di diritto corporativo. – 6. Autonomia ed eteronomia nella disciplina *ad hoc* dell'art. 39 Cost.; la valenza "negativa" dei co. 2-4 e l'anomia del diritto sindacale. – 7. Il contratto collettivo c.d. di diritto comune nella (inadeguata) ricostruzione privatistica dell'autonomia collettiva. – 8. La fondamentale prospettiva dell'ordinamento intersindacale: l'*effettività* e il sistema sindacale "di fatto". – 9. Gli eterogenei sostegni dell'ordinamento statuale all'efficacia del contratto collettivo: l'intervento legislativo. – 10. *Segue*: L'apporto della giurisprudenza: in particolare, art. 36 Cost. ed efficacia *ultra partes* (indiretta) delle clausole retributive. – 11. *Segue*: Art. 2077 c.c. ed efficacia "reale" del contratto collettivo. – 12. Il profilo temporale del contratto collettivo: le altalenanti soluzioni. – 13. L'ibrido quadro normativo e il progressivo indebolimento del sistema sindacale "di fatto": i cc.dd. accordi separati e il caso Fiat. – 14. La regolazione contrattuale del potere di stipulare il contratto collettivo: dall'unità di azione sindacale all'unità procedurale (il c.d. Testo Unico sulla rappresentanza sindacale del 14 gennaio 2014). – 15. Il contratto collettivo "di prossimità": i radicali dubbi di legittimità costituzionale. – 16. L'articolazione funzionale del contratto collettivo e gli *escamotages* sull'efficacia *ultra partes*. – 17. La specificità del contratto collettivo nel lavoro pubblico. – 18. La questione del contratto collettivo "fonte del diritto".

1. Individuale, collettivo e *anomia* del diritto sindacale

Anomia del diritto sindacale

Come varie volte già osservato, il nostro ordinamento – «nel contesto europeo [...] esempio più significativo di pluralismo sindacale riconosciuto ma non regolato» (Treu 1990, p. 9) – non ha sinora avuto un quadro normativo effettivo e soddisfacente di disciplina degli snodi vitali del fenomeno sindacale, *in primis* del potere di stipulare il contratto collettivo, a cominciare dal suo fondamento. Le ragioni di tale *anomia* sono da considerare storicamente in relazione all'evoluzione dell'esperienza italiana, ma, comunque, sono tutte riconducibili alla difficoltà di conciliare le diverse dimensioni in gioco – individuali e collettive –, che hanno implicazioni dal palese respiro tanto socio-economico quanto più in generale, politico culturale. Al fondo, in estrema sintesi, vi è, nitida, l'intrinseca tensione del fenomeno sindacale: ad un tempo, di "autonomia", in ragione della sua identitaria istanza di libertà, e di "eteronomia", in relazione al suo fine ultimo, che lo vuole proteso a produrre regole cui inevitabilmente si accompagna la parziale compressione di quella stessa istanza. Nelle pagine precedenti ci si è soffermati su alcuni importanti profili della questione (v. in particolare cap. V par. 1); ora è giunto il tempo – più volte preannunciato – di approfondirla attraverso la sua migliore chiave di lettura, teorica e pratica: il contratto collettivo, in cui si condensa, di certo, parte assai significativa del fenomeno sindacale.

Vi è una premessa da fare. Riguarda il ruolo della dottrina e della giurisprudenza.

L'ibrido suppletivo quadro normativo sul contratto collettivo

Della peculiare anomia del diritto sindacale italiano il ricco e rilevante apporto di dottrina e giurisprudenza è effetto ma anche causa. I contributi maggiormente significativi dell'una e dell'altra, pure per certi aspetti distanti nei presupposti teorici, hanno finito per intrecciarsi, dando vita, nel tempo, a un quadro *suppletivo* di regole e prassi sul contratto collettivo, composito ed eterogeneo, alla fin fine "ibrido", come tale assai problematico e non privo di lacune: comunque un "diritto vivente", più o meno stabile nei periodi di crescita e sviluppo, incline inevitabilmente a vacillare in quelli di difficoltà e di conflittualità sociale, che ha accompagnato il concreto svolgersi delle relazioni sindacali sino ai giorni nostri. Dinanzi ai contesti socio-economici particolarmente complessi degli ultimi anni, questo quadro ha finito, poi, per implodere, come si vedrà.

Di questo scenario il lettore deve essere, sin da ora, ben avvertito. Le pagine che seguono lo accompagneranno nel suo studio attraverso essenziali passaggi, mettendolo di fronte a ricostruzioni storicamente condizionate, che nel tempo si combinano tra loro in modo non lineare, e ponendo in risalto ora questa ora quella impostazione/interpretazione nonché, più in generale, lo strettissimo rapporto tra ordinamento e realtà, tratto distintivo dell'esperienza sindacale. Non si dimentichi, d'altro canto, che proprio per il ruolo particolarmente importante dell'interprete, si è parlato di «anomalia» della materia (D'Antona 1990a) rispetto a quella che è pure ormai la fisiologia della scienza giuridica nell'evoluzione post-positivista, contraddistinta dal c.d. «pluralismo metodologico» (Mengoni 1990, p. 9), dove l'interpretazione occupa buona parte della scena.

2. Il potere sindacale nel prisma dell'efficacia del contratto collettivo; le ragioni strutturali dell'efficacia *ultra partes* del contratto collettivo

La complessa dialettica individuale-collettivo

Cominciamo con il ricordare le elementari e concrete dinamiche alla base del contratto collettivo.

Come già rilevato nel par. 1 del cap. VII, il singolo lavoratore che offre di mettere le proprie energie a disposizione di altri ha la necessità di aggregarsi anzitutto per poter contrattare le regole del proprio rapporto di lavoro rispetto a chi è, o sarà, il datore di lavoro. Si tratta di una dinamica – si ricorderà – sorta con i processi di industrializzazione del XIX secolo, immanente al relativo contesto economico di mercato, giunta sino ai giorni nostri. Funzionale anzitutto a dare integrità all'individuo, perché volta anzitutto a restituirgli la capacità di negoziare con la controparte contrattuale, in una logica di libertà.

Si è detto, al contempo, che la fondamentale dimensione individuale non può tuttavia, per definizione, esaurire il fenomeno sindacale: se così fosse, il singolo non avrebbe ragione di aggregarsi. L'elementare osservazione pone, dal punto di vista giuridico, più di una domanda: il valore aggiunto che il collettivo deve giocoforza dare quale veste giuridica assume? L'ordinamento come sbroglia l'intricata matassa prodotta dalla complessa e delicata dialettica tra i vari interessi in gioco, individuali e collettivi (del singolo rispetto al gruppo; tra le varie aggregazioni; in relazione all'intervento dello Stato, e via discorrendo)?

Il prisma dell'efficacia del contratto collettivo

Questi brevi quesiti saranno ora esaminati attraverso il *prisma* dell'efficacia (soggettiva ed oggettiva) del contratto collettivo: che, meglio di ogni altro, riassume i molteplici aspetti della complessa dialettica individuale-collettivo, sì da mostrarli sufficientemente chiari all'osservatore. La sua analisi condurrà a ricostruzioni giuridiche interessanti sul piano tanto teorico quanto pratico, toccando tre secoli, attraverso diversi ordinamenti. Di volta in volta osserveremo la risposta giuridica data da ciascuno di essi alle peculiarità dell'interesse collettivo, risposta evidentemente espressione di una determinata concezione valoriale e, più in generale, culturale del fenomeno sindacale.

Parte normativa e parte obbligatoria del contratto collettivo

Per impossessarsi appieno e prima possibile della fondamentale chiave di lettura scelta, conviene cominciare col prenderne in esame le sue elementari e, al contempo, essenziali (per non dire naturali) dinamiche, sia pur scontando, inevitabilmente, un certo livello di semplificazione. A tal fine il contratto collettivo sarà esaminato soprattutto nella sua più tradizionale "funzione" (o "parte"), denominata *normativa*, di regolazione del contenuto dei rapporti individuali di lavoro, attuali e futuri; che è poi anche la funzione che meglio esprime la sua più generale ragione d'essere, di composizione degli interessi contrapposti tra chi offre e chi domanda lavoro. Da essa, come sappiamo, si distingue abitualmente la c.d. funzione (o parte) *obbligatoria*, che produce invece regole e vincoli in capo ai soggetti collettivi, pure nel tempo di crescente importanza.

Dunque, come abbiamo più volte detto, i singoli lavoratori subordinati, in un contesto di mercato, per supplire alla condizione di debolezza socio-economica, si aggregano e, tramite proprie rappresentanze, stipulano, con i rispettivi datori di lavoro (o con le loro organizzazioni), contratti di disciplina dei relativi rapporti lavorativi, in virtù di quell'aggregazione denominati appunto "collettivi".

L'efficacia soggettiva del contratto collettivo

Un primo, centrale problema che si pone è il seguente: quale efficacia "soggettiva" hanno questi contratti? Più esplicitamente, quali datori di lavoro e quali lavoratori sono da questi contratti vincolati?

Ora, se, fedelmente a quanto la realtà storica ci mostra, poniamo l'accento – si badi – sull'origine individuale del fenomeno, cioè sul fatto che l'aggregazione nasce per volontà ed esigenze del singolo, la risposta immediata è che la cerchia dei vincolati dovrebbe essere delimitata a coloro i quali, facendo evidentemente ricorso a un istituto classico del diritto dei privati, la "rappresentanza", hanno conferito al soggetto collettivo il potere di stipulare il negozio per conto proprio, tramite – si è soliti dire – l'iscrizione al sindacato (c.d. efficacia soggettiva "relativa"). In questa logica, l'applicazione della tutela apprestata dal contratto collettivo dipenderebbe dalla volontà del singolo lavoratore e del singolo datore di lavoro. Ciò, se per un verso è perfettamente coerente con la qualificazione dell'atto come di autonomia individuale, ossia come contratto (che – si legge oggi nell'art. 1372 c.c. – ha "forza di legge tra le parti"), per altro verso risulta palesemente insoddisfacente. In verità la questione può porsi a diversi livelli di analisi, interessando finanche la concezione di sindacato e l'ideologia che vi è sottesa (vocazione a rappresentare l'intera platea dei lavoratori – un tempo si sarebbe detto, vocazione classista –; impostazione contrattualista, rivolta agli associati, ecc.). Tuttavia, più di un motivo esclude al riguardo qualsiasi dubbio; e si tratta di motivi di carattere "strutturale" perché, se si prescinde da essi, l'istanza di tutela perde decisamente incisività. Infatti, qualora il contratto collettivo vincolasse solo gli iscritti alle organizzazioni stipulanti e non tutti i soggetti ricompresi nel suo ambito di riferimento (c.d. efficacia *ultra partes*, o anche generale o *erga omnes*) – oltre alla singolare conseguenza di indurre il datore di lavoro a non assumere tali iscritti bensì altri lavoratori – sarebbero compromesse le esigenze di: a) universalità delle tutele, essendo in gioco trattamenti minimali concernenti diritti fondamentali; b) indivisibilità degli interessi, e quindi delle conseguenti soluzioni giuridiche, giacché sovente le questioni non possono che essere regolate in relazione a tutto il contesto organizzativo-produttivo di riferimento o comunque a una sua parte complessivamente intesa, con equilibri particolarmente delicati allorché ai vantaggi di alcuni corrispondono svantaggi per altri; c) di corretta concorrenza: sia tra lavoratori, per evitare che una gara al ribasso infici le tutele minimali, sia tra i datori di lavoro, per escludere che le tutele minimali siano uno dei fattori di competizione tra le imprese.

... efficacia *inter partes*: inadeguatezza

È facile intuire che l'efficacia *ultra partes* si traduce, per ciascun ambito interessato, nell'esistenza soltanto di "un" contratto collettivo. Come pure, altrettanto agevole è rendersi conto (ma sul punto si ritornerà) che un siffatto contratto ha, inevitabilmente, un prezzo da pagare in termini di libertà; per fare due semplici ma eloquenti esempi, si pensi a chi ha scelto di non aggregarsi ad alcun sindacato (c.d. libertà negativa) o al dissenso di uno o più sindacati verso la stipula di un contratto collettivo: in entrambi i casi determinati lavoratori vedranno applicarsi regole definite da organizzazioni sindacali ad essi giuridicamente estranee.

Efficacia *ultra partes*

3. *Segue*: ... e dell'efficacia "reale"

Efficacia oggettiva del contratto collettivo

Un secondo, centrale problema che pone l'aggregazione dei singoli lavoratori attiene all'efficacia "oggettiva" del contratto collettivo, ossia al rapporto tra il contratto collettivo e il contratto individuale. Si tratta di capire se, una volta appurato che il datore "x" e il lavoratore "y" sono vincolati dal contratto collettivo (quindi risolto il problema dell'efficacia soggettiva), ad essi sia preclusa la possibilità di ritornare, come singoli, sulla regola apprestata da tale contratto ed eventualmente con quali conseguenze.

… efficacia obbligatoria: inadeguatezza

Se continuiamo a rifarci alla genesi individuale del fenomeno, potremmo essere tentati dal pensare che il singolo, come può dare avvio all'aggregazione che ha portato al contratto collettivo, così possa rivedere, con un nuovo accordo individuale, quanto dal medesimo contratto determinato. In effetti, anche in questo caso, se così fosse, saremmo in piena coerenza con i principi dell'autonomia negoziale individuale, che consentono a ciascun soggetto di tornare sulla propria volontà, dando vita a nuovi vincoli giuridici anche contrastanti con i precedenti, salvo evidentemente la responsabilità contrattuale per i vincoli che, tra i molteplici assunti, non si potranno adempiere. Ma pure in proposito è evidente che le intrinseche esigenze di tutela del lavoro subordinato si oppongono a una simile conclusione: non ha alcun senso consentire alle parti di rivedere a livello individuale la tutela minimale apprestata dal contratto collettivo se questa stessa tutela si giustifica proprio per la necessità di evitare negoziazioni individuali. E – fondamentale averlo ben chiaro – sanzionare il divieto con la sola responsabilità contrattuale (meramente obbligatoria) non serve a sostenere il singolo lavoratore, non foss'altro perché tale responsabilità può al più condurre al mero risarcimento del danno, di cui già la dimostrazione ma più in generale la relativa azione giudiziaria (com'è facile intuire) sono di per sé problematiche, e/o all'applicazione di sanzioni meramente endoassociative nei confronti dell'iscritto, soluzione non più semplice né incisiva. È palese pertanto, anche in questa circostanza, la necessità di un diverso tipo di tutela. Precipuamente, ciò che occorre è il divieto, per il contratto individuale, di prevedere regole difformi da quelle del contratto collettivo, con l'automatica sostituzione delle seconde alle prime nell'ipotesi di inosservanza (c.d. inderogabilità o efficacia reale, o anche normativa, del contratto collettivo): soltanto un simile meccanismo risulta davvero in grado di sostenere la debolezza del singolo lavoratore.

… efficacia reale

Anche in questo caso c'è però, evidentemente, un prezzo da pagare in termini di libertà: l'impossibilità, per il singolo, di tornare sui propri passi.

Dunque, sussistono ragioni di carattere strutturale a favore dell'efficacia tanto (soggettiva) *ultra partes* quanto (oggettiva) reale del contratto collettivo. Ciò tuttavia, si badi bene, non significa affatto, automaticamente, che il regime giuridico del contratto collettivo la assicuri: l'esperienza del nostro Paese, come vedremo, è eloquente. E non v'è da stupirsi più di tanto di questa apparente contraddizione. Essa nasce dalla ormai ben conosciuta tensione dialettica tra gli interessi in gioco (individuali e collettivi): nella sua ricchezza e complessità, ad un tempo, tratto distintivo del fenomeno sindacale e fonte di una serie di problemi che ne complicano la regolazione.

Inadeguatezza della dimensione individuale

Piuttosto, l'efficacia del contratto collettivo dimostra, nelle sue elementari dinamiche, la completa inadeguatezza della dimensione contrattuale individuale a sorreggere, sul piano giuridico, il fenomeno sindacale. L'aggregazione collettiva, per realizzare il fine che la anima, deve diventare "altro" rispetto a quella dimensione, avendo bisogno di qualcosa che il singolo non può dare, perché semplicemente, secondo i principi dell'autonomia contrattuale individuale, non ne è in possesso: non è in possesso della forza giuridica di vincolare soggetti terzi (efficacia *ultra partes* del contratto collettivo), né di attribuire conseguenze diverse da quelle meramente risarcitorie per l'inadempimento delle obbligazioni contratte (efficacia reale del contratto collettivo).

E allora passiamo a vedere se e come i vari ordinamenti che nel tempo si sono succeduti abbiano dato risposta alla particolare domanda di regolazione sottesa al contratto collettivo, cartina di tornasole delle peculiarità del fenomeno sindacale.

4. Il periodo liberale: categorie giuridiche e novità del fenomeno sindacale (i cc.dd. concordati di tariffa)

Alle origini del fenomeno sindacale

Il nostro cammino, per tener fede all'impostazione sin qui seguita, non può che prendere le mosse, sia pur velocemente, dai primordi del fenomeno sindacale. Esso, come sappiamo, nasce con la rivoluzione industriale, in Italia nella seconda metà avanzata del XIX secolo. Ha un'origine spontanea, "dal basso", come risposta dei singoli, braccianti ed artigiani, che, abbandonate campagne e botteghe, si mettono a disposizione di chi ha avviato un'impresa, per lavorare sotto la sua direzione. Questi singoli si uniscono al fine di rafforzarsi e difendersi dalle richieste e dalle pressioni di attuali o futuri datori di lavoro. Prendono così piede diverse forme di organizzazione, via via più strutturate e di più chiara connotazione sindacale: limitandosi alle esperienze dei primi anni, dalle società di mutuo soccorso, alle leghe di resistenza, alle camere del lavoro, sino alla Confederazione generale del lavoro – CGdL – nel 1906, passando per lo sviluppo delle federazioni, prima di mestiere e poi per ramo d'industria, tra le quali, in particolare, la Federazione degli operai metallurgici – Fiom – sorta nel 1901.

I cc.dd. concordati di tariffa

Per quanto qui interessa, queste profonde novità si traducono nei cc.dd. concordati di tariffa, che costituiscono, in pratica, la prima forma di contratto collettivo: attraverso di essi, si determina quella che oggi chiamiamo retribuzione.

Il riduttivo inquadramento "positivista" nel diritto privato

Come per il rapporto di lavoro – conteso tra gli schemi della locazione e della compravendita –, la reazione dell'ordinamento è di stampo rigidamente positivista. Non si appresta alcuna particolare disciplina per un fenomeno spinoso sul piano sia politico-sociale, in quanto contrastante con assetti consolidati della società liberale-borghese, sia economico-giuridico, giacché estraneo alla classica impostazione individualistica del libero mercato e del diritto dei privati. Piuttosto, è nell'ambito di quest'ultimo che, da subito, vengono giocoforza inquadrate pure quelle prime esperienze di contratto collettivo.

Il ridotto apporto dottrinale: Giuseppe Messina

Anche chi produsse lo sforzo maggiore per stare al passo con i tempi fece ricorso alle categorie privatistiche. Il riferimento è a Giuseppe Messina (1904), civilista di indiscusso valore, che, dando seguito ai primi studi della dottrina tedesca sui *Tarifverträge* (Lotmar 1900), giunge a vedere nei "concordati di tariffa" non una semplice somma di contratti individuali, bensì un unico contratto, riducendo a unità il gruppo, all'interno del quale i singoli risultano reciprocamente vincolati. Benché la distinzione tra il piano collettivo e il piano individuale acquisti in tal modo rilievo giuridico – sì da far dell'autore uno dei padri della teoria del contratto collettivo –, la violazione del suddetto vincolo, nell'elaborazione delineata, comunque finisce per produrre conseguenze di carattere meramente obbligatorio e non "reale": quindi solo risarcitorie, senza la sostituzione della clausola individuale difforme da quella collettiva, rimedio (si ricorderà) irrinunciabile per un'effettiva tutela del lavoratore. In altri termini, l'intrinseco limite dell'approccio privatistico si manifesta, inevitabilmente e immediatamente, da subito: avendo pur sempre origine il contratto nella sfera dei singoli, questi non possono attribuire al gruppo, per quanto unitariamente inteso, il suindicato necessario potere sostitutivo. Non a caso, pure stavolta in parallelo con la dottrina tedesca – anch'essa fautrice di un intervento legislativo –, lo stesso Messina sarà coinvolto (nel 1907), quale relatore, nella proposta legislativa per una specifica regolazione del contratto collettivo, avanzata dal Consiglio superiore del lavoro. Questa proposta, «volutamente limitata e prudente» (Ballestrero 2023, p. 18), s'imbatterà nel crescente spirito illiberale del periodo giolittiano e non vedrà la luce: tuttavia la vicenda, se da un lato aprirà per il contratto collettivo la lunga strada segnata dall'assenza di regole *ad hoc* – giunta poi sino ad oggi –, dall'altro tornerà in qualche misura utile a chi sarà chiamato a elaborare la legge sindacale del 1926, da collocare su un ben diverso piano.

I collegi dei probiviri: giudici *ad hoc*

Ma quegli anni hanno lasciato anche altre tracce, nient'affatto trascurabili. Il merito sarà dei collegi dei probiviri. Come è stato osservato a sostegno della proposta di legge sulla loro istituzione (l. 295/1893), creando questi collegi si dette vita a giudici (anziché a norme) *ad hoc*. Ciò condusse comunque, in qualche misura, a un "nuovo diritto", o, se si preferisce, all'«alfabeto di un moderno diritto sindacale» (Romagnoli 1995). Beninteso, questa magistratura non togata non fu investita del compito di occuparsi del fenomeno collettivo-sindacale, giacché essa era chiamata a pronunciarsi solo su controversie "individuali". Ma poiché doveva farlo (qualora fosse fallito il tentativo di conciliazione) secondo equità, ebbe la possibilità, valorizzando le crescenti prassi contrattuali, sovente di ritenere, in estrema sintesi, che «lo "scopo dei concordati" ne fondasse l'efficacia generale e l'inderogabilità» (Caprioli 1992, 24).

L'equità: elemento di apertura dell'ordinamento

Nonostante le decisioni dei probiviri spesso non incontrarono in sede di impugnazione il favore dei giudici ordinari, legati alle regole del diritto privato, la soluzione del legislatore fu per molti versi emblematica: l'equità costituì un elemento di apertura dell'ordinamento, da cui scaturirono alcune concrete risposte a quelle che erano le prime "sconosciute" espressioni del contratto collettivo e, quindi, alle dinamiche collettivo-sindacali, pur senza intaccare il quadro concettuale e l'impostazione metodologica, ancorata al positivismo legislativo.

5. La (mistificatoria) "parentesi" del contratto collettivo di diritto corporativo

Nel periodo corporativo lo scenario cambia completamente, con una pressoché totale sovrapposizione del contesto ideologico-politico al fenomeno sindacale, interamente assorbito nell'ambito pubblicistico. È, questo, l'unico periodo storico in cui il fenomeno sindacale riceve una compiuta regolazione, ma esso diviene altro da sé, perdendo le caratteristiche che ne avevano contrassegnato l'origine. Uguale sorte incontra, inevitabilmente, il contratto collettivo. Non a caso, sul piano concettuale-teorico, non si registrano grandi novità: nel senso che persiste l'assorbimento dell'esperienza sindacale in schemi conosciuti.

Del "modello corporativo" già si è detto e altro si dirà; qui è sufficiente sottolineare alcuni profili strettamente collegati alle caratteristiche che, al suo interno, assume il contratto collettivo.

Dopo il Patto di Palazzo Vidoni tra Confederazione generale dell'industria e Confederazione nazionale delle corporazioni fasciste del 1925, che abolì le commissioni interne – prima forma di rappresentanza sindacale in azienda –, solo nel 1939 fu riconosciuto il c.d. fiduciario d'azienda, unica e sostanzialmente inutile forma di rappresentanza dei lavoratori nei luoghi di lavoro. Ciò dice già molto sul perché, nel sistema sindacale corporativo – istituito con la l. 563/1926 e, per quanto concerne il contratto collettivo, poi ripreso nel codice civile del 1942 (art. 2067 ss.) –, il fenomeno sindacale diviene altro da sé.

La negazione della libertà sindacale

La libertà sindacale è negata, e con essa lo sciopero (di nuovo reato, in tutte le sue espressioni); ed è negata, evidentemente, già dove l'aggregazione sindacale storicamente sorge, cioè nei luoghi di lavoro, per svolgere la sua "prima" funzione, di sostegno al singolo lavoratore che, insieme ad altri, individua l'interesse (collettivo) da perseguire. Nel sistema corporativo, per converso, l'interesse da perseguire è solo l'"interesse superiore della produzione nazionale", come definito dalle istituzioni dello Stato fascista: alla sua realizzazione è rivolto anche il sindacato. Il compito del contratto collettivo è attuare i principi della Carta del lavoro e «dare esecuzione alle norme» del codice civile concernenti la disciplina del lavoro (art. 2071 c.c.).

Il sindacato nel diritto pubblico

La veste del sindacato assume dunque precisi tratti: soggetto di diritto pubblico, sottoposto a un penetrante controllo, a cominciare dalla nomina degli organi direttivi, per la quale è prevista l'approvazione governativa. Per ciascuna "categoria", ossia per coloro che svolgono la stessa attività economico-professionale, il sindacato è "unico": soltanto un soggetto sindacale può essere riconosciuto. La categoria è determinata dallo Stato e il sindacato riconosciuto ne ha la rappresentanza legale[1].

---

[1] Secondo l'art. 6, co. 3, l. 563/1926, non poteva «essere riconosciuta legalmente, per ciascuna categoria di datori di lavoro, lavoratori, artisti o professionisti, che una sola associazione». Veniva definita anzitutto la categoria dei datori di lavoro, sulla base del settore produttivo in cui andava

È facile intuire come in tal modo si identifichi l'interesse collettivo nella "categoria", attraverso un'operazione – esempio classico di concezione ontologica della categoria – che viene spacciata alla stregua di un mero "riconoscimento" della realtà, laddove è ben chiara la sua matrice fortemente autoritaria, che comprime un aspetto essenziale della libertà sindacale: la libertà dei singoli e dei gruppi di decidere l'ambito della propria aggregazione.

Il contratto collettivo di diritto corporativo

Quali le implicazioni per il contratto collettivo? In un tale quadro giuridico-istituzionale è presto detto.

Pure il contratto di diritto corporativo, come il sindacato, assume precisi contorni giuridici: diviene una fonte del diritto (artt. 1 e 5 disp. prel.). Il potere sindacale di stipularlo ha, anch'esso, un ben preciso fondamento: promana dall'alto, dalla legge. Cessano, di conseguenza, i problemi sorti per il concordato di tariffa, stipulato sulla base di un potere conferito dai singoli: ora il contratto, grazie al suo radicamento nella legge, può produrre un'efficacia soggettiva *ultra partes* (per tutti gli appartenenti alla categoria, in ragione della suddetta rappresentanza legale: art. 2069 c.c.) ed efficacia oggettiva "reale" (art. 2077 c.c.). La figura, si osservò lucidamente, aveva «il corpo del contratto e l'anima della legge» (Carnelutti 1928).

È appena il caso di rilevare che i problemi illustrati nelle precedenti pagine circa la delicata dialettica individuale-collettivo nell'ordinamento corporativo sono risolti – si passi la metafora – con l'accetta: negando la libertà alla base del primo come del secondo elemento della coppia.

Sul piano metodologico, c'è ben poco di nuovo. Quanto di "nuovo" il fenomeno sindacale presentava nella realtà della precedente esperienza liberale finisce, attraverso un'operazione sostanzialmente mistificatoria, per scomparire sotto la "forza" del regime fascista: il sindacato è divenuto "altro".

L'abrogazione dell'ordinamento corporativo

Dal punto di vista concettuale-teorico ciò avviene in virtù dell'assorbimento dell'esperienza sindacale in concetti e schemi giuridici già conosciuti, quelli del diritto pubblico, anche in questo caso in stretta aderenza al più classico positivismo.

L'ordinamento corporativo sarà abrogato con il r.d.l. 9 agosto 1943, n. 721. Resteranno però in vigore i contratti già stipulati, al fine di conservare comunque una rete di regole (delle quali si ammetterà la derogabilità tanto *in peius* quanto *in melius* anche da parte dei successivi contratti collettivi, come tra breve vedremo, "di diritto comune").

---

inquadrata l'attività svolta; di riflesso era poi determinata la categoria dei lavoratori (ad esempio, per le "imprese metalmeccaniche" era riconosciuta una sola associazione datoriale; gli operai di tali imprese erano quindi, a loro volta, rappresentati dall'unica associazione riconosciuta per i lavoratori della "categoria dei metalmeccanici").

6. Autonomia ed eteronomia nella disciplina *ad hoc* dell'art. 39 Cost.; la valenza "negativa" dei co. 2-4 e l'anomia del diritto sindacale

Il principio costituzionale della libertà sindacale

Con l'art. 39 Cost. si volta decisamente pagina. Anche in questo caso riprendiamo velocemente in generale il cambiamento, per poi coglierne le ripercussioni sul contratto collettivo.

Il primo comma è lapidario: l'organizzazione sindacale è libera. L'affermazione non ammette semplificazione: nella sua brevità, è davvero densa di implicazioni. Non si esagera dicendo che unisce una marcata ricchezza assiologica a una tecnica giuridica esemplare.

In estrema sintesi, essa, per la prima volta, esprime appieno il significato del fenomeno sindacale. Il suo essere un fenomeno "di libertà": come sappiamo, libertà anzitutto di ciascun lavoratore di organizzarsi e, poi, dell'organizzazione, che ne è il risultato. La ragione dell'una e dell'altra sta nella situazione di debolezza socio-economica del lavoratore: è questa che lo spinge ad aggregarsi. Ne è immediata conferma l'aggettivazione sindacale, che rimanda ad un'attività di autotutela di interessi inerenti a rapporti di lavoro contraddistinti appunto da uno squilibrio tra le parti. Proprio perché nasce per restituire all'individuo-lavoratore la sua dignità di persona, l'aggregazione deve poter assumere finanche una forma elementare, sì da crearsi agevolmente e dare facilmente modo, alla "persona", di esprimersi. Per questa ragione, con grande sapienza, il Costituente – come già osservato nel cap. V par. 4 – non utilizza la figura della "associazione", in qualche misura stabile e strutturata (con uno statuto, un patrimonio), bensì quella della "organizzazione", che comprende pure coalizioni soltanto occasionali. Donde, la preferenza per la concezione c.d. "empirica" di interesse collettivo (v. cap. V par. 1).

La sapienza del Costituente non si ferma al primo comma della norma. E veniamo così a quanto di essa riguarda esplicitamente il contratto collettivo.

Non siamo più ai primordi dell'esperienza sindacale, ed evidentemente il Costituente sa bene che il fenomeno sindacale nasce, ma non si esaurisce, nella sfera della libertà, se si vuole dell'autonomia. Nulla a che vedere, ovviamente, con la parentesi corporativo-fascista. A indirizzare in tal senso sono quelle esigenze strutturali che abbiamo visto essere alla base dell'efficacia (soggettiva) *ultra partes* e (oggettiva) reale del contratto collettivo (cfr. parr. 1-4 di questo capitolo): che esprimono, in breve, la sua necessaria funzione di tutela, in primo luogo del lavoro, in secondo luogo della concorrenza; ovvero, la peculiare soluzione alla "naturale" tensione dialettica esistente tra gli interessi individuali e collettivi in gioco. Di qui i co. 2, 3, e 4 dell'art. 39.

Il contratto collettivo nel micro-sistema normativo dell'art. 39, seconda parte, Cost.

Riassumendone il contenuto, l'art. 39, seconda parte, Cost., attraverso l'attribuzione della personalità giuridica ai sindacati, dotati di uno statuto interno a base democratica, e la conseguente formazione di rappresentanze unitarie, costituite in proporzione agli iscritti, prevede la stipulazione di contratti collettivi con efficacia *ultra partes*, vincolanti per tutti gli appartenenti alla categoria di riferimento, alla stregua di una fonte del diritto oggettivo. In effetti questa norma regola, *in nuce*, tutti e tre i principali versanti del fenomeno contrattuale-sindacale, ossia il rapporto: 1) tra sindacati e lavoratori; 2) tra sindacati; 3) tra sindacati e Stato. L'intero "microsistema" è funzionale proprio alla stipulazione di una singolare figura di contratto collettivo, dall'efficacia generale. Cardine della regolazione è l'istanza democratica, evidente già nell'indicato necessario carattere dello statuto dell'associazione sindacale che chiede il riconoscimento e poi tradotto nel criterio proporzionalistico, riferito agli iscritti, per la composizione della rappresentanza unitaria, legittimata alla stipulazione del contratto.

Un insieme di regole trasparenti, sancite dal Costituente e destinate a essere attuate dalla legge, come tale in grado di imporsi *a tutti* i consociati. Un insieme di regole quindi – si faccia attenzione – dove trova fondamento il potere sindacale di stipulare la peculiare figura di contratto collettivo prevista dal co. 4 della norma costituzionale, contraddistinta dall'efficacia generale per l'intero ambito di riferimento, ossia la "categoria". Tale contratto, non nascendo dal potere conferito dal singolo all'atto dell'iscrizione al sindacato, può avere un'efficacia *ultra partes*, cioè anche per coloro che, appunto, non sono iscritti alle associazioni che lo stipulano: divenendo, così, atto non più di autonomia bensì di eteronomia.

Il delicato equilibrio tra autonomia ed eteronomia

L'istanza democratica costituisce dunque il *medium* tra autonomia ed eteronomia: una delicata operazione di cesura, che dà vita a un mezzo *dinamico* di regolazione delle relazioni di lavoro fondamentale nell'assetto costituzionale. Nel modello, l'apporto del singolo è essenziale, ma si sostanzia nel dare origine e consistenza all'organizzazione/associazione, per poi assumere diretto e concreto rilievo (al contempo esaurendosi), in relazione al contratto collettivo, con il conferire peso all'associazione all'interno della rappresentanza che il contratto stipula. Qui finisce l'autonomia e comincia l'eteronomia. L'interesse del singolo, datore di lavoro e lavoratore – come di ciascuna organizzazione sindacale –, trova soddisfazione attraverso la partecipazione al procedimento democratico di formazione dell'interesse collettivo disegnato dal Costituente. Interesse, questo, tra gli altri privilegiato, in quanto riceve traduzione giuridica nel contratto con efficacia generale, ossia in via eteronoma: basti dire che il singolo è libero di non iscriversi ad alcuna associazione sindacale, ma, non per questo, di sottrarsi all'applicazione del contratto collettivo.

Un equilibrio, indubbiamente, molto delicato. Per alcuni, un intento ambizioso di risolvere un'insanabile contraddizione. Nei fatti, per le ragioni già indicate (cfr. cap. V par. 6), destinato, ancora oggi, a non vedere la luce. Ne scaturiranno due importanti conseguenze.

L'inattuazione dell'art. 39, seconda parte, Cost.: la valenza negativa della norma

La prima è che i co. 2-4 dell'art. 39 assumeranno una valenza "negativa": costituiranno un ostacolo per qualsiasi *diversa* disciplina legislativa di attribuzione dell'efficacia *ultra partes* al contratto collettivo. Ruolo di non poco conto, negli anni consolidatosi, come avremo modo di vedere.

La seconda conseguenza è che la non attuazione dei commi in parola segnerà la strada del diritto sindacale italiano: una strada priva di regole nei suoi principali tratti. Il passaggio è cruciale: il potere di stipulare il contratto collettivo nel nostro ordinamento sarà, per decenni, privo di regolazione legislativa, ovvero di un'adeguata base normativa. Così è, in sostanza, ancora oggi. Non vi saranno altre regole *ad hoc*, e l'anomia sarà la cifra della materia.

... e l'anomia del diritto sindacale

Nel vuoto, prenderà corpo un quadro composto di alcuni elementi di varia natura e di diverso peso, che si sosterranno reciprocamente: durerà, non senza difficoltà, nel tempo, sino a vacillare seriamente con la vicenda Fiat, in chiusura del primo decennio del nuovo millennio.

Cominciamo a esaminare il primo di questi elementi.

7. Il contratto collettivo c.d. di diritto comune nella (inadeguata) ricostruzione privatistica dell'autonomia collettiva

Agli inizi degli anni '50, studiosi e operatori rivolgono l'attenzione all'art. 39 Cost. in una tradizionale logica di attuazione legislativa. Le impostazioni seguite sono differenti: talvolta è privilegiata la prospettiva pubblicistica, talaltra la natura privatistica dell'associazione sindacale.

L'inquadramento nel diritto privato: il contratto collettivo "di diritto comune"

Via via che queste prospettive sfumano, prende piede quello che, ancora oggi, costituisce lo schema giuridico di fondo del contratto collettivo. Anche in tale circostanza, la prospettiva è di stampo tipicamente positivista: perdendo quota le specifiche regole sul fenomeno sindacale di cui all'art. 39 Cost., si ricorre a schemi giuridici consolidati. Così come nel periodo liberale, ossia ai primordi dell'esperienza sindacale, a venire in primo piano sono categorie e norme del diritto privato. Si delinea la figura del contratto collettivo c.d. di diritto comune, a cui le porte sono aperte dall'art. 1322 c.c.

Invero, nell'elaborazione più fortunata, già qualche pagina addietro accennata (Francesco Santoro Passarelli 1961; Id. 1952), la ricostruzione privatistica non perde affatto di vista il profilo collettivo. Lo sforzo di superare l'impostazione individualistica, già ostacolo delle teorie del periodo liberale, è anzi evidente. Infatti, in questa elaborazione, il ricorso all'autonomia dei privati è, sì, centrale, ma viene considerato in quanto riferibile anche al gruppo sociale.

L'autonomia collettiva

Emerge così il concetto di *autonomia collettiva*, ossia il potere dell'aggregazione di tutelare e regolare il proprio interesse, che è, appunto, collettivo: considerato "sintesi", non somma, degli interessi individuali e, quindi, a questi superiore, perché riferito alla loro organizzazione.

In parte della dottrina e, soprattutto, nella giurisprudenza, la tesi – si diceva – costituisce ancora oggi lo schema giuridico di riferimento. Eppure, i suoi limiti sono evidenti.

In effetti, essa ha l'indubbio merito di rispondere tanto al carattere pluralista dell'ordinamento costituzionale quanto allo spirito dei tempi. Nella sua evidente ispirazione alla libertà di singoli e gruppi, si presta a interpretare le dinamiche sindacali dei primi anni repubblicani, bisognose, come l'intero Paese – da poco uscito dalle drammatiche esperienze del fascismo e della guerra –, di esprimersi e svilupparsi. Al contempo, la teoria trova ampio riscontro in una parte importante del nostro sindacato (ovvero della Cisl, interlocutore privilegiato, all'epoca, della Democrazia cristiana), da subito più ostile all'impianto dell'art. 39 Cost. per cultura e per contrarietà a una misurazione del numero degli iscritti (che l'avrebbe vista perdere di peso rispetto alla Cgil).

Il punto è che, nonostante gli indiscutibili sforzi, la tesi in parola continua a presentare un difetto strutturale: il suo radicamento in istituti pur sempre di carattere individuale-privato.

La rappresentanza

Il potere del sindacato di stipulare il contratto collettivo, nella ricostruzione privatistica, si fonda sulla rappresentanza volontaria: il singolo, iscrivendosi al sindacato (ormai associazione non riconosciuta: v. il cap. V par. 7), gli conferisce il mandato a compiere atti giuridici per proprio conto. Ciò ripropone, inevitabilmente, il problema dell'inadeguatezza della soluzione giuridica delineata rispetto alle esigenze e caratteristiche del fenomeno sindacale. Sull'argomento torneremo anche più avanti; qui, al riguardo, il prisma dell'efficacia del contratto del collettivo offre indicazioni molto significative.

... efficacia soggettiva *inter partes* del contratto collettivo di diritto comune

Per quanto attiene all'efficacia soggettiva, non occorre spendere troppe parole per rendersi conto che la rappresentanza di diritto comune, derivante dal mandato conferito dal singolo al sindacato all'atto dell'iscrizione, delimita, di conseguenza, l'ambito di applicazione del contratto collettivo ai soli lavoratori iscritti ai sindacati che lo stesso contratto stipulano.

... efficacia oggettiva obbligatoria

Più articolato è il discorso in merito all'efficacia oggettiva del contratto collettivo. Ad avviso della tesi privatistica la priorità dell'interesse collettivo su quello individuale trova riscontro normativo negli artt. 1723, co. 2 e 1726 c.c., dove è stabilita l'irrevocabilità, rispettivamente, del mandato conferito nell'interesse anche del mandatario e in quello conferito nell'interesse di più persone; nella stessa logica – si argomenta – i singoli non possono modificare la regola del contratto collettivo, anteponendo il loro interesse a quello realizzato dal medesimo contratto, stipulato nell'esecuzione del mandato conferito con l'iscrizione al sindacato firmatario. In tal modo troverebbe soluzione – si sostiene – l'annoso problema dell'inderogabilità del contratto collettivo.

Nonostante i passi avanti rispetto alla precedente elaborazione fondata sul diritto privato, la soluzione è ancora palesemente insoddisfacente. La violazione delle richiamate regole sul mandato, infatti, ci riporta pur sempre al problema incontrato dai primi studiosi della materia; ossia, al rimedio di carattere necessariamente e meramente obbligatorio-risarcitorio per l'inosservanza della regola collettiva da parte dei singoli: come detto in precedenza, senz'altro inadeguato per le esigenze di tutela del lavoro proprie del fenomeno sindacale, che richiedono la sostituzione automatica di quanto previsto dal contratto collettivo al patto individuale difforme.

Strutturale debolezza della ricostruzione privatistica

Non occorre, per il momento, aggiungere altro: il profilo dell'efficacia, essenziale per il contratto collettivo, esprime, di per sé, la strutturale debolezza della ricostruzione privatistica. Sicché, per capire come la stessa, nonostante ciò, costituisca ancora oggi lo schema giuridico di fondo cui ricondurre il contratto collettivo, occorre procedere nell'esame del quadro d'insieme di cui è parte.

8. La fondamentale prospettiva dell'ordinamento intersindacale: l'*effettività* e il sistema sindacale "di fatto"

La teoria dell'ordinamento intersindacale: riepilogo

Veniamo così all'elemento forse più importante di questo quadro, che ci riporta alla teoria dell'ordinamento intersindacale, di Gino Giugni, su cui ci siamo ampiamente soffermati nel precedente cap. V par. 8.

Rinviando integralmente per una più estesa illustrazione a detto capitolo, limitiamoci a ricordare qui che: 1) la teoria dell'ordinamento intersindacale comporta un cambio di prospettiva metodologica, concentrando l'attenzione non sul diritto positivo bensì su ciò che nella realtà "effettivamente" accade; 2) in questa logica essa supera l'inevitabile impostazione individuale propria della ricostruzione privatistica del fenomeno sindacale e giunge a configurare un ordinamento autonomo, muovendo dal sistema "di fatto" rilevato nella realtà, capace di esprimere adeguatamente anche la strutturale componente collettiva del fenomeno sindacale, originato da prassi e comportamenti delle grandi confederazioni (Cgil, Cisl e Uil, da un lato, e Confindustria dall'altro), sovente formalizzati nella parte c.d. obbligatoria dei contratti collettivi; 3) il fine di tale ordinamento è garantire un equilibrio dinamico tra gli interessi delle parti sociali, retto dal "reciproco riconoscimento", a sua volta conseguenza della loro rappresentatività, ossia dalla capacità di interpretare gli interessi dei lavoratori sì da acquisirne il consenso; 4) in particolare, sul versante dei lavoratori, la rappresentatività del sindacato è conseguenza della c.d. unità di azione tra le menzionate grandi confederazioni, improntata a un criterio di parità tra le stesse.

La rappresentatività sindacale

Dopo questo breve riepilogo, passiamo ad esaminare come il contratto collettivo s'inserisca nel sistema sindacale "di fatto".

In primo luogo, il fondamento del potere di stipulare il contratto collettivo non sta nella rappresentanza – istituto proprio dell'ordinamento statuale, a carattere individuale, con il quale un soggetto conferisce a un altro il potere di compiere un atto giuridico per proprio conto –, bensì nella rappresentatività, se si preferisce nel potere sociale acquisito dal sindacato, cioè nell'effettiva "forza" del sindacato conseguente al consenso e al seguito realmente riscossi in generale tra i lavoratori. In secondo luogo, il contratto assume, *in concreto*, un'efficacia soggettiva *tendenzialmente generale*, estesa a tutto l'ambito di riferimento. In terzo luogo, un tale assetto presenta propri rimedi "autosanzionatori": anzitutto lo sciopero, che va ben al di là del piano individuale, per assumere la veste di «garanzia sociale» (Giugni 1960, p. 128) degli equilibri definiti dalle parti collettive: nella logica dell'ordinamento sindacale, *in primis* ad esso (e non al giudice dell'ordinamento statale) ricorreranno le organizzazioni sindacali dei lavoratori nel caso in cui la controparte datoriale non rispetti le regole pattuite e non applichi il contratto collettivo (a prescindere dall'iscrizione del datore e del prestatore di lavoro all'associazione firmataria, rilevante nella diversa ottica della rappresentanza, propria dell'ordinamento statale).

La tendenziale efficacia generale del contratto collettivo

Lo sciopero "sanzione"

Ma vediamo più da vicino, con l'aiuto di alcuni esempi e anche a costo di qualche semplificazione, come il sistema sindacale di fatto e, quindi, il contratto collettivo (al suo interno) operano.

Come opera il sistema sindacale di fatto

Dunque, la realtà osservata dalla teoria di Giugni è costituita da talune grandi confederazioni sindacali, le quali, in virtù della capacità di aggregare consenso, si scelgono reciprocamente per regolare i rapporti di lavoro, stipulando anzitutto il contratto collettivo. Questa scelta è motivata dall'affidabilità che, reciprocamente, esse si danno: le regole saranno osservate. In tal modo si crea un equilibrio tra i vari interessi in gioco e un quadro di certezze in cui operare. Naturalmente, l'uno e l'altro considerato mutevole, dinamico, anche instabile; ma, ciò che conta, in grado di assestarsi, nel tempo e nello spazio, rigenerando una nuova situazione di equilibrio e di regole affidabili. La logica di fondo sta appunto nell'*effettività*: la capacità autoregolativa (delle parti sociali e) del sistema, "nei fatti" dimostrata e rilevabile. In quest'ottica il contratto collettivo potrà avere un'efficacia generale non perché sia una norma dello Stato a imporlo, bensì perché le parti sociali, dei datori di lavoro e dei lavoratori: a) si rendono conto che la sua applicazione realizza i loro interessi; b) hanno la capacità di assicurare questa applicazione.

Il lettore si chiederà: e se un sindacato dei lavoratori diverso da quelli riconosciuti dalla controparte presenta un'altra piattaforma contrattuale, ossia un differente contratto collettivo? Ovviamente, la questione non si pone in termini permissivi: certamente può farlo, c'è da vedere se in concreto riuscirà a sostenerne il peso; in caso positivo, l'ipotesi sarà da prendere in esame. In altre parole, un sindacato "estraneo" al sistema di fatto già sviluppatosi potrà, sempre sul piano fattuale, mettere in discussione questo sistema organizzando un consenso sufficiente a incrinarne la "tenuta" e a sostenere la propria piattaforma contrattuale. Come? Attraverso una serie di iniziative, con ogni probabilità anzitutto di sciopero, che, se avranno seguito – aggregando appunto consenso –, creeranno difficoltà al soggetto datoriale, il quale comincerà a dubitare che i sindacati suoi interlocutori, provvisti del "riconoscimento" all'interno del sistema, siano davvero in grado di "guidare" i lavoratori. Il soggetto datoriale potrebbe essere quindi indotto a ritornare sulle sue scelte, mutando opinione circa gli interlocutori negoziali e, di riflesso, sul contratto stipulato, sino ad allora tranquillamente applicato. È evidente che, se ciò avvenisse, i precedenti interlocutori attiverebbero gli strumenti sanzionatori a disposizione, promuovendo probabilmente, a loro volta, un'azione di sciopero (come tendenzialmente farebbero – lo si diceva prima – ogni qual volta la controparte non applichi il contratto collettivo). In sintesi, si sarebbe in presenza di una prova di forza tra due fronti sindacali: prevarrà chi, nei fatti, riuscirà ad avere più seguito nell'azione di sciopero, creando maggiori disagi alla controparte; sarà cioè l'effettività a decidere. E, di conseguenza, sarà scelto il contratto collettivo da applicare.

In sostanza, decisivi sono i concreti comportamenti dei soggetti sociali. È, questo, l'intento dichiarato della teoria dell'ordinamento intersindacale: conoscere i reali meccanismi delle relazioni sindacali, a tal fine concentrando l'attenzione sugli effettivi e costanti comportamenti dei suoi "attori".

Ordinamento intersindacale *vs* ordinamento (privatistico) statale

Vengono così, alla luce, regole proprie dell'ordinamento intersindacale: che, nella sua autonomia, qualifica un determinato fatto in un determinato modo, a prescindere da come, rispetto allo stesso fatto, si rapporti l'ordinamento statuale in virtù della ricostruzione privatistica, alla quale – come sappiamo – occorre rifarsi in seguito all'inattuazione dell'art. 39 Cost. A ben guardare, della divergenza di qualificazione tra i due ordinamenti abbiamo già considerato vari e importanti esempi; giova ribadirli: 1) il fondamento del potere di stipulare il contratto collettivo: secondo l'ordinamento statuale radicato nella rappresentanza, conferita dal singolo al sindacato all'atto dell'iscrizione allo stesso sindacato; per l'ordinamento intersindacale incentrato sulla rappresentatività, ossia sul potere sociale del sindacato, commisurato al consenso acquisito; 2) l'efficacia soggettiva del contratto collettivo: che nell'ordinamento statuale si produce nei confronti soltanto degli iscritti al sindacato stipulante il contratto, sulla base del mandato di rappresentanza, coerentemente alla natura di "diritto comune" del medesimo contratto; nell'ordinamento intersindacale è estesa tendenzialmente nei confronti di tutti gli interessati, in ragione del carattere della rappresentatività, che, per le descritte dinamiche dell'ordinamento intersindacale, si presenta intrinsecamente generale; 3) lo sciopero: nell'ordinamento statuale diritto individuale del lavoratore; nell'ordinamento intersindacale strumento di "garanzia sociale" dell'equilibrio del sistema.

La comunicazione tra i due ordinamenti

Nell'impostazione di Giugni le modalità di comunicazione e interazione tra i due ordinamenti sono date, per un verso, dalle scelte del legislatore e delle parti sociali, tradotte, rispettivamente, in atti normativi e contrattuali; per altro verso, dall'opera degli interpreti: i primi come i secondi orientati dalle conoscenze fornite dalla peculiare metodologia e prospettiva dell'ordinamento intersindacale. Ciò è quanto realmente accaduto in varie occasioni. Sul versante legislativo lo Statuto dei lavoratori (l. 300/1970) è stato, con ogni probabilità, l'esempio maggiormente eloquente. Più in generale, si può dire che si sia verificato sul piano culturale, sebbene in misura minore sul versante giurisprudenziale. L'impostazione di Giugni ha indotto a guardare con favore, specie nella parte della cultura scientifica e sindacale più ostile all'intervento legislativo, allo spontaneo sviluppo delle relazioni sindacali, già negli anni '50-'60, facendo scemare via via (a dispetto di quella che poi sarà anche l'opinione dello stesso Giugni 1989, p. 364) l'attenzione sull'intervento dell'ordinamento statuale ai fini di una regolazione degli snodi fondamentali del fenomeno sindacale, a cominciare dal potere di stipulare il contratto collettivo. Parte significativa della dottrina, in particolare, ha mostrato spiccata sensibilità per la logica dell'elaborazione di Giugni, cioè per la forte valorizzazione dell'autonomia sindacale; tant'è che l'effettività ha orientato il pensiero di molti autori, sovente traducendosi in un più generico "ordinamento sindacale".

Rilievo e limiti del sistema sindacale di fatto

In definitiva, anticipando parzialmente quanto si dirà in seguito, al di là del grado di attuazione di questa o quella parte della teoria dell'ordinamento intersindacale (per certi aspetti anche forzata: si pensi alle forme extragiudiziali delle controverse, mai decollate), appare difficile negare che la dimensione dell'effettività abbia svolto un ruolo di primissimo piano della storia del diritto sindacale italiano. Le grandi confederazioni in questi decenni, soprattutto nelle fasi più improntate all'unità di azione (di gran lunga prevalenti), sono riuscite a "controllare" sostanzialmente il sistema "di fatto", che ha costituito con ogni probabilità l'asse portante del diritto sindacale dagli anni '50. E il contratto collettivo è stato, nel tempo, costante e centrale strumento di realizzazione di questo ruolo delle grandi confederazioni. Ciò, però, è avvenuto non senza: a) da un lato, difficoltà e incongruenze, giuridiche e pratiche, e comunque in modo parziale, ovvero sostanzialmente in riferimento alle sole zone del Paese e ai contesti produttivi con un sufficiente tasso di sindacalizzazione; b) dall'altro, molteplici ed eterogenei ma assai rilevanti sostegni da parte dell'ordinamento statuale – più importanti evidentemente proprio dove il sindacato era meno presente –, il cui esito è stato uno scenario articolato e ibrido.

Questo scenario ha tenuto sino al caso Fiat, iniziato nel 2009: una sorta di detonatore di carenze e problemi – in buona parte strutturali benché per lungo tempo bene o male governati –, foriero, in pratica, di un'implosione del sistema sindacale "di fatto".

Ma, per il momento, torniamo all'ordinamento statale, per esaminare più da vicino – sempre attraverso il prisma dell'efficacia – gli eterogenei sostegni da esso dati al contratto collettivo: è il terzo elemento del quadro d'insieme che si va delineando.

9. Gli eterogenei sostegni dell'ordinamento statuale all'efficacia del contratto collettivo: l'intervento legislativo

Si tratta di due generi di sostegni, legislativo e giurisprudenziale.

La c.d. legge Vigorelli (l. 741/1959)

Per quanto riguarda il legislatore, il primo sostegno risale già agli anni '50, con la l. 741/1959 (c.d. legge Vigorelli, ministro del lavoro che ne fu il proponente). Ormai, divenuta sempre più improbabile l'attuazione dell'art. 39 seconda parte Cost., il legislatore, nel 1959, decise di affrontare il problema di una rete minima di regole per il lavoro subordinato. La norma costituzionale impediva soluzioni dirette sull'efficacia del contratto collettivo, pure (già all'epoca) rinvenibili in altri Paesi europei. Si optò quindi per una singolare soluzione: una legge delega che conferisse al governo il potere di emanare decreti legislativi con cui determinare minimi di trattamento economico-normativo per ciascuna categoria; il governo era vincolato però a recepire i contratti collettivi, nazionali e provinciali, stipulati antecedentemente. Questo era il contenuto della legge Vigorelli. In tal modo si raggiungeva il risultato dell'efficacia soggettiva generale del contratto collettivo: non più relativa, limitata agli iscritti alle associazioni stipulanti, bensì, attraverso il potere normativo del decreto legislativo, estesa a tutti gli appartenenti alla categoria, definita dallo stesso contratto recepito.

L'esperienza dette vita a una serie di problematiche, di vario tipo: dalla presa d'atto della diffusione e ricchezza assunte dalla contrattazione alle clausole recepite non sempre attinenti ai trattamenti minimi; dal carattere sovente e di per sé problematico dei testi contrattuali alla derogabilità dei contratti recepiti e al loro rapporto con quelli successivi (queste ultime risolte, nel tempo, affermando comunque la natura contrattuale dell'atto e senza quindi ricorrere a regole sostanzialmente diverse da quelle che vedremo in seguito). Ma la prima questione che si pose riguardò inevitabilmente la legittimità costituzionale dell'intervento legislativo in riferimento all'art. 39 Cost.

La Corte costituzionale, in un'importante sentenza del 1962[2], riconobbe che l'estensione dell'efficacia a tutti gli appartenenti alla categoria «è una tendenza propria della natura del contratto collettivo», ma, allo stesso tempo, rilevò come essa fosse stata realizzata dal legislatore in modo non conforme all'art. 39 Cost. Pur sottolineando dunque la valenza "negativa" (nel senso prima detto) della norma costituzionale, tuttavia non bocciò la l. 741/1959 in virtù del suo carattere transitorio ed eccezionale. Coerentemente, con la medesima sentenza, dichiarò invece illegittimo l'art. 1, l. 1027/1960, che prorogava di quindici mesi la delega, con la conseguente caducazione dei decreti di recezione dei contratti stipulati dopo la legge Vigorelli.

Questa legge produsse comunque il risultato di una estensione considerevole dei trattamenti minimi previsti dai contratti collettivi, finendo per coprire gran parte dell'area dei rapporti di lavoro già interessati dai contratti collettivi di diritto corporativo, anch'essi, si ricorderà, aventi efficacia generale.

L'art. 36 st. lav. (l. 300/1970)

Un altro rilevante supporto legislativo alla contrattazione, assai più mirato ma nel tempo reiterato, sebbene sotto varie forme, è dato dall'incentivazione indiretta all'applicazione del contratto collettivo. Agevolazioni di diverso genere – finanziarie, creditizie, fiscali, normative – sono state, da questa o da quella normativa, condizionate all'erogazione di trattamenti non inferiori alle previsioni dei contratti collettivi. Esempio classico è l'art. 36 dello Statuto dei lavoratori[3].

L'art. 19 st. lav. e il raccordo funzionale tra ordinamento statuale e ordinamento intersindacale

Questa norma non è il solo sostegno che il legislatore fornisce, con lo Statuto, al contratto collettivo. Più volte, nelle pagine precedenti, si è detto che la versione originaria dell'art. 19 dello Statuto, tramite il riconoscimento di particolari diritti sindacali alle RSA, costituite (a norma di quella stessa versione dell'articolo) anzitutto nell'ambito di associazioni sindacali aderenti alle confederazioni sindacali maggiormente rappresentative, mirava a sostenere tali confederazioni e, attraverso di esse, il sistema sindacale "di fatto", di cui le medesime confederazioni erano protagoniste. L'obiettivo era far sì che questo sistema riprendesse la sua "spontanea" capacità regolativa. In tal modo, pur non intervenendo sul potere di stipulare il contratto collettivo (con formula felice, il «non detto» dello Statuto: Romagnoli 2009, p. 67, riferendosi al pensiero di D'Antona 1990b, p. 247), senza dubbio si promuoveva, nell'insieme delle attività svolte dalle confederazioni maggiormente rappresentative, il contratto collettivo, sia pure indirettamente o, meglio, ancora una volta sul piano dell'effettività.

---

[2] Corte cost. 106/1962.

[3] La norma impone alle amministrazioni dello Stato e degli enti pubblici di inserire, nei provvedimenti di concessione di benefici a favore di imprenditori e nei capitolati d'appalto con imprese pubbliche e private attinenti all'esecuzione di opere pubbliche, la «clausola esplicita determinante l'obbligo per il beneficiario o l'appaltatore di applicare o far applicare nei confronti dei lavoratori dipendenti condizioni non inferiori a quelle risultanti dai contratti collettivi di lavoro della categoria e della zona». La clausola, ricondotta dalla giurisprudenza alla fattispecie della stipulazione a favore del terzo (art. 1411 c.c.), con conseguente diritto del lavoratore nei riguardi del datore, in caso di violazione comporta la revoca del beneficio o dell'appalto e, nei casi più gravi o di recidiva, l'esclusione fino a cinque da qualsiasi ulteriore concessione di agevolazioni o di appalto.

10. *Segue*: L'apporto della giurisprudenza: in particolare, art. 36 Cost. ed efficacia *ultra partes* (indiretta) delle clausole retributive

E veniamo agli apporti forniti dalla giurisprudenza: molteplici, più d'uno di sicuro rilievo, benché anch'essi spuri.

Ve ne sono alcuni di stampo individuale.

Efficacia soggettiva del contratto collettivo e sua recezione nel contratto individuale

Pacifico è che, qualora nel contratto individuale le parti abbiano operato un rinvio al contratto collettivo, quest'ultimo è da intendersi recepito *per relationem*, e quindi il datore non può ad esso unilateralmente sottrarsi. Quando invece il datore applichi spontaneamente almeno buona parte delle clausole del contratto collettivo, la giurisprudenza ritiene che sia poi dallo stesso vincolato[4]. Facile intuire che, in entrambe le ipotesi, si è sempre su un piano esclusivamente individuale e, inevitabilmente, decisiva è comunque la volontà dei singoli. E mentre nella seconda ipotesi si considera recepito un dato testo contrattuale, non le sue modifiche (recezione "materiale"), nella prima importante è la formulazione del rinvio, che può essere – semplificando – rivolto anch'esso a uno specifico contratto o può andare oltre, riferendosi alla sua fonte di produzione, ossia più genericamente alla contrattazione collettiva (recezione "formale"); in quest'ultima ipotesi, ne derivano intuibili concrete complicazioni là dove si sia in presenza di un sistema, nei fatti, non "ordinato", con, ad esempio, più di un contratto collettivo (eventualità, vedremo, tutt'altro che astratta).

La rilevanza dell'iscrizione del datore di lavoro

Dello stesso tenore è l'orientamento secondo il quale il datore di lavoro aderente all'associazione stipulante è tenuto ad applicare il contratto collettivo nei confronti di tutti i propri dipendenti, a prescindere dalla loro iscrizione al sindacato firmatario del contratto[5]. In questo caso, oltre a continuare a essere sempre centrale la volontà individuale, peraltro del solo datore, la soluzione appare di scarso significato pratico, giacché difficilmente il datore di lavoro differenzierà il trattamento dei dipendenti in base all'iscrizione al sindacato, esponendosi al doppio rischio di incentivare la partecipazione sindacale e di incorrere in comportamenti discriminatori. Non a caso la soluzione ha finito per essere, nella realtà, di scarso rilievo.

Più interessanti e importanti sono i contributi che la giurisprudenza ha dato in relazione a profili direttamente o indirettamente di carattere collettivo, a conferma, d'altro canto, della assoluta crucialità di questa dimensione.

L'individuazione del contratto applicabile

Un tentativo riguarda l'art. 2070 c.c., concernente il criterio di applicazione del contratto collettivo di diritto corporativo; in questo caso, quindi, il sostegno riguarda, segnatamente, l'individuazione del contratto applicabile. Secondo l'opinione in parola, preoccupata che l'imprenditore potesse fare una scelta "di comodo", il contratto cui riferirsi sarebbe necessariamente quello della categoria corrispondente all'attività effettivamente esercitata dall'imprenditore

---

[4] Cfr. Cass. 33420/2022, 935/2022, 74/2022, 42001/2021, 11537/2019.

[5] Cfr. Cass. 4070/1999, 4860/1982, 3867/1978.

(o, se più d'una, alle diverse attività, in mancanza di una principale), come scritto nella norma codicistica. L'orientamento è stato però superato da una diversa giurisprudenza, ad avviso della quale il criterio indicato contrasta con il principio di libertà sindacale, sì da non potersi sovrapporre all'affiliazione sindacale delle parti e alla loro volontà[6]. All'art. 2070 c.c. rimane pertanto un ruolo solo residuale, trovando applicazione quando l'intento delle parti non è chiaro o ai fini dell'applicazione di norme legali, come il predetto art. 36 dello Statuto dei lavoratori.

Ben diverso peso hanno avuto due altri contributi della giurisprudenza, consolidati e di grande rilievo, concernenti propriamente l'efficacia del contratto.

Efficacia soggettiva *ultra partes* delle clausole retributive dei contratti collettivi

Il primo relativo all'efficacia soggettiva, ha prodotto un'estensione *ultra partes*, sia pure indiretta, delle clausole retributive dei contratti collettivi. Più precisamente, questa giurisprudenza, ormai pluridecennale, una volta assunta la natura precettiva dell'art. 36 Cost., tramite l'art. 2099, co. 2, c.c. (passaggio invero non necessario), individua, all'interno dell'articolata struttura della retribuzione, nei "minimi retributivi" definiti dal contratto collettivo il parametro per determinare, concretamente, la retribuzione «proporzionata» e «sufficiente» secondo i principi indicati dalla norma costituzionale[7]. Il contratto collettivo, quindi, non assume rilievo per la produzione di un vincolo giuridico, ma come mero "parametro". Ne consegue che il giudice, se vorrà discostarsene, dovrà adeguatamente motivare la propria decisione. Si tratta perciò – giova ribadirlo – di un'estensione indiretta dell'efficacia soggettiva del contratto. E non è superfluo osservarne comunque la distanza rispetto alla logica dell'autonomia individuale: per intenderci, il datore di lavoro non iscritto all'organizzazione stipulante il contratto, secondo i principi del diritto civile potrebbe sottrarsi ai minimi contrattuali; la giurisprudenza invece glielo preclude. L'importanza dell'orientamento è evidente: grazie a esso, per i minimi retributivi, i contratti collettivi hanno, in pratica, un'efficacia generale, propria della fonte normativa.

L'efficacia soggettiva del contratto collettivo aziendale

Invero, la giurisprudenza per il contratto collettivo aziendale è andata oltre, ma con esito meno felice. I giudici talvolta ne hanno sostenuto l'efficacia *ultra partes* sulla base di argomentazioni legate alle sue stesse caratteristiche. Hanno argomentato, ad esempio, dalla presunta natura indivisibile degli interessi regolati (classico esempio, l'orario di lavoro)[8] o dal carattere elettivo – quindi foriero, si è ritenuto, di una legittimazione negoziale estesa a tutti i lavoratori – del soggetto sindacale stipulante[9]. Quest'ultimo orientamento oggi ha un particolare interesse in relazione alle RSU, come sappiamo costituite appunto su base elettive e assolutamente centrali ai fini della stipulazione del contratto aziendale dopo l'accordo del 28 giugno 2011 – confluito nel c.d. Testo unico sulla rappresentanza sindacale del 14 gennaio 2014 –, dove peraltro è valoriz-

---

[6] Cfr. Cass. 16376/2021, 8565/2004, 7465/2003, 12608/1999, Cass. SU 2665/1997.

[7] Cfr., per tutte, Cass. 11666/2022, 944/2021, 27138/2013, 8565/2004, 10465/2000, 7383/1996, 4200/1992, 4868/1982, 6734/1981, 338/1958.

[8] Cfr. Cass. 12647/2004, 2410/1992.

[9] Cfr. Cass. 2228/1988; App. Milano 4 marzo 2003.

zato pure l'istituto del referendum nel caso in cui il contratto sia stipulato dalle RSA *ex* art. 19 dello Statuto dei lavoratori (ci torneremo tra breve). Tuttavia è un orientamento che non si è mai consolidato: le argomentazioni su cui poggia appaiono "aprioristiche" e comunque non fondate su alcun dato di diritto positivo in grado di superare le conseguenze della ricostruzione privatistica del potere di stipulare il contratto collettivo. Ciò risalta particolarmente dinanzi al vero banco di prova della questione, cioè a un contratto collettivo produttivo di trattamenti nel complesso peggiorativi, se non di soli "svantaggi", per i prestatori di lavoro, ipotesi sempre più frequente in considerazione degli assai critici scenari economici degli ultimi decenni. In tali circostanze – ragionando in riferimento all'attuale quadro normativo – l'estraneità del lavoratore, non iscritto ad alcun sindacato, all'elezione della RSU stipulante il contratto o al referendum relativo all'approvazione del contratto stipulato dalle RSA, priva di qualsiasi fondamento giuridico l'applicazione, al medesimo lavoratore, dello "svantaggio" derivante dal nuovo contratto aziendale. Il problema è il solito: perché il singolo dovrebbe vedersi pregiudicato in un profilo fondamentale della sua persona (il lavoro) dall'agire di un terzo con il quale non ha alcuna relazione giuridica? [10].

11. *Segue*: Art. 2077 c.c. ed efficacia "reale" del contratto collettivo

L'efficacia reale del contratto collettivo e l'applicazione giurisprudenziale dell'art. 2077 c.c.

Il secondo importante contributo della giurisprudenza di cui si diceva attiene invece direttamente all'efficacia oggettiva del contratto collettivo, cioè al rapporto di quest'ultimo con il contratto individuale.

Di fronte all'inadeguatezza delle regole del diritto comune, non idonea ad assicurare al contratto collettivo un'efficacia reale (bene ripeterlo: di sostituzione automatica delle clausole individuali difformi da quelli collettive), la giurisprudenza ha, sin dagli anni '50, recuperato l'art. 2077 c.c., che espressamente prevede detta efficacia per il contratto collettivo di diritto corporativo. Segnatamente, sganciando l'art. 2077 c.c. dall'ordinamento corporativo e, per converso, sottolineandone la funzione di tutela del lavoratore, ha ritenuto l'efficacia reale espressione dell'"essenza" del contratto collettivo, come tale riferibile anche al contratto collettivo di diritto comune [11]. In tal modo ha aperto le porte del nostro ordinamento all'inderogabilità *in peius* del contratto collettivo di carattere reale.

L'art. 2113 c.c.

La dottrina, in misura decisamente maggioritaria, non ha visto di buon gra-

---

[10] Al riguardo è opportuno ricordare che la giurisprudenza si è espressa con molta cautela nei confronti degli iscritti al sindacato nel caso di contratti collettivi "dispositivi" di diritti derivanti da precedenti contratti collettivi e già entrati nel patrimonio del singolo (cc.dd. diritti quesiti: v. il par. successivo), richiedendo un mandato speciale dell'iscritto per la firma del contratto collettivo: cfr. Cass. 8098/1997, 4947/1991 (sull'argomento v. *amplius*, cap. XIX).

[11] Cfr., tra le altre, Cass. 5156/1980, 2274/1966, 1184/1951.

do questa elaborazione. Troppo disinvolta è apparsa l'estensione di una regola propria del contratto collettivo di diritto corporativo, fonte del diritto ed espressione di una precisa concezione sindacale, al contratto collettivo di diritto comune, governato da principi privatistici. E quando la l. 533/1973 ha novellato l'art. 2113 c.c. [12], riferendo l'inderogabilità alle disposizioni non più delle norme corporative bensì dei «contratti o accordi collettivi» (che non potevano che essere quelli all'epoca stipulati, ossia di diritto comune), la dottrina fu per lo più ben lieta di rinvenire, in questa nuova e attuale disposizione, il carattere inderogabile di natura reale del contratto collettivo. Tuttavia, i dissensi non sono cessati. Non si è mancato infatti di osservare come l'art. 2113 c.c., più che affermare, presuppone quell'inderogabilità. Peraltro – si è aggiunto – esso, a differenza dell'art. 2077 c.c., consente la sola caducazione del patto individuale difforme, non la sostituzione automatica con la corrispondente previsione del contratto collettivo, giacché sul punto nulla dice.

Comunque sia, l'efficacia reale del contratto collettivo può considerarsi ormai «diritto vivente» (Persiani 1972). Approdo convincente dal punto di vista della finalità di tutela perseguita dall'ordinamento, eppure ennesima evidente conferma delle incoerenze interne del quadro normativo: sappiamo come siffatta efficacia mal si concili con la natura privatistica del potere contrattuale sindacale, propria dello schema giuridico prevalente.

La derogabilità *in melius* del contratto collettivo

Della giurisprudenza sull'art. 2077 c.c. v'è da rimarcare anche l'altra faccia della medaglia, che tende invece ad attenuare la forza del contratto collettivo, riappropriandosi di una prospettiva meramente individuale. La giurisprudenza, pure per il contratto collettivo di diritto comune, come già per la legge, ha riaffermato, specularmente all'inderogabilità unilaterale, la derogabilità *in melius*, e quindi la possibilità di pattuizioni individuali più favorevoli per il prestatore di lavoro [13]. Anzi, mentre la norma del codice civile àncora tali pattuizioni a «speciali condizioni», ovvero a particolari qualità del lavoratore (quindi all'*intuitus personae*) – in coerenza con l'uniformità dei trattamenti perseguita dal contratto collettivo di diritto corporativo –, la giurisprudenza nel tempo ha accantonato questo requisito, ormai superfluo rispetto alla istanza di tutela minimale, ritenuta invece propria del contratto collettivo di diritto comune. Il che ha immediate ripercussioni negative sul piano collettivo, giacché rende possibile disattendere gli equilibri raggiunti in sede sindacale prescindendo da motivi di carattere sostanziale. Non a caso, i contratti collettivi sovente contengono le cc.dd. clausole di inscindibilità, che impongono, per valutare il trattamento più favorevole, il criterio del c.d. conglobamento (nella versione temperata, ossia) che opera il raffronto (non tra i complessivi trattamenti previsti dai due contratti, bensì all'interno) di ciascun istituto (ad es. retribuzione, orario di lavoro, ecc.). Così come non è un caso che la prevalente giurisprudenza

Le cc.dd. clausole di inscindibilità

[12] Il testo attuale dell'art. 2113, co. 1, c.c., così recita: «Le rinunzie e transazioni, che hanno per oggetto diritti del prestatore di lavoro derivanti da disposizioni inderogabili della legge e dei contratti o accordi collettivi concernenti i rapporti di cui all'art. 409 del codice di procedura civile, non sono valide».

[13] Cfr. Cass. 4231/2016, 12716/1998, 2363/1998, 995/1971, 1858/1968.

via via si sia orientata nello stesso senso, andando in tal modo peraltro oltre la lettera della norma, riferita semplicemente al raffronto tra le "clausole" [14]. La comparazione per clausole (c.d. criterio del cumulo) è invece tuttora necessariamente seguita nel confronto tra legge e contratto (collettivo e individuale).

Il rapporto tra contratti collettivi di diverso livello

Ritornando alla questione dell'efficacia obbligatoria o reale del contratto collettivo, v'è ancora da tener presente che essa si ripresenta nell'ambito della relazione tra contratti collettivi di diverso livello. Questione annosa, nuovamente di estrema attualità negli ultimi anni, a seguito della tendenza verso un marcato decentramento del sistema contrattuale, di cui si è parlato nel cap. V par. 3, soffermandosi in particolare sull'accordo interconfederale del 28 giugno 2011. Al riguardo la mancanza di uno specifico quadro normativo pone anzitutto il problema dell'individuazione di un criterio ordinatore tra i contratti di livello diverso. Il dibattito, tanto in dottrina quanto in giurisprudenza, è stato assai ricco.

È opportuno fare anzitutto un passo indietro per tornare al sistema sindacale "di fatto". Nella sua logica non v'è dubbio che la questione si gioca sul piano dell'effettività: la prevalenza di un livello contrattuale sull'altro dipenderà, in sostanza, dalla forza, *rectius* rappresentatività, di chi ha il governo del sistema. Per intenderci, la superiorità gerarchica, sia pur temperata, del contratto nazionale di categoria, affermata da ultimo nel T.U. del 2014, starà in piedi fin quando le grandi confederazioni protagoniste di quel sistema riusciranno ad evitare che ai livelli decentrati altri soggetti sindacali aggreghino sufficiente consenso tra i lavoratori per richiedere alla controparte più ampi spazi per la contrattazione.

Più complesso è il discorso nella prospettiva dell'ordinamento statuale. Risalente è la tesi giurisprudenziale che, applicando anche a tale questione – nonostante la sua palese diversità – l'art. 2077 c.c., riteneva inderogabile *in peius* il contratto collettivo nazionale da parte di quello di livello inferiore [15]. Allo stesso risultato giungerà la tesi c.d. del mandato discendente, fondata sul presupposto della posizione gerarchicamente sottordinata delle associazioni di livello inferiore: assunto invero debole, giacché non suffragato da indicazioni sufficienti negli statuti delle associazioni sindacali [16]. Vi è poi chi ha posto l'accento sul criterio di specialità, con la prevalenza del contratto più vicino alla situazione da regolare; o sulla possibile esistenza di un ordinato sistema contrattuale, da considerare quindi – si badi – al di là del piano "fattuale". La giurisprudenza, dagli anni '80, ha per lo più fatto ricorso al criterio della successione temporale, mettendo tutti i contratti su uno stesso piano e pertanto orientandosi così come per la relazione tra contratti collettivi di pari livello: ha cioè ammesso deroghe anche peggiorative del contratto aziendale rispetto a quello nazionale [17]. In ogni caso, qualunque sia la soluzione preferita, c'è da fare i conti – come si diceva – con le conseguenze scaturenti dalla violazione

[14] Cfr. Cass. 5244/1995, 2205/1992, 1354/1982.

[15] Cfr. Cass. 721/1967, 1470/1958.

[16] Cfr. Cass. 2018/1978.

[17] Cfr. Cass. 1415/2012, 8296/2001, 2363/1998, 349/1981, 300/1981.

del criterio scelto. Sul punto mancano tuttora soluzioni soddisfacenti e si ripresentano problemi ormai ben noti: nella prospettiva dell'ordinamento statuale l'eventuale vincolo, avendo origine comunque nell'autonomia individuale contrattuale e attenendo al rapporto tra i soggetti collettivi (ossia alla parte obbligatoria del contratto collettivo, estranea – è da tempo pacifico – all'art. 2077 c.c.), non può avere efficacia reale: alla violazione conseguono, quindi, non l'invalidazione della norma difforme, ma la sola responsabilità contrattuale e il rimedio risarcitorio [18].

12. Il profilo temporale del contratto collettivo: le altalenanti soluzioni

La questione dei superminimi individuali

All'art. 2077 c.c. la giurisprudenza ha fatto ricorso anche per superare un altro spinoso problema, quello della successione nel tempo dei contratti collettivi di pari livello, ennesimo profilo dove emerge l'inadeguatezza della tesi privatistica del contratto collettivo.

La successione temporale dei contratti collettivi e la c.d. teoria della incorporazione

Alla ricostruzione della rappresentanza sindacale secondo lo schema del mandato dovrebbe seguire inevitabilmente l'inserimento, nel contratto individuale, dei diritti derivanti dal contratto collettivo. È, questa, la c.d. teoria dell'incorporazione, assai problematica per lo sviluppo della contrattazione collettiva. Infatti, detto inserimento comporterebbe l'attribuzione del potere di modificare il trattamento previsto dal contratto collettivo, ormai divenuto parte di quello individuale, esclusivamente al singolo rappresentato. Con l'inevitabile conseguenza di costringere la contrattazione collettiva a operare sempre "al rialzo", ovvero a prevedere costantemente trattamenti migliorativi, pena l'insuperabile dissenso del singolo. Un simile scenario sarebbe palesemente improponibile: produrrebbe un enorme irrigidimento della contrattazione collettiva, precludendole la sua tipica funzione di effettuare, nel tempo e nello spazio, le scelte negoziali realisticamente possibili e di variare, nella misura necessaria, gli equilibri tra gli interessi in gioco. Non c'è da stupirsi se la giurisprudenza lo ha ben presto escluso, sovente sulla base dell'argomentazione secondo cui la derogabilità *in melius* prevista dall'art. 2077 c.c. riguarda esclusivamente il rapporto tra contratto collettivo e contratto individuale e non quello tra contratti collettivi, in tal modo riferendosi peraltro ancora una volta a una regola concernente la specifica figura del contratto collettivo di diritto corporativo.

... il contratto collettivo quale fonte eteronoma

Così opinando, la giurisprudenza pacificamente ammette la modifica peggiorativa del contratto collettivo, di pari livello, rispetto a quello precedente, collocando lo stesso contratto collettivo su di un piano "esterno" al contratto individuale, alla stregua di una fonte normativa "eteronoma" [19]. Dunque, un piano

---

[18] Cfr. Cass. 9784/2003.

[19] Cfr., tra le tante, Cass. 11072/2022, 21169/2021, 23525/2016, 1298/2000, 12716/1998, 11052/1995, 2479/1978.

ben distinto, giocoforza estraneo allo schema del mandato, concorrente con il contratto individuale e con la fonte legale ai fini della determinazione del contenuto del rapporto di lavoro. Come si diceva, ennesima dimostrazione della peculiarità del contratto collettivo e della sua irriducibilità alle logiche e regole del diritto privato.

Vale la pena di precisare che, ad avviso della giurisprudenza, il contratto collettivo successivo assorbe anche eventuali trattamenti migliorativi previsti dal contratto individuale (cc.dd. superminimi), salvo diversa pattuizione individuale o rilevanza delle qualità personali del prestatore di lavoro[20]. Per converso, esso trova un limite insuperabile nei cc.dd. diritti quesiti, ossia dei diritti maturati in relazione a prestazioni già svolte e ormai parte del patrimonio del lavoratore.

... e dei cc.dd. diritti quesiti

Diversa strada la giurisprudenza ha percorso in merito a un altro aspetto, sempre di carattere temporale, cioè la produzione di efficacia del contratto all'indomani della scadenza.

L'efficacia temporale del contratto collettivo

Anzitutto, v'è da dire che anche per il contratto collettivo vale il principio secondo cui i vincoli obbligatori non possono essere perpetui[21]. Le parti, comunque, abitualmente stabiliscono un termine di scadenza per le stesse ragioni poc'anzi indicate, ossia perché gli equilibri negoziali sono calibrati su un determinato contesto socio-economico e organizzativo, nel tempo soggetto a mutamenti. La previsione di un termine di durata del contratto collettivo si ritrova, ad esempio, nel protocollo del 23 luglio 1993 (due anni per la parte economica, quattro per quella diversa) come nell'accordo quadro "separato" del 22 gennaio 2009 (durata triennale per entrambe le parti). È previsto, in genere, pure il rinnovo tacito del contratto collettivo di anno in anno, salvo disdetta (atto unilaterale di recesso che ne produce la cessazione dell'efficacia). Comunque sia, secondo il diritto privato, quando il contratto cessa di produrre il suo effetto regolativo, dovrebbe determinarsi un "vuoto" nella disciplina dei rapporti individuali di lavoro, di non poco conto considerando il ruolo dello stesso contratto nel complesso di tale disciplina. Tuttavia la giurisprudenza non ha ritenuto applicabile al contratto collettivo di diritto comune, in considerazione della sua natura di atto di autonomia individuale, l'art. 2074, co. 1, c.c. (naturalmente sempre riferito al contratto di diritto corporativo), dove è scritto che «il contratto collettivo, anche quando è stato denunziato, continua a produrre i suoi effetti dopo la scadenza, fino a che sia intervenuto un nuovo regolamento collettivo»[22]. In realtà, sono gli stessi contratti a evitare per lo più il problema, contemplando al proprio interno espresse clausole di ultrattività, secondo le quali il contratto produce effetti sino a quello successivo che lo sostituisce. Peraltro, talvolta si è sostanzialmente ritenuta persistente la tutela garantita dall'art. 36 Cost. per quanto riguarda i minimi retributivi[23].

---

[20] Cfr. Cass. 5244/1995, 5964/1985, 1600/1985.

[21] Così Cass. 6427/1988.

[22] Cfr. Cass. 3672/2021, 668/2004, 651/1995.

[23] Cfr. Cass. 11325/2005, 5908/2003.

Restando ancora al profilo temporale, la giurisprudenza si è pronunciata per la non applicabilità al contratto collettivo di diritto comune anche dell'art. 11, co. 2, delle disposizioni preliminari al codice civile – che vieta la retroattività del contratto – sempre perché considerato incompatibile con l'autonomia individuale[24]. Di conseguenza il contratto collettivo può produrre effetti pure per il periodo antecedente alla propria stipulazione, e non soltanto in relazione a trattamenti migliorativi. Invalicabile, invece, anche in questa ipotesi, è il già menzionato limite dei diritti quesiti.

13. L'ibrido quadro normativo e il progressivo indebolimento del sistema sindacale "di fatto": i cc.dd. accordi separati e il caso Fiat

Riepilogo dell'ibrido quadro normativo sul contratto collettivo

Dunque, tirando le fila dell'analisi svolta sul contratto collettivo, emerge un quadro certamente poco lineare. Del che, il lettore (ricorderà) è stato avvertito.

Riepilogando, in estrema sintesi, questo quadro, sviluppatosi in seguito all'inattuazione dell'art. 39, seconda parte, Cost., ha le seguenti caratteristiche: 1) lo schema giuridico di fondo è dato dal diritto comune dei contratti, inadeguato però nelle logiche e nelle regole proprie dell'autonomia individuale; 2) riceve molteplici sostegni giuridici, tanto dal legislatore quanto dalla giurisprudenza, che in particolare sorreggono, sia pur parzialmente, l'efficacia *ultra partes* e l'efficacia reale del contratto collettivo, entrambe incompatibili con il suddetto schema privatistico; 3) è parte di un sistema sindacale "di fatto", nel quale trova applicazione sul piano dell'effettività, cioè se e nella misura in cui riesce ad imporsi nella realtà. Un quadro non privo di incongruenze e incertezze, composto da vari ed eterogenei elementi, come tale "ibrido": più precisamente, per quanto concerne la produzione degli effetti del contratto, "retto" da tre poteri di diversa natura: il primo e il secondo di carattere giuridico (rispettivamente, dell'autonomia individuale e della fonte del diritto: indirettamente nel caso dell'art. 36 Cost., direttamente per l'art. 2077 c.c.), il terzo di carattere sociale (il potere espresso dalla rappresentatività sindacale).

... il contesto socio-economico della sua maturazione (gli anni '50-'60)

Quest'ibrido quadro è giunto sino ai giorni nostri. Nel complesso, il contratto collettivo è riuscito a svolgere il ruolo di strumento dinamico di regolazione dei rapporti di lavoro, delineato nell'art. 39, seconda parte, Cost.: espressione cioè di pluralismo sociale e di duttile definizione, in relazione ai diversi contesti, degli interessi e degli assetti da realizzare. Tutto ciò fino a qualche anno fa. Prima di vedere i successivi sviluppi, ripercorriamo brevemente la strada che ad essi ci ha portato.

Il descritto quadro giuridico matura negli anni '50-'60, nel periodo – si di-

[24] Cfr. Cass. 12716/1998.

ceva dapprima – di maggior sviluppo socio-economico del nostro Paese. Non è che all'epoca non vi fossero difficoltà, ovviamente. È che il *trend* positivo finiva per consentire politiche sindacali tendenzialmente migliorative, con la conseguente stipulazione di contratti collettivi per lo più "acquisitivi", distributivi di maggiori tutele; in un panorama produttivo omogeneo, incentrato sulla grande industria, dove la figura sociale prevalente era quello dell'operaio con un rapporto di lavoro a tempo pieno e indeterminato: in un contesto, pertanto, dove era possibile individuare interessi collettivi in grado di soddisfare buona parte del mondo del lavoro e di aggregare consenso. Così, sia pur scontando una scarsa presenza in molte zone e realtà produttive del Paese meno sviluppate, in quegli anni prende piede il sistema sindacale "di fatto". Protagoniste sono le grandi confederazioni, contraddistinte da un'unità di azione capace di coprire comunque una parte significativa del tessuto economico-produttivo, di certo quella più avanzata. Donde la soddisfacente diffusione del contratto collettivo, che, se trae forza dalle caratteristiche suindicate, nel piano dell'effettività trova l'asse portante.

La rilevanza del sistema sindacale di fatto

Questo sistema sindacale, in concreto, è andato avanti per decenni, e con esso il contratto collettivo. L'interazione tra "autonomia" e "eteronomia", se si preferisce tra ordinamento sindacale e statuale, è stata, sin da subito, evidente: basti pensare alla legge Vigorelli o ai contributi della giurisprudenza sull'efficacia soggettiva e oggettiva del contratto collettivo; per non dire, poi, dell'intervento legislativo di sostegno dello Statuto dei lavoratori. Nello sviluppo storico appare difficile collocare i due ordinamenti su piani distinti.

Ma se è arduo operare una distinzione, non v'è dubbio, come si accennava, che il piano dell'effettività è stato assai rilevante.

Il sindacato (*rectius*, il sindacato confederale), in virtù del suo potere sociale, nel tempo sempre più estesosi sul versante politico-economico, e con questo al contempo irrobustitosi, è riuscito a mantenere il ruolo di referente delle vicende micro e macroeconomiche, direttamente e indirettamente concernenti il mondo del lavoro. Negli anni è divenuto interlocutore del potere politico-legislativo, in più di un periodo privilegiato, tramite le prassi di concertazione; come per ogni sviluppo dell'attività sindacale, con inevitabili ripercussioni sul contratto collettivo, che ha via via ampliato il raggio di intervento, pur risentendo del suo ibrido e quindi debole inquadramento giuridico.

Le difficoltà dei primi anni '70

Molti sono stati i periodi anche assai difficili. Già più volte si è detto delle contestazioni della fine degli anni '60 e dell'importante sostegno dello Statuto dei lavoratori. Nel '73, con la prima crisi petrolifera, prenderà piede una nuova fase storica, tutt'oggi in svolgimento, che sarà contrassegnata per lo più da periodi per nulla facili sul piano economico. Ed è nella natura delle cose che vi siano stati riflessi sulla tenuta di un sistema che, traendo dall'effettività la sua forza, in quei delicati periodi ha incontrato, inevitabilmente, più di un problema nel soddisfare gli interessi in gioco, sempre più articolati e differenziati in contesti socio-economico dalla complessità crescente.

Nonostante tutto il sistema sindacale di fatto è giunto ai giorni nostri, e con esso il contratto collettivo.

I cc.dd. accordi separati dei primi anni del nuovo secolo

Sul finire del primo decennio del nuovo secolo, lo scenario è completamente mutato. Anche in questa circostanza è nella natura delle cose che il mutamento si sia radicato nella realtà dei fatti; benché i fatti appaiano un "detonatore" delle carenze e delle incongruenze giuridiche preesistenti.

Già i primi anni del Duemila registrano divergenze tra le grandi confederazioni, che conducono ad accordi cc.dd. "separati", come il Patto per l'Italia del 2002 e il rinnovo del contratto collettivo nei metalmeccanici del 2003: accordi – come sappiamo – definiti "separati" perché firmati solo da due delle tre storiche, grandi confederazioni (Cisl e Uil, non dalla Cgil). La rottura della "unità di azione" delle protagoniste del sistema sindacale di fatto esplode poi alla fine del decennio, quando le critiche relazioni sindacali e il debole quadro giuridico non riescono a tener testa agli ormai pressanti problemi economici, in particolare in riferimento al caso Fiat, nel 2009. Comincia una nuova stagione del diritto sindacale italiano.

Il caso Fiat, la crisi del sistema di fatto e l'anomia del diritto sindacale

Il caso Fiat è costituito da un'*escalation* di eventi, che mette a nudo tutte le carenze derivanti dall'anomia del nostro diritto sindacale, prima fra tutte l'assenza di regole sull'efficacia soggettiva del contratto collettivo dinanzi – si badi – al dissenso individuale e collettivo dei lavoratori, costretti, dall'aggravarsi della situazione economica, sempre più spesso a sacrifici, anche considerevoli. Da questo punto di vista, la vicenda Fiat, per lo studioso, costituisce un vero laboratorio di analisi; anche perché il rilievo della Fiat nel panorama industriale è indiscutibile e spesso le sue vicende sono risultate paradigmatiche per l'esperienza del nostro Paese.

Come si diceva, le tensioni sindacali d'inizio secolo esplodono alla fine del suo primo decennio. Nel 2009, si stipulano nuovamente accordi "separati", ancora senza il consenso della Cgil: l'accordo quadro sulla struttura della contrattazione collettiva, il conseguente accordo interconfederale per l'industria, e il rinnovo del ccnl metalmeccanici.

La Fiat, dal canto suo, dinanzi alla pressante concorrenza derivante dalla sempre più spinta globalizzazione dei mercati, richiede cambiamenti delle condizioni organizzative e di lavoro (turni, mansioni, malattia, tregua sindacale), minacciando altrimenti di dislocare gli impianti in altri Paesi. Le richieste si traducono in contratti aziendali (Pomigliano, Mirafiori, ecc.) che puntualmente la Fiom-Cgil si rifiuta di firmare. Si rompe, nuovamente e radicalmente, il fronte "unito" dei grandi sindacati dei lavoratori, cardine del "reciproco riconoscimento" tra le parti sociali e quindi dell'autoregolamentazione delle relazioni di lavoro: ne consegue il venir meno dell'equilibrio tra gli interessi in gioco.

... gli inutili referendum sugli accordi Fiat

I contratti sono allora sottoposti a referendum, nella speranza di raggiungere comunque un sufficiente consenso dei lavoratori in azienda; sempre sul piano fattuale, giacché, in punto di diritto, come si deduce da quanto sin qui detto, il referendum non avrebbe potuto garantire una solida efficacia giuridica *ultra partes*. L'esito, benché vittorioso, non è mai rassicurante (a Mirafiori, nel referendum del gennaio 2011, i voti favorevoli sono il 54%; a Pomigliano, nel giugno 2010, il 63,3%).

Frattanto nel settembre 2010, al ccnl dei metalmeccanici viene aggiunto l'art. 4-*bis* – sempre senza la firma di Fiom-Cgil – che, in qualche misura, attribuisce più spazio al contratto decentrato. Nello stesso mese Confindustria recede dal precedente ccnl del 2008: il suo intento è sostanzialmente quello di soddisfare la richiesta della Fiat, che preme per avere maggiore libertà contrattuale a livello aziendale.

La fuoriuscita della Fiat da Confindustria

Ma dinanzi a questo scenario la Fiat rompe gli indugi e decide di uscire dal sistema contrattuale. L'intento si realizza con: 1) la creazione di nuove società; 2) la stipulazione, per ciascuna di esse, di un nuovo (e quindi unico) contratto, denominato «specifico di primo livello», sempre senza firma della Cgil; 3) la fuoriuscita da Confindustria nel gennaio 2012.

Tutto ciò, sul piano giuridico, si traduce, immediatamente, in pressanti ed evidenti problemi in ordine all'efficacia del contratto collettivo, forieri di un contenzioso, anche giudiziario[25], considerevole per dimensioni e rilevanza. Problemi concernenti in particolare: a) sino al gennaio 2012, la coesistenza di due ccnl, del 2008 e del 2009, quest'ultimo, secondo i principi del diritto comune, non applicabile ai lavoratori iscritti alla Cgil; b) la tenuta dei contratti collettivi aziendali, centrali per la Fiat, anch'essi dalla incerta efficacia soggettiva; c) l'esistenza di eventuali comportamenti discriminatori da parte della Fiat nei riguardi dei lavoratori iscritti alla Fiom, anzitutto in occasione delle assunzioni nelle società di nuova costituzione, questione collegata al campo di applicazione dei nuovi contratti di «specifico primo livello». *Last but not least*, sebbene su un altro piano giuridico, la negazione della possibilità, per la Fiom, di dar vita a rappresentanze sindacali al fine del godimento dei diritti sindacali di cui al titolo III dello Statuto dei lavoratori: questione giunta dinanzi alla Consulta, e risolta in senso favorevole alla Fiom[26] (v. il cap. VI par. 2).

La consapevolezza sindacale della crisi dell'unità di azione

Come dire, la misura è ormai risultata colma anche per le parti sociali. Le quali prendono atto che il sistema sindacale non può più reggersi sull'"unità di azione": questa unità è divenuta al più una possibilità, in quanto tale non in grado di fungere da cardine dell'autoregolazione, che nella "effettività" trova la sua espressione. In altre parole, ci si rende conto che è improcrastinabile un quadro di regole sulla stipulazione del contratto collettivo, indispensabile per compensare il venir meno della suddetta unità.

[25] Cfr., tra le altre, Cass. 18368/2013; Trib. Roma 5 maggio 2013; Trib. Torino 13 aprile 2012; Trib. Milano 3 aprile 2012; Trib. Bologna 27 marzo 2012; Trib. Napoli 12 aprile 2012; Trib. Tolmezzo 18 maggio 2011; Trib. Torino 2 maggio 2011; Trib. Torino 26 aprile 2011; Trib. Modena 22 aprile 2011; Trib. Torino 18 aprile 2011.

[26] Corte cost. 231/2013.

14. La regolazione contrattuale del potere di stipulare il contratto collettivo: dall'unità di azione sindacale all'unità procedurale (il c.d. Testo Unico sulla rappresentanza sindacale del 14 gennaio 2014)

Gli accordi interconfederali del 2011-2013 e il c.d. T.U. sulla rappresentanza del 2014

Maturano così l'Accordo interconfederale del 28 giugno 2011 e il Protocollo d'Intesa del maggio 2013, concernenti la stipulazione del contratto collettivo, rispettivamente, aziendale e nazionale, in calce ai quali si ritrova anche la firma della Cgil, oltre quelle di Confindustria, Cisl e Uil. I due accordi sono poi confluiti – come sappiamo – in un unico accordo, denominato impropriamente ma eloquentemente, Testo Unico sulla rappresentanza sindacale del 14 gennaio 2014. Per la prima volta, nel diritto sindacale repubblicano, il potere di stipulare il contratto collettivo viene regolato nel settore privato. Si tratta dunque di una svolta; ma, come può già intuirsi e si dirà meglio tra breve, è una svolta giuridicamente debole.

Vediamo anzitutto le nuove regole.

La disciplina del contratto collettivo aziendale

In merito al contratto collettivo aziendale si prevede quanto segue (parte terza del T.U.). A) Legittimati alla stipulazione sono le «rappresentanze sindacali unitarie elette secondo le regole interconfederali convenute con [il T.U.]» o le «rappresentanze sindacali aziendali costituite *ex* art. 19 della legge n. 300/1970». B) L'efficacia è nei riguardi di «tutto il personale in forza e [...] tutte le associazioni sindacali, espressione delle Confederazioni sindacali firmatarie dell'Accordo interconfederale del 28 giugno 2011, del Protocollo d'Intesa del 31 maggio 2013 e del [T.U.], o che comunque tali accordi abbiano formalmente accettato, operanti all'interno dell'azienda», se: 1) nel caso di stipulazione da parte delle RSU, il contratto aziendale sia approvato «dalla maggioranza dei componenti» della stessa RSU; 2) nel caso di stipulazione da parte delle RSA, esse siano «costituite nell'ambito delle associazioni sindacali che, singolarmente o insieme ad altre, risultino destinatarie della maggioranza delle deleghe relative ai contributi sindacali conferite dai lavoratori dell'azienda nell'anno precedente a quello in cui avviene la stipulazione, rilevati e comunicati direttamente all'azienda»; nella seconda ipotesi, però, il contratto deve essere sottoposto «al voto dei lavoratori» qualora vi sia «una richiesta avanzata, entro 10 giorni dalla conclusione del contratto, da almeno un'organizzazione firmataria [dell'accordo] o almeno dal 30% dei lavoratori dell'impresa»[27].

.... e del contratto nazionale

Per quanto riguarda invece il contratto collettivo nazionale, le regole sono le seguenti (sempre parte terza del T.U.). A) Alla contrattazione sono ammesse le «Federazioni delle organizzazioni sindacali firmatarie del [T.U.] e dell'Accordo interconfederale del 2011 e del Protocollo del 31 maggio 2013, che abbiano, nell'ambito di applicazione del contratto collettivo nazionale di lavoro, una rappresentatività non inferiore al 5%, considerando a tal fine la media fra il da-

[27] L'accordo precisa che: «per la validità della consultazione è necessaria la partecipazione del 50% più uno degli aventi diritto al voto. L'intesa è respinta con il voto espresso dalla maggioranza semplice dei voti».

to associativo (percentuale delle iscrizioni certificate) e il dato elettorale (percentuale voti ottenuti su voti espressi)»; alla raccolta dei due dati e alla relativa «ponderazione», tuttora da realizzare, provvede l'Inps [28]. B) I contratti collettivi nazionali, «sottoscritti formalmente dalle organizzazioni sindacali che rappresentino almeno il 50% + 1 della rappresentanza, come sopra determinata, previa consultazione certificata delle lavoratrici e dei lavoratori, a maggioranza semplice, le cui modalità saranno stabilite dalle categorie per ogni singolo contratto», vincoleranno «entrambe le parti» e troveranno «applicazione [...] all'insieme dei lavoratori e delle lavoratrici», oltre a essere «pienamente esigibili per tutte le organizzazioni aderenti alle parti firmatarie del [T.U.]».

Dunque, ad essere disciplinato è il potere di stipulare il contratto collettivo e la conseguente efficacia dell'atto. Se le regole sono inedite, i problemi che ne scaturiscono non lo sono per nulla.

Eventualmente la consapevolezza delle parti sociali della necessità di siffatte regole non è stata tale da far maturare il consenso intorno a un intervento legislativo. Invero, al riguardo le posizioni delle parti sociali sono state differenziate, ma hanno prevalso, ancora una volta, l'antica diffidenza verso l'intervento eteronomo e il favore per la soluzione autonoma. Vien da chiosare, nonostante tutto: perché, oggi più che mai, la soluzione scelta rivela importanti limiti intrinseci.

Gli abituali intrinseci limiti dello schema privatistico

Tanto l'Accordo di giugno 2011 e il Protocollo di maggio 2013 quanto il T.U. del gennaio 2014 hanno natura contrattuale. Sicché, anch'essi, sul piano giuridico, dovranno continuare a fare i conti con l'anomia del nostro diritto sindacale e, di conseguenza, essere interpretati secondo lo schema prevalente, ossia quello privatistico. Ne consegue che l'efficacia prodotta dai contratti collettivi sarà sempre "relativa", non potrà mai prodursi *ultra partes*. Quanto sul punto dichiarato espressamente dalle parti sociali – efficacia nei riguardi di tutto il personale «in forza» (per il contratto aziendale) o dell'«insieme delle lavoratrici e dei lavoratori» (per il contratto nazionale) – è irrilevante, giacché non sono le parti a potersi dare ciò che non hanno, ossia un diverso valore giuridico alle proprie dichiarazioni, comunque da leggere e interpretare secondo il suddetto schema privatistico.

Vero è che sono valorizzati profili procedurali, dai quali potrebbe scaturire un ampliamento dell'ambito di efficacia dei contratti, come la stipula da parte delle RSU, organismi unitari a base elettiva (per il contratto aziendale) o la diretta consultazione dei lavoratori (per il contratto nazionale). Tuttavia – come già osservato (cfr. il par. 10 di questo cap.) – questi profili, se non sono certo da sottovalutare, in ogni caso non riescono a garantire l'efficacia generale del

---

[28] Come indicato dall'accordo interconfederale del 4 luglio 2017, che ha modificato l'originaria previsione del T.U. secondo cui alla raccolta del dato elettorale e alla sua ponderazione col dato degli iscritti avrebbe dovuto provvedere il Cnel. L'Inps è tenuta a procedere a tale ponderazione «determinando la media semplice fra la percentuale degli iscritti (sulla totalità degli iscritti) e la percentuale dei voti ottenuti nelle elezioni delle r.s.u. sul totale dei votanti, quindi, con un peso del 50% per ciascuno dei due dati». In proposito, v. la già citata "convenzione" tra Inps, Ispettorato del lavoro, Confindustria, Cgil, Cisl e Uil del 19 settembre 2019 (cfr. cap. III, par. 4.3).

contratto, perché ne resteranno pur sempre fuori quanto meno coloro che non sono iscritti ad alcun sindacato e sono rimasti estranei all'elezione della RSU o alla consultazione dei lavoratori.

In breve, il problema della solidità giuridica di un contratto collettivo che regola le relazioni di lavoro in contesti di difficoltà economica, dove è più che probabile il dissenso di singoli e gruppi, non appare superato. Ed è, con ogni evidenza, "il" problema da risolvere: la vicenda Fiat lo ha mostrato in maniera nitida. Al tal fine è evidentemente indispensabile un potere sindacale dalla piena legittimazione democratica e dall'adeguata veste giuridica: in grado di produrre regole che vincolino *tutti* gli interessati e che, *in primis*, *tutti* gli interessati sentano proprie. Appare quindi ineludibile un intervento di stampo legislativo, come d'altro canto sempre più si tende a sostenere in dottrina (cfr. Zoppoli L., Zoppoli A., Delfino 2014) e, da qualche anno, anche in parte significativa del panorama sindacale (v. in particolare la Carta dei diritti universali del lavoro della Cgil, del 2016). Il che, beninteso, non significa escludere l'autonomia collettiva dalla regolazione in parola. Secondo quanto mostrano – sia pur in relazione ad altri circoscritti ambiti – molte positive esperienze del passato, è anzi auspicabile l'inverso, cioè un'interazione tra autonomia ed eteronomia.

Il sistema sindacale dall'unità di azione all'unità procedurale: il criterio maggioritario

A queste osservazioni si potrebbe, invero, obiettare che le parti sociali, in tutti gli accordi in parola, abbiano puntato a rivitalizzare il circuito dell'effettività: allo scopo di ritrovare, attraverso le nuove regole, la capacità di "governare" le relazioni di lavoro. L'obiezione sarebbe tutt'altro che peregrina. Il fatto è che, come si diceva, tali regole, nella loro più volte sottolineata importanza, individuano "procedure" per la stipulazione del contratto collettivo, giacché le parti sociali, spontaneamente, non riescono più a ritrovare quell'"unità di azione" che, in passato, le aveva sovente condotte a concludere i contratti. In breve, l'Accordo del 2011, il Protocollo del 2013 e, infine, il T.U. sulla rappresentanza del 2014 delineano un'*unità procedurale* proprio per compensare il venir meno dell'unità di azione, che per decenni ha, in sostanza, costituito il succedaneo delle regole *ad hoc* previste, sinora inutilmente, dal Costituente (art. 39, seconda parte). In particolare, la condivisione di regole formali di misurazione della rappresentatività attraverso la combinazione del dato associativo e del dato elettorale è funzionale al criterio decisionale della maggioranza e dei conseguenti vincoli per dissenso e minoranza. Sicché, la dimensione dell'effettività, oltre a riproporre i problemi già in passato incontrati, desta ora nuove perplessità. È infatti da verificare se l'unità procedurale, *espressamente incentrata sul criterio maggioritario*, consenta alle grandi confederazioni di riacquistare, nelle attuali complesse realtà produttive, la capacità di creare consenso e di regolare le relazioni di lavoro che, nei decenni scorsi, aveva ad esse procurato il "riconoscimento" della controparte quale interlocutore del sistema sindacale di fatto. Le regole procedurali ridefiniscono il ruolo di soggetti individuali e collettivi: una stagione sindacale radicalmente nuova. E non v'è da stupirsi delle difficoltà incontrate dall'implementazione di dette discipline, legate soprattutto all'annosa e delicata questione della misurazione della consistenza rappresentativa (iscritti e voti) dei sindacati.

Il rilancio del T.U. del 2014 nel c.d. Patto della fabbrica del 2018 e il problema della rappresentatività datoriale

Comunque il T.U. del 2014 è stato rilanciato dall'accordo interconfederale del 9 marzo 2018 (c.d. Patto della fabbrica), dove è espressamente considerato: a) «pilastro delle relazioni industriali»; b) «presupposto per l'eventuale definizione di un quadro normativo in materia», facendo evidentemente riferimento a un possibile intervento legislativo che lo recepisca[29]. E l'accordo interconfederale del marzo 2018 – come già detto nel cap. V par. 3 – ha dato espresso rilievo pure ai problemi dell'indebolimento della rappresentatività dei datori di lavoro – sottolineando la necessità della misurazione anche di essa – e della perimetrazione dei contratti collettivi, con l'obiettivo di combatterne la moltiplicazione. Questi problemi, come già segnalato negli ultimi anni via via crescenti in conseguenza di generali trasformazioni economico produttive e sociali, s'intrecciano con le difficoltà del "reciproco riconoscimento" tra le principali confederazioni dei lavoratori e datoriali, accentuando le spinte disaggreganti sul sistema contrattuale. Al riguardo è da segnalare l'art. 16-*quater*, del d.l. 16 luglio 2020, n. 76, conv. con l. 11 settembre 2020, n. 120, che, raccogliendo una proposta del Cnel, istituisce il "codice alfanumerico, unico per tutte le amministrazioni interessate", dei contratti collettivi nazionali di lavoro, con l'obiettivo di creare, attraverso il collegamento con altre banche dati, un'unica anagrafe, che consenta di ordinare le informazioni – dall'esatta delimitazione dei settori merceologici e produttivi all'effettiva consistenza rappresentativa di questo o di quel contratto collettivo – in modo da dare maggiore visibilità alla contrattazione collettiva e, più in generale, al sistema di relazioni sindacali[30].

Lo scenario descritto induce a non sopravvalutare ritorni della convergenza d'intenti tra Cgil, Cisl e Uil, come accaduto in occasione degli ultimi rinnovi dei CCNL dei metalmeccanici o della partecipazione dei sindacati alla normativa di contrasto al Covid-19: comunque vicende circoscritte rispetto all'entità e al carattere strutturale dei cambiamenti ricordati e delle pluridecennali esigenze agli stessi sottesi Ad esse, infatti, se ne affiancano eloquentemente altre, segnate da scelte divergenti, come il dibattito relativo alla legge sul "salario minimo" – oggi come noto al centro dell'attenzione – o lo sciopero generale del dicembre 2022, che hanno visto, entrambe, la Cisl schierata su posizioni opposte a quelle di Cgil e Uil. Il fatto è che il cd. sistema sindacale non può fondarsi su, e dipendere da, elementi deboli e contingenti (congiunture economiche negative, variazioni del quadro politico, trasformazioni delle organizzazioni produttive e del mondo del lavoro, livello di rappresentatività delle storiche confederazioni tanto dei lavoratori quanto datoriali, tensioni interne

[29] Va inoltre aggiunto che nell'accordo si sottolinea anche la necessità di una misurazione della rappresentatività anche datoriale (al riguardo, *amplius*, cfr. cap. V, par. 3).

[30] In virtù dell'art. 17, l. 30 dicembre 1986, n. 936, il Cnel – come si sa – da tempo raccoglie ed archivia i CCNL a fini conservativi e pubblicitari. L'art. 16-*quater*, d.l. 76/2020 prevede ora che, in sede di acquisizione, al contratto il Cnel attribuisca il predetto codice. Come si legge nella relazione illustrativa del disegno di legge presentato dallo stesso CNEL, la novità mira, tramite il collegamento dell'archivio con altre banche dati, anzitutto di quella dell'Inps (anch'essa, per i compiti dell'Istituto in materia di contribuzione, funzionale ad analoghe esigenze di catalogazione), a definire una sorta di carta d'identità dei contratti, con l'indicazione dei sindacati stipulanti e del campo di applicazione e, quindi, dei lavoratori e datori di lavoro coinvolti.

tra le grandi confederazioni sindacali, mutamenti dei rapporti con la controparte, peculiarità delle situazioni di riferimento e via dicendo); ha invece bisogno di solidità, perché di solidità hanno bisogno le relazioni di lavoro e, più in generale, le relazioni economiche e sociali. Al riguardo l'insistenza – anche nei giorni in cui si scrive – della Cgil nella richiesta di un intervento legislativo di regolazione della rappresentatività è assai significativo.

La c.d. esigibilità del contratto collettivo

Tornando al quadro delineato dalle parti sociali vi è infine un ultimo punto da sottolineare, speculare alla centralità del criterio maggioritario. Tanto nell'Accordo del 2011 e nel Protocollo del 2013 quanto, ancor più, nel T.U. del 2014 eloquentemente si dà ampia importanza alla c.d. *esigibilità* del contratto collettivo. Ciò è significativo. L'esigibilità mira ad assicurare l'applicazione delle regole contrattuali: in questa ottica esprime anzitutto – si badi bene – un "obbligo di pace sindacale", cioè un impegno a non scioperare per manifestare il dissenso, *come tale rivolto in primo luogo alla minoranza, che non ha firmato l'accordo*. E il T.U., rafforzando quanto già contenuto nel Protocollo del 2013 in relazione al contratto collettivo nazionale, oltre a insistere sul profilo sanzionatorio e – nell'attesa dell'intervento dei contratti di categoria (a cui è rimessa la specifica disciplina della materia) – a introdurre una regolazione transitoria (incentrata su una procedura arbitrale da svolgersi a livello confederale), istituisce una «Commissione interconfederale permanente» con lo scopo di favorire e monitorare l'attuazione del T.U. nonché di «garantirne l'esigibilità».

L'effettività alla ricerca di sé stessa

Al di là delle difficoltà dell'inquadramento dell'obbligo di pace – che rimanda alla delicata questione della titolarità del diritto di sciopero e dal quale deriva almeno un dovere di non promuovere azioni di autotutela, in capo alle organizzazioni stipulanti, e "d'influenza", in capo alle stesse ma nei confronti delle proprie articolazioni organizzative e dei propri iscritti (v. *amplius* il successivo cap. VIII, par. 2) –, l'esigibilità indica palesemente la preoccupazione della difficoltà di aggregare consenso. In sostanza, indica proprio come l'effettività sia, oggi, alla ricerca di sé stessa.

15. Il contratto collettivo "di prossimità": i radicali dubbi di legittimità costituzionale

Il caso Fiat, unitamente alle pressioni a livello europeo, ha spinto anche il legislatore a disciplinare il potere di stipulare il contratto collettivo, ma solo in una sua particolare versione e con un intervento assai discutibile per varie ragioni. Segnatamente, proprio la necessità di un'adeguata soluzione giuridica, in quanto a poteri ed efficacia del contratto collettivo aziendale, ha indotto il legislatore a intervenire a ridosso dell'accordo interconfederale del giugno 2011. Piuttosto a sorpresa, almeno per la storia del nostro diritto sindacale, ciò è avvenuto senza alcun coordinamento con quanto prodotto dalle parti sociali; anzi, con il loro dissenso.

La disciplina de contratto collettivo "di prossimità"

Nell'agosto del 2011, con l'art. 8 del d.l. 138 (convertito con modificazioni dalla l. 148/2011; da ora, art. 8), viene introdotta la nuova figura del contratto collettivo «di prossimità»: ossia di livello territoriale o aziendale. In sintesi vengono previsti: 1) i soggetti legittimati alla stipulazione, ossia le associazioni dei lavoratori comparativamente più rappresentative sul piano nazionale o territoriale ovvero «le loro rappresentanze sindacali operanti in azienda ai sensi della normativa di legge e degli accordi interconfederali vigenti»; 2) la necessaria sottoscrizione «sulla base di un criterio maggioritario» (non meglio definito); 3) le specifiche finalità (maggiore occupazione, qualità dei contratti di lavoro, adozione di forme di partecipazione dei lavoratori, emersione del lavoro irregolare, incrementi di competitività e di salario, gestione delle crisi aziendali e occupazionali, investimenti e avvio di nuove attività); 4) le materie, comprensive di buona parte del diritto del lavoro (v. specialmente il riferimento alla «disciplina del rapporto di lavoro»: co. 2, lett. *e*); 5) il potere di derogare alle disposizioni di legge e alle regole del ccnl, nel rispetto della Costituzione e dei vincoli derivanti dalle normative comunitarie e dalle convenzioni internazionali, nonché l'efficacia «nei confronti di tutti i lavoratori interessati», quindi *ultra partes*.

I dubbi di legittimità costituzionale

Sembrerebbe di essere, finalmente, dinanzi a regole *ad hoc* per una figura di contratto collettivo. Il condizionale è d'obbligo perché, se in questione non è la natura del potere su cui esse si fondono (di carattere legislativo), riguardo alla sua legittimità forti e tanti sono i dubbi sollevati da quasi l'intera dottrina, in relazione vuoi all'efficacia generale vuoi al potere di deroga rispetto a gran parte del diritto del lavoro. Più precisamente, si sono avanzati dubbi in relazione: a) all'art. 3 Cost. per violazione del principio di eguaglianza, consentendo l'art. 8 una aprioristica diversificazione delle regole dei rapporti di lavoro da azienda ad azienda e da territorio e territorio; b) all'art. 39 Cost., sia per violazione del principio di libertà sindacale, sia per la difformità della disciplina di attribuzione dell'efficacia *ultra partes* al contratto di prossimità rispetto a quella contemplata dai co. 2, 3 e 4, della norma costituzionale; c) all'art. 117, co. 2, lett. *m*, Cost., per violazione della garanzia dei «livelli essenziali delle prestazioni concernenti i diritti [...] sociali che devono essere garantiti su tutto il territorio nazionale».

È opportuno ricordare, anche per il rilievo più generale del punto, che deboli appaiono le difese del contratto di prossimità contro la valenza "negativa" dell'art. 39, co. 2-4, incentrate sull'espressa delimitazione di questi commi al solo contratto (nazionale) «di categoria». A parte la considerazione secondo la quale il riferimento letterale va storicamente contestualizzato, la necessità di una solida legittimazione democratica del potere sindacale, inevitabilmente in conformità alle previsioni del Costituente, discende anzitutto dalla tutela dell'individuo apprestata, in generale, dall'art. 2 della Carta costituzionale e, specificamente, per chi presta lavoro, dal co. 1 dello stesso art. 39 (che, appunto, deve essere circoscritto necessariamente secondo le previsioni dei suddetti co. 2-4).

V'è da dire che la norma è già stata sottoposta al giudizio della Corte costituzionale. Una prima volta, però, per un aspetto estraneo alle numerose critiche ad essa rivolte dalla dottrina, ossia per violazione dell'art. 117, co. 3, Cost., in relazione alle competenze legislative regionali in materia di tutela e sicurezza del lavoro: in questa circostanza la Consulta ha dichiarato non fondata la questione[31]. Una seconda volta invece in riferimento agli artt. 2 e 39 Cost., ma in tale occasione la Corte, muovendo da una puntuale ricostruzione della disciplina della fattispecie, ha dichiarato inammissibile la questione per insufficiente motivazione circa la sua rilevanza nel giudizio *a quo*[32].

Il "congelamento"

Spostandosi su un altro piano, è assai significativo che le parti sociali abbiano "congelato" l'art. 8 con una «postilla» inserita nell'Accordo interconfederale del 2011, in sede di ratifica, il 21 settembre 2011: ribadendo che «le materie delle relazioni industriali e della contrattazione sono affidate all'autonoma determinazione delle parti» e, di conseguenza, impegnandosi «ad attenersi» a tale accordo. In questi anni – il che è senza dubbio indicativo – la norma ha avuto applicazione ridotta e di scarsa rilevanza, benché sia possibile che la stipulazione degli accordi non sempre sia avvenuta in modo chiaro e sia risultata facilmente rilevabile.

Il problema del rapporto tra legge e contratto collettivo

Tuttavia, v'è al contempo da osservare come l'art. 8 mostri, in modo evidente, le carenze strutturali del nostro diritto sindacale di fronte alla "contemporaneità": sintetizzabili negli annosi nodi della rappresentanza sindacale e dell'efficacia del contratto collettivo, per la prima volta nell'esperienza post-costituzionale regolati dal legislatore. Da tale punto di vista, la norma (o meglio, la vicenda Fiat) ha messo a nudo la necessità di un qualche solido e adeguato binario legislativo su cui l'attività sindacale, nelle sue molteplici espressioni, possa più agevolmente e solidamente esprimersi: necessità divenuta impellente dinanzi alla crescente complessità socio-economica e alla crisi del "reciproco riconoscimento", architrave del c.d. sistema sindacale "di fatto". Nel nuovo contesto socio-economico e sindacale, il tradizionale rapporto legge-contratto collettivo all'insegna del principio della inderogabilità "unilaterale", ovvero solo a favore del lavoratore, risulta probabilmente troppo rigido e non agevola la definizione degli interessi in gioco. In sostanza l'art. 8 ha posto al centro dell'attenzione la derogabilità *in peius* della legge da parte dell'autonomia collettiva in seno a una riscrittura delle fondamentali regole del diritto sindacale. Ciò, beninteso, non implica lo svuotamento del contratto collettivo nazionale, che conserva viceversa intatto il ruolo di "cornice" normativa nella quale inserire poi le necessarie variazioni, legate a specifici territori e realtà organizzativo-produttive, secondo quanto delineato dal Costituente.

Il c.d. comma "salva Fiat"

Infine merita di essere ricordato il co. 3 dell'art. 8, eloquentemente denominato comma "salva Fiat". Esso mira, in modo pressoché esplicito, a risolvere i suindicati problemi concernenti gli accordi aziendali Fiat sottoposti (nel giugno 2010 e nel gennaio 2011) a referendum e approvati, sì, dalla maggioranza dei lavoratori, ma non con un consenso tale da assicurarne l'effettivo rispetto. Il co. 3 prevede, appunto, che i contratti collettivi aziendali, «approvati e sottoscritti prima dell'accordo interconfederale del 28 giugno 2011 tra le parti sociali, sono efficaci nei confronti di tutto il personale delle unità produttive cui il contratto stesso si riferisce a condizione che sia stato approvato con votazio-

---

[31] Corte cost. 221/2012.

[32] Corte cost. 52/2023.

ne a maggioranza dei lavoratori». Anche questa disposizione appare seriamente in contrasto con alcuni principi costituzionali: nel suo carattere "particolare", con il principio di eguaglianza (art. 3), e, in quanto influente su eventuali precedenti giudizi, con il diritto di difesa (art. 24).

In conclusione, i descritti sviluppi: a) da un lato, confermano fortemente l'esigenza di regole legislative sugli snodi fondamentali del potere sindacale, dinanzi a un quadro normativo ibrido, già di per sé claudicante, e ormai privo dell'asse portante costituito dall'effettività; b) dall'altro lato, forniscono regole giuridicamente deboli: sia perché anch'esse, inevitabilmente inquadrate nello schema privatistico, continuano a presentare antiche inadeguatezze, sia perché le nuove soluzioni appaiono osteggiate dalle parti sociali e, ancor prima, in contrasto con il disegno costituzionale.

16. L'articolazione funzionale del contratto collettivo e gli *escamotages* sull'efficacia *ultra partes*

Concluso il percorso storico con l'esame, in pratica, dell'attualità, è il caso di riprendere un versante dell'analisi prima solo accennato per non interrompere il filo del discorso.

Si è in precedenza sottolineato come l'ampliamento dell'attività svolta dal sindacato, soprattutto dagli anni '70 in poi, abbia avuto un'evidente e immediata ripercussione sui contenuti dei contratti collettivi, estesisi – si badi bene – *oltre la tradizionale funzione normativa, di regolazione dei rapporti individuali di lavoro*. Ciò è avvenuto su una pluralità di piani.

L'articolazione funzionale del contratto collettivo

In linea generale v'è da dire che, negli anni, sono via via divenuti più numerosi i rinvii legislativi che hanno legittimato la contrattazione collettiva, oltre che a integrare, pure a derogare al precetto legale in relazione a questo o a quel segmento di disciplina (in materia di: lavoro femminile, orario di lavoro, mutamento di mansioni, nozione di retribuzione ai fini del TFR, criteri di scelta dei lavoratori da licenziare, trasferimento d'azienda, ecc.) o a questa o a quella figura contrattuale cc.dd. flessibile, diversa dalla classica fattispecie a tempo pieno e indeterminato (contratto a termine, part-time, contratti con finalità formative, somministrazione, lavoro intermittente, *job sharing*). Rinvii, nel tempo, mutati: talvolta ampliando, talaltra restringendo lo spazio del contratto collettivo.

Menzione a sé meritano gli interventi di delimitazione del potere organizzativo del datore di lavoro, in riferimento ai quali, di conseguenza, il contratto collettivo ha assunto la denominazione di "gestionale" (ad es., nell'ambito della normativa sulla cassa integrazione guadagni o sui licenziamenti collettivi).

Altra peculiarità si rinviene nella disciplina dello sciopero nei servizi essenziali (l. 146/1990), dove la regolamentazione di rilevanti profili è rimessa agli accordi sindacali, in primo luogo le cc.dd. prestazioni indispensabili da assicurare in caso di sciopero; accordi sottoposti poi al vaglio della Commissione di garanzia per l'attuazione della legge, dalla stessa istituita (v. cap. VIII par. 7), che ne valuterà l'idoneità a contemperare i diritti della persona costituzionalmente garantiti con il diritto di sciopero, finalità dell'intera l. 146/1990.

Ed ancora, in relazione alla normativa europea, si ritrova un'altra specifica figura di contratto collettivo. Della contrattazione collettiva europea già si è parlato (v. cap. II par. 11). Qui ad assumere rilievo è l'ipotesi prevista dall'art. 153 co. 3 del Trattato sul funzionamento dell'Unione europea (TFUE), ove è contemplata la possibilità, da parte di uno Stato nazionale, di «affidare alle parti sociali, a loro richiesta congiunta, il compito di mettere in atto le direttive»: in questo caso, quindi, al contratto collettivo sarebbe rimessa l'attuazione di una direttiva dell'Unione.

Diffusa è l'opinione secondo cui l'estensione dei contenuti avrebbe determinato un'articolazione funzionale del contratto collettivo, al quale, in molte nelle ipotesi indicate, sarebbe attribuito il compito di adottare regole che incidono solo indirettamente sui rapporti di lavoro, intervenendo anzitutto su altre materie, come il mercato del lavoro, il potere di gestione dell'organizzazione, i servizi essenziali. In effetti, se è vero che anche in questo caso non viene meno il carattere "normativo" rispetto alla relazione di lavoro – come taluno sostiene negando una sostanziale specificità delle figure contrattuali in parola – è altrettanto vero che, sovente, le fattispecie considerate presentano, dal punto di vista tanto fattuale quanto giuridico, tratti singolari, che ne spiegano un'autonoma considerazione.

L'abituale problema dell'efficacia soggettiva

Anche da quest'angolazione, per molte se non tutte le figure ricordate si è riproposta, puntuale, la questione dell'efficacia soggettiva generale del contratto collettivo, resa più pressante dal fatto che a essa si accompagna il carattere non "acquisitivo" bensì "ablativo" di tutele o "concessivo" di particolari prerogative al datore; anzi in alcuni casi, oltre agli abituali interessi (peraltro connotati dall'indivisibilità: si pensi all'ipotesi dei criteri di scelta dei lavoratori da licenziare), ve ne sono in gioco ulteriori, come l'interesse dell'utenza nella disciplina dello sciopero nei servizi essenziali, l'interesse generale all'occupazione nella regolazione dei lavori flessibili. Nondimeno la questione dell'efficacia *ultra partes* continua a non essere mai né menzionata né, tanto meno, regolata dal legislatore.

La soluzione della "norma delegata"

Nel tempo, dottrina e giurisprudenza, pure a livello costituzionale, si sono impegnate a fornire al riguardo risposte specifiche e soddisfacenti. In qualche caso gli argomenti addotti sono anche tra di essi intrecciati.

Quello probabilmente più ricorrente fa perno sull'origine del potere del contratto collettivo: per il quale si rinviene un'efficacia derivata, nel senso che la norma "delegata" (del contratto) non potrebbe non avere la stessa efficacia della norma delegante (della legge). Talvolta viene data importanza alla selezione dei soggetti collettivi legittimati a negoziare, selezione peraltro nelle diverse ipotesi legislative non omogenea (stesso discorso per i livelli contrattuali interessati). Centrale risulta comunque la considerazione secondo cui i contratti in parola, essendo diversi da quello tradizionale di carattere "normativo", sarebbero estranei alla disciplina dell'art. 39, co. 2-4, Cost., e quindi "sfuggirebbero" alla sua valenza negativa[33]. Queste argomentazioni, però, non hanno

---

[33] Emblematica, in proposito, è Corte cost. 344/1996 per i contratti collettivi concernenti rapporti di lavoro flessibile, come il part-time o il contratto a termine.

incontrato il favore di tutta la dottrina. A parte ogni altra considerazione, si è osservato, in verità comprensibilmente, come non vi sia ragione, né formale né sostanziale, per sottrarre il potere esercitato dai contratti collettivi, nelle ipotesi di rinvio legislativo, alle indicazioni dell'art. 39 Cost. Insoddisfacente, in proposito, è il tentativo di superare il problema valorizzando, là dove possibile, la selezione dei soggetti negoziali legittimati, perché nei rinvii il legislatore non va oltre il riferimento al sindacato *maggiormente rappresentativo*: tecnica non idonea a sostenere una legittimazione democratica, verificata e trasparente, come invece richiesto dal Costituente. Considerazione che può senz'altro estendersi anche al criterio della stipulazione da parte dei sindacati *comparativamente più rappresentativi*. Questo criterio, sorto negli anni '90 per selezionare "un" contratto collettivo nell'ipotesi di coesistenza di due o più contratti in uno stesso ambito – ossia sul piano oggettivo e in una logica appunto di comparazione – al fine di arginare il già menzionato fenomeno dei contratti collettivi cc.dd. pirata (stipulati dal datore con soggetti sindacali privi di una reale rappresentatività: con il vantaggio, per i datore, di conseguire il trattamento normativo previsto, per il sindacato di ottenere il riconoscimento contrattuale), nel tempo è stato sempre più utilizzato dal legislatore per individuare i sindacati legittimati a sottoscrivere un determinato contratto collettivo o a svolgere una specifica attività, quindi soltanto in chiave soggettiva e a prescindere dalla funzione comparativo-selettiva: senza alcuna distinzione, e particolare utilità, rispetto al criterio della maggiore rappresentatività. Inoltre, dal d.lgs. 276/2003 in poi, si ritrova sovente introdotto dalla preposizione semplice in luogo di quella articolata ("da" e non "dai" sindacati comparativamente più rappresentativi), sì da ridurre la sua portata selettiva e legittimare i cc.dd. accordi separati. Ampliando poi il discorso ai livelli contrattuali, v'è da notare che l'art. 51 del recente d.lgs. 81/2015, in relazione a più d'una ipotesi normativa (in materia di mansioni, contratto a termine, somministrazione, lavoro part-time), attribuisce potere di deroga rispetto alla tutela legale finanche al contratto aziendale stipulato (non solo dalla RSU, ovvero dall'organismo di rappresentanza unitaria, ma) anche, semplicemente, da una RSA, sia pure soltanto se riconducibile ad associazioni sindacali comparativamente più rappresentative sul piano nazionale: requisito, quest'ultimo, volto evidentemente a garantire la genuinità del soggetto sindacale, ma non certo sufficiente ad attenuare le perplessità in ordine all'attribuzione di un potere di deroga a un organismo sindacale espressione parziale degli interessi dei soggetti potenziali destinatari della stessa deroga.

... il sindacato maggiormente rappresentativo

... e comparativamente più rappresentativo

... in particolare nell'art. 51 del d.lgs. 81/2015

Né appare più convincente la tesi, riferita in questo caso alla figura del contratto collettivo gestionale, secondo cui esso regolerebbe, non i rapporti di lavoro, bensì il potere datoriale, al quale poi sarebbe da ricollegare l'effetto sui rapporti di lavoro, solo quindi indirettamente interessati dal contratto collettivo. Anche questa tesi trova il sostegno della Corte costituzionale, che, sia pure combinandola con quella prima esaminata (dell'efficacia derivata dalla legge), ha così considerato legittimo l'art. 5, l. 223/1991[34], che appunto attribuisce al contratto collettivo il compito di individuare i criteri di scelta dei lavoratori da licenziare

Il contratto collettivo c.d. gestionale

---

[34] Corte cost. 268/1994.

collettivamente (sull'argomento v., *amplius*, cap. XIV par. 12). Neanche tale ragionamento, per la verità, convince. Nella misura in cui il potere datoriale diviene centrale per spiegare l'efficacia nei confronti di tutti i lavoratori interessati (e non solo degli iscritti ai sindacati che lo hanno stipulato), risulta decisivo appurare se esso sia "libero" oppure soggetto a limiti: nel primo caso *nulla quaestio*; non così nel secondo, perché evidentemente i limiti previsti dovranno essere osservati e se, ove possibile, il contratto collettivo li rimuove, si pone giocoforza la questione della sua efficacia soggettiva. Il citato art. 5, l. 223/1991 rientra nel secondo caso, giacché esso stesso prevede criteri di scelta dei lavoratori da licenziare, sia pure suppletivi, ma, proprio in quanto tali, destinati a non trovare applicazione soltanto per i lavoratori nei confronti dei quali il contratto collettivo è efficace.

Il contratto collettivo nella l. 146/1990

Argomentazioni analoghe la Corte costituzionale ha sviluppato a proposito del contratto collettivo di determinazione delle prestazioni indispensabili da garantire da parte chi sciopera nei servizi essenziali. La Consulta ha escluso la violazione dell'art. 39, co. 4, Cost. perché ha rinvenuto in un atto datoriale, il regolamento di servizio, «la fonte diretta dell'obbligo dei lavoratori di effettuare le prestazioni»[35]. Anche in questa ipotesi la decisione appare debole: sia perché, pure per la fattispecie in esame, è quanto meno dubbio che il potere sia "libero", giacché esso incide sul fondamentale diritto di sciopero; sia perché, ancor prima, sovente le prestazioni indispensabili sono direttamente definite dal contratto collettivo, anche di livello nazionale, e il regolamento di servizio non ha alcun rilievo. Piuttosto, nella l. 146/1990 vi è un altro profilo idoneo a superare i dubbi di legittimità in parola, profilo considerato dalla Corte, ma non in via prioritaria nella citata pronuncia del 1996, bensì valorizzato in una successiva decisione[36]. Il profilo è quello "procedimentale", in virtù del quale il contratto è destinato a combinarsi con la valutazione della Commissione di garanzia, atto amministrativo che ne deve giudicare l'idoneità a contemperare il godimento dei diritti della persona costituzionalmente garantiti con il diritto di sciopero: i due atti si combinano, dando origine a una specifica "fonte", che produce il vincolo a garantire le prestazioni indispensabili nei confronti di tutti i lavoratori interessati.

Il contratto collettivo di attuazione di direttiva dell'UE

Solo la dottrina ha invece affrontato il problema del contratto collettivo di attuazione di una direttiva dell'Unione europea, sinora rimasto sulla carta. La questione è da collocare all'incrocio tra l'ordinamento nazionale e quello appunto europeo. Non a caso si è provato a sottrarla all'art. 39, co. 2-4, in ragione della primazia del secondo ordinamento. Pure a tal riguardo, esistono dubbi, non foss'altro perché detti commi, come sappiamo, sono legati a stretto giro di vite al co. 1 della stessa norma costituzionale, principio fondamentale ineludibile.

L'efficacia soggettiva del contratto collettivo tra *escamotages* ed effettività

Queste considerazioni sull'articolazione dei contenuti del contratto dovrebbero essere sufficienti a spiegare perché, ad avviso di più di un autore, l'efficacia generale del contratto collettivo con funzioni diverse da quella tradizionale finisca per reggersi su *escamotages* anziché su una convincente e solida legittimazione democratica. Cercando anch'essa poi, in concreto, la necessaria

---

[35] Corte cost. 344/1996.

[36] Sent. 180/2018, nella quale la Consulta fa riferimento ai codici di autoregolamentazione di cui all'art. 2-*bis* della legge – oggetto del giudizio – ma con affermazioni estensibili ai contratti collettivi.

forza regolativa nell'interazione tra ordinamento statuale e ordinamento sindacale, ossia sul piano dell'effettività. E quando ciò ha buon esito comunque non risolve, di per sé, la questione del fondamento del potere contrattuale, evidentemente da porsi in una logica di democrazia, pure qualora il dissenso non raggiunga sufficiente voce.

17. La specificità del contratto collettivo nel lavoro pubblico

Art. 97 Cost. e regole peculiari della contrattazione collettiva

Un altro ambito dove il contratto collettivo ha esteso la sua presenza è il lavoro alle dipendenze delle pubbliche amministrazioni: un'intera area del lavoro subordinato contraddistinta dalla particolare natura del datore di lavoro, la cui attività deve anzitutto ispirarsi ai principi di imparzialità e buon andamento, indicati dall'art. 97, co. 2, Cost. L'estensione è, per la precisione, avvenuta a pieno titolo con la c.d. privatizzazione, realizzata dal d.lgs. 29/1993 (poi trasfuso, con le modifiche e integrazioni apportate da più di un provvedimento normativo, nel d.lgs. 165/2001, ora vigente), approdo di un lento cammino, iniziato negli anni '60.

Come si ricorderà, quest'area, in ragione dell'interesse pubblico perseguito dal datore di lavoro, ha sempre avuto regole peculiari; e benché dopo la privatizzazione anche il rapporto in parola sia in linea di principio disciplinato dalle norme sul lavoro nell'impresa, persistono alcune specificità. Il contratto collettivo – secondo quanto appena detto, pure in quest'area, in linea di principio "di diritto comune" – è uno degli istituti che tuttora ne presenta di più. Esse, previste dalla legge (più volte intervenuta) in particolare al fine di garantire omogeneità delle regole e controllo delle risorse finanziarie pubbliche, riguardano molteplici profili della contrattazione collettiva in generale: livelli, soggetti, oggetto, materie, procedure. Ovviamente non mancano le ricadute sull'efficacia del contratto collettivo.

I livelli

Cominciamo dai livelli della contrattazione. La legge prevede: il contratto collettivo nazionale, sottoscritto a livello di comparto[37] o di area[38], e il contratto collettivo (decentrato) integrativo, stipulato a livello di singole amministrazioni.

I soggetti

Per quanto concerne le amministrazioni è opportuna una serie di precisazioni. A) Il potere di stipulare il contratto collettivo nazionale ha fondamento nella legge ed è attribuito all'Agenzia per la rappresentanza negoziale delle pubbliche amministrazioni (Aran: art. 46, d.lgs. 165/2001). B) La legge istitui-

---

[37] Nel settore pubblico il comparto (e non la categoria) delinea l'ambito di efficacia del contratto collettivo nazionale. La legge prevede che possano esservi massimo quattro comparti definiti tramite appositi accordi tra l'ARAN e i sindacati rappresentativi (art. 40, co. 2, d.lgs. 165/2001). Il contratto collettivo quadro del 13/7/2016 ne prevede, oggi, quattro; ossia, comparto: 1) delle Funzioni centrali; 2) delle Funzioni locali; 3) dell'Istruzione e della ricerca; 4) della Sanità.

[38] L'area è l'ambito di efficacia del contratto collettivo nazionale per il personale dirigente.

sce i comitati di settore, istanze rappresentative delle amministrazioni pubbliche, alle quali attribuisce il potere di indirizzo nei confronti dell'Aran. Salve alcune ipotesi[39], il Presidente del Consiglio dei Ministri opera come comitato di settore tramite il Ministro per la pubblica amministrazione di concerto con il Ministro dell'economia e delle finanze. Al fine di salvaguardare le specificità delle diverse amministrazioni, gli indirizzi sono emanati sempre dal Presidente del Consiglio ma sentiti, per i rispettivi ambiti di competenza, il Ministro dell'istruzione, i direttori delle Agenzie fiscali, la Conferenza dei Rettori delle Università, le istanze dei Presidenti degli Enti di ricerca e degli Enti pubblici non economici o il Presidente del CNEL (art. 41, co. 3, d.lgs. 165/2001). C) È espressamente previsto che le amministrazioni pubbliche: c1) «adempiono agli obblighi assunti con i contratti collettivi [...] e ne assicurano l'osservanza nelle forme previste dai rispettivi ordinamenti» (art. 40, co. 4, d.lgs. 165/2001); c2) garantiscono «parità di trattamento contrattuale e comunque trattamenti non inferiori a quelli previsti dai rispettivi contratti collettivi» (art. 45, co. 2, d.lgs. 165/2001).

Per quanto riguarda invece il versante dei lavoratori è disposto quanto segue. A) Dal 1997 (d.lgs. 396) per i contratti di comparto o di area sono definite soglie per l'ammissione alle trattative – nella misura del 5%, quale media tra il dato associativo e il dato elettorale (relativo alla elezione delle rappresentanze unitarie del personale) rilevati entrambi nel comparto o nell'area – e soglie per la stipulazione – nella misura del 51%, come media tra i due suindicati dati, o almeno del 60% del dato elettorale, rilevati sempre nell'uno o nell'altro ambito (ora art. 43, co. 1 e 3, d.lgs. 165/2001)[40]. B) legittimati a stipulare il contratto integrativo sono le rappresentanze sindacali unitarie e, se previsto dagli accordi di cui all'art. 42, co. 6, d.lgs. 165/2001, i rappresentanti delle organizzazioni sindacali firmatarie del contratto collettivo nazionale (art. 42, co. 7, d.lgs. 165/2001).

L'efficacia soggettiva del contratto collettivo

Le ricadute di questo quadro normativo sull'efficacia del contratto collettivo sono piuttosto evidenti.

Il lettore noterà agevolmente che, anche in tale circostanza, il legislatore non ha attribuito espressamente efficacia *ultra partes* al contratto collettivo: ancora una volta il timore di imbattersi nell'art. 39, co. 2-4, ha prevalso. Piuttosto, si è preferito raggiungere lo stesso risultato per via indiretta. In primo luogo trami-

---

[39] È costituito un Comitato di settore nell'ambito della Conferenza delle Regioni che esercita i poteri di indirizzo per le Regioni, gli enti regionali, le amministrazioni del servizio sanitario nazionale. Un altro comitato di settore è costituito nell'ambito dell'Associazione nazionale Comuni italiani, dell'Unione delle Province d'Italia e dell'Unioncamere per le esigenze dei dipendenti degli Enti locali, delle Camere di Commercio e dei segretari comunali e provinciali (art. 41, co. 2).

[40] Soglie che, come si intuisce, hanno poi ispirato l'accordo interconfederale del 28 giugno 2011 e il protocollo del 31 maggio 2013 per il lavoro privato, in precedenza esaminati. L'art. 43, co. 1, d.lgs. 165/2001 prevede segnatamente che il «dato associativo è espresso dalla percentuale delle deleghe per il versamento dei contributi sindacali rispetto al totale delle deleghe rilasciate nell'ambito considerato»; mentre il «dato elettorale è espresso dalla percentuale dei voti ottenuti nelle elezioni delle rappresentanze sindacali del personale, rispetto al totale dei voti espressi nell'ambito considerato».

te il conferimento del potere negoziale all'Aran, che quindi vincolerà, esso sì, tutte le amministrazioni pubbliche. In secondo luogo attraverso gli specifici obblighi suindicati in capo alle stesse amministrazioni (artt. 40, co. 4, e 45, co. 2, d.lgs. 165/2001).

Quando la Corte costituzionale è stata chiamata a pronunciarsi sulla questione, l'ha rigettata, argomentando, «per un verso, dal vincolo di conformarsi [al contratto collettivo] imposto alle amministrazioni e, per l'altro, dal legame che avvince il contratto individuale al contratto collettivo»[41]: ha così escluso, sul piano formale, l'efficacia generale del contratto.

Merita di essere sottolineato che la pronuncia è antecedente al d.lgs. 967/1997 e quindi all'introduzione delle due suddette soglie relative alla partecipazione alle trattative e alla stipulazione del contratto collettivo. Per alcuni autori, infatti, tali novità hanno sensibilmente cambiato lo scenario: per l'esattezza, si è sostenuto che la regolazione del potere di stipulare il contratto collettivo anche dal lato dei lavoratori soddisfi «pienamente i principi fondamentali» dell'art. 39, co. 2-4 (Zoppoli L. 2009, p. 125) e, quindi, configuri una solida legittimazione democratica di questo potere. Accogliendo la tesi, l'efficacia *ultra partes* del contratto collettivo nel lavoro pubblico, benché ancora non esplicitamente statuita, acquisterebbe solidità, trovando, anche in relazione ai lavoratori, un idoneo fondamento giuridico.

... e l'efficacia oggettiva

Nel d.lgs. 165/2001 non si rinviene invece alcuna disposizione sull'efficacia oggettiva del contratto collettivo. Tuttavia, se in linea di principio vale quanto osservato per il lavoro "privato" a proposito dell'inderogabilità "unilaterale" (*in peius*) reale del contratto collettivo da parte del contratto individuale, dalla regola della parità di trattamento, qui – come già detto – espressamente prevista, evidentemente deriva che eventuali trattamenti più favorevoli per il lavoratore dovranno trovare origine in ragioni di carattere sostanziale e, in quanto tali, esser provvisti di motivazione.

Le procedure

Passando alle procedure negoziali relative al contratto nazionale, prima di ogni rinnovo contrattuale la Presidenza del Consiglio o i comitati di settore elaborano gli indirizzi per la contrattazione. Una volta raggiunta l'ipotesi di accordo, l'Aran deve acquisire il parere favorevole dei comitati di settore e del Governo e, successivamente, trasmettere l'ipotesi di accordo alla Corte dei Conti, che deve certificare l'attendibilità dei costi quantificati e la loro compatibilità con gli strumenti di programmazione e di bilancio. Nell'ipotesi in cui la verifica abbia esito negativo, l'Aran provvede alla riapertura delle trattative e alla sottoscrizione di una nuova ipotesi di accordo, a seguito della quale si riavvia la procedura di certificazione. I contratti collettivi nazionali sottoscritti sono pubblicati sulla Gazzetta ufficiale, sul sito dell'Aran e su quelli delle amministrazioni interessate.

Le materie

Con riferimento alle materie della contrattazione collettiva, accanto alla competenza *esclusiva* in merito al trattamento economico – con la specifica previsione della caducazione automatica, al rinnovo del contratto collettivo, degli incrementi retributivi attribuiti da altri atti normativi – (art. 2, co. 3,

[41] Corte cost. 309/1997.

d.lgs. 165/2001), *sul piano generale* l'art. 40, co. 1, primo periodo, d.lgs. 165/2001 statuisce che «la contrattazione collettiva disciplina il rapporto di lavoro e le relazioni sindacali». È previsto al contempo che la regolamentazione di alcune materie sia *totalmente* preclusa alla contrattazione collettiva: si tratta delle materie attinenti all'organizzazione degli uffici, di quelle oggetto di partecipazione sindacale, di quelle afferenti alle prerogative dirigenziali, al conferimento e alla revoca degli incarichi dirigenziali, nonché delle materie di cui all'art. 2, co. 1, lett. *c*, l. 421/1992 (e cioè, fra le altre, le responsabilità giuridiche nell'espletamento di procedure amministrative; gli organi, gli uffici, i modi di conferimento della titolarità dei medesimi; i principi fondamentali di organizzazione degli uffici; i procedimenti di selezione per l'accesso al lavoro e di avviamento al lavoro). Invece, la regolamentazione di altre materie (sanzioni disciplinari, valutazione delle prestazioni ai fini della corresponsione del trattamento accessorio e mobilità) è preclusa soltanto *parzialmente* alla fonte negoziale, nel senso che la «contrattazione collettiva è consentita nei limiti previsti dalle norme di legge» (art. 40, co. 1, d.lgs. 165/2001).

Di particolare rilievo è l'art. 2, co. 2, sempre del d.lgs. 165/2001, che disegna un peculiare intervento di delegificazione a favore della contrattazione collettiva, statuendo che eventuali «disposizioni di legge, regolamento o statuto, che introducano o che abbiano introdotto discipline dei rapporti di lavoro la cui applicabilità sia limitata ai dipendenti delle amministrazioni pubbliche, o a categorie di essi, possono essere derogate nelle materie affidate alla contrattazione collettiva ai sensi dell'art. 40, co. 1, nel rispetto dei principi stabiliti dal presente decreto, da successivi contratti e accordi collettivi nazionali e, per la parte derogata, non sono ulteriormente applicabili».

I rapporti tra contratti collettivi di diverso livello

In coerenza con quanto l'autonomia collettiva prevede ormai da decenni nel settore privato, al contratto nazionale è inoltre affidata la competenza a disciplinare la struttura contrattuale, i rapporti tra i diversi livelli e la durata dei contratti collettivi nazionali e integrativi. A conferma del ruolo di primo piano assegnato al contratto nazionale e allo scopo di controllare la spesa a livello decentrato, la legge dispone che le pubbliche amministrazioni non possano sottoscrivere contratti integrativi in contrasto con i vincoli e con i limiti risultanti dai contratti collettivi nazionali o che disciplinano materie non espressamente delegate a tale livello negoziale ovvero che comportino oneri non previsti negli strumenti di programmazione annuale e pluriennale di ciascuna amministrazione. Nei casi di violazione di tali vincoli le clausole dei contratti integrativi sono nulle, non possono essere applicate e sono sostituite di diritto ai sensi degli artt. 1339 e 1419, co. 2, c.c.

Da segnalare, infine, la previsione di uno specifico potere unilaterale di intervento della pubblica amministrazione. Segnatamente, nel caso «in cui non si raggiunga l'accordo per la stipulazione di un contratto collettivo integrativo, qualora il protrarsi delle trattative determini un pregiudizio alla funzionalità dell'azione amministrativa, nel rispetto dei principi di correttezza e buona fede fra le parti, l'amministrazione interessata può provvedere, in via provvisoria, sulle materie oggetto del mancato accordo fino alla successiva sottoscrizione e prosegue le trattative al fine di pervenire in tempi celeri alla conclusione dell'accordo

[...]. I contratti collettivi nazionali possono individuare un termine minimo di durata delle sessioni negoziali in sede decentrata, decorso il quale l'amministrazione interessata può in ogni caso provvedere, in via provvisoria, sulle materie oggetto del mancato accordo» (art. 40, co. 3-*ter*, d.lgs. 165/2001).

18. La questione del contratto collettivo "fonte del diritto"

In via riassuntiva, v'è da porsi un ultimo interrogativo, sul quale spesso più di un autore ha soffermato l'attenzione. V'è da chiedersi, cioè, quale sia la natura del contratto collettivo nell'attuale ordinamento giuridico italiano. Se, tra gli studiosi come in giurisprudenza (finanche della Corte costituzionale[42]) è prevalente l'opinione che lo riconduce comunque alla categoria del contratto di diritto privato, non manca la tesi radicalmente diversa che lo inquadra tra le fonti del diritto, sia pure dai tratti peculiari, ossia tra le fonti *extra ordinem*.

Gli elementi a favore della natura di "fonte" del contratto collettivo

La questione certamente non è semplice. Nei limiti consentiti da queste pagine, si può osservare quanto segue.

A sostegno della natura di fonte del diritto militano molte delle caratteristiche su cui ci siamo in precedenza intrattenuti; segnatamente, la regolazione dall'esterno (eteronoma) del contratto individuale, le ipotesi di efficacia (soggettiva) *ultra partes* e l'efficacia (oggettiva) reale.

Va poi aggiunto che i dati di diritto positivo orientati nel medesimo senso negli ultimi anni sono aumentati.

Prima il d.lgs. 396/1997 – con innovazioni poi confluite negli artt. 63, co. 5, e 64, d.lgs. 165/2001 – per l'area del lavoro pubblico, poi il d.lgs. 40/2006 pure per il lavoro privato, hanno introdotto: 1) il ricorso per cassazione per violazione o falsa applicazione anche delle norme dei contratti collettivi e degli accordi nazionali (ora possibile quindi non più per violazione delle sole norme di diritto: art. 360, n. 3, c.p.c.); 2) la risoluzione in via pregiudiziale delle questioni concernenti l'efficacia, la validità e l'interpretazione del contratto collettivo (art. 420-*bis* c.p.c.). Limitata al lavoro pubblico è invece ancora adesso la pubblicazione dei contratti collettivi nazionali nella Gazzetta ufficiale (art. 47, co. 8, d.lgs. 165/2001); nel privato, non trovando applicazione il principio *iura novit curia*, resta ferma l'onere delle parti di produrre il testo contrattuale.

Inoltre, anche in merito all'interpretazione, se non è in dubbio l'applicazione dei criteri ermeneutici previsti per l'interpretazione dei contratti (art. 1362 c.c.) e non della legge (art. 12 disp. prel. c.c.) – come d'altronde l'opinione prevalente riteneva anche per il contratto collettivo di diritto corporativo –, è diffusa, tanto in dottrina quanto in giurisprudenza, la tesi che privilegia i criteri oggettivi di interpretazione (specie gli artt. 1367 e 1369 c.c.), in ragione delle caratteristiche del contratto collettivo, a cominciare dalla natura eteronoma rispetto al contratto individuale.

---

[42] Corte cost. 344/1996.

Dunque, tenendo presente un tale insieme di indicazioni, appare incontestabile che il potere di stipulare il contratto collettivo, se ha origine in una dimensione "di libertà", è proteso decisamente oltre, come è chiaramente scritto nell'inattuato art. 39, seconda parte, Cost. Alcuni risvolti di questa sua "tensione" hanno riscontri nel diritto positivo, sia pure attraverso percorsi – abbiamo visto – piuttosto tortuosi: emblematica la questione dell'efficacia reale. Di sicuro non vi è alcun dubbio che il contratto collettivo regola una pluralità "aperta" di rapporti di lavoro; in quanto tale presenta, tendenzialmente, le caratteristiche della generalità ed astrattezza, proprie della fonte del diritto: eloquente è il problema dell'efficacia soggettiva, come eloquenti sono le suindicate novità processuali, *in primis* l'intervento nomofilattico della Cassazione.

La sua natura ambivalente

Sicché, con una certa tranquillità, si può affermare di essere dinanzi a un atto "ambivalente", dove la dimensione dell'autonomia e dell'eteronomia, più che del diritto privato e del diritto pubblico, sono strettamente intrecciate. Tuttavia ciò che appare ancora adesso carente è la base giuridica dell'eteronomia.

... la persistente debolezza del fondamento dell'eteronomia

La presenza dell'eteronomia – è opportuno precisarlo – non sembra condurre necessariamente nell'ambito pubblicistico, perché il contratto risulta pur sempre connotato da un elemento di libertà, incompatibile con la funzionalizzazione rispetto a un interesse terzo, tipico di quell'ambito. Nondimeno essa necessita di una solida base giuridica, in quanto a fondamento democratico e adeguatezza degli effetti. Elementi da cui non può prescindere un tratto probabilmente decisivo per annoverare il contratto collettivo tra le fonti del diritto, cioè l'efficacia *ultra partes*: invece, ancora oggi, assenti o comunque difficili da configurare in modo convincente.

La "vocazione" di fonte del diritto

In definitiva, il contratto collettivo, nell'attuale quadro normativo, presenta, più che le caratteristiche, la *vocazione di fonte del diritto*.

Capitolo VIII
Lo sciopero

SOMMARIO: 1. L'evoluzione normativa. – 2. La titolarità del diritto. – 3. I limiti: la liceità degli scioperi "anomali" e politici. – 4. Le modalità dello sciopero e le altre forme di autotutela. – 5. Le "risposte" del datore di lavoro: la serrata e il crumiraggio. – 6. Lo sciopero nei servizi essenziali: a) la definizione e le condizioni di esercizio. – 7. b) le prestazioni indispensabili e la Commissione di garanzia. – 8. c) le sanzioni e la precettazione.

1. L'evoluzione normativa

Lo sciopero come strumento di autotutela

Lo sciopero è la principale arma nelle mani dei lavoratori e delle loro organizzazioni rappresentative per sostenere le proprie rivendicazioni. La complessa attività che porta alla contrattazione collettiva rappresenta, in un certo senso, la fisiologia dell'attività sindacale; quando, invece, le volontà non si incontrano, quando cioè gli interessi non coincidono, la parte dei lavoratori ha a disposizione questo strumento per "convincere" la controparte della giustezza delle proprie posizioni, astenendosi dal lavoro e perciò procurando ad essa un danno. Si tratta di uno strumento "squilibrato", perché attribuito a una sola delle parti del rapporto di lavoro, che però si giustifica costituzionalmente proprio per la particolarità del diritto del lavoro di essere diritto "diseguale", volto cioè a predisporre tutele a favore della parte debole di un rapporto socio-economicamente squilibrato, al fine di «rimuovere gli ostacoli» che impediscono la «partecipazione di tutti i lavoratori all'organizzazione politica, economica e sociale del Paese» (art. 3, co. 2, Cost.). Si tratta, quindi, non tanto di uno strumento di "aggressione", quanto di un mezzo di "autotutela" che i lavoratori esercitano collettivamente contro potenziali vessazioni da parte del soggetto forte del rapporto.

Nel nostro ordinamento non esiste una definizione giuridica di "sciopero", che è lasciata quindi alla comune percezione sociale del fenomeno. Essa, per la verità, è mutata, anche sensibilmente, nel corso degli anni, così come del resto è mutato nel tempo l'atteggiamento dell'ordinamento giuridico statale nei suoi confronti.

1889: lo sciopero libertà

La storia giuridica dello sciopero è segnata per lo più da norme indirizzate a reprimere, o al più a contenere entro precisi limiti, un fenomeno di cui si temevano forti contraccolpi sociali. Solo con il codice penale Zanardelli del

1889, intervenuto in un'epoca di forti tensioni sociali, si rese libera l'astensione collettiva dal lavoro, che fino a quel momento costituiva un reato. Però, lo sciopero, ricostruito giuridicamente alla stregua di una libertà, integrava comunque un inadempimento contrattuale, comportando quindi l'obbligo di risarcire i danni inflitti alla controparte. Lo sciopero, poi, continuava ad essere sanzionato, anche con pene detentive, se condotto «con violenza o minaccia» (artt. 165-166), e la giurisprudenza spesso interpretò tali requisiti in modo amplissimo.

1926: lo sciopero reato

Il fascismo, recependo molte interpretazioni della giurisprudenza del periodo liberale, vietò penalmente lo sciopero (l. 563/1926), prevedendo reati che rientrarono poi nel codice penale Rocco del 1930 e che sanzionavano, ora solo pecuniariamente ora con pene detentive anche rigide, ogni forma di astensione collettiva dal lavoro.

1948: lo sciopero diritto

Il nuovo ordine democratico propose una lettura diametralmente opposta dello sciopero, che nella Costituzione del 1948 assurse alla dignità di un «diritto», da esercitarsi «nell'ambito delle leggi che lo regolano» (art. 40). Questa enunciazione sovverte il principio liberale per cui lo sciopero era semplicemente tollerato, ponendo invece in primo piano la prospettiva dello Stato sociale, nel quale lo sciopero è un'arma posta nelle mani della parte debole del rapporto; di conseguenza, non c'è alcuno spazio per forme di responsabilità civile, e, poiché lo sciopero comunque sospende la prestazione lavorativa, l'unica conseguenza negativa per i lavoratori che esercitano il loro diritto rimane la perdita della retribuzione.

La supplenza dei giudici

L'art. 40 è stato attuato nel 1990, ma per il solo settore dei servizi pubblici essenziali. La mancanza di leggi in materia ha suscitato, perciò, moltissimi problemi ricostruttivi e applicativi, e l'individuazione di condizioni e limiti di esercizio del diritto di sciopero è toccata prevalentemente alla giurisprudenza.

La Corte di giustizia europea

A livello europeo, invece, ci si è mossi su una prospettiva piuttosto diversa. Infatti, l'atteggiamento complessivo degli organismi sovranazionali, segnatamente quello della Corte di giustizia europea, si è indirizzato nel senso di subordinare la legittimità dello sciopero a prevalenti logiche d'impresa. In due importanti pronunce del 2007, la *Viking* e la *Laval*, la Corte ha riconosciuto l'importanza dell'azione collettiva di autotutela, ma l'ha messa sullo stesso piano della libertà d'impresa, concludendo nel senso che può prevalere su quest'ultima solo, ed eccezionalmente, qualora essa incarni interessi generali di tutela dei lavoratori e sia proporzionata rispetto al fine perseguito. Si tratta, quindi, di una prospettiva molto distante da quella sviluppatasi in Italia, dove, pur tra molte contraddizioni, il diritto di sciopero è visto come fondamentale strumento di realizzazione della eguaglianza sostanziale *ex* art. 3, co. 2, Cost.

2. La titolarità del diritto

Gli studiosi hanno elaborato varie teorie per rispondere al quesito su chi sia titolare del diritto di sciopero: se il singolo lavoratore o l'aggregazione che lo rappresenta. Tali ricostruzioni sono rapportabili grosso modo a due grandi orientamenti: da un lato, ci sono le tesi incentrate sulla titolarità collettiva, che enfatizzano il momento della proclamazione dello sciopero da parte dell'organizzazione sindacale; esse, quindi, colpiscono lo sciopero spontaneo – cioè quello attuato da un gruppo di lavoratori indipendentemente dalla linea strategica del sindacato –, lasciando comunque al singolo lavoratore la libertà di aderire o meno all'agitazione; dall'altro lato, ci sono le tesi che ricostruiscono lo sciopero come un diritto individuale ad esercizio collettivo: titolare del diritto è il singolo lavoratore, mentre il suo esercizio deve necessariamente essere collettivo, rispecchiando un interesse altrettanto collettivo dei soggetti interessati; perciò la proclamazione dello sciopero da parte del sindacato non costituisce un requisito di legittimità dell'esercizio del diritto, ma assume il semplice valore di un invito a scioperare.

Le teorie sulla titolarità collettiva o individuale

L'accoglimento di quest'ultima prospettiva comporta tra l'altro la conseguenza che gli atti coi quali un sindacato abbia eventualmente disposto del diritto di sciopero sono validi solo per esso e non per i singoli lavoratori. L'esempio più importante è quello delle clausole "di tregua" o di "pace sindacale" contenute – per lo più in passato – in alcuni contratti collettivi, in virtù delle quali ci si impegna a non scioperare prima della scadenza del contratto collettivo.

Le clausole di tregua

Quanto alla titolarità soggettiva del diritto di sciopero, essa spetta sicuramente ad ogni lavoratore dipendente; col passare del tempo, le eccezioni sono rimaste sostanzialmente relative soltanto a due categorie, cioè i militari (l. 382/1978) e gli appartenenti alla polizia di Stato (l. 121/1981).

Il divieto di sciopero per militari e poliziotti

Dall'altro lato, invece, la nozione di sciopero si è poco alla volta andata allargando, fino a ricomprendere soggetti sicuramente non qualificabili come dipendenti. Innanzitutto, appare ormai consolidato il principio che estende il diritto a tutti quei lavoratori che, pur formalmente autonomi, presentino una "subordinazione socio-economica" nei confronti del committente. Inoltre, la Corte costituzionale ha riconosciuto la titolarità del diritto di sciopero ai piccoli imprenditori senza lavoratori alle proprie dipendenze, e quindi socio-economicamente soggetti ai propri committenti: la loro agitazione è, perciò, qualificabile *ex* art. 40 Cost. come un legittimo strumento di pressione nei confronti dei committenti [1].

Lo sciopero dei piccoli imprenditori e dei lavoratori autonomi

Del resto, con gli anni il termine "sciopero" si è esteso ben al di là di una sua nozione, per così dire, tecnica, che è comunque l'unica a contare per il diritto; nell'accezione comune, invece, si finisce col chiamare sciopero, in generale, ogni forma di protesta che si estrinsechi nel non fare qualcosa che è "normale" fare: si pensi, ad esempio, allo "sciopero" della fame, allo "sciopero" degli studenti, e così via.

---

[1] Corte cost. 222/1975.

3. I limiti: la liceità degli scioperi "anomali" e politici

La teoria dei limiti "interni"

Il principale problema in materia di sciopero è quello di definirne l'ambito di liceità. Il compito è toccato alla giurisprudenza, spesso influenzata da autorevoli opinioni dottrinali. Per molto tempo ebbe grande successo una definizione elaborata sulla scorta delle teorie di Francesco Santoro-Passarelli, secondo cui lo sciopero-diritto consisteva in un'astensione dal lavoro continuativa, concertata e completa, a tutela di un interesse professionale collettivo. La proposizione di tali limiti "intrinseci" al diritto di sciopero sottraeva alla tutela costituzionale quelle forme che apparissero in qualche modo "anomale" rispetto a tale nozione di sciopero "normale": quindi, non costituivano sciopero-diritto le sue forme "articolate", carenti dei requisiti della continuità (come lo sciopero "a singhiozzo", in cui momenti di astensione si alternano a momenti di lavoro), concertazione (lo sciopero "a sorpresa", cioè senza preavviso), completezza (lo sciopero "a scacchiera", che vede l'agitazione solo di alcuni reparti); tutte forme particolarmente temute dalle imprese, perché provocano grandi danni per esse e pochi per i lavoratori. Lo sciopero, infine, poteva essere esercitato solo per avanzare richieste che il datore di lavoro potesse soddisfare, con la conseguente esclusione sia dello sciopero di solidarietà con altri lavoratori sia dello sciopero con motivazioni politiche.

In tutti questi casi, poiché l'astensione dal lavoro non integrava gli estremi del "diritto" tutelato dall'art. 40, gli scioperanti erano ritenuti responsabili civilmente, e quindi tenuti al risarcimento dei danni provocati al datore di lavoro, nonché esposti all'eventualità di essere licenziati, stante lo strapotere in materia allora attribuito al datore. Per molto tempo questa visione complessivamente restrittiva dello sciopero – fondata in realtà su una sua definizione aprioristicamente precostituita – dominò praticamente incontrastata[2].

La giurisprudenza, poi, sempre per valutare la legittimità dello sciopero "anomalo", avanzò i criteri del "danno ingiusto" e della "corrispettività dei sacrifici": si riconosceva l'inevitabilità del danno inferto dagli scioperanti al datore di lavoro, ma si riteneva che esso non potesse essere superiore rispetto al risparmio derivante dal mancato pagamento delle retribuzioni agli scioperanti[3]. Il punto debole di tale ricostruzione stava nel fatto di muoversi in una logica contrattuale paritaria del rapporto di lavoro, che proprio in quel tempo lo statuto dei lavoratori stava apertamente contraddicendo.

La giurisprudenza e i limiti "esterni"

Nel 1980, una fondamentale sentenza della Cassazione cambiò completamente i termini della questione. Si concludeva, infatti, che i lavoratori in sciopero, alla stregua delle regole sulla responsabilità civile, erano sì tenuti a rispettare anche un interesse datoriale, ma questo consisteva nella semplice aspettativa alla conservazione dell'organizzazione aziendale in vista della ripresa dell'attività produttiva: il limite non stava, dunque, nel danno alla produzione ma nel danno alla produttività. Finalmente, ora, si prescindeva dalle modalità di effet-

---

[2] La prima fu Cass. 584/1952.

[3] Per tutte, Cass. 2961/1956.

tuazione dello sciopero, e si poneva il limite – questa volta qualitativo – del danno inferto alla "capacità produttiva" dell'azienda. Si passava, in questo modo, dai limiti "interni" ai limiti "esterni", desumibili dal contemperamento del diritto di sciopero con altri diritti di eguale o maggiore portata costituzionale[4]. Questa ricostruzione è ormai indiscussa: ogni sciopero, a prescindere dalle sue modalità di effettuazione, incontra sempre le stesse limitazioni "esterne" e non più fasulli limiti "interni" derivanti da una sua visione preconcetta.

Lo sciopero non economico

Un percorso sostanzialmente analogo è stato seguito dalla giurisprudenza nell'affrontare il problema della liceità dello sciopero effettuato per fini non economici, quindi non diretto contro il datore di lavoro per il soddisfacimento di richieste che questi fosse in grado di appagare. Innanzitutto, la Corte costituzionale affermò la liceità dello sciopero di solidarietà, condotto dai lavoratori di un'azienda allo scopo di sostenere rivendicazioni di colleghi di altre aziende, a condizione che fossero riscontrabili affinità delle esigenze e comunanza degli interessi dei lavoratori in sciopero[5].

Lo sciopero politico

Qualche tempo dopo, mutati i tempi e operando in un clima di grande garantismo per i diritti dei lavoratori, la Corte intervenne molto più decisamente sul tema dello sciopero politico, affermandone con nettezza la costituzionalità, a meno che esso fosse diretto a sovvertire l'ordinamento costituzionale oppure a impedire od ostacolare il libero esercizio dei diritti e dei poteri nei quali si esprime la sovranità popolare[6].

4. Le modalità dello sciopero e le altre forme di autotutela

L'effettuazione dello sciopero trasforma, per il sol fatto di esercitare un diritto, l'inadempimento dell'obbligazione lavorativa in causa di sospensione del rapporto di lavoro. Perciò, come in ogni altro caso di sospensione, anche nei momenti in cui sciopera il lavoratore conserva intatti tutti i suoi diritti e tutti i suoi obblighi non strettamente connessi all'effettuazione della prestazione (ad esempio, il diritto di assemblea sindacale o l'obbligo di non divulgare segreti aziendali).

Come già si è visto con lo sciopero "articolato", non sempre le modalità di svolgimento dell'astensione dal lavoro sono, per così dire, lineari. Anzi, spesso la "fantasia" delle relazioni sindacali ha dato vita a molteplici forme di effettuazione di un'agitazione, sulla cui legittimità naturalmente gli interpreti sono stati chiamati a pronunciarsi.

Le forme di esercizio dello sciopero

Alcune volte, ad esempio, i lavoratori si astengono soltanto dallo svolgere il lavoro straordinario richiesto loro dal contratto collettivo (sciopero dello straordinario) oppure si rifiutano di eseguire mansioni ulteriori rispetto a

[4] Cass. 711/1980.

[5] Corte cost. 123/1962.

[6] Corte cost. 290/1974.

quelle di propria competenza (sciopero delle mansioni) oppure rallentano i ritmi produttivi richiesti (sciopero del cottimo o del rendimento). C'è chi ritiene le fattispecie sussumibili senz'altro nella previsione dell'art. 40 Cost., mentre chi mette in rilievo la mancanza di un elemento ritenuto fondamentale dello sciopero, ovvero l'abbandono del lavoro, dovrà stabilire – per determinare la legittimità del comportamento, spesso definito ostruzionismo – se lo svolgimento dell'attività non eseguita (lo straordinario, la mansione ulteriore, l'aumento del ritmo) fosse o meno obbligatorio per disposizione di legge o di contratto, individuale o collettivo.

In altre forme di protesta collettiva, la prestazione viene resa, ma ne vengono, per così dire, esasperati i contenuti. Lo sciopero pignolo, ad esempio, viene effettuato rallentando notevolmente l'attività, in conseguenza dell'applicazione rigidissima, se non addirittura pedante, di disposizioni legislative, regolamentari e contrattuali (ad esempio, il doganiere che controlla scrupolosamente tutti i bagagli).

Non sono rari, poi, i casi in cui l'agitazione collettiva si svolge non allontanandosi dall'impresa. Ad esempio, lo sciopero bianco definisce il caso in cui i dipendenti si astengono dal lavoro ma restano in azienda, allo scopo di scongiurare il crumiraggio e di compattare, anche solo psicologicamente, gli scioperanti. Specie alla luce dei diritti "di partecipazione", esplicitamente attribuiti al lavoratore all'interno dell'azienda a prescindere dalla materiale effettuazione della prestazione, la tesi che afferma la liceità di questo comportamento è diventata largamente prevalente.

Forma più estrema di quest'ultima condotta è l'occupazione d'azienda, che presuppone la permanenza dei lavoratori anche oltre l'ordinario orario lavorativo. La fattispecie rischia di ricadere sotto la previsione dell'art. 508, co. 1, c.p., che punisce l'occupazione di una «altrui» azienda «col solo scopo d'impedire o turbare il normale svolgimento del lavoro». La Corte costituzionale ha ritenuto legittima la permanenza in azienda oltre l'orario di lavoro solo in presenza di una debita giustificazione, ad esempio un'assemblea regolarmente convocata (che potrebbe essere però di tipo "permanente")[7].

Le forme di agitazione diverse dallo sciopero

Dal concetto di sciopero, pur latamente inteso, esulano certamente altri comportamenti di protesta dei lavoratori, comunque riferibili alla nozione di autotutela collettiva, che costituisce l'ampio genere all'interno del quale è rinvenibile la più ristretta specie dello sciopero.

Il picchettaggio è un'attività strumentale all'esercizio dello sciopero e consiste in un blocco effettuato dai lavoratori in agitazione, che davanti all'azienda dissuadono i colleghi che vogliano entrare al lavoro. Nel caso in cui il comportamento non si fermi a un convincimento dialettico, sia pur forte, ma si spinga oltre (ad esempio, la "barriera umana", che impedisce di fatto l'ingresso), allora entra in gioco, nella valutazione della liceità, il bilanciamento tra la libertà negativa di non aderire a uno sciopero e quella positiva di organizzazione; la sanzione penale subentrerà comunque laddove il picchettaggio degeneri in azioni violente.

---

[7] Corte cost. 220/1975.

Il "picchetto" di lavoratori può agire anche in senso inverso, impedendo l'uscita dall'impresa dei suoi prodotti: questo blocco delle merci risulterà anch'esso lecito, a patto di non trascendere in comportamenti violenti o minacciosi.

Il boicottaggio dei lavoratori consiste nella propaganda volta a indurre terzi a non fornire all'impresa materie prime o strumenti ovvero a non acquistarne i prodotti. L'ipotesi viene punita dall'art. 507 c.p., ritenuto legittimo dalla Corte costituzionale[8], la quale – mostrando di non valutare il boicottaggio alla stregua di uno strumento di lotta sindacale – ha ritenuto lecita la sola attività di propaganda, esercitata come libera manifestazione del pensiero *ex* art. 21 Cost.

Il danneggiamento dei locali dell'azienda o dei suoi strumenti o macchinari integra invece l'ipotesi del sabotaggio, una delle forme più esasperate di lotta sindacale. Il reato è contemplato dall'art. 508, co. 2, c.p., ritenuto anch'esso legittimo dalla Corte costituzionale[9].

5. Le "risposte" del datore di lavoro: la serrata e il crumiraggio

L'autotutela va riguardata, infine, anche dalla parte del datore di lavoro, esaminando i comportamenti che egli può assumere in conseguenza di (o in risposta a) uno sciopero.

La serrata

Strumento tipico nelle mani del datore è la serrata, ovvero la chiusura, totale o parziale, dell'azienda, per un periodo di tempo più o meno lungo. Si tratta di uno strumento non molto rilevante nella pratica, che, nel nostro sistema di relazioni industriali, è stato utilizzato sostanzialmente come arma difensiva, ovvero di risposta a un'azione dei lavoratori.

Per lunghissimo tempo la legge ha trattato paritariamente le fattispecie dello sciopero e della serrata, sul presupposto di una (solo formale) eguaglianza contrattuale, proponendo l'ingannevole idea della "parità delle armi". Reato nel codice sardo-italiano del 1859, libertà nel codice Zanardelli del 1889, di nuovo reato nella legislazione del 1926 e nel codice Rocco del 1930, la serrata ha seguito lo stesso percorso normativo dello sciopero, finché la Costituzione, in linea con i nuovi valori dell'eguaglianza sostanziale, non ha finalmente diversificato le due fattispecie, riconoscendo lo sciopero come diritto ma non facendo alcuna menzione della serrata.

Ancora una volta, comunque, le fonti europee, nella specie la Carta dei diritti fondamentali, pongono sullo stesso piano il diritto dei lavoratori e quello dei datori di lavoro di ricorrere «ad azioni collettive per la difesa dei loro interessi» (art. 28), propugnando un sostanziale principio di parità, che ai nostri occhi può apparire mistificatorio e anacronistico.

---

[8] Corte cost. 84/1969.

[9] Corte cost. 220/1975.

La Corte costituzionale ha ritenuto la serrata una mera libertà [10], col conseguente obbligo per l'imprenditore di versare la retribuzione ai dipendenti. Va valutato, infine, se la serrata, soprattutto quando attuata per rispondere a rivendicazioni dei lavoratori, possa integrare l'ipotesi della condotta antisindacale *ex* art. 28 dello Statuto dei lavoratori, che sanziona, appunto, i comportamenti del datore di lavoro «diretti ad impedire o limitare l'esercizio [...] del diritto di sciopero».

La "messa in libertà" dei lavoratori

Un'ipotesi contigua è quella della serrata "di ritorsione", o "messa in libertà", consistente nel rifiuto del datore di lavoro di ricevere la prestazione quando è in atto uno sciopero articolato. Ci si chiede se in un caso del genere il datore di lavoro possa o meno legittimamente rinunciare alla prestazione di lavoro residua offerta dai lavoratori nelle pause di uno sciopero "a singhiozzo" oppure appartenenti a un reparto attivo in uno sciopero "a scacchiera" (anche nell'ipotesi di un reparto "a valle" bloccato dallo sciopero di un reparto "a monte"), mettendo appunto "in libertà" i lavoratori interessati (ad esempio, se sia ricevibile la messa a disposizione delle prestazioni dei camerieri di un ristorante, i quali però, a causa dello sciopero dei cuochi, non hanno piatti da servire ai tavoli).

La giurisprudenza ha richiamato in proposito l'art. 1206 c.c., che esclude la mora del creditore se questi rifiuta di ricevere la prestazione per un «motivo legittimo», ritenendo legittimo il rifiuto del datore di lavoro quando la prestazione risulti in concreto inutilizzabile, cioè comporti per lui un aggravio di spese. Può perciò accadere, ad esempio in un caso di sciopero a singhiozzo, che un lavoratore, il quale eserciti il proprio diritto di sciopero senza danneggiare la produttività aziendale e si presenti nei periodi in cui non si astiene dal lavoro, si veda rifiutata la messa a disposizione, e quindi negata la retribuzione. Se poi si aggiunge che una tale conseguenza potrebbe capitare anche a lavoratori non aderenti allo sciopero articolato, che "offrono" al datore la loro prestazione, giudicata, però, inutilizzabile, si comprende come ciò costituisca una sanzione indiretta non indifferente per quelle forme di sciopero un tempo definite "anomale".

Il crumiraggio

Un altro, tradizionale, strumento nelle mani del datore di lavoro volto ad attenuare le conseguenze di uno sciopero è il crumiraggio, comportamento anch'esso ai limiti della condotta antisindacale *ex* art. 28 dello Statuto dei lavoratori. Il "crumiro" è innanzitutto il lavoratore che non intende aderire allo sciopero e che, quindi, vuole recarsi normalmente al lavoro. Tale comportamento, di per sé perfettamente lecito alla luce della libertà sindacale negativa, può semmai essere oggetto di conflitto da parte dei lavoratori scioperanti sul piano dei rapporti dialettici tra diverse opinioni (si sono esaminati in precedenza i comportamenti volti a "scoraggiare" resistenze allo sciopero).

Altro è, evidentemente, il crumiraggio "indiretto", cioè quello realizzato dal datore di lavoro con la sostituzione dei dipendenti in sciopero, attuata o spostando temporaneamente propri dipendenti da un reparto a quello in sciopero oppure addirittura reclutando lavoratori esterni. In relazione a quest'ultimo caso, detto crumiraggio "esterno", esistono espliciti divieti legislativi di ricorrere a determinati istituti (somministrazione, lavoro a termine, lavoro intermit-

[10] Corte cost. 29/1960.

tente) per sostituire lavoratori in sciopero. Nel caso di crumiraggio "interno", c'è chi sostiene che, una volta rispettati i precetti di legge riguardo al divieto – sempre più sbiadito – di adibizione a mansioni inferiori, il datore ben potrebbe rispondere allo sciopero con provvedimenti di tipo sostitutivo.

6. Lo sciopero nei servizi essenziali: a) la definizione e le condizioni di esercizio

A parte va esaminato lo sciopero nei settori che forniscono servizi ritenuti essenziali, la cui particolarità è data dal fatto che esso danneggia non solo la controparte datoriale, ma anche l'utente del servizio, che è persona estranea al rapporto di lavoro; talvolta, anzi, lo scopo principale dell'agitazione è proprio quello di creare disagio e malcontento negli utenti, quasi tenuti "in ostaggio" dagli scioperanti, per raggiungere il soddisfacimento delle proprie pretese. Senonché, l'utente è spesso a sua volta lavoratore e gode comunque di diritti di cittadinanza del tutto assimilabili, se non identici, a quelli del lavoratore. Il che dovrebbe far giudicare sostanzialmente innaturale la frammentazione tra gli "attori" del conflitto, con una artificiosa contrapposizione tra i ruoli di cittadino, lavoratore, utente e consumatore.

I servizi pubblici essenziali

In questo campo, l'art. 40 ha ricevuto attuazione nel 1990 – quando la crescita del settore dei servizi aveva portato a una "terziarizzazione" del conflitto – sulla scia di un vasto movimento di opinione capeggiato proprio da quei sindacati che per lungo tempo avevano osteggiato l'intervento del legislatore, e che ora, di fronte a una crescente crisi di rappresentatività soprattutto nel settore pubblico, vedevano di buon grado un intervento normativo che recepisse sostanzialmente le prassi dell'autoregolamentazione, da essi praticata con successo fino a quel momento. La l. 146/1990 fu poi approvata anche grazie alla contingenza che in quell'anno si disputavano in Italia i campionati mondiali di calcio, con la preoccupazione dei disagi che potevano scaturire da eventuali scioperi a oltranza proclamati nel settore dei trasporti. La legge è stata ritoccata dalla l. 83/2000 (anch'essa emanata in occasione di un altro grande evento, il Giubileo), che ha colmato lacune e superato alcuni dubbi interpretativi.

Il principio cardine che anima tutta la disciplina è quello di garantire che il diritto di sciopero sia esercitato in modo da assicurare anche «il godimento dei diritti della persona, costituzionalmente tutelati» (art. 1, co. 2).

Il bilanciamento tra diritti costituzionali

Il legislatore fissa innanzitutto il campo di applicazione oggettivo della normativa. È ritenuto servizio pubblico essenziale quello rivolto all'attuazione di alcuni diritti della persona costituzionalmente tutelati: il diritto alla vita, alla salute, alla libertà e alla sicurezza, alla libertà di circolazione, all'assistenza e previdenza sociale, all'istruzione e alla libertà di comunicazione (art. 1, co. 1). Tale elencazione è tassativa, al contrario della successiva indicazione, meramente esemplificativa, dei servizi la cui prestazione assicura l'effettività dei diritti suddetti (art. 1, co. 2). Ciò rende possibile l'allargamento esplicito o un'interpretazione estensiva della norma e quindi l'ampliamento del novero dei servizi essenziali (com'è avvenuto, ad esempio, con l'esplicita inclusione dei musei e luoghi della cultura: l. 182/2015). L'elenco, comunque, esclude il contemperamento dello sciopero con altri diritti di rango costituzionale, ma di contenuto sostanzialmente economico, come quello alla libera iniziativa privata. La norma specifica inoltre che, ai fini della essenzialità del servizio, a nulla rileva la natura privata o pubblica del rapporto di lavoro, così come è indifferente il regime convenzionale o di concessione in cui opera il gestore (art. 1, co. 1).

I lavoratori autonomi

Quanto al campo di applicazione soggettivo, la l. 83/2000 lo ha espressamente esteso all'astensione collettiva dei lavoratori autonomi, professionisti o piccoli imprenditori, che incida sulla funzionalità dei servizi pubblici (art. 2-*bis*).

Le procedure di raffreddamento

La legge fissa specifiche condizioni di esercizio del diritto. In primo luogo, è fatto obbligo a entrambe le parti, prima della proclamazione dello sciopero, di espletare procedure di raffreddamento e conciliazione, la cui predisposizione è rimessa ai contratti collettivi o ai codici di autoregolamentazione, e che è possibile attivare anche in sede amministrativa (art. 2, co. 2). Lo sciopero può aver luogo solo dopo che il tentativo di raffreddamento del conflitto ha avuto esito negativo.

Il preavviso

A carico dei soggetti che proclamano lo sciopero è fissato, poi, un obbligo di preavviso di almeno dieci giorni, elevabili da parte dei contratti collettivi o dei codici di autoregolamentazione. In tal modo, si consente all'azienda erogatrice del servizio di predisporre le misure indispensabili e all'utenza di pensare a servizi alternativi (art. 2, co. 1 e 5). Nello stesso lasso di tempo, inoltre, chi proclama l'astensione deve comunicarne la durata, le modalità di attuazione e le motivazioni sia all'azienda che eroga il servizio sia alle autorità governative (art. 2, co. 1). Deve perciò escludersi la legittimità di uno sciopero "a oltranza". Gli obblighi di preavviso e di indicazione della durata subiscono, tuttavia, una deroga qualora lo sciopero sia proclamato in difesa dell'ordine costituzionale o per protesta per gravi eventi lesivi dell'incolumità o della sicurezza dei lavoratori (art. 2, co. 7).

La comunicazione agli utenti

Le aziende erogatrici hanno l'obbligo di comunicare agli utenti, almeno cinque giorni prima dell'inizio dello sciopero, modi e tempi di erogazione dei servizi (art. 2, co. 6). Anche i *media*, in particolare quelli che godono di finanziamenti pubblici, sono tenuti a fornire tempestivamente informazioni complete «sull'inizio, la durata, le misure alternative e le modalità dello sciopero» (art. 2, co. 6).

Una delle caratteristiche peculiari dello sciopero nei servizi essenziali consiste nel fatto che il semplice annuncio dell'astensione può essere di per sé sufficiente a realizzare (indirettamente) lo scopo perseguito dai lavoratori, che poi potrebbero anche revocare lo sciopero, evitando così la perdita della retribuzione. La sola diffusione della notizia dell'agitazione può provocare, infatti, disagi per gli utenti del servizio interessato, determinando quindi una forte pressione nei confronti della controparte datoriale. Di qui la scelta del legislatore del 2000 di vietare espressamente l'"effetto annuncio", prevedendo che la revoca dello sciopero proclamato, dopo che è stata data informazione all'utenza, costituisca forma sleale di azione sindacale, che – come si vedrà – legittima un intervento sanzionatorio (art. 2, co. 6).

Con la novella del 2000 è stato inoltre introdotto l'"obbligo di rarefazione". Può accadere, infatti, che la concentrazione delle agitazioni in determinati periodi dell'anno o la proclamazione di scioperi in successione nello stesso settore o tali da incidere sul medesimo bacino di utenza, anche da parte di sigle sindacali diverse, metta a serio rischio la continuità nell'erogazione del servizio pubblico. Per evitare ciò, si è disposto quindi che i contratti collettivi e i codici di autoregolamentazione prevedano "periodi di franchigia", ossia lassi temporali in cui è di fatto proibita l'astensione, ad esempio in coincidenza con le festività o le tornate elettorali, nonché il rispetto di "intervalli minimi" tra un'agitazione e l'altra. Sotto quest'ultimo profilo, occorre distinguere tra intervalli minimi "soggettivi" e "oggettivi": i primi sono relativi al divieto di proclamare scioperi successivi da parte dello stesso soggetto sindacale, se non nel rispetto di un determinato arco temporale tra l'uno e l'altro; i secondi sono relativi al divieto di proclamare, da parte di sindacati diversi, astensioni simultanee o eccessivamente ravvicinate nel tempo nello stesso settore.

7. b) le prestazioni indispensabili e la Commissione di garanzia

Al fine di contemperare l'esercizio del diritto di sciopero con il godimento dei diritti della persona costituzionalmente tutelati di cui all'art. 1, co. 1, e per assicurarne la reale effettività, i lavoratori, coloro che hanno proclamato lo sciopero e le aziende che erogano il servizio pubblico devono comunque garantire, durante l'astensione, la fornitura delle prestazioni indispensabili.

L'individuazione delle prestazioni indispensabili

Spetta ai contratti collettivi stipulati tra le organizzazioni sindacali e le aziende erogatrici del servizio, nonché ai codici di autoregolamentazione relativamente a lavoratori autonomi, professionisti e piccoli imprenditori, il compito di specificare – tenendo conto della natura del servizio e delle esigenze della sicurezza e dell'integrità degli impianti – le prestazioni indispensabili, le modalità e le procedure di erogazione e le altre misure dirette a salvaguardare i diritti costituzionalmente tutelati (art. 2, co. 2).

Le previsioni relative alle prestazioni minime contenute nei contratti collettivi, per poter assolvere la loro funzione garantista, devono necessariamente avere efficacia soggettiva generale, cioè essere vincolanti anche per i lavoratori non iscritti alle sigle sindacali stipulanti, non solo nelle amministrazioni pubbliche – settore in cui gli accordi collettivi hanno per legge efficacia *erga omnes* –, ma anche nelle imprese private che erogano servizi pubblici [11].

I contratti collettivi e i codici di autoregolamentazione devono essere sottoposti alla valutazione di idoneità della Commissione di garanzia, alla quale

[11] Corte cost. 344/1996; 180/2018.

vengono comunicati tempestivamente a cura delle parti interessate, e che comunque può procedere alla verifica anche di propria iniziativa.

La Commissione di garanzia

La Commissione di garanzia è un'autorità amministrativa indipendente composta da cinque esperti in diritto costituzionale, diritto del lavoro e relazioni industriali, designati dai presidenti della Camera e del Senato e nominati dal presidente della Repubblica (art. 12, co. 2).

La valutazione di idoneità

Diverse sono le sue funzioni. La principale consiste nell'appena ricordata valutazione di idoneità degli accordi e dei codici di autoregolamentazione. Se la Commissione reputa l'accordo o il codice non idoneo a garantire il richiesto bilanciamento tra esercizio del diritto di sciopero e tutela dei diritti costituzionalmente garantiti, essa sottopone alle parti una proposta sull'insieme delle prestazioni da considerarsi indispensabili. Se le parti non la accettano o non si pronunciano nei successivi quindici giorni, la Commissione provvede a formulare una "regolamentazione provvisoria" delle prestazioni indispensabili, comunicandola alle parti interessate. La proposta iniziale non ha carattere vincolante per le parti, la regolamentazione invece sì, almeno sino a quando non venga adottato un accordo o un codice di autoregolamentazione ritenuto idoneo (art. 13 *a*).

Ai fini della regolamentazione provvisoria delle prestazioni indispensabili, il legislatore (ancora art. 13 *a*) specifica che esse, di regola, non devono eccedere la metà delle prestazioni normalmente erogate e riguardare quote di dipendenti non superiori mediamente a un terzo del personale normalmente utilizzato. Quando, invece, sia necessario assicurare fasce orarie di erogazione dei servizi, questi devono essere garantiti nella misura di quelli normalmente offerti e pertanto non rientrano nel limite della metà.

Gli stessi limiti individuati per la provvisoria regolamentazione (metà delle prestazioni normalmente erogate e un terzo dei dipendenti normalmente coinvolti) «costituiscono parametri di riferimento» ai fini della valutazione di idoneità degli accordi e dei codici di autoregolamentazione: si tratta di un'ingessatura molto forte, che limita l'elasticità nel raggiungimento degli obiettivi perseguiti dalla stessa Commissione e che rischia di menomarne la capacità di operare.

Gli altri compiti

Oltre alla funzione normativa dell'esercizio del diritto di sciopero, la Commissione svolge anche compiti consultivi e di mediazione. Sia su richiesta congiunta delle parti che di propria iniziativa, può infatti esprimere il proprio giudizio sull'interpretazione o applicazione degli accordi o codici di autoregolamentazione e inoltre, ma solo su richiesta congiunta delle parti interessate, può emanare un lodo sul merito della vertenza avente ad oggetto l'interpretazione di fonti sulle prestazioni indispensabili (art. 13 *b*).

Ulteriore fondamentale funzione della Commissione è quella della prevenzione degli scioperi illegittimi. A tale scopo, una volta ricevuta la comunicazione della proclamazione dello sciopero, qualora ravvisi profili di criticità, essa ne dà immediata comunicazione ai soggetti interessati e, nel caso ciò sia insufficiente, può rivolgere loro un invito formale a riformulare la proclamazione, differendo l'astensione ad altra data (art. 13 *c* e *e*).

8. c) le sanzioni e la precettazione

Il potere sanzionatorio della Commissione di garanzia

L'effettività della disciplina sugli scioperi nei servizi essenziali è assicurata attraverso il potere sanzionatorio affidato alla Commissione di garanzia in special modo dalla l. 83/2000.

Il procedimento può aprirsi, oltre che ad iniziativa della stessa Commissione, anche su richiesta delle parti interessate, delle associazioni rappresentative degli utenti, delle autorità nazionali o locali che vi abbiano interesse. La Commissione è tenuta a valutare il comportamento delle parti, rilevando eventuali inadempienze o violazioni degli obblighi di legge o degli accordi sulle prestazioni indispensabili, delle procedure di raffreddamento e conciliazione o dei codici di autoregolamentazione (art. 13 *i*). È previsto esplicitamente che sia l'inosservanza della proposta formulata dalla Commissione sia la «forma sleale di comportamento sindacale» (l'"effetto annuncio") costituiscano comportamento valutabile ai fini dell'irrogazione delle sanzioni (art. 2, co. 6).

Il ruolo delle associazioni degli utenti

La novella del 2000 ha accordato un ruolo importante alle associazioni rappresentative degli utenti, che, oltre all'appena menzionata legittimazione ad avviare il procedimento di irrogazione di sanzioni disciplinari, devono essere sentite dalla Commissione di garanzia prima della valutazione di idoneità delle prestazioni minime (art. 12 *a*) e sono legittimate ad agire in giudizio contro i sindacati che revocano uno sciopero dopo averlo proclamato o che disattendano l'invito della Commissione a differirlo, nonché nei confronti degli erogatori dei servizi che non forniscano adeguate informazioni agli utenti (art. 7-*bis*).

L'art. 4 contempla tre tipi di sanzioni:

Le sanzioni a carico dei sindacati

A) Le organizzazioni dei lavoratori che proclamano uno sciopero in violazione delle disposizioni su preavviso, comunicazione scritta, prestazioni minime ed esperimento delle procedure di raffreddamento e conciliazione possono incorrere nella sanzione della sospensione dei permessi sindacali retribuiti e della mancata percezione dei contributi associativi trattenuti sulla retribuzione, per un ammontare complessivo compreso tra 2.500 e 50.000 euro, a seconda della gravità della violazione e degli effetti sul servizio pubblico; e nella sanzione dell'esclusione dalle trattative alle quali l'organizzazione partecipa, per un periodo di due mesi dalla cessazione del comportamento (incidendo sul piano delle relazioni sindacali, questa sanzione rischia evidentemente di rivelarsi concretamente poco efficace).

Le sanzioni a carico delle aziende

B) I dirigenti responsabili delle amministrazioni pubbliche e i legali rappresentanti delle aziende che erogano i servizi, laddove non garantiscano le prestazioni indispensabili, non prestino correttamente l'informazione agli utenti o non adempiano gli obblighi derivanti dagli accordi collettivi o dalla regolamentazione provvisoria della Commissione, sono soggetti a una sanzione amministrativa pecuniaria da 2.500 a 50.000 euro (sempre parametrati come sopra). Lo stesso vale per le associazioni rappresentative dei lavoratori autonomi, professionisti o piccoli imprenditori, in solido con i singoli soggetti: una responsabilità solidale che appare invero poco giustificabile.

Le sanzioni a carico dei lavoratori

C) I lavoratori che si astengono dal lavoro in violazione degli obblighi legali o che, richiesti dell'effettuazione delle prestazioni minime, non prestano la propria attività, sono soggetti a sanzioni disciplinari proporzionate alla gravità dell'infrazione, con esclusione del licenziamento e di ogni misura che comporti mutamenti definitivi del rapporto (art. 4, co. 1). Le sanzioni a carico dei lavoratori subordinati sono comminate dalla Commissione di garanzia, ma sono materialmente irrogate dal datore di lavoro (art. 4, co. 4-*sexies*). La loro qualificazione come "sanzioni disciplinari" è pertanto atecnica e va riferita, più che alla natura della sanzione, al procedimento che il datore deve rispettare nella sua applicazione, che è in ogni caso quello di cui all'art. 7 dello Statuto dei lavoratori.

La precettazione

La realizzazione dello scopo di contemperare l'esercizio del diritto di sciopero con il godimento dei diritti della persona, costituzionalmente tutelati, è affidata dal legislatore anche a uno specifico strumento di natura amministrativa: la precettazione. Si tratta di un provvedimento adottato dal Prefetto se lo sciopero ha carattere locale ovvero dal presidente del Consiglio o da un ministro da lui delegato in caso di conflitto di rilevanza nazionale o interregionale.

Il legislatore subordina l'utilizzo di tale strumento a stringenti requisiti sostanziali e procedurali. Presupposto per il ricorso all'ordinanza di precettazione è il «fondato pericolo di un pregiudizio grave e imminente ai diritti della persona costituzionalmente tutelati», che potrebbe derivare dall'interruzione o dall'alterazione del funzionamento dei servizi pubblici essenziali in conseguenza della proclamazione dello sciopero (art. 8, co. 1). Si deve trattare, quindi, di un pericolo estremamente probabile di un pregiudizio di non lieve entità, nonché di prossima verificazione, per uno dei diritti costituzionalmente tutelati di cui all'elencazione tassativa dell'art. 1, co. 1. Sussistendo tale presupposto, il procedimento amministrativo è avviato dall'autorità precettante su segnalazione della Commissione di garanzia (art. 13 *f*) o, qualora si ravvisi necessità e urgenza, direttamente dall'autorità precettante, che è tenuta comunque a informare la Commissione.

L'adozione del provvedimento non è tuttavia immediata. Innanzitutto, l'autorità competente deve invitare le parti a desistere dai comportamenti che determinano la situazione di pericolo. Viene quindi esperito un tentativo di conciliazione, da esaurire nel più breve tempo possibile, e solo se questo ha esito negativo può essere adottata la precettazione. Essa, in particolare, può disporre il differimento dello sciopero ad altra data, ridurne la durata o prescrivere l'osservanza di misure idonee ad assicurare livelli di funzionamento del servizio compatibili con la salvaguardia dei diritti della persona costituzionalmente tutelati (art. 8, co. 2).

Sezione III
Rapporto di lavoro

Capitolo IX

Doveri del lavoratore e poteri datoriali

SOMMARIO: 1. Principi e tecniche del contemperamento: poteri, obblighi e diritti. – 2. La specificazione dell'obbligazione di lavoro: potere direttivo, diligenza ed obbedienza. – 3. L'obbligo di fedeltà. – 4. Il potere di controllo: ambiti e limiti. – 5. *Privacy* e rapporto di lavoro. – 6. Il potere e la responsabilità disciplinare.

1. Principi e tecniche del contemperamento: poteri, obblighi e diritti

Nel cap. IV di questo volume sono stati messi a fuoco i tratti essenziali della "subordinazione", sottolineando la centralità, nella rappresentazione e nella comprensione della fattispecie tipica di cui all'art. 2094 c.c., del dinamico nesso organizzativo tra la prestazione lavorativa e il contesto materiale, predisposto dal datore di lavoro, in cui essa si svolge. Tale nesso organizzativo comporta la prescrizione di puntuali obblighi in capo al lavoratore e il riconoscimento di altrettanti puntuali poteri a favore del datore di lavoro, finalizzati all'inserimento della prestazione lavorativa nell'organizzazione di quest'ultimo. In effetti, come già detto, l'assoggettamento ai poteri è l'essenza della subordinazione.

La classificazione e la spiegazione di questi obblighi e dei suddetti poteri rappresentano, da un punto di vista tecnico-giuridico, una sorta di leva ermeneutica del diritto del lavoro: è la loro interrelazione a rendere, su un piano reale, la dialettica e compromissoria convivenza tra gli oggettivi elementi aziendalistici ed economici propri di ogni organizzazione produttiva e le condizioni soggettive della persona inscindibili dalla figura del lavoratore. L'operazione sistematica del legislatore, in questo quadro, è volta a delimitare la subordinazione del lavoratore, andando a decantare la fase dell'esercizio dei poteri, sì da scongiurarne i ben possibili eccessi arbitrari, irragionevoli o, peggio, discriminatori. Si tratta in qualche modo di "normalizzare" l'adempimento dell'obbligazione di lavoro, al fine di ancorarlo quanto più possibile ad una proiezione meramente tecnico-funzionale della subordinazione.

Sul piano normativo abbiamo, quindi, una disciplina binaria dove poteri del datore di lavoro e obblighi del lavoratore si fanno reciprocamente sponda, attraverso la definizione e la limitazione dei primi e la circoscrizione dei secondi: tali elementi si trasfondono nel vincolo collaborativo, e di cooperazione, che reciprocamente lega datore e prestatore di lavoro.

Correttezza e buona fede

Da questo punto di vista si coglie bene quanto sopra detto (v. cap. VI) a proposito del valore garantistico del riferimento al contratto di lavoro come fonte di diritti, obblighi e poteri: quel riferimento consente ora di mettere a fuoco un primo criterio di armonizzazione comune a entrambe le parti, ricavabile dagli artt. 1175 e 1375 c.c., disposizioni che impongono a debitore e creditore un comportamento improntato alla correttezza e un'esecuzione del contratto secondo buona fede [1].

Procedimentalizzazione dei poteri

Certo non è sufficiente il richiamo alle clausole generali di correttezza e buona fede a dar conto del sofisticato e articolato intreccio di cui si è detto. Il diritto del lavoro, in effetti, ha affermato e mostrato la propria autonomia e sufficienza rispetto al diritto comune dei privati proprio con la codificazione di ben più precipue e specifiche tecniche di contenimento e limitazione dell'esercizio dei poteri datoriali, operando, anzitutto, un continuo richiamo alle fondamentali prerogative costituzionali quali precisi limiti estrinseci alla discrezionalità del datore di lavoro. La tecnica con cui per eccellenza si può realizzare in concreto tale contenimento è quella c.d. della procedimentalizzazione dei poteri del datore di lavoro, alla cui stregua l'esercizio dei poteri, in taluni casi la loro stessa praticabilità, viene sottoposto a regole, condizioni, oneri e criteri che ne determinano validità e legittimità sostanziale. Lo Statuto dei lavoratori è sicuramente il testo di legge ove in modo più organico e diffuso si dispone di tale tecnica; ma già negli anni '60 vi è traccia di questa tendenza e, nel corso del tempo, numerosi altri interventi legislativi hanno poi messo in campo questa modalità di contenimento e verifica dei poteri datoriali.

2. La specificazione dell'obbligazione di lavoro: potere direttivo, diligenza ed obbedienza

Potere direttivo

A giocare un ruolo essenziale nella definizione del contenuto operativo dell'adempimento dell'obbligazione di lavoro è proprio l'esercizio del potere direttivo. Si tratta del potere che meglio qualifica la posizione del datore di lavoro e si estrinseca esattamente nella direzione della prestazione lavorativa; vale a dire nella fissazione e indicazione delle modalità di esecuzione della prestazione stessa. La sua funzione risiede nel canalizzare e orientare l'attività lavorativa del collaboratore – di indicargli le priorità, i tempi e gli obiettivi lavorativi, in pratica – e finisce, su un piano tecnico-giuridico, con lo specificare i contenuti stessi della prestazione e dunque, logicamente, i caratteri della diligenza dovuta dal lavoratore. Il potere direttivo ha contorni particolari: esso ha carattere modulare e la sua intensità si rivela variabile, in ragione del livello di professionalità, di autonomia e di competenza del lavoratore subordinato. Sicché appare naturale

---

[1] In giurisprudenza è assai frequente il richiamo ai principi generali di correttezza e buona fede: v. da ultimo e per tutte Cass. 12 maggio 2023, n. 12994.

che quanto più ampi siano questi caratteri tanto più ridotto può essere l'esercizio del potere direttivo: senza con ciò che venga a ridursi l'aspettativa datoriale in termini di esatto adempimento da parte del lavoratore[2].

Diligenza

Il codice civile detta per le obbligazioni di lavoro una normativa speciale, rinvenibile nell'art. 2104, in base al quale il lavoratore, nell'adempiere la propria prestazione, è tenuto ad usare la diligenza richiesta dalla natura della prestazione dovuta, dall'interesse dell'impresa e da quello superiore della produzione nazionale. Non basta, quindi, la generica diligenza del buon padre di famiglia prevista dall'art. 1176 c.c.: l'ordinamento impone al lavoratore-debitore un comportamento molto più preciso e definito, orientato da una molteplicità di elementi che ne configurano, sul piano giuridico, l'identità. Si dice che la diligenza rappresenti il modo di essere della subordinazione. La diligenza di cui all'art. 2104 c.c. gioca un ruolo fondamentale, perché serve a riempire un astratto concetto giuridico di significati che attingono direttamente alla realtà sociale ed economica e delinea un modello di condotta (uno *standard*) cui è vincolato il prestatore di lavoro. Un modello tangibile, non riducibile alla mera misurazione ovvero a una verifica astratta dell'impegno o della qualità tecnica impegnati nello svolgimento dell'attività lavorativa. Ecco perché nell'art. 2104 c.c. il modello di cui stiamo parlando viene disegnato attraverso ben tre parametri ovvero indici quali-quantitativi.

Natura della prestazione

Anzitutto viene in rilievo la natura della prestazione dedotta quale oggetto del contratto di lavoro. È questo un parametro tecnico-professionale, direttamente collegato all'abilità e alla preparazione richieste per lo svolgimento dell'attività lavorativa cui il lavoratore si è impegnato verso il datore di lavoro: per comprendere meglio potremmo evocare la nozione di perizia. Tale indice si contraddistingue per una certa oggettività, ricavabile dal complesso delle regole teorico-pratiche entro cui l'esperienza, la scienza e gli usi tecnici riconducono il compimento materiale di una certa lavorazione; da questo punto di vista la diligenza del lavoratore subordinato è evidentemente vicina alla diligenza professionale di cui all'art. 1176, co. 2, c.c.[3]. Il contenuto delle attività lavorative, sul piano operativo, deriva dall'inquadramento professionale del lavoratore nelle categorie legali e contrattuali dei prestatori di lavoro e si definisce con l'attribuzione di determinate mansioni e di una formale qualifica al momento dell'assunzione (v. *infra*).

---

[2] La spiegazione illustrata nel testo è ben compendiata da costante giurisprudenza. Da ultimo si vedano: Cass. 6 aprile 2023, n. 9453; Cass. 24 agosto 2021, n. 23324; Cass. 6 agosto 2021, n. 22424; Cass. 11 giugno 2021, n. 16538; Cass. 14 luglio 2020, n. 14975; Cass. 15 ottobre 2018, n. 25711. Quando l'elemento dell'assoggettamento del lavoratore alle direttive altrui non sia agevolmente apprezzabile a causa della peculiarità delle mansioni (e, in particolare, della loro natura intellettuale o professionale) e del relativo atteggiarsi del rapporto, occorre fare riferimento a criteri complementari e sussidiari – come quelli della collaborazione, della continuità delle prestazioni, dell'osservanza di un orario determinato, del versamento a cadenze fisse di una retribuzione prestabilita, del coordinamento dell'attività lavorativa all'assetto organizzativo dato dal datore di lavoro, dell'assenza in capo al lavoratore di una sia pur minima struttura imprenditoriale – che, privi ciascuno di valore decisivo, possono essere valutati globalmente come indizi probatori della subordinazione.

[3] L'art. 1176, co. 2, c.c.: «Nell'adempimento delle obbligazioni inerenti all'esercizio di un'attività professionale, la diligenza deve valutarsi con riguardo alla natura dell'attività esercitata».

Interesse dell'impresa e di quello superiore della produzione nazionale

Seguendo la struttura logica dell'art. 2104 c.c. la diligenza richiesta al lavoratore viepiù si arricchisce e si staglia con maggiore precisione in considerazione dell'interesse dell'impresa e di quello superiore della produzione nazionale. Si può ben tralasciare il secondo richiamo, che è fortemente e decisamente implicato con la roboante ideologia fascista corporativa, sì oggi da potersi ritenere privo di rilievo sistematico ed esegetico; viceversa bisogna prestare molta attenzione al primo riferimento. Infatti, la perizia e l'abilità del lavoratore vanno utilmente ricondotte al concreto contesto organizzativo d'impresa nel cui ambito la prestazione è chiamata a svolgersi. In tale ottica è, dunque, preferibilmente da intendersi quel riferimento: vale a dire come valorizzazione, in termini oggettivi, del progetto economico-produttivo del datore di lavoro ovvero, se si preferisce, del piano strategico-organizzativo datoriale, quale imprescindibile parametro di coerenza della condotta solutoria del debitore di lavoro. Il lavoratore dovrà, quindi, eseguire le proprie mansioni integrandole con l'organizzazione generale dell'impresa ovvero del datore di lavoro (che può anche non essere un imprenditore, lo si ricordi sempre). Sia chiaro che tale interesse non si esaurisce su un piano organizzativo inteso in stretto senso tecnico; utili all'impresa potranno, infatti, essere anche talune modalità di condotta del lavoratore, che possono però manifestarsi all'esterno di essa, al di fuori del semplice adempimento strettamente professionale. In questi ultimi casi si preferisce però parlare della sussistenza di obblighi ulteriori, spesso definiti di protezione del datore di lavoro, accessori alla diligenza ma pur sempre riconducibili all'esatto adempimento.

Per comprendere la rilevanza di quanto appena detto, è utile richiamare, oramai a mo' di esempio, un tema delicato e molto dibattuto durante la passata emergenza pandemica: quello dell'obbligo di vaccinazione – espressamente imposto solo ad alcune specifiche categorie di lavoratori (v. d.l. 44/2021) – e, conseguentemente, della possibilità per il lavoratore di sottrarsene. La valutazione coinvolgeva molteplici interessi, quali libertà di autodeterminazione e il diritto alla salute individuale e collettivo, cui si collegano anche gli obblighi relativi alla sicurezza sul lavoro. Su tali aspetti ha avuto modo di pronunciarsi la giurisprudenza, anche costituzionale[4], chiarendo che la mancata vaccinazione, pur priva di rilievo disciplinare[5], comportava conseguenze in ordine alla valutazione oggettiva dell'idoneità alle mansioni. In ragione, quindi, della tipologia delle mansioni espletate e della specificità del contesto lavorativo, era possibile considerare l'assolvimento dell'obbligo vaccinale, sebbene non direttamente collegato all'adempimento lavorativo, inerente alle mansioni del personale. Di conseguenza, il rifiuto della somministrazione vaccinale, non giustificato da cause di esenzione e da specifiche condizioni cliniche, avrebbe potu-

[4] Corte cost. nn. 14 e 15 del febbraio 2023; le pronunce hanno messo in risalto il carattere non irragionevole dell'imposizione dell'obbligo vaccinale.

[5] V. però l'ambigua, benché non più in vigore, disciplina speciale della sospensione, sancita per alcuni dipendenti pubblici dal d.l. 44/2021 e dal d.l. 111/2021 (sul quale v. i parr. 4 e 7 di questo capitolo). A tale disciplina, riservata ad alcune categorie professionali, si aggiungeva la normativa introdotta dal d.l. 127/2021 in materia di *Green Pass* obbligatorio per i dipendenti pubblici (artt. 1 e 2) e privati (art. 3).

to costituire impedimento di carattere oggettivo all'espletamento della prestazione lavorativa [6].

Tornando all'art. 2104, co. 1, c.c., la norma, per essere meglio compresa, va utilmente letta in combinazione con il co. 2 dello stesso articolo e con l'art. 2094 c.c.

Obbedienza

L'art. 2104 c.c. impone, infatti, anche l'obbligo di obbedienza, vale a dire l'obbligo di osservare le disposizioni per l'esecuzione e per la disciplina del lavoro che il datore di lavoro impartisce al lavoratore anche attraverso i suoi collaboratori collocati gerarchicamente in posizione di supremazia rispetto al lavoratore stesso [7]: d'altronde – come si è detto sopra – nell'art. 2094 c.c. è scritto chiaramente che la prestazione si svolge sotto la direzione dell'imprenditore.

3. L'obbligo di fedeltà

Nella medesima prospettiva funzionale osservata parlando della diligenza e dell'obbedienza si colloca l'obbligo di fedeltà del lavoratore di cui all'art. 2105 c.c.; si tratta di obbligo in senso stretto, ossia non collegato tanto a una positiva modalità di fare quanto, più specificamente, a un divieto di fare, a una condotta negativa del prestatore di lavoro, imposta a garanzia di specifici valori aziendali: *in primis* la capacità competitiva. In base all'art. 2105 c.c. il lavoratore non deve trattare affari, per conto proprio o di terzi, in concorrenza con l'imprenditore, né divulgare notizie attinenti all'organizzazione e ai metodi di produzione dell'impresa, o farne uso in modo da poter recare ad essa pregiudizio.

L'obbligo di fedeltà si concretizza quindi in due diversi divieti: il divieto di concorrenza e quello di divulgazione o abuso dei segreti aziendali.

Divieto di concorrenza

Il primo vieta qualsiasi condotta del lavoratore potenzialmente pregiudizievole per l'imprenditore e che si traduca in un vantaggio competitivo a favore di altra impresa. I comportamenti vietati non sono quindi tassativamente previsti e il divieto di concorrenza mira a proteggere il datore dalla concorrenza c.d. differenziale, quella, in pratica, favorita dalla ricorrenza dello specifico rapporto di lavoro. Non è preclusa, viceversa, la possibilità per il prestatore di svolgere un'altra attività lavorativa, peraltro anche nel medesimo settore produttivo in cui opera il proprio datore di lavoro purché appunto l'attività non rechi

[6] V. Trib. Modena 23 luglio 2021, n. 2467. Non mancavano, però, i precedenti, principalmente in riferimento al comparto sanitario, in ragione della peculiarità dei servizi erogati e, poi, della previsione legislativa che sancisce l'obbligo vaccinale (d.l. 44/2021). A fare da apripista è stato il Trib. di Belluno con ord. del 19 marzo 2021, n. 12.

[7] L'obbedienza attiene tanto alla modalità di svolgimento della prestazione lavorativa, quindi alla sua organizzazione, quanto alla regolamentazione della prestazione considerata in sé e per sé. Ovviamente anche il dovere di obbedienza, proprio perché attiene all'esecuzione della prestazione, non è dovere autonomo; né tantomeno assoluto, là dove in alcune ipotesi il lavoratore deve e può rifiutarsi di adempiere, come nel caso di ordini illeciti (onde non incorrere in possibili responsabilità penali) ovvero per autotutela c.d. conservativa (quando cioè l'osservanza della disposizione datoriale dovesse pregiudicare diritti fondamentali, come quello alla salute ad esempio).

pregiudizio a quest'ultimo. Da ultimo, l'art. 8 del d.lgs. 104/2022 – intitolato "Cumulo di impieghi – ha introdotto alcune puntuali prescrizioni in materia, nella direzione di rendere la possibilità del c.d. "doppio lavoro" molto ampia: è sancita una vera libertà in tal senso sebbene entro definiti limiti sostanziali. Questa apertura, però, non vale per i dipendenti pubblici.

Il tema del divieto di concorrenza si intreccia, poi, con quello delle attività inventive del lavoratore; le quali – in sé considerate – non solo non necessariamente si traducono in attività concorrenziali – e, anzi, danno luogo ad alcuni riconoscimenti in capo al lavoratore *ex* art. 2590 c.c. – ma tuttavia potrebbero ingenerare equivoche correlazioni con le opportunità offerte dallo svolgimento dell'attività lavorativa presso l'impresa datrice di lavoro. È questa una delle ragioni che spiega l'esistenza di una disciplina specifica di questa materia nel c.d. "Codice della proprietà industriale" [8], dove si disciplinano i diritti sorgenti dall'eventuale svolgimento di attività inventiva da parte del lavoratore, distinguendo tra: invenzioni di servizio (quelle oggetto stesso del contratto di lavoro); invenzioni aziendali (quando pur non essendo oggetto del contratto di lavoro questo ne rappresenti l'occasione) e invenzioni occasionali (che prescindono dal rapporto di lavoro).

Si badi che il divieto di concorrenza è da tener distinto dal divieto di concorrenza sleale previsto dall'art. 2598 c.c. perché la violazione di quest'ultimo si concretizza soltanto nelle ipotesi tassativamente ivi contemplate e non presuppone un rapporto contrattuale fra chi pone in essere il comportamento pregiudizievole per l'impresa e chi lo subisce, tanto che in effetti essa configura un'ipotesi di responsabilità extracontrattuale mentre la responsabilità per l'eventuale inosservanza dell'obbligo di non concorrenza assume ovviamente natura contrattuale, trattandosi di violazione di un preciso obbligo derivante dalla stipula del contratto di lavoro.

Divieto di divulgazione dei segreti aziendali

Il secondo divieto oggetto dell'obbligo di fedeltà, ossia il divieto di divulgazione o abuso delle notizie relative all'impresa, inibisce la diffusione di tutte le informazioni aziendali che possono pregiudicare l'impresa in qualsiasi modo, a prescindere dal realizzarsi del danno, eccetto quelle che sono entrate a far parte del patrimonio del lavoratore; tale eccezione non sussiste nel caso in cui le informazioni concernano segreti aziendali.

Sotto il profilo della responsabilità è necessario distinguere il caso in cui le informazioni possono essere apprese da qualsiasi lavoratore dell'impresa, a prescindere dalle mansioni e semplicemente in ragione dell'inserimento generico nell'organizzazione produttiva – in tale circostanza, in caso di violazione del divieto, avremo solo conseguenze di tipo civile – dall'ipotesi in cui vi sia un vero e proprio obbligo di segreto professionale o industriale e le informazioni sono dunque conosciute esattamente in ragione delle mansioni svolte e del ruolo ricoperto in azienda, vicenda che comporta anche responsabilità penale *ex* artt. 622 e 623 c.p.

L'obbligo di fedeltà vincola il lavoratore per tutta la durata del rapporto, anche quando la prestazione non sia dovuta, come nei casi di sospensione del-

---

[8] D.lgs. 10 febbraio 2005, n. 30, art. 64.

l'attività lavorativa. Al momento della cessazione del rapporto di lavoro è pacifico che non debba più esser rispettato l'obbligo di non concorrenza, eccetto nei casi di stipula di apposito patto detto appunto di non concorrenza [9].

Oggi, poi, la latitudine dell'obbligo di fedeltà deve essere letta anche nella prospettiva della regolamentazione del c.d. *Whistleblowing*, ovvero la disciplina di tutela dei lavoratori che denunciano illeciti di varia natura compiuti all'interno dell'organizzazione lavorativa (v. avanti il par. 5 sulla *Privacy*).

Meno pacifica è invece la soluzione per il divieto di divulgazione o abuso delle notizie dell'azienda, ritenendosi debba continuare il vincolo anche dopo la cessazione quando si tratta di notizie e informazioni rientranti nella categoria del segreto professionale.

4. Il potere di controllo: ambiti e limiti

Nella dinamica della gestione del rapporto di lavoro, il datore necessita inevitabilmente di vigilare e controllare l'andamento dell'esecuzione della prestazione lavorativa. Si tratta di un'espansione del potere di direzione, il quale non si esercita, difatti, *una tantum* ma si traduce in (più o meno) continui indirizzi operativi al personale, in continui adattamenti e aggiustamenti del contesto organizzativo: tutto ciò sarebbe impraticabile se il datore di lavoro non potesse verificare in concreto l'andamento del lavoro. Peraltro il datore di lavoro deve essere messo anche in condizione di preservare il complesso dei beni aziendali, di salvaguardarne l'integrità e il funzionamento, così come di vigilare sul rispetto delle misure di sicurezza in azienda. Per tutte queste ragioni al datore di lavoro l'ordinamento riconosce uno speciale potere di controllo, dotato di intensità modulare analogamente al potere direttivo al fine di limitare i tratti invasivi nella sfera personale del lavoratore.

Valori quali la riservatezza, la dignità nonché diritti e libertà fondamentali della persona possono subire un sostanziale *vulnus* durante l'esercizio del potere di controllo: da qui il copioso *corpus* di tutele e garanzie approntate nella prima parte dello Statuto dei lavoratori. Un sistema normativo che vede un coinvolgimento delle rappresentanze collettive dei lavoratori e che viene – in alcuni casi – rafforzato da una tutela attivabile anche sul piano penale.

Controlli occulti

Uno dei divieti cardine in questo ambito riguarda tutte le possibili forme di controllo occulto. Ritenuto inevitabile il rischio di un intreccio tra controlli sui luoghi e sui beni aziendali e controlli sulla persona (tendenzialmente vietati), la prima forma di garanzia attiene alla conoscibilità da parte dei lavoratori e dei

---

[9] Il patto di non concorrenza, *ex* art. 2125 c.c., ammette che il divieto di concorrenza sia prorogato per un massimo di tre anni in via generale, cinque per i dirigenti, se rispettata la forma scritta *ad substantiam* e se si prevedono limiti di oggetto, tempo e luogo, a pena di nullità. Nel caso in cui il patto abbia durata superiore al massimo consentito dalla legge, essa si ritiene fissata entro tale limite massimo. Oltretutto è necessario sia previsto un corrispettivo a favore del lavoratore e che i limiti di tempo e luogo non inibiscano in concreto lo svolgimento di un'attività lavorativa. Sui requisiti del patto di non concorrenza v. Cass. 25 agosto 2021, n. 23418.

loro rappresentanti sindacali delle fonti del controllo stesso, siano esse persone o strumenti. Sono le ipotesi contemplate negli artt. 3 e 4 Statuto lavoratori; e poi anche, in diversa misura, nell'art. 8.

La prima disposizione riguarda il personale di vigilanza, appositamente adibito a tale funzione, il cui nominativo e le cui mansioni devono essere comunicate ai dipendenti interessati. La seconda, invece, non consente di controllare in maniera occulta l'attività lavorativa del dipendente attraverso dispositivi funzionanti a distanza (con dizione più moderna potremmo dire "da remoto").

Controlli a distanza

Infatti, impianti audiovisivi e altri strumenti dai quali derivi anche la possibilità di controllo a distanza dell'attività dei lavoratori possono essere impiegati esclusivamente per esigenze organizzative e produttive, per la sicurezza del lavoro e per la tutela del patrimonio aziendale. In tal caso, l'art. 4 dello Statuto dei lavoratori dispone che tali impianti o strumenti possano essere installati previo accordo collettivo stipulato dalla rappresentanza sindacale unitaria o dalle rappresentanze sindacali aziendali. In alternativa, nel caso di imprese con unità produttive ubicate in diverse province della stessa regione ovvero in più regioni, tale accordo può essere stipulato dalle associazioni sindacali comparativamente più rappresentative sul piano nazionale o, in *extrema ratio*, previa autorizzazione della sede territoriale dell'Ispettorato nazionale del lavoro (INL) o – se imprese con unità produttive dislocate negli ambiti di competenza di più sedi territoriali – della sede centrale dell'INL. Comunque, non si necessita di autorizzazione in caso di strumenti utilizzati dal lavoratore per rendere la prestazione lavorativa e per gli strumenti di registrazione degli accessi e delle presenze. Le informazioni raccolte attraverso i dispositivi installati a seguito di autorizzazione o forniti ai dipendenti, sono utilizzabili a tutti i fini connessi al rapporto di lavoro a condizione che sia data al lavoratore adeguata informazione delle modalità d'uso degli strumenti e di effettuazione dei controlli e nel rispetto di quanto disposto dalla normativa sulla *privacy*. Questa puntualizzazione dell'art. 4 dello Statuto ha consentito di superare in parte le problematiche sorte in precedenza sull'utilizzabilità di informazioni acquisite durante controlli che fossero al confine della liceità. Un caso esemplare è quello della possibilità di verifiche sulla casella di posta elettronica del lavoratore e di addebito di inadempimenti eventualmente rilevati a seguito di tale controllo. In linea generale, prima della vigenza dell'art. 4 novellato, si tendeva a ritenere legittimo il controllo della posta elettronica solo qualora esso fosse dettato da esigenze "difensive", quali quelle di preservare l'integrità del patrimonio aziendale in senso lato, intesa nell'ottica di una sua salvaguardia anche preventiva da illeciti di particolar rilievo, magari senza una diretta connessione con lo svolgimento dell'attività di lavoro[10]. Ciò perché vigeva il divieto generale di

Controlli difensivi

---

[10] Cass. 5 ottobre 2016, n. 19922, tra le altre, dove si chiarisce il confine della legittimità dei controlli difensivi. In termini più generali si parla di controlli difensivi riferendosi a quelle attività di controllo poste in essere dal datore di lavoro – al di fuori dei limiti imposti dallo statuto dei lavoratori – là dove dirette all'accertamento di comportamenti illeciti diversi dal mero inadempimento della prestazione lavorativa. Si pensi all'impiego, legittimo, di agenzie investigative per accertare condotte extra-lavorative ma rilevanti sul piano penale (per esempio: truffa; divulgazione e commercio di segreti aziendali; furti); in giurisprudenza Cass. 17 giugno 2020, n. 11697.

impiegare, in qualunque forma, strumenti di controllo a distanza. Oggi, invece, rispettati i requisiti autorizzatori quando previsti e sussistendo le finalità tassativamente richieste, è lecito utilizzare le informazioni acquisite anche per finalità connesse al rapporto di lavoro, purché, come visto, il dipendente sia a conoscenza delle modalità nonché delle circostanze di raccolta delle informazioni e nel rispetto della sua *privacy*. Come chiarito anche dal Garante per la protezione dei dati personali, il trattamento deve essere «necessario» rispetto alla lecita finalità perseguita e avere ad oggetto i soli dati «adeguati, pertinenti e limitati a quanto necessario rispetto alle finalità per le quali sono trattati»[11]. Non è più indispensabile, pertanto, appellarsi a finalità difensive per superare «un divieto totalitario di controllo a distanza che non esiste più»[12]. Tuttavia, la giurisprudenza continua a fornire un contributo essenziale a delimitare l'esercizio di questa modalità di controllo, puntualizzando che esso è consentito là dove si sia in presenza «di un fondato sospetto circa la commissione di un illecito, purché sia assicurato un corretto bilanciamento tra le esigenze di protezione di interessi e beni aziendali (...) rispetto alle imprescindibili tutele della dignità e della riservatezza del lavoratore, sempre che il controllo riguardi dati acquisiti successivamente all'insorgere del sospetto»[13].

Si tratta, in ogni caso, di una materia molto fluida e discussa, che ha ricevuto l'attenzione anche di Corti superiori internazionali con orientamenti non sempre lineari (ad es. si confrontino Cedu, Grande Camera, del 5 settembre 2017 e del 17 ottobre 2019).

Altre modalità di controllo legate all'assunzione dell'impegno lavorativo possono riguardare gli accertamenti dello stato di salute del lavoratore: si tratta dei c.d. accertamenti sanitari. Essi possono intervenire in varie fasi della vicenda professionale, anche in quella preliminare all'assunzione stessa quando si tratti di verificare l'idoneità fisica del lavoratore rispetto all'adempimento richiesto dal contratto da stipulare. Ulteriori verifiche riguardano normalmente l'accertamento dello stato di malattia, così come la permanenza dell'idoneità psico-fisica richiesta dall'adempimento della prestazione lavorativa.

Accertamenti sanitari

L'art. 5 Statuto lavoratori dispone al co. 1 che è vietato al datore di lavoro compiere accertamenti sull'idoneità e sulla infermità per malattia o infortunio del dipendente, essendo possibile controllare le assenze soltanto attraverso i servizi ispettivi degli Istituti previdenziali competenti, i quali sono tenuti ad adempiere quando il datore di lavoro lo richieda. Tale disposizione si riferisce alle ipotesi di malattia del lavoratore, che legittimano l'assenza *ex* art. 2110 c.c. e mira ad evitare che in questi casi i controlli siano effettuati da un medico di parte, c.d. medico di fiducia, affidandoli quindi ad istituti pubblici. Si assicura così l'equo bilanciamento tra il diritto alla salute costituzionalmente riconosciuto al lavoratore *ex* art. 32, quello del datore di lavoro all'adempimento dell'obbligazione, e quello dell'istituto previdenziale, che eroga la prestazione in-

---

[11] Ordinanza GPDP ingiunzione nei confronti di Comune di Bolzano, 13 maggio 2021. Sul tema si è pronunciata anche la Cassazione con sent. 22 settembre 2021, n. 25732.

[12] Trib. Roma 13 giugno 2018, n. 57668.

[13] Cass. 26 giugno 2023, n. 18168.

dennitaria in luogo della retribuzione. La finalità è garantire l'imparzialità e la serenità dell'accertamento: per tale ragione i controlli devono essere eseguiti nello stesso giorno in cui sono richiesti, anche se festivo o domenicale. Nelle fasce orarie c.d. di reperibilità, il lavoratore deve restare presso il proprio domicilio al fine di consentire la visita medica: ciò vale sia nel settore privato sia in quello pubblico, sebbene l'arco temporale non sia il medesimo. Essere reperibile è un onere per il lavoratore; l'irreperibilità ingiustificata può comportare sia la perdita sia la riduzione del trattamento economico previsto in caso di malattia. La visita può essere effettuata solo con il consenso del lavoratore, che può essere sì negato ma con conseguenze di natura disciplinare[14]. Il datore di lavoro può poi ricorrere a investigazioni private e ad apposito personale di vigilanza al fine di controllare se il lavoratore assente tenga una condotta compatibile con lo stato di malattia.

Visite preassuntive

L'art. 5, co. 3, Statuto lavoratori si riferisce invece ai controlli sull'idoneità fisica del lavoratore ad eseguire la prestazione. Anche in questo caso il controllo è esercitato da Enti pubblici ed Istituti specializzati di diritto pubblico. Comparando co. 3 e co. 1 dell'art. 5 Statuto lavoratori emerge una discrasia laddove in caso di accertamento di malattia il legislatore si riferisce al "lavoratore dipendente", mentre in caso di idoneità fisica parla genericamente di "lavoratore". Ciò ha comportato dubbi interpretativi sulla possibilità di applicare il co. 3 anche in caso di visite preassuntive, ossia nei confronti dei lavoratori non ancora assunti. L'applicabilità o meno della relativa norma anche in questi casi ha ripercussioni pratiche rilevanti perché la sanzione in caso di violazione dell'art. 5 Statuto lavoratori è di tipo penale[15]. A rendere ancor più intricata la questione della sovrapposizione tra accertamenti effettuabili anche da medici di fiducia del datore e gli altri, invece, di stretta competenza di medici di strutture pubbliche vi è anche la successiva normativa in materia di sicurezza sul lavoro che prevede la figura del medico competente nell'azienda. Tale figura ha, infatti, tra i propri compiti, la sorveglianza sanitaria sui lavoratori, non escludendosi che egli possa essere competente anche per le visite preassuntive.

Anche in questo caso è possibile considerare, per comprendere la problematicità di quanto detto, aspetti strettamente legati alla passata emergenza sanitaria; il riferimento, in particolare, è agli intrecci con la spinosa questione dei controlli relativi al rispetto dell'obbligo di essere in possesso del c.d. *Green Pass,* al fine di accedere ai luoghi di lavoro. Ciò profilava, inevitabilmente, un problema relativo alle modalità di acquisizione della certificazione da parte del datore di lavoro e al trattamento dei relativi dati. In effetti, secondo una prima interpretazione fornita dal Garante della Protezione dei Dati Personali ancor prima dell'entrata in vigore del d.l. 127/2021, il trattamento di qualsiasi dato personale inerente alla salute dei dipendenti, incluso il *Green Pass* sui luoghi di lavoro, era consentito esclusivamente tramite il medico competente, il quale, solo per comprovate esigenze, poteva dichiarare inidoneo il lavoratore non

---

[14] Unica eccezione è il diniego del consenso ai sensi del d.lgs. 196/2003 a tutela della riservatezza.

[15] *Ex* art. 38 St. lav.

vaccinato alle mansioni svolte[16]. Secondo il citato d.l. 127/2021 era il datore di lavoro, sia esso pubblico o privato, a delineare le modalità operative per l'organizzazione delle verifiche, anche a campione, prevedendo prioritariamente, ove possibile, che tali controlli fossero effettuati al momento dell'accesso ai luoghi di lavoro e individuando con atto formale i soggetti incaricati dell'accertamento e della violazione degli obblighi[17].

Guardie giurate

Concludendo bisogna fare riferimento a due ulteriori ambiti di esercizio del potere di controllo. Anzitutto vengono in rilievo i limiti previsti per l'impiego delle c.d. guardie giurate, destinabili a soli scopi di controllo e salvaguardia del patrimonio aziendale (art. 2 Statuto lavoratori). Le guardie giurate dunque non possono contestare ragioni o fatti inerenti all'attività lavorativa, diversi da quelli che attengono a vicende lesive dei beni aziendali. Per la medesima ragione le guardie giurate non possono accedere nei locali dove si svolge l'attività lavorativa durante il suo svolgimento, se non eccezionalmente ed esclusivamente per le finalità già descritte. La stessa esigenza di salvaguardia dei beni aziendali potrebbe richiedere il ricorso a visite personali di controllo (le ispezioni personali), vietate in generale dall'art. 6 Statuto lavoratori, eccezionalmente ammesse solo nel caso in cui esse siano indispensabili, in relazione alla qualità degli strumenti di lavoro o delle materie prime o dei prodotti impiegati all'interno dell'azienda. Anche in queste ipotesi eccezionali ci sono delle rigide condizioni: devono essere eseguite all'uscita dei luoghi di lavoro, tutelando in ogni caso la dignità e la riservatezza del lavoratore e, per il principio di imparzialità, i lavoratori da sottoporre a controllo devono essere selezionati attraverso sistemi di selezione automatica riferiti alla collettività o a gruppi di essi[18]. Le modalità di svolgimento delle visite personali devono essere concordate tra datore di lavoro e Rsa. In caso di mancato accordo provvede la Direzione territoriale del lavoro con provvedimento impugnabile entro 30 giorni dalla comunicazione dello stesso dinanzi al Ministro del lavoro, su iniziativa del datore di lavoro, delle Rsa o in mancanza dai sindacati dei lavoratori di cui all'art. 19 Statuto lavoratori. Restano comunque inammissibili quelle visite personali che, pur se adottate con le dovute precauzioni, possono ledere l'intimità del lavoratore così da creargli serio disagio. In caso di violazione della disciplina sinora descritta è prevista una sanzione penale nei confronti del datore di lavoro e il lavoratore può rifiutarsi di subire il controllo illegittimo.

Visite personali di controllo

5. *Privacy* e rapporto di lavoro

La tutela della *privacy* del lavoratore risulta essere, ormai, un tema centrale nel contesto delle tecniche e degli strumenti per la delimitazione dei poteri

[16] V. Provvedimento 22 luglio 2021, n. 273.

[17] Per il pubblico impiego v. Linee Guida Ministeriali del 12 ottobre 2021.

[18] Corte cost. 99/1980.

datoriali. Basti pensare all'esplicito richiamo alle pertinenti normative che vien fatto nel terzo comma dell'art. 4 Statuto lavoratori, ove espressamente si rinvia alla disciplina sulla riservatezza al fine di regolare l'utilizzo delle informazioni raccolte attraverso alcuni mezzi di lavoro tecnologicamente avanzati.

Dunque sempre più il legislatore interviene affinché vi siano argini a forme indebite di invadenza datoriale nella riservata sfera personale del lavoratore, specie con riferimento alla possibilità di raccolta e di trattamento dei dati.

Il divieto di indagini sulle opinioni e sui fatti non rilevanti

In effetti, riguardo alle informazioni relative alla "persona" del lavoratore, lo Statuto consente al datore di lavoro esclusivamente la conoscenza di quelle rilevanti ai fini della valutazione dell'attitudine professionale del lavoratore. Ciò si ricava dall'art. 8 Statuto lavoratori, senza dubbio «norma-cardine» in materia. Esso, infatti, sancisce un duplice divieto di indagini datoriali, anche se effettuate a mezzo di terzi, ai fini dell'assunzione, come nel corso dello svolgimento del rapporto di lavoro: un divieto «assoluto», relativamente alle «opinioni politiche, religiose o sindacali» del lavoratore; un divieto invece "relativo", per i "fatti" concernenti il lavoratore, in quanto riferito solo a quelli «non rilevanti ai fini della valutazione dell'attitudine professionale» dello stesso.

L'art. 8 deve essere letto in collegamento, oltre che con l'art. 1 dello Statuto – che sancisce il diritto dei lavoratori, senza distinzione di opinioni politiche, sindacali e di fede religiosa, di manifestare liberamente il proprio pensiero nei luoghi dove prestano la loro opera – sia con il divieto di atti discriminatori di cui all'art. 15 Statuto lavoratori, potendo addirittura considerarsi per alcuni versi funzionale rispetto a quest'ultimo, sia – oggi ancor di più – con l'art. 4 Statuto lavoratori sopra menzionato.

La norma statutaria in esame, se osservata nel prisma della normativa sul trattamento dei dati (il c.d. Testo unico della privacy: d.lgs. 196/2003 ss.mm.ii.) rivela, per molti versi, la sua perdurante attualità e modernità (si vedano, del resto, gli artt. 113 e 114 d.lgs. 196/2003 che, in materia di raccolta di dati, prevedono restino fermi gli artt. 8 St. lav., 10 d.lgs. 276/2003, nonché 4 St. lav.); presentandosi, in fondo, come un sistema di norme volto alla «protezione dei dati personali» del lavoratore, caratterizzato, naturalmente, dalla peculiarità delle tecniche di tutela, conseguenza della particolare condizione del prestatore di lavoro.

La l. 675/1996, oggi abrogata, e il d.lgs. 196/2003 poi, come modificato dal d.lgs. 10 agosto 2018, n. 101, sono infatti sopravvenuti offrendo un ulteriore e diverso tipo di tutela al lavoratore, che si affianca a quelle dettate dalla normativa in materia di lavoro, considerata la prevalenza di quest'ultima – in quanto «disciplina speciale» – sulla prima. Ciò ha consentito di arricchire la protezione del lavoratore rispetto al trattamento dei dati relativi tanto alla sua "persona", quanto alla "prestazione" e alle "attività" svolte in occasione dell'adempimento dell'obbligazione lavorativa. Infatti, mentre le norme di diritto del lavoro si occupano prevalentemente dell'"oggetto" della conoscenza datoriale, la normativa sulla protezione dei dati personali aggiunge a questa un'ulteriore tutela, principalmente rivolta alla disciplina delle "modalità" di raccolta e di trattamento di tali dati (e, più precisamente, solo di quelli, tra i dati personali del lavoratore, il cui trattamento è appunto consentito al datore dalle norme di diritto del lavoro). Questo quadro, poi, è inciso anche dal Regolamento UE del Parlamento europeo e del Consiglio 2016/679, c.d. GDPR che, all'art. 88, ha sancito la possibilità per gli Stati membri di introdurre norme più specifiche per assicurare la protezione dei diritti e delle libertà con riguardo al trattamento dei dati personali dei dipendenti nell'ambito dei rapporti di lavoro; in particolare per: finalità di assunzione; esecuzione del contratto di lavoro, compreso l'adempimento degli obblighi stabiliti dalla legge o da contratti collettivi; di gestione, pianificazione e organizzazione del lavoro; parità e diversità sul posto di lavoro; salute e sicurezza sul lavoro; protezione della proprietà del datore di lavoro o del cliente e ai fini dell'esercizio e del godimento, individuale o collettivo, dei diritti e dei vantaggi connessi al lavoro; nonché per finalità di cessazione del rapporto di lavoro. Tali norme devono includere comunque misure appropriate e specifiche a salvaguardia della dignità umana, degli interessi legittimi e dei diritti fondamentali degli interessati, in particolare per quanto riguarda la trasparenza del trattamento, il trasferimento di dati personali nell'ambito di un gruppo imprenditoriale o di un gruppo di imprese che svolge un'attività economica comune e i sistemi di monitoraggio sul posto di lavoro. Attualmente le disposizioni specifiche in materia sono contenute nel Titolo VIII, "trattamenti nell'ambito del rapporto di lavoro", artt. da 111 a 116 nonché nell'art. 2-*octies*, d.lgs. 196/2003; specialmente in riferimento al trattamento dei dati inseriti nel curriculum, nonché a controlli a distanza, lavoro agile e telelavoro.

Il Regolamento UE sulla protezione dei dati riservati

Prima di proseguire oltre, è importante segnalare che al GPDR e, in particolare, alle sue regole sul controllo delle informazioni personali si collegano *ratione materiae* alcune disposizioni contenute nel d.lgs. 27 giugno 2022, n. 104, che attua la direttiva (UE) 2019/1152 del Parlamento europeo e del Consiglio del 20 giugno 2019, relativa a condizioni di lavoro trasparenti e prevedibili nell'Unione europea (già sopra citato, a proposito del cumulo di impieghi). Tuttavia, nonostante il collegamento, l'ordinamento non realizza un chiaro e organico coordinamento normativo; non può che essere l'interprete, quindi, a far dialogare le due fonti: a imporlo, tra l'altro, è la peculiare natura giuridica del GPDR (sulle fonti v. Cap. II).

Tra le norme che più fanno emergere i problemi rimarcati ricorre l'art. 4, co. 1, lett. b), che, aggiungendo il nuovo art. 1-*bis* al d.lgs. 26 maggio 1997, n. 152, introduce un obbligo di informazione a carico del datore di lavoro "nel caso di utilizzo di sistemi decisionali o di monitoraggio automatizzati". La connessione con la disciplina sulla protezione dei dati sono molteplici: è sufficiente soffermarsi, per rendersene conto, sulla distinzione tra sistemi decisionali automatizzati e di monitoraggio.

Rispetto ai sistemi decisionali automatizzati, è difficile non considerare che già l'art. 13, par. 2, lett. f), introduce l'obbligo di comunicare al soggetto interessato l'esistenza di un processo decisionale automatizzato compresa la profilazione, precisando, altresì, quando la medesima profilazione è ammessa: ebbene, di queste indicazioni sulla profilazione nell'art. 4, co 1, lett. b), non vi è traccia, ma le stesse, venendo prescritte dal GPDR, non possono non essere considerate quando si applica la disciplina della trasparenza. E non è tutto, perché, venendo ai sistemi elettronici di monitoraggio, il citato articolo 4 d.lgs.

104/2022 introduce un generale obbligo di informazione relativo alla gestione complessiva del rapporto di lavoro, dall'assunzione alla cessazione, stabilendo che "resta fermo quanto disposto dall'art. 4 della legge 20 maggio 1970, n. 300". Viene confermata la mancanza di ogni collegamento con gli artt. 13 e 14 GDPR, che precisano nel dettaglio le informazioni da fornire all'interessato: informazioni da cui non si può prescindere nell'applicare questo segmento dell'art. 4, d.lgs. 104/2022.

Analoghi problemi sussistono rispetto al diritto del lavoratore di accedere ai propri dati: nell'art. 4, co. 1, lett. b), si precisano le informazioni cui il lavoratore può accedere, ma manca ogni riferimento all'art. 15 GDPR e, per l'esattezza, alle modalità di esercizio del diritto in questione: disciplina, ancora una volta, dalla quale non si può prescindere.

L'unico rinvio esplicito alla disciplina sulla protezione dei dati è contenuto, invece, nel comma 4 del medesimo articolo 1-bis, dove si precisa che "al fine di verificare che gli strumenti utilizzati per la prestazione lavorativa siano conformi alle disposizioni previste dal Regolamento (UE) 2016/679 (...) il datore di lavoro o il committente effettuano un'analisi dei rischi e una valutazione d'impatto degli stessi trattamenti (...)" eventualmente anche tramite una consultazione svolta in via preventiva con il Garante italiano, ai sensi di quanto previsto dall'art. 36, GDPR.

Tornando alla disciplina sulla protezione dei dati personali, va osservato che ulteriori fattori di garanzia, anche per il lavoratore, della protezione dei dati personali sono costituiti dal variegato ed ampio apparato sanzionatorio del d.lgs. 196/2003 – dal divieto di utilizzo dei dati personali trattati in violazione della disciplina rilevante in materia (art. 2-*decies*) e dalla tutela risarcitoria ai sensi dell'art. 82 del Regolamento europeo citato (art. 152), alle molteplici sanzioni amministrative (art. 166) e penali (artt. 167-172) – nonché dalla possibilità di beneficiare delle peculiari forme di tutela sia giurisdizionale, sia amministrativa e "paragiurisdizionale" mediante reclamo al Garante, previste dalla parte III d.lgs. 196/2003 (artt. 140-*bis*-152).

Grande attenzione va, poi, riservata alla tutela dei cc.dd. «dati sensibili» – cioè quei dati personali «idonei a rivelare l'origine razziale ed etnica, le convinzioni religiose, filosofiche o di altro genere, le opinioni politiche, l'adesione a partiti, sindacati, associazioni od organizzazioni a carattere religioso, filosofico, politico o sindacale, ... lo stato di salute e la vita sessuale» (v., ad esempio, all. a3, d.lgs. 196/2003 ss.mm.ii.) – e dei «dati giudiziari» dei lavoratori: informazioni decisamente delicate, specie nell'ambito del rapporto di lavoro, in quanto si riferiscono a condizioni della persona che con grande facilità possono costituire fonte di discriminazione. Una serie di limitazioni e divieti al potere datoriale di conoscerli e di utilizzarli fa sì che risulti parecchio circoscritto l'ambito di operatività concreta della disciplina generale sul trattamento dei dati sensibili e giudiziari (v. art. 2-*sexies* e 2-*septies* d.lgs. 196/2003 ss.mm.ii.).

Infine, quale ulteriore tassello della tutela della riservatezza della persona-lavoratore, merita una menzione particolare la disciplina per la tutela dei *whistleblowers*, cioè quei lavoratori che segnalino reati o irregolarità di cui siano venuti a conoscenza nell'ambito del rapporto di lavoro, sia pubblico sia privato (l. 231/2001; d.lgs. 196/2003; l. 179/2017; direttiva UE 2019/1937 e da ultimo il d.lgs. 24/2023). Ad essi va garantito l'anonimato e una speciale protezione contro i rischi di ritorsione e discriminazione derivanti dalla segnalazione di cui sono autori.

6. Il potere e la responsabilità disciplinare

Sanzioni conservative

Nel caso di violazione degli artt. 2104 e 2105 c.c. il datore di lavoro potrà esercitare un ulteriore potere, definito disciplinare (art. 2016 c.c.): una prerogativa punitiva del tutto originale nell'ambito dei rapporti tra privati, dove normalmente, in caso di inadempimento degli obblighi contrattuali, il creditore reagisce risolvendo il contratto e accedendo ai possibili rimedi risarcitori collegati alle ipotesi di inadempimento. Viceversa le sanzioni disciplinari sono per lo più conservative, ad esclusione di quella estrema rappresentata dal licenziamento per giusta causa o giustificato motivo soggettivo[19]: consentono cioè la prosecuzione del rapporto di lavoro a condizioni immutate.

Gli istituti che hanno fonte nell'art. 2106 c.c. si pongono in continuità con gli altri due poteri datoriali, nella medesima prospettiva di indirizzo e orientamento del comportamento del lavoratore. In pratica la funzione punitiva non è esattamente quella centrale nel sistema delle sanzioni disciplinari (pur caratterizzandolo), che contribuisce – insieme con i sistemi degli altri poteri – a partecipare il lavoratore della complessità organizzativa aziendale, conferendo al datore di lavoro un'autorità di tipo gerarchico sui propri collaboratori, di cui è caratteristica questa speciale declinazione di responsabilità contrattuale che è la responsabilità disciplinare.

Lo strumento è forte, anche per le implicazioni esemplari e le derive autoritarie che vi sono latenti, e da sempre il legislatore lo ha puntellato per renderlo coerente all'ambito contrattuale. Contrariamente, quindi, a quanto osservato con riferimento al potere di controllo, il potere disciplinare riceve discreta attenzione già nel codice civile, trovando poi nello Statuto dei lavoratori un affinamento e un consolidamento in termini di tutele e garanzie.

Principio di proporzionalità

E dunque già l'art. 2106 c.c. prescrive alcune regole molto puntuali: principi sostanziali atti a scongiurare gli eccessi di discrezionalità datoriale. Anzitutto viene sancito quale limite generale il principio di proporzionalità; la misura delle sanzioni disciplinari deve essere dunque proporzionata alla gravità dell'infrazione, fatto che dà ragione di come la diligenza del prestatore di lavoro possa modularsi nella dinamica del rapporto di lavoro, sì da concretarsi addirittura in gradi di inadempimento. Peraltro la norma non fa riferimento alcuno all'entità del danno provocato dall'illecito disciplinare, che potrebbe del resto mancare del tutto essendo il semplice inadempimento il fulcro della responsabilità. Questo significa che in ogni caso il datore di lavoro potrà attivare anche

[19] Sulla natura ontologicamente disciplinare del licenziamento per giusta causa e per giustificato motivo soggettivo v. in questo volume il cap. XVI.

le azioni a ristoro del danno eventualmente patito a causa dell'inadempimento del proprio collaboratore.

L'articolo contiene poi un rinvio alle norme corporative, da alcuni ritenuto adattabile agli attuali tipi di contratto collettivo; in effetti l'autonomia collettiva ha sempre giocato un importante ruolo nel predisporre il catalogo proporzionato e graduato delle reazioni disciplinari: un ruolo non sempre però vincolante, ritenendosi in genere che il giudice possa sindacare la legittimità della norma collettiva. Tuttavia questo orientamento deve fare i conti con quella previsione dell'art. 18 Statuto lavoratori relativa alla valutazione dei fatti adducibili a motivo di licenziamento disciplinare, da cui sembra potersi argomentare che la scelta dell'autonomia collettiva vincoli lo stesso giudice investito dell'accertamento della legittimità della sanzione, avuto riguardo al catalogo dei fatti punibili con provvedimenti disciplinari di tipo conservativo. Vedremo tra breve che il ruolo della contrattazione collettiva trova, peraltro, un significativo riconoscimento formale nell'art. 7 Statuto lavoratori, intervenuto ad arricchire le condizioni sostanziali e procedurali del legittimo esercizio del potere disciplinare.

Requisiti sostanziali

Il sistema prefigurato dall'art. 7 è molto articolato. Anzitutto si pone un fondamentale requisito sostanziale che, secondo l'interpretazione maggioritaria, condiziona in radice l'attivazione stessa del potere. Ci riferiamo al co. 1, dove si impone che le norme disciplinari relative alle sanzioni, alle infrazioni ed alla procedura di contestazione debbano essere predefinite in un apposito codice e portate a conoscenza dei lavoratori mediante affissione in luogo accessibile a tutti: è chiara la derivazione di questa regola dal principio penalistico *nullum crimen, nulla poena sine lege*. È necessario dunque sia pubblicato un codice disciplinare e l'affissione in luogo a tutti accessibile è l'unica forma possibile di pubblicità, non essendoci altra modalità equipollente: salve le ipotesi – secondo l'opinione di una consolidata giurisprudenza di legittimità – di trasgressione di obblighi fondamentali, tali da doversene pacificamente presumere la conoscenza e quindi la piena consapevolezza dell'illecita violazione da parte del lavoratore. Nel pubblico impiego, ove trova applicazione una normativa speciale, è prevista, in aggiunta all'affissione, una forma di pubblicità alternativa, ovvero la pubblicazione sul sito istituzionale dell'amministrazione: ad ogni modo assai diverso è il peso della pubblicità del codice nel lavoro pubblico per diverse ragioni, a partire dall'esistenza di doveri sanciti in formali fonti del diritto – il c.d. codice di condotta *ex* art. 54, d.lgs. 165/2001 – e dalla previsione legale di numerose ipotesi di infrazioni e sanzioni[20]. Alcuni aspetti di quest'ultima parte della speciale disciplina sono stati oggetto di dibattito e portati all'attenzione della Corte c.le. Il giudice delle leggi ne ha effettivamente ridimensionato la portata appuntandosi, in particolare, sull'art. 55-*quater,* d.lgs. 165/2001 in merito a due profili. Il primo riguarda il carattere presunti-

---

[20] Sono tipizzate sia sanzioni conservative, *ex* artt. 55-*bis*, co. 7, 55-*sexies*, co. 1, 55-*sexies*, co. 3, 55-*septies*, co. 6, d.lgs. 165/2001, sia sanzioni espulsive, *ex* art. 55-*quater* (il cui titolo è proprio "Licenziamento disciplinare"), co. 1, lett. *a-f*, co. 2 e co. 3; art. 55-*quinquies*; art. 55-*sexies* co. 2, d.lgs. 165/2001.

vo del danno all'immagine della P.A. nel famoso caso dei furbetti del cartellino (sent. 61/2020). Il secondo profilo attiene alla valutazione della effettiva proporzionalità del licenziamento disciplinare tipizzato nella disposizione su citata (sent. 123/2020).

Le sanzioni

Quale ulteriore limite sostanziale l'art. 7, co. 4 Statuto lavoratori, dispone che non possono essere previste sanzioni disciplinari comportanti mutamenti definitivi del rapporto, eccezion fatta – come detto in apertura – per il licenziamento. Le sanzioni in concreto richiamate nella norma sono: il rimprovero verbale, l'ammonizione scritta, la multa, la sospensione dal lavoro e della retribuzione. La multa non può essere di importo superiore a quattro ore di retribuzione base e la sospensione non può durare più di dieci giorni.

Le norme sulle infrazioni indicate nel codice disciplinare *ex* art. 7 Statuto lavoratori devono avere un contenuto sufficientemente determinato di talché si possa comprendere quali siano le violazioni non consentite; tuttavia è assai frequente che le norme del codice si presentino con caratteri piuttosto ampi ed elastici. Nel codice disciplinare devono essere riportate, ove esistano, le disposizioni in materia contenute negli accordi o contratti collettivi: nel caso in cui non vi sia o non abbia efficacia il contratto collettivo, il codice disciplinare è formulato unilateralmente dal datore di lavoro.

Il procedimento disciplinare

Anche dal punto di vista procedurale il potere disciplinare è stato regolato piuttosto dettagliatamente. Il procedimento disciplinare si deve aprire con la contestazione del fatto; la contestazione deve essere tempestiva[21] e contenere tutti gli elementi idonei a individuare la condotta che viene addebitata al dipendente, ciò al fine di consentire a quest'ultimo di poter adeguatamente esercitare le sue eventuali difese: deve essere quindi contestata anche l'eventuale recidiva[22] c.d. costitutiva, laddove si intenda – nei termini prescritti – farla valere per applicare la sanzione in misura più grave. L'applicazione della sanzione disciplinare – che deve attendere almeno cinque giorni dalla contestazione – può avvenire solo se il lavoratore sia stato convocato per essere ascoltato al fine di replicare o controdedurre alla contestazione ovvero, più semplicemente, per giustificarsi. Nel caso in cui il lavoratore decida di difendersi seguendo tale modalità – potrebbe infatti limitarsi a presentare una memoria scritta come anche rinunciare del tutto in questa fase alla sua difesa – potrà essere assistito da un rappresentante sindacale dell'associazione cui è iscritto o cui ha

---

[21] La contestazione intempestiva ovverosia tardiva comporta l'invalidità della sanzione; dunque in caso di licenziamento disciplinare, nell'area di applicazione dell'art. 18 St. lav. (v. più diffusamente il cap. XVI), spetterà la tutela indennitaria forte di cui al co. 5 di questa disposizione: così Cass., Sez. Un., 27 dicembre 2017, n. 30985. Di recente la Cassazione (v. sentenza 15 marzo 2023, n. 7467) ha precisato che, avendo il datore di lavoro il potere e non l'obbligo di controllare in modo continuo i propri dipendenti, la tempestività della contestazione disciplinare va valutata non in relazione al momento in cui il datore avrebbe potuto accorgersi dell'infrazione, se avesse controllato assiduamente l'operato del dipendente, ma con riguardo al tempo in cui ne abbia acquisito piena conoscenza.

[22] Per recidiva si intende la perseveranza nella commissione di un illecito disciplinare dello stesso tipo, o anche di tipo diverso (ma in questo caso si parla di recidiva generica), di quello per il quale – nell'arco temporale dei due anni previsto dall'art. 7 St. lav. – il lavoratore sia già stato sanzionato.

conferito mandato: è questo il principio del contraddittorio, ritenuto dalla Corte costituzionale e dalla Corte di cassazione fondamentale principio di civiltà giuridica applicabile in tutti i tipi di procedimenti disciplinari.

La contestazione fotografa l'illecito disciplinare imputato al lavoratore ed è immutabile: l'eventuale provvedimento disciplinare che venisse adottato dovrà essere quindi fondato sul fatto specificamente contestato e non su altri, che richiederebbero una nuova e diversa contestazione.

Decorsi i cinque giorni previsti dall'art. 7 – termine che non vale per il rimprovero verbale – o il termine più lungo eventualmente previsto dai contratti collettivi applicabili e in ogni caso, secondo un certo orientamento giurisprudenziale, una volta intervenute le difese del lavoratore, il datore di lavoro, se lo ritiene, procederà all'irrogazione della sanzione entro un lasso di tempo ragionevole che dia contezza della permanenza dell'interesse datoriale all'applicazione della sanzione stessa: se non procede in tempi ragionevoli – talvolta prescritti dai contratti collettivi – decade dalla potestà sanzionatoria.

Il provvedimento disciplinare può essere impugnato stragiudizialmente entro 20 giorni dalla applicazione della sanzione, sempre ai sensi dell'art. 7 Statuto lavoratori, innanzi ad un collegio di conciliazione e arbitrato da costituire *ad hoc* presso la Direzione territoriale del lavoro oppure ai sensi dell'eventuale previsione del contratto collettivo applicabile: ciò a discrezione del lavoratore. In questo caso l'efficacia della sanzione disciplinare è sospesa fino al momento della decisione del collegio arbitrale e perderà totalmente effetto se il datore di lavoro non nomina un rappresentante nel collegio arbitrale entro dieci giorni dalla richiesta dell'autorità amministrativa, salvo che la questione non sia dal datore stesso riassunta in sede giudiziale: ma comunque, in tal caso, perdurerà l'effetto sospensivo della sanzione stessa.

In alternativa alla procedura stragiudiziale è ovviamente proponibile ricorso dinanzi all'autorità giudiziale: l'azione si ritiene prescritta nel termine di cinque anni e questa via è preclusa qualora fosse già stata avviata, e si fosse consolidata, l'eventuale procedura conciliativa e arbitrale. È onere del datore di lavoro provare la sussistenza dei requisiti sostanziali e procedurali per l'irrogazione della sanzione e nel caso in cui gli stessi non sussistano essa sarà dichiarata nulla.

La disciplina del pubblico impiego – innovata da ultimo con il d.lgs. 75/2017 – è molto più analitica e dettagliata, anche per ciò che concerne il procedimento per l'irrogazione della sanzione.

Il procedimento disciplinare nel pubblico impiego

Anzitutto la competenza in ambito disciplinare cambia a seconda della gravità dell'infrazione: se essa è punita con il rimprovero verbale si seguono le disposizioni e le competenze previste dal contratto collettivo ed il procedimento disciplinare è di competenza del responsabile della struttura presso cui presta servizio il dipendente; per le infrazioni più gravi provvede un apposito ufficio competente per i procedimenti disciplinari.

Nel pubblico impiego, la regola della tempestività ha trovato una più puntuale definizione formale. Per le infrazioni per le quali è prevista l'irrogazione di sanzioni superiori al rimprovero verbale, il responsabile della struttura presso cui presta servizio il dipendente segnala immediatamente, e comunque entro dieci giorni, all'ufficio competente per i procedimenti disciplinari i fatti ritenuti di rilevanza disciplinare di cui abbia avuto conoscenza. L'ufficio competente per i procedimenti disciplinari, con immediatezza e comunque non oltre trenta giorni decorrenti dal ricevimento della predetta segnalazione ovvero dal momento in cui abbia altrimenti avuto piena conoscenza dei fatti ritenuti di rilevanza disciplinare, provvede alla contestazione scritta dell'addebito e convoca l'interessato, con un preavviso di almeno venti giorni, per l'audizione in contraddittorio a sua difesa. Il dipendente può farsi assistere da un procuratore ovvero da un rappresentante dell'associazione sindacale cui aderisce o conferisce mandato. In caso di grave ed oggettivo impedimento, il dipendente può richiedere che l'audizione a sua difesa sia differita, per una sola volta, con proroga del termine per la conclusione del procedimento in misura corrispondente. L'ufficio competente per i procedimenti disciplinari conclude il procedimento, con l'atto di archiviazione o di irrogazione della sanzione, entro centoventi giorni dalla contestazione dell'addebito.

Le consegne delle comunicazioni possono avvenire a mano o attraverso posta certificata, raccomandata postale con ricevuta di ritorno o fax se indicato dal dipendente, il quale ha diritto di accesso agli atti del procedimento. In caso di trasferimento del lavoratore il procedimento è concluso dalla nuova amministrazione, con interruzione dei termini. Il procedimento disciplinare deve comunque proseguire anche in caso di dimissioni.

Per tali procedimenti non è ammessa la procedura arbitrale: l'unico rimedio per impugnare questi provvedimenti è di tipo giurisdizionale. In una fase preliminare all'applicazione della sanzione, e alla chiusura del procedimento, è ammessa invece una conciliazione per le infrazioni meno gravi di quelle punibili con il licenziamento.

Infine va sottolineato un ultimo tratto di specialità. Nel contesto del lavoro pubblico vige un'analitica disciplina dei rapporti tra procedimento disciplinare e procedimento penale, nei casi in cui la condotta del dipendente pubblico sostanzi non solo un illecito disciplinare ma anche illeciti di natura penale, rilevanti nella prospettiva del fedele adempimento della prestazione (si pensi, ad esempio, ai casi di peculato, corruzione e concussione).

Capitolo X

Professionalità del lavoratore, dinamiche organizzative e *jus variandi*

1. Oggetto del contratto, poteri datoriali e diritti del lavoratore

In base alle regole generali, l'oggetto del contratto deve essere – oltre che lecito e possibile – determinato o determinabile (artt. 1346, 1349 c.c.); in assenza di tali requisiti, che attengono alle clausole senza le quali le parti non avrebbero stipulato, il contratto è nullo, salvo che la nullità non riguardi singole clausole sostituite di diritto da norme imperative (artt. 1418, 1419 c.c.). La *ratio* di questa regola generale è tanto evidente quanto importante: nessuno può seriamente assumere un obbligo senza che ne siano definiti con sufficiente esattezza i confini.

Nel caso del contratto di lavoro subordinato questa regola ha almeno il medesimo valore rivestito nel diritto generale dei contratti, con due importanti precisazioni.

Oggetto del contratto non facilmente definibile

La prima precisazione è che l'oggetto non è facilmente definibile all'atto della stipulazione del contratto, perché, come si è visto, nel contratto vi è: da un lato, l'implicazione della persona del lavoratore, con tutto quanto di imprevedibile si rinviene nell'intreccio tra essere umano e prestazione professionale; e, dall'altro, la finalità di consentire il funzionamento di un'organizzazione come quella dell'impresa, una finalità anch'essa assai mutevole nel tempo in base a variabili non del tutto programmabili e prevedibili. Da questa precisazione deriva che nella disciplina del contratto di lavoro va prestata particolare attenzione alla predeterminazione dei criteri per individuarne l'oggetto in modo da rendere almeno la prestazione determinabile secondo parametri conoscibili dalle parti in tempo utile per adempiere alle proprie obbligazioni.

La seconda precisazione è che raramente nel diritto del lavoro si fa uso della nullità assoluta, essendovi più spesso la necessità di sostituire clausole nulle in quanto lesive di interessi o diritti del lavoratore. Pertanto spesso l'indeterminatezza dell'oggetto dà luogo a nullità parziali o speciali (dette anche "di protezione"), con il prevalere del principio della conservazione del contratto, seppure sensibilmente corretto o integrato.

Nullità parziali o speciali

Come si è pure anticipato, le caratteristiche generali dell'istituto contrattuale possono dar vita a tensioni giuridiche particolari quando incrociano libertà e diritti fondamentali, come la libertà di impresa o il diritto del lavoratore alla formazione, alla retribuzione, ecc. In questi casi è necessario salvaguardare il contenuto essenziale della libertà o del diritto fondamentale, ma tale salvaguardia è affidata ad un complesso dosaggio di fonti, tra le quali spicca il ruolo del legislatore nazionale. Per quanto riguarda i principali contenuti del contratto di lavoro un ruolo ancora oggi centrale va rinvenuto nella disciplina codicistica, seppure letta alla luce della Costituzione e dei complessi incroci con la contrattazione collettiva.

2. La prestazione professionale: statica e dinamica

Categoria, qualifica (oggettiva/soggettiva), mansioni

Il contenuto del contratto di lavoro si definisce innanzitutto con riguardo alla prestazione oggetto dell'obbligazione del lavoratore. Tale prestazione non è generica, ma in base al codice civile viene individuata attraverso la categoria e la qualifica assegnati al lavoratore in relazione alle mansioni per cui viene assunto (artt. 2103 e 96 disp. att. c.c.). Sono le mansioni a costituire l'esatta perimetrazione della collocazione del lavoratore in una determinata organizzazione; esse individuano i compiti specifici del lavoratore in relazione al ruolo nell'organizzazione. Le mansioni non possono che essere definite in ciascun contratto di lavoro, anche se è bene sapere che in molte imprese esistono i mansionari fin dall'800 (il primo pare sia quello della americana *Western Railroad* del 1855), redatti con riguardo all'intera struttura aziendale secondo l'evoluzione delle teorie e dei modelli dell'organizzazione del lavoro (il modello più noto, quello "tayloristico" all'origine della moderna industria specie automobilistica, è ormai in larga parte sostituito da modelli e tecniche più sofisticati). La definizione delle mansioni comporta poi che al lavoratore vada di conseguenza assegnata la qualifica "oggettiva" [1] che, nell'ambito in cui opera la specifica impresa, ricomprende le mansioni da svolgere. A ciascuna qualifica

[1] Cioè quella corrispondente ai compiti effettivamente svolti in una determinata organizzazione, da distinguersi dalla qualifica "soggettiva", che è quella definita in relazione alla qualificazione personale del lavoratore. Esempio: un lavoratore con qualifica "soggettiva" di "ragioniere" (perché diplomato in un istituto di ragioneria) può essere assunto con compiti di guardiania ed avere dunque la qualifica "oggettiva" di custode.

corrisponde, in genere, un livello di retribuzione. L'insieme delle qualifiche dà vita al c.d. sistema di inquadramento dei lavoratori, che è appunto una graduazione delle diverse qualifiche (dette anche, nella semantica contrattuale, livelli). Anche le qualifiche possono essere definite in via contrattuale, ma, riguardando appunto più lavoratori, solo mediante contratti collettivi; tuttavia nulla esclude che le qualifiche vengano definite, anche unilateralmente, per ciascuna impresa. Normalmente in Italia sono i contratti collettivi nazionali – di settore, categoria, comparto – che definiscono i sistemi di inquadramento, magari prevedendo l'istituzione di Commissioni con la partecipazione dei sindacati per stabilire dettagliatamente la riconduzione delle mansioni a determinati livelli o qualifiche. Ma l'art. 8, co. 2, lett. *b*, l. 148/2011 prevede che mansioni del lavoratore, inquadramento e classificazione del personale possano essere oggetto di contratti collettivi di prossimità (territoriali o aziendali) abilitati a derogare a norme tanto della legge quanto del contratto collettivo nazionale. E un analogo contenuto precettivo si deduce anche dall'art. 3, d.lgs. 81/2015 in combinato disposto con l'art. 51 del medesimo decreto, con riguardo ai contratti collettivi ivi menzionati, che ricomprendono i contratti collettivi di qualsiasi livello stipulati dai sindacati comparativamente più rappresentativi.

Sistema di inquadramento contrattuale e legale

Artt. 2095 e 2103 c.c.

In ogni caso le qualifiche devono essere ricondotte alle c.d. "categorie legali" dei prestatori di lavoro, che sono le seguenti: dirigenti, quadri, impiegati ed operai (art. 2095 c.c.).

Se le mansioni servono a determinare più o meno precisamente il contenuto del contratto di lavoro al momento della stipulazione, cioè sotto il profilo statico, tutto il resto di questa complessa disciplina assolve ad una serie di altre esigenze. Serve a individuare la retribuzione in rapporto ai compiti assegnati, a collocare il lavoratore nell'organigramma aziendale (art. 2086 c.c.), a definire meglio il parametro di misurazione della diligenza del lavoratore (art. 2104 c.c.) e del suo adempimento, a individuare la disciplina legale o contrattuale da applicare in relazione a moltissimi istituti (prova, orari, ferie, licenziamenti, ecc.). L'insieme di queste nozioni – mansioni, qualifiche e categorie – consente anche di conciliare l'esigenza di certezza dell'impegno contrattuale (e dei trattamenti economico-normativi del lavoratore) con quella dell'imprenditore di utilizzare una medesima prestazione lavorativa anche se mutano le esigenze tecnico-organizzative senza danneggiare la professionalità del lavoratore. In tal modo si delinea anche la disciplina della prestazione professionale sotto il profilo dinamico.

Per descrivere entrambi i profili, quello statico e quello dinamico, occorre dedicare attenzione specifica ad altre due norme del codice civile finora solo accennate: gli artt. 2095 e 2103.

3. Le categorie legali

Come si è prima anticipato, l'art. 2095 distingue i lavoratori in quattro categorie legali. Tre di esse risalgono alla versione originaria della norma; i quadri invece sono stati introdotti con la l. 190/1985, a seguito di una significativa vicenda sindacale, che invertì la tendenza a ridurre la rilevanza delle categorie legali.

In effetti la distinzione tra dirigenti, impiegati ed operai riflette innanzitutto il punto di arrivo di una organizzazione aziendale modellata su gerarchie sociali maturate nei primi decenni del Novecento. Non si deve infatti dimenticare che la prima regolamentazione legale riguardava soltanto il contratto di impiego privato (art. 1, r.d.l. 13 novembre 1924, n. 1825, che menziona gli operai solo per escluderli dal proprio campo di applicazione), ai quali solo successivamente furono aggiunti i dirigenti (art. 1, r.d. 1° luglio 1926, n. 1130), obbligati ad aderire a sindacati distinti, aggregati alle organizzazioni dei datori di lavoro.

I dirigenti

L'origine delle distinzioni legali dei prestatori di lavoro ancora oggi rileva sotto vari profili. Innanzitutto ai fini definitori, il rinvio dell'art. 2095, co. 2, c.c. alle leggi si sostanzia nel rinvio all'art. 1, r.d.l. 1825/1924 laddove si afferma che l'impiegato è colui che svolge «al servizio dell'azienda ... attività professionale ... con funzioni di collaborazione tanto di concetto che di ordine, eccettuata pertanto ogni prestazione che sia semplicemente di mano d'opera». Fino alla l. 190/1985, tutte le altre definizioni sono rimesse alla contrattazione collettiva, che però a sua volta spesso rinvia alle leggi vigenti o non fornisce elementi definitori sufficienti. In particolare per i dirigenti è determinante la definizione di origine giurisprudenziale, che, in diretta applicazione del pur laconico art. 2095 c.c., considera dirigente l'*alter ego* dell'imprenditore, cioè colui che è preposto alla direzione dell'intera organizzazione aziendale, ovvero ad una branca o ad un settore autonomo di essa, e sia investito di poteri che, per la loro ampiezza e autonomia, gli consentano, pur nell'osservanza delle direttive programmatiche dell'imprenditore, di orientare il governo complessivo dell'azienda o di una sua parte[2].

Soprattutto per i dirigenti, l'appartenenza alla categoria in ragione del ruolo rivestito nell'organizzazione aziendale comporta innanzitutto l'esclusione da alcune garanzie legali, *in primis* dai licenziamenti. Infatti ai dirigenti ancora trova applicazione l'art. 2118 c.c., anche se i contratti collettivi prevedono la necessità di giustificare il recesso, deferendo ad arbitri le relative controversie.

Inquadramento unico: impiegati e operai

L'esistenza delle categorie legali però si riflette sensibilmente anche sugli assetti normativi della contrattazione collettiva. Innanzitutto perché per i dirigenti, che hanno ancora oggi proprie organizzazioni sindacali, esiste una contrattazione distinta, organizzata per settori (industria, commercio, ecc.); in secondo luogo perché ancora oggi i contratti collettivi nazionali di categoria sono articolati in diverse partizioni per impiegati ed operai. Fino ai primi anni '70 anche il sistema di inquadramento in qualifiche, pur ricompreso in uno stesso contratto collettivo di categoria, era distinto tra impiegati ed operai. Con i contratti collettivi del '73-'74 invece è stato utilizzato il c.d. inquadramento unico, per cui oggi la scala classificatoria è unica e alcuni livelli di inquadramento raggruppano qualifiche impiegatizie ed operaie, spesso senza alcuna distinzione retributiva.

I quadri

Proprio a questo tipo di "appiattimento" reagirono nei primi anni '80 le

[2] Per tutte Cass. 18414/2013.

qualifiche impiegatizie ed operaie alle quali venivano addossate particolari responsabilità organizzative, dando vita al movimento dei quadri, che ebbe un'eco anche nel sindacalismo confederale e sfociò appunto nel riconoscimento legale della nuova categoria dei quadri intermedi. La l. 190/1985 pose un freno ad una contrattazione eccessivamente egualitaria, imponendo alle imprese di riconoscere, entro un anno, le specifiche qualifiche di quadro (art. 2). Si tratta però di un intervento molto leggero: dopo aver dato una definizione piuttosto generica della nuova categoria legale (art. 1, co. 1), l'individuazione dei requisiti di appartenenza e delle effettive differenziazioni nei trattamenti economico-normativi viene rimessa infatti alla contrattazione nazionale o aziendale in relazione a ciascun ramo di produzione e alla particolare struttura organizzativa dell'impresa. In assenza di contrattazione dalla disciplina legale emerge ben poco; infatti il quadro, seppure con norma dispositiva (art. 1, co. 3), è equiparato all'impiegato e la legge gli riconosce solo diritti marginali come il corrispettivo per le invenzioni non rientranti negli obblighi contrattuali e l'assicurazione in caso di svolgimento di funzioni con responsabilità verso i terzi.

4. Il diritto alla formazione e all'aggiornamento professionale

Può essere ora opportuno affrontare un problema connesso a quelli regolati dalle norme citate e che vale a meglio delimitare il contenuto negoziale: dal contratto di lavoro deriva un vero e proprio diritto del lavoratore alla formazione e all'aggiornamento professionale da far valere nei confronti del datore di lavoro?

Diritto alla formazione ed equilibri contrattuali

La questione ha assunto una notevole rilevanza. Molti studiosi hanno infatti sottolineato come il contratto di lavoro, sempre più destinatario di una normativa *ad hoc*, dovesse essere reinquadrato sistematicamente sia alla luce di norme costituzionali come l'art. 35 Cost. sia in considerazione della sempre più accentuata necessità di curare la formazione continua del lavoratore non solo nell'interesse dell'impresa ma del lavoratore medesimo che, se professionalmente obsolescente, rischia addirittura il lavoro e il reddito. Perciò è divenuto sempre più consistente un indirizzo dottrinale secondo cui ogni lavoratore avrebbe diritto a pretendere dal proprio datore di lavoro azioni concrete volte a consentirgli il continuo aggiornamento professionale.

A questo orientamento si contrappongono molte obiezioni, spesso sensate, alle quali non è agevole rispondere. Probabilmente non esiste una risposta univoca sul piano ordinamentale, anche perché la riconducibilità del diritto alla formazione al contratto individuale di lavoro dipende molto da come ciascun paese configura il proprio sistema di formazione e aggiornamento professionale. Mai come in questo caso la soluzione va dunque cercata attraverso un attento esame dei dati di diritto positivo, a partire dal diritto dell'Unione europea.

Tendenze e norme europee

L'art. 14 della Carta dei diritti fondamentali dell'Unione europea riconosce ad ogni persona il diritto all'istruzione e all'accesso alla formazione professionale e continua (v. cap. II). Si tratta di una norma importante, ma dalla quale, come pure si è detto, non scaturisce una precisa configurazione del diritto in questione negli specifici ordinamenti nazionali.

È anche vero che nell'ambito dell'Unione europea importanza crescente assume la formazione professionale e continua nelle politiche del lavoro in cui si concretizza la Strategia europea per l'occupazione a partire dagli anni '90, ma anche nella c.d. *flexicurity*. Da ultimo il principio 4 del *Social Pillar del 2017* prevede che «ogni persona ha diritto a un'assistenza tempestiva e su misura per migliorare le prospettive di occupazione o di attività autonoma. Ciò include il diritto a ricevere un sostegno per la ricerca di un impiego, la formazione e la qualificazione».

Queste politiche possono però, come sappiamo, essere perseguite da ciascun paese con diverse strutture e istituti giuridici. In materia l'Unione mette a disposizione soprattutto i fondi strutturali e le procedure di comparazione e monitoraggio degli effetti raggiunti da ciascuno Stato membro. Al riguardo i modelli ordinamentali divergono ancora molto, anche quelli caratterizzati da una grande attenzione ai sistemi di formazione professionale.

Anche in Italia da tempo esistono norme che sostengono o potenziano i diritti di ciascun lavoratore alla formazione e all'aggiornamento professionale (art. 10 dello Statuto dei lavoratori; e, più di recente, gli importanti artt. 5 e 6, l. 53/2000 e il d.l. 34/2020, conv. con l. 77/2020, che istituisce il Fondo nuove competenze riguardante soprattutto percorsi formativi legati alla crisi economica generata dalla pandemia). All'interno di queste disposizioni si ritrovano strumenti interessanti come i piani formativi aziendali o territoriali concordati tra le parti sociali e finanziabili attraverso specifici fondi (essenzialmente il fondo interprofessionale per la formazione continua) diretti a garantire ai lavoratori «il diritto di proseguire i percorsi di formazione per tutto l'arco della vita, per accrescere conoscenze e competenze professionali» (art. 6, l. 53/2000). L'attuazione di questo diritto è però ancora in gran parte rimessa dal legislatore alle istituzioni pubbliche e alla contrattazione collettiva.

Tendenze e norme nazionali

In conclusione può dirsi che, sebbene il diritto del lavoro italiano in conformità a quello europeo, tuteli sempre più il diritto alla formazione e all'aggiornamento professionale dei lavoratori, pare difficile sostenere che da ogni contratto di lavoro scaturisca in materia un diritto sempre e comunque azionabile nei confronti del datore. A parte i rapporti ed i contratti con specifiche finalità formative (cap. XV), occorrerà sempre prendere in esame fonti più di dettaglio rispetto alle norme del codice civile e delle leggi statali (leggi regionali, contrattazione collettiva applicabile).

Può invece sostenersi che nel contenuto generale del contratto di lavoro rientri un obbligo in capo al datore di lavoro di tutelare il patrimonio professionale del lavoratore come parte della sua integrità psico-fisica (art. 2087 c.c.), inteso almeno come salvaguardia dall'obsolescenza professionale che mette a rischio la sicurezza del lavoro. Da questa ricostruzione – che rivisita l'art. 2087 c.c., valorizzando i principi costituzionali a tutela della salute e della professionalità dei lavoratori (v. cap. XI) – però possono al più azionarsi tutele di tipo risarcitorio, dirette a rivalere il lavoratore dei danni a lui arrecati da comportamenti datoriali del tutto insensibili all'esigenza di mantenere la professionalità del lavoratore adeguata almeno alle trasformazioni della propria organizzazione aziendale. Tali azioni presenterebbero comunque notevoli difficoltà soprattutto sul piano probatorio, ovviamente a carico del lavoratore.

Molto interessante è la riformulazione dell'art. 2103 c.c. (modificato nel 2015), secondo cui «il mutamento di mansioni è accompagnato, ove necessario, dall'assolvimento dell'obbligo formativo». Anche se non è chiaro se l'obbligo è a carico del datore di lavoro o del lavoratore, pare preferibile ritenere che la norma ponga l'obbligo in capo al primo, perché il secondo sarebbe comunque tenuto a rispettare le eventuali direttive impartite dal datore di lavoro che ritenesse necessaria una ulteriore formazione. In ogni caso nel nuovo art. 2103 non si rinviene un chiaro ed efficace apparato sanzionatorio in caso di violazione dell'obbligo datoriale.

5. Lo *jus variandi* previsto e regolato dalla legge

Tutela dinamica: direzioni e limiti

La maggiore rilevanza giuridica dell'esigenza di una professionalità dinamica si rinviene anche più globalmente nell'art. 2103 c.c., laddove la norma dice con chiarezza che il prestatore di lavoro non può restare "inchiodato" alle mansioni di assunzione (e alle correlate qualifica e categoria). Il datore di lavoro – in base all'art. 2103 c.c., novellato dall'art. 3, d.lgs. 81/2015 – ha il potere di variare le mansioni iniziali (c.d. *jus variandi*), adibendo il lavoratore a: a) mansioni riconducibili allo stesso livello e categoria legale di inquadramento delle ultime effettivamente svolte (c.d. mobilità orizzontale) o a mansioni corrispondenti all'inquadramento superiore che abbia successivamente acquisito (co. 1); b) mansioni appartenenti ad un solo livello di inquadramento inferiore, purché nell'ambito della medesima categoria legale, unicamente «in caso di modifica degli assetti organizzativi aziendali che incide sulla posizione del lavoratore» (co. 2) e purché comunicate per iscritto (co. 5) (c.d. mobilità verticale discendente); c) mansioni superiori a quelle in cui è inquadrato (co. 7) (c.d. mobilità verticale ascendente). Mentre però l'assegnazione a mansioni superiori può incontrare limiti non codificati nell'art. 2103 (ad esempio, la mancanza di competenze adatte alle mansioni di destinazione che espone il lavoratore al rischio di non corretto adempimento), negli altri casi "livello di inquadramento" e "categoria" sono le nozioni legali che delimitano la massima estensione della prestazione professionale[3]. Oltre al rilievo attribuito alla categoria legale, occorrerà quindi verificare sempre quali mansioni sono ricomprese in ciascun livello di inquadramento, previsto in genere dai contratti collettivi. Così vengono ora contemperate due opposte esigenze di sempre: quella datoriale di poter disporre di una "flessibilità interna" delle competenze del lavoratore, che non può pretendere di conservare indefinitamente le proprie mansioni; e quella del lavoratore di non vedersi spostato e, in particolare, assegnato a mansioni meno pregiate sotto il profilo professionale (declassa-

[3] Prima della novella del 2015 era invece la nozione di "equivalenza" a fungere da limite allo *jus variandi* in quanto l'art. 2103 consentiva di adibire il lavoratore a «mansioni equivalenti alle ultime effettivamente svolte».

mento) senza che vi sia alcun nesso tra le diverse posizioni ricoperte. La norma cerca in tal modo di apprestare una tutela dinamica della professionalità. Beninteso questa tutela non può però mai prescindere dalla regola generale richiamata all'inizio del capitolo secondo cui l'oggetto del contratto deve essere sin dall'origine determinabile: ciò comporta che variazioni essenziali della professionalità non possono mai esserci senza il consenso di entrambi i contraenti. Questo pone un limite anche alla contrattazione collettiva che, pur potendo delineare con criteri innovativi le varie professionalità ricomprese in un unico livello contrattuale (come hanno fatto molti rinnovi dei contratti collettivi del nuovo millennio), non può consentire uno stravolgimento degli elementi essenziali della professionalità dedotta nel contratto individuale attraverso il riferimento alle mansioni assegnate (ad esempio un cuoco non può essere d'imperio adibito a fare il palombaro anche se il contratto dell'edilizia colloca nello stesso livello i due profili professionali).

La garanzia dei trattamenti retributivi

Il mutamento di mansioni può comportare variazioni nei trattamenti retributivi in genere definiti in base al livello di inquadramento. In passato si garantiva che comunque il mutamento di mansioni avvenisse «senza alcuna diminuzione della retribuzione»[4]. L'attuale art. 2103, co. 5 prevede che in caso di declassamento il lavoratore abbia diritto alla conservazione del livello di inquadramento e del trattamento retributivo in godimento con eccezione degli elementi retributivi collegati a particolari modalità di svolgimento della precedente prestazione lavorativa.

Limiti temporali e diritto alla promozione

L'imprenditore incontra infine un ultimo vincolo nell'esercizio dello *jus variandi*, che consiste nel limite temporale massimo entro cui può adibire il lavoratore a mansioni superiori, fissato nel periodo di sei mesi continuativi, derogabili da pattuizioni collettive. Decorso questo periodo il lavoratore, sempreché lo voglia (art. 2103, co. 7; ma al riguardo v. il capitolo sugli atti dispositivi *ex* art. 2113 c.c.), acquisisce il diritto alla qualifica corrispondente alle mansioni superiori alle quali è stato assegnato, salvo che l'adibizione non sia giustificata dalla necessità di sostituire un altro lavoratore con diritto alla conservazione del posto di lavoro. Si tratta dell'unico caso in cui viene previsto un diritto alla promozione di origine legale, mentre più spesso sono i contratti collettivi a dettare regole sulla "carriera" del lavoratore, prevedendo, ad esempio, la maturazione del diritto alla promozione dopo alcuni anni di permanenza nella qualifica più bassa. In ogni caso è importante specificare che l'effettivo svolgimento di mansioni superiori conferisce al dipendente, anche quando non gli si possa riconoscere l'inquadramento nella qualifica superiore, il diritto alle differenze retributive corrispondenti alle mansioni effettivamente svolte e comprensive di eventuali emolumenti accessori. Questo diritto, esplicitamente riconosciuto dall'art. 2103 c.c., trova ulteriore conferma, secondo la giurisprudenza di legittimità, nel-

[4] Si sbaglierebbe però a pensare che la norma garantisse l'intangibilità di tutta la retribuzione; la giurisprudenza infatti distingueva tra indennità intrinseche alla professionalità del lavoratore, comunque salvaguardate, e indennità estrinseche, destinate a perdersi con il mutamento di mansioni (come, ad esempio, l'indennità di trasferta, su cui v. Cass. 4055/2008, o l'indennità di turno, su cui Cass. 5388/1992).

l'art. 36, co. 1, Cost. secondo cui «il lavoratore ha diritto ad una retribuzione corrispondente alla quantità e qualità del suo lavoro».

6. Art. 2103 e modifiche pattizie allo *jus variandi* e all'inquadramento del lavoratore

L'art. 2103 contiene una sanzione esplicita di nullità dei patti contrari, in passato talvolta rigidamente applicata dalla giurisprudenza anche in caso di declassamento pattuito con il lavoratore allo scopo di evitare il licenziamento[5]. Già prima del 2015 in molti casi la legge aveva consentito più ampiamente il declassamento, anche a seguito di pattuizioni collettive: per le lavoratrici madri, durante la gestazione e fino a sette mesi dopo il parto (art. 7, d.lgs. 151/2001); qualora per infortunio o malattia il lavoratore non fosse più in grado di svolgere le proprie mansioni (artt. 1, co. 7, e 4 co. 4, l. 68/1999 e art. 41, co. 2, d.lgs. 81/2008); in presenza di accordi sindacali diretti a ridurre gli esuberi di personale (art. 4, co. 11, l. 223/1991). Anche la giurisprudenza tendeva più di recente a interpretare la norma codicistica «alla stregua della regola del bilanciamento del diritto del datore di lavoro a perseguire un'organizzazione aziendale produttiva ed efficiente e quello del lavoratore al mantenimento del posto»[6].

Legittimità di declassamenti

L'art. 2103 c.c. novellato nel 2015 razionalizza queste ipotesi, andando anche oltre e sottraendo alla nullità alcune modifiche pattizie all'inquadramento dei lavoratori. Patti derogatori ai limiti legali – collettivi o individuali – sono ammessi in due casi:

a) se il declassamento – cioè l'adibizione a mansioni appartenenti al livello di inquadramento inferiore ma pur sempre compreso nella medesima categoria legale – venga previsto da contratti collettivi, anche in assenza di qualsivoglia modifica organizzativa (v. art. 2103, co. 4, c.c.). Questa non è una modifica pattizia diretta dell'inquadramento del lavoratore, ma un ampliamento del potere datoriale di declassamento delegato alla disciplina dei contratti collettivi. Anche in questo caso il concreto esercizio dello *jus variandi* ad opera del datore di lavoro deve essere comunicato per iscritto "a pena di nullità" (co. 5); e, poiché deve trattarsi di una ipotesi "ulteriore" ma non strutturalmente diversa rispetto a quella prevista dall'art. 2103, co. 2, deve essere collegata dalla contrattazione collettiva ad un presupposto oggettivamente verificabile;

b) se le modifiche avvengono con accordi individuali aventi ad oggetto mansioni, categoria legale, livelli di inquadramento, retribuzione, alla duplice condizione che: siano stipulati nelle sedi di conciliazione di cui all'art. 2113, co. 4 o davanti alle commissioni di certificazione (v. cap. XIX); siano stipulati nell'interesse del lavoratore alla conservazione dell'occupazione, all'acquisizione

---

[5] Cass. 624/1984.

[6] Cass. 8596/2007; Cass. 5621/2019; Cass. 17634/2019; Cass. 29626/2019.

di una diversa professionalità o al miglioramento delle condizioni di vita. In questo caso sembrano consentite modifiche anche oltre i limiti previsti nell'esercizio dello *jus variandi.*

7. La tutela della professionalità nel lavoro pubblico

Regole simili a quelle descritte esistono anche per il lavoro pubblico "privatizzato", sebbene la stratificazione normativa in tema di categorie e di inquadramento sia ben più complessa, con un maggiore ruolo svolto dalla legge, soprattutto per l'individuazione dei ruoli dirigenziali nelle varie amministrazioni e per gli sviluppi di carriera. A partire dagli anni '90 anche nel lavoro pubblico il sistema di inquadramento è comunque in buona parte affidato alla contrattazione collettiva, in specie di comparto. Il d.lgs. 150/2009 (artt. 23 e 24) ha fissato una serie di vincoli alla contrattazione, allo scopo di introdurre criteri di selezione meritocratici, specie nelle promozioni. D'altronde le regole in materia di progressione di carriera vengono dalla giurisprudenza costituzionale equiparate a quelle in tema di assunzioni e quindi assoggettate alla regola del concorso *ex* art. 97, co. 3, Cost.

Il limite dell'equivalenza (art. 52, d.lgs. 165/2001)

Anche lo *jus variandi* è assoggettato a regole simili al privato, seppure con alcune varianti sempre più significative. La prima variante è che la specifica disciplina dell'istituto (art. 52, co. 1, d.lgs. 165/2001) continua a prevedere esplicitamente che il lavoratore deve essere adibito alle mansioni per le quali è stato assunto o a quelle equivalenti nell'ambito dell'area di inquadramento. Tale formulazione mantiene il concetto di equivalenza – ormai, come si è visto (v. nota 3), espunto dal privato – ma lo rende "formale", lo àncora cioè ad una valutazione demandata ai contratti collettivi, e non sindacabile da parte del giudice, sempreché esista una adeguata disciplina contrattuale.

Limiti all'assegnazione di mansioni superiori

La seconda regola, derogabile dai contratti collettivi (v. sempre art. 52, co. 6), è che l'assegnazione a mansioni superiori – che *per tabulas* ricorre se si svolgono compiti propri di tali mansioni in modo prevalente, sotto il profilo qualitativo, quantitativo e temporale – può avvenire solo in due casi: a) per sostituire altro dipendente assente con diritto alla conservazione del posto di lavoro (con esclusione però delle ferie); b) per coprire un vuoto in organico, ma, al massimo, per 12 mesi. Nel secondo caso l'assegnazione a mansioni superiori, che dà diritto al trattamento previsto per tali mansioni, deve essere immediatamente seguita dall'avvio delle procedure per coprire definitivamente il posto in organico.

Progressioni di carriera

Questo intreccio con la disciplina dei concorsi (art. 97 Cost.) e una maggiore formalizzazione dell'intera materia, fanno sì che tutta la mobilità dei lavoratori pubblici sia caratterizzata, da un lato, da una maggiore distanza tra regole formali e prassi gestionali; e, dall'altro, che i contratti collettivi prevedano vari tipi di progressione, distinguendo in particolare tra progressioni orizzontali, che comportano solo incrementi economici, e progressioni verticali (c.d. promozioni), che invece consentono al lavoratore di conseguire anche un livello di inquadramento superiore. Per le seconde occorre però bandire dei veri e propri concorsi, in cui il dipendente deve concorrere con aspirazioni degli esterni all'amministrazione, ai quali va garantito almeno il 50% dei posti banditi (art. 52, co. 1-*bis*, d.lgs. 165/01). La necessità di concorsi aperti all'esterno è stata però esclusa, seppure temporaneamente (2020-2022; e per alcune figure amministrative sia del comparto scuola, per tutto il 2023, sia di altre amministrazioni, fino al 2026), quando le progressioni riguardino un numero limitato di professionalità o siano legate a particolari esigenze (v. art. 22, co. 15 e 15-*bis*, d.l. 75/17, modificato dall'art. 1, d.l. 162/2019, conv. con l. 8/2020, e dall'art. 5, d.l. 198/2022, conv. con l. 14/2023; art. 3, co. 5-*ter*, d.l. 44/2023, conv. con l. 74/2023). Alcune regole speciali sono state poi introdotte al fine di valorizzare il personale pubblico e riconoscerne il merito, specialmente al fine del reclutamento di figure dirigenziali (art. 3, d.l. 80/2021, conv. con l. 113/2021; varie norme, d.l. 44/2023, conv. con l. 74/2023).

Capitolo XI

Obbligo di sicurezza nei luoghi di lavoro

1. La tutela dell'integrità psico-fisica nei luoghi di lavoro: lo sviluppo normativo. Dall'art. 2087 c.c. sino al d.lgs. 81/2008 e oltre

La sicurezza dei dipendenti può dirsi sia stata una delle preoccupazioni principali del legislatore in materia di lavoro, fin dal momento in cui la prima, timida e incerta legislazione sociale si mosse a disciplinare una situazione, quella della prima rivoluzione industriale di metà Ottocento, pesantemente squilibrata a danno di chi prestava la sua opera. Il fatto stesso di un evento traumatico che interviene in maniera così improvvisa richiamò subito l'attenzione della pubblica opinione e di conseguenza allarmò un legislatore che, vuoi per ragioni di "compassione sociale" o addirittura di calcolo politico, vuoi per convinta adesione ad istanze filo-operaie, già nel 1898 varò una prima legislazione di tutela contro un evento "drammatico": l'infortunio sul lavoro.

Da allora il tema della sicurezza ha fatto molta strada: il fascismo perfeziona la legislazione di tutela – estesa già ad altri eventi dannosi, come le malattie professionali – e crea grandi strutture burocratiche per gestire il complesso sistema; poi, l'art. 2087 c.c. codifica l'obbligo del datore di lavoro di garantire la sicurezza dei suoi dipendenti. La Costituzione prevede la previdenza sociale come un diritto per i lavoratori, garantendo loro, tramite strutture pubbliche e private, «mezzi adeguati alle loro esigenze di vita in caso di infortunio, malattia, invalidità e vecchiaia, disoccupazione involontaria» (art. 38). Negli anni '50 abbiamo una corposa legislazione tecnica (tra cui d.P.R. 547/1955, 302/1956, 303/1956), ove si individuano rischi e misure di prevenzione. Con lo Statuto dei lavoratori si inizia a ragionare anche in termini di tutela collettiva (art. 9). Ciononostante, continua a prevalere un'ottica volta alla riparazione dell'evento dannoso subito dal lavoratore e non già alla sua prevenzione (c.d. "monetizzazione" del rischio).

Il vero cambio di logica, in chiave di effettiva prevenzione, si ha a partire dagli anni '90 (d.lgs. 626/1994), sollecitato dal necessario processo di adeguamento alle importanti direttive europee emanate a far data dalla fine degli '80. La nuova normativa ridisegna il sistema generale di prevenzione e sicurezza, prevedendo anche un ruolo attivo dei lavoratori e dei loro rappresentanti.

Ultima tappa è il c.d. testo unico del 2008 (d.lgs. 81/2008, assestatosi con il d.lgs. 106/2009), emanato sotto la spinta di un movimento di opinione pubblica segnato da tragedie quotidiane di grande risalto mediatico. Testo unico (in verità, mai tecnicamente definito tale), successivamente varie volte aggiornato e modificato.

Art. 2087 c.c.

Passando ad un esame più approfondito della normativa vigente, va detto che il principio fondamentale resta quello posto dall'art. 2087 c.c., che stabilisce, in via generale, l'obbligo del datore di lavoro di predisporre le misure «necessarie» a tutela della «integrità fisica» e della «personalità morale» del lavoratore. Col tempo, per «necessarie» sono state intese innanzitutto quelle misure stabilite espressamente dalle norme antinfortunistiche e, comunque, tutte quelle imposte dall'obbligo generale incombente sul datore di lavoro, che, in mancanza di una specifica previsione, è tenuto a valutare quali misure si debbano ritenere, in concreto, indispensabili, valutando i rischi e le nocività della lavorazione, le conseguenze dannose prevedibili sulla base dell'esperienza e, di conseguenza, i necessari aggiornamenti delle misure di sicurezza: il c.d. criterio della massima sicurezza tecnologicamente fattibile [1].

Oggetto della tutela non è soltanto il danno fisico subito dal lavoratore, ma anche quello "morale": ipotesi che, come meglio si vedrà, ha subito interessanti evoluzioni nel corso del tempo. Il danno patito per l'inosservanza datoriale dell'art. 2087 può essere valutato dal punto di vista civilistico, con la possibilità per il dipendente – ad esempio – di chiedere l'esecuzione coattiva (per via giudiziale) delle misure di sicurezza, di rifiutare legittimamente la prestazione senza timore di ritorsioni (art. 1460 c.c.), di costituirsi parte civile nei procedimenti contravvenzionali; ma anche dal punto di vista penalistico, con la possibilità di configurare, per colpa «specifica», i reati di lesioni colpose o di omicidio colposo.

L'inosservanza dell'obbligo posto dall'art. 2087 costituisce inadempimento contrattuale, con conseguente obbligo del risarcimento del danno. Se l'infortunio o la malattia professionale riguardano una lavorazione per la quale il datore di lavoro è obbligato ad assicurarsi, questi è esonerato della responsabilità civile, a meno che non abbia riportato condanna penale per reato perseguibile d'ufficio per il fatto da cui l'infortunio o la malattia sono derivati.

La normativa europea

Sulla normativa post-costituzionale in materia ha molto inciso l'apporto delle istanze sovranazionali, soprattutto europee. Innanzitutto, l'Organizzazione mondiale della sanità ha stabilito che la salute è uno stato di completo benessere fisico, mentale e sociale e non consiste solamente in un'assenza di malattia; il risultato a cui bisogna tendere deve essere quindi il raggiungimento di

[1] Su cui v. Corte cost. 312/1996. Per i confini di questo obbligo v. Cass. 11546/2020.

una sempre maggiore qualità di vita e di lavoro attraverso l'eliminazione degli stati morbosi fisici (malattie professionali e comuni) e psichici.

La normativa europea stabilisce, da un lato (artt. 151 e 153 TFUE, come modificato dal Trattato di Lisbona) che gli Stati membri devono adoperarsi «per promuovere il miglioramento in particolare dell'ambiente di lavoro e per tutelare la sicurezza e la salute dei lavoratori», fissandosi l'obiettivo dell'armonizzazione, «in una prospettiva di progresso», delle condizioni esistenti. La Carta sociale europea del 1961 (ratificata con la l. 929/1965) fissa l'impegno «ad emanare norme sulla sicurezza e sull'igiene», a controllarne l'applicazione e a consultare le parti sociali «sulle misure che mirano a perfezionare la sicurezza e l'igiene del lavoro». Sulla scorta di tali principi, l'Unione europea ha emanato (e costantemente aggiorna) un articolato insieme di direttive (a partire dalla fondamentale dir. "quadro" 89/391/CEE), la cui trasposizione in Italia è stata realizzata con i citati d.lgs. 626/1994, prima, e 81/2008, poi.

2. Il Testo Unico del 2008-2009

Il T.U. (d.lgs. 81/2008), emanato in attuazione della delega conferita dall'art. 1, l. 123/2007, ha operato il riordino e il coordinamento delle norme in materia di salute e sicurezza sul lavoro in un unico testo normativo.

La principale finalità perseguita dal T.U. è quella di garantire l'uniformità della tutela dei lavoratori attraverso il rispetto dei livelli essenziali delle prestazioni concernenti i diritti civili e sociali, anche con riguardo alle differenze di genere, di età e alla condizione dei lavoratori immigrati, nel rispetto delle normative europee e delle convenzioni internazionali in materia, nonché delle autonomie regionali.

Una delle più importanti novità del T.U., che si applica a tutti i settori di attività, privati e pubblici, è costituita dalle nozioni di "lavoratore" e di "datore di lavoro".

I destinatari delle tutele

Infatti, il lavoratore destinatario delle tutele è definito come la persona che, indipendentemente dalla tipologia contrattuale (subordinato, autonomo, etero-organizzato), svolge un'attività lavorativa nell'ambito dell'organizzazione di un datore di lavoro pubblico o privato, con o senza retribuzione, anche al solo fine di apprendere un mestiere, un'arte o una professione, esclusi gli addetti ai servizi domestici e familiari (art. 2 T.U.). Al lavoratore così definito sono equiparati (e dunque tutelati), pur non essendo tali, anche altri soggetti, tra cui i beneficiari di iniziative di tirocini formativi e di orientamento, nonché gli studenti ed i partecipanti ai corsi di formazione professionale.

I soggetti obbligati: datore di lavoro, dirigenti e preposti

La stessa norma (art. 2, lett. *b*) allarga, poi, in maniera considerevole anche la nozione di datore di lavoro, su cui gravano in via principale gli obblighi di sicurezza. È infatti definito tale il soggetto titolare del rapporto di lavoro con il lavoratore o, comunque, il soggetto che, secondo il tipo e l'assetto della organizzazione nel cui ambito il lavoratore presta la propria attività, ne ha la responsabilità, in quanto esercita i poteri decisionali e di spesa.

Gli obblighi in materia di igiene e sicurezza fanno carico anche ai dirigenti e ai preposti. L'art. 2, co. 1, lett. *d-e*, d.lgs. 81/2008 definisce "dirigente" la persona che, in ragione delle competenze professionali e di poteri gerarchici e funzionali adeguati alla natura dell'incarico conferitogli, attua le direttive del datore di lavoro organizzando l'attività lavorativa e vigilando su di essa, e "preposto" la persona che, sempre in ragione delle competenze professionali e nei limiti dei suoi poteri gerarchici, sovrintende all'attività lavorativa e garantisce l'attuazione delle direttive ricevute, controllandone la corretta esecuzione da parte dei lavoratori.

Nelle pubbliche amministrazioni, il datore di lavoro è il dirigente al quale spettano i poteri di gestione, che deve essere individuato dall'organo di vertice delle singole amministrazioni e dotato dei necessari autonomi poteri decisionali e di spesa.

Servizio di prevenzione e protezione e medico competente

Snodo importante dell'impianto normativo è costituito dalla previsione che impone al datore di lavoro di dotarsi di uno "staff" tecnico e medico che lo supporti nella realizzazione del sistema di prevenzione in azienda: a) il servizio di prevenzione e protezione (artt. 31 ss., T.U.), composto da un "Responsabile" e da uno o più "Addetti", ferma comunque restando la responsabilità del datore di lavoro per l'attuazione degli obblighi; b) il medico competente (mc), cui è affidata la sorveglianza sanitaria dei lavoratori esposti a rischi per la salute, attraverso visite sia preventive (cioè precedenti all'adibizione materiale al lavoro) sia periodiche (il ruolo del mc .è stato rafforzato dall'art. 14, d.l. 48/2023, conv. con l. 85/2023).

La valutazione dei rischi

Venendo ai principali obblighi di prevenzione, ai sensi degli artt. 28 ss. T.U., il datore di lavoro – in collaborazione con il responsabile del servizio di prevenzione e protezione e con il medico competente, e previa consultazione del rappresentante dei lavoratori per la sicurezza (figura di cui si dirà tra poco) – è tenuto ad effettuare la valutazione dei rischi per la sicurezza e la salute dei lavoratori (considerando in modo specifico i gruppi di lavoratori esposti a particolari rischi, tra cui quelli collegati allo stress correlato al lavoro, allo stato di gravidanza, alle differenze di genere, all'età, alla provenienza da altri Paesi e in generale alla specifica tipologia della prestazione di lavoro). All'esito di questo esame, il datore di lavoro, sempre con la collaborazione dei soggetti di cui sopra, deve redigere un documento di valutazione dei rischi (DVR) da custodire presso l'unità produttiva alla quale si riferisce la valutazione.

Ulteriore obbligo per il datore di lavoro è quello di fornire a ciascun lavoratore adeguata informazione, formazione e addestramento.

Doveri dei lavoratori

L'art. 20 T.U. attribuisce però obblighi e doveri anche ai lavoratori. Costoro, infatti, devono collaborare all'applicazione della normativa in materia, attenersi alle disposizioni impartite, utilizzare correttamente attrezzature, materiali, mezzi di trasporto e dispositivi di sicurezza, nonché partecipare ai programmi di formazione e di addestramento e sottoporsi ai controlli sanitari.

I rappresentanti dei lavoratori per la sicurezza e gli organismi paritetici

Già l'art. 9 dello Statuto dei lavoratori, prevedeva la possibilità per i lavoratori, tramite loro rappresentanze, di controllare l'applicazione delle norme per la prevenzione degli infortuni e delle malattie professionali e di promuovere la ricerca, l'elaborazione e l'attuazione di tutte le misure idonee a tutelare la loro salute ed integrità fisica. Questa previsione è stata implementata dall'art. 47

T.U., che prevede l'istituzione in tutte le aziende o unità produttive dei rappresentanti dei lavoratori per la sicurezza (RLS): questi ultimi, in aziende fino a quindici dipendenti o con più di quindici dipendenti ma prive di RSA o RSU, sono eletti direttamente tra i lavoratori; laddove, invece, per le aziende/unità produttive di dimensioni maggiori, vi siano rappresentanze sindacali in azienda (RSA/RSU), la scelta avviene tramite elezione o designazione del RLS nell'ambito delle rappresentanze sindacali esistenti. È anche prevista (art. 51) la possibilità di costituire a livello territoriale organismi paritetici (OP) composti da rappresentanti delle parti sociali, ai quali il legislatore attribuisce funzioni sempre più rilevanti (formazione, conciliazione, ricerca, certificazione). Valorizza il ruolo delle parti sociali anche la normativa per la tutela dei lavoratori nell'emergenza climatica, promuovendo intese *ad hoc* da recepire eventualmente in decreti del Ministero del lavoro (v. art. 3, d.l. 28 luglio 2023, n. 98).

La vigilanza sull'applicazione della legislazione in materia di salute e sicurezza nei luoghi di lavoro è svolta in prevalenza dall'Azienda sanitaria locale competente per territorio pur dopo l'istituzione nel 2015 dell'Ispettorato Nazionale del Lavoro (INL: v. cap. III), che ha competenza per alcuni settori particolari, tra i quali il più importante è l'edilizia. I compiti dell'INL sono stati rafforzati dal d.l. 48/2023 (v. artt. 15-16). Se le irregolarità riguardano un certo numero di lavoratori (10% dell'organico) o sono gravi, l'INL può adottare un provvedimento di sospensione dell'attività dell'impresa, pur restando il datore di lavoro tenuto a corrispondere retribuzione e relativi contributi ai lavoratori interessati (art. 14, d.lgs. 81/2008, modificato dal art. 13, d.l. 146/2021, conv. con l. 215/2021).

Il sistema sanzionatorio

La mancata osservanza delle norme sull'igiene e la sicurezza può integrare gli estremi di reati. La semplice loro violazione, a prescindere dalla circostanza che ne sia derivato o meno un infortunio ai lavoratori, costituisce reato contravvenzionale. D'altro canto, la circostanza che i reati di omicidio colposo e di lesioni personali colpose siano commessi con violazione delle norme sulla prevenzione degli infortuni sul lavoro comporta un aggravamento della pena per essi prevista (art. 589, co. 2, art. 590, co. 3 c.p.). Sanzioni sono previste anche per l'azienda (persona giuridica), a titolo di responsabilità amministrativa, ai sensi del d.lgs. 231/2001. Quest'ultimo decreto prevede anche che l'adozione di determinati "modelli organizzativi" da parte delle imprese può fungere da esimente per reati in materia di sicurezza commessi da propri dipendenti o dirigenti.

Molti degli obblighi sin qui descritti sono stati integrati o aggravati dai provvedimenti che hanno adeguato le misure per la sicurezza alla necessità di prevenire o contenere la diffusione della pandemia da Covid-19 (v. vari protocolli governo-sindacati del primo semestre 2020, nonché i provvedimenti relativi a chiusure di attività o dispositivi specifici di sicurezza). Molte di queste norme sollevano interessanti questioni di fondo in ordine al bilanciamento tra diritto alla salute, libertà di iniziativa economica, diritto alla privacy. Le questioni di maggiore rilievo giuridico-costituzionale riguardano la possibilità e i limiti entro cui è possibile obbligare i lavoratori a vaccinarsi o, comunque, condizionare l'accesso agli ambienti di lavoro al possesso di determinate certificazioni (certificazione verde Covid-19, detta *Green Pass*, rilasciata a seguito di vaccino o tampone effettuato nelle precedenti 48 ore). In materia va primariamente considerato l'art. 32 Cost. che, seppure da interpretare alla luce degli obblighi di solidarietà derivanti dall'art. 2 Cost., richiede che i trattamenti sanitari obbligatori siano previsti da "disposizioni di legge". Nei casi più delicati infatti (personale sanitario, insegnanti, addetti alla ristorazione, ultracinquatenni) è intervenuto il legislatore, individuando obblighi vaccinali o certificativi e precisando le sanzioni applicabili (v. art. 4, d.l. 44/2021, conv. con l. 76/2021; d.l. 1/2022, conv. con l. 18/2022).

La l. 3/2003 affronta infine indirettamente il problema del fumo passivo: vietando di fumare nei "locali chiusi", genera un obbligo a carico del datore di lavoro di adottare le misure necessarie per evitare anche questo rischio[2].

3. Le tutele contro le vessazioni sul lavoro: il *mobbing*

L'interpretazione evolutiva dell'art. 2087 c.c., in relazione all'art. 32 Cost. consente di colpire anche comportamenti odiosi (vessazioni, molestie) sul luogo di lavoro, lesivi dell'integrità psichica del lavoratore, che, sempre esistiti, sono stati particolarmente condannati dalla giurisprudenza degli ultimi anni.

Si allude in primo luogo al *mobbing*, il cui nome deriva dal linguaggio degli studiosi del comportamento animale. Il termine (dall'inglese *to mob*: aggredire, accerchiare, assalire) venne per la prima volta utilizzato negli anni '70 dagli etologi per descrivere il comportamento di alcune specie che circondano un proprio simile e lo assalgono in gruppo, al dichiarato fine di isolarlo dal branco.

Caratteristiche e presupposti

In ambito giuslavoristico manca una normativa nazionale di riferimento e quindi, secondo la giurisprudenza, per *mobbing* si deve intendere la condotta tenuta nei confronti di un lavoratore da parte del datore di lavoro o del superiore gerarchico (*mobbing* verticale) oppure del collega o pari grado (*mobbing* orizzontale), protratta nel tempo e che si risolve in sistematici e reiterati comportamenti ostili, che finiscono per assumere forme di prevaricazione o di persecuzione psicologica, da cui consegue la mortificazione morale del lavoratore stesso e l'emarginazione del dipendente (talvolta anche in senso fisico), con effetto lesivo del suo equilibrio fisiopsichico e del complesso della sua personalità. Spesso tali condotte consistano in una commistione varia di atti già di per sé sanzionati come illeciti dall'ordinamento (demansionamento, svuotamento di mansioni, trasferimento illegittimo, ecc.), con condotte di per sé lecite, anche se ritenute sconvenienti o sgarbate o inurbane (atteggiamento ostile, critiche sull'operato, disconoscimento dei meriti, esclusione da momenti di convivialità collettivi, ecc.).

Gli elementi che caratterizzano il fenomeno sarebbero quindi la reiterazione delle condotte, la finalità/intenzionalità del comportamento da parte dell'autore, l'emersione di un danno a carico della vittima, il nesso di causalità fra tali con-

---

[2] Cass. 24404/2006.

dotte ed il danno stesso. Il danno a carico del lavoratore dovrà essere accertabile dal punto di vista medico e occorre dimostrare che è conseguenza dei comportamenti tenuti da superiori o colleghi nel contesto lavorativo.

4. Il risarcimento del danno alla salute

Problema complesso è rappresentato dal risarcimento del danno alla salute ed alla persona del lavoratore, con particolare riguardo, in questa sede, alla risarcibilità del danno non patrimoniale, che l'art. 2059 c.c. prevede «solo nei casi determinati dalla legge». Nel 2003 la Corte costituzionale ha ritenuto che nella previsione codicistica deve ricomprendersi ogni danno derivante dalla lesione di valori inerenti alla persona: oltre al classico danno morale (quei "patemi d'animo che conseguano ad un illecito"), anche il danno biologico e il danno esistenziale[3].

Danno biologico e danno differenziale

Quanto al danno biologico risarcibile, dopo numerose sentenze di Cassazione[4], è intervenuto l'art. 13, d.lgs. 38/2000 a dettarne, sia pure a fini circoscritti, una definizione. L'intervento legislativo del 2000 realizza una vera e propria svolta in questa tematica, in quanto accolla all'ente previdenziale pubblico (INAIL) l'onere di corrispondere al lavoratore che subisce un infortunio sul lavoro o una malattia professionale, una somma che indennizzi il danno biologico che ha patito. A questo fine la legge definisce il danno biologico come una lesione temporanea o permanente all'integrità psico-fisica della persona, che determina una incidenza negativa sulle attività quotidiane e sugli aspetti dinamico-relazionali della vita del danneggiato, indipendentemente dalla sua capacità di produrre o meno reddito. Il danno biologico (o danno alla salute) comprende quindi ogni pregiudizio – evidentemente non patrimoniale – diverso da quello consistente nella diminuzione o perdita della capacità di produrre reddito che la lesione abbia provocato alla vittima. Il lavoratore che invoca il ristoro di un danno biologico dovrà fornire la prova dell'esistenza di una lesione dell'integrità psico-fisica accertabile in via medica e riceverà la somma dall'INAIL in via automatica, cioè a prescindere da qualsiasi profilo di responsabilità. Soltanto qualora il lavoratore intenda ottenere una somma ulteriore – c.d. *danno differenziale* – rispetto a quella ricevuta dall'INAIL, dovrà in tal caso fornire prova che infortunio o malattia sono derivati da una condotta penalmente rilevante del datore di lavoro.

Il danno esistenziale

Mancando una definizione legislativa, più controversa è la voce del danno esistenziale (o danno ai diritti propri dell'estrinsecazione della persona); esso va inteso come ogni pregiudizio, oggettivamente accertabile, che alteri abitudini e assetti relazionali di un soggetto, manifestandosi in disagi e turbamenti di tipo soggettivo, che alterano il benessere psicofisico, provocando uno stato di ma-

[3] Corte cost. 233/2003.

[4] Per tutte, Cass. 12339/1999.

lessere psichico diffuso e compromettendo i normali ritmi di vita e la tranquillità del danneggiato, che si vede costretto a modificare le normali attività quotidiane e a operare scelte di vita diverse quanto alla espressione e realizzazione della sua personalità nel mondo esterno, in particolare, nella rinuncia forzata allo svolgimento di un'attività non reddituale[5]. Mentre, quindi, il danno morale attiene unicamente alla sfera interna del soggetto ed ai suoi patimenti, il danno esistenziale riguarda gli effetti del patimento che si riflettono sulla vita quotidiana e sulle normali attività dell'interessato. Dopo un iniziale richiamo al principio di unitarietà del danno non patrimoniale[6], la giurisprudenza della Cassazione appare orientata, pur con qualche contrasto[7], per la risarcibilità del danno esistenziale, pur richiedendone una prova rigorosa[8], al fine di evitare ingiuste duplicazioni di poste risarcitorie.

[5] Cass. S.U. 6572/2006.

[6] Cass. S.U. 26972, 26973, 26974, 26975/2008.

[7] Cass. 22585/2013 e 1762/2014.

[8] Cass. 1361/2013; Cass. 21069/2016, 21939/2017, 2056/2018.

Capitolo XII

Diritto alla retribuzione, obbligazioni datoriali e produttività del lavoro

1. L'obbligazione retributiva: natura e struttura giuridica

La complessa identità dell'obbligazione retributiva

Come il lavoratore è tenuto ad effettuare la prestazione lavorativa, così il datore di lavoro è per contratto obbligato a corrispondere la retribuzione (art. 2094 c.c.). La relativa obbligazione nasce dunque dalla stipulazione del contratto e ne caratterizza ed accompagna l'intero svolgimento, avendo come altra faccia della medaglia il diritto del lavoratore, un diritto che, come si sa, va ben al di là della sfera contrattuale, costituendo un diritto sociale fondamentale assistito da incisive garanzie costituzionali multilivello. Già questo basterebbe a rendere avvertiti della particolare problematicità giuridica dell'obbligazione retributiva. Purtroppo però è necessario rendersi conto che la retribuzione pone questioni ancora più complesse dal momento che va considerata non solo nei suoi profili extracontrattuali, ma anche organizzativi, economico-finanziari e sociologici. Al punto che è davvero difficile racchiudere la retribuzione all'interno di un unico istituto giuridico, avendo essa piuttosto "una, nessuna o centomila" identità, alla stregua di un personaggio pirandelliano.

Retribuzione, costo del lavoro e busta paga

Mentre infatti per il lavoratore è un'insostituibile fonte di reddito personale e familiare e per il datore di lavoro una importante voce di costo della sua attività, intorno alla retribuzione gravitano un'infinità di altre funzioni, interne ed esterne al contratto di lavoro e alla stessa impresa. Essa può configurarsi in modo da compensare omogeneamente tutti i lavoratori di un'impresa o addirittura di una categoria oppure ricalcare le caratteristiche oggettive o soggettive di ciascuna prestazione; può essere ragguagliata al mero tempo di lavoro o tendere a motivare un maggiore coinvolgimento dei lavoratori nella gestione dell'impresa;

può essere definita in modo accentrato, attraverso leggi o contratti collettivi nazionali, oppure essere rimessa alle articolazioni del sistema economico-produttivo, andando ad alimentare la contrattazione collettiva decentrata o, persino, l'autonomia negoziale dei singoli o il potere unilaterale dell'imprenditore; può essere considerata atomisticamente, come istituto del trattamento economico, oppure correlata alle altre garanzie connesse al contratto di lavoro, ritenendola comprensiva di un "premio assicurativo" in senso stretto (cioè di una quota diretta a coprire il lavoratore da taluni "rischi" professionali come infortunio, malattia, ecc.) o in senso lato (la stabilità del rapporto comporterebbe secondo alcuni trattamenti retributivi più bassi). Storicamente poi la retribuzione costituisce la base (c.d. imponibile) per calcolare l'imposta sul reddito (IRPEF), dovuta dal lavoratore e anticipata dal datore di lavoro, e i contributi previdenziali (c.d. oneri sociali), ripartiti generalmente tra datore di lavoro (in quota prevalente) e lavoratore (in quota minore): e ciò determina il fenomeno del c.d. cuneo fiscale, cioè la differenza che c'è tra quanto viene corrisposto al lavoratore in cifra netta e quanto risulta dalla c.d. busta paga – il prospetto di tutto quanto viene corrisposto in esecuzione del contratto – che il datore di lavoro deve consegnare mensilmente (l. 4/1953, modificata dall'art. 22, co. 7, d.lgs. 181/2015). La retribuzione poi è contigua ad istituti previdenziali ed assistenziali come la cassa integrazione guadagni o il reddito di cittadinanza. Senza contare che sotto il profilo macroeconomico le retribuzioni sono una componente fondamentale della domanda di beni e servizi e, al contempo, un elemento decisivo per gli equilibri occupazionali dei mercati del lavoro, un fattore di inflazione, una delle voci fondamentali della spesa pubblica (sia per lo Stato datore di lavoro sia per le componenti di *Welfare State*), la leva principale di qualsiasi politica dei redditi, e, nella teoria economica classica, il perno intorno a cui ruota l'intera distribuzione della ricchezza tra le nazioni e tra le classi sociali.

Tutte queste funzioni non sono e non possono essere oggetto della disciplina del contratto di lavoro e, quindi, del diritto del lavoro, che, dunque, pur nella sua ampiezza, condivide la regolazione dell'istituto con altre branche del diritto (soprattutto pubblico, tributario, e commerciale). Inoltre le mille sfaccettature dell'istituto costringono a tener conto dei diversi approcci disciplinari, dottrinali e tecnici (specie da parte delle varie "famiglie" di economisti). Con queste avvertenze, occorre sapere che il moderno diritto del lavoro in materia esprime una notevole "forza regolativa", diretta o indiretta, ed è perciò terreno sia di accesi scontri politico-sociali sia di compromessi regolativi complessi, fragili e mutevoli.

Natura giuridica e funzioni costituzionali

Il primo riflesso della grande complessità dell'istituto si coglie nei dubbi che riguardano la sua natura giuridica. Da tempo infatti si tende a sottolineare come, pur generandosi da un negozio, la retribuzione sia collegata ai bisogni elementari della persona, sì da potersi configurare come diritto personale o alimentare. Questa tesi dottrinale trascura però come il diritto della retribuzione – al pari di tutte le situazioni giuridiche riconosciute al lavoratore da un ordinamento ispirato ai principi dell'economia di mercato – si radichi nello scambio e sia geneticamente condizionato dal contratto. Dunque la sua natura giuridica è quella di obbligazione negoziale. Su questa base si deve però riconoscere che la struttura giuridica di tale obbligazione non è unitaria, nel senso che essa risulta disciplinata in modo da differenziarne con nettezza la plurifunzionalità, anche solo all'interno dell'universo giuslavoristico. Vi è chi, al riguardo, tende a mettere in rilievo le tante funzioni della retribuzione, svolgendone così un'utile ricognizione descrittiva. Ha però un maggiore significato prescrittivo rimarcare che l'istituto, in virtù proprio della norma della Costituzione italiana (art. 36)[1], risulta caratterizzato da una bipartizione fondamentale tra un'obbligazione sociale – più strettamente connessa al diritto sociale di matrice costituzionale e diretta a garantire al lavoratore un'esistenza libera e dignitosa – e un'obbligazione corrispettiva – più radicata e condizionata da dinamiche contrattuali, individuali o collettive, e diretta a correlare, almeno in una certa misura, l'entità della retribuzione stessa alla qualità e quantità del lavoro prestato. Tale bipartizione non entra in contrasto con la natura giuridica unitaria di obbligazione generata da un contratto generalmente ritenuto a prestazioni corrispettive, sia perché si limita a razionalizzare un assetto regolativo che vede la compresenza di fonti eteronome ed autonome sia perché la moderna categoria della corrispettività, forgiata dal codice civile del 1942, non è generica ed omnipervasiva, ma si sostanzia in una serie di istituti che appaiono compatibili con la drastica riduzione dell'autonomia negoziale connessa alla parziale qualificazione della retribuzione come obbligazione sociale. Anzi, si può dire che la accennata bipartizione strutturale vale a porre in risalto come, una volta tutelata la retribuzione obbligazione sociale, nel contratto di lavoro la corrispettività svolga una sua propria funzione, che si estrinseca in regole e dinamiche specifiche e anch'esse diverse rispetto alla corrispettività civilistica.

2. Sistemi di calcolo, garanzia dei minimi retributivi ex art. 36 Cost. e articolazione funzionale dei salari

Art. 2099 c.c.: i sistemi di retribuzione

Risale invece interamente alla disciplina codicistica una distinzione più di dettaglio, che attiene ai sistemi in base ai quali può essere calcolata e corrisposta la retribuzione. Al riguardo l'art. 2099 c.c. distingue tre sistemi di retribuzione: a tempo, a cottimo e con una partecipazione più o meno diretta ai risultati dell'impresa (utili, prodotti, provvigioni, natura). La norma fotografa diverse modalità organizzative del lavoro subordinato, consentendo che l'unità di misura del compenso sia costituita unicamente dalla durata della prestazione o da elementi più complessi e meno prevedibili, come la quantità di "prodotti" realizzata in un determinato lasso temporale, il margine di profitto, il volume di vendite, il raccolto stagionale, la pesca della giornata, ecc. Ognuno di questi sistemi riflette e consolida determinati assetti negoziali e di potere, rendendo il vincolo della subordinazione più o meno sensibile all'andamento dell'organizzazione datoriale. I tre sistemi indicati dall'art. 2099 ancora oggi

[1] Che ha però forti analogie con norme comprese in *Bill of rights* sovranazionali: v. cap. II.

individuano gradi diversi di coinvolgimento del lavoratore rispetto al rischio di impresa. Tale coinvolgimento è, almeno in apparenza, minimo quando la retribuzione viene percepita in misura fissa a cadenze periodiche (generalmente mensili), seppure in base alla regola consuetudinaria della postnumerazione, secondo cui l'ammontare della retribuzione viene precisamente conteggiato dopo che la prestazione lavorativa si è svolta. Cresce invece sia nei sistemi a cottimo, in cui la retribuzione è in genere distinta in una quota fissa e in una quota variabile, denominata utile di cottimo, che viene calcolata a seguito di una rigorosa misurazione quantitativa dei risultati di ciascuna prestazione lavorativa, sovente rapportata a quella di un gruppo o squadra di cottimo. Infine il coinvolgimento nel rischio di impresa raggiunge l'acme nei sistemi in cui la retribuzione è agganciata ai risultati dell'impresa o, comunque, agli affari conclusi (come in genere è con le provvigioni). Il codice civile pare mettere sullo stesso piano i tre sistemi retributivi, consentendo anche l'utilizzo integrale dell'uno o dell'altro e solo prevedendo alcune regole specifiche in caso di retribuzione a cottimo – resa obbligatoria qualora il lavoratore sia vincolato all'osservanza di un determinato ritmo produttivo o la valutazione della sua prestazione sia basata sulla misurazione dei tempi di lavorazione (art. 2100 c.c.)[2] – e partecipazione agli utili (da rapportare agli utili netti: art. 2102 c.c.). Successivamente, almeno in Italia, i sistemi retributivi che comportano un maggiore coinvolgimento nel rischio di impresa sono stati via via ridimensionati, anche per la sempre maggiore conflittualità – alimentata, seppure a stagioni alterne, da tutte le parti sociali – che ha caratterizzato le relazioni collettive e che ostacola un convinto coinvolgimento dei lavoratori sia nell'organizzazione del lavoro sia nei risultati di impresa. Inoltre la giurisprudenza ha giustamente ritenuto vincolante per tutti i sistemi salariali l'art. 36 Cost., con la conseguenza che devono essere comunque garantiti minimi retributivi conformi alla norma costituzionale[3]. Anche a tal riguardo si coglie dunque il condizionamento della bipartizione strutturale dell'obbligazione retributiva, dalla quale consegue quanto meno l'incomprimibilità della retribuzione obbligazione-sociale.

Garanzia dei minimi retributivi. La direttiva UE del 2022

Il ruolo della giurisprudenza nel rendere incisivamente prescrittivo l'art. 36 Cost. va, come si è già detto nei capitoli precedenti, oltre la predisposizione di una garanzia minima in presenza di sistemi retributivi connessi al cottimo o al rendimento, perché, sin dagli anni '50, i giudici ritengono che la norma costituzionale possa essere comunque invocata in giudizio con la duplice finalità di rendere nulle le clausole dei contratti di lavoro che determinino la retribuzione in violazione dei criteri fissati dall'art. 36 e di consentire al giudice, anche in virtù di un'interpretazione estensiva dell'art. 2099 c.c., di integrare il contenuto del contratto facendo riferimento alle tabelle salariali definite dai contratti collettivi, seppure non direttamente applicabili[4]. Pur dovendosi riconoscere a

---

[2] Successivamente il cottimo è stato reso obbligatorio anche per il lavoro a domicilio (art. 8, l. 18 dicembre 1973, n. 877). Per converso il cottimo è escluso nell'apprendistato (art. 2, lett. *b*, d.lgs. 167/2011).

[3] V., per tutte, Cass. 1261/2006.

[4] V. Cass. 963/1955.

questo orientamento giurisprudenziale un'importanza enorme per lo sviluppo di un diritto del lavoro aperto ai principi costituzionali e alla contrattazione collettiva, occorre però rilevare che i giudici non sono in grado di garantire un salario minimo certo e generalizzato – come sembrerebbe richiedere quella parte dell'art. 36 che richiama il parametro della sufficienza – dovendo piuttosto combinare garanzia costituzionale e disciplina dei contratti collettivi. Questi, come tra poco si vedrà meglio, strutturano la retribuzione in modo assai complesso e definiscono le stesse paghe-base differenziandole a seconda del livello di inquadramento. Perciò i minimi retributivi garantiti dall'utilizzazione giurisprudenziale dell'art. 36 non comprendono tutti gli elementi previsti dai contratti collettivi e sono differenziati a seconda della qualifica del lavoratore e, talvolta, anche a seconda delle dimensioni dell'impresa o del luogo in cui viene effettuata la prestazione[5]. Diversa è la situazione in Paesi come la Francia, dove viene garantito dal legislatore un salario minimo interprofessionale, determinato con riferimento ad unità orarie e periodicamente aggiornato[6]. La situazione potrebbe cambiare anche in Italia proponendosi da tempo l'introduzione per legge di un compenso orario minimo[7] ed essendo ormai vigente una importante direttiva europea in materia proprio di salario minimo legale (n. 2022/2041 del 19 ottobre 2022). Quest'ultima non impone l'adozione di una legge sul salario minimo agli Stati che, come l'Italia, ancora non l'hanno – anche perché l'attuale assetto delle fonti europee lo rende problematico (v. cap. II) – ma costringe a dar conto in modo stringente all'Unione europea dell'efficacia, anche giuridica, del sistema di contrattazione collettiva nel garantire salari minimi adeguati.

La struttura della retribuzione

A prescindere dalla garanzia del salario minimo e dal sistema di calcolo, la retribuzione, in virtù della concreta disciplina legale o contrattuale, ha in Italia una articolazione o struttura funzionale molto complessa, costituita comunque da una molteplicità di "elementi" diretti a compensare le varie sfaccettature della prestazione o, più semplicemente, frutto di prassi generali o aziendali (paga base, incrementi dovuti al costo della vita o all'anzianità aziendale, indennità di vario genere, premi di produzione o di produttività, maggiorazioni per lavoro straordinario, tredicesima e quattordicesima mensilità, superminimi individuali o collettivi, ecc.). La struttura funzionale è assai mutevole nel tempo, riflettendosi in essa le trasformazioni della legislazione e, soprattutto, della contrattazione collettiva, nelle sue varie articolazioni, specie a livello aziendale, dove possono essere previsti compensi molto legati a determinate caratteristiche organizzative e produttive. Ne deriva una moltiplicazione di nozioni legali o

---

[5] V. Cass. 27591/2005; Cass. 5519/2004.

[6] Da tener presente che ormai nella maggioranza degli Stati dell'Unione europea esiste una legislazione sui salari minimi, seppure non uniforme.

[7] V. la l. delega 183/2014, art. 1, co. 7, lett. *g*, non esercitata e i programmi dei governi che si sono succeduti dal 2018 in poi. Il Governo Meloni, attualmente in carica, è decisamente contrario all'introduzione di un salario minimo legale; ma un largo schieramento dei gruppi parlamentari all'opposizione ha riformulato nell'estate 2023 una proposta di legge unitaria in materia (v. AC 1275, 4 luglio 2023), che sta mantenendo aperta una prospettiva di riforma legislativa.

contrattuali di retribuzione, finalizzate al calcolo di questa o quella voce retributiva (ad esempio: nella tredicesima mensilità vanno ricompresi gli straordinari pagati nel corso dell'anno?), che ha dato e dà luogo ad un nutrito contenzioso. Dalla metà degli anni '80 dello scorso secolo – in sintonia con la quasi coeva riforma di un'altra norma del codice civile, l'art. 2120, che regolava la nozione legale di retribuzione da porre a base di un importante istituto retributivo, l'indennità di anzianità, sostituito dal 1982 con il trattamento di fine rapporto (v. par. 8) – la giurisprudenza esclude che esista una nozione legale di retribuzione unitaria, omnicomprensiva e inderogabile, distinguendo piuttosto tra una retribuzione-corrispettivo, che comprenderebbe tutto quanto dovuto in virtù del contratto di lavoro, e una retribuzione-parametro, costituita dalla nozione da porre a base del calcolo di una determinata voce retributiva (per la tredicesima, ad esempio, occorre far riferimento alla disciplina di ciascun contratto collettivo di categoria)[8]. Ciò non toglie che, seppure limitatamente ad alcuni istituti, esista una nozione legale di retribuzione ampia e inderogabile (v. art. 1, l. 90/1954 per la retribuzione festiva).

La nozione di retribuzione-parametro

Con l'accordo interconfederale del 9 marzo 2018 tra Confindustria e Cgil, Cisl e Uil, al fine di semplificare la contrattazione collettiva in materia, si sono introdotte le nozioni di trattamento economico minimo (TEM), che comprende i minimi tabellari, e trattamento economico complessivo (TEC), che indica i trattamenti economici "comuni a tutti i lavoratori del settore", a prescindere dal livello di contrattazione a cui si affida la disciplina dello specifico elemento retributivo. Molti importanti rinnovi dei contratti collettivi nazionali di categoria non hanno però rispettato in modo rigoroso questa distinzione (neanche quello, in genere molto importante, dei metalmeccanici, rinnovato nel 2021).

3. Costituzione, legge e contratto nella disciplina della retribuzione

Legge, contrattazione e modello concertativo

Il modo in cui si combinano legge e contratto collettivo nel regolare la retribuzione è da trattare con respiro più sistematico alla luce della nostra Costituzione. In effetti, come si è visto, già il codice civile dedica una specifica attenzione alla concorrenza di regole legali e contrattuali in materia, regole che vanno ad aggiungersi a quelle più generali sul rapporto tra contratto collettivo e contratto individuale (art. 2077 c.c.: v. cap. VII). Con l'entrata in vigore della Costituzione e la singolare metabolizzazione sistematica di una contrattazione collettiva di natura privatistica fornita di robuste garanzie costituzionali (v. capp. I, II e VII), sempre più si è delineato un equilibrio in cui, se si esclude il pubblico impiego a disciplina pubblicistica (fino agli anni '80/'90), la retribuzione è parsa materia di competenza della contrattazione collettiva, quasi sottratta ad interventi del legislatore, soprattutto se limitativi di norme più favo-

[8] V. Cass. S.U. 3888/1993.

revoli (confermavano queste tendenze norme come l'art. 7, co. 3, l. 741/1959, che consente alla contrattazione solo deroghe *in melius* per i contratti recepiti in decreti legislativi). Tale assetto, mai tradotto in una disciplina organica, riceve però una assai significativa smentita al verificarsi di una vicenda giuridico-istituzionale della metà degli anni '80, quando si manifestano pienamente le potenziali conseguenze del modello concertativo (o neo-corporativo), basato sulla concertazione trilaterale delle politiche economiche e sociali (v. cap. I). In questo disegno la contrattazione collettiva ha un ruolo fondamentale, purché abbia una struttura centralizzata e sia rigidamente rispettosa dei vincoli economico-finanziari pattuiti in sede di macro-concertazione. Accordi e contratti collettivi maturati all'interno di questo modello modificano sensibilmente le regole legali e negoziali intorno alle quali si era andato formando il diritto del lavoro degli anni '70. In particolare, pur confermando la necessità di una legittimazione sociale aggiuntiva ai circuiti della rappresentanza politica, il modello concertativo mostra un limite invalicabile nell'intreccio tra governo politico e concertazione sociale. Tale limite è emerso nei momenti di maggior tensione politico-sociale, cioè quando sul piano concertativo non tutto ha funzionato ed è stato necessario "blindare" in norme di legge alcuni contenuti negoziali riguardanti proprio istituti retributivi contestati da alcune parti sociali (segnatamente la Cgil), in quanto diretti a limitare gli incrementi salariali che, in virtù di accordi interconfederali, andavano riconosciuti ai lavoratori a seguito dell'aumento del costo della vita (d.l. 70/1984 convertito con l. 219/1984). Così, alla metà degli anni '80, si è materializzata un'inedita questione giuridica, consistente nel contrasto tra la legge e la contrattazione collettiva in materia salariale. Per la prima volta giunge così all'attenzione della Corte costituzionale la questione del conflitto tra il circuito della legittimazione politica, che si esprimeva attraverso una legge, e quello della legittimazione sociale, che non era tale da modificare autonomamente un accordo interconfederale vigente. La Corte costituzionale si pronunciò con grande cautela, ben sapendo di andare a toccare un vero e proprio tabù del diritto sindacale italiano, cioè l'esistenza, da molti affermata, di una riserva costituzionale di competenza a favore della contrattazione collettiva nella disciplina dei rapporti di lavoro e, in particolare, dei trattamenti retributivi. Tabù che si era autoalimentato grazie alla lettura sempre più dilatata della garanzia della libertà dell'organizzazione sindacale prevista dall'art. 39, co. 1, Cost. Con la sent. n. 34/1985, sebbene con molte cautele argomentative, quel tabù andò in frantumi. Corte cost. 34/1985

Infatti la Corte disse, molto sinteticamente, che «sino a quando l'art. 39 non sarà attuato, non si può né si deve ipotizzare conflitto tra attività normativa dei sindacati e attività legislativa del Parlamento». Ovvero che la qualificazione formale del contratto collettivo come atto di autonomia negoziale lo pone strutturalmente in una posizione gerarchicamente sottordinata rispetto al legislatore, indipendentemente dal procedimento seguito per l'approvazione della legge. Dunque la concertazione è un meccanismo meramente politico che poco o nulla incide sulla costituzionalità di leggi limitative della contrattazione collettiva. È vero che la Corte dice anche che «l'autonomia collettiva non può essere [...] annullata o compressa nei suoi esiti concreti»; ma aggiunge che «compressione e annullamento possono verificarsi [...] a salvaguardia di interessi generali»[9]. E l'apprezzamento dell'interesse generale è rimesso pur sempre alle scelte del legislatore, sindacabili dalla sola Corte costituzionale quando siano in violazione di precise norme della Costituzione.

Corte cost. 51/2015

Nel rapporto tra legge e contratto è importante anche un'altra più recente sentenza della Corte costituzionale[10], che riguarda la conformità a Costituzione di una legge che, per determinare la retribuzione dovuta ai dipendenti di società cooperative, rinvia ai contratti collettivi stipulati dai sindacati comparativamente più rappresentativi. La Corte ha ritenuto questo rinvio conforme a Costituzione in quanto attuativo dell'art. 36.

4. *Segue*: Differenze tra pubblico e privato

Meno vaghe sono le regole in materia di rapporti tra legge e contratto collettivo che esistono nel lavoro pubblico dopo la "privatizzazione" (già in parte affrontate nel cap. IV). Al riguardo bisogna aver presente il punto di partenza: una concezione pubblicistica in cui si dava assoluta prevalenza al dominio della legge e, per converso, un reticolo costituito da tante micronorme – di legge ma anche di fonti subprimarie e, persino, di circolari amministrative – sì da dar vita ad una situazione definita, in sede parlamentare, "giungla normativa", dentro la quale si era sviluppata una vera e propria "giungla retributiva", dove allignava il privilegio di corporazioni più o meno grandi. La riforma degli anni '90, pur nella sua complessa evoluzione, fu abbastanza univoca: la legge non era di per sé considerata strumento idoneo a garantire l'interesse generale nella disciplina del pubblico impiego o la trasparenza retributiva e nemmeno a conservare o ripristinare l'autorità del pubblico in quanto datore di lavoro. Le amministrazioni, in questo parificate alle imprese, avrebbero dovuto conquistarsi la propria autorevolezza gestionale sul campo, per così dire, cioè in un confronto/conflitto quotidiano con gli interessi contrapposti.

La delegificazione permanente

Questo modello regolativo/gestionale si riflette in notevoli innovazioni delle regole riguardanti il ruolo della legge soprattutto rispetto alla contrattazione collettiva. La prima è il rapporto tra legge e contratto collettivo in quanto fonti del diritto tendenzialmente equiparate, almeno per orientarle verso la specifica finalità di rendere sistematica la prospettiva della delegificazione. Al riguardo fondamentale è la regola – oggi di nuovo vigente a seguito del d.lgs. 75/2017 (c.d. riforma Madia), che l'ha ripristinata dopo un periodo di circa 8 anni in cui era stata modificata dall'art. 1, l. 15/2009 (c.d. riforma Brunetta) – che consente al contratto collettivo successivo di prevalere sulla norma di legge, regolamento o statuto che introduca una particolare disciplina dei rapporti di lavoro la cui applicabilità sia limitata ai dipendenti delle amministrazioni pubbliche o a categorie di essi (art. 2, co. 2, d.lgs. 165/2001; ma v. già art. 2, co. 2-*bis*, d.lgs. 29/1993 introdotta dal d.lgs. 546/1993). Siamo dinanzi ad una regola diretta a garantire la permanen-

---

[9] Oltre a Corte cost. 34/1985, v. 393/2000, 124/1991, 143/1998, 697/1988.

[10] Sent. 51/2015.

za della delegificazione nella peculiare materia del lavoro pubblico. Non si giunge ad introdurre un vincolo di natura costituzionale al legislatore ordinario (come pure sarebbe, a rigore, necessario), ma si fa in modo che la microlegislazione sia sempre riassorbibile dalla contrattazione collettiva. Si tratta di una modalità di regolare il problema abbastanza ardita, ma resa necessaria dall'esigenza di non duplicare i circuiti della rappresentanza e della regolazione nel lavoro pubblico, senza peraltro alcuna pretesa di interdire una diversa scelta esplicita da parte del legislatore: e questo pare determinante nell'escludere profili di incostituzionalità della regola (mai peraltro arrivata dinanzi al giudice delle leggi in decenni di prassi applicativa). Da rilevare qui è che la regola viene corredata di una particolare cogenza per i trattamenti retributivi, perché si prevede che «le disposizioni di legge, regolamenti o atti amministrativi che attribuiscono incrementi retributivi non previsti da contratti cessano di avere efficacia a far data dall'entrata in vigore del relativo rinnovo contrattuale» (art. 2, co. 3, d.lgs. 165/2001).

La riserva di competenza per la contrattazione collettiva

La seconda regola innovativa attiene ai confini legali da porre alla contrattazione collettiva con riguardo ad alcune materie. L'innovatività della riforma degli anni '90 sta nel fatto che si supera la tecnica di una doppia riserva, alle fonti unilaterali e alle fonti negoziate, basata su una elencazione di materie (come era nel precedente assetto delineato dalla l. 93/1983). Però, come si è detto, si ritiene necessario, da un lato, mantenere un'area riservata alle fonti unilaterali e, dall'altro, escludere una riserva di competenza per materia a favore della contrattazione collettiva, ad eccezione proprio dei trattamenti economici (art. 45, d.lgs. 165/2001). Questa è una sensibile differenza rispetto alla disciplina privatistica della contrattazione collettiva, nella quale non c'è alcun vincolo eteronomo a sostegno di una decisione negoziale che rientra nelle prerogative gelosamente custodite in proprio da ciascun imprenditore, piccolo o grande che sia, e dove, come prima si è visto, la riserva per la contrattazione collettiva in materia retributiva è stata sostanzialmente esclusa, seppure a vantaggio di un legislatore che intervenisse a tutela di interessi generali.

Va tenuto però ben presente che il d.lgs. 150/2009 (attuativo della l. delega 15/2009) ha introdotto una formidabile via d'uscita dall'area riservata alla contrattazione collettiva, che è la provvisoria regolamentazione unilaterale (v. art. 40, co. 3-*bis*, e art. 47, d.lgs. 165/2001, novellati nel 2009 e confermati, con qualche modifica, anche dalla riforma Madia del 2017, con il d.lgs. 75).

Parità di trattamento contrattuale e parità di genere nel pubblico …

Infine un'altra peculiarità della disciplina contenuta nel d.lgs. 165/2001 è che le pubbliche amministrazioni devono garantire la «parità di trattamento contrattuale» (art. 45, co. 2, d.lgs. 165/2001). Tale regola, pur dovendosi coordinare con la promozione della meritocrazia (v. par. 7), riguarda anche, se non soprattutto, la materia retributiva, e ha un contenuto positivo ed uno negativo: il primo fa sì che le amministrazioni debbano applicare i trattamenti previsti dai contratti collettivi per tutti i propri dipendenti, iscritti o no ai sindacati che stipulano i contratti stessi; il secondo, desumibile dal divieto di regolare con contratti individuali la materia economica ove non espressamente consentito dai contratti collettivi, rende più problematica una differenziazione dei trattamenti salariali in ragione di eventuali peculiarità della prestazione individuale da compensare anche con superminimi *ad personam*.

... e nel privato

Per il lavoro privato la giurisprudenza prevalente[11] ha invece escluso che si possa ricavare dall'ordinamento giuslavoristico una regola siffatta, sebbene dopo vari orientamenti contrastanti, acuiti da un'importante sentenza della Corte costituzionale[12], e con molte cautele, come il richiamo delle norme antidiscriminatorie (v. cap. XVIII) e di ambiti specifici in cui è la legge ad imporre la parità di trattamento (ad esempio con riguardo ai lavoratori a termine comparabili con i lavoratori a tempo indeterminato: v. art. 25, d.lgs. 81/2015). L'argomento principale con cui si esclude la vigenza di un generale principio di parità di trattamento consiste nel ritenere che, in mancanza di una regola di legge esplicita – che secondo la prevalente dottrina non è desumibile neanche dall'art. 36 Cost. – o di altre legittime limitazioni, regna sovrana l'autonomia negoziale privata[13].

Il limite posto dalla normativa antidiscriminatoria si è al riguardo arricchito di recente con la l. 162/2021 sulla parità salariale tra lavoratrici e lavoratori, che prevede una "premialità di parità" – consistente in un esonero dal versamento dei contributi previdenziali (1% fino a 50.000 euro; per ora limitato all'anno 2022) – per le imprese che siano in possesso della certificazione di parità di genere prevista dal codice della pari opportunità come modificato dalla stessa l. 162/2022 (v. cap. XVIII).

5. La tutela del salario reale e la politica dei redditi

Dall'art. 36 Cost. sappiamo invece che scaturiscono vincoli abbastanza precisi per l'autonomia negoziale rispetto alla quantificazione dei salari. Una particolare attenzione al riguardo merita la questione degli strumenti attraverso i quali l'ordinamento ha garantito e garantisce con continuità il principio della sufficienza della retribuzione, soprattutto nelle stagioni in cui si verifica un calo dei salari reali.

Il progressivo superamento della scala mobile

A partire dai primi anni successivi alla seconda guerra mondiale il nostro paese aveva via via prodotto – attraverso una strumentazione di origine contrattuale mutuata per legge anche nell'impiego pubblico – un sistema di indicizzazione dei salari incentrato sulla c.d. scala mobile, cioè su un meccanismo di calcolo di una indennità di contingenza costituita dal valore dei "punti di contingenza" che periodicamente scattavano a seguito del variare dei prezzi di un "paniere" di beni di cui si monitorava costantemente l'andamento. Tale sistema – che ha conosciuto evoluzioni e adattamenti, ma che consentiva negli anni '70 del secolo scorso una notevole salvaguardia dei salari reali (cioè del potere d'acquisto dei salari al di là del loro valore nominale) – è stato abbandonato ormai da vari decenni, pur dopo vicende traumatiche come quelle ricordate nei

---

[11] Per tutti v. Cass. S.U. 6030/1993.

[12] V. Corte cost. 103/1989.

[13] V. Cass. S.U. 6030/1993, che, in sintesi, afferma «al di fuori di ipotesi tipiche, normativamente previste, residua la ampia libertà dell'autonomia privata, che [...] costituisce la regola fondamentale».

precedenti paragrafi. Con il Protocollo del 23 luglio del 1993 si supera del tutto la scala mobile e si attribuisce al CCNL (contratto collettivo nazionale di lavoro), da rinnovare per la parte retributiva ogni due anni (e ogni quattro per la parte normativa), la funzione di garantire che «la dinamica degli effetti economici del contratto sia coerente con i tassi di inflazione programmata (TIP) assunti». Poi per determinare il TIP si indicavano gli elementi di cui tener conto (tra cui l'obiettivo mirato alla salvaguardia del potere d'acquisto delle retribuzioni, le tendenze generali, ecc.), che erano dunque vincoli per i soggetti ai quali toccava di individuare, con procedure essenzialmente concertate, il parametro a cui i CCNL dovevano ancorare gli aumenti retributivi. Inoltre nel 1993 il medesimo Protocollo introduceva l'istituto dell'indennità di vacanza contrattuale, unico per tutti i lavoratori, che non equivaleva certo alla scala mobile, ma comunque garantiva una qualche automatica copertura dopo la scadenza del CCNL in caso di "vacanza contrattuale", cioè di un periodo in cui non vi era un contratto collettivo valido e applicabile. Tale copertura era pari al 30% del TIP dopo i primi tre mesi di vacanza contrattuale e al 50% dopo 6 mesi. Il senso complessivo di questa disciplina rimaneva in fondo la predisposizione di un sistema di salvaguardia del potere d'acquisto delle retribuzioni centralizzato e semiautomatico per un buon 50% della svalutazione salariale; al CCNL restava un considerevole spazio contrattuale grazie al quale l'altra metà della svalutazione salariale era oggetto di una contrattazione libera nei contenuti, ma vincolata nei tempi.

L'accordo del 2009: l'IPCA

Questo sistema viene profondamente modificato nel 2009, con un AI (accordo interconfederale) al quale non aderisce la Cgil. Con tale AI si introduce testualmente per il CCNL la funzione di garantire la certezza dei trattamenti economici e normativi comuni per tutti i lavoratori del settore. Si porta poi la cadenza contrattuale al triennio, superando la distinzione tra parte normativa quadriennale e parte economica biennale, e si sceglie come indicatore per la dinamica degli effetti economici l'IPCA (indice dei prezzi al consumo armonizzato in ambito europeo per l'Italia), elaborato da un soggetto terzo (ISTAT) al quale viene affidato anche il compito di monitorare eventuali «scostamenti tra l'inflazione prevista e quella reale effettivamente osservata». In tal caso si prevede che «il recupero degli eventuali scostamenti sarà effettuato entro la vigenza di ciascun contratto collettivo nazionale di lavoro in termini di variazione dei minimi». Inoltre l'indennità di vacanza contrattuale viene sostituita dalla «previsione di un meccanismo che, alla data di scadenza del contratto precedente, riconosca una copertura economica, che sarà stabilita nei singoli contratti collettivi, a favore dei lavoratori in servizio alla data di raggiungimento dell'accordo». Tutte queste indicazioni vengono definite dall'AI del 2009 «principi ... per un modello comune nel settore pubblico e privato», ma vengono solo parzialmente implementate dalla contrattazione collettiva nazionale intervenuta tra il 2009 e il 2013.

I salari reali tra contratti nazionali e decentrati

Sulla disciplina descritta si interviene successivamente con l'accordo interconfederale del 16 novembre 2012, cui nemmeno aderisce la Cgil. Tale accordo attribuisce di nuovo una competenza specifica e abbastanza attentamente regolata proprio al CCNL che, «avendo l'obiettivo mirato di tutelare il potere di acquisto delle retribuzioni», deve «rendere la dinamica degli effetti economici ... coerente con le tendenze generali dell'economia, del mercato del lavoro, del raffronto competitivo internazionale e gli andamenti specifici del settore». Con questa configurazione l'accordo del 2012 non si limita a prendere atto della funzione general/garantista svolta dal CCNL, ma intende precisare, seppure utilizzando moduli sintattici incidentali e quindi normativamente "leggeri", che quella funzione ha assunto dei connotati nuovi e piuttosto definiti. La novità sembrerebbe da ricondurre ad una svolta storica nelle relazioni industriali italiane, cioè al fatto che si è «superato definitivamente con il protocollo del 1993 il sistema di indicizzazione dei salari». Probabilmente a seguito di questa svolta storica il CCNL ha acquisito un "obiettivo mirato" che è quello "di tutelare il potere d'acquisto delle retribuzioni". Proprio questa specifica finalizzazione viene dall'AI del 2012 assoggettata ad alcune regole cautelative ("rendere la dinamica ...") e arricchita di una nuova modalità regolativa degli "aumenti economici" derivanti dai rinnovi dei CCNL, che possono delegarli alla contrattazione periferica. Questa modalità può definirsi dello "sdoppiamento funzionale" in quanto, se rimessi ai contratti aziendali, quegli aumenti assumono una doppia finalità: incrementano i salari minimi, ma vanno anche a premiare i dipendenti dell'impresa dove si stipula il contratto.

L'accordo del 2018: TEM, TEC e sviluppi successivi. I *working poors*

Questo equilibrio viene sostanzialmente confermato dall'accordo interconfederale del 9 marzo 2018, stipulato questa volta unitariamente anche con la Cgil, secondo cui può esserci un rapporto dinamico tra "trattamento economico minimo" (TEM) e "trattamento economico complessivo" (TEC), affidato ai diversi livelli di contrattazione (punto F), mentre il modo in cui il TEM può essere adeguato al valore reale del salario viene ancorato alle variazioni dell'IPCA, ma secondo regole di dettaglio rinviate ai singoli CCNL "in ragione dei processi di trasformazione e/o di innovazione organizzativa".

La successiva contrattazione collettiva non ha fatto scelte omogenee. Ad esempio il CCNL dei metalmeccanici del 2021 ha utilizzato un sistema misto, predeterminando incrementi del TEM e prevedendo il ricorso all'IPCA solo qualora l'applicazione dell'indicatore risultasse migliorativo rispetto alle predeterminazioni previste dal contratto. Questo ha avuto effetti diversi nei due anni di applicazione della nuova disciplina, con il ricorso all'IPCA quando il costo della vita ha subito sensibili variazioni al rialzo a seguito soprattutto delle ripercussioni economiche della crisi legata alla guerra in Ucraina. Ciononostante si è registrato un sensibile divario tra l'incremento delle retribuzioni e la ripresa dell'inflazione, in genere a svantaggio dei lavoratori.

Considerata questa complessa evoluzione delle regole contrattuali, la riforma della funzione salariale del CCNL in atto come si è visto da vari anni può entrare in rotta di collisione con l'art. 36 Cost. E il problema è destinato a diventare sempre più grave dinanzi al fatto che in Italia le retribuzioni crescono assai meno rispetto agli altri paesi europei (e non solo) e che è in aumento il numero dei lavoratori poveri (c.d. *working poors*).

Come si è visto l'art. 36 Cost., a partire dagli anni '80, è stata oggetto di molteplici interpretazioni evolutive. La principale, perciò da premettere ad ogni ragionamento, è che i meccanismi di indicizzazione non hanno alcuna rilevanza di rango costituzionale. Questa affermazione si rinviene nella sua massima significatività in Corte cost. 126/2000; è però altrettanto significativo che la medesima sentenza affermi che «gli strumenti di adeguamento perequativo non devono garantire un costante allineamento (stante il necessario bilanciamento nel quadro della politica economica e della disponibilità finanziaria), ma solo assicurare che non si verifichi un macroscopico scostamento che sarebbe indice sintomatico di violazione del principio di sufficienza retributiva» [14].

Dunque i vincoli derivanti dal sistema giuridico consistono essenzialmente nel rispetto dell'art. 36 nella parte in cui la norma garantisce al lavoratore una retribuzione sufficiente a garantire un'esistenza libera e dignitosa. La retribuzione sufficiente viene identificata dalla giurisprudenza costituzionale come il nucleo duro della retribuzione da garantire indipendentemente da dinamiche aziendali o di mercato, anche se per realizzare tale garanzia non è necessario arrivare ad un "allineamento costante" dei valori salariali reali.

Tutela del salario reale in un periodo congruo

Stando così le cose, si può concludere nel senso che appare costituzionalmente legittimo il superamento sia della scala mobile sia dell'indennità di vacanza contrattuale. Più dubbia è l'opportunità, non la legittimità, dell'eliminazione di ogni meccanismo volto a tutelare il salario reale nei periodi di vacanza contrattuale, come quello previsto ad esempio negli accordi del 2009. Proprio la regola contenuta nell'AI 2009, secondo cui vanno recuperati in un periodo congruo (tre anni sono persino troppi) gli scostamenti tra copertura garantita dal sistema sindacale ai minimi contrattuali e perdita del potere d'acquisto imputabile all'inflazione reale, può ritenersi una buona esplicitazione del nucleo precettivo minimo rinvenibile nel principio garantistico della retribuzione sufficiente di cui all'art. 36 Cost. In mancanza di qualsiasi regola cautelativa volta ad impedire un "macroscopico scostamento" dei salari reali rispetto all'aumento del costo della vita, ogni determinazione è *sub iudice* quanto alla conformità al parametro costituzionale della sufficienza retributiva. Anche a questo riguardo però bisogna aver presente che l'evoluzione contrattuale degli ultimi anni potrebbe rendere assai più complesso il ruolo del giudice perché sempre più articolato è il panorama delle norme contrattuali in materia di salari minimi, che si definiscano o no le nozioni di TEM e TEC indicate nel patto della fabbrica del 2018. Anche per questo un intervento legislativo su struttura dei salari e adeguamento al costo della vita diventa sempre più urgente.

Il blocco delle retribuzioni nel lavoro pubblico. Corte cost. 178/2015

Come si è accennato in precedenza, nel lavoro pubblico il sistema di tutela del salario reale mediante contrattazione collettiva ha incontrato limiti anche più drastici, essendo operante un blocco vero e proprio della contrattazione nazionale "per la parte economica" dal 2010 fino a tutto il 2014, disposto con legge o con decreto delegato dalla medesima legge. Di particolare gravità appare che, mentre nel 2010 veniva comunque corrisposta l'indennità di vacanza contrattuale, con il d.P.R. 122/2013 è stata bloccata "senza possibilità di recupero" l'indennità di vacanza contrattuale fino al 2018. Quindi gli stipendi tabellari so-

---

[14] V. ora anche Corte cost. 70/2015.

no stati per tutti i dipendenti pubblici congelati per un periodo sicuramente superiore ai due anni, con una sorta di cancellazione *ex lege* della erosione salariale verificatasi nel periodo indicato. Così alla lunga si espunge dall'ordinamento nazionale qualsiasi strumento per mantenere le retribuzioni ancorate al parametro della sufficienza imposto dall'art. 36 Cost.[15]. Questa situazione ha finalmente portato ad una pronuncia di incostituzionalità nel luglio 2015[16], pronuncia motivata però più con riguardo alla compressione eccessiva del diritto fondamentale dei lavoratori alla contrattazione collettiva garantita dall'art. 39, co. 1, che dalla violazione dell'art. 36 Cost. In ogni caso, grazie a questa sentenza e alla successiva riforma realizzata con il d.lgs. 75/2017, i contratti collettivi nazionali del lavoro pubblico sono stati tutti rinnovati.

6. Retribuzione e produttività

Nel ricostruire oggi le regole in materia di retribuzione si deve comunque avere ben presente che principi e categorie giuridiche non sono più né quelle del codice civile né quelle assestatesi nei primi trent'anni successivi alla Costituzione del 1948. Sebbene, come si è visto, sia le norme codicistiche sia quelle costituzionali continuino ad essere un importante riferimento per qualsiasi operazione interpretativa. Viviamo comunque in materia una fase evolutiva che incide molto su regole e principi, anche su quelli più assestati.

Parte variabile della retribuzione: sistemi vecchi e nuovi per dilatarla

Pur nell'incertezza di dinamiche e tendenze ordinamentali, appare abbastanza chiaro che i complessi equilibri normativi dell'istituto retributivo gravitano da qualche anno a questa parte intorno agli elementi del trattamento economico che consentono una variabilità della retribuzione complessiva in considerazione dei risultati realizzati individualmente o dall'organizzazione nel suo complesso. Perciò va prestata una specifica attenzione alla più recente regolazione della c.d. parte variabile della retribuzione, talvolta detta anche salario accessorio (anche perché quantitativamente solo di rado va oltre il 10-15% dei trattamenti complessivi, con l'eccezione delle più elevate qualifiche dirigenziali), nella quale si riscontrano più marcate caratteristiche di una corrispettività tipicamente giuslavoristica.

Nel settore privato – a parte la retribuzione a cottimo, che appare legata a modelli organizzativi tipici delle fabbriche del secolo scorso – sempre più sono emerse negli ultimi anni spinte a introdurre voci retributive che riflettono la produttività o la redditività collettiva, fino a giungere alla prospettazione di forme di compensi legate all'azionariato dei lavoratori (già talora praticate, sempre per le figure dirigenziali, attraverso le c.d. *stock-options* e, nelle grandi *corporation*, gli *Employee stock ownership plan*, c.d. Esop, che coinvolgono tut-

---

[15] La specifica questione di costituzionalità risulta sollevata da Trib. Roma, con ordinanza del 27 novembre 2013; v. anche Trib. Roma, ordinanza del 9 maggio 2014.

[16] V. Corte cost. n. 178, che ribadisce sostanzialmente i principi affermati nella sentenza richiamata nella nota 14.

ti i lavoratori e, in genere, si concretizzano in forme di gestione collettive dei pacchetti azionari).

Senza considerare singoli casi aziendali, appaiono di rilievo generale quelle regole contrattuali o legislative che da ormai circa vent'anni spingono per una maggiore diffusione di tali elementi retributivi. Già in effetti nel più volte menzionato Protocollo del 1993 si prevede che «le erogazioni del livello di contrattazione aziendale sono strettamente correlate ai risultati conseguiti nella realizzazione di programmi aventi come obiettivo incrementi di produttività, di qualità ed altri elementi di competitività di cui le imprese dispongano, compresi i margini di produttività ... nonché ai risultati legati all'andamento economico dell'impresa». Nel medesimo protocollo si prevede che tali erogazioni possano avere uno specifico «regime contributivo-previdenziale mediante un apposito provvedimento legislativo».

Prime norme in materia sono state emanate nel 1997, con qualche anno di ritardo, seguite poi da norme dirette ad attuare un altro Protocollo interconfederale, stipulato il 23 luglio 2007, pure diretto a promuovere una contrattazione "aziendale, territoriale o di secondo livello" sul salario variabile mediante sgravi contributivi (v. art. 1, co. 67 e 68, l. 247/2007, modificato dall'art. 4, co. 28, l. 92/2012). A partire dal 2008 (d.l. 93 convertito con l. 126/2008; art. 1, co. 182 ss., l. 208/2015) agli sgravi contributivi si aggiunge anche un regime fiscale agevolato basato sulla detassazione di una quota del salario in quanto corrisposto come "retribuzione di produttività". Nonostante queste misure la spinta verso un incremento del salario variabile contrattato a livello decentrato ha dato scarsi risultati.

L'accordo del 2012 è stato infatti seguito da una normativa articolata e complessa, che ha dato luogo a delicati problemi interpretativi non solo di carattere giuslavoristico (art. 1, co. 481, l. 228/2012; d.P.C.M. 22 gennaio 2013; circolare Inps n. 15/2013; circolare Agenzia delle entrate n. 11/E/2013). Tale normativa è stata accolta con favore anche dalla Cgil, che ha firmato con Cisl e Uil alcuni successivi accordi interconfederali (aprile 2103 con Confindustria e agosto 2013 con Confimi) diretti a predisporre un modello di accordo quadro territoriale per consentire ad imprese prive di rappresentanza aziendale di introdurre retribuzioni di produttività detassabili. Sulla stessa lunghezza d'onda si sono avuti ulteriori provvedimenti legislativi (art. 1, l. 232/2016; l. 208/2015; d.l. 176/2022, conv. con l. 6/2023, c.d. decreto aiuti-*quater*; l. 197/2022, cioè la legge di bilancio per il 2023) nonché indicazioni autorevoli delle parti sociali (accordi interconfederali del 16 luglio 2016 – in cui si rinviene il c.d. "modello Treviso", cioè la predisposizione di schemi di contratti territoriali o aziendali pensati anche per piccole e medie imprese – e 9 marzo 2018).

Su un altro versante si deve anche avere presente un altro fenomeno che riguarda sempre il nesso tra produttività e utilizzazione organizzata del lavoro altrui, ma con l'emersione di fenomeni in qualche modo regressivi. A seguito della moltiplicazione e frammentazione della tipologia contrattuale e dell'assottigliarsi dei confini tra lavoro subordinato e lavoro autonomo emerge la tendenza a compensare il lavoro in strettissima correlazione con la frazione di tempo richiesta o con il compito assegnato al lavoratore (si parla di microlavori o di *taskification*), magari a seguito di un contatto realizzato solo tramite piattaforme informatiche. Anche queste modalità sono volte a massimizzare la produttività del lavoro e in qualche misura possono essere riconducibili a forme e sistemi di retribuzione già conosciuti in passato, ma con difficoltà sempre maggiori spesso collegate alla qualificazione giuridica del rapporto instaurato tra committente e lavoratore. A questi fenomeni mirano in qualche modo a far fronte norme come l'art. 47-*quater*, d.lgs. 81/2015, che, in mancanza di contratti collettivi stipulati da sindacati comparativamente più rappresentativi a livello nazionale, vietano di compensare in base alle consegne effettuate il lavoro di consegna di beni per conto altrui "affidato mediante piattaforme anche digitali" in ambito urbano con l'ausilio di velocipedi o veicoli a motore, anche se svolto in autonomia (v. anche cap. IV) [17].

7. Retribuzione e merito nel lavoro pubblico

Legge e contratto nei sistemi premiali

La tematica del salario variabile si propone con insistenza anche nel lavoro pubblico, dove elementi retributivi variamente collegati al rendimento e "denominati" di produttività o di risultato esistono sin dagli '80, anche prima della privatizzazione del '92-'93. Tuttavia dopo la riforma degli anni '90 si è sempre più insistito nel promuovere una articolazione della retribuzione dove una quota, anche qui piuttosto piccola (salvo alcune figure dirigenziali), venisse corrisposta a seguito di una valutazione formale dei risultati realizzati da ciascun dipendente. Questi sistemi – introdotti da accordi e contratti collettivi e variamente gestiti dalle diverse amministrazioni – sono stati resi obbligatori dalla legge, prima soltanto per i dirigenti e poi, a partire dal 2009, per tutti i dipendenti pubblici, all'insegna di una vera e propria "ideologia meritocratica". Ha così preso corpo per il lavoro pubblico un sistema regolativo imponente dove la contrattazione collettiva viene schiacciata tra minuziose prescrizioni inderogabili della legge e una crescente produzione normativa di tipo regolamentare affidata prima ad una Commissione nazionale indipendente per la valutazione, l'integrità e la trasparenza (ANAC ex CiViT), composta da esperti nominati dal Governo (art. 13, d.lgs. 150/2009), e poi al Dipartimento della funzione pubblica, cioè al Governo anche se con obbligo a garantire l'indipendenza della valutazione (v. art. 19, co. 9-10, d.l. 90/2014, convertito con l. 114/2014). Il sistema delineato nel 2009 è rimasto ben poco attuato, anche perché, come si è visto, per quasi un decennio nel lavoro pubblico c'è stato un blocco della contrattazione collettiva e dei salari.

Nel 2017 il d.lgs. 150/2009 è stato in più punti modificato dal d.lgs. 74, anch'esso rientrante nella c.d. riforma Madia, prima citata, avviata con la l. de-

---

[17] Di un certo interesse a tal riguardo è anche la proposta di direttiva UE – COM(2021) 762 final/2021/0414 nella versione modificata a giugno 2023 – che individua alcuni criteri per qualificare il lavoro dei riders come subordinati o autonomo, considerando anche le modalità di determinazione dei compensi.

lega 124/2015. Questo decreto riduce la disciplina legale in materia, dando più spazio alla contrattazione collettiva, questa volta nazionale. E i contratti di comparto stipulati successivamente hanno in parte riavviato il sistema premiale nelle pubbliche amministrazioni.

Ciò non toglie che il modo in cui è venuto evolvendosi il sistema regolativo della "retribuzione meritocratica" nel lavoro pubblico sollevi delicati problemi giuridici, in ordine al ruolo tanto della contrattazione collettiva quanto del contratto individuale. Con riguardo a quest'ultimo profilo, si segnala ad esempio che la minuziosa regolazione legislativa penetra assai in profondità nella regolazione degli equilibri negoziali, giungendo a configurare in modo del tutto specifico l'obbligazione lavorativa del dipendente pubblico per la quale è problematico rendere compatibili criteri e strumenti di gestione unilaterale della retribuzione meritocratica con la cornice consensuale in cui si inserisce pur sempre il contratto di lavoro (da ultimo v. art. 34, co. 5, d.l. 16 luglio 2020, n. 76). In concreto, sarebbe ad esempio necessario che il dipendente pubblico presti il proprio consenso all'assegnazione dell'obiettivo al quale è collegato il salario di produttività.

8. La retribuzione differita: in particolare il trattamento di fine rapporto

Dall'indennità di anzianità al Tfr

Tra i tanti istituti retributivi che, radicati nella tradizione giuslavoristica, hanno subito profonde trasformazioni nella natura giuridica e nella concreta regolamentazione, una attenzione specifica va riservata al trattamento di fine rapporto (Tfr). Come prima accennato, il Tfr, disciplinato dall'art. 2120 c.c., si collega ad un istituto più antico, l'indennità di anzianità, profondamente riformato con la l. 297/1982. Dalla tradizione il Tfr eredita la natura giuridica di "retribuzione differita", cioè di elemento del trattamento retributivo che, pur maturando in stretta correlazione con il quotidiano svolgersi della prestazione lavorativa, deve essere corrisposto in un momento diverso rispetto a quello della maturazione, che nel caso di specie è l'estinzione del rapporto di lavoro (altri istituti di retribuzione differita sono, ad esempio, le c.d. mensilità aggiuntive, come la tredicesima, che va in genere corrisposta alla fine dell'anno solare). L'indennità di anzianità aveva in effetti in origine una natura più ambigua, sia perché intimamente connessa alla funzione previdenziale di erogare al dipendente ormai non più in grado di lavorare (presumibilmente anziano) una somma per affrontare le nuove esigenze sia perché il lavoratore non ne aveva diritto in caso di cessazione del rapporto derivante da licenziamento per colpa o per dimissioni volontarie. Questa significativa eccezione – dichiarata poi incostituzionale[18] – fu però eliminata già dall'art. 9, l. 604/1966, ponendo definitivamente in risalto la natura retributiva dell'indennità di anzianità.

---

[18] V. Corte cost. 75/1968.

La riscossione anticipata

Nel 1982 la trasformazione in Tfr accentua tale natura, in quanto con la riforma si consente – seppure a determinate condizioni alquanto stringenti, derogabili in senso migliorativo per il lavoratore con contratti collettivi o patti individuali (v. art. 2120, co. 6-11) – la riscossione anticipata di un importo non superiore al 70% del trattamento maturato fino al momento della richiesta. Però le motivazioni prevalenti della trasformazione erano altre, connesse essenzialmente alla configurazione legislativa dell'indennità di anzianità alla stregua di un "automatismo retributivo composto", che determinava, specie in stagioni di alta inflazione, una notevole crescita del costo del lavoro.

Nozione di automatismo retributivo

Per "automatismo retributivo" si intende una voce salariale che viene determinata e accresciuta prevalentemente, se non esclusivamente, in virtù di meccanismi di calcolo non negoziati di volta in volta tra le parti collettive o individuali (altri esempi sono la scala mobile e gli scatti di anzianità); l'automatismo è "composto" quando si sommano elementi calcolati con più meccanismi automatici.

Nel caso dell'indennità di anzianità essa veniva per legge calcolata moltiplicando l'ultima retribuzione maturata per il numero di anni di anzianità di servizio del lavoratore presso la stessa impresa, utilizzando come retribuzione-parametro tutto ciò che veniva corrisposto al lavoratore continuativamente (quindi senz'altro indennità di contingenza e scatti di anzianità). Tale sistema, specie nei rapporti di durata medio-lunga, dava oggettivamente luogo a possibili impennate della somma da corrispondere, che poteva mettere in difficoltà le imprese, anche quelle più prudenti nelle politiche di accantonamento dei trattamenti di anzianità. Al riguardo c'è anzi da considerare che l'istituto ha anche svolto (e in parte tuttora svolge) una funzione di autofinanziamento delle imprese, alle quali nessuno impedisce di utilizzare in tutto o in parte i trattamenti di anzianità via via maturati, senza doversi accollare gli oneri di eventuali mutui bancari. Ed è in questa funzione di autofinanziamento la radice dei limiti suddetti al diritto all'anticipazione del Tfr.

Meccanismi di calcolo e costi di impresa

Tornando alle regole chiave del Tfr, la riforma del 1982 ne ha del tutto smontato il meccanismo di calcolo, incidendo su due aspetti:

a) il Tfr si calcola ora mediante un'addizione, le cui componenti di base sono le retribuzioni dovute per ciascun anno di servizio divise per 13,5 (art. 2120, co. 1). Ne deriva che l'impresa sa quanto esattamente dovrà corrispondere a ciascun lavoratore al momento dell'estinzione del rapporto. Per evitare che le somme risultino erose dall'inflazione, la legge prevede tuttavia che l'accantonamento annuo sia incrementato al 31 dicembre di ogni anno con l'applicazione di un tasso costituito dall'1,5% in misura fissa e dal 75% dall'aumento dell'indice dei prezzi al consumo per le famiglie di operai e impiegati calcolato dall'Istat (art. 2120, co. 4);

b) la base di calcolo del Tfr fissata per legge è ancora abbastanza ampia – essendo costituita da tutte le somme annualmente corrisposte in dipendenza del rapporto di lavoro a titolo non occasionale e con esclusione di quanto corrisposto come rimborso spese – ma può essere modificata in qualunque modo dai contratti collettivi (art. 2120, co. 2).

Ulteriori destinazioni previdenziali

Sebbene ridimensionato e reso più prevedibile nel suo ammontare, il Tfr non pare destinato a restare immutato. Per un verso infatti se ne sottolinea tuttora un profilo non giuridico, ma gestionale, cioè l'aggravamento dei costi di un eventuale licenziamento che da esso deriva per l'impresa. Sebbene tali osservazioni abbiano indotto in errore anche autorevoli organismi come l'Ocse, si tratta solo di un effetto di concentrazione temporale, essendo il Tfr a tutti gli effetti retribuzione cui il lavoratore ha diritto indipendentemente dal licenziamento. Al più andrebbe considerata per ponderare e comparare i costi di utilizzo del lavoro, ma senza trascurare che fa parte degli originari contenuti legali di qualunque contratto di lavoro.

Per altro verso, sempre più se ne incentiva un utilizzo nella sfera previdenziale con profili senz'altro innovativi, ma che segnalano una sorta di parabola, tale da ricondurre il trattamento nell'ambito degli istituti previdenziali. A partire dal 2005, con il d.lgs. 252, modificato con la l. 296/2006, si è infatti previsto che il Tfr venga destinato al finanziamento di fondi di previdenza complementare, salvo che il lavoratore non manifesti esplicitamente, entro sei mesi dall'assunzione, la volontà di mantenere il Tfr presso il proprio datore di lavoro. Il Tfr rimane però effettivamente presso il datore di lavoro solo se ha meno di 50 dipendenti; nelle imprese più grandi l'accantonamento annuale va invece conferito ad un Fondo apposito gestito dall'Inps secondo le regole dell'art. 2120 c.c., dal quale poi il datore di lavoro potrà rivalersi del Tfr corrisposto al dipendente che non abbia optato per finanziare il fondo di previdenza integrativa. In tal modo il Tfr diviene una fonte importante di finanziamento del sistema previdenziale, pubblico o complementare, facendo venir meno quel canale di autofinanziamento delle imprese più grandi cui prima si è accennato.

Tfr e lavoro pubblico

I dipendenti pubblici assunti dopo il 31 dicembre 2000 hanno diritto al Tfr, così come regolato per i privati (con l'eccezione di alcune norme, come quella sul Fondo di garanzia per le imprese insolventi). Per i lavoratori pubblici già in servizio prima di quella data, dopo una tormentata ed annosa vicenda, se non aderiscono ad un fondo pensione di comparto entro il 31 dicembre 2015, è ora prevista la conservazione dei trattamenti di fine servizio regolati da varie discipline di comparto (v. art. 2, co. 5, l. 335/1995 e accordo quadro del 29 marzo 2011, ultimo di una lunga serie di accordi quadro in materia) [19].

---

[19] Degna di nota è Corte cost. n. 130 del giugno 2023 che, seppure *pro futuro*, dichiara l'incostituzionalità della rateizzazione del TFR (o del trattamento di fine servizio) per i dipendenti pubblici disposta da varie leggi negli ultimi venti anni, anche considerando che, affermata la natura retributiva di tali emolumenti, «lo scrutinio di legittimità costituzionale si innesta in un quadro macroeconomico in cui il sensibile incremento della pressione inflazionistica acuisce l'esigenza di salvaguardare il valore della retribuzione, anche differita».

Capitolo XIII

Luogo, durata della prestazione e sospensione del rapporto di lavoro per ragioni riguardanti il lavoratore

SOMMARIO: 1. Il luogo della prestazione, il trasferimento e la trasferta. – 2. L'orario di lavoro. – 3. Il lavoro straordinario, notturno e a turni. – 4. Il riposo giornaliero e settimanale. – 5. Le ferie. – 6. Il *part-time*. – 7. Il lavoro intermittente. – 8. Contratto di lavoro e sospensioni della prestazione lavorativa. In particolare, le sospensioni per cause relative al lavoratore: malattia e infortunio. – 9. Gravidanza, maternità e paternità. – 10. Esigenze familiari e personali. – 11. Diritti e doveri politici.

1. Il luogo della prestazione, il trasferimento e la trasferta

Luogo della prestazione

La determinazione del luogo della prestazione lavorativa, in applicazione delle regole civilistiche (art. 1182, co. 1, c.c.), è rimessa alla libera determinazione delle parti individuali e generalmente viene fissata in locali che rientrano nella disponibilità del datore di lavoro. Tuttavia, il luogo della prestazione può essere convenuto anche altrove, ovverosia presso il domicilio del lavoratore (nel qual caso si applica la disciplina del lavoro a domicilio), oppure si può stabilire che la prestazione lavorativa sia svolta, totalmente o parzialmente, al di fuori dei locali dell'azienda, come nelle ipotesi del telelavoro, del lavoro agile o dei lavoratori itineranti, e cioè di coloro che sono tenuti per contratto ad espletare le loro mansioni in luoghi diversi. Problemi particolari si pongono quando il luogo della prestazione non è convenuto in modo preciso e stabile, specialmente quindi nel lavoro agile (v. cap. IV).

Trasferimento del lavoratore

Per quanto appena detto occorre chiedersi se, per il mutamento definitivo del luogo di lavoro in costanza di rapporto, definito trasferimento del lavoratore, occorra oppure no il consenso di quest'ultimo.

La norma di carattere generale in materia è l'art. 2103, co. 8, c.c., secondo il quale il lavoratore non può essere trasferito da un'unità produttiva ad un'altra se non per comprovate ragioni tecniche, organizzative e produttive. Da questa previsione si ricava che il trasferimento rientra nel potere direttivo del datore di lavoro (v. cap. IX), purché questi adduca una delle ragioni oggettive indicate.

La circostanza che il datore di lavoro possa prescindere dal consenso del lavoratore per il trasferimento è confermata, oltre che dalla giurisprudenza maggioritaria [1], anche dalla contrattazione collettiva, che, nell'introdurre condizioni di miglior favore rispetto a quelle statutarie, a volte ha previsto proprio la necessità del consenso del prestatore di lavoro, fatto, questo, che testimonia l'irrilevanza del consenso medesimo in assenza di previsioni negoziali di tal genere.

Incompatibilità ambientale e dirigenti sindacali

La casistica giurisprudenziale in materia di giustificazioni oggettive del trasferimento è ampia. Merita un cenno la vicenda relativa all'incompatibilità ambientale, ovvero al trasferimento in seguito a difficoltà relazionali fra il lavoratore e i colleghi o i superiori, considerata dalla giurisprudenza (almeno da quella più risalente) [2] una ragione oggettiva di trasferimento [3]. Tuttavia, questo tipo di trasferimento appare difficilmente conciliabile con l'esclusione del trasferimento come sanzione disciplinare, prevista dall'art. 7, co. 4, Statuto dei lavoratori (v. cap. IX), cosicché la giurisprudenza più recente lo ammette con sempre maggiore cautela richiedendo che l'incompatibilità si traduca in un'oggettiva difficoltà organizzativa e gestionale nell'unità produttiva [4].

Maggiori sono le garanzie per il sindacalista "interno" (dirigente della rappresentanza sindacale aziendale), che, in base all'art. 22 Statuto dei lavoratori, non può essere trasferito in mancanza del nulla osta dell'associazione sindacale di appartenenza, la cui concessione è rimessa alla discrezionalità del sindacato. Va da sé che il nulla osta è previsto per tutelare il dirigente sindacale che altrimenti sarebbe esposto a ritorsioni da parte del datore di lavoro. È chiaro che, una volta concesso il nulla osta, si applicano le regole di sui all'art. 2103, co. 8, c.c. e quindi la giustificazione del trasferimento.

Trasferta

La trasferta è invece uno spostamento temporaneo del lavoratore dal luogo di adempimento della prestazione, al quale non si applica la previsione del codice civile in tema di trasferimento, cosicché non è necessario addurre nessuna giustificazione proprio in considerazione della provvisorietà del mutamento. È generalmente riconosciuta un'apposita indennità diretta a compensare il lavoratore per i disagi conseguenti.

2. L'orario di lavoro

L'orario è un istituto centrale del diritto del lavoro, la cui prima regolamentazione organica risale al 1923 con il regio decreto legge 692. Tale regolamentazione, rimasta sostanzialmente invariata per ottanta anni, fissava la durata normale della prestazione lavorativa in 48 ore settimanali, ridotte a 40 soltanto nel 1997 con la legge 196.

---

[1] Da ultimo Cass. 12341/2018, ma v. già Cass. 1738/1982; Cass. 849/1974.

[2] Cass. 10252/1995; Cass. 4655/1992; Cass. S.U. 4747/1986.

[3] Cass. 18178/2017.

[4] Cass. 2143/2017; Cass. 5087/2003.

L'esigenza di una riforma della disciplina dell'orario si è cominciata ad avvertire a seguito dell'approvazione della direttiva 93/104/CE sui tempi di lavoro, integrata dalla direttiva 2000/34 e, da ultimo, dalla direttiva 2003/88, attuate mediante il d.lgs. 66/2003, che si è occupato di vari profili del tempo di lavoro e di non lavoro, spesso andando oltre quanto previsto (e richiesto) dalla regolamentazione dell'Unione europea[5].

Definizione

Di stretta derivazione eurounitaria è la definizione italiana di orario di lavoro. Secondo l'art. 1, co. 1, lett. *a*, d.lgs. 66/2003 è orario di lavoro qualsiasi periodo in cui il lavoratore sia al lavoro, a disposizione del datore di lavoro e nell'esercizio della sua attività o delle sue funzioni, cosicché per rientrare in questa nozione è necessario che il lavoratore, contemporaneamente, sia sul luogo di lavoro[6], soggetto ai poteri datoriali e nello svolgimento delle mansioni assegnategli. Sempre nel diritto dell'Unione (art. 4.2 lett. *l-m* della direttiva 2019/1152, da trasporre entro agosto 2022) è previsto che il datore di lavoro debba comunicare formalmente la durata normale della giornata o della settimana lavorativa, se l'organizzazione è prevedibile; se quest'ultima non è prevedibile, vanno comunicati l'ammontare dell'orario minimo garantito, i periodi in cui può essere richiesta e il preavviso minimo della richiesta.

Limite settimanale

Per quanto riguarda la durata normale dell'orario di lavoro la legge mantiene il limite delle 40 ore settimanali con l'importante differenza rispetto al passato che i contratti collettivi possono stabilire una durata minore e, soprattutto, possono riferire l'orario normale alla durata media delle prestazioni lavorative in un periodo non superiore all'anno. Quest'ultima previsione consente alla fonte collettiva di modulare l'orario normale. Infatti, la contrattazione collettiva potrebbe stabilire che la media vada calcolata su un periodo di sei mesi, di modo che in un mese l'orario normale potrebbe anche eccedere le 40 ore settimanali purché tale eccedenza sia compensata da una riduzione al di sotto di quel limite nel mese successivo, sì da rispettare, appunto, il valore medio.

La contrattazione collettiva stabilisce altresì la durata massima settimanale dell'orario, ovverosia quella che include le eventuali prestazioni di lavoro straordinario. Anche in questo caso la legge non fissa l'orario massimo come valore assoluto, bensì come valore medio che deve essere non superiore a 48 ore nell'arco di ogni periodo di sette giorni. Se a ciò si aggiunge che tale media deve essere calcolata con riferimento a un periodo non superiore a quattro mesi – elevabile fino a sei o dodici mesi a fronte di ragioni obiettive, tecniche o inerenti all'organizzazione del lavoro, specificate negli stessi contratti collettivi – la conseguenza è una gestione potenzialmente flessibile dell'orario, in considerazione del fatto che, oltre l'orario normale, anche l'orario massimo può varia-

---

[5] Secondo l'art. 2, d.lgs. 66/2003 la disciplina generale dell'orario di lavoro non si applica ad alcuni settori: il lavoro della gente di mare, il personale di volo dell'aviazione civile, i lavoratori mobili, i servizi pubblici di cui all'art. 2, co. 2, in presenza di particolari esigenze inerenti allo svolgimento di quei servizi o di ragioni connesse ai servizi di protezione civile, il personale della scuola, le forze di polizia, le forze armate, la polizia municipale, gli addetti ai servizi di vigilanza privata e gli apprendisti maggiorenni.

[6] Sull'equiparazione della reperibilità alla presenza sul luogo di lavoro v., da ultime, C.G.E., Grande sezione, 9 marzo 2021, C-344/2019 e C-580/2019.

re a seconda della giornata purché sia rispettato il limite delle 48 ore nell'arco di 7 giorni tenendo conto anche del limite temporale di 4, 6 o 12 mesi consentito dalla legge per calcolare il valore medio. La flessibilità offerta dalla legge con riferimento alla durata normale e massima settimanale dà luogo al c.d. *orario di lavoro multiperiodale*.

Limite giornaliero

Per quanto riguarda l'orario giornaliero va ricordato che l'art. 36, co. 2, Cost. prevede una riserva di legge in proposito, esercitata mediante l'art. 7, d.lgs. 66/2003. Tale limite, ricavabile indirettamente dal tetto stabilito per il riposo giornaliero, viene fissato in 13 ore, da intendersi come valore massimo e non medio, sebbene derogabile dalla contrattazione collettiva[7].

Rilievo del consenso del lavoratore

Occorre chiedersi se sia necessario oppure no il consenso del lavoratore, in merito alla determinazione e alla collocazione oraria della prestazione lavorativa.

Per la giurisprudenza prevalente, anteriore al d.lgs. 66/2003, la variazione sia dell'orario di lavoro, sia della sua collocazione sarebbe riconducibile al normale potere direttivo del datore di lavoro e quindi non richiederebbe il consenso del lavoratore. Oggi però il quadro legislativo induce a diverse ricostruzioni.

Determinazione orario

Con riferimento alla variazione quantitativa dell'orario di lavoro, il d.lgs. 66/2003 offre infatti alcune indicazioni che fanno propendere per la necessità del consenso delle parti contrattuali, visto che l'orario, in mancanza della fonte collettiva, non può che essere fissato nel contratto individuale. Infatti, il legislatore del 2003, come si è detto, stabilisce soltanto l'orario normale di lavoro e la durata media complessiva (comprensiva anche dello straordinario), rinviando alla contrattazione collettiva la determinazione della durata massima settimanale e dell'orario giornaliero normale. In questo modo, quindi, in assenza della fonte collettiva, è prevista una durata complessiva media, ovvero un limite incerto con riferimento al *quantum* della prestazione lavorativa giornaliera; limite che richiede, appunto, l'indicazione della durata dell'orario di lavoro nel contratto individuale.

Collocazione orario

Discorso diverso va fatto per quanto riguarda la collocazione della prestazione lavorativa. A tal proposito appare centrale la regolamentazione del lavoro notturno che sarà approfondita di qui a poco. L'art. 11, co. 2, d.lgs. 66/2003 prevede, in alcuni casi prestabiliti, il divieto e, in altri, il "non obbligo" al lavoro notturno. Da ciò si deduce che, in tutte le restanti ipotesi, il lavoratore è tenuto a prestare lavoro notturno; obbligo che, quindi, deriverebbe dallo *ius variandi* datoriale. Di conseguenza, se è ricollegabile al potere datoriale la prestazione svolta in orario notturno, certamente più gravosa, è plausibile che il legislatore consideri rientrante nel potere unilaterale del datore ogni collocazione temporale della prestazione lavorativa.

Si è detto che, in assenza della fonte collettiva, i limiti legali in tema di orario sono piuttosto esigui, cosicché la sua determinazione spetta alle parti del con-

[7] Infatti, l'art. 17, co. 1, d.lgs. inserisce la previsione sul riposo giornaliero fra quelle norme che possono essere derogate anche *in peius* da contratti collettivi nazionali, territoriali o aziendali stipulati con le organizzazioni sindacali comparativamente più rappresentative sul piano nazionale.

tratto individuale di lavoro. Fattore, questo, che pur rischiando di consegnare, di fatto, al datore di lavoro la quantificazione della prestazione, a causa dello squilibrio contrattuale strutturale, è coerente con le regole del diritto civile in materia di determinazione dell'oggetto del contratto e rappresenta comunque una forma di protezione degli interessi del lavoratore. Al contrario, quanto disposto dal legislatore sul lavoro notturno fa propendere per la riconducibilità della collocazione temporale della prestazione lavorativa al potere direttivo.

In base a recenti orientamenti della giurisprudenza[8], il datore di lavoro ha l'obbligo di adottare strumenti idonei a garantire la misurazione e rilevazione oggettiva dell'orario di lavoro.

3. Il lavoro straordinario, notturno e a turni

Lavoro straordinario

Come si è accennato, il lavoro straordinario è quello svolto oltre i limiti dell'orario normale di lavoro.

L'art. 5, d.lgs. 66/2003, assegna alla contrattazione collettiva la regolamentazione delle «eventuali modalità di esecuzione delle prestazioni di lavoro straordinario» (co. 2), pur prevedendo che, in mancanza della disciplina negoziale, «il ricorso al lavoro straordinario è ammesso soltanto previo accordo tra datore di lavoro e lavoratore» non oltre le 250 ore annuali (co. 3). Da questa previsione si ricava che il consenso del lavoratore allo svolgimento dello straordinario è richiesto soltanto in assenza della contrattazione collettiva.

Inoltre, il consenso non è richiesto nemmeno in alcune ipotesi espressamente previste dalla legge, nelle quali è possibile anche superare il limite orario annuale[9].

Per quanto riguarda la remunerazione dello straordinario, dal 2003 non è più previsto il diritto a una maggiorazione retributiva, ma la possibilità per la contrattazione collettiva di prevedere tale maggiorazione che può essere sostituita da, o alla quale possono aggiungersi, riposi compensativi. Da ciò si deduce che la contrattazione collettiva non ha alcun obbligo di introdurre la maggiorazione retributiva anche se in genere la prevede.

Banca delle ore

Il rinvio legale alla contrattazione collettiva sul punto consolida la pratica della c.d. banca delle ore, ovverosia di quel meccanismo in base al quale la fonte collettiva consente al lavoratore l'accantonamento su una sorta di "conto orario" delle ore di lavoro eccedenti. In un secondo momento, il prestatore di

---

[8] C.G.E. 14 maggio 2019, causa C-55/2018.

[9] 1) Casi di eccezionali esigenze tecnico-produttive e di impossibilità di fronteggiarle attraverso l'assunzione di altri lavoratori; 2) casi di forza maggiore o casi in cui la mancata esecuzione di prestazioni di lavoro straordinario possa dare luogo a un pericolo grave e immediato ovvero a un danno alle persone o alla produzione; 3) eventi particolari, come mostre, fiere e manifestazioni collegate alla attività produttiva, nonché allestimento di prototipi, modelli o simili, predisposti per le stesse, preventivamente comunicati agli uffici competenti e in tempo utile alle rappresentanze sindacali aziendali (art. 5, co. 4, d.lgs. 66/2003).

lavoro può scegliere se utilizzare, in tutto in parte, il monte-ore come risposo compensativo oppure se richiedere il pagamento della controprestazione retributiva maggiorata.

La prestazione può essere erogata anche di notte oppure in base a turni. Lavoro notturno e lavoro a turni, che talvolta si intrecciano [10], presentano alcune caratteristiche comuni, tra le quali la principale è la maggiore gravosità del lavoro svolto. Infatti, tanto l'avvicendamento in turni quanto l'espletamento della prestazione nelle ore generalmente dedicate al riposo, oltre ad incidere sulla salute del lavoratore, influiscono sulla sua vita personale e familiare più di quanto accada nel normale lavoro diurno e non sottoposto a turnazione.

Lavoro notturno

Per individuare il lavoro notturno occorre far riferimento alle definizioni di "periodo notturno" – ovvero qualsiasi periodo di almeno sette ore comprendente l'intervallo fra la mezzanotte e le cinque del mattino – e di "lavoratore notturno", intendendosi come tale qualsiasi lavoratore che durante il periodo notturno svolga almeno tre ore del suo orario giornaliero normale. La normativa italiana assegna in materia un ruolo di primo piano alla contrattazione collettiva, che stabilisce la porzione di orario affinché un prestatore di lavoro possa essere qualificato lavoratore notturno (art. 1, co. 2, lett. *e*, d.lgs. 66/2003). Tuttavia, per evitare il contrasto con la direttiva del 2003, occorre che la contrattazione collettiva, nel determinare il periodo di lavoro notturno, preveda un massimo di otto ore di lavoro nell'intervallo fra la mezzanotte e le cinque, così come prescritto dalla normativa europea.

Divieti

Esiste una regolamentazione del lavoro notturno riguardante talune categorie di lavoratori, che richiedono una maggiore tutela da parte dell'ordinamento: i minori, i lavoratori che assistono disabili, le lavoratrici madri e i lavoratori padri, nei casi e modi previsti dalla legge. Per minori e lavoratrici madri il divieto è più stringente, con alcune deroghe limitate e articolate per i primi.

Non obbligo

Mentre "non sono obbligati" a svolgere il lavoro notturno i lavoratori genitori e i lavoratori che hanno a proprio carico un disabile (art. 11, co. 2, d.lgs. 66/2003 e, per i settori esclusi dal campo di applicazione del d.lgs. 66/2003, art. 53, co. 1, d.lgs. 151/2001). In questi casi dalle varie norme si ricava una disciplina precisa per verificare il consenso o il dissenso del lavoratore (v. soprattutto art. 18-*bis*, d.lgs. 66/2003): a) il datore di lavoro deve comunicare al lavoratore la richiesta di lavoro notturno in tempo utile, ovvero prima dell'inizio della prestazione; b) l'eventuale dissenso del lavoratore va comunicato in forma scritta prima dell'inizio di ogni singola prestazione richiesta oppure di un ciclo di turni di lavoro notturno.

L'art. 11, co. 2, d.lgs. 66/2003 attribuisce alla fonte negoziale un ruolo da valutare attentamente in tema di limitazioni al lavoro notturno. La norma recita infatti che «i contratti collettivi stabiliscono i requisiti dei lavoratori che possono essere esclusi dall'obbligo di effettuare lavoro notturno». Questo rinvio consente alla contrattazione collettiva di intervenire anche in merito ai requisiti

---

[10] Nelle lavorazioni continuative, come ad esempio la produzione dell'acciaio o il servizio di pronto soccorso ospedaliero; oppure in quelle da svolgere prevalentemente di notte come le attività di panificazione, di raccolta dei rifiuti, di carico/scarico merci.

dei lavoratori per i quali la legge già prevede le esclusioni dallo svolgimento del lavoro notturno [11]. Tuttavia, la fonte collettiva può intervenire soltanto per migliorare i requisiti soggettivi previsti dalla legge.

Lavoro a turni

Mentre la disciplina del lavoro notturno è dettagliata e cospicua, al lavoro a turni sono dedicate meno norme, spesso riguardanti gli aspetti definitori. Secondo l'art. 1, co. 2, lett. *f* e *g*, d.lgs. 66/2003 il lavoro a turni è «qualsiasi metodo di organizzazione del lavoro» anche a squadre.

La disciplina dei turni di lavoro è una materia tradizionalmente rimessa alla contrattazione collettiva che la regola nel rispetto delle previsioni legali, prima fra tutte l'art. 10 Statuto dei lavoratori, secondo il quale i lavoratori studenti (della scuola primaria, secondaria e dei corsi di qualificazione professionale) hanno diritto a turni di lavoro che agevolino la frequenza ai corsi e la preparazione agli esami. Di recente a tutti i lavoratori subordinati si è riconosciuto il diritto a usufruire delle turnazioni (e della flessibilità oraria) previste dalla contrattazione collettiva se intendono svolgere attività di volontariato in enti del Terzo settore (v. art. 17, co. 6-*bis*, d.lgs. 117/2007, aggiunto dal d.lgs. 105/2018).

La minore attenzione prestata al lavoro a turni rispetto a quello notturno è data dal fatto che, pur essendo la gravosità della prestazione un tratto comune a entrambi, il lavoro notturno è più oneroso del lavoro a turni. Emblematica al riguardo è la normativa in materia di accesso anticipato al pensionamento, consentito per il lavoro notturno svolto durante tutto l'anno, oppure nell'ambito di un regime di turni e non per il lavoro a turni *tout court*.

4. Il riposo giornaliero e settimanale

Riposo giornaliero e reperibilità

Si è anticipato che l'art. 7, d.lgs. 66/2003 fissa il riposo giornaliero in 11 ore consecutive ogni 24, limite, come visto, derogabile dalla contrattazione collettiva. Tale riposo deve essere fruito in modo consecutivo, fatte salve le attività caratterizzate da periodi di lavoro frazionati durante la giornata o da regimi di reperibilità, ovverosia regimi in cui il lavoratore è obbligato a tenersi a disposizione del datore di lavoro, anche al di fuori dell'orario di lavoro, al fine di essere rintracciato e rientrare sul luogo di lavoro in caso di necessità. La reperibilità è quindi un obbligo accessorio del contratto di lavoro che la giurisprudenza ritiene debba essere compensato ulteriormente, in proporzione all'impegno profuso, rispetto alla retribuzione dovuta per la prestazione lavorativa [12].

Riposo settimanale

L'art. 36, co. 3, Cost. riconosce al lavoratore il diritto irrinunziabile al riposo settimanale e l'art. 9, co. 1, d.lgs. 66/2003 specifica che tale riposo deve essere di almeno 24 ore consecutive ogni 7 giorni. Il limite fissato dalla legge non è però un valore assoluto, ma è calcolato come media in un periodo non superiore a 14 giorni, e quindi il giorno di riposo non necessariamente cade dopo 6

---

[11] Ovvero tutte le ipotesi elencate nell'art. 11, co. 2, d.lgs. 66/2003.

[12] V., fra le tante, Cass. 6400/1995 e Cass. 5245/1995.

giorni lavorativi, essendo sufficiente che nell'arco di 14 giorni ci siano due periodi di riposo consecutivo di 24 ore.

L'art. 9, oltre a essere derogabile dalla contrattazione collettiva, prevede una serie di eccezioni al principio della cadenza settimanale del riposo [13].

La legislazione italiana, nell'esercizio della discrezionalità che deriva dal silenzio sul punto della direttiva 2003/88, stabilisce che il giorno di riposo settimanale di regola coincide con la domenica, in omaggio alla tradizione culturale e religiosa del nostro Paese. La formulazione della norma preserva però la legislazione speciale in materia, riguardante i lavoratori appartenenti a confessioni religiose diverse dalla cattolica, che consente la collocazione del riposo in un giorno settimanale differente rispetto alla domenica [14].

Scontata l'assenza di retribuzione nel giorno di riposo settimanale, la legge non riconosce il diritto a un compenso ulteriore per il lavoro prestato di domenica. Tuttavia, tale compenso è frequentemente previsto dalla contrattazione collettiva, anche perché la giurisprudenza prevalente riconosce la maggiore gravosità della prestazione lavorativa resa in quella giornata [15].

La l. 260/1949 riconosce anche il diritto a non lavorare nelle festività infrasettimanali al quale il lavoratore può rinunciare solo con esplicita manifestazione di volontà individuale [16].

5. Le ferie

Diritto alle ferie retribuite

Il diritto alle ferie annuali retribuite è garantito dalle norme primarie dell'Unione europea (art. 31, par. 2, della Carta dei diritti fondamentali dell'Unione europea) e dalla Costituzione italiana (art. 36, co. 3), che, analogamente al riposo settimanale, ne stabilisce la sua irrinunziabilità. Ciò dimostra l'importanza che l'ordinamento attribuisce all'istituto del riposo feriale, la cui funzione è di assicurare il necessario ristoro psico-fisico e di consentire al lavoratore di svolgere attività extralavorative ritenute meritevoli di tutela (familiari, culturali, ricreative, ecc.).

La legislazione ordinaria di riferimento è rappresentata dall'art. 10, d.lgs. 66/2003 e dall'art. 2109, co. 2 e 3, c.c., espressamente mantenuto in vigore dalla legislazione del 2003. La legge stabilisce che il prestatore di lavoro ha diritto a un periodo minimo annuale inderogabile di ferie retribuite non inferiore a quattro settimane, inclusi i giorni non lavorativi.

---

[13] Le eccezioni riguardano: le attività di lavoro a turni ogni volta che il lavoratore cambi turno o squadra e non possa usufruire, tra la fine del servizio di un turno o di una squadra e l'inizio del successivo, di periodi di riposo giornaliero o settimanale; le attività caratterizzate da periodi lavoro frazionati durante la giornata; il personale che lavora nel settore dei trasposti ferroviari.

[14] Si tratta dell'art. 17, l. 516/1988, per le Chiese cristiane avventiste, e degli artt. 4 e 5, l. 101/1989 per la religione ebraica. In entrambi i casi la legislazione consente ai lavoratori di chiedere che il riposo settimanale coincida con il sabato.

[15] V., ad es., Cass. 9895/1998.

[16] V. Cass. 18887/2019.

Anche il lavoratore che abbia meno di un anno continuativo di servizio ha il diritto a usufruire di una frazione proporzionata di periodo feriale (c.d. intrannualità del godimento delle ferie).

Il periodo feriale, salvo quanto previsto dalla contrattazione collettiva, va goduto per almeno due settimane, consecutive in caso di richiesta del lavoratore, nel corso dell'anno di maturazione e, per le restanti due settimane, nei 18 mesi successivi al termine dell'anno di maturazione.

Collocazione delle ferie

La collocazione del periodo feriale rientra nel potere direttivo del datore di lavoro per espressa previsione dell'art. 2019, co. 2, c.c.[17], anche se al datore è richiesto di esercitare il potere tenendo conto non solo delle esigenze dell'impresa, ma pure degli interessi del lavoratore, adombrando così l'idea della necessità che l'imprenditore realizzi un contemperamento fra tali valori prima di scegliere il periodo feriale del lavoratore[18].

Nel rispetto del principio dell'irrinunciabilità del diritto in oggetto[19], il periodo minimo di quattro settimane non può essere sostituito dalla relativa indennità per ferie non godute, fatta salva l'ipotesi in cui non possano essere più consumate a causa della risoluzione del rapporto di lavoro. Tale previsione non può essere derogata dalla contrattazione collettiva, con la conseguenza che le eventuali norme negoziali che prevedessero la monetizzazione delle ferie sarebbero illegittime.

Ferie e malattie

Ispirata allo stesso principio, è la disciplina riguardante la malattia sopravvenuta durante il periodo feriale che ne sospende il decorso, di modo che il lavoratore può recuperare i giorni di ferie perduti. Tuttavia, la produzione dell'effetto sospensivo si verifica soltanto quando il lavoratore sia affetto da una malattia tale da impedire in modo efficace la fruizione delle ferie, ovvero, secondo molti contratti collettivi, la malattia per la quale siano previsti almeno 3 giorni di prognosi.

6. Il *part-time*

Lavoro a tempo parziale

Il rapporto di lavoro a tempo parziale riceve la sua prima regolamentazione di carattere generale attraverso la l. 863/1984, rimasta in vigore fino al 2000 quando è stato approvato il d.lgs. 61/2000 che, attuando la direttiva 97/81/CE in materia, ha profondamente innovato la disciplina del rapporto di lavoro in questione. Dopo varie ulteriori riforme minori si è giunti all'attuale disciplina della fattispecie contenuta negli artt. 4-12, d.lgs. 81/2015, uno dei decreti attuativi del c.d. *Jobs Act*.

---

[17] Secondo il quale il lavoratore ha diritto a un periodo annuale di ferie retribuito, «nel tempo che l'imprenditore stabilisce».

[18] In tal senso v. Cass. 11403/2000.

[19] Severamente presidiato dalla giurisprudenza: v., da ultimo, l'ordinanza della Cass 23153/2022. Interessante anche CGUE. 22 settembre 2022, causa C-120/21.

Forma del contratto

Il rapporto di lavoro a tempo parziale ha una forma scritta *ad probationem*, cioè ai fini della prova dell'orario ridotto, e nel contratto di lavoro deve essere contenuta puntuale indicazione della durata e della collocazione temporale della prestazione lavorativa con riguardo al giorno, alla settimana, al mese o all'anno (art. 5, d.lgs. 81/2015), indicazione che non è invece richiesta per il contratto di lavoro a tempo pieno (v. cap.). Da questa disposizione si deduce che, pur non essendo più prevista per legge la distinzione fra i vari tipi di lavoro a tempo parziale, le parti possono stabilire nel contratto individuale che il *part-time* sia orizzontale, verticale o misto. Pertanto, può essere concordato che: 1) la riduzione di orario rispetto al tempo pieno sia in relazione all'orario normale giornaliero di lavoro (*part-time* orizzontale: ad esempio, la prestazione lavorativa è di 6 ore giornaliere invece di 8, distribuite su tutti i giorni lavorativi della settimana); 2) l'attività lavorativa sia svolta a tempo pieno, ma limitatamente a periodi predeterminati durante la settimana, il mese o l'anno (*part-time* verticale: ad esempio, l'orario di lavoro settimanale è di 24 ore invece di 36 e il lavoratore svolge la sua prestazione su tre giorni alla settimana e non su cinque e, nelle giornate lavorative, l'orario giornaliero è pari a quello dei lavoratori a tempo pieno); oppure 3) un *mix* delle due figure già individuate (*part-time* misto: ad esempio, una settimana un *part-time* orizzontale e la successiva uno verticale e via dicendo).

Al contrario che per altri contratti non standard, la legge non prevede l'apposizione di limiti percentuali di ricorso al lavoro a tempo parziale, in quanto l'art. 4 d.lgs. 81/2015 sancisce la "pari dignità" fra *full-time* e *part-time*. Sempre in tema di tetti al *part-time*, la fonte legale nulla dice nemmeno a proposito dell'entità della riduzione d'orario, lasciando quindi la possibilità di concordare riduzioni molto elevate oppure molto ridotte.

Dal *full-time* al *part-time*

L'accesso al rapporto di lavoro a tempo parziale può avvenire anche mediante una trasformazione del rapporto di lavoro a tempo pieno per la quale è richiesto un accordo fra le parti risultante da atto scritto.

Salvo nelle ipotesi di lavoratori affetti da patologie oncologiche o cronico-degenerative gravi[20], non esiste un diritto alla trasformazione del rapporto dal *full-time* al *part-time*. È prevista una priorità (non un diritto) nella trasformazione del contratto di lavoro da tempo pieno a tempo parziale per il lavoratore o la lavoratrice, che: 1) ha coniuge, figli o genitori affetti da patologie oncologiche o cronico-degenerative gravi; 2) ha un figlio convivente di età non superiore a tredici anni o portatore di handicap; 3) assiste una persona convivente con totale e permanente inabilità lavorativa grave e con necessità di sostegno continuo (art. 8, co. 4 e 5, d.lgs. 81/2015).

Esistono, poi, degli oneri di informazione e di "presa in considerazione", gravanti sul datore di lavoro che sono collegati alla trasformazione del rapporto da *full-time* a *part-time* (v. art. 8, co. 8, d.lgs. 81/2015).

---

[20] I prestatori di lavoro affetti da queste patologie, purché conservino una ridotta capacità lavorativa accertata da un'apposita commissione medica, hanno diritto alla trasformazione del rapporto di lavoro a tempo pieno in rapporto di lavoro a tempo parziale ed hanno anche diritto di ritornare a tempo pieno (art. 8, co. 3, d.lgs. 81/2015).

Dal *part-time* al *full-time*

Per quanto riguarda l'altro versante della trasformazione, dal *part-time* al *full-time*, il legislatore non prevede alcuna formalità, così dimostrando di aver assegnato a tale mutamento del rapporto una sorta di "corsia privilegiata", percorribile in qualsiasi momento, sempre previo accordo con il datore di lavoro, e senza particolari obblighi in capo al lavoratore, che ne trae un indubbio vantaggio prima di tutto in termini retributivi. È anche riconosciuto un diritto di precedenza per i lavoratori a tempo parziale in caso di assunzione di nuovo personale a tempo pieno (art. 8, co. 6, d.lgs. 81/2015).

Il legislatore tutela la genuinità del consenso del lavoratore nelle due direzioni della trasformazione prevedendo che il rifiuto di trasformare il rapporto di lavoro non costituisce giustificato motivo di licenziamento (art. 8, co. 1, d.lgs. 81/2015).

Lavoro supplementare

Passando al profilo della gestione interna del rapporto di lavoro, occorre partire dal lavoro supplementare, ovvero dal lavoro svolto oltre l'orario concordato, ma entro i limiti del tempo pieno[21]. A tal proposito, va rispettato anzitutto quanto previsto dalla contrattazione collettiva, anche se la legge riconosce un'apertura all'autonomia individuale, perché, in mancanza di una disciplina collettiva in materia, per l'espletamento del lavoro supplementare è richiesto il consenso del singolo lavoratore, che può concordare un incremento delle ore settimanali non superiore al 25%. Il lavoratore può comunque rifiutare lo svolgimento del lavoro supplementare ove giustificato da comprovate esigenze lavorative, di salute, familiari o di formazione professionale.

Per quanto riguarda il compenso per le ore di lavoro supplementare svolte, è prevista una maggiorazione del 15% della retribuzione oraria globale di fatto.

Ricapitolando, nel *part-time* il datore può esigere attività lavorativa oltre l'orario concordato entro i limiti fissati dalla contrattazione collettiva anche *senza* il suo consenso, oppure, in assenza della fonte collettiva, *con* il suo consenso, avendo come unico limite l'orario a tempo pieno, oltre il quale scatta la disciplina del lavoro straordinario, che è ammesso anche nel *part-time* e che segue le regole valide per il contratto di lavoro *full-time*.

Clausole elastiche

La disciplina legale consente anche altre opzioni di variabilità temporale, attraverso la previsione delle clausole elastiche, che consentono al datore di lavoro di modificare la collocazione temporale della prestazione lavorativa o l'aumento della durata della prestazione, entro i limiti del tempo pieno. Si tratta di clausole accessorie in base alle quali, a differenza del lavoro supplementare, il consenso del lavoratore va espresso una volta per tutte e non di volta in volta[22].

---

[21] Riprendendo l'esempio fatto all'inizio, del lavoratore a tempo parziale orizzontale che ha un orario di 6 ore al giorno invece di 8 per tutti i giorni della settimana, è lavoro supplementare quello svolto oltre la sesta ed entro l'ottava ora di lavoro.

[22] La clausola elastica, in un *part-time* orizzontale di 6 ore giornaliere dalle 8,00 alle 14,00, consente di variare la collocazione oraria, prevedendo un orario che vada, ad esempio, dalle 9,00 alle 15,00; in un *part-time* verticale, su base settimanale, nel quale si lavori 8 ore al giorno soltanto per tre giorni alla settimana invece di 5, (il lunedì, il martedì e il mercoledì), la clausola consente

La legge prevede due percorsi alternativi per apporre tali clausole al contratto. In entrambi i casi l'ampliamento dell'orario di lavoro non può superare il limite del 25% della normale prestazione annua a tempo parziale.

Il primo percorso è quello disciplinato dalla contrattazione collettiva in materia. In questo caso le parti del contratto di lavoro a tempo parziale possono pattuire clausole elastiche e il prestatore di lavoro ha diritto a un preavviso di due giorni lavorativi, fatte salve le diverse intese tra le parti, e a specifiche compensazioni, nella misura e nelle forme determinate dai contratti collettivi.

Il secondo percorso riguarda il caso in cui il contratto collettivo non disciplini le clausole elastiche. In questa eventualità le clausole in questione possono essere pattuite soltanto davanti alle commissioni di certificazione, con facoltà del lavoratore di farsi assistere da un rappresentante dell'associazione sindacale cui aderisce o conferisce mandato, da un avvocato o da un consulente del lavoro. In tale ipotesi, le clausole devono prevedere, a pena di nullità, le condizioni e le modalità con le quali il datore di lavoro, con preavviso di due giorni lavorativi, può modificare la collocazione temporale della prestazione e variarne in aumento la durata. In questo secondo percorso il lavoratore ha diritto a una maggiorazione del 15% della retribuzione oraria globale di fatto.

In casi limitati è previsto anche un diritto di ripensamento al consenso prestato per l'apposizione delle clausole elastiche (lavoratori con diritto al *part-time* o alla priorità nella trasformazione del rapporto di lavoro per ragioni legate a malattie gravi del lavoratore o di alcuni parenti e affini; lavoratori studenti di cui all'art. 10, co. 1, dello Statuto dei lavoratori).

Principio di *non discriminazione*

Il principio di non discriminazione fra lavoratori a tempo parziale e lavoratori a tempo pieno rappresenta uno dei punti centrali della direttiva 97/81/CE. Tale principio però viene minimizzato nel d.lgs. 81/2015. La caratteristica principale della disciplina italiana è che il lavoratore a tempo parziale non deve ricevere un trattamento meno favorevole rispetto al lavoratore a tempo pieno di pari inquadramento e ha i medesimi diritti di un lavoratore a tempo pieno comparabile. Tuttavia, questa regola è depotenziata dalla applicabilità del criterio del riproporzionamento (o *pro rata temporis*) – cioè della riduzione dei trattamenti economici e normativi in proporzione al minor orario svolto. L'applicazione del riproporzionamento ai trattamenti normativi è una precisa scelta del legislatore italiano, che peraltro la rimette alla contrattazione collettiva per alcuni istituti (durata del periodo di prova, del periodo di preavviso in caso di licenziamento o dimissioni e del periodo di conservazione del posto di lavoro in caso di malattia ed infortunio).

---

di modificare questi giorni (ad esempio, sostituendo il lunedì con il giovedì, ecc.). La clausola elastica, se riguarda l'aumento della durata della prestazione dà la possibilità, per utilizzare l'esempio da ultimo fatto, di aggiungere un giorno lavorativo a settimana (cosicché la prestazione può essere svolta dal lunedì al giovedì).

7. Il lavoro intermittente

L'istituto del lavoro intermittente ha una storia molto più recente nell'ordinamento italiano rispetto a quella del *part-time*. Introdotto dal d.lgs. 276/2003, dopo varie vicissitudini, attualmente questo istituto è regolato dagli artt. 13-18, d.lgs. 81/2015.

Definizione e limiti

Il lavoro intermittente è il contratto, anche a tempo determinato, mediante il quale un lavoratore si pone a disposizione di un datore di lavoro che ne può utilizzare la prestazione lavorativa in modo discontinuo o intermittente secondo le esigenze individuate dai contratti collettivi. Tuttavia, tale contratto può essere stipulato anche in mancanza di fonte collettiva, ma soltanto nei casi previsti da un decreto del Ministro del lavoro. In alcune ipotesi il lavoro intermittente può essere concluso anche in mancanza del contratto collettivo e del decreto ministeriale, ovverosia con soggetti rientranti nei segmenti più deboli sul mercato del lavoro (minori di 24 anni e ultracinquantacinquenni).

Comunque, per evitare abusi la legge introduce un limite temporale al suo utilizzo. Infatti, ad eccezione dei settori del turismo, dei pubblici esercizi e dello spettacolo, il lavoro intermittente è ammesso, per ciascun lavoratore con il medesimo datore di lavoro, per un periodo complessivamente non superiore a quattrocento giornate di effettivo lavoro nell'arco di tre anni solari. Il superamento di questo periodo dà luogo alla trasformazione del contratto di lavoro intermittente in un rapporto di lavoro a tempo pieno e indeterminato.

Divieti

Analogamente ad altre fattispecie flessibili di lavoro, quali la somministrazione di lavoro e il contratto a termine (v. capp. XV, XVI), il ricorso al lavoro intermittente è vietato in considerazione di alcune scelte o inadempienze datoriali (v. art. 14, d.lgs. 81/2015).

Il datore di lavoro è poi tenuto a informare annualmente le rappresentanze sindacali aziendali o la rappresentanza sindacale unitaria sull'andamento del ricorso al contratto di lavoro intermittente, fatte salve le previsioni più favorevoli dei contratti collettivi, ed è tenuto a comunicarne la durata alla direzione territoriale del lavoro competente per territorio, mediante sms o posta elettronica.

Con o senza obbligo di risposta alla chiamata

La legge individua due fattispecie di lavoro intermittente, differenziate in base alla disponibilità del lavoratore (art. 13, co. 4, d.lgs. 81/2015). In una prima ipotesi il contratto caratterizzato dall'impegno del lavoratore non solo a mettersi a disposizione in modo intermittente, ma anche a rispondere all'eventuale chiamata del datore di lavoro, in cambio del riconoscimento di un'indennità di disponibilità, la cui misura mensile è determinata dai contratti collettivi, ma che comunque non può essere inferiore all'importo fissato con decreto del Ministro del lavoro.

Nella seconda ipotesi il lavoratore non si obbliga a rispondere alla chiamata e quindi riceve il corrispettivo solo quando viene richiesta la prestazione. In questo secondo caso, finché non vi è prestazione, non ricorre né un rapporto di lavoro subordinato, mancando la messa a disposizione, né un rapporto di lavoro autonomo, perché in realtà le parti non si obbligano a svolgere alcuna prestazione.

Al contrario, nell'ipotesi di lavoro intermittente con obbligo di risposta alla chiamata la messa a disposizione del proprio tempo per una futura attività lavorativa in cambio di una controprestazione patrimoniale fa propendere per l'inclusione del rapporto in questione nell'area del lavoro subordinato. Peraltro l'obbligo di disponibilità eventualmente assunto dal lavoratore comporta anche l'obbligo di informare tempestivamente il datore di lavoro in caso di malattia o di altro evento che gli renda temporaneamente impossibile rispondere alla chiamata. Durante il periodo di impedimento il lavoratore non matura il diritto all'indennità di disponibilità e, nel caso in cui non provveda all'adempimento dell'obbligo di comunicazione, perde il diritto all'indennità per quindici giorni, salvo diversa previsione del contratto individuale. Il rifiuto ingiustificato di rispondere alla chiamata può costituire motivo di licenziamento e comportare la restituzione della quota di indennità di disponibilità riferita al periodo successivo al rifiuto (art. 16, co. 4 e 5, d.lgs. 81/2015).

Forma e contenuto del contratto

L'art. 15, co. 1, d.lgs. 81/2015, dispone che nel contratto di lavoro intermittente, con o senza obbligo di rispondere alla chiamata, debbano essere regolamentati, in forma scritta *ad probationem*, tutti i principali contenuti.

Principio di non discriminazione

Analogamente al rapporto di lavoro a tempo parziale è garantito un principio di non discriminazione, in virtù del quale il lavoratore intermittente non deve ricevere, per i periodi lavorati e a parità di mansioni svolte, un trattamento economico e normativo *complessivamente* meno favorevole rispetto al lavoratore di pari livello. L'utilizzo dell'avverbio complessivamente, non adoperato per il lavoro a tempo parziale, concede la possibilità della differenziazione di alcuni trattamenti purché compensata dal miglioramento di altri trattamenti del lavoratore. A ciò si aggiunge che la legge consente, questa volta come nel *part-time*, il riproporzionamento non solo del trattamento economico, ma anche di quello normativo e previdenziale del lavoratore intermittente, in ragione della prestazione lavorativa effettivamente eseguita, indicando, a titolo esemplificativo, l'importo della retribuzione, le ferie e i trattamenti per malattia e infortunio, il congedo di maternità e quello parentale.

8. Contratto di lavoro e sospensioni della prestazione lavorativa. In particolare, le sospensioni per cause relative al lavoratore: malattia e infortunio

I casi di sospensione dal lavoro sono quelli in cui il rapporto resta giuridicamente in vita, pur non potendo avere corso la prestazione. Tali ipotesi si distinguono dai riposi (quotidiani, settimanali e annuali) cui si è prima fatto riferimento, considerato che questi ultimi rappresentano pause fisiologiche e programmate della prestazione lavorativa.

Il problema principale delle sospensioni riguarda la permanenza delle rispettive obbligazioni contrattuali delle parti (retribuzione, anzianità, obblighi accessori, ecc.).

Lavoratore e sospensione del rapporto

È possibile distinguere le sospensioni del rapporto che si verificano nella sfera del lavoratore da quelle che si verificano nella sfera del datore di lavoro. Invece, in base alla fonte che le prevede, le sospensioni si dividono in legali e concordate. Le seconde non presentano particolari problemi essendo rimesse alla libera determinazione delle parti negoziali, individuali e collettive, che, nell'esercizio dell'autonomia contrattuale, sono libere di stabilire se e quali obbligazioni dovranno continuare a essere attive durante il periodo di sospensione. Per le sospensioni legali occorre esaminare la fonte che le disciplina per verificare la permanenza oppure no delle obbligazioni contrattuali.

Rinviando sul punto delle sospensioni per cause inerenti al datore di lavoro, il cui esempio principale è rappresentato dalla cassa integrazione guadagni (v. cap. XVII), vanno analizzate le più importanti ipotesi legali di sospensione dal lavoro relative al lavoratore.

Malattia e infortunio

La più diffusa è quella concernente la malattia e l'infortunio, disciplinati dall'art. 2110 c.c., che prevede tre tipi di tutele: 1) assicura la conservazione della retribuzione (indennità) oppure di forme equivalenti di assistenza o previdenza); 2) garantisce la conservazione del posto di lavoro; 3) prevede il computo del periodo di assenza nell'anzianità di servizio. Durante la pandemia il legislatore ha poi introdotto alcune categorie di lavoratori, c.d. fragili, in ragione di particolari patologie che li rendono esposti a maggiori rischi in caso di contagio da virus SARS-Covid-19. Per questi lavoratori era prevista, entro determinati limiti temporali, la possibilità di fruire di sospensioni del rapporto assimilate in tutto e per tutto alla malattia se non è possibile adibirli ad attività da svolgere da remoto (v. art. 25, co. 2-*bis*, d.l. 18/2020 conv. con l. 27/2020 e successive modifiche e integrazioni).

Periodo di comporto

La conservazione della retribuzione e del posto di lavoro spetta per un periodo determinato dalla legge, dai contratti collettivi, dagli usi o secondo equità. Tale periodo è denominato periodo di comporto ed è, generalmente, individuato dalla contrattazione collettiva. Durante il comporto il lavoratore ammalato o infortunato non può essere licenziato[23].

La maggior parte dei contratti collettivi regola diversamente il caso in cui il lavoratore sia affetto da una malattia unica e ininterrotta (c.d. *comporto secco*) da quello in cui l'assenza riguardi più periodi di malattia (c.d. *comporto per sommatoria*). Nelle malattie intermittenti occorre anche tener conto delle condizioni di disabilità del lavoratore[24]. Qualora manchi una specifica disciplina (spesso capita per il periodo frazionato di malattia), il comporto deve essere determinato dal giudice secondo equità (art. 2110, co. 2).

Comunicazione, certificazione medica e controlli

Per evitare abusi sono previsti precisi obblighi e oneri in capo al lavoratore. Anzitutto, occorre comunicare tempestivamente la malattia al datore di lavoro e provarla con apposito certificato medico, con indicazione del domicilio al fine di consentire l'effettuazione dei controlli, anche all'ente previdenziale, se questi è tenuto ad erogare il trattamento di malattia[25]. La procedura di comu-

---

[23] Ove adottato il licenziamento è nullo: Cass. S.U. 12568/2018.

[24] V. C.G.E. 13 maggio 2016, causa C-270/16 e Trib. Palermo 22 giugno 2018, n. 26733.

[25] Art. 2, co. 2, l. 33/1980 modificato dall'art. 1, co. 149, l. 311/2004; art. 50, co. 5-*bis*, l. 326/2003.

nicazione è telematica in virtù dell'art. 25, l. 183/2010, che ha esteso ai dipendenti privati il sistema introdotto dal d.lgs. 150/2009 per i lavoratori delle amministrazioni pubbliche. Se il lavoratore non provvede, l'assenza si ritiene ingiustificata con le relative conseguenze disciplinari e la perdita del trattamento retributivo o previdenziale.

In considerazione delle (ampie) tutele accordate, la fase del controllo di quanto dichiarato dal lavoratore è cruciale. Al fine di garantire l'imparzialità, il datore di lavoro può controllare la malattia solo attraverso medici pubblici (art. 5 Statuto dei lavoratori), i c.d. medici fiscali, che, a seguito della visita, potranno confermare la prognosi del medico curante del lavoratore, smentirla oppure modificarla, aumentando o riducendo il periodo di malattia. I lavoratori hanno l'obbligo di reperibilità in determinate fasce orarie fissate, direttamente o indirettamente dalla legge, salvo giustificato motivo, pena la decadenza dei lavoratori medesimi da ogni trattamento economico fino a dieci giorni. La violazione dell'obbligo di reperibilità può anche essere punita con sanzioni disciplinari [26].

9. Gravidanza, maternità e paternità

Tutela della genitorialità: dalla Costituzione del 1948 alla direttiva UE del 2019 trasposta nel 2022

Com'è noto, l'art. 31 Cost. impegna la Repubblica a proteggere la maternità e l'art. 37, co. 1, richiede che le condizioni di lavoro della donna lavoratrice debbano «consentire l'adempimento della sua essenziale funzione familiare e assicurare alla madre e al bambino una speciale adeguata protezione». Inoltre, l'art. 33 della Carta dei diritti fondamentali dell'Unione europea sancisce il diritto a un congedo di maternità retribuito e a un congedo parentale dopo la nascita o l'adozione di un figlio. In coerenza con queste previsioni di rango costituzionale da tempo la legge ordinaria tutela la maternità nell'ambito della sospensione del rapporto di lavoro (v. già art. 2110 c.c.). Inoltre, il nostro ordinamento ha progressivamente ampliato tali tutele ai casi di adozione e affidamento e ha ricompreso anche la paternità, in una prospettiva di protezione delle funzioni genitoriali complessivamente intese (punto di arrivo è il T.U. approvato con il d.lgs. 26 marzo 2001, n. 151, pur successivamente varie volte modificato).

Con la trasposizione della direttiva UE 2019/1158, avvenuta con il d.lgs. 30 giugno 2022, n. 105 (in molti punti modificativo del T.U. appena citato), si è poi quanto meno inaugurata una nuova fase evolutiva basata su tre direttrici: a) valorizzazione della ripartizione o condivisione delle responsabilità genitoriali; b) garanzia dell'effettività delle scelte compiute dai genitori; c) estensione dei diritti al "secondo genitore equivalente" in una logica di tutelare la genitorialità prescindendo dall'appartenenza a un genere o da un orientamento sessuale (c.d. *gender neutral*). Al riguardo c'è subito da osservare che il legislatore italiano, mentre ha fatto qualche passo avanti sulle prime due direttrici, ha completamente trascurato la terza, pur esplicitamente prevista nella Direttiva.

---

[26] V. Cass. 7691/2004 e Cass. 3226/2008. *Contra*: Cass. 5044/1999.

Congedo di maternità

Procedendo con ordine, la disciplina riguardante gravidanza e puerperio (il periodo immediatamente successivo al parto) è contenuta, oltre che nell'art. 2110 c.c., nel d.lgs. 151/2001, che raccoglie in un testo unico (d'ora in poi T.U.) le disposizioni legislative in materia di tutela e sostegno della maternità e della paternità. In particolare, con riguardo alla sospensione dal lavoro, è previsto il congedo di maternità (artt. 16 ss. T.U.) che si compone di un congedo precedente e di uno successivo al parto. Il congedo di maternità pre-parto comporta il divieto di lavoro, penalmente sanzionato per il creditore della prestazione (v. art. 18 T.U., che prevede l'arresto fino a sei mesi): a) nei due mesi precedenti la data presunta del parto; b) ove il parto avvenga oltre tale data, nel periodo intercorrente tra la data presunta e quella effettiva del parto (ancora art. 16). L'interdizione dal lavoro è anticipata nel caso di complicanze della gravidanza o quando le condizioni di lavoro o ambientali risultino pregiudizievoli per la salute della gestante e del nascituro (art. 17 T.U.). La lavoratrice deve per legge astenersi dal lavoro anche immediatamente dopo il parto, in particolare per i tre mesi successivi e per gli ulteriori giorni non goduti prima del parto, qualora il parto avvenga prima della data presunta.

Pertanto alla lavoratrice madre è riconosciuto un congedo di maternità di cinque mesi complessivi con l'ulteriore possibilità di usufruirne secondo una modulazione diversa da quella indicata, astenendosi a partire dal mese precedente la data presunta del parto e nei quattro mesi seguenti la nascita (art. 20 T.U.).

Durante il periodo di astensione obbligatoria per maternità le lavoratrici hanno diritto ad un'indennità giornaliera, a carico dell'Inps, pari all'80% della retribuzione normale (artt. 22 e 23). Il periodo di congedo va computato nell'anzianità di servizio a tutti gli effetti ed è considerato attività lavorativa anche ai fini della progressione di carriera (art. 22). Le ferie e le assenze, eventualmente spettanti alla lavoratrice ad altro titolo, non vanno godute contemporaneamente ai periodi di congedo per maternità.

Nel rispetto delle aperture soprattutto dell'ordinamento eurounitario di cui si è parlato prima, il congedo di maternità spetta, sempre per un periodo massimo di cinque mesi, anche alle lavoratrici che abbiano adottato un minore: in caso di adozione nazionale, il congedo è fruito durante i primi cinque mesi successivi all'effettivo ingresso del minore nella famiglia della lavoratrice; in caso di adozione internazionale, può essere fruito anche prima dell'ingresso del minore in Italia. Invece nel caso di affidamento di minore, il congedo può essere goduto entro cinque mesi dall'affidamento, per un periodo massimo di tre mesi (art. 26).

Al termine del congedo di maternità la lavoratrice ha il diritto di rientrare con l'adibizione alle precedenti mansioni o ad altre equivalenti nella stessa unità produttiva (art. 56).

Congedo di paternità obbligatorio e facoltativo

Il congedo post parto, con le medesime tutele normative ed economiche, si estende anche al padre lavoratore, biologico, adottivo e affidatario (congedo di paternità). Tale congedo è obbligatorio nella limitata misura di dieci giorni (venti nel caso di parto plurimo), da utilizzare anche in via non continuativa e contemporaneamente al congedo di maternità, in un periodo compreso tra i due mesi precedenti la data presunta del parto e i cinque mesi successivi; in questo periodo al lavoratore spetta un'indennità giornaliera pari al 100% della retribuzione (artt. 27-*bis* e 29, d.lgs. 161/2001, modif. dalla l. 105/2022; in precedenza un istituto simile era stato introdotto gradualmente e in via sperimentale dall'art. 1, co. 354, l. 232/2016 modificato con l. 178/2020).

Al padre spetta invece un periodo di congedo facoltativo e alternativo a quello della madre limitatamente ad alcuni casi particolarmente gravi e tassativamente previsti dalla legge: morte o grave infermità della madre, abbandono del minore, affidamento esclusivo del bambino al padre, in cui è necessaria la presenza dell'altro genitore (artt. 28-31).

10. Esigenze familiari e personali

Congedi parentali

Per consentire a entrambi i genitori di conciliare il lavoro con la cura dei figli, la legge ha istituito i congedi parentali o "genitoriali" spettanti a ciascun genitore e per ciascun bambino nei suoi primi dodici anni di vita (art. 7, d.lgs. 80/2015). La diversità rispetto al congedo di maternità e al congedo di paternità obbligatorio è data dal fatto che si tratta di congedi facoltativi. I genitori possono fruire del congedo sia separatamente sia contemporaneamente. I congedi parentali non possono eccedere il limite complessivo di dieci mesi (art. 32, d.lgs. 151/2001) elevato a undici mesi, qualora il padre lavoratore eserciti il proprio diritto di astensione dal lavoro per un periodo non inferiore a tre mesi. Si tratta di un incentivo al genitore con l'obiettivo di modificare la tradizionale distribuzione dei ruoli in famiglia. Tuttavia, oltre a non essere obbligatori, tali congedi sono poco convenienti: i genitori infatti hanno diritto a un'indennità pari al 30% della retribuzione corrisposta dall'Inps fino al dodicesimo anno di vita del figlio e per un periodo complessivo pari a sei mesi (da utilizzare in alternativa per i secondi tre mesi) (art. 34). Proprio in considerazione della scarsa appetibilità "economica" di tali congedi, con la legge di bilancio del 2023 (l. 197/2022, art. 1, co. 359) si è stabilito un incremento dell'indennità del congedo parentale che dal 30% della retribuzione sale al'80% (anche in questo caso da utilizzare in alternativa, nel limite massimo di un mese e da usufruire entro il sesto anno di vita del figlio).

Per minori portatori di handicap in situazioni di gravità il congedo parentale è prolungato (art. 33). Il congedo parentale spetta anche nel caso di adozione, nazionale e internazionale, e di affidamento (art. 36), qualunque sia l'età del minore, entro otto anni dall'ingresso del minore in famiglia.

Congedi per malattia del figlio e per i disabili

Entrambi i genitori, anche in questo caso inclusi quelli adottivi e affidatari, alternativamente, hanno poi diritto di astenersi dal lavoro durante le malattie di ciascun figlio di età non superiore a tre anni e nel limite di 5 giorni all'anno per le malattie di ogni figlio di età compresa fra i tre e gli otto anni di età (art. 47). Le assenze dal lavoro non sono retribuite, anche se i periodi sono computati nell'anzianità di servizio, esclusi gli effetti relativi alle ferie e alla tredicesima mensilità o gratifica natalizia (art. 48), e per le stesse sono comunque accreditati i contributi previdenziali (c.d. contribuzione figurativa) (art. 49).

Sempre per entrambi i genitori sono poi previste alcune ore di permesso per allattamento (una o due ore al giorno a seconda che l'orario giornaliero di lavoro sia inferiore o superiore alle sei ore) interamente retribuite per tutto il primo anno di vita dei figli.

La l. 104/1992 prevede anche la possibilità di ottenere permessi e congedi straordinari per genitori, figli e coniugi che assistano persone con gravi disabilità. Molte di queste tutele sono previste nella già citata direttiva UE 2019/1158 e sono state in parte rafforzati dal d.lgs. 105/2022, specie in ordine al trattamento economico dei primi due mesi di congedo parentale.

Quasi tutti i congedi per figli sin qui descritti sono stati potenziati per il periodo in cui nel 2020-2021 vi è stata l'emergenza sanitaria dovuta al Covid-19 (febbraio-luglio) che ha costretto a ritmi di lavoro molto intensi il personale sanitario, a sospendere le attività scolastiche in presenza, a riorganizzare molte altre attività lavorative, spesso bloccate per impedire il contagio.

Esistono poi esigenze personali diverse da quelle familiari che l'ordinamento ritiene comunque meritevoli di tutela sì da concedere un'astensione legittima dal lavoro. È il caso del diritto riconosciuto al disabile alla sospensione non retribuita del rapporto di lavoro nel caso di aggravamento delle proprie condizioni di salute o di significative variazioni dell'organizzazione del lavoro, incompatibili con la prosecuzione dell'attività lavorativa (art. 10, co. 3, l. 68/1999). La sospensione perdura fino a quando l'incompatibilità sussista. Tuttavia il rapporto di lavoro si risolve nel caso in cui le competenti commissioni accertino la definitiva impossibilità di reinserire il lavoratore disabile nell'azienda, nonostante l'attuazione di possibili adattamenti dell'organizzazione del lavoro.

Permessi di studio e congedi formativi

È l'ipotesi anche dei permessi giornalieri retribuiti per ragioni di studio, previsti dall'art. 10, co. 2, Statuto dei lavoratori, cui prima si è fatto cenno, e riconosciuti a tutti i lavoratori pubblici e privati.

Inoltre, la l. 53/2000 (artt. 5 e 6) garantisce congedi per la formazione che possono essere richiesti da lavoratori privati e pubblici, con almeno cinque anni di anzianità di servizio presso la stessa azienda o amministrazione, per un periodo, continuativo o frazionato, non superiore a undici mesi nell'arco dell'intera vita lavorativa. Il congedo per la formazione è finalizzato al completamento della scuola dell'obbligo, al conseguimento del titolo di studio di secondo grado, della laurea, alla partecipazione ad attività formative diverse da quelle poste in essere o finanziate dal datore di lavoro (art. 5, co. 2). Durante tale periodo il dipendente conserva il posto di lavoro, ma non ha diritto alla retribuzione e il periodo non è computabile nell'anzianità di servizio, né è cumulabile con ferie, malattia o altri congedi (art. 5, co. 3). Non esiste un vero e proprio diritto al congedo formativo, poiché in caso di "comprovate esigenze organizzative" il datore di lavoro può respingere la richiesta di congedo o può differirne l'accoglimento[27]. I contratti collettivi prevedono le modalità di fruizione del congedo, individuano le percentuali massime dei lavoratori che ne possono usufruire, disciplinano le ipotesi di differimento o di diniego all'esercizio di ta-

---

[27] V. Trib. Milano 14 dicembre 2009.

le facoltà e fissano i termini di preavviso non inferiore comunque a trenta giorni (art. 5, co. 4).

11. Diritti e doveri politici

Il legislatore, pur non essendo necessario[28], è intervenuto a dare attuazione all'art. 51, co. 3, Cost.[29], prevedendo ipotesi di astensione dal lavoro, modulate in relazione all'espletamento da parte del lavoratore di funzioni pubbliche elettive e non elettive.

Aspettativa non retribuita

L'art. 31, co. 1, Statuto dei lavoratori garantisce ai lavoratori eletti nel Parlamento nazionale, nel Parlamento europeo, nelle assemblee regionali, ovvero chiamati ad altre funzioni pubbliche elettive, un'aspettativa non retribuita per tutta la durata del mandato. Da questa previsione, da cui deriva il diritto del lavoratore alla conservazione del posto di lavoro, emerge una precisa scelta dell'ordinamento che fa prevalere il diritto all'elettorato passivo del lavoratore sull'obbligo all'adempimento della prestazione lavorativa.

Permessi retribuiti

Per le funzioni pubbliche elettive nelle autonomie locali, rientranti nelle altre funzioni pubbliche previste dallo Statuto dei lavoratori, la fonte normativa di riferimento è costituita dal d.lgs. 267/2000 (art. 79 ss.). Il lavoratore può scegliere tra l'aspettativa non retribuita, considerata come servizio effettivo a tutti gli effetti e come legittimo impedimento per il compimento del periodo di prova (art. 81), e una vasta gamma di permessi, in questo caso, retribuiti (artt. 79 e 80). I beneficiari di tali permessi sono i lavoratori dipendenti, privati e pubblici, eletti nei Consigli comunali, provinciali, metropolitani, delle Comunità montane e delle Unioni di Comuni, e nei Consigli circoscrizionali (o municipali) dei Comuni con più di 500.000 abitanti per l'intera giornata in cui sono convocati gli organi. Anche i lavoratori che fanno parte di Giunte comunali, provinciali, metropolitane, delle Comunità montane, o di altri organismi simili, hanno diritto ai permessi retribuiti per la durata effettiva delle riunioni[30].

---

[28] V. Corte cost. 6/1960.

[29] Secondo il quale «chi è chiamato a funzioni pubbliche elettive ha diritto di disporre del tempo necessario al loro adempimento e di conservare il suo posto di lavoro».

[30] Sono previsti ulteriori permessi per i componenti degli organi esecutivi degli enti locali e per i Presidenti dei relativi Consigli, oltre che per i Sindaci, i Presidenti di Province e i Presidenti dei Consigli provinciali.

Capitolo XIV

L'estinzione del contratto di lavoro: risoluzione consensuale, dimissioni e licenziamenti

1. Le modalità di estinzione dei rapporti di lavoro: morte dei contraenti, risoluzione consensuale, clausola risolutiva espressa

Il rapporto di lavoro a tempo indeterminato[1] può normalmente estinguersi al verificarsi di quattro vicende, tra loro molto diverse.

Morte dei contraenti

La prima vicenda, di natura biologica, è la morte di uno dei due contraenti. Nel caso del lavoratore, trattandosi di prestazione personale infungibile, la morte

[1] Il contratto a termine si estingue anche per scadenza del termine e questa peculiarità si riflette sulla disciplina del licenziamento.

determina automaticamente l'estinzione del contratto, seppure con la maturazione del diritto all'indennità di preavviso (art. 2118, co. 2, c.c.). Più complessa è la situazione in caso di morte del datore di lavoro. Se si tratta di una persona fisica, priva di qualsiasi organizzazione, la morte estingue egualmente il contratto. Se invece si tratta di un imprenditore individuale (per le società ovviamente il problema non si pone) occorre distinguere: per il piccolo imprenditore (art. 2083 c.c.) dovrebbe valere il medesimo principio dell'estinzione del contratto (v. anche art. 1330 c.c.); negli altri casi il contratto di lavoro può proseguire con l'organizzazione imprenditoriale, fermo restando che occorrerà tener conto delle regole sulla successione *mortis causa*.

Risoluzione consensuale

La seconda vicenda estintiva è la risoluzione consensuale, detta anche mutuo consenso (art. 1372 c.c.), pienamente legittima se frutto di una genuina volontà di entrambe le parti. Proprio però la difficoltà di verificare tale genuinità ha condotto di recente ad assimilare disciplina della risoluzione consensuale e disciplina delle dimissioni (v. *infra*). Più dubbia in radice è invece la legittimità della c.d. clausola risolutiva espressa (art. 1456 c.c.), ritenuta generalmente in contrasto con la disciplina inderogabile del licenziamento[2]. Anche la cessione del contratto, che pure estingue il rapporto con un determinato datore di lavoro, richiede il genuino consenso del lavoratore (art. 1406 c.c.).

2. *Segue*: Licenziamento, dimissioni, altre ipotesi di estinzione legale

Dal recesso del codice civile alle discipline speciali

Le altre due vicende estintive più comuni sono entrambe riconducibili al recesso, atto unilaterale recettizio, che assume una diversa denominazione a seconda che a porlo in essere sia il datore di lavoro o il lavoratore. Nel primo caso siamo in presenza di un licenziamento, mentre nel secondo caso l'atto dà luogo a dimissioni. Nel codice civile del 1942 vi era una disciplina unitaria del recesso dal contratto di lavoro (artt. 2118-2119), dalla quale scaturivano vincoli assai blandi a carico del recedente. Ne derivava una coesistenza non particolarmente problematica, sia sul piano sistematico sia sul piano pratico[3], con gli altri istituti del diritto dei contratti che possono produrre effetti estintivi, come i c.d. rimedi rescissori e risolutori (artt. 1447-1448, 1453 ss., 1463 ss., 1467 ss. c.c.). La successiva evoluzione legislativa ha poi completamente modificato tale assetto normativo, divaricando enormemente la disciplina del licenziamento da quella delle dimissioni e rendendo i c.d. rimedi sinallagmatici o del tutto residuali o inappropriati a garantire una tutela altrettanto equilibrata dei diversi interessi delle due parti del contratto di lavoro (e segnatamente del lavoratore).

---

[2] V. Cass. 24780/2006; Cass. 555/2003.

[3] È chiaro che per entrambi i contraenti il recesso non vincolato è il modo più semplice e rapido per porre fine al contratto, pure in presenza di un inadempimento o un'impossibilità sopravvenuta.

Perciò i due istituti del licenziamento e delle dimissioni, ma soprattutto il primo, devono essere trattati molto più approfonditamente rispetto agli altri, mettendo in luce le specificità di ciascuno.

Al di là delle quattro vicende estintive di carattere generale, è bene segnalare che in specifiche ipotesi, espressamente previste dal legislatore, possono esserci altri fatti o atti che determinano la fine del contratto di lavoro a tempo indeterminato, come la mancata ripresa del lavoro dopo l'invito del datore di lavoro in esecuzione dell'ordine di reintegrazione (v. art. 18, co. 1 e 3, Statuto dei lavoratori) o, per buona parte dei dipendenti pubblici, il pensionamento anticipato per raggiungimento del massimo dell'anzianità contributiva e del trattamento pensionistico (art. 1, co. 5, d.l. 90/2014 convertito con l. 114/2014)[4].

3. La "formalizzazione" delle dimissioni e della risoluzione consensuale

Per quanto riguarda il recesso del lavoratore, c'è una profonda divaricazione rispetto alla disciplina del licenziamento che dà la misura di come assai minori siano i problemi di bilanciamento dei vari interessi in gioco. Infatti normalmente non c'è ragione di limitare la libertà di dimettersi, considerato che sull'altro versante l'impresa ha una certa facilità a trovare forza lavoro disponibile. Ove poi si trattasse di prestazione di particolare pregio per le qualità professionali del lavoratore, non può certo impedirsi al medesimo lavoratore di negoziare le migliori condizioni di impiego, con facoltà di dimettersi nel rispetto del preavviso qualora non raggiunga un accordo soddisfacente con il datore di lavoro. Non deve allora stupire che in materia di dimissioni le regole generali applicabili siano ancora quelle previste dagli artt. 2118 e 2119 c.c., in base alle quali ciascuna delle parti può normalmente recedere dal contratto dando semplicemente un congruo preavviso all'altra; del preavviso può poi farsi a meno ove ricorra «una causa che non consenta la prosecuzione, anche provvisoria, del rapporto» (art. 2119), detta giusta causa.

La repressione delle dimissioni in bianco e delle risoluzioni fraudolente

Fanno tradizionalmente eccezione le dimissioni di soggetti in condizioni di particolare debolezza, come le lavoratrici nel primo anno di matrimonio, le cui dimissioni sono nulle salvo conferma entro un mese dinanzi all'Ispettorato territoriale del lavoro (disciplina risalente alla l. 7/1963, ora contenuta nell'art. 35, d.lgs. 198/2006). Alla medesima *ratio* può anche ricondursi la disciplina restrittiva delle dimissioni della lavoratrice durante il periodo di gravidanza e di entrambi i genitori durante i primi tre anni di vita del bambino: dimissioni

---

[4] Nel settore privato l'art. 24, co. 4, d.l. 201/2011, convertito dalla l. 214/2011, che ha previsto la possibilità di restare al lavoro fino all'età massima di 70 anni, prevede invece che «fino al conseguimento del predetto limite massimo di flessibilità» dell'età pensionabile sia applicabile la tutela *ex* art. 18 St. lav. e successive modificazioni.

che non hanno bisogno di preavviso e danno comunque diritto alle indennità previste da disposizioni di legge e contrattuali per il caso di licenziamento (art. 55, co. 1, d.lgs. 151/2001, modificato dall'art. 12, d.lgs. 80/2015) ma che devono essere convalidate dal servizio ispettivo del lavoro competente per territorio (art. 55, co. 4, d.lgs. 151/2001, modificato dalla l. 92/2012).

Da qualche anno a questa parte però anche le dimissioni sono state circondate da maggiori cautele, probabilmente da mettere in relazione con il sempre più intenso controllo giudiziale sui licenziamenti che si può eludere attraverso dimissioni mascherate. Sempre più allarme ha infatti destato il fenomeno delle c.d. dimissioni in bianco, cioè predisposte, senza l'indicazione iniziale di una data, su iniziativa del datore di lavoro, sottoscritte dal lavoratore all'atto dell'assunzione o durante il rapporto e utilizzate discrezionalmente dallo stesso datore di lavoro per simulare un licenziamento[5]. Si afferma così, prima con la l. 188/2007 e poi con la l. 92/2012, una tendenza alla formalizzazione o procedimentalizzazione delle dimissioni in generale che ha finito per riguardare anche la risoluzione consensuale.

Fino a qualche anno fa dimissioni e risoluzione consensuale dovevano essere tutte convalidate presso la direzione territoriale del lavoro o il centro per l'impiego o sedi individuate dalla contrattazione collettiva. Con l'entrata in vigore del d.lgs. 14 settembre 2015, n. 151 (art. 26 e d.m. 15 dicembre 2015) due sono le modalità per dimettersi o risolvere consensualmente il contratto: a) attraverso modalità telematiche su appositi moduli resi disponibili *on line* dal Ministero del lavoro e trasmessi dal lavoratore al datore di lavoro e alla direzione territoriale rispettando importanti elementi di identificazione del rapporto e di datazione certa dell'atto; b) oppure formalizzandole nelle sedi conciliative di cui all'art. 2113 c.c. o dinanzi alle commissioni di certificazione. Con le medesime modalità il lavoratore ha facoltà di revocare le dimissioni o il consenso prestato alla risoluzione consensuale entro sette giorni.

4. La disciplina del licenziamento: dal codice civile alla l. 604/1966

Nella sistematica del codice il licenziamento non ha una sua specifica regolamentazione, essendo invece regolato genericamente come atto di recesso dal contratto di lavoro subordinato dagli artt. 2118 e 2119 c.c. La prima norma disciplina il recesso ordinario dal contratto a tempo indeterminato, caratterizzato unicamente dalla necessità di dare un congruo preavviso all'altra parte senza alcun vincolo di forma o di motivazione. All'epoca si trattava di una disciplina coerente con la riconduzione del contratto di lavoro a un diritto co-

---

[5] Le dimissioni in bianco erano configurate come un abuso amministrativo specificamente sanzionato, anche se riguardavano lavoratori parasubordinati o contratti di associazione in partecipazione (art. 4, co. 23 e 23-*bis*, l. 92/2012, modificata dal d.l. 76/2013, convertito con l. 99/2013). La norma è stata abrogata dall'art. 26, co. 8, d.lgs. 151/2015.

mune caratterizzato, per tradizione, dalla contrarietà alla stipulazione di vincoli negoziali perpetui.

Artt. 2118 e 2119 c.c.

L'art. 2118 c.c. attribuisce *ex lege* "ad entrambe le parti" la facoltà di recedere unilateralmente e liberamente dal contratto, perpetuando così un principio radicato nei codici liberali dell'800, che si erano occupati del lavoro subordinato solo per distinguerlo dai rapporti di tipo "schiavistico", vietati perché il vincolo di subordinazione era senza una scadenza e, soprattutto, non era riconducibile alla volontà negoziale. Rispetto al diritto ottocentesco dunque la novità dell'art. 2118 sta in effetti soltanto nell'obbligo di dare un preavviso «nel termine e nei modi stabiliti dalle norme corporative[6], dagli usi o secondo equità», obbligo peraltro surrogabile dal pagamento di «un'indennità equivalente all'importo della retribuzione che sarebbe spettata per il periodo di preavviso» (art. 2118, co. 2). Se si parla del recesso del datore di lavoro, non è difficile vedere come l'art. 2118 consenta un vero e proprio licenziamento "arbitrario", cioè un licenziamento di cui unico "arbitro"[7] è l'imprenditore, al quale il legislatore impone solo di dare un preavviso (o, in alternativa, una piccola somma di denaro) al lavoratore, tutelando in modo molto lieve l'interesse di quest'ultimo a non ritrovarsi dall'oggi al domani privo di reddito. Questa tutela viene poi meno in presenza di «una causa che non consenta la prosecuzione, anche provvisoria, del rapporto», cioè di una "giusta causa" che, in base all'art. 2119 c.c., consente al datore di lavoro di licenziare il lavoratore senza preavviso, nei contratti a tempo indeterminato, o *ante tempus*, nei contratti a termine. È del tutto evidente in questa disciplina la preponderanza della tutela dell'interesse ad interrompere liberamente il rapporto estinguendo il contratto unilateralmente, con un controllo giudiziario del tutto eventuale limitato al pagamento dell'indennità di preavviso o all'esistenza di una giusta causa.

La giusta causa nell'art. 2119 c.c.

Legge e contrattazione collettiva post-bellica

Peraltro la drammatica crisi occupazionale del dopoguerra e la necessità di mantenere ad ogni costo i posti di lavoro esistenti già nel 1945 fece sì che si decretasse il blocco dei licenziamenti, un blocco che, poco dopo, la contrattazione collettiva di massimo livello[8] si incaricò di eliminare, predisponendo però una prima disciplina un po' più specifica e ricca di quella codicistica e, quel che qui più rileva, dando vita alla distinzione tra licenziamenti individuali e licenziamenti per riduzione di personale o collettivi: i primi da giustificare o indennizzare, ma con misure tenui, se privi di giustificazione; i secondi da sottoporre a procedure negoziate con i sindacati.

La l. 604/1966

Dopo 24 anni dal codice civile, con la fondamentale l. 604/1966, interviene di nuovo il legislatore: con tutte le sue timidezze, la legge del 1966 vale a se-

---

[6] Essenzialmente dai contratti collettivi corporativi, poi sostituiti, in modo non indolore, dai contratti collettivi c.d. di diritto comune. Difficilmente il preavviso supera i 30 giorni.

[7] La radice etimologica del termine arbitro conduce ad identificarlo con "colui che a suo talento giudica e dispone".

[8] Si tratta di due accordi stipulati nel 1950 (18 ottobre per i licenziamenti individuali e 20 dicembre per quelli collettivi) – preceduti da un altro accordo del 7 agosto 1947, più restrittivo, ma dalla vita assai breve – estesi *erga omnes*, rispettivamente, con i d.P.R. 1011/1960 e 1019/1960, e rinnovati nell'aprile del 1965.

gnare un netto distacco dal sistema codicistico. I principi che reggono la nuova normativa sono infatti assai più limitativi del potere imprenditoriale di licenziare, dal momento che l'atto estintivo deve essere scritto a pena di nullità[9] e deve basarsi su un giustificato motivo soggettivo od oggettivo (artt. 1 e 3) che, se non già comunicato insieme al licenziamento, va comunicato entro un breve termine su richiesta del lavoratore. La legge, con disposizione ancora oggi di grande importanza, accolla poi al datore di lavoro l'onere di provare la sussistenza della giusta causa o del giustificato motivo di licenziamento (art. 5), sgravando in modo sensibile il lavoratore da un onere processuale, normalmente a lui addossato in virtù dell'art. 2697 c.c., che potrebbe essere assai difficile assolvere data la asimmetria di informazioni tra le due parti sull'organizzazione dell'impresa.

Con la legge del 1966 escono anche dalla mera elaborazione teorica i licenziamenti nulli per motivo illecito, grazie all'art. 4 che qualifica «nullo indipendentemente dalla motivazione adottata» il licenziamento determinato da «ragioni di credo politico o fede religiosa, dall'appartenenza ad un sindacato e dalla partecipazione ad attività sindacali». Nonostante il radicale vizio che lo cancella dal mondo del giuridicamente rilevante, al suo emergere il licenziamento discriminatorio va però interamente provato dal lavoratore: una *probatio diabolica* quando il datore è in grado di addurre una qualsivoglia motivazione dotata almeno di verosimiglianza.

La tutela che appresta la l. 604/1966 in caso di licenziamento illegittimo è la riassunzione del lavoratore oppure, a scelta del datore di lavoro, il pagamento di un'indennità. Si tratta quindi di un'obbligazione con facoltà alternativa, nella quale l'importo dell'indennizzo (che costituisce ovviamente la scelta preferita dal datore di lavoro), va da un minimo di 2,5 ad un massimo di 6 mensilità e può essere maggiorato fino a 10 per anzianità superiore a 10 anni e fino a 14 per anzianità superiore a 20. In tal caso si parla di "stabilità obbligatoria": anche se il licenziamento, è illegittimo l'effetto estintivo viene realizzato e solo nel caso in cui il datore decida di riassumere il lavoratore, il rapporto comincia sulla base di un nuovo contratto.

La l. 604/1966 si può considerare una legge di adeguamento costituzionale. Non era infatti più accettabile che il contratto di lavoro subordinato fosse liberamente "disponibile" dall'imprenditore dinanzi ad una Costituzione che contiene norme a specifica tutela del lavoro e che garantisce sì l'iniziativa economica privata, sempreché, però, essa non contrasti con l'utilità sociale o rechi «danno alla sicurezza, alla libertà, alla dignità umana» (art. 41 Cost.).

Con tutti i suoi limiti, la legge del 1966 segna la fine dell'epoca della libera recedibilità ed il passaggio ad un regime di diritto speciale nel quale, per dirla con le parole di una sentenza della Corte costituzionale del 1965 n. 45, «il potere illimitato del datore di lavoro di recedere dal rapporto a tem-

[9] V. art. 2, co. 1 e 3, l. 604/1966. La legge qualifica come "inefficace" il licenziamento intimato in forma orale; tuttavia, parte della giurisprudenza propende per la sanzione della nullità: v., *ex multis*, Cass. 19236/2011, 77/2011, 18087/2007, 10651/2005, 22852/2004, 13543/2002, 4051/1999. Il lavoratore deve però provare il fatto interruttivo: Cass. 3822/2019.

po indeterminato non costituisce più un principio generale del nostro ordinamento».

5. Giusta causa e giustificato motivo (soggettivo e oggettivo) di licenziamento

Prima di procedere nell'esame critico delle linee evolutive che hanno caratterizzato la disciplina del licenziamento, è necessario soffermarsi brevemente su alcune nozioni fondamentali che consentono di capire la "sostanza" di tale istituto, anche al di là delle successive e, come si vedrà, poco lineari evoluzioni legislative: il riferimento è alla differenza tra giusta causa e giustificato motivo di licenziamento; e, nello specifico, al rapporto tra giusta causa e giustificato motivo soggettivo.

La giusta causa dopo l'introduzione del giustificato motivo soggettivo ex l. 604/1966

Se la nozione di giusta causa è rinvenibile, come si è avuto modo di vedere, nel codice civile (art. 2119), è nell'art. 3, l. 604/1966 che si ritrova la definizione di "giustificato motivo": quello "oggettivo" si concretizza in «ragioni inerenti all'attività produttiva, all'organizzazione del lavoro e al regolare funzionamento di essa» (per quanto alcuni vi riconducano anche il licenziamento per superamento del periodo di comporto: v. cap. XIII); quello "soggettivo" riguarda un «notevole inadempimento degli obblighi contrattuali del prestatore di lavoro», riferendosi dunque a condotte poste in essere dal lavoratore stesso.

Mentre per il licenziamento intimato per giustificato motivo, oggettivo o soggettivo, è previsto un obbligo di preavviso (la cui quantificazione, in termini temporali, è solitamente demandata alla contrattazione collettiva) così non è in caso di recesso (datoriale) per giusta causa, in relazione al quale si parla anche, come si è detto, di "licenziamento in tronco".

La giustificazione di una soluzione così drastica è rinvenibile nel raccordo pressoché costante della giusta causa alla lesione del vincolo fiduciario posto alla base del rapporto di lavoro: le "cause" di cui alla norma codicistica sono infatti tendenzialmente ricollegate a *tutti quei comportamenti* che «per la loro gravità [...] siano tali da scuotere la fiducia del datore di lavoro in modo irreparabile e tale da far ritenere pregiudizievole la prosecuzione anche provvisoria del rapporto di lavoro» [10]. La giurisprudenza chiarisce che «la relativa valutazione deve essere operata con riferimento agli aspetti concreti afferenti alla natura e alla qualità del singolo rapporto, alla posizione delle parti, al grado di affidamento richiesto dalle specifiche mansioni del dipendente, al nocumento eventualmente arrecato, alla portata soggettiva dei fatti stessi, ossia alle circostanze del loro verificarsi, ai motivi e all'intensità dell'elemento intenzionale o di quello colposo» [11].

Queste poche battute sono utili per cogliere la distanza che separa il giu-

[10] Così Cass. 6354/2013.

[11] Cass. 25044/2015; nello stesso senso 23690/2015, 2691/2015.

stificato motivo soggettivo di licenziamento dalla giusta causa: infatti, l'art. 2119 c.c. non parla di "inadempimento", ma fa riferimento a *qualunque "causa"* che non consenta la prosecuzione, nemmeno provvisoria, del rapporto di lavoro.

La valorizzazione dell'elemento fiduciario ha portato e porta una parte della dottrina e della giurisprudenza a ritenere rilevanti, ai fini del recesso, anche tutte quelle condotte *estranee* alla esecuzione della prestazione lavorativa che comunque incidano sull'integrità del vincolo fiduciario (c.d. *concezione oggettiva della giusta causa*) [12], sul presupposto che se, come regola generale, la condotta extralavorativa del lavoratore «è irrilevante ai fini della lesione del vincolo fiduciario che è alla base del rapporto di lavoro», essa «può acquisire rilievo al richiamato effetto qualora presenti una particolare gravità oppure esiga, in ragione di peculiari caratteristiche della prestazione, un più ampio margine di fiducia, esteso anche alla serietà della condotta privata, il cui venir meno menoma l'idoneità professionale, cui si riferisce l'art. 8 Statuto dei lavoratori» [13]. Sono ben numerose, infatti, le ipotesi di dipendenti licenziati in tronco per condotte del tutto avulse dal contesto lavorativo: si pensi alla *hostess* espulsa per la licenziosità delle condotte tenute nella vita privata [14]; o al bancario licenziato per sfruttamento della prostituzione della moglie [15]; o, ancora, al cuoco espulso perché trovato in possesso di una certa dose di tabacco di contrabbando [16].

Avvalorando, *a contrario*, con l'emanazione della l. 604/1966, l'esistenza di una relazione meramente "quantitativa" tra giusta causa e giustificato motivo soggettivo di licenziamento, i sostenitori della c.d. *concezione soggettiva* (o *contrattuale*) della giusta causa, nel raccordare l'art. 2119 con tale normativa, tentano di circoscrivere l'area debitoria del prestatore evidenziando la *maggior gravità dell'inadempimento costituente giusta causa* di licenziamento rispetto a quello "notevole" di cui all'art. 3, l. 604/1966 [17]. Proprio tale rapporto tra le due fattispecie sarebbe alla base della possibilità di convertire il licenziamento per giusta causa in quello per giustificato motivo soggettivo, anche se la pro-

---

[12] Già Mancini, 1965, 46, si domandava che senso avrebbe avuto l'art. 2119 c.c. se la risoluzione del rapporto fosse stata ricollegabile solo all'inadempimento delle obbligazioni contrattuali.

[13] Cass. 11430/2000. V., altresì, *ex plurimis*, Cass. 13526/2004, 5332/2002, 9590/2001. In dottrina v., tra i sostenitori della teoria oggettiva, Mancini, 1965, F. Santoro Passarelli, 1961, e, dopo l'emanazione della l. 604/1966, Trioni, 1982 e 1997.

[14] Trib. Roma 28 gennaio 2009.

[15] Trib. Firenze 14 febbraio 2013.

[16] Cass. 17969/2010.

[17] Chiaramente in tal senso, ad es., Cass. 12719/1998, evidenzia come «la "giusta causa che non consente la prosecuzione anche provvisoria del rapporto" è da considerare [...] una figura differenziantesi (solo) quantitativamente dal giustificato motivo 'soggettivo', nel senso che vanno ad integrarla comportamenti colpevoli del lavoratore di tale gravità da incidere (sia pure potenzialmente ma in ogni caso irreparabilmente) sulla funzionalità del rapporto e sull'elemento fiduciario». Ma pure fanno riferimento ad un "inadempimento", sia con riguardo alla giusta causa che al giustificato motivo soggettivo, e dunque senza alcuna distinzione di tipo "qualitativo" tra le due ipotesi, pronunce quali Cass. 444/2003, 13536/2002, 7520/1990.

blematica, come è stato sottolineato, si sposta in realtà verso la "riqualificazione giudiziale" della fattispecie [18].

Una tale opzione interpretativa si sforza dunque di ricondurre la rilevanza dell'elemento fiduciario al rapporto contrattuale, evidenziando l'inconciliabilità della concezione oggettiva con una moderna nozione di contratto di lavoro compiutamente disciplinato dal diritto positivo.

I giudici di legittimità sono pervenuti, nel tempo, ad una "sintesi" di queste due teorie: da un lato ricollegando il concetto di fiducia all'«affidamento del datore nell'esattezza delle future prestazioni lavorative» [19], svincolandolo dunque da una concezione meramente soggettiva (v., ad esempio, art. 1564 c.c.); dall'altro, mediante un ampio ricorso alle clausole generali di correttezza e buona fede.

Il giustificato motivo oggettivo: nozione legale e apporti della giurisprudenza

L'art. 3, l. 604/1966 regola altresì il giustificato motivo oggettivo, che viene indicato in «ragioni inerenti all'attività produttiva, all'organizzazione del lavoro e al regolare funzionamento di essa». Secondo l'opinione dominante il giudice deve verificare la sussistenza del motivo addotto nonché l'esistenza di un nesso eziologico tra ragioni e postazione di lavoro del destinatario del provvedimento risolutivo. Al riguardo andrà accertata innanzitutto la sussistenza della modifica organizzativa nonché della possibilità reale di utilizzare il lavoratore in altra collocazione aziendale (c.d. *extrema ratio* o *repechâge*) perché, in ragione del diritto giurisprudenziale vivente [20], il fatto in cui si concretizza il giustificato motivo non esiste se il lavoratore è ancora riutilizzabile, eventualmente anche in mansioni inferiori [21]. La giurisprudenza della Corte di Cassazione da qualche anno ha più volte ribadito, anche in conformità a quanto previsto dall'art. 30, co. 1, l. 183/2010, che per procedere al licenziamento per giustificato motivo oggettivo non è necessaria una crisi aziendale, ma le ragioni possono anche essere collegate alle esigenze dell'azienda di una migliore efficienza gestionale o produttiva ovvero anche di un aumento della redditività d'impresa [22].

---

[18] V., in giurisprudenza, tra le altre, Cass. 27104/2006, 9006/2002, 7617/2000.

[19] Il collegamento tra la irreparabile lesione del vincolo fiduciario e il dubbio sulla *futura correttezza dell'adempimento* (su cui v., tra le altre, Cass. 2013/2012, 22692/2011, 17092/2011, 22170/2010, 12263/2005) porta dunque sovente alla valutazione del comportamento come talmente grave da rendere la «continuazione del rapporto pregiudizievole agli scopi aziendali» (Cass. 2013/2012, cit.), in quanto *sintomatico* di determinati atteggiamenti del lavoratore di fronte agli obblighi assunti (v. ad es. Cass. 14507/2003).

[20] Cfr., *ex multis*, Cass. 1386/2022; Cass. 23789/2019; Cass. 10435/2018; 5173/2015; 5090/2015; 3224/2014; 16987/2013; 14319/2013; 14530/2012; 14469/2012; 10336/2012.

[21] Tra le più recenti Cass. 22798/2016; 10435/2018.

[22] Cass. 25201/2016; 1305/2017; 21715/2018; 19302/2019; 29101/2019. Diversamente v. Cass. 14871/2017; 20750/2018; 12794/2018.

6. Lo Statuto dei lavoratori: equilibri originari e successivi aggiustamenti

Reintegrazione, tutela reale e campo di applicazione differenziato

Solo quattro anni dopo la l. 604/1966, su uno scenario potenzialmente molto innovativo ma dai colori ancora sbiaditi, fa la sua comparsa lo Statuto dei lavoratori. Baricentro ed impianto di questa legge non riguardano il recesso dal contratto di lavoro ma una tutela rafforzata dei rappresentanti sindacali contro il licenziamento illegittimo (un primitivo art. 18), che consiste nella c.d. tutela reale, cioè la sostituzione della sanzione alternativa riassunzione/pagamento di indennità (c.d. tutela obbligatoria) con quella esclusiva della "reintegrazione". Nel dibattito parlamentare questa tutela rafforzata viene estesa a tutti i casi in cui il giudice con sentenza «dichiara inefficace il licenziamento ai sensi dell'art. 2, l. 604/1966 o annulla il licenziamento intimato senza giusta causa o giustificato motivo ovvero ne dichiara la nullità a norma della legge stessa» (art. 18, co. 1). Ma il campo di applicazione della tutela reale resta significativamente limitato secondo i medesimi parametri previsti per le norme statutarie riguardanti i diritti sindacali (titolo III) e cioè «a ciascuna sede, stabilimento, filiale, ufficio o reparto autonomo che occupa più di quindici dipendenti» o cinque nelle imprese agricole (art. 35, Statuto dei lavoratori)[23].

Retribuzione, risarcimento dei danni e incoercibilità degli obblighi di fare infungibili

L'art. 18 appresta così una tutela molto innovativa sul piano sanzionatorio, ma riservata ad imprese grandicelle (fino a quando si è utilizzata la c.d. "doppia chiave", cioè fino alle decisioni delle Sezioni Unite appena citate in nota, per accedere alla tutela reale occorreva lavorare presso un datore di lavoro con 35 dipendenti). L'obiettivo statutario è limitare ancor più "il potere datoriale" con scarsa attenzione alla astratta natura giuridica del licenziamento – atto di recesso da un contratto – e con la massima aderenza possibile al contesto in cui si svolgono le relazioni di lavoro[24]. Questo atteggiamento "pragmatico" si coglie soprattutto considerando che il legislatore, ben consapevole di quanto potesse essere dirompente per gli equilibri contrattuali il nuovo meccanismo sanzionatorio, garantisce esplicitamente al lavoratore reintegrato *soltanto* il pagamento delle retribuzioni dovute dal momento in cui il giudice pronuncia la sentenza, integrato da un risarcimento fissato in una misura minima di cinque mensilità, ma non l'effettivo reinserimento al lavoro.

Se il datore di lavoro sceglie poi di corrispondere le retribuzioni senza richiedere la controprestazione è libero di farlo: l'art. 18 si limita ad imporre per tutti i casi di invalidità il pagamento della retribuzione. Per comprendere le ragioni di un legislatore che non ha voluto affermare l'effettività della reintegrazione, alla fine appare convincente e diffuso il richiamo all'antico brocardo *nemo ad factum*

---

[23] Ne nasce un bel pasticcio interpretativo in ordine alla coesistenza tra campo di applicazione dell'art. 8, l. 604/1966 e campo di applicazione dell'art. 18 St. lav., un pasticcio che verrà in qualche modo risolto quasi vent'anni dopo, verso la fine degli anni '80 avallando il c.d. "parallelismo delle tutele" (v. Cass. S.U. 5050/1985 e 222/1986).

[24] Proprio questo approccio di grande pragmatismo riceve l'avallo a più riprese della Corte cost.: v. le sentt. 55/1974, 152/1975, 2/1986, 44/1996.

precise cogi potest: che non è certo un principio inderogabile[25], ma che può essere considerato alla base di questa specifica disposizione dell'art. 18.

Il licenziamento disciplinare

Lo Statuto dei lavoratori vale poi anche ad incidere su un'altra tipologia di licenziamento, già esistente, ma ben poco regolata dal legislatore fino a quel momento: il licenziamento disciplinare. Anche qui si tratta di una regolamentazione per così dire "incidentale", germinata da un infelice *incipit* dell'art. 7, co. 4, dello Statuto, che, facendo salvo quanto disposto dalla l. 15 luglio 1966, n. 604, apre la questione della riconducibilità del licenziamento alla nuova regolamentazione del potere disciplinare, che prevede penetranti limiti di carattere sostanziale e processuale. Questione che verrà anch'essa avviata a soluzione dopo molti anni grazie agli interventi della Corte costituzionale che hanno ritenuto i primi tre commi dell'art. 7 dello Statuto dei lavoratori «principi di civiltà giuridica» di generale applicazione senza i quali il sistema giuridico sarebbe simile ad un «gregge senza pastore»[26]. In sostanza i licenziamenti per giusta causa e giustificato motivo soggettivo vengono considerati tutti ontologicamente disciplinari, e quindi prima di essere adottati devono essere preceduti da una procedura disciplinare (art. 7, Statuto dei lavoratori).

Nel complesso si può tranquillamente sintetizzare la fase statutaria sostenendo che dalla precedente stagione della recedibilità blandamente vincolata si passa a quella di una chiara attrazione del licenziamento nella sfera giuridica dei poteri datoriali da bilanciare con altri valori e poteri presenti in azienda. Ma non in tutte le aziende e lasciando tante di quelle lacune e formule incerte da ampliare notevolmente gli spazi di controllo giudiziario su tempi, forme e modalità dell'esercizio di quel potere.

La l. 108/1990: generalizzazione della tutela obbligatoria e monetizzazione della reintegrazione

Agli inizi degli anni '90 l'ordinamento viene scosso da una nuova fase legislativa in materia di licenziamenti. Innanzitutto la l. 108/1990, che generalizza[27] il campo di applicazione della tutela obbligatoria (restano fuori solo domestici, dirigenti e lavoratori ultrasessantenni con i requisiti pensionistici: art. 4, co. 2) ed estende la tutela reale a tutti i casi di licenziamento discriminatorio e a tutti i datori di lavoro (con unica esclusione delle organizzazioni di tendenza: art. 4 co. 2) che abbiano complessivamente più di 60 dipendenti, anche se occupati in unità produttive con meno di 15 o, se agricole, 5 dipendenti (art. 2, co. 1, l. 108/1990). Si prevede anche la possibilità che il lavoratore reintegrato possa, in alternativa alla reintegrazione, ottenere un'in-

[25] Anche se la Cassazione, pure di recente (v. sent. 9965/2012) ribadisce che «l'ordine di reintegrazione non è suscettibile di esecuzione in forma specifica in quanto l'esecuzione in forma specifica è possibile per le obbligazione di fare di natura fungibile, mentre la reintegrazione comporta non solo la riammissione del lavoratore nell'azienda (cioè un comportamento riconducibile ad un semplice *pati*) ma anche un indispensabile e insostituibile comportamento attivo del datore di lavoro di carattere organizzativo-funzionale, consistente [...] nell'impartire al dipendente le opportune direttive, nell'ambito di una relazione di reciproca e infungibile collaborazione».

[26] V. Corte cost. 427/1989 e 204/1982.

[27] Seppure dimezzandone gli importi base e graduando diversamente le maggiorazioni rapportate all'anzianità del lavoratore.

dennità di 15 mensilità aggiuntiva al risarcimento del danno (c.d. monetizzazione: art. 18, co. 5).

In secondo luogo l'art. 4, co. 6, l. 125/1991 (oggi art. 40, d.lgs. 198/2006), che interviene sull'onere della prova in materia di licenziamento discriminatorio, prevedendo per la prima volta la c.d. prova statistica, in base alla quale «se il ricorrente fornisce elementi di fatto, desunti anche da dati di carattere statistico ... idonei a fondare, in termini precisi e concorrenti, la presunzione dell'esistenza di atti, patti o comportamenti discriminatori in ragione del sesso, spetta al convenuto l'onere della prova sull'insussistenza della discriminazione».

La prova statistica del licenziamento discriminatorio (1991)

Infine, la l. 223/1991, con la quale viene data finalmente attuazione alle Direttive europee in materia di licenziamenti collettivi[28], che vengono rigorosamente regolati e procedimentalizzati, riconoscendo un ampio spazio al controllo sindacale e giudiziario. La l. 223/1991 è una legge di notevole modernizzazione del diritto del lavoro italiano, anche se, in conformità alle Direttive comunitarie, assoggetta i licenziamenti collettivi – cioè quelli riguardanti almeno 5 lavoratori effettuati nell'arco di 120 giorni, basati su riduzioni o trasformazioni dell'attività o del lavoro: v. art. 24 – ad una precisa procedimentalizzazione, nella quale le organizzazioni sindacali hanno un ruolo di primo piano, affiancato da blandi poteri delle amministrazioni pubbliche (v. l'apposito par. 12).

Nuova regolazione legislativa dei licenziamenti collettivi (1991)

Il decennio, apertosi all'insegna di nuove tutele, si chiude però tra crescenti polemiche verso una disciplina piuttosto complessa e dalle caratteristiche sempre più vincolistiche, considerata, spesso con disinvolto pragmatismo, all'origine anche delle sempre maggiori difficoltà nel promuovere incrementi occupazionali.

Nel successivo decennio la disciplina dei licenziamenti subisce così la pressione delle politiche di flessibilizzazione delle regole, alimentate più o meno a ragione, dal riferimento alle politiche di *flexicurity* formulate nell'Unione europea a partire dal 2006/2007, e finalizzate più a convincere le imprese ad incrementare l'occupazione, pur prescindendo dalla sua qualità, che a razionalizzare la normativa o, più in generale, a equilibrare davvero flessibilità e sicurezza nel diritto del lavoro italiano. Per completare il quadro normativo su cui poi si innesteranno le riforme più incisive in materia, occorre però avere ben presenti le modifiche apportate alla disciplina dei licenziamenti dalla l. 183/2010, c.d. collegato lavoro (perché "collegato" alla legge di stabilità finanziaria per il 2009), e dall'introduzione dei contratti collettivi di prossimità (v. cap. VII).

La flessibilizzazione delle tutele: la l. 183/2010 ...

Per quanto riguarda il collegato lavoro, la norma (art. 30) impone al giudice in modo alquanto generico di "tenere conto" della contrattazione collettiva nel definire le nozioni di giusta causa e giustificato motivo e di non interferire nelle c.d. *managerial prerogatives*.

---

[28] Direttive risalenti agli anni '70 (la prima è la direttiva 75/129/CEE), per la cui mancata trasposizione l'Italia era stata più volte condannata dalla Corte di giustizia dell'Unione europea (8 giugno 1982, causa C-91/81 e 6 novembre 1985, causa C-131/84).

... e i contratti di prossimità del 2011

L'altra rilevante novità è nell'art. 8, d.l. 138/2011, convertito con l. 148/2011, introdotta con l'obiettivo di depotenziare l'art. 18 dello Statuto dei lavoratori. La norma presenta innumerevoli problemi interpretativi. Qui interessa rilevare che nel co. 2 si ritrova l'elenco delle "materie" che possono essere oggetto di intese sindacali efficaci *erga omnes* anche in deroga a disposizioni legislative. Tra le diverse materie elencate dall'art. 8, co. 2, troviamo «le conseguenze del recesso dal rapporto di lavoro, fatta eccezione per il licenziamento discriminatorio e il licenziamento della lavoratrice in concomitanza del matrimonio, il licenziamento della lavoratrice dall'inizio del periodo di gravidanza fino al termine dei periodi di interdizione dal lavoro, nonché fino a un anno di età del bambino, il licenziamento causato dalla domanda o dalla fruizione del congedo parentale e per la malattia del bambino da parte della lavoratrice o del lavoratore ed il licenziamento in caso di adozione o affidamento». Seppure con linguaggio approssimativo (l'espressione "conseguenze del recesso" è piuttosto generica), è abbastanza chiaro, specie per le precisazioni fatte in sede di conversione del decreto legge, che il legislatore pensa alla derogabilità delle norme in tema di sanzioni per i licenziamenti illegittimi, escludendo soltanto alcuni licenziamenti particolarmente lesivi della dignità della persona del lavoratore o della lavoratrice o dei figli a qualsiasi titolo danneggiati dalla perdita del lavoro da parte dei genitori (un sorta di "licenziamenti con rilevanza familiare"). Ci potrebbero così essere accordi aziendali o territoriali che contengono una disciplina specifica e limitata del licenziamento, differenziando regole che attengono al fondamento stesso dell'ordinamento civile, come forma del contratto e sanzioni per l'illegittimità di atti delicatissimi come il licenziamento.

La pur breve analisi della l. 183/2010 e dell'art. 8, l. 148/2011 dimostra come gli sviluppi della disciplina dei licenziamenti, a partire dal 2010, siano stati all'insegna della massima incertezza. Perciò non meraviglia affatto che a distanza di pochissimo tempo si siano avuti due nuovi interventi legislativi, la l. 92/2012 (c.d. riforma Fornero) e il d.lgs. 23/2015 (c.d. riforma Renzi). Purtroppo, nell'esaminarne i contenuti, si vedrà come neanche questi valgono a realizzare un sistema giuridico più semplice e certo.

7. Le riforme del 2012 e del 2014/2015: nuovi approcci sistematici e nuovo pragmatismo giuridico

Nel percorso che porta alle riforme del 2012 e del 2014/2015 – la prima, realizzata con la l. 92/2012, che ha profondamente novellato l'art. 18 dello Statuto dei lavoratori; la seconda invece realizzata con la l. delega 183/2014 e il d.lgs. 23/2015 – c'è innanzitutto una reviviscenza di una visione complessiva liberista, nella quale i diritti dei lavoratori e dei sindacati (addirittura lo Statuto dei lavoratori nel suo insieme) sono un ostacolo al pieno dispiegarsi della positiva funzione dell'imprenditore "creatore" di occupazione.

È utile in primo luogo fare una più approfondita conoscenza con la riforma

"Fornero", sia perché cronologicamente precedente, sia perché essa detta le regole applicabili alla grande maggioranza dei rapporti di lavoro, cioè quelli instaurati prima della riforma del 2015.

Per ricostruire meglio il sistema occorre prendere atto che nel diritto del lavoro italiano esiste una gamma tipologica di licenziamenti molto ampia, che viene poi dal legislatore accomunata in più ristrette categorie a seconda delle regole da applicare. Ma le categorie più ristrette mutano a seconda che prendiamo in esame regole sostanziali (cioè i presupposti o i potenziali vizi del licenziamento), meccanismi sanzionatori, regimi probatori.

Per passare in rassegna la tipologia complessiva non c'è da far altro che seguire attentamente la trama regolativa della l. 92/2012, nella quale vengono espressamente richiamati tutti i tipi[29] di licenziamento previsti dalla preesistente normativa più alcuni altri creati dalla riforma medesima.

Modifiche a tipologia e disciplina dei licenziamenti nella riforma del 2012, corretta dalla Corte costituzionale

Il legislatore del 2012 dedica specifica attenzione al licenziamento per giustificato motivo oggettivo: da un lato assoggettandolo ad un preventivo procedimento regolato dall'art. 7, l.604/1966, dall'altro dilatando la tipologia, in cui viene ricompreso il licenziamento per violazione dell'art. 2110 c.c.

Per il resto si può osservare che nel quadro normativo successivo al 2012 si è inteso assicurare la tutela reintegratoria solo nelle ipotesi in cui il licenziamento presenti un vizio particolarmente grave, o perché discriminatorio e nullo, o perché il provvedimento di recesso si fonda su una ragione collegata ad un fatto "insussistente", inteso come fatto che non si è realizzato ovvero che il datore di lavoro, su cui incombe l'onere probatorio (sulla base della regola generale in tema di licenziamenti *ex* art. 5, l. 604/1966), non è stato in grado di dimostrare; ovvero, infine, perché il datore di lavoro ha adottato il licenziamento in un'ipotesi in cui la contrattazione collettiva prevede l'applicazione di una sanzione conservativa. Per il licenziamento di tipo economico, la reintegra era riconosciuta al dipendente solo nel caso in cui la ragione del provvedimento fosse "manifestamente insussistente", con l'obiettivo di ammettere la ricostituzione del rapporto di lavoro solo nei casi in cui fosse palese la mancanza del motivo oggettivo di licenziamento; la Corte cost., con la sent. 19 maggio 2022, n. 125, ha ritenuto l'avverbio "manifestamente" irrazionale e quindi viziato da illegittimità costituzionale, in quanto ha ritenuto che la sussistenza/insussistenza di un fatto non si presti a graduazioni.

In tutti gli altri casi il legislatore, pur dinanzi ad un licenziamento illegittimo, consente allo stesso di conseguire l'effetto estintivo e lo sanziona con un indennizzo di tipo economico.

Per comprendere meglio questa complessa disciplina è necessario comunque esaminarle più nel dettaglio, ponendo in rilievo le differenze tra la riforma del 2012 e quella del 2014/2015.

---

[29] Il termine "tipo" viene qui utilizzato nel senso, puramente "cognitivo/descrittivo", di atto cui il legislatore riserva una peculiare disciplina. Sotto questo profilo si ritengono equivalenti i licenziamenti conformi alla legge e quelli invece in qualche modo in contrasto con la legge, in quanto per tutti siano rinvenibili, per qualche aspetto, regole legislative specifiche.

8. I licenziamenti viziati prima e dopo il 7 marzo 2015: discriminatori, nulli o annullabili per ragioni particolarmente gravi (art. 18, co. 1, 4 e 7; art. 2, d.lgs. 23/2015); inefficaci o annullabili per ragioni meno gravi (art. 18, co. 5, 6 e 7; artt. 3 e 4, d.lgs. 23/2015)

Il licenziamento può essere ineccepibile sotto il profilo formale, procedurale e sostanziale: e allora produrrà senza meno il suo effetto estintivo. Immediatamente, se è in tronco; allo scadere del termine del preavviso negli altri casi, salvo il pagamento della relativa indennità [30].

L'atto di licenziamento può però presentare diversi vizi o irregolarità. È a tal riguardo che la riforma Fornero ha previsto una disciplina molto articolata, individuando varie specifiche ipotesi di nullità, annullabilità o inefficacia del licenziamento, ipotesi tra loro accomunate o differenziate con riferimento al regime sanzionatorio, ma con riflessi molto rilevanti sulle ragioni poste a base del licenziamento. Per raccapezzarsi in questa articolata disciplina è preferibile analizzare le varie ipotesi di licenziamenti in ragione della tipologia di vizio che presenta l'atto, partendo dai vizi più gravi.

I licenziamenti gravemente viziati e quindi nulli con tutela reintegratoria piena

In una serie di casi il vizio del licenziamento è così grave da indurre a considerare l'atto esplicitamente nullo. In questo primo ambito tra la disciplina del 2012 e quella del 2015 non ci sono rilevanti differenze. I provvedimenti di recesso del datore di lavoro sono affetti da nullità in caso di:

1) licenziamento discriminatorio per contrasto con art. 3, l. 108/1990 e con l'art. 15 dello Statuto dei lavoratori o con altre norme di legge (es.: artt. 1 e 2, l.179/2017 sui *whistleblower*);

2) licenziamento intimato in concomitanza con il matrimonio o in violazione dei divieti previsti dal T.U. sui congedi parentali;

3) licenziamento dovuto a motivo illecito determinante *ex* art. 1345 c.c.;

4) licenziamento individuale intimato verbalmente (cioè privo della forma scritta di cui all'art. 2, l. 604/1966, in cui si usa il termine generico "inefficacia") o riconducibile *ad altri casi di nullit*à previsti dalla legge [31];

5) licenziamento collettivo per riduzione di personale viziato per ragioni di forma.

---

[30] Al riguardo può assumere una certa rilevanza la questione, tuttora dibattuta, della natura obbligatoria o reale del termine di preavviso: nel primo caso, pagando l'indennità sostitutiva del preavviso, si può ottenere l'effetto dell'immediata estinzione del rapporto (in tal senso Cass. 11086/2012; 22322/2013; 28429/2013). Nel secondo caso invece il rapporto si estinguerebbe sempre e comunque allo spirare del termine previsto per il preavviso, ottenendosi con il pagamento dell'indennità solo l'immediato allontanamento del lavoratore dall'impresa (in tal senso Cass. 11094/2007; 5405/2013).

[31] Qui però va tenuto presente che il d.lgs. 23/2015 parla di «altri casi di nullità *espressamente* previsti dalla legge». Al riguardo la Cassazione, con ordinanza n. 9530 di aprile 2023, ha sollevato una questione di costituzionalità.

I licenziamenti con vizi abbastanza gravi, annullabili anche con eventuale tutela reintegratoria attenuata

In altri casi la legge ritiene l'atto di licenziamento affetto da un vizio abbastanza grave da determinarne l'annullabilità seguita da una sanzione ripristinatoria (o reintegratoria), seppure attenuata rispetto alle precedenti 5 ipotesi. In questo secondo gruppo tra l'art. 18 dello Statuto dei lavoratori, come modificato dalla l. 92/2012, e il d.lgs. 23/2015, vi sono notevoli differenze. Nel quadro normativo del 2012 possiamo distinguere:

1) licenziamento disciplinare (per giustificato motivo soggettivo o per giusta causa) *annullabile* per insussistenza del fatto o perché il fatto è punito dalla contrattazione collettiva con sanzioni conservative;
2) licenziamento per giustificato motivo oggettivo *annullabile* dal giudice per insussistenza del fatto[32];
3) licenziamento per giustificato motivo oggettivo consistente nell'inidoneità fisica o psichica del lavoratore viziato «per difetto di giustificazione»;
4) licenziamento intimato in violazione dell'art. 2110, co. 2, c.c.;
5) licenziamento collettivo per riduzione di personale viziato per violazione dei criteri di scelta.

Differenze tra l. 92/2012 e d.lgs. 23/2015: i licenziamenti economici

Per i rapporti a cui si applica il d.lgs. 23/2015 (lavoratori assunti dopo il 7 marzo 2015), possono ricomprendersi in questo secondo gruppo solo il licenziamento disciplinare (per giustificato motivo soggettivo o per giusta causa) *annullabile* per insussistenza del fatto. Infatti la disciplina del 2015 colloca nel gruppo precedente (casi di *nullità*) il licenziamento illegittimo per violazione dell'art. 2110 c.c. o perché adottato in contrasto con le norme sull'idoneità psico-fisica e nel gruppo successivo (con applicazione solo di sanzione indennitaria) i licenziamenti per giustificato motivo oggettivo e quelli collettivi in violazione dei criteri di scelta, unificati sotto la categoria dei "licenziamenti economici" mai sanzionabili con la reintegrazione.

Licenziamenti illegittimi ma sanzionati solo con indennità risarcitorie

Veniamo ai casi in cui il licenziamento, pur affetto da illegittimità, è idoneo a estinguere il rapporto di lavoro. In tali casi l'atto di recesso è pur sempre difforme rispetto alla legge, ma tali difformità sono considerate meno gravi e danno luogo ad una tutela di tipo unicamente risarcitorio. Questi casi sono:

1) licenziamento *inefficace* per violazione del requisito di motivazione (formalmente immotivato);
2) licenziamento disciplinare *inefficace* per violazione della procedura *ex* art. 7 dello Statuto dei lavoratori;
3) licenziamento per giustificato motivo soggettivo/oggettivo o per giusta causa genericamente privo di «estremi» e perciò *annullabile* dal giudice (che «dichiara risolto il rapporto di lavoro»);
4) licenziamento per giustificato motivo oggettivo *inefficace* per violazione della procedura di conciliazione *ex* art. 7, l. 604/1966;
5) licenziamento collettivo per riduzione di personale viziato per ragioni procedurali.

[32] L'originaria formulazione dell'art. 18, co. 7 era diversa (su di essa v. Cass. 10435/2018; 2930/2019). Quella attuale è dovuta a due sentenze della Corte cost.: la già citata 125/2022 e la precedente 59/2021.

9. La molteplicità dei regimi sanzionatori e probatori

Lo sventagliamento tipologico dei licenziamenti ha molteplici conseguenze sul piano sia definitorio sia della concreta regolamentazione, ma di particolare rilevanza è la questione dei regimi sanzionatori. Anche a tal riguardo, rispetto ai meccanismi in precedenza previsti (riducibili essenzialmente a tre: tutela di diritto comune; tutela obbligatoria; tutela reale), la l. 92/2012 e il d.lgs. 23/2015 moltiplicano i regimi sanzionatori.

Le sanzioni per gli assunti prima del 7 marzo 2015

Già s'è detto che dobbiamo distinguere tra i lavoratori assunti prima del 7 marzo 2015 e quelli assunti dopo. Vediamo anzitutto il trattamento riservato a quelli, la maggioranza, a cui si applica l'art. 18 dello Statuto dei lavoratori, come modificato dalla l. 92/2012 (assunti prima del 7 marzo 2015). Ad essi si applica:

1) la tutela reintegratoria piena o forte (nuovo art. 18, co. 1-2), che prevede la *restitutio in integrum* e un risarcimento del danno con un limite minimo di 5 mensilità: ha un'applicazione trasversale nel senso che è applicabile anche alle piccole imprese (al di sotto dei 15 dipendenti) e ai dirigenti, in caso di licenziamento discriminatorio, licenziamento nullo per causa di matrimonio o di maternità (e paternità), licenziamento basato su motivo illecito determinante o, infine, intimato in forma orale;

2) la tutela reintegratoria debole (nuovo art. 18, co. 4), che prevede la *restitutio in integrum* e un risarcimento del danno fissato nel limite massimo di 12 mensilità: trova applicazione ai licenziamenti disciplinari (per giusta causa e giustificato motivo soggettivo) dichiarati illegittimi dal giudice per insussistenza del fatto contestato ovvero perché il fatto rientra tra le condotte punibili con una sanzione conservativa sulla base delle previsioni dei contratti collettivi ovvero dei codici disciplinari applicabili; al licenziamento illegittimo intimato per inidoneità fisica o psichica del lavoratore o in violazione all'art. 2110 c.c., ovvero al licenziamento per motivo oggettivo illegittimo per " insussistenza del fatto". In quest'ultimo caso la reintegra non era automatica bensì rimessa alla discrezionalità del giudice (art. 18, co. 7), ma la Corte costituzionale, con la sent. 59/2021, ha ritenuto illegittima la norma con una sentenza interpretativa di accoglimento: pertanto ora il giudice deve applicare la reintegrazione debole anche se accerta l'insussistenza del fatto posto a base del licenziamento per giustificato motivo oggettivo;

3) la tutela obbligatoria rafforzata (nuovo art. 18, co. 5), che prevede soltanto un indennizzo che va da 12 a 24 mensilità: si applica a tutti gli altri casi di licenziamento illegittimo. Nelle intenzioni del legislatore del 2012 la tutela in esame dovrebbe costituire il regime di generale applicazione. Nella prassi giudiziale ciò è avvenuto in parte perché la giurisprudenza, per un verso, ha dato un'interpretazione ampia della locuzione "fatto insussistente" (v. il paragrafo 10), e, per altro verso, ha optato per un'applicazione progressivamente dilatata delle clausole del contratto collettivo che prevedono l'applicazione di sanzioni conservative[33];

---

[33] Per un approccio originariamente restrittivo v. Cass. 12365/2019; in senso più elastico Cass. 14777/2021; 11665/2022; 13744/2022; 20780/2022.

4) la tutela obbligatoria ordinaria (nuovo art. 18, co. 6), che prevede soltanto un indennizzo che va da 6 a 12 mensilità: si applica nelle ipotesi di licenziamento inefficace per mancanza di motivazione, per violazione della procedura di cui all'art. 7 dello St. lav. ovvero per violazione dell'art. 7, l. 604/1966.

Le sanzioni per gli assunti dopo il 7 marzo 2015 (con *catuc*)

Il quadro regolativo descritto, pur rimanendo pienamente in vigore e anzi applicandosi alla maggioranza dei rapporti di lavoro, viene affiancato dal c.d. *Jobs Act*, cioè dal d.lgs. 23/2015, uno dei primi decreti attuativi della legge delega 10 dicembre 2014, n. 183.

Il d.lgs. 23/2015 detta una articolata disciplina speciale dei licenziamenti per i nuovi contratti di lavoro a tempo indeterminato – cioè quelli stipulati dal 7 marzo 2015 (data di entrata in vigore del decreto stesso) – configurati come contratti a tutele crescenti (in seguito *catuc*).

1) Il decreto ribadisce che anche nel *catuc* per i licenziamenti nulli o discriminatori si può avere la reintegrazione "forte", poco innovando rispetto all'art. 18, co. 1 come modificato dalla l. 92/2012.

2) Mantiene anche per il *catuc* una forma di reintegrazione "debole", simile a quella prevista dall'art. 18, co. 4, St. lav.[34], nelle ipotesi di licenziamento per giustificato motivo soggettivo o giusta causa, se il lavoratore dimostra «direttamente» in giudizio l'«insussistenza del fatto materiale contestato» (art. 3, co. 2, d.lgs. 23/2015): in tal caso il giudice annulla il licenziamento e condanna il datore di lavoro alla reintegrazione (oltre che al risarcimento entro il massimo di 12 mensilità).

Il "fatto materiale" nel *catuc*

3) Esclude (artt. 3, co. 1 e 10) che ci possa essere reintegrazione sia per i licenziamenti per giustificato motivo oggettivo (cioè intimati *ex* art. 3, l. 60/1966) sia per i licenziamenti collettivi (cioè intimati *ex* artt. 4 e 24, l. 223/1991). Come prima anticipato, vengono così equiparati quanto a regime sanzionatorio i "licenziamenti economici", intendendo per tali senz'altro quelli dovuti a ragioni riguardanti l'organizzazione del lavoro e l'attività produttiva dell'impresa[35].

Anche qui, in verità, si registrano piccole, ma non insignificanti modifiche (diversa modalità di individuazione dei fattori di discriminazione e dei motivi di nullità; diversa nozione di retribuzione per calcolare il risarcimento del danno ulteriore) e una singolare estensione della reintegrazione "forte" alla ipotesi in cui il giudice accerta il difetto di giustificazione del motivo consistente «nella disabilità fisica o psichica del lavoratore».

Le indennità risarcitorie nel *catuc*

Gli artt. 3 e 4, d.lgs. 23/2015 delineano poi le vere e proprie "tutele crescenti". Si può subito dire che esse consistono nelle particolari modalità di calcolo dell'indennità cui ha diritto il lavoratore che venga licenziato con atto af-

---

[34] Si prevede una variante in ordine al calcolo del risarcimento del danno, da cui va dedotto non solo quanto percepito per altre attività lavorative, ma anche quanto il lavoratore avrebbe potuto percepire accettando un'offerta di lavoro congrua.

[35] Sul differente regime sanzionatorio previsto per i lavoratori licenziati per riduzione di personale a seconda se siano stati assunti o no con *catuc* è stata sollevata questione di costituzionalità (nonché di contrasto con normativa europea: v. App. Napoli 27 novembre 2019), ma la Corte costituzionale l'ha respinta con la sent. 254/2020.

fetto da vizi formali o sostanziali diversi dalla discriminazione, che non determinano comunque nullità dell'atto stesso per contrarietà a norme di legge o l'annullamento per insussistenza del fatto contestato. Quindi, oltre ai già visti licenziamenti economici, tutti i casi di licenziamento per giustificato motivo soggettivo (*ex* art. 3, l. 604/1966) e per giusta causa (art. 2119 c.c.). Se, entro gli stringenti termini previsti, tali licenziamenti vengono impugnati dal lavoratore dinanzi al giudice e questi ne accerti l'illegittimità, il giudice non può paralizzarne l'efficacia estintiva, ma deve condannare il datore di lavoro a pagare una/due mensilità per ogni anno di servizio del lavoratore, a partire da un minimo di due/sei e fino ad un massimo di dodici/trentasei (ma v. *infra*). L'alternativa tra 2-6/12-36 mensilità è correlata al vizio del licenziamento, sulla falsariga della riforma Monti/Fornero: il valore più basso (2/12) e la progressione di una sola mensilità per anno di servizio riguardano i licenziamenti con vizi formali o procedurali (cioè privi di motivazione o intimati senza il rispetto della procedura prevista dall'art. 7 dello Statuto dei lavoratori: v. art. 4, d.lgs. 23/2015); il valore più alto (4/36[36]) e la progressione di due mensilità per anno di servizio invece riguardano i licenziamenti carenti degli estremi del giustificato motivo o della giusta causa (art. 3, d.lgs. 23/2015). In ogni caso sulla quantificazione dell'indennità al giudice, secondo l'originario impianto del *catuc*, non era più lasciata alcuna discrezionalità: doveva solo fare una moltiplicazione (es.: per un lavoratore con 5 anni di servizio, licenziato per un motivo economico che risulti inesistente, basta moltiplicare per 5 le due mensilità dovute per fissare in 10 mensilità l'indennità sanzionatoria). Ciò vuol dire che al massimo della sanzione (12/36) il lavoratore assunto con *catuc* sarebbe potuto arrivare solo dopo 12/18 anni; ma anche che la sanzione aveva una rigidità quantitativa non adattabile a nessun elemento interno o esterno al contratto.

Il legislatore del 2015 era chiaramente intervenuto con l'obiettivo di rendere il provvedimento giudiziale "automatico", eliminando qualsiasi margine di discrezionalità e, quindi, di incertezza. La scelta è stata però bocciata due volte dalla Corte costituzionale con due importanti sentenze – 8 novembre 2018, n. 194 e 16 luglio 2020, n. 150 – con le quali si è ritenuto che determinare l'indennità spettante al lavoratore ingiustificatamente licenziato per motivi sostanziali o procedurali sulla base della *sola* anzianità (art. 3, co. 1, e 4, d.lgs. 23/2015) è contrario ai principi costituzionali di ragionevolezza e uguaglianza e alla tutela del lavoro *ex* artt. 4 e 35 Cost. In particolare la Corte afferma che «l'incongruenza di una misura uniforme e immutabile si coglie in maniera ancor più evidente nei casi di un'anzianità modesta … In queste ipotesi, si riducono in modo apprezzabile sia la funzione compensativa sia l'efficacia deterrente della tutela indennitaria … Un meccanismo di tal fatta … non compensa il pregiudizio arrecato dall'inosservanza di garanzie fondamentali e neppure rappresenta una sanzione efficace, atta a dissuadere il datore di lavoro dal violare le garanzie prescritte dalla legge». Perciò «il congegno delineato dal legislatore lede il ca-

---

[36] Nell'originaria versione dell'art. 3, co. 1, d.lgs. 2015 il minimo era di 4 mensilità e il massimo di 24, poi elevati rispettivamente a 6 e 36 mensilità (ma sempre con progressione di 2 in 2 per anno di anzianità) dall'art. 3, co. 1, d.l. 12 luglio 2018, n. 87 (c.d. decreto dignità).

none di ragionevolezza» (sent. 150/2020). La determinazione dell'indennità viene così riaffidata ai giudici che potranno calibrare la sanzione sulla base anche di altri elementi (gravità delle infrazioni, comportamento e condizioni delle parti, dimensioni dell'impresa, contesto territoriale, ecc.), seppur tenendo conto "innanzitutto dell'anzianità di servizio".

La c.d. conciliazione espressa

Un'altra norma, adottata nella stessa logica prevede la possibilità per il datore di lavoro che voglia evitare il giudizio di formulare una "offerta di conciliazione" (art. 6, d.lgs. 23/2015 modificato dal d.l. 187/2018 in sede di conversione con l. 96/2018), che consiste nel corrispondere subito al lavoratore una mensilità di retribuzione per ogni anno di anzianità (con un minimo di 3 e un massimo di 27: tali valori si applicano dal 12 agosto 2018) non assoggettata, entro il limite delle 27 mensilità, ad alcun onere fiscale o contributivo. Si parla al riguardo di conciliazione espressa, perché rapida; si dovrebbe aggiungere che, in quanto defiscalizzata, è anche "sovvenzionata" dallo Stato. In ogni caso può svolgersi presso una qualsiasi delle sedi in cui è oggi agevolata la dismissione dei diritti dei lavoratori o la qualificazione certificata di contratti e negozi lavoristici (v. cap. XIX).

Le piccole imprese

Le leggi del 2012 e del 2015 mantengono inalterata la tipologia di sanzioni che si applica alle piccole imprese (e in parte ancora contenuto nella l. 604/1966, modificata nel 1990: v. par. 6): questo regime, pur con qualche perplessità sulla sua razionalità sistematica, ha provvisoriamente superato anche il vaglio di un primo scrutinio di costituzionalità (v: Corte cost. 183/2022).

Ribadito che anche in questo ambito, in caso di licenziamento discriminatorio o nullo si applica sempre la reintegrazione piena, negli altri casi al licenziamento illegittimo si applica la tutela obbligatoria tradizionale (art. 8, l. 604/1966), che prevede, rimettendo la decisione al datore di lavoro, l'alternativa tra riassunzione e pagamento di una penale, con indennizzo di base compreso tra 2, 5 e 6 mensilità.

Sanzioni e onere della prova

Le novità del 2012 e del 2015 non modificano gli aspetti fondamentali della disciplina degli oneri probatori, che rimane imperniata su tre regole generali: art. 2697 c.c.; inversione onere della prova *ex* art. 5, l. 604/1966; prova presuntiva statistica per il licenziamento discriminatorio.

La prova dell'insussistenza del fatto

Una insidiosa modifica, già accennata, è introdotta dall'art. 3, co. 2, d.lgs. 23/2015, secondo cui l'insussistenza del fatto deve essere provata *direttamente* dal lavoratore. La formulazione non è chiarissima quanto alle modalità della prova, ma sembra voler dire che dinanzi ad un "fatto" non provato dal datore di lavoro in violazione della normale ripartizione degli oneri probatori *ex* art. 5, l. 604/1966, il lavoratore non può ottenere la reintegrazione se non è lui a provare che il fatto, seppure non provato dal datore, è insussistente. È un inciso che pare aggravare gli oneri probatori per il lavoratore; tuttavia occorrerà attendere la verifica giudiziale per comprendere se risulterà effettivamente ridimensionata la regola generale in materia di licenziamenti che rimane sancita dal citato art. 5, l. 604/1966.

Alla luce di tale quadro normativo, il lavoratore, nel suo atto introduttivo, ha l'onere di provare l'esistenza del rapporto e le modalità del licenziamento, mentre il datore di lavoro deve provare la sussistenza delle ragioni alla base del licenziamento. Per gli assunti con *catuc*, grava sul lavoratore l'onere di provare anche l'insussistenza del fatto posto a base del licenziamento. La giurisprudenza addossa invece sempre al datore di lavoro l'onere di dimostrare le dimensioni occupazionali dell'azienda che costituiscono il presupposto ai fini dell'applicazione dei diversi regimi di tutela[37].

10. La qualificazione del licenziamento e i relativi problemi esegetici: la nozione di "fatto" nella l. 92/2012 e nel d.lgs. 23/2015

Il fatto in senso giuridico

Una delle più rilevanti insidie della normativa descritta nei precedenti paragrafi attiene all'interpretazione del termine "fatto" che ricorre sia nel licenziamento per giustificato motivo soggettivo o per giusta causa *annullabile* per insussistenza del fatto o perché il fatto è punito dalla contrattazione collettiva con sanzioni conservative (art. 18, co. 4; art. 3, co. 2, d.lgs. 23/2015) sia nel licenziamento per giustificato motivo oggettivo *annullabile* dal giudice per manifesta insussistenza del fatto (art. 18, co. 7). Lasciando da canto le improprietà semantiche del linguaggio comune, ai termini usati dal legislatore va dato «il senso fatto palese dal significato delle parole secondo la connessione di esse» (art. 12 disp. prel. c.c.). La "connessione" è innanzitutto tecnico-giuridica, quindi la parola "fatto" va interpretata alla luce dell'istituto giuridico al quale la disposizione si riferisce. Se si tratta di un licenziamento per giustificato motivo soggettivo in cui si contesta l'adempimento contrattuale, il "fatto" non è un mero comportamento bensì un «notevole inadempimento» (art. 3, l. 604/1966); se invece si tratta di un "fatto-infrazione disciplinare", di cui occorre verificare se il codice previsto dalla contrattazione collettiva contempla una sanzione conservativa o ne consenta una espulsiva, va innanzitutto appurato se il comportamento del lavoratore configuri quel fatto specificamente previsto dalla contrattazione[38]. Questa è la conclusione cui è pervenuta anche la Corte di Cassazione[39], secondo cui nella locuzione "insussistenza del fatto" il fatto deve essere inteso in senso giuridico e non meramente materiale, nel senso che il termine rimanda al mondo semantico-concettuale del diritto e non a quello di una realtà fattuale qualificabile secondo altri parametri.

Ancora sul "fatto": dolo, colpa e proporzionalità

Tutto da valutare è poi se il fatto deve essere doloso o colposo[40]; se, in caso di infrazione, deve essere proporzionato alla sanzione come dispone l'art. 2106

[37] Cass. 4856/2013.

[38] Qui è calzante un esempio proposto da Valerio Speziale: il "fatto" danneggiamento dei macchinari non assume rilevanza disciplinare se non è colposo o doloso.

[39] V. la sent. 26 maggio 2017, n. 13383.

[40] Sempre in tema di valutazione del "fatto", la stessa giurisprudenza di legittimità si è più volte soffermata sulla valenza, ai fini probatori, dell'elemento soggettivo, «necessaria parte di ogni atto umano». In particolare, precisa la Corte, ogniqualvolta l'elemento psicologico – ad esempio il dolo – «rappresenti parte integrante dei fatti giuridicamente legittimanti il licenziamento», l'onere datoriale di provare la sussistenza dei medesimi si estende alla prova (anche)

c.c. o se il rinvio alla sola contrattazione collettiva escluda tale valutazione di proporzionalità[41].

Rispetto al testo dell'art. 18 novellato nel 2012, il legislatore del 2015 (art. 3, co. 2, d.lgs. 23) consente al datore di lavoro di addurre anche solo un "fatto materiale", purché esistente, per evitare sempre e comunque la reintegrazione. Qui l'uso dell'aggettivo "materiale" sembra indicare che si voglia sfrondare il "fatto" di ogni componente costitutiva di carattere giuridico; tuttavia il secondo inciso, secondo cui deve restare «estranea ogni valutazione circa la sproporzione del licenziamento», porta a ritenere che il fatto debba avere (anche) una minima rilevanza disciplinare (e quindi giuridica), anche se non può essere valutato con la lente del principio di proporzionalità. Ciò vuol dire senz'altro che qualsiasi fatto realmente accaduto, anche di minima rilevanza disciplinare posto a base del licenziamento, vale ad escludere la reintegrazione.

Il "fatto" nel licenziamento economico

Sempre con riguardo al significato del termine "fatto", ma stavolta a proposito del licenziamento economico invalido per "insussistenza del fatto» (non più "manifesta" dopo Corte cost. 125/2022), è importante aver presente che, per quanto prima si è detto, anche in questo caso non è il fatto materiale che il giudice deve valutare, bensì il fatto giuridico, che è quindi l'insussistenza del giustificato motivo oggettivo. Il giustificato motivo oggettivo, in base all'art. 3, l. 604/1966, si concretizza – come si è visto – in «una ragione inerente all'attività produttiva, all'organizzazione del lavoro e al regolare funzionamento di essa», cioè in una pluralità di "fatti" non individuabili a priori. Uno tra i più frequenti è la perdita di utilità di una determinata prestazione lavorativa che si riveli non più rispondente all'interesse dell'imprenditore per modifiche introdotte nella produzione, nell'organizzazione o nelle tecnologie impiegate. Come si è detto la perdita di utilità va valutata anche in ordine alla possibilità di riutilizzare il lavoratore.

L'aver previsto regimi anche assai differenziati in ordine ad aspetti delicatissimi (*in primis* le sanzioni, su cui v. *infra*), ma con notevoli ripercussioni su tanti altri istituti, come ad esempio la prescrizione[42], rende molto problematico l'arricchimento tipologico del licenziamento. Fermo restando che l'iniziale qualificazione non esclude che nel corso dell'eventuale processo emergano elementi per una diversa qualificazione (v. il nuovo art. 18, co. 6 e 7), l'esistenza di una tipologia così ricca e variegata comporta necessariamente l'ul-

---

dell'elemento psicologico, cosicché, «ai fini della legittimità del licenziamento, la prova della sussistenza del fatto nella sua mera materialità è insufficiente» (Cass. 1459/2011; in tema v. anche Cass. 4060/2011; 1788/2011; 22321/2013; 10549/2013; 19187/2013; 21633/2013; 22791/2013; 25203/2013; 14177/2014; 5170/2015; 5423/2015).

[41] V. sul punto. Cass. 23 maggio 2019, n. 14054; Cass. 25 marzo 2019, n. 8293; Cass. 23 novembre 2018, n. 30430; Cass. 17 maggio 2018, n. 12102; Trib. Taranto 3 giugno 2013, cit.; Trib. Bologna 24 luglio 2013, cit.; Trib. Roma 13 febbraio 2014 e 17 febbraio 2014, cit.; Trib. Prato 6 maggio 2014, cit.; App. L'Aquila 686/2014, cit. Sono tutte sentenze che per lo più richiamano il disposto dell'art. 18.

[42] Anche ai fini della decorrenza della prescrizione in costanza di rapporto, il nuovo sistema di tutele contro il licenziamento illegittimo non può ritenersi equivalente a quello precedente: v. cap. XIX.

teriore problema di chiarire con esattezza i confini concettuali tra l'una e l'altra tipologia.

Il licenziamento discriminatorio: qualificazione e tutele

Si comprende allora facilmente perché, sin dai primi commenti, si sia aperta un'accesa disputa sulla qualificazione del licenziamento come discriminatorio – l'unico, insieme a quello nullo, che rimane sanzionato con la reintegrazione piena – il quale non è soltanto quello basato sui fattori di cui all'art. 3, l. 108/1990, ma ogni licenziamento che risulti basato sui fattori di discriminazione previsti dalla legge (v. cap. XVIII), che, in quanto è affetto da nullità per contrasto con la legge (art. 18, co. 1), dà adito alla massima tutela.

Vi è comunque un chiaro confine posto dalla nuova legge tra licenziamento discriminatorio e licenziamento altrimenti motivato, che consiste in ciò: il datore di lavoro deve porre a fondamento del secondo un fatto o un comportamento che abbia gli "estremi" di un giustificato motivo o di una giusta causa. Se il giudice non ritiene tali "estremi" provati o convincenti, non per questo il licenziamento si trasforma in un licenziamento discriminatorio; in ogni caso occorre la prova, stavolta da parte del lavoratore, anche statistica, che il licenziamento è «determinato» (v. nuovo art. 18, co. 7) da uno dei fattori di discriminazione vietati. Solo in tal caso "quel" licenziamento passerà da una "casella" all'altra.

11. Ulteriori tratti di specialità della disciplina dei licenziamenti: i termini di decadenza per l'impugnazione, la revoca e i residui casi di libera recedibilità

Intreccio dei termini di decadenza

Un altro aspetto che viene per la prima volta regolato dalla l. 92/2012 è la revoca del licenziamento, di cui si occupa il nuovo art. 18, co. 10, Statuto dei lavoratori e, per gli assunti dopo il 7 marzo 2015, l'art. 5, d.lgs. 23/2015. In sostanza si riconosce al datore di lavoro una sorta di diritto al ripensamento in ordine alla decisione di licenziare, da esercitarsi entro quindici giorni dalla comunicazione dell'impugnazione del licenziamento. Qui va tenuto ben presente l'intreccio dei termini di decadenza: infatti il lavoratore può impugnare il licenziamento, anche in via stragiudiziale, entro 60 giorni da quando riceve comunicazione dello stesso o, se non contestuale, dei motivi; sempre in base alla novella della l. 92/2012, ha poi ulteriori 180 giorni dall'impugnazione del licenziamento per depositare il ricorso al giudice o comunicare la richiesta di conciliazione ed arbitrato (art. 6, l. 604/1966).

L'area residua di libera recedibilità: i dirigenti

Residua un'area, molto ristretta, in cui è ammessa la libera recedibilità da parte del datore di lavoro. Nella maggior parte di questi casi prevale l'interesse del datore di lavoro in virtù del particolare vincolo fiduciario che caratterizza il rapporto di lavoro.

Ribadito che il licenziamento discriminatorio, anche in queste ipotesi, è sempre colpito con la massima sanzione della reintegrazione, sono liberamente licenziabili i dirigenti, per i quali l'assenza di stabilità è compensata da una consistente tutela economica prevista dai contratti collettivi, allorquando il licenziamento è privo di qualsiasi giustificazione.

Per gli stessi motivi sono liberamente licenziabili i lavoratori in prova (sempreché la prova si sia effettivamente potuta svolgere), con la precisazione che il patto di prova deve essere stipulato per iscritto e che può durare massimo 6 mesi, trascorsi i quali al lavoratore si applicano le tutele ordinarie.

Lavoratori in prova, apprendisti, pensionati, lavoro domestico

Il recesso ad *nutum* si applica anche agli apprendisti, alla fine del periodo di formazione (ma non durante l'esecuzione del contratto di apprendistato), e ai lavoratori ultrasessantenni che hanno maturato i requisiti pensionistici, sempre che non abbiano optato per la prosecuzione del rapporto di lavoro.

Infine non godono di alcuna stabilità i lavoratori domestici, con i quali il rapporto di lavoro può cessare anche in assenza di una comunicazione scritta, sebbene rispettando i termini di preavviso (art. 4, l. 108/1990; art. 16, l. 339/1958).

12. I licenziamenti collettivi e le delocalizzazioni

La fattispecie legale

Come si è visto in precedenza, i licenziamenti collettivi per riduzione di personale costituiscono ormai una fattispecie a sé stante, con una specifica disciplina legale diretta a realizzare un diverso bilanciamento degli interessi da considerare, nei quali deve avere un maggior peso, da un lato, la tutela dell'occupazione come bene collettivo e, dall'altro, la libertà dell'imprenditore di dimensionare il proprio organico. Abbiamo visto che tale fattispecie ricorre qualora: a) i lavoratori da licenziare siano almeno 5 (in un'unica unità produttiva o anche in varie, se situate nella medesima provincia) in un lasso temporale di 120 giorni; b) il licenziamento sia conseguenza di una medesima riduzione o trasformazione di attività o di lavoro oppure della cessazione dell'attività[43]. In presenza di questi presupposti i datori di lavoro imprenditori e non imprenditori[44] che occupino più di 15 dipendenti (pure in varie unità produttive se situate nella stessa provincia) sono tenuti ad osservare una serie di obblighi procedurali e sostanziali, anche se la decisione di licenziare sia assunta da un'impresa che controlla quella del datore di lavoro (artt. 4, co. 2, 15-*bis* e 24, l. 223/1991). I medesimi obblighi devono essere osservati anche dalle imprese che siano state ammesse al trattamento straordinario di integrazione salariale qualora ritengano di non essere in grado di garantire il reimpiego di tutti i lavoratori sospesi e di non poter ricorrere a misure alternative (art. 4, l. 223/1991).

Procedura sindacale o amministrativa

Quando si è in presenza di un licenziamento collettivo, il legislatore – sulla falsariga della normativa di matrice europea che però, come s'è detto, aveva avuto proprio in Italia precedenti negoziali – ritiene che vi debba essere un

[43] Non vi rientrano però le eccedenze di personale determinate da fine lavoro nelle imprese edili e nelle attività stagionali saltuarie (art. 4, co. 14, l. 223/1991).

[44] Questa disciplina, pur con sensibili varianti, si applica anche ai datori di lavoro non imprenditori grazie alla modifica introdotta dall'art. 1, d.lgs. 110/2004, a seguito di un'ennesima condanna dell'Italia da parte della Corte di giustizia per violazione delle direttive in materia.

doppio controllo sulla decisione datoriale, prima ad opera dei sindacati e poi, se non si raggiunge un accordo, ad opera di organi amministrativi. La procedura per il controllo sindacale (art. 4, co. 1-8, l. 223/1991) è incentrata sull'obbligo dell'impresa di comunicare per iscritto ad una pluralità di soggetti aziendali (RSU/RSA) e/o extraziendali (sindacati di categoria cui afferiscono le RSA o, in mancanza di rappresentanze in azienda, sindacati di categoria aderenti alle confederazioni sindacali maggiormente rappresentative) una serie di informazioni finalizzata a consentire una verifica su motivazioni, quantità e qualità dei lavoratori coinvolti, sui tempi della riduzione di personale, sulle misure previste per ridimensionarne le conseguenze sociali. Da rimarcare è che, fino al 1° gennaio 2017, già il solo avvio della procedura aveva un notevole costo per il datore di lavoro, che doveva versare all'Inps una somma pari a sei volte il trattamento mensile di mobilità dovuto per ciascun lavoratore, somma riducibile alla metà in caso di raggiungimento dell'accordo sindacale (art. 5, co. 4, l. 223/1991, abrogato dalla l. 92/2012, ma appunto dal gennaio 2017). Da tale data in poi si prevede il c.d. "ticket licenziamento", pari al 41% del massimale mensile di Naspi per ogni anno di anzianità aziendale, fino ad un massimo di tre, in ogni caso di licenziamento che dà diritto al trattamento di disoccupazione. In assenza di accordo il contributo è triplicato.

All'accordo si può giungere durante l'esame congiunto eventualmente richiesto dalle rappresentanze sindacali entro sette giorni dalla data di ricevimento della comunicazione. Esame congiunto ed eventuale accordo, che deve intervenire al massimo entro 45 giorni (o la metà se non sono coinvolti più di 9 lavoratori), debbono riguardare tutte le misure utilizzabili per evitare o contenere i licenziamenti, anche ricorrendo a misure di flessibilità interna, compresa la deroga all'art. 2103 in tema di declassamento (previsione introdotta vari decenni prima dell'art. 8, d.l. 138/2011 e dell'art. 1, d.lgs. 81/2015); l'accordo può anche sanare i vizi della comunicazione di avvio della procedura per il licenziamento (art. 4, co. 12, l. 223/1991, modificato dalla l. 92/2012) e prevedere i criteri per l'individuazione dei lavoratori da licenziare, nei limiti previsti dall'art. 5, co. 1 e 2, l. 223/1991.

Nel caso in cui non si raggiunga un'intesa, le parti vengono convocate dal direttore della direzione provinciale del lavoro, per un ulteriore tentativo di raggiungere un accordo, che deve esaurirsi entro 30 giorni (o la metà se sono coinvolti 9 lavoratori). Il controllo amministrativo vale a diluire ulteriormente l'adozione dei licenziamenti, ma poco aggiunge in concreto a quanto è già possibile fare con la procedura sindacale.

Il licenziamento collettivo acausale

Che vi sia o no l'accordo, al termine della procedura «l'impresa ha facoltà di licenziare», dandone comunicazione nel rispetto dei termini di preavviso (art. 4, co. 9, l. 223/1991). In caso di accordo, il controllo giudiziale, particolarmente penetrante sui vari passaggi procedurali, è normalmente escluso sui presupposti sostanziali del licenziamento, al punto che si parla di un licenziamento collettivo "acausale"[45]. Questa configurazione, di origine essenzial-

---

[45] V., *ex multis*, Cass. 13381/2008. E, più di recente, Cass. 12122/2015; 4177/2015; 27237/2014; 8971/2014; 16448/2013; 9697/2013.

mente giurisprudenziale, viene però del tutto meno se non vi è valida formalizzazione del consenso sindacale, con possibilità del singolo lavoratore di impugnare anche il singolo licenziamento contestandone la fondatezza oggettiva, così come è possibile fare con un licenziamento per giustificato motivo oggettivo.

I criteri di scelta

In ogni caso assume enorme rilevanza il rispetto dei criteri di scelta dei lavoratori da licenziare. Come si è detto, anche questi possono essere previsti dall'accordo sindacale, che, fatta salva la tutela antidiscriminatoria, ha in materia campo pressoché libero[46]. In mancanza di criteri concordati, la scelta datoriale dovrà ispirarsi ai tre criteri legali sussidiari «in concorso tra loro» (art. 5, co. 1, l. 223/1991), licenziando prioritariamente i lavoratori: a) con minori carichi di famiglia; b) meno anziani; c) e più direttamente toccati dalle esigenze tecnico-produttive che inducono alla riduzione di personale. Tali criteri sono da riferirsi all'intero complesso aziendale, salvo che la riduzione non riguardi «in modo esclusivo un'unità produttiva o uno specifico settore dell'azienda»[47].

I dirigenti

I limiti ai licenziamenti collettivi riguardano anche i dirigenti, per i quali è però sempre prevista una tutela obbligatoria rafforzata compresa tra le 12 e le 24 mensilità, salvo che per la mancanza di comunicazione scritta (v. art. 24, co. 1-*quinquies*, novellato dall'art. 16, co. 1, lett *a*, l. 161/2014).

La legislazione contro le delocalizzazioni

Negli ultimi anni ha suscitato sempre più allarme il fenomeno delle "delocalizzazioni", che consiste nella chiusura o trasferimento di unità produttive o, più genericamente, sedi di imprese medio-grandi, spesso operanti in vari Stati non solo europei, che abbandonano o ridimensionano le attività svolte sul territorio italiano. Già il d.l. 87/2018, conv. con l. 96/2018, in questi casi prevede, con una disposizione di problematica applicazione, la decadenza dagli aiuti di Stato eventualmente utilizzati dalle imprese che delocalizzano. A seguito di casi particolarmente eclatanti (GKN a Firenze, Whirlpool a Napoli) è stata introdotta una normativa ben più dettagliata e stringente che sottopone ad una serie di regole e procedure particolari le imprese con almeno 250 dipendenti in media (da calcolarsi nell'anno precedente a quello interessato) che procedono alla chiusura di unità produttive situate in Italia licenziando un numero di lavoratori pari o superiore a 50. Si prevede che l'intenzione di procedere alla chiusura debba essere comunicata con ampio anticipo (180 giorni) non solo alle parti sociali, ma anche alle Regioni e ai Ministeri competenti (v. art. 1, commi 224-235, l. 234/2021, modificata dall'art. 37, d.l. 144/2022, conv. con l. 175/2022). I licenziamenti individuali per giustificato motivo oggettivo e quelli collettivi intimati in assenza di tale comunicazione o prima della scadenza dei 180 giorni sono nulli. Entro i successivi sessanta giorni dalla comunicazione l'impresa che intenda delocalizzare deve presentare ai medesimi soggetti cui va resa la comunicazione un piano per

---

[46] La stessa l. 223/1991 ritiene prevalenti i criteri contrattuali rispetto a quelli legali (art. 5). La legittimità della norma è stata riconosciuta da Corte cost. 268/1994. V. ancora, sul ruolo della contrattazione collettiva con riguardo ai criteri di scelta dei lavoratori da licenziare, *ex multis*, Cass. 24445/2016, 23100/2016, 17249/2016, 27237/2014, 24263/2013, 17177/2013, 10001/2013, 6959/2013, 5145/2013.

[47] Cass. 22543/2016, 20062/2016. Nello stesso senso Cass. 10843/2015, 203/2015, 25614/2013, 2429/2012.

limitare le ricadute occupazionali ed economiche della chiusura dell'unità produttiva (i contenuti sono indicati dettagliatamente dalla legge citata, al co. 228.). Tale piano viene discusso con parti sociali e soggetti pubblici nei successivi 120 giorni e il raggiungimento di un accordo sindacale sull'attuazione di questo piano è fortemente incentivato, sia riducendo i costi degli eventuali licenziamenti (esonerando cioè il datore di lavoro dal versamento del cd. ticket di licenziamento, che questi è tenuto a versare, in misura maggiorata in caso di licenziamenti economici, per ogni lavoratore licenziato con diritto a ricevere la Naspi) sia ammettendo i lavoratori a particolari benefici per il sostegno al reddito o la loro rioccupabilità. Viene invece paralizzato il potere di procedere a licenziamenti economici fino alla eventuale sottoscrizione dell'accordo e, comunque, la mancata presentazione del piano o la carenza degli elementi essenziali, accertata dalla apposita struttura per le crisi di imprese presso il Ministero per lo sviluppo economico prevista dalla l. 296/2006 (art. 1, co. 852), è significativamente sanzionato con un aumento fino al 500% del c.d. ticket per i licenziamenti economici.

13. La segmentazione delle tutele: vecchi/nuovi assunti; imprese minori e lavoro pubblico

Un annoso problema della disciplina italiana del mercato del lavoro e dei licenziamenti è la segmentazione delle tutele, cioè la marcata differenziazione dei regimi protettivi in ordine a diverse categorie di destinatari (per tipi contrattuali, per tipo di datore di lavoro, per dimensioni di impresa, per età dei lavoratori, ecc.).

Le riforme degli ultimi anni hanno sempre dichiarato di voler ridurre tali segmentazioni o, almeno, il dualismo tra protetti e non protetti. Al riguardo c'è innanzitutto da intendersi sui parametri che si utilizzano per valutare il raggiungimento di questo obiettivo. Se si guarda alla facilità con cui oggi si può entrare o uscire dalle imprese, non v'è dubbio che, dopo le riforme, segmentazioni e dualismi siano per alcuni versi diminuiti, perché oggi è più agevole licenziare nelle imprese più grandi (da 15 dipendenti in su). Si è avuta quindi un'equiparazione "verso il basso", una minore tutela giuridica della "stabilità" del rapporto che accomuna assunti a tempo indeterminato (salvo per i dipendenti delle pubbliche amministrazioni) e assunti a termine o con altri contratti non standard. Se però si guarda al regime giuridico, essendovi una moltiplicazione dei vincoli procedimentali e dei regimi sanzionatori in ragione delle dimensioni dell'impresa e della data di stipulazione dei contratti, abbiamo addirittura un aumento delle segmentazioni, intese come differenziazioni dei regimi legali che possono anche alimentare dubbi di conformità di queste discipline rispetto all'art. 3 Cost.

La disciplina speciale della reintegrazione nel lavoro pubblico

Una segmentazione di particolare rilievo si deve registrare con riguardo al lavoro pubblico. Infatti, a seguito della c.d. "privatizzazione", ai rapporti di lavoro con le pubbliche amministrazioni trovava sempre applicazione la tutela reintegratoria piena, persino in caso di licenziamento di dirigenti, a seguito di una, pur opinabile, giurisprudenza delle Alte Corti [48]. Dopo oscillanti interpretazioni sull'applicabilità dell'art. 18 st. lav., come modificato dalla l. 92/2012, la questione è stata definitivamente risolta con il d.lgs. n. 75/2017, che all'art. 21, ha dettato una diversa e autonoma disciplina, che ha come caratteristica di fondo di essere "universale" per il settore pubblico: a prescindere dai motivi di illegittimità, dalla categoria di lavoratori a cui il provvedimento si applica, dalle dimensioni dell'amministrazione in cui il destinatario opera, il licenziamento illegittimo viene sempre sanzionato con la reintegra nel posto di lavoro e il riconoscimento di un risarcimento danni rapportato alla retribuzione, per il periodo tra il licenziamento e il provvedimento del giudice, con un tetto massimo di 24 mensilità.

La scelta del legislatore del 2017, che sicuramente allontana ulteriormente il settore pubblico da quello privato, si fonda essenzialmente sull'idea che le sanzioni contro il licenziamento illegittimo in entrambi i settori tutelano l'interesse del dipendente, cui si affianca, solo nel settore pubblico, la tutela dell'interesse generale al ripristino di un rapporto di lavoro cui si accede mediante concorso e dove particolarmente tutelata è l'imparzialità dell'azione amministrativa (art. 97 Cost.).

14. Il regime speciale dei licenziamenti durante l'emergenza sanitaria dovuta al Covid-19

Nel 2020 la disciplina dei licenziamenti ha conosciuto un regime straordinario in concomitanza con il blocco delle attività produttive disposto dalle autorità politiche per contenere i danni dovuti all'epidemia causata da un virus sconosciuto e, quindi, ad alta letalità (Covid-19). In qualche modo si è riproposta una situazione simile a quella del dopoguerra in cui ci fu, come si è visto, un divieto di licenziare. Nel 2020, anche per l'esistenza di un quadro normativo infinitamente più complesso, il legislatore ha adottato misure riguardanti solo i licenziamenti economici. Sono rimaste dunque in piedi tutte le regole sui licenziamenti disciplinari. Invece sono stati prima sospesi e poi vietati i licenziamenti economici intimati dopo il 23 febbraio 2020 fino al 31 ottobre 2021. Questo eccezionale intervento – c.d. "blocco dei licenziamenti economici" – ha avuto un'applicazione pressoché generalizzata, prescindendo dalle dimensioni del datore di lavoro e lasciando fuori solo pochi rapporti di lavoro: dirigenti, lavoratori in prova, apprendisti, lavoratori che hanno maturato i requisiti pensionistici e lavoratori domestici. Essendosi protratto ben oltre un anno, molto si è discusso della sua conformità all'art. 41 Cost., alla fine ammessa da un orientamento prevalente. In ogni caso un licenziamento adottato in violazione del blocco dei licenziamenti è da considerare radicalmente nullo, con applicazione della tutela reintegratoria piena.

---

[48] V. Cass. 2233/2007 e Corte cost. 103 e 104/2007.

Capitolo XV

Il lavoro a termine e i contratti con finalità formative

SOMMARIO: 1. Evoluzione dell'istituto. – 2. Le ipotesi di legittima apposizione del termine e i requisiti per la valida costituzione del rapporto. La c.d. clausola di contingentamento. – 3. *Segue*: Decorrenza del termine: limiti di durata, proroga del contratto e riassunzione. – 4. Divieti di assunzione a termine. – 5. I diritti dei lavoratori assunti con contratto a tempo determinato: in particolare il diritto di precedenza. – 6. Violazioni delle norme sul contratto a tempo determinato, sanzioni e rimedi. – 7. Discipline speciali. – 8. L'apprendistato e il contratto di formazione e lavoro. Dal Testo Unico del 2011 al *Jobs Act*.

1. Evoluzione dell'istituto

Istituto paradigmatico per comprendere le tecniche di flessibilizzazione dell'impiego della forza-lavoro, il contratto di lavoro a termine è al centro di continui e ripetuti interventi legislativi, che hanno nel corso del tempo, a seconda del contesto socio-economico e politico di riferimento, circoscritto o esteso l'ambito di ricorso a tale tipo contrattuale. L'ultima tappa di questo lungo percorso evolutivo è segnata dal d.l. 4 maggio 2023 n. 48 conv. con modificazioni dalla l. n. 85/2023 che comunque – come già il d.l. n. 87/2018 (il c.d. "Decreto Dignità") – novella alcuni articoli dell'apposito Capo, d.lgs. 81/2015 (artt. 19-29). Quest'ultimo corpo di norme ha sostanzialmente riscritto la disciplina previgente, ridefinendo i confini dell'istituto e ampliandone i margini di utilizzo.

Contratto a termine e automatismo estintivo

La ragione per la quale il contratto a tempo determinato è stato negli anni oggetto di modifiche e integrazioni risiede nel suo elemento caratteristico: l'automatismo estintivo. Nella sostanza, il fatto che il rapporto di lavoro si estingue allo spirare del termine, senza che sia necessario alcun atto di volontà o motivo a tal fine, ha da sempre imposto alcuni limiti, per evitare abusi o comunque elusione delle norme previste a tutela del lavoratore in caso di licenziamento durante il rapporto di lavoro a tempo indeterminato. Tuttavia, nel tempo, la natura di tali limiti è mutata notevolmente.

La disciplina codicistica

L'originaria disciplina codicistica (art. 2097 c.c.), prescriveva la legittima apposizione del termine al contratto di lavoro solo se giustificata dalla specialità del rapporto o se risultante da atto scritto: in mancanza di ciò scattava una presunzione di "tempo indeterminato". Dal punto di vista pratico, comunque, non c'era una netta contrapposizione tra le due forme contrattuali perché anche il contratto a tempo indeterminato poteva essere risolto senza troppe complicazioni, *ad nutum* (art. 2118 c.c.); prevedendosi infatti, sul piano dell'eventuale giustificazione, la specifica disciplina, valida anche per il contratto a termine, del recesso per giusta causa (art. 2119 c.c.).

Molto cambiò con l'emergere di una ben più rigorosa normativa – prima negoziale e in un secondo momento legale – in tema di licenziamento; la quale, imperniandosi sulla necessaria giustificazione del recesso datoriale, rendeva più stabile il contratto a tempo indeterminato. Ecco perché la politica legislativa degli inizi degli anni '60 tese decisamente ad accentuare la tradizionale diffidenza verso le assunzioni a tempo determinato e a favorire l'impiego senza termine.

La l. 230/1962 e l'eccezionalità del termine

Pertanto, si intervenne adottando una tecnica antifraudolenta che evidenziasse il configurarsi del contratto a termine come eccezione in senso stretto rispetto alla regola dell'assunzione a tempo indeterminato. La l. 230/1962, abrogando l'art. 2097 c.c., dispose, oltre alla necessità della forma scritta, una tassativa elencazione di causali giustificatrici, rispondenti ad occasioni di lavoro oggettivamente temporanee, legittimanti l'apposizione del termine [1]. Questa previsione fu accompagnata da alcune fondamentali garanzie, nonché da specifici diritti e tutele, tese a impedire una marginalizzazione socio-economica dei lavoratori a termine. Tale è la funzione del principio di non discriminazione e della previsione della trasformazione in contratto a tempo indeterminato in caso di assunzioni successive a termine.

Dalla legge del 1962 ad oggi storia e fisionomia dell'istituto sono molto cambiate. La tipizzazione delle fattispecie giustificatrici, infatti, è stata prima derogata, poi modulata, sino a scomparire sebbene parzialmente; le c.d. causali sono reintrodotte, da ultimo, per l'apposizione di un termine superiore ai 12 mesi.

Il diritto dell'Unione e il d.lgs. 368/2001

Un passaggio importante è rappresentato dal d.lgs. 368/2001 che, attuando la direttiva 99/70/CE [2], abrogava la l. 230/1962, richiedendo, per poter stipulare legittimamente il contratto a termine, semplicemente la sussistenza e la formalizzazione, per iscritto, di «*ragioni di carattere tecnico, produttivo, organizzativo o sostitutivo*» [3], pena la trasformazione in contratto a tempo indeterminato. Negli anni successivi, tale disciplina è stata al centro di

---

[1] Le ipotesi previste originariamente dalla l. 230/1962 (art. 1, co. 2) erano le seguenti: a) speciale natura dell'attività lavorativa derivante dal carattere stagionale della medesima; b) sostituzione di lavoratori assenti i quali hanno diritto alla conservazione del posto; c) esecuzione di un'opera o di un servizio definiti e predeterminati nel tempo aventi carattere straordinario o occasionale; d) lavorazioni a fase successive che richiedano maestranze diverse, per specializzazioni, da quelle normalmente impiegate e limitatamente alle fasi complementari od integrative per le quali non vi sia continuità di impiego nell'ambito dell'azienda; e) assunzione di personale per specifici spettacoli o programmi radiotelevisivi.

[2] Gli obiettivi della Direttiva possono essere così sintetizzati: a) miglioramento della qualità del lavoro attraverso il rispetto del principio di non discriminazione; e b) creazione di un quadro normativo per la prevenzione degli abusi derivanti dall'utilizzo di una successione di contratti a tempo determinato.

[3] Art. 1, co. 2, d.lgs. 368/2001.

continue puntualizzazioni e manutenzioni – sia legali, sia giurisprudenziali, sia negoziali – tanto che non era più comprensibile se il contratto a termine rappresentasse ancora un'eccezione[4]. Alla fine del 2007, con l'introduzione del co. 1 all'art. 1, d.lgs. 368/2001, fu sancito che «il contratto di lavoro è stipulato di regola a tempo indeterminato». Altresì, alle limitazioni "qualitative" previste dal citato decreto legislativo fu aggiunto un vincolo temporale, pari a trentasei mesi di durata massima del rapporto a termine. Dal 2012 in poi, tuttavia, alla luce delle esigenze di flessibilizzazione del mercato del lavoro, il ricorso all'istituto è stato ulteriormente semplificato. La l. 92/2012 rendeva possibile stipulare un primo contratto a termine, di durata non superiore a 12 mesi, senza la necessità di alcuna ragione giustificatrice. Con il d.l. 34/2014, convertito in l. 78/2014, e poi a seguito con il d.lgs. 81/2015, la c.d. "acausalità" è stata generalizzata, attraverso la sostituzione del limite causale con una restrizione di natura differente, quantitativa. Infatti, la nuova stagione del contratto a tempo determinato è venuta a caratterizzarsi per la possibilità di ricorrervi entro il limite quantitativo stabilito dalla clausola legale c.d. di contingentamento, derogabile dalla contrattazione collettiva. Inoltre era stata confermata a trentasei mesi la durata massima dei contratti a termine. Una riforma, quest'ultima, è bene sottolineare, inserita in un progetto legislativo ben più ampio che, incidendo quasi totalmente sulla disciplina del diritto del lavoro e modificando anche la normativa sul licenziamento in caso di contratto a tempo indeterminato[5], necessariamente ha alterato gli equilibri tra le figure contrattuali.

La l. 92/2012, il d.lgs. 81/2015 e l'"acausalità"

Il penultimo capitolo di questa "saga" è stato il c.d. Decreto Dignità, il d.l. 87/2018, con cui si è tentato di riaprire una stagione impostata sull'antico rigore della "causalizzazione". Ma nel 2023 il quadro è stato rinnovato ancora una volta ad opera del d.l. n. 48, che riscrive aspetti salienti della disciplina di legge.

2. Le ipotesi di legittima apposizione del termine e i requisiti per la valida costituzione del rapporto. La c.d. clausola di contingentamento

La forma scritta

Anche alla luce dell'attuale disciplina il contratto a termine non costituisce, almeno a livello ideale, un contratto standard, in quanto il contratto a tempo indeterminato è ancora la «forma comune del rapporto di lavoro»[6]. Del resto

---

[4] Il dibattito è stato molto acceso e lo stesso legislatore ha cercato di contribuire al suo assestamento puntualizzando, nel 2008 con il d.l. 112, che le *ragioni* potessero essere riferite anche *«all'attività ordinaria del datore di lavoro»*. Il chiaro intento legislativo, in questo caso, era quello di rendere più aperto il ricorso al contratto a termine, e tuttavia la giurisprudenza maggioritaria si è nel tempo orientata a sostenere che la ragione giustificatrice dovesse essere dotata di carattere temporaneo e oggettivo. Tra le tante v. Cass. 1033/2010.

[5] D.lgs. 23/2015.

[6] Art. 1, d.lgs. 15 giugno 2015, n. 81.

la possibilità di stipula del contratto a termine è vincolata al requisito della forma scritta imposta dalla legge *ad substantiam* e, soprattutto, a limiti di diversa natura (causali, temporali, quantitativi).

L'art. 19, d.lgs. 81/2015 prevede al co. 1, la possibilità di stipulare un primo contratto a termine acausale purché il termine di durata non sia superiore ai dodici mesi. Il contratto può avere una durata superiore, ma comunque non eccedente i ventiquattro mesi, solo in presenza di almeno una delle seguenti condizioni: a) nei casi previsti dai contratti collettivi di cui all'art. 51 dello stesso d.lgs. 81/2015, ovvero dai *contratti collettivi nazionali, territoriali o aziendali stipulati da associazioni sindacali comparativamente più rappresentative sul piano nazionale e dai contratti collettivi aziendali stipulati dalle loro rappresentanze sindacali aziendali ovvero dalla rappresentanza sindacale unitaria*; b) in assenza delle previsioni di cui alla lettera a), nei contratti collettivi applicati in azienda, e comunque entro il 30 aprile 2024, per esigenze di natura tecnica, organizzativa o produttiva individuate dalle parti; b-*bis*) in sostituzione di altri lavoratori.

Causali e durata massima complessiva dei contratti a termine

Il termine massimo non può essere superato per effetto di una successione di contratti, conclusi per lo svolgimento di mansioni di pari livello e categoria legale e indipendentemente dai periodi di interruzione tra un contratto e l'altro. Si tiene conto anche dei periodi di missione aventi ad oggetto mansioni di pari livello e categoria legale, svolti tra i medesimi soggetti, nell'ambito di somministrazioni di lavoro a tempo determinato (art. 19, co. 2, d.lgs. 81/2015). Sono fatte salve le eventuali diverse disposizioni dei contratti collettivi e con l'eccezione delle attività stagionali. Il termine – come sopra accennato – deve risultare, direttamente o indirettamente, da atto scritto, ritenendosi altrimenti la relativa clausola priva di effetti (art. 19, co. 4, d.lgs. 81/2015).

Clausola di contingentamento: deroghe ed esclusioni

Oltre ai limiti di durata, e alla regola sulla causalità per periodi di tempo superiori ai dodici mesi, sono previsti limiti quantitativi. In base all'art. 23, d.lgs. 81/2015, è lecito ricorrere al contratto a termine entro il limite del 20% del numero dei lavoratori a tempo indeterminato (c.d. clausola di contingentamento) in forza al primo gennaio dell'anno di assunzione, con un arrotondamento del decimale all'unità superiore qualora esso sia eguale o superiore a 0,5 [7]. Per i datori di lavoro che occupano fino a cinque dipendenti è sempre possibile stipulare un (1 di numero) contratto a tempo determinato. Tale limite è derogabile dalla contrattazione collettiva e in talune ipotesi non trova applicazione (ad esempio: nella fase di avvio di nuove attività per i periodi definiti dai contratti collettivi nazionali di lavoro anche in misura non uniforme con riferimento ad aree geografiche e/o comparti merceologici; per le imprese *start-up* innovative *ex* art. 25, co. 2-3, d.l. 179/2012, conv. dalla l. 221/2012; per ragioni di carattere sostitutivo, o di stagionalità [8]; per specifici

[7] Prima dell'entrata in vigore del d.l. 34/2014 e del d.lgs. 81/2015 il legislatore aveva già previsto la possibilità, meramente eventuale però, in capo alla contrattazione collettiva di introdurre le c.d. clausole di contingentamento.

[8] Ivi comprese le attività già previste nell'elenco allegato al d.P.R. 1525/1963 e successive modifiche.

spettacoli ovvero specifici programmi radiofonici o televisivi; con lavoratori di età superiore a 50 anni [9]).

3. *Segue*: Decorrenza del termine: limiti di durata, proroga del contratto e riassunzione

La prosecuzione del rapporto e il periodo di tolleranza

I limiti temporali disciplinati dal legislatore al fine di evitare la reiterazione della stipula di contratti a termine che simulino, però, rapporti lavorativi a tempo indeterminato, non riguardano solamente la durata massima del rapporto. Essi, infatti, ineriscono anche alla proroga, alla riassunzione e alla prosecuzione di fatto della prestazione lavorativa dopo la scadenza del termine.

Partendo da quest'ultimo punto, il legislatore ha riconosciuto la possibilità che, allo scadere del termine inizialmente fissato o successivamente prorogato, vi sia un'esigenza di continuazione dell'attività. In tal caso è consentito che il rapporto continui, per un periodo di tolleranza massimo predeterminato che non può estendersi oltre il trentesimo giorno, per contratti a tempo determinato inferiori ai sei mesi, ovvero entro il cinquantesimo giorno, per i contratti con durata superiore. Al fine di disincentivare scopi elusivi della tutela del prestatore di lavoro però, il legislatore ha anche previsto l'obbligo datoriale di corrispondere al lavoratore una maggiorazione retributiva per ogni giorno di continuazione del rapporto pari al 20% fino al decimo giorno successivo, al 40% per ciascun giorno ulteriore (art. 22, d.lgs. 81/2015).

La proroga del contratto

Diversa dalla prosecuzione di fatto è l'ipotesi della proroga del contratto a termine. Il legislatore stabilisce che il termine del contratto a tempo determinato può essere prorogato, con il consenso del lavoratore, solo quando la durata iniziale del contratto sia inferiore a ventiquattro mesi, e, comunque, per un massimo di quattro volte nell'arco del suddetto arco temporale a prescindere dal numero dei contratti. Il contratto può essere prorogato liberamente nei primi dodici mesi, mentre, successivamente solo in presenza delle condizioni che, come visto, più in generale legittimano la stipulazione di contratti a termine di durata superiore ai dodici mesi (art. 21, d.lgs. 81/2015) [10].

[9] Oltretutto, il limite percentuale non trova applicazione nei casi di contratti di lavoro a tempo determinato stipulati tra università private, incluse le filiazioni di università straniere, istituti pubblici di ricerca ovvero enti privati di ricerca e lavoratori chiamati a svolgere attività di insegnamento, di ricerca scientifica o tecnologica, di assistenza tecnica alla stessa o di coordinamento e direzione della stessa, tra istituti della cultura di appartenenza statale ovvero enti, pubblici e privati derivanti da trasformazione di precedenti enti pubblici, vigilati dal Ministero dei beni e delle attività culturali e del turismo, ad esclusione delle fondazioni di produzione musicale di cui al d.lgs. 29 giugno 1996, n. 367, e lavoratori impiegati per soddisfare esigenze temporanee legate alla realizzazione di mostre, eventi e manifestazioni di interesse culturale (art. 23, co. 3, d.lgs. 81/2015).

[10] Prima delle modifiche apportate dal d.l. 87/2018 le proroghe erano ammissibili in un numero di cinque e, tenuto conto del principio generale di acausalità che ne caratterizzava la disciplina, anche per la proroga non rilevava la specificazione delle ragioni oggettive.

Riassunzione

Ugualmente per la riassunzione dello stesso lavoratore – che si differenzia dalla proroga perché, mentre quest'ultima comporta l'allungamento del rapporto in atto, essa presuppone l'avvenuta estinzione del precedente rapporto a termine – sono previsti alcuni limiti. Prima di procedere alla nuova assunzione è necessario intercorrano dieci giorni, in caso di rapporto a tempo determinato inferiore a sei mesi, e venti nel caso in cui esso sia superiore ai sei mesi (art. 21, co. 2, d.lgs. 81/2015). In ogni caso, per rinnovare un contratto a tempo determinato sarà comunque necessario formalizzare le causali di cui all'art. 19, d.lgs. 81/2015. Fanno eccezione i contratti per attività stagionali.

In generale, a ogni modo, il limite temporale massimo può essere superato attraverso la stipulazione di un ulteriore contratto a tempo determinato tra gli stessi soggetti, della durata massima di dodici mesi, presso la Direzione territoriale del lavoro competente per territorio (art. 19, co. 3).

Anche per il limite temporale troviamo delle esclusioni che in gran parte corrispondono – essendo analoga la logica di fondo – alle esclusioni sopra già viste in tema di contingentamento quantitativo. Quindi, il rispetto dei ventiquattro mesi e i limiti degli intervalli temporali sopra descritti non trovano anzitutto applicazione per le assunzioni stagionali dove la ricorrenza, nella temporaneità, è "naturale" e intrinseca alla fattispecie. L'esenzione vale anche per le assunzioni a termine effettuate dalle imprese *start-up*, per i primi quattro anni della costituzione della società ovvero per il più limitato periodo previsto per le società già costituite [11], e per tutte le ipotesi in cui la contrattazione collettiva lo disponga [12].

4. Divieti di assunzione a termine

In alcune ipotesi non è possibile ricorrere all'assunzione con contratto a tempo determinato perché il legislatore ha riconosciuto la preminenza di determinati interessi e diritti rispetto all'esigenza di apposizione del termine. Non è così ammessa, *ex* art. 20, d.lgs. 81/2015, l'assunzione a tempo determinato nel caso in cui: a) attraverso essa si miri alla sostituzione di lavoratori che esercitano il diritto di sciopero, onde vanificare lo scopo dell'esercizio di questo diritto; b) qualora le imprese non abbiano effettuato la valutazione dei rischi in applicazione della normativa della tutela e della sicurezza dei lavoratori, al fine di incentivare la sicurezza sui luoghi di lavoro [13]; c) presso unità produttive nelle quali si sia proceduto, entro i sei mesi precedenti, a licenziamenti collettivi [14], che abbiano riguardato lavoratori adibiti alle stesse mansioni cui si

[11] *Ex* art. 25, co. 3, d.l. 179/2012 convertito dalla l. 221/2012, richiamato dall'art. 21, co. 3, d.lgs. 81/2015.

[12] Cfr. l'art. 19, co. 2, e art. 21, co. 2 e 3, d.lgs. 81/2015.

[13] Tale divieto si applica anche alle pp.aa. V. Cass. 24 giugno 2020, n. 12499.

[14] Ai sensi degli artt. 4 e 24, l. 223/1991.

riferisce il contratto di lavoro a tempo determinato, salvo che tale contratto sia concluso per provvedere a sostituzione di lavoratori assenti, ovvero sia concluso per assumere lavoratori in liste di mobilità, oppure abbia una durata iniziale non superiore a tre mesi; d) presso unità produttive nelle quali sia operante una sospensione dei rapporti o una riduzione dell'orario, con diritto al trattamento di integrazione salariale, che interessino lavoratori adibiti alle mansioni cui si riferisce il contratto a termine. In tali ipotesi, infatti, se l'impresa ha avuto l'esigenza di ridurre il personale appare contraddittoria la necessità di assumere nuovi lavoratori.

5. I diritti dei lavoratori assunti con contratto a tempo determinato: in particolare il diritto di precedenza

Principio di non discriminazione e parità di trattamento

Ai lavoratori assunti a termine si applica il trattamento economico e normativo in atto nell'impresa per i lavoratori a tempo indeterminato comparabili, in quanto compatibili (art. 25, d.lgs. 81/2015). Questa compatibilità possiamo comprenderla meglio se ricordiamo che alla base restano sempre i principi di non discriminazione e di uniformità di trattamento economico e normativo tra tutti i lavoratori, senza distinguere in base al tipo di contratto di lavoro. Sono ritenuti comparabili i lavoratori inquadrati nello stesso livello in forza dei criteri di classificazione stabiliti dalla contrattazione collettiva e in proporzione al periodo lavorativo prestato, sempre che non sia obiettivamente incompatibile con la natura del contratto a tempo determinato. Oltretutto, i contratti collettivi possono prevedere modalità e strumenti diretti ad agevolare l'accesso dei lavoratori a tempo determinato a opportunità di formazione adeguata, per aumentarne la qualificazione, promuoverne la carriera e migliorarne la mobilità occupazionale (art. 26, d.lgs. 81/2015).

Diritto di precedenza

Per di più, è previsto un c.d. diritto di precedenza, garantito nei confronti di coloro che esercitano attività stagionali, nelle successive assunzioni a termine per le medesime attività, e dei lavoratori a tempo determinato in caso di assunzioni con contratti a tempo indeterminato per le mansioni già espletate, quando essi abbiano prestato attività lavorativa per più di sei mesi (art. 24, co. 1 e 3, d.lgs. 81/2015). In ogni caso, il diritto di precedenza deve essere espressamente richiamato nell'atto scritto e il suo riconoscimento è subordinato alla manifestazione di volontà dei lavoratori di goderne, da aversi rispettivamente entro tre mesi e sei mesi dalla cessazione del rapporto (art. 24, co. 4, d.lgs. 81/2015). Il diritto si estingue entro un anno dalla scadenza del contratto.

Alcune specificità attengono al diritto di precedenza in capo alle lavoratrici madri. Nei loro confronti, il congedo di maternità usufruito nell'esecuzione di un contratto a tempo determinato presso lo stesso datore di lavoro, concorre a determinare il periodo di attività lavorativa utile a conseguire il diritto di precedenza.

Anche sulla materia in questione, sono fatte salve le disposizioni della contrattazione collettiva (art. 24, co. 1, d.lgs. 81/2015), che può dunque puntualizzare e integrare i margini di questa importante prerogativa.

6. Violazioni delle norme sul contratto a tempo determinato, sanzioni e rimedi

Le ipotesi di trasformazione del rapporto a termine in contratto a tempo indeterminato

Per completare il quadro giuridico, il legislatore ha disciplinato le sanzioni in caso di violazioni della disciplina da parte del datore di lavoro, disponendo *in primis* la trasformazione legale del rapporto in contratto a tempo indeterminato in caso di violazione della forma scritta del termine *ad substantiam* (anche se in tal caso la norma afferma che la clausola appositiva del termine è "priva di effetto") o di protrazione *ultra tempus* del termine. Ad essere più puntuali si può affermare che il rapporto si trasforma a tempo indeterminato: in assenza di forma scritta del termine; qualora superati i dodici mesi non si sia in presenza di una delle ipotesi che ne legittimano la proroga o la riassunzione o nelle ipotesi di superamento del limite massimo del termine di ventiquattro mesi per effetto di un unico contratto o di una successione di contratti. In questi ultimi casi esso si trasforma dalla data di superamento del termine (art. 19, co. 2 d.lgs. 81/2015). Si ha la trasformazione, altresì, in conseguenza del mancato rispetto della procedura di stipula presso la DTL o del superamento del termine apposto nel contratto *ex* art. 19, co. 3, d.lgs. 81/2015; in caso di violazione dei divieti di stipulazione *ex* art. 20, d.lgs. 81/2015; per superamento del numero di proroghe – operando in questo caso la trasformazione dalla data di decorrenza della quinta proroga –, dei termini di riassunzione o, infine, in caso di continuazione di fatto oltre il periodo di tolleranza (artt. 21 e 22, d.lgs. 81/2015).

Risarcimento del danno e onnicomprensività

In tutte le ipotesi di trasformazione a tempo indeterminato, altresì, è previsto *ex* art. 28, co. 2, d.lgs. 81/2015, un risarcimento del danno a favore del lavoratore: il giudice condanna il datore di lavoro e stabilisce un'indennità onnicomprensiva nella misura compresa tra un minimo di 2,5 e un massimo di 12 mensilità dell'ultima retribuzione di riferimento per il calcolo del trattamento di fine rapporto, avuto riguardo ai criteri indicati nell'art. 8, l. 604/1966 [15]. Questa indennità ristora per intero il pregiudizio subito dal lavoratore, comprese le conseguenze retributive e contributive relative al periodo compreso tra la scadenza del termine e la pronuncia con la quale il giudice ha ordinato la ricostituzione del rapporto di lavoro [16].

---

[15] Il riferimento è, dunque, alle norme sulla riassunzione del lavoratore in caso di invalidità del licenziamento.

[16] In presenza di contratti collettivi che prevedano l'assunzione, anche a tempo indeterminato, di lavoratori già occupati con contratto a termine nell'ambito di specifiche graduatorie, il limite massimo dell'indennità è ridotto alla metà.

Le sanzioni amministrative

Oltre alle sanzioni suddette, ne sono previste ulteriori di natura amministrativa. È infatti sancito che, in caso di superamento del limite previsto dalle c.d. clausole di contingentamento, per ciascun lavoratore si applica una sanzione amministrativa di importo pari al 20% della retribuzione, per ciascun mese o frazione di mese superiore a quindici giorni di durata del rapporto di lavoro, se il numero dei lavoratori assunti in violazione del limite percentuale non è superiore a uno; o al 50% della retribuzione, per ciascun mese o frazione di mese superiore a quindici giorni di durata del rapporto di lavoro, se il numero dei lavoratori assunti in violazione del limite percentuale è superiore a uno. In questa ipotesi è esclusa la sanzione della trasformazione a tempo indeterminato (art. 23, co. 4, d.lgs. 81/2015).

Sanzioni amministrative sono altresì previste per la violazione dell'art. 25, d.lgs. 81/2015, in caso – cioè – di inosservanza degli obblighi di parità di trattamento tra lavoratori a termine e lavoratori a tempo indeterminato [17].

I termini di impugnazione

Ovviamente i diversi, eventuali vizi imputabili alla stipula del contratto a termine devono essere fatti valere dal lavoratore con i consueti rimedi di giustizia. In particolare, il lavoratore – a pena di decadenza – è tenuto ad impugnare la nullità del termine e la violazione delle norme sul rapporto a tempo determinato entro 180 giorni dalla cessazione del singolo contratto (con qualsiasi atto scritto anche extragiudiziale) [18] e nei successivi 180 giorni deve proseguire con il deposito dell'eventuale ricorso giudiziale ovvero con la comunicazione alla controparte della richiesta di tentativo di conciliazione o arbitrato (art. 28, co. 1, d.lgs. 81/2015).

7. Discipline speciali

Norme speciali e rapporti a termine

Per determinati lavoratori non tutte le norme sul contratto a termine trovano applicazione. L'art. 29, d.lgs. 81/2015 esclude dall'ambito di applicabilità della disciplina del contratto a tempo determinato, in quanto già regolamentati da norme speciali, i rapporti di lavoro stipulati con lavoratori in mobilità, i rapporti di lavoro tra i datori di lavoro dell'agricoltura e gli operai a tempo determinato, i richiami in servizio del personale volontario del Corpo nazionale dei vigili del fuoco. Sono, altresì, esclusi dal campo di applicazione i rapporti per l'esecuzione di speciali servizi di durata non superiore a tre giorni, nel settore del turismo e dei pubblici esercizi, nei casi individuati dai contratti collettivi, fermo l'obbligo di comunicare l'instaurazione del rapporto di lavoro entro il giorno antecedente; i contratti a tempo determinato stipulati con il personale docente ed ATA per il conferimento delle supplenze e con il personale sanita-

---

[17] Il datore di lavoro è punito con la sanzione amministrativa da 25,82 euro a 154,94 euro. Se l'inosservanza si riferisce a più di cinque lavoratori, si applica la sanzione amministrativa da 154,94 euro a 1.032,91 euro.

[18] L'originaria versione del d.lgs. 81/2015 prevedeva un termine per l'impugnazione più breve, fissandolo in 120 giorni dalla cessazione del rapporto di lavoro.

rio, anche dirigente, del Servizio sanitario nazionale; i contratti a tempo determinato stipulati ai sensi della l. 30 dicembre 2010, n. 240 (personale accademico delle università). Al personale artistico e tecnico delle fondazioni di produzione musicale, invece, non si applicano le disposizioni inerenti al termine massimo e alla disciplina delle proroghe e dei rinnovi (dunque, gli artt. 19, co. 1-3, e 21, d.lgs. 81/2015).

Nell'ambito di tali esclusioni meritano di essere segnalate le discipline speciali riguardanti i dirigenti ed i lavoratori della pubblica amministrazione.

I contratti di lavoro a tempo determinato con i dirigenti non possono avere una durata superiore a cinque anni, salvo il diritto del dirigente di recedere a norma dell'art. 2118 c.c. una volta trascorso un triennio (art. 29, co. 2, lett. *a*).

Nel pubblico impiego, le differenze principali si rinvengono nella disciplina delle causali e delle sanzioni irrogabili in caso di violazione della disciplina.

I contratti a termine nel lavoro pubblico

Più specificatamente, l'art. 36, d.lgs. 165/2001 prevede, innanzitutto, che le amministrazioni pubbliche debbano assumere normalmente con contratti di lavoro a tempo indeterminato; il ricorso a contratti a termine è consentito esclusivamente per rispondere ad esigenze temporanee o eccezionali (art. 36, co. 2). Diverso è anche il regime delle decadenze e dei termini di impugnazione.

I contratti a termine illegittimi sono nulli ma non opera in questa sede la trasformazione in contratto a tempo indeterminato: sono, invece, previsti la responsabilità erariale in capo ai dirigenti che abbiano violato le norme in tema di assunzione e il risarcimento del danno a favore del lavoratore illegittimamente impiegato[19]. Si tratta di una questione molto dibattuta. Da un lato, c'è il principio di eguaglianza; ma tale specialità si fa discendere dalla precettività dell'art. 97 Cost. sulla regola del concorso quale modalità generale e tendenzialmente esclusiva di assunzione nel pubblico impiego: si ché la differenza con il regime del lavoro privato sarebbe ragionevole e poggerebbe su ragioni di interesse pubblico anche di ordine finanziario[20]; da un altro lato, si ravvisano in quest'esclusione anche profili di non conformità con la disciplina dell'Unione europea.

La Corte di giustizia è intervenuta sul tema più di una volta, legittimando la non applicazione al lavoro pubblico della sanzione prevista per il lavoro privato; pur sottolineando la necessità di prevedere «misure effettive volte a prevenire e a punire eventuali usi abusivi del contratto a tempo determinato»[21]. La

---

[19] Di recente Cass. civ., sez. VI, 3 marzo 2020, n. 5740; sez. lav. 1° giugno 2020, n. 10410; 3 giugno 2020, n. 10538; sez. lav. 25 giugno 2020, n. 12718.

[20] Tra le tante, v. Corte cost. 89/2003.

[21] CGUE, sentenza 7 marzo 2018, causa C-494/16, *Santoro*. A questo riguardo, la Corte evidenzia che la normativa nazionale prevede altre misure destinate a prevenire e sanzionare il ricorso abusivo a contratti a tempo determinato. Difatti, l'art. 36, co. 5, d.lgs. 165/2001 dispone che le amministrazioni sono tenute a recuperare, nei confronti dei dirigenti responsabili, le somme pagate ai lavoratori a titolo di risarcimento del danno sofferto a causa della violazione delle disposizioni relative al reclutamento o all'impiego, quando detta violazione sia dovuta a dolo o colpa grave. Una siffatta violazione dovrebbe essere inoltre presa in considerazione ai fini della valutazione dell'operato di detti dirigenti i quali, a causa della citata violazione, non potrebbero ottenere un premio di risultato. Inoltre, l'art. 36, co. 6, di detto decreto legislativo prevede che le amministrazioni pubbliche che abbiano agito in violazione delle norme relative al reclutamento o al-

sanzione risarcitoria, prevista per l'illegittima stipulazione di un contratto a termine nel settore del lavoro pubblico dall'art. 36, d.lgs. 165/2001, non è, a priori, uno strumento inadeguato al fine di perseguire gli scopi della Direttiva; tuttavia, spetta al giudice nazionale italiano valutare se essa sia «uno strumento adeguato a prevenire e, se del caso, sanzionare l'utilizzo abusivo da parte della pubblica amministrazione di una successione di contratti o rapporti di lavoro a tempo determinato»[22]. Una questione particolarmente rilevante sulla quale, dinanzi a pronunce giurisprudenziali che continuano a proporre soluzioni differenti, la Cassazione a Sezioni Unite si è già pronunciata; quest'ultima, innanzitutto, ha esonerato il lavoratore dalla prova del danno patito dal lavoratore, considerandolo *in re ipsa*, e ha poi imposto al giudice l'individuazione di un parametro di quantificazione della somma spettante verso «un ambito normativo omogeneo, sistematicamente coerente e strettamente contiguo che è quello del risarcimento del danno nel rapporto a tempo determinato nel lavoro privato»[23]. La giurisprudenza, altresì, ha messo adeguatamente in luce che la reiterazione abusiva dei contratti a termine genera una situazione di incertezza sulla stabilità occupazionale, che può portare ad un danno c.d. *da precarizzazione*, che lede la dignità della persona, quale diritto inviolabile, di cui è proiezione anche il diritto al lavoro in quanto tale, riconosciuto nel diritto interno dagli artt. 2 e 4 Cost, e nel diritto eurounitario dagli artt. 1 e 15 della cd. Carta di Nizza[24]. Il dibattito è tutt'ora in corso, come testimoniano iniziative sia giudiziali[25] sia europee[26].

---

l'impiego non possano procedere, a nessun titolo, ad assunzioni nei tre anni successivi a detta violazione. Sul tema anche Corte cost. 27 dicembre 2018, n. 248.

[22] Sul punto già CGUE nel caso *Vassallo:* la sentenza è del 2006 (C-180/2004). Questo orientamento, che è sempre apparso assai granitico, ha subito una qualche spinta in avanti alla fine del 2014 quando la CGUE ha apertamente censurato la normativa italiana sul personale scolastico – docente e ata – a tempo determinato. È necessario, infatti, secondo la Corte, che il legislatore definisca criteri obiettivi e trasparenti per verificare se il rinnovo contrattuale, anche in queste ipotesi, risponda ad esigenze reali, viepiù in assenza di un rimedio risarcitorio effettivamente idoneo a prevenire e sanzionare l'abuso dell'illimitata reiterazione di contratti a termine ("sentenza Mascolo" del 26 novembre 2014, nelle cause riunite C-22/13, da C-61/13 a C-63/13 e C-418/13). A seguito di questa condanna, il legislatore italiano ha introdotto puntuali limiti di durata dei contratti a tempo determinato stipulati con il personale docente, educativo, amministrativo, tecnico e ausiliario presso le istituzioni scolastiche ed educative statali e ha previsto l'istituzione di un fondo *ad hoc* per i pagamenti in esecuzione di provvedimenti giurisdizionali aventi ad oggetto il risarcimento e volti, dunque, a rimediare all'abuso del contratto a termine (l. 107/2015, art. 1, co. 131).

[23] Fattispecie strettamente contigua, che le Sezioni Unite hanno individuato nell'art. 28, co. 2, d.lgs. 81/2015 e nell'indennità forfettaria ivi prevista, così Cass. S.U. n. 5072/2016.

[24] Cass. 9 giugno 2020, n. 10999. V. anche Cass. 16 febbraio 2021, n. 4052; Cass. 18 agosto 2021, n. 23073. Più sfumate le posizioni nella giurisprudenza di merito; v., ad esempio, Trib. Napoli 25 maggio 2022 sul caso dei docenti di religione, per il risarcimento dei quali il Giudice propone un criterio che consideri il numero complessivo degli incarichi negli anni reiterati abusivamente.

[25] Con ord. n. 11037 del 27 aprile 2023 la Cass. ha disposto rinvio pregiudiziale alla CGUE sulla compatibilità della normativa italiana relativa agli incarichi dei docenti civili delle scuole e le altre istituzioni della Marina e dell'Aviazione rispetto al Diritto dell'Unione in materia di contratti a termine.

[26] V. la procedura di infrazione aperta dalla Commissione il 19 aprile 2023 contro l'Italia, riguardante esattamente il trattamento discriminatorio in materia sofferto da tanti precari della p.a.

8. L'apprendistato e il contratto di formazione e lavoro. Dal Testo Unico del 2011 al *Jobs Act*

L'evoluzione storica del contratto di apprendistato

Nonostante la rilevanza generale che la formazione va assumendo sul piano dei diritti costituzionali dei lavoratori (cap. II, par. 13) e dei contenuti generali del contratto di lavoro (cap. IV), gli ordinamenti giuridici nazionali continuano a prevedere uno o più contratti di lavoro specificamente diretti a coniugare attività produttiva e attività formativa. In conformità con tradizioni antiche, risalenti addirittura al medioevo, il contratto tipicamente volto a consentire l'apprendimento di un mestiere è l'apprendistato. Esso ha una sua regolazione già nel codice civile del 1942, agli artt. 2130 ss., collocati nella sezione IV del libro V, rubricata "tirocinio" proprio per distinguerlo dagli altri "rapporti di lavoro", cui è dedicata la sezione III. Ma non bisogna farsi trarre in inganno: qui si parla proprio dell'apprendista, al quale il codice riconosce una retribuzione (art. 2131), il diritto all'istruzione professionale (art. 2132), un attestato del tirocinio compiuto (art. 2133), nonché l'applicazione di tutte le norme sul contratto di lavoro compatibili con «la specialità del rapporto» e non derogate da leggi speciali (art. 2134). La successiva storia normativa dell'apprendistato è poi, in verità, soprattutto storia di leggi speciali (le principali sono le l. 25/1955, 424/1968, 56/1987, 196/1997 e i d.lgs. 276/2003, 167/2011, 81/2015); ma è anche la storia di uno dei pochi contratti della cui "tipicità causale" poco si è dubitato, almeno fino a ieri. Nel senso che dottrina e giurisprudenza hanno ben presto definito l'apprendistato un contratto a causa mista, dal momento che lo scambio contrattuale che con esso si realizza non si esaurisce nell'erogazione di lavoro in cambio di una retribuzione, ma "incorpora" anche un obbligo di formare o far formare il lavoratore che grava innanzitutto sul datore di lavoro. Proprio questa specialità costituisce la giustificazione teorica della riduzione del costo complessivo dell'apprendista (in termini di oneri sociali e retributivi) a fronte della destinazione di tempo ed impegno del lavoratore ad un percorso formativo tale da rafforzarne la posizione sui mercati professionali.

Contratto di apprendistato e causa mista

Con questa configurazione è facile però capire come l'apprendistato presenti un'intrinseca ambiguità: può essere un prezioso strumento per formare i lavoratori, specialmente giovani; ma può anche diventare un formidabile alibi per risparmiare solo sul costo del lavoro. Il problema che si incontra nella regolazione giuridica dell'istituto è quello di fare in modo che il secondo obiettivo non annulli il primo.

Per affrontare questo problema, il contratto di apprendistato è stato presto regolato da una disciplina ben più specifica degli artt. 2130 ss. c.c. appena ricordati. La l. 25/1955 intervenne subito a dettare norme sull'età degli apprendisti (che doveva essere compresa tra i 15 e i 21 anni), sulla durata massima del contratto (5 anni), sullo svolgimento del lavoro e della formazione, su autorizzazioni e controlli da parte delle amministrazioni pubbliche (inaspriti dal 1968), sul ruolo della contrattazione collettiva. Questa legislazione non è, però, servita ad evitare che verso la fine degli anni '70 se ne accettasse il progressivo declino in quanto strumento di «legittimazione formale dello sfruttamento del lavoro giovanile» (Offeddu, 1979, p. 361), nonostante vari interventi della Corte costituzionale di segno più protettivo rispetto alla legge e alla contrattazione, come quello del 1973 [27], avessero esteso l'applicazione della tutela contro i licenziamenti arbitrari anche agli apprendisti. Anche grazie a questa sentenza, però, l'apprendistato ha assunto la singolare fisionomia di un contratto "garantito" durante la sua esecuzione, diretta ad assicurare l'apprendimento, ma dal quale il datore di lavoro può recedere alla scadenza dando soltanto il preavviso in considerazione della durata predeterminata. Una configurazione non certo lineare sotto il profilo teorico-dogmatico, ma frutto dei progressivi tentativi di conciliare convenienza per le imprese ed effettività dell'arricchimento professionale.

L'esperienza del contratto di formazione e lavoro

Negli anni '80 è parso che il contratto di apprendistato dovesse cedere il passo a nuovi tipi contrattuali, come il contratto di formazione-lavoro (CFL), coniato da una legge speciale del 1977 e poi perfezionato nel 1984. Il CFL, però, in varie successive versioni (tra cui uno "sdoppiamento" realizzato nel 1994) e nonostante le grandi aspettative in origine suscitate, è durato una ventina d'anni ed è stato affossato dal contrasto con la normativa comunitaria sugli aiuti di Stato rilevata prima dalla Commissione CE [28] e poi dalla Corte di giustizia europea [29].

La valorizzazione dell'apprendistato nel d.lgs. 276/2003: la sua tripartizione

Già dal 1997, con la l. 196, si è dunque ricominciato a valorizzare l'apprendistato, che ha vissuto un vero e proprio rilancio con la riforma del mercato del lavoro realizzata con il d.lgs. 276/2003. Esso non solo rivisita profondamente il contratto di ascendenza codicistica (c.d. professionalizzante, che può interessare i giovani tra i 18 e i 29 anni), ma introduce altri due tipi di contratti di apprendistato, il primo rivolto a consentire l'acquisizione di una formazione professionale negli ultimi anni del percorso scolastico destinato ai giovani compresi tra i 15 e i 18 anni, il secondo diretto a consentire un intreccio tra alta formazione post-scolare ed esperienza lavorativa, utilizzabile anche fino ai 29 anni. Pur riproponendosi tutto il corredo di incentivi e vincoli, convenienze datoriali ed espedienti per assicurare la reale formazione a giovani dai percorsi di inserimento sempre più travagliati, il nuovo apprendistato finisce per ereditare per intero il fardello di sospetti e aspettative che aveva accompagnato il superamento del vecchio contratto di tirocinio e il moto, prima ascendente poi discendente, del CFL. Per di più, il suo decollo ha finito per incrociare una delle più difficili congiunture istituzionali della nostra storia repubblicana, cioè l'irrompere delle Regioni nella disciplina del mercato del lavoro e della formazione professionale con i nuovi poteri e le nuove competenze delineate dalla riforma del titolo V Cost. Basti dire che, a seguito della nuova formulazione dell'art. 117 Cost., non si riusciva più a capire dove finisse la competenza del legislatore statale e dove cominciasse quella del legislatore regionale e come si do-

---

[27] Corte cost. 107/1973.

[28] Decisione 11 maggio 1999, n. 128.

[29] C.G.E. 7 marzo 2002, causa C-310/1999, e 1° aprile 2004, causa C-99/2002.

vesse configurare il complesso intreccio tra interventi legislativi di diverso livello e competenze assegnate alla contrattazione collettiva dalla Costituzione stessa o dalle diverse leggi statali e regionali. Ci sono voluti circa dieci anni e due importanti sentenze della Corte costituzionale[30] per fare un po' di chiarezza e fissare i seguenti principi:

Le competenze del legislatore statale e regionale

a) il legislatore statale ha competenza esclusiva per quanto riguarda la regolazione degli istituti del contratto di apprendistato che nulla hanno a che fare con la formazione e per la fissazione dei livelli minimi della formazione professionale da garantire su tutto il territorio nazionale;

b) la legge regionale può intervenire a regolare la formazione professionale extra-aziendale e raccordare gli incentivi per l'apprendistato alla regolazione e alla gestione di ciascun mercato regionale del lavoro;

c) la contrattazione collettiva che interviene negli ambiti ad essa riconosciuti dal legislatore statale non deve essere compressa dalle legislazioni regionali;

d) in ogni caso la disciplina della materia deve ispirarsi al principio della leale collaborazione tra tutti i soggetti pubblici competenti e le forze sociali.

Il T.U. 167/2011 e il d.lgs. 81/2015

Il T.U. 167/2011, sulla falsariga del d.lgs. 276/2003, ha rilanciato la trilogia dell'apprendistato, facendo ordine tra le fonti e attribuendo notevole rilevanza alla contrattazione collettiva, interconfederale e nazionale, alla quale viene in linea generale rimessa la disciplina del contratto nel rispetto dei principi indicati dal medesimo testo unico (art. 2, co. 1, lett. *a-m*). La nuova trilogia è stata, poi, raccolta nel d.lgs. 81/2015 di riordino delle tipologie contrattuali, che ha confermato la struttura delle riforme precedenti, con qualche significativa novità legata alla (almeno dichiarata) volontà di rafforzare un sistema "duale" di formazione e lavoro per l'occupazione dei giovani.

Il contratto si articola nelle tre seguenti tipologie:

Apprendistato per la qualifica e il diploma professionale

A) l'apprendistato per la qualifica e il diploma professionale, il diploma di istruzione secondaria superiore e il certificato di specializzazione tecnica superiore, destinato ai giovani tra i 15 e i 25 anni privi di qualifica che vogliano acquisirla attraverso i percorsi scolastici o della formazione professionale regionale (triennale per la qualifica professionale e quadriennale per il diploma professionale). Per essi – in base agli indirizzi della Conferenza Stato-Regioni – la formazione deve avere una durata di 400 ore (riducibili per gli ultradiciottenni che abbiano già competenze riconoscibili in crediti formativi), integrabile da una formazione aziendale definita dalla contrattazione collettiva;

Apprendistato professionalizzante

B) l'apprendistato professionalizzante, destinato ai giovani tra i 18 e i 29 anni che vogliano acquisire una qualifica contrattuale, cioè un titolo non rilasciato dal sistema educativo ma connesso all'inquadramento previsto dalla contrattazione collettiva. Per questa tipologia la formazione è definita dalla contrattazione collettiva, con un limite di offerta formativa pubblica da parte delle Regioni, e da essa definita, che può arrivare a 120 ore nel triennio;

---

[30] Corte cost. 50/2005 e 176/2010.

Apprendistato di alta formazione e ricerca

C) l'apprendistato di alta formazione e di ricerca, destinato ai giovani tra i 18 e i 29 anni, coniugabile con i percorsi di diploma di scuola superiore, la laurea, il dottorato di ricerca, l'attività di ricerca e il praticantato professionale. Questo apprendistato può essere attivato a seguito di convenzioni tra datori di lavoro e istituzioni educative e la formazione è essenzialmente regolata dal sistema pubblico (regioni o istituzioni educative); alla contrattazione è affidato il ruolo residuo di regolare la formazione in azienda[31].

Il trattamento economico e normativo

Il T.U. del 2011 è stato novellato prima dalla l. 92/2012, sulla riforma del mercato del lavoro, poi dalla l. 78/2014, sul rilancio dell'occupazione e la semplificazione degli adempimenti a carico delle imprese e, infine, dal d.lgs. 81/2015 sul riordino delle tipologie contrattuali. Per tutti i tipi di apprendistato si prevede la forma scritta *ad probationem* con la previsione di un sintetico piano formativo individuale, l'indicazione di un *tutor* e della qualifica da conseguire al termine del rapporto e la previsione di una durata del contratto non inferiore a sei mesi. La regolazione vigente conferma, però, la configurazione dell'apprendistato come contratto a tempo indeterminato, con limitata licenziabilità nel suo svolgimento, ma con libera recedibilità alla scadenza del periodo in apprendistato: in altri termini è la fase formativa ad essere temporanea ma l'architettura del contratto è pensata sulla continuità del vincolo lavorativo. Nel caso in cui nessuna delle due parti del contratto dovesse recedere alla scadenza del periodo in apprendistato, il contratto si convertirebbe in un contratto a tempo indeterminato *standard*. Si noti che, come per il contratto a tempo determinato, anche per l'apprendistato l'emergenza epidemiologica ha reso necessaria la proroga del termine di una durata pari al periodo di sospensione dell'attività lavorativa in conseguenza dell'emergenza epidemiologica (art. 93, co. 1-*bis*, d.l. 34/2020 conv. in l. 77/2020).

L'apprendista, se lo prevedono gli accordi collettivi o i contratti collettivi stipulati a livello nazionale da sindacati comparativamente più rappresentativi sul piano nazionale, può essere inquadrato in una categoria inferiore di due livelli a quella spettante a lavoratori addetti a funzioni o mansioni corrispondenti alla qualifica che viene conseguita al termine dell'apprendistato oppure può essere retribuito in una misura percentuale, e in modo graduato all'anzianità di servizio, rispetto alla retribuzione spettante al lavoratore del corrispondente inquadramento professionale. Inoltre, la riforma del 2015 ha quasi annullato ogni possibile obbligo retributivo a carico dell'imprenditore durante le ore di formazione dell'apprendista assunto con la prima o terza tipologia: infatti, per la formazione esterna (ovvero quella impartita dal sistema pubblico della formazione professionale) scompare espressamente l'obbligo di retribuzione

---

[31] La P.A. può anch'essa ricorrere a questo tipo di apprendistato, così come a quello professionalizzante. Anzi, sulla scia dell'attuazione del PNRR, il d.l. 44/2023 ha previsto, fino al 31 dicembre 2026 e nel limite del 10 per cento delle facoltà assunzionali esercitabili, la possibilità per le amministrazioni di assumere con contratto di lavoro di apprendistato di durata massima di trentasei mesi, giovani laureati individuati su base territoriale mediante avvisi pubblici (art. 3-*ter*).

mentre per quella interna, svolta in azienda, il datore dovrà corrispondere una retribuzione pari al 10% di quella ordinaria.

Per i contratti di apprendistato vi sono poi notevoli riduzioni degli oneri previdenziali (fissati al 10% della retribuzione dovuta e addirittura azzerati fino al 2016 per le aziende che hanno fino a 9 dipendenti). Gli apprendisti non vengono computati nei limiti numerici previsti da leggi e contratti collettivi per l'applicazione di particolari normative o istituti.

Con le riforme che si sono susseguite dopo il T.U. del 2011, l'apprendistato sarebbe dovuto diventare la forma prevalente per l'ingresso al lavoro dei giovani: per questo motivo se ne è incrementato il numero potenziale (3 ogni 2 lavoratori qualificati o specializzati) ed è stata condizionata la stipulazione ad una certa stabilizzazione per i datori di lavoro che occupano almeno 50 dipendenti (almeno il 20% degli apprendisti occupati nei 36 mesi precedenti la nuova assunzione).

Violazione degli obblighi formativi e sanzioni

Non è chiaro se la violazione degli obblighi formativi sia sanzionata con la trasformazione in contratti a tempo indeterminato. L'art. 47, d.lgs. 81/2015 prevede esplicitamente che l'inadempimento dell'erogazione della formazione di cui sia esclusivamente responsabile il datore di lavoro e che impedisce la realizzazione delle finalità del contratto comporta l'obbligo di integrare la contribuzione versata con riferimento alla qualifica da acquisire, maggiorata del 100% «con esclusione di qualsiasi altra sanzione per omessa contribuzione». Tale disposizione non sembra però tale da poter escludere la conversione del contratto in un normale contratto di lavoro, così come era pacifico in applicazione della legge del 1955. Anzi, essa sembra presumere la trasformazione sostanziale del rapporto, con obbligo di corrispondere la retribuzione corrispondente alla qualifica da acquisire. Può solo dirsi che, ove la questione si ponga a seguito di un intervento degli ispettori del lavoro, l'art. 47 impone al funzionario di fissare un congruo termine al datore di lavoro per adempiere agli obblighi previsti dal piano formativo, nel presupposto che ciò possa ancora servire a realizzare la causa formativa del contratto. Se ciò non è, o se si persiste nell'inadempimento, la conversione in un normale contratto di lavoro pare una inevitabile conseguenza della discrasia tra il contratto dichiarato e quelle effettivamente eseguito.

Capitolo XVI

Lavoro esternalizzato, articolazioni dell'impresa e codatorialità

SOMMARIO: 1. Lavoro esternalizzato e articolazione dell'attività d'impresa: dal divieto di interposizione alla legittima codatorialità. – 2. Il lavoro a domicilio: uno strumento antico e tradizionale di decentramento produttivo. – 3. *Segue*: L'evoluzione: il telelavoro, lo *smart work* e la diffusione delle piattaforme digitali. – 4. La somministrazione di lavoro. – 5. Le tutele del lavoro negli appalti. – 6. Distacco, gruppi e reti di imprese. – 7. Il trasferimento di azienda. – 8. Istituti interpositori, esternalizzazioni e lavoro nelle pubbliche amministrazioni.

1. Lavoro esternalizzato e articolazione dell'attività d'impresa: dal divieto di interposizione alla legittima codatorialità

L'osservazione, anche in chiave storica, dei fenomeni economici consente di cogliere una tendenza delle imprese – per tanti versi logica e ovvia – a modulare l'acquisizione e l'impiego della manodopera necessaria al funzionamento delle proprie organizzazioni secondo schemi di convenienza – che talvolta presuppongono il coinvolgimento di altri imprenditori – per lo più finalizzati a ottimizzare ovvero a ridurre i costi di produzione. Si tratta di un'azione non contenibile, in sé e per sé considerata, spesso oggettivamente sostenuta da scelte tanto razionali quanto ragionevoli di efficienza e competitività, non necessariamente in contrasto con le ragioni e i valori della tutela del lavoro (si pensi ai vantaggi di una specializzazione organizzativo-produttiva degli assetti aziendali).

Tuttavia l'attitudine alla (ri)articolazione delle collaborazioni di lavoro molto spesso comprime e stravolge quelle ragioni e quei valori, quando non sia addirittura posta in essere al fine esclusivo di allentare le varie normative poste a tutela del lavoro, attraverso un loro aggiramento o una loro applicazione fraudolenta. Le motivazioni di tal genere di operazioni possono essere le più varie: basti pensare all'opportunità di contenere le dimensioni aziendali per evitare l'applicazione delle tutele più incisive contro il licenziamento o gli obblighi di partecipazione sindacale che insistono sui complessi aziendali più consistenti. Semplificando, possiamo dire che la frammentazione/riarticolazione dell'utilizzo della manodopera tende a manifestarsi attraverso almeno tre modalità operative, le quali talvolta si intrecciano tra loro: a) il decentramento di alcune attività del proprio ciclo produttivo attraverso l'affidamento a soggetti terzi, ma anche a propri collaboratori, con modalità variegate di controllo e coordinamento di questi; b) l'impiego indiretto di manodopera, attraverso lo schermo di un soggetto c.d. interposto, che assume la funzione di formale datore di lavoro in quanto si fa carico dell'assunzione dei lavoratori; c) la diversificazione e la distribuzione delle attività produttive tra più soggetti economici, secondo gli schemi di collegamento e controllo societario tipici dei gruppi di imprese e delle reti.

Il tratto comune delle tre ipotesi sinteticamente esemplificate è la possibilità di beneficiare di manodopera assunta da altri o, comunque, posta all'esterno dell'impresa, sì da spezzare la corrispondenza relazionale tra costi e profitti: a chiaro vantaggio di un aumento dei secondi e a scapito dei primi, con i rischi di ricadute in termini di protezione.

L'originario divieto di interposizione

È esattamente tale fenomeno che il diritto del lavoro si prefigge di contenere, e non da ora (v. già l'art. 2127 c.c. sul divieto di interposizione nel lavoro a cottimo); oggi, piuttosto, le tecniche di parcellizzazione dell'organizzazione della forza-lavoro sono enormemente favorite dai processi di digitalizzazione e trovano di sicuro una maggiore comprensione all'interno del sistema delle regole giuslavoristiche.

In effetti, l'attuale ordinamento è caratterizzato da un compromesso, alla cui stregua si consentono pratiche di disarticolazione dell'uso delle prestazioni di lavoro, purché sorrette da una rete di garanzie e tutele – anche di ordine sociale e collettivo – idonee a scongiurare una sostanziale liberalizzazione ovvero deregolazione delle dinamiche del rapporto di lavoro. Viceversa in passato il legislatore – accompagnato dalle parti sindacali – si era riproposto una strategia ben più rigorosa e di chiara impronta dirigista, sancendo un divieto generale e assoluto di interposizione nel rapporto di lavoro (art. 1, l. 1369/1960), in ragione del quale venivano considerate radicalmente nulle le intese ovvero le pratiche economiche aventi ad oggetto, esclusivo o prevalente, la mera fornitura di manodopera: ciò che si definiva appalto di manodopera ovvero appalto di mere prestazioni di lavoro. In pratica si vietava agli imprenditori di utilizzare, esercitando i tipici poteri del datore di lavoro, personale assunto da soggetti terzi: la regola legale assolutamente inderogabile era quella della necessaria coincidenza tra titolare del contratto di lavoro, creditore delle opere e beneficiario delle stesse. E la l. 1369/1960 interveniva con un meccanismo assai incisivo: superando lo schermo formale del contratto stipulato dal soggetto terzo (l'interposto) e il lavoratore, il rapporto veniva a essere imputato al soggetto (l'interponente) che ne avesse utilizzato le prestazioni, assumendo per tal via le vesti dell'effettivo datore di lavoro. Si presidiava, in questo modo, un solido principio di responsabilizzazione giuridica, economica e sociale dell'impresa, in generale, e del soggetto datore di lavoro, specificamente. Ciò al fine di evitare dispersioni, frammentazioni e opacità della figura datoriale che potessero favorire, o addirittura ingenerare, elusioni e disapplicazioni di fondamentali garanzie e tutele poste a favore del prestatore di lavoro: basti pensare all'obbligo di sicurezza; alla retribuzione e ai diversi regimi di tutela verso l'esercizio illegittimo del licenziamento, solo per citarne alcune.

Al divieto di interposizione faceva da corollario uno speciale regime legale degli appalti comportanti un uso intensivo di manodopera (oggi diremmo *labour intensive*); essendo, difatti, evidente quanto nella realtà l'illegittima pratica interpositoria potesse agevolmente mascherarsi, o quanto meno confondersi, dietro lo schema di un appalto vero e proprio, così tanto integrato al ciclo produttivo dell'appaltante, però, da rendere labile la distinzione tra il personale di quest'ultimo e quello dell'appaltatore (art. 3, l. 1369/1960). In tal caso la legge prescriveva a tutela dei lavoratori una speciale forma di solidarietà passiva tra appaltante e appaltatore, per i crediti di lavoro, nonché l'obbligo di un trattamento equivalente tra lavoratori dell'appaltante e quelli dell'appaltatore (una tendenziale parità di trattamento tra questi, quindi).

Questo sistema, tra i capisaldi della stagione di maggiore emancipazione identitaria del diritto del lavoro [1], viene superato integralmente con la revisione operata nel 2003 dalla l. delega 30 e dal d.lgs. 276, che riscrive interamente l'insieme delle fattispecie interpositorie. Lo riscrive operando organicamente, come si desume dalla stessa sistemazione operata in quella legge, che distribuisce la gran parte degli istituti che analizzeremo in questo capitolo lungo una serrata sequenza di disposizioni tra loro strettamente collegate (una catena ininterrotta, che andava dall'art. 20 all'art. 32, d.lgs. 276/2003, con numerosi rinvii interni tra le varie norme). Buona parte di questi artt. del d.lgs. 276/2003 è stata riscritta dai decreti 80 e 81/2015, intervenuti – tra l'altro – in materia di somministrazione e di telelavoro.

Sempre di più, dunque, si trasforma il catalogo delle modalità di utilizzo indiretto della manodopera. E si tratta di una tendenza generale del nostro ordinamento, proteso a ridisegnare la figura del "datore di lavoro", tanto da essersi aperto al riconoscimento di intrecci relazionali riferibili alla categoria della "codatorialità" (art. 7, co. 2, d.l. 28 giugno 2013, n. 76, convertito in l. 9 agosto 2013, n. 99) [2]. Categoria sino a non pochi anni addietro relegata nelle pagine della dottrina più ardimentosa, influenzata nella propria elaborazione anche da esperienze di altri ordinamenti giuridici. Nel complesso appare piuttosto evidente un riposizionamento del baricentro valoriale del diritto del lavoro – di

---

[1] Bisogna infatti comprendere che la tecnica posta in campo dal legislatore andava ben oltre il normale regime degli istituti civilistici della simulazione e della frode (su questo versante appare chiaro che essa ispira anche la disciplina del contratto a termine del 1962): con una sanzione autoritaria e coattiva si dotava di rilievo giuridico formale un fatto organizzativo – l'utilizzazione diretta della manodopera – cui ricondurre effetti di natura contrattuale anche al di là della volontà delle parti (v. anche l'art. 2127, co. 2, c.c.). Era una tecnica che dotava di oggettiva cogenza gli elementi tipici della subordinazione descritti nell'art. 2094 c.c., con una modalità per tanti versi ancor più incisiva della regola – pure speciale – di cui all'art. 2126 c.c.

[2] Per le aziende legate da un contratto di rete è ammessa – ai sensi dell'art. 30, co. 4-*ter*, d.lgs. 276/2003 (comma aggiunto dalla disposizione citata nel testo) – «la codatorialità dei dipendenti ingaggiati con regole stabilite attraverso il contratto di rete stesso».

sicuro sui temi oggetto di questo capitolo – manifestato da un'accentuata considerazione delle tecniche e degli interessi gestionali delle attività economiche di impresa, nella direzione di un tendenziale contenimento sul piano operativo ovvero, se si preferisce, di una razionalizzazione di alcuni tradizionali presidi giuslavoristici.

2. Il lavoro a domicilio: uno strumento antico e tradizionale di decentramento produttivo

Il lavoro a domicilio è probabilmente la prassi di esternalizzazione più antica, affondando le radici nei primordi dei moderni sistemi di industrializzazione dei processi aziendali: la "fabbrica", come centro materiale di riferimento operativo unitario dell'azienda, si affermerà, infatti, solo in fasi più evolute della storia economica. Nel lavoro a domicilio, quindi, il datore di lavoro affida a un collaboratore posto all'esterno dei luoghi di lavoro la realizzazione di prodotti ovvero lo svolgimento di attività pertinenti e connesse alla propria attività di impresa (vedi più avanti le differenze con altri strumenti di decentramento produttivo quali specificamente l'appalto).

La speciale subordinazione del lavoratore a domicilio

Sul piano tecnico va sottolineato che nella sistematica già del codice civile il rapporto di lavoro a domicilio si inquadra nella categoria della specialità; vale a dire che, in ragione della specificità e delle peculiarità dell'esecuzione della prestazione lavorativa – non perfettamente conformata all'ideal-tipo di cui all'art. 2094 c.c. – ai prestatori di lavoro a domicilio si applicano le disposizioni sul rapporto di lavoro della sez. III, titolo II, libro V del codice civile «in quanto compatibili con la specialità del rapporto».

Questa relazione di specialità è venuta a puntualizzarsi nel corso del tempo; in particolare con la l. 877/1973 – secondo intervento organico sulla fattispecie dopo una legge della fine degli anni '50 – si specifica che la subordinazione del lavoratore a domicilio ricorre quando quest'ultimo «è tenuto ad osservare le direttive dell'imprenditore circa le modalità di esecuzione, le caratteristiche e i requisiti del lavoro da svolgere nella esecuzione parziale, nel completamento o nell'intera lavorazione di prodotti oggetto dell'attività dell'imprenditore committente» (art. 1, co. 2).

Si tratta di una definizione ampia da raccordare al co. 1 del medesimo art. 1[3] e che focalizza una modalità particolare di esercizio del potere direttivo, comunque idoneo – in relazione agli altri elementi della fattispecie – a far rientrare nel lavoro a domicilio molte vicende di decentramento produttivo svolte

---

[3] «È lavoratore a domicilio chiunque, con vincolo di subordinazione, esegue nel proprio domicilio o in locale di cui abbia disponibilità, anche con l'aiuto accessorio dei membri della sua famiglia conviventi e a carico, ma con esclusione di manodopera salariata e di apprendisti, lavoro retribuito per conto di uno o più imprenditori, utilizzando materie prime o accessorie e attrezzature proprie o dello stesso imprenditore, anche se fornite per il tramite di terzi» (art. 1, co. 1, l. 877/1973, modificato dalla l. 858/1980).

con apporti di lavoro strettamente personale (avuto riguardo al lato del prestatore di lavoro). Viceversa, non si rientra nella fattispecie qualora la prestazione di lavoro fosse svolta pur sempre all'esterno ma in locali di pertinenza del committente: nel qual caso il lavoratore a domicilio sarà considerato a tutti gli effetti e integralmente dipendente dell'impresa committente.

Questa sanzione assume miglior significato considerando che lo statuto del lavoro subordinato – come già accennato – non si applica interamente al lavoro a domicilio, dove in effetti, attenuandosi i poteri datoriali, finiscono con l'attenuarsi anche le relative responsabilità e dove alcune regole consentono una gestione del rapporto meglio tarabile su una specifica utilità e progettualità aziendale. Basti pensare alle norme sulla sicurezza ovvero, più precisamente, alle limitazioni – in termini di responsabilità – derivanti dal sostanziale annullamento del potere/onere di vigilanza; oppure si pensi alla retribuzione, che nel lavoro a domicilio deve essere erogata secondo la tecnica del cottimo pieno (v. il cap. XII), con un aggancio, quindi, diretto e immediato ai risultati nonché alla produttività del prestatore di lavoro; ancora, si consideri che i lavoratori a domicilio non si conteggiano nella valutazione della dimensione aziendale.

Tale cornice spiega perché, in molti casi, il legislatore opera con una tecnica potremmo dire di tipo prevenzionale nel definire lo statuto del lavoratore a domicilio; cioè fissando preclusioni e incompatibilità tese a ridurre i rischi di un ricorso pericolosamente deresponsabilizzato a tale forma di lavoro: più propriamente si parla – come del resto per la legislazione sul divieto di interposizione – di normativa antifraudolenta. È il caso, ad esempio, della regola per cui non possono affidarsi a domicilio lavorazioni che comportino l'impiego di sostanze o materiali nocivi o pericolosi per la salute o la incolumità del lavoratore e dei suoi familiari; così come il divieto previsto per le aziende che abbiano attivato procedure di licenziamento o di sospensione del rapporto (art. 2, co. 2, l. 877/1973), nonché quello ulteriore di avvalersi di mediatori e intermediari, pena l'imputazione dei lavoratori utilizzati al datore di lavoro per conto e nell'interesse del quale le attività a domicilio siano state svolte (art. 2, co. 4, l. 877/1973). E, ancora, è il caso dei vari obblighi in capo al datore di lavoro di rendicontazione e pubblicità inerenti al numero dei lavoratori a domicilio impiegati e ai termini del loro utilizzo (art. 10, co. 1, l. 877/1973).

3. *Segue:* L'evoluzione: il telelavoro, lo *smart work* e la diffusione delle piattaforme digitali

Il rapporto di lavoro a domicilio conserva una certa rilevanza nel sistema del diritto del lavoro; ma è da dire che l'enorme progresso delle tecnologie informatiche ha fatto sì che oggigiorno, all'esterno dell'azienda, si decentrino attività di lavoro contraddistinte, e favorite, dal ricorso a strumenti di natura telematica e digitali.

E difatti si parla in genere di telelavoro per intendere quelle collaborazioni che, pur svolgendosi in locali esterni all'azienda – il domicilio del collaboratore ma non solo e non necessariamente: quindi i telelavoratori non sono identificabili sempre nello schema del lavoro a domicilio – siano direttamente connesse ad essa, e con essa si integrano, attraverso supporti tecnologici di natura informatica.

Sul piano legislativo non si rinviene una disciplina organica di questa forma di collaborazione, la quale – evidentemente – pone solo in parte i problemi esaminati nel lavoro a domicilio e, al contempo, ne pone di nuovi e più specifici: si pensi, ad esempio, alla possibilità di un controllo "in remoto" dei tempi di lavoro e, quindi, della possibilità di riconoscere una retribuzione a ore e non a cottimo.

Tuttavia qualche spunto interessante si può ricavare dall'art. 4, l. 191/1998, il quale, per il solo lavoro pubblico, prevede la possibilità di avviare collaborazioni in telelavoro su base volontaria, rinviando la disciplina di dettaglio ad un regolamento, intervenuto nel 1999 – il d.P.R. 70 – e alla contrattazione collettiva, invero scarsa e poco organica. In particolare, nell'art. 2, d.P.R. 70/1999 rinveniamo un'utile definizione di telelavoro: vale a dire quella «prestazione di lavoro eseguita [...] in qualsiasi luogo ritenuto idoneo, collocato al di fuori della sede di lavoro, dove la prestazione sia tecnicamente possibile, con il prevalente supporto di tecnologie dell'informazione e della comunicazione, che consentano il collegamento con l'amministrazione cui la prestazione stessa inerisce».

Nell'ambito del lavoro privato troviamo riferimenti sparsi al telelavoro, prevalentemente in chiave di promozione e di incentivo allo stesso. Ad esempio nell'art. 22, co. 5, l. 183/2011, dove il telelavoro viene segnalato quale strumento utile a consentire il perseguimento di una migliore conciliazione dei tempi di vita e di lavoro nonché a incentivare l'impiego di soggetti con disabilità. Ancora, nell'art. 23, d.lgs. 80/2015 – in linea con la precedente disposizione citata – è previsto che «i datori di lavoro privati che facciano ricorso all'istituto del telelavoro per motivi legati ad esigenze di conciliazione dei tempi di vita e di lavoro in forza di accordi collettivi stipulati da associazioni sindacali comparativamente più rappresentative sul piano nazionale, possono escludere i lavoratori ammessi al telelavoro dal computo dei limiti numerici previsti da leggi e contratti collettivi per l'applicazione di particolari normative e istituti».

Il telelavoro non coincide, necessariamente, con il c.d. *smart work* (lavoro agile) che, come visto nel cap. IV, si caratterizza per essere una modalità di esecuzione del rapporto di lavoro subordinato stabilita mediante accordo tra le parti, anche con forme di organizzazione per fasi, cicli e obiettivi, senza necessariamente precisi vincoli di orario o di luogo di lavoro, e con il possibile utilizzo di strumenti tecnologici per lo svolgimento di tale attività (art. 18, l. 81/2017). La sovrapposizione, e tendenziale confusione, è sorta in corrispondenza del *lockdown* legato all'emergenza pandemica. In questo periodo si è definito *smart work* quello che spesso non altro è stato che telelavoro domiciliare coatto.

Ciò non toglie che il lavoro agile consenta anche, effettivamente, una riarticolazione più efficiente del ciclo produttivo, al pari degli strumenti che analizziamo in questo capitolo.

Un cenno finale merita, poi, la diffusione del lavoro intermediato attraverso le c.d. piattaforme digitali. È una tema che fa da ponte con gli argomenti che tratteremo nel successivo paragrafo, sulla somministrazione. In pratica, attraverso un sistema informatico integrato, clienti/utenti/consumatori – da qui l'espressione *economia circolare*, utilizzata per contestualizzare questa tipologia di scambi commerciali – sono messi in contatto con operatori economici per servizi resi attraverso collaboratori collegati, in tempo reale, con l'operatore stesso. Amazon, Foodora, Uber, Glovo, Just Eat: sono solo alcuni esempi di questa nuova forma di connessione commerciale, dove il lavoratore si trova a rendere una prestazione gestita da complesse reti di comunicazione informatica e l'organizzazione aziendale è completamente dematerializzata. L'attenzione rivolta a questa nuova modalità di lavoro è elevata, a livello sia nazionale sia europeo[4] e, come visto nel capitolo IV, il legislatore nel 2019 (d.l. 101, conv. in l. 128/2019) ha previsto una disciplina basilare per i collaboratori delle piattaforme. Su tale disciplina legale si è innestata anche l'autonomia collettiva, sebbene allo stato il quadro di riferimento negoziale si presenti non ancora del tutto assestato. In effetti il legislatore, le organizzazioni sindacali e la giurisprudenza sono concentrati sulla definizione di un adeguato sistema di tutele nonché sul contenimento dei possibili eccessi interpositori, anche di natura illecita[5], legati a questa modalità di impiego della manodopera.

4. La somministrazione di lavoro

Come accennato nel primo paragrafo di questo capitolo, il contratto di somministrazione di lavoro è stato oggetto di un sostanziale riordino ad opera, prima, del d.lgs. 81/2015 e, poi, d.l. 87/2018. Disciplinato dagli articoli che vanno dal 30 al 40, d.lgs. 81, esso è definito come «il contratto, a tempo indeterminato o determinato, con il quale un'Agenzia di somministrazione autorizzata, ai sensi del d.lgs. 276/2003, mette a disposizione di un utilizzatore uno o più lavoratori suoi dipendenti, i quali, per tutta la durata della missione, svolgono la propria attività nell'interesse e sotto la direzione e il controllo dell'utilizzatore». Prima della novella del 2015, la disciplina della somministrazione di lavoro si concentrava in prevalenza negli artt. da 20 a 28, d.lgs. 276/2003, abrogati espressamente dal d.lgs. 81/2015: disciplina nel tempo ripetutamente rivista, anche nell'ottica di un allineamento del nostro ordinamento ad una "tardiva"[6] Direttiva dell'Unione europea relativa al lavo-

---

[4] V. la Proposta di Risoluzione del Parlamento Europeo su "condizioni di lavoro eque, diritti e protezione sociale dei lavoratori delle piattaforme – nuove forme di occupazione legate allo sviluppo digitale" [2019/2186(INI)]; nonché la Proposta della Commissione di Direttiva del Parlamento europeo e del Consiglio relativa al miglioramento delle condizioni di lavoro nel lavoro mediante piattaforme digitali [COM(2021) 762 final]. Quest'ultima è in fase avanzata di approvazione: si parla di fine 2023 come data possibile per la sua definitiva adozione.

[5] A tal proposito merita di essere richiamato il caso che vide sottoporre ad amministrazione giudiziaria la Società Uber Italy al fine di accertare la sussistenza di indici di sfruttamento di lavoratori extracomunitari adibiti a *riders* della piattaforma (Trib. Milano – Sez. "Misure di prevenzione", decr. n. 9 del 28 maggio 2020). Il caso si è concluso, comunque, con la revoca della misura preventiva ad opera del decreto del Trib. Milano, Sezione Misure di Prevenzione, 3 marzo 2021.

[6] Essa completa, infatti, un risalente disegno della, al tempo, Comunità europea in materia di

ro tramite agenzia interinale (direttiva 2008/104/CE) recepita in Italia nel 2012 con il d.lgs. 24.

Per molti versi, la somministrazione assume un ruolo centrale di attrazione, polarizzazione e conformazione legale dell'intero universo interpositorio, spesso costruito in negativo ovvero specularmente rispetto a tale fattispecie.

Vale la pena evidenziare come il legislatore abbia compiuto un'operazione davvero particolare, mettendo al centro della fattispecie giuslavoristica un contratto non di lavoro ma commerciale, con cui si pongono le premesse e le condizioni per lo svolgimento di un rapporto di lavoro: più precisamente l'utilizzazione di uno o più lavoratori da parte di soggetti che si rivolgono ad apposite Agenzie, il cui servizio consiste nell'assumere i lavoratori per porli a disposizione dei propri clienti.

La vicenda tocca anche il tema dei servizi per l'impiego e del funzionamento del mercato del lavoro (v. il cap. III). In questa sede va osservato come il lavoro diventi espressamente – pur con limiti e regole ben definiti – l'oggetto di un intreccio negoziale che ne rimarca apertamente la strumentalità specifica rispetto alle mutevoli esigenze dell'impresa; con il che si traccia una linea di evidente discontinuità rispetto al modello garantista (v. il cap. I) e si consolida una linea regolativa, avviata sin dagli inizi degli anni '90, fortemente sensibile a esigenze economico-produttive di evidente carattere mercantilistico.

Il precedente: la fornitura di lavoro temporaneo

L'istituto della somministrazione trova un suo precedente specifico in un'anteriore regolamentazione legale. La l. 196/1997 aveva infatti già introdotto – dopo un lungo dibattito, incentivato dalla constatazione che il c.d. affitto di manodopera era ormai regolato nella stragrande maggioranza dei paesi europei e in tutti quelli maggiormente industrializzati – la fornitura di lavoro temporaneo. Pertanto, si era previsto che in alcune ipotesi tassative, segnate dalla legge stessa, ovvero nei casi contemplati in sede di contrattazione collettiva, le imprese potessero ricorrere, a fronte peraltro di espliciti divieti, a società specializzate ma solo al fine di fronteggiare esigenze temporanee.

Con questa previsione il diritto del lavoro italiano apriva, quindi, un varco al divieto di interposizione, ma non lo superava. L'istituto nasce come eccezionale deroga a quel divieto; il cui valore – almeno su un piano formale – non veniva affatto discusso. Il raggio operativo della fornitura di lavoro risultava piuttosto circoscritto, e ciò a maggior ragione se lo si compara alla vigente disciplina della somministrazione, che passiamo ora a esaminare nel dettaglio.

Proprio in quanto fattispecie che tende a conformare le varie articolazioni delle pratiche interpositorie, il nostro ordinamento dedica alla somministrazione molta e scrupolosa attenzione. Il rinnovato contesto valoriale che fa da sfondo alla disciplina dell'istituto non ha quindi scalzato – non del tutto, almeno – l'antica diffidenza verso il "commercio di lavoro", ritenuto strumento capace – se non opportunamente configurato – di destrutturare socialmente il mercato del lavoro, favorendo forme di impiego tendenzialmente precarie.

---

lavori atipici. Si giunge a una regolamentazione europea del lavoro interinale tramite agenzia solo molti anni dopo le direttive sul contratto a termine e sul contratto a tempo parziale, in un contesto di forti resistenze e compromessi.

E l'attenzione dedicata nel nostro ordinamento alla relazione trilaterale che contraddistingue la somministrazione di lavoro – contratto commerciale tra Agenzia di somministrazione (il somministratore) e utilizzatore + contratto di lavoro tra Agenzia e lavoratore – si riflette in tutti, e vari, profili del rapporto. A partire dalla rigorosa legittimazione delle Agenzie, società che possono operare nel campo della somministrazione solo dietro apposita autorizzazione, rilasciata in presenza di particolari requisiti di ordine tanto organizzativo quanto patrimoniale.

Il contratto di somministrazione

Il contratto di somministrazione di lavoro, che è quello commerciale intercorrente tra Agenzia e soggetto utilizzatore, può essere concluso a termine o a tempo indeterminato (art. 31, d.lgs. 81/2015). Esso deve essere stipulato in forma scritta e contenere i seguenti elementi essenziali: gli estremi dell'autorizzazione rilasciata al somministratore (cioè l'Agenzia); il numero dei lavoratori da somministrare; l'indicazione di eventuali rischi per la salute e la sicurezza del lavoratore e le misure da adottare; la data di inizio e la durata prevista del contratto di somministrazione; le mansioni alle quali saranno adibiti i lavoratori e il loro inquadramento; il luogo, l'orario e il trattamento economico e normativo delle prestazioni lavorative. Con il contratto di somministrazione l'utilizzatore assume l'obbligo di comunicare al somministratore il trattamento economico e normativo applicabile ai suoi lavoratori dipendenti che svolgono le medesime mansioni dei lavoratori da somministrare e a rimborsare al somministratore gli oneri retributivi e previdenziali da questo effettivamente sostenuti per i lavoratori.

In mancanza di forma scritta il contratto di somministrazione è nullo e i lavoratori sono considerati a tutti gli effetti alle dipendenze dell'utilizzatore.

È del tutto evidente che le due ipotesi non hanno più contatti con la pregressa previsione della fornitura di lavoro temporaneo. La somministrazione a tempo indeterminato è, poi, talmente tanto eccentrica rispetto all'esperienza giuridica lavoristica italiana da essere stata protagonista, sin da subito, di vicende legislative alterne e contraddittorie[7]; pure la somministrazione a termine presenta, poi, solo parziali tratti di continuità con la precedente fattispecie.

Il tratto di maggiore discontinuità è l'integrale acausalità della somministrazione a tempo indeterminato. Acausalità – cioè assenza di ragioni giustificatrici della stipulazione – in un primo tempo, e a seguito di riforme successive al d.lgs. 276/2003, riconosciuta solo per la somministrazione a tempo determinato.

Vi è però, comunque, uno stretto intreccio intercorrente tra il contratto commerciale di somministrazione e il contratto di lavoro tra Agenzia e lavoratore. Ciò può ingenerare confusione; pertanto ora cerchiamo di chiarire questo punto.

---

[7] Difatti, in un primo tempo, se ne dispose l'abrogazione (dopo pochi anni dalla sua previsione: con l'art. 1, co. 46, l. 247/2007); per poi, dopo appena due anni, prevederne la reviviscenza (art. 2, co. 143, l. 191/2009). Anche in una prima stesura del c.d. Decreto Dignità, se ne disponeva l'abrogazione; abrogazione non proposta, poi, nella versione finale del decreto (d.l. 87/2018, conv. con mod. in l. 96/2018).

Una volta detto che il contratto commerciale di somministrazione può avere o non avere un termine, bisogna, allora mettere a fuoco che anche l'assunzione dei lavoratori da parte dell'Agenzia – quelli che verranno impegnati nelle missioni oggetto del contratto commerciale sin qui esaminato – potrà essere sia a termine sia a tempo indeterminato. La legge, però, chiarisce che «possono essere somministrati a tempo indeterminato esclusivamente i lavoratori assunti dal somministratore a tempo indeterminato» (art. 31, co. 1, d.lgs. 81/2015). Nel caso in cui l'agenzia somministratrice abbia assunto a tempo indeterminato e il contratto di somministrazione tra l'agenzia di somministrazione e l'utilizzatore sia a tempo determinato, ai sensi del co. 1 dell'art. 31, d.lgs. 81/2015 «l'utilizzatore può impiegare in missione, per periodi superiori a ventiquattro mesi anche non continuativi, il medesimo lavoratore somministrato, per il quale l'agenzia di somministrazione abbia comunicato all'utilizzatore l'assunzione a tempo indeterminato, senza che ciò determini in capo all'utilizzatore stesso la costituzione di un rapporto di lavoro a tempo indeterminato con il lavoratore somministrato. La disposizione di cui al periodo precedente ha efficacia fino al 30 giugno 2025».

Il contratto di lavoro

In caso di assunzione a tempo indeterminato i rapporti di lavoro tra somministratore e prestatori di lavoro sono soggetti alla disciplina generale dei rapporti di lavoro a tempo indeterminato [8]. Per l'assunzione a tempo determinato si prevede, invece, l'applicazione della disciplina del contratto a termine. Sono però escluse le norme sui termini di riassunzione, nonché la disciplina in tema di numero complessivo di contratti a termine e di diritti di precedenza.

L'adattamento delle regole del contratto di lavoro alle funzioni della somministrazione, sopra evidenziato, dimostra che il legislatore si preoccupa di non calare nella dinamica negoziale puramente di mercato, intercorrente tra Agenzia e utilizzatore, le stesse garanzie che sono invece previste quando il rapporto si svolge direttamente tra lavoratore e datore di lavoro. In altre parole, è chiaro che la legge tende a definire in modo speciale la "datorialità" delle Agenzie di somministrazione, le quali risultano di sicuro agevolate per svariate ragioni: sia perché si presume che il costo della somministrazione e l'affidabilità delle Agenzie autorizzate siano di per sé garanzie possibili di un uso serio e oculato dello strumento da parte delle imprese, sia perché si scommette sulla complessa veste delle Agenzie (intermediari e datori di lavoro, al contempo) in un'ottica di incremento occupazionale. Ciò detto, va comunque chiarito che non bisogna perdere di vista come un abuso del contratto di somministrazione possa rappresentare il viatico per una precarizzazione patologica del rapporto di lavoro. Questione molto dibattuta, oggetto di specifica attenzione anche della Corte di giustizia UE [9].

Limiti

Sussistono, sia per il contratto di somministrazione a tempo indeterminato sia per quello a tempo determinato, limiti applicativi individuati dall'art. 31,

[8] A norma dell'art. 31, co. 4, d.lgs. 81/2015 «fermo quanto disposto dall'art. 36 del decreto legislativo n. 165 del 2001, la disciplina della somministrazione a tempo indeterminato non trova applicazione nei confronti delle pubbliche amministrazioni».

[9] V. Corte di giustizia UE, 14 ottobre 2020, causa C-681/2018, *JH contro KG*.

d.lgs. 81/2015. Nel primo caso, salva diversa previsione dei contratti collettivi applicati dall'utilizzatore, il numero dei lavoratori somministrati, esclusi i lavoratori somministrati assunti con contratto di lavoro in apprendistato, non può eccedere il 20% del numero di lavoratori a tempo indeterminato in forza presso l'utilizzatore al 1° gennaio dell'anno di stipula del contratto (o al momento della stipula del contratto di somministrazione se l'attività aziendale è stata avviata nel corso dell'anno). Nel secondo caso, fermo il limite del 20% relativo ai soli contratti a termine, si dice che «salva diversa previsione dei contratti collettivi applicati all'utilizzatore (...) il numero dei lavoratori assunti con contratto a tempo determinato ovvero con contratto di somministrazione a tempo determinato non può eccedere complessivamente il 30% del numero dei lavoratori a tempo indeterminato in forza presso l'utilizzatore al 1° gennaio dell'anno di stipulazione dei predetti contratti, con arrotondamento del decimale all'unità superiore qualora esso sia eguale o superiore a 0,5». Questo limite è escluso nel caso in cui i lavoratori somministrati siano: in mobilità; disoccupati da almeno sei mesi che godano di trattamenti di disoccupazione; "svantaggiati" o "molto svantaggiati" ai sensi del regolamento UE 651/2014.

Divieti

Il contratto di somministrazione di lavoro è vietato in alcuni casi, a vario titolo considerabili in aperto contrasto con diritti fondamentali dei lavoratori; perciò non vi si può ricorrere per la sostituzione di lavoratori in sciopero, così come da parte delle imprese che non abbiano effettuato la valutazione dei rischi prescritta, come obbligo fondamentale del datore di lavoro, in materia di salute e sicurezza sui luoghi di lavoro. Risponde ad altra logica il divieto, superabile però da appositi accordi sindacali, riguardante l'impiego in unità produttive nelle quali si sia proceduto, entro i sei mesi precedenti, a licenziamenti collettivi che abbiano riguardato lavoratori adibiti alle stesse mansioni cui si riferisce il contratto di somministrazione – fatte salve alcune ipotesi particolari (art. 32, co. 1, lett. *b*) – ovvero sia operante una sospensione dei rapporti o una riduzione dell'orario, con diritto al trattamento di integrazione salariale, che interessino lavoratori adibiti alle stesse mansioni cui si riferisce il contratto di somministrazione. In questi due casi il legislatore mira a evitare un indebito ovvero fraudolento ricambio di personale e, quindi, sostituzioni che denunciano una diretta o indiretta violazione delle norme in tema di licenziamenti collettivi e cassa integrazione guadagni.

La ripartizione dei poteri datoriali

Il tratto più originale della somministrazione è, comunque, nella dissociazione soggettiva – sul versante della figura del datore di lavoro – che essa innesca. Da un lato, il somministratore, titolare del contratto e dei principali obblighi ad esso connessi così come del potere di recesso e disciplinare; dall'altro, l'utilizzatore nel cui interesse, sottoponendosi ai poteri di direzione e di controllo dello stesso, i lavoratori in missione svolgono la propria attività. Si tratta di una situazione che molti studiosi ormai definiscono apertamente "codatorialità", sebbene sul piano legislativo tale espressione non sia utilizzata nel caso della somministrazione ma nella diversa definizione di una specifica modalità di distacco di manodopera ovvero di utilizzo di lavoratori nell'ambito di un contratto di rete tra imprese (v. *infra*). Per l'utilizzatore il vantaggio immediato è quello della copertura di un posto di lavoro senza l'aggravio di una diretta imputazione dello stesso, ma solo su un piano formale e nemmeno in ogni caso [10], alla propria struttura giuridico-organizzativa [11]; per l'Agenzia c'è il profitto legato alla propria attività; per i lavoratori dovrebbe rappresentare una prima via di accesso a opportunità più stabili di impiego.

Le tutele del lavoratore

Questo intreccio è ben rappresentato da varie disposizioni legali, tendenti a creare un contesto ordinato, lineare e trasparente di regole finalizzate a garantire la posizione del lavoratore in missione, specie nella fase di svolgimento e di cessazione di questa.

Si ripropone, anzitutto, la regola della parità di trattamento – di cui si è parlato sopra a proposito della vecchia disciplina degli appalti – alla cui stregua «i lavoratori del somministratore hanno diritto, a parità di mansioni svolte, a condizioni economiche e normative complessivamente non inferiori a quelle dei dipendenti di pari livello dell'utilizzatore» [12]. Si tratta di una disposizione dettata con l'evidente fine di scongiurare pratiche concorrenziali distorte di uso improprio della manodopera in somministrazione. Ad essa si può aggiungere quella per cui «l'utilizzatore è obbligato in solido con il somministratore a corrispondere ai lavoratori i trattamenti retributivi e a versare i relativi contributi previdenziali», nonché l'ulteriore disposizione che afferma la piena applicazione ai lavoratori delle società di somministrazione dei diritti sindacali dettati dallo Statuto dei lavoratori; avendo cura di specificare che, per tutto il periodo della missione, il prestatore di lavoro ha diritto a esercitare presso l'utilizzatore i diritti di libertà e di attività sindacale nonché a partecipare alle assemblee del personale dipendente delle imprese utilizzatrici.

Altre norme impongono e garantiscono il rispetto degli obblighi in materia di sicurezza e salute sui luoghi di lavoro, con adempimenti suddivisi tra somministratore e utilizzatore, sempre con grande attenzione a una responsabilizzazione diretta – almeno sul piano delle conseguenze risarcitorie – dell'utilizzatore. Si iscrive in questa medesima logica la disposizione in materia di mansioni, la quale impone all'utilizzatore che adibisce il lavoratore a mansioni supe-

[10] E, difatti, oltre le varie disposizioni poste al fine di responsabilizzare l'utilizzatore per l'impiego dei lavoratori in somministrazione – che si commentano più avanti nel testo – resta il generale principio di responsabilità civile, per cui l'utilizzatore risponde nei confronti dei terzi dei danni a essi arrecati dal lavoratore nello svolgimento delle sue mansioni (art. 35, co. 7, d.lgs. 81/2015).

[11] Ai sensi dell'art. 34, co. 3, d.lgs. 81/2015 «il lavoratore somministrato non è computato nell'organico dell'utilizzatore ai fini dell'applicazione di normative di legge o di contratto collettivo, fatta eccezione per quelle relative alla tutela della salute e della sicurezza sul lavoro. In caso di somministrazione di lavoratori disabili per missioni di durata non inferiore a dodici mesi, il lavoratore somministrato è computato nella quota di riserva di cui all'art. 3 della legge 12 marzo 1999, n. 68».

[12] La giurisprudenza, anche della CGUE, ha puntualizzato vari aspetti della portata di questo principio, il quale viene comunque fortemente contestualizzato anche in relazione al possibile intervento della contrattazione collettiva sull'insieme complessivo degli istituti inerenti al trattamento economico dei lavoratori (v. da ultimo CGUE, 14 dicembre 2022, C-311/21). In pratica, secondo tale prospettiva interpretativa, la comparazione va compiuta sulla globalità del trattamento e non su ciascun singolo istituto.

riori o comunque a mansioni non equivalenti a quelle dedotte in contratto un puntuale obbligo di comunicazione scritta al somministratore di cui va data copia al lavoratore medesimo. Ove non adempia a tale obbligo, egli risponderà in via esclusiva per le differenze retributive spettanti al lavoratore occupato in mansioni superiori e per l'eventuale risarcimento del danno derivante dalla assegnazione a mansioni inferiori.

Vi è, infine, un gruppo di previsioni mirate a esaltare le proprietà potremmo dire "occupazionali" della somministrazione, con ciò volendo intendere tutta una serie di principi e di obblighi puntuali, finalizzati a favorire la trasformazione ovvero la tendenziale stabilizzazione della condizione lavorativa dei lavoratori normalmente utilizzati attraverso la somministrazione. A tal fine, i lavoratori dipendenti dal somministratore devono essere informati dall'utilizzatore dei posti vacanti all'interno della sua attività, affinché possano aspirare, al pari dei dipendenti del medesimo utilizzatore, a ricoprire posti di lavoro a tempo indeterminato. Tali informazioni possono essere fornite mediante un avviso generale opportunamente affisso all'interno dei locali dell'utilizzatore presso il quale e sotto il cui controllo detti lavoratori prestano la loro opera. È nulla ogni clausola diretta a limitare, anche indirettamente, la facoltà dell'utilizzatore di assumere il lavoratore al termine della sua missione, a meno che al lavoratore sia corrisposta un'adeguata indennità, secondo quanto stabilito dal contratto collettivo applicabile al somministratore.

Un complesso reticolo di sanzioni presidia il sistema di regole sin qui descritto: sanzioni civili, amministrative e finanche penali.

Somministrazione irregolare

Infrazioni espressamente previste riguardano l'inosservanza degli artt. 31, 32 e 33, d.lgs. 81/2015, sui limiti e le condizioni di liceità (limiti numerici, divieti, elementi essenziali del contratto). In questi casi, definiti di somministrazione irregolare, il lavoratore può chiedere, mediante ricorso giudiziale a norma dell'art. 414 c.p.c., notificato anche soltanto al soggetto che ne ha utilizzato la prestazione, la costituzione di un rapporto di lavoro alle dipendenze di quest'ultimo, con effetto dall'inizio della somministrazione. Al lavoratore, in tal caso, sarà dovuto anche un indennizzo omnicomprensivo a titolo di integrale risarcimento del danno (in termini, cioè, sia retributivi sia contributivi), nella misura compresa tra un minimo di 2,5 e un massimo di 12 mensilità dell'ultima retribuzione di riferimento per il calcolo del trattamento di fine rapporto.

La violazione dei divieti, la mancanza degli elementi indicati dalla legge per il contratto di somministrazione, nonché la violazione dei limiti numerici sono punite con la sanzione amministrativa pecuniaria da 250 a 1.250 euro.

Somministrazione fraudolenta

Infine, c'è l'ipotesi della somministrazione fraudolenta; si sanzionano, cioè, quelle condotte poste in essere con la specifica finalità di eludere norme inderogabili di legge o di contratto collettivo applicate al lavoratore[13].

---

[13] Sulla quale Cass. lav., 17 giugno 2021, n. 17422.

5. Le tutele del lavoro negli appalti

Nell'ottica di aggiornamento dell'universo delle ipotesi di lavoro indiretto, interposto ed esternalizzato, il legislatore ha messo mano anche alla disciplina degli appalti, ovviamente guardando alle implicazioni lavoristiche del contratto in parola, la cui definizione rimane pur sempre quella contemplata nell'art. 1655 c.c. Il nucleo delle novità – rispetto al regime degli artt. 3 e 5 della sopra citata l. 1369/1960 – risiede, da un lato, nella ridefinizione dei contorni della fattispecie rilevante ai fini lavoristici e, dall'altro, nella concentrazione delle tutele per i lavoratori ai soli aspetti della garanzia dei propri crediti di lavoro e della regolarità della posizione previdenziale.

La differenza tra appalto e somministrazione

In tale prospettiva, utilizzando una tecnica che almeno in parte appare in continuità con quella sopra definita "antifraudolenta", ci si premura in prima battuta di puntualizzare quando l'impiego di manodopera altrui possa essere considerato oggetto di un vero e proprio contratto di appalto e non, viceversa, una forma di somministrazione illecita. Secondo l'art. 29, co. 1, d.lgs. 276/2003 [14], la linea di separazione tra appalto e somministrazione è nell'imputazione dell'organizzazione operativa in particolare del fattore lavoro – la cui titolarità spetta all'appaltatore, diversamente da quanto avviene nella somministrazione dove è il committente/utilizzatore a esercitare i poteri tipici di direzione e conformazione della prestazione lavorativa – e nell'assunzione del rischio di impresa da parte dell'appaltatore. Su entrambi questi indicatori incide ovviamente il progresso tecnologico; potendo il committente influenzare lo svolgimento dell'attività dell'appaltatore attraverso software e dispositivi digitali [15]. In secondo luogo viene fissata la regola della solidarietà in capo a tutti i soggetti coinvolti nella catena dell'appalto e dell'eventuale subappalto; per cui «il committente imprenditore o datore di lavoro è obbligato in solido con l'appaltatore, nonché con ciascuno degli eventuali subappaltatori entro il limite di due anni dalla cessazione dell'appalto, a corrispondere ai lavoratori i trattamenti retributivi, comprese le quote di trattamento di fine rapporto, nonché i contributi previdenziali e i premi assicurativi dovuti in relazione al periodo di esecuzione del contratto di appalto» (art. 29, co. 2). In ogni caso, qualora il committente esegua il pagamento, sarà tenuto agli obblighi del sostituto d'imposta, salva l'azione di regresso nei confronti del coobbligato. Questa forma di tutela

La solidarietà debitoria tra appaltante e appaltatore

---

[14] «Il contratto di appalto, stipulato e regolamentato ai sensi dell'art. 1655 c.c., si distingue dalla somministrazione di lavoro per la organizzazione dei mezzi necessari da parte dell'appaltatore, che può anche risultare, in relazione alle esigenze dell'opera o del servizio dedotti in contratto, dall'esercizio del potere organizzativo e direttivo nei confronti dei lavoratori utilizzati nell'appalto, nonché per la assunzione, da parte del medesimo appaltatore, del rischio di impresa».

[15] Trib. Padova 16 luglio 2019 ha affermato che in settori ove l'apporto dei lavoratori costituisce un aspetto preminente, la subordinazione, in caso di appalto, può essere desunta non soltanto dall'esercizio del potere direzionale e di controllo umano ma anche dalla sostituzione di esso con apparecchiature digitali. Successivamente il medesimo Tribunale è intervenuto pronunciandosi negli stessi, condivisibili termini (Trib. Padova, 3 marzo 2023). Si tratta di un orientamento giurisprudenziale condiviso anche da altri giudici di merito, in diversi Tribunali.

viene tendenzialmente ritenuta di portata generale, tanto da potersi applicare anche al di fuori dell'appalto nei casi in cui si realizzi comunque un decentramento, a prescindere dal tipo contrattuale formalmente stipulato: ciò secondo un orientamento interpretativo autorevolmente avallato dalla Corte costituzionale [16]. Regole specifiche, con la previsione di puntuali prescrizioni e adempimenti in capo al committente, valgono nell'ambito degli obblighi fiscali, cioè per il pagamento delle imposte, sulla base del d.l. 124/2019 [17].

Subfornitura

La garanzia della solidarietà passiva si estende oggi anche ai compensi e agli obblighi di natura previdenziale e assicurativa nei confronti dei lavoratori con contratto di lavoro autonomo. Essa, altresì, come anticipato, a seguito dell'interpretazione della Corte costituzionale, con sentenza 6 dicembre 2017, n. 254, opera anche nei confronti del committente nel caso di un rapporto di subfornitura e, quindi, a qualsiasi tipo di decentramento. Parlando di subfornitura si fa riferimento al contratto con il quale un imprenditore si impegna a effettuare per conto di una impresa committente lavorazioni su prodotti semilavorati o su materie prime forniti dalla committente medesima, o si impegna a fornire all'impresa prodotti o servizi destinati ad essere incorporati o comunque ad essere utilizzati nell'ambito dell'attività economica del committente o nella produzione di un bene complesso, in conformità a progetti esecutivi, conoscenze tecniche e tecnologiche, modelli o prototipi forniti dall'impresa committente (art. 1, l. 18 giugno 1998, n. 192). In una prospettiva di tutela dei lavoratori, la subfornitura potrebbe essere interpretata come "sottotipo" del contratto di appalto o come un contratto autonomo, ma ciò che rileva è che anche in questo caso occorre evitare il rischio che i meccanismi di decentramento e di dissociazione fra titolarità del contratto di lavoro e utilizzazione della prestazione vadano a danno dei lavoratori utilizzati nell'esecuzione del contratto commerciale. Di conseguenza, le esigenze di tutela dei dipendenti dell'impresa subfornitrice, in ragione della strutturale debolezza del loro datore di lavoro, devono considerarsi ancora più intense che nel caso di un normale appalto.

Viceversa, le disposizioni riportate non trovano applicazione in relazione ai contratti di appalto stipulati dalle pubbliche amministrazioni, ove si prevedono tutele e garanzie alternative (vedi *infra* il par. 8), o nel caso in cui il committente sia una persona fisica che non esercita attività di impresa o professionale (anche i condomini, quindi, sono esclusi).

Quando la stipula del contratto di appalto (*rectius*: quando la sua esecuzione) non rispetti le condizioni di cui all'art. 29, co. 1, ovverosia in assenza di eser-

---

[16] Corte cost. 6 dicembre 2017, n. 254.

[17] L'art. 4, d.l. 124 citato, in materia di contrasto dell'illecita somministrazione di manodopera, prevede un obbligo di trasmissione al committente dei dati necessari per il riscontro degli importi trattenuti e la congruità del versamento dovuto. In particolare, si dispone che al fine di consentire al committente il riscontro dell'ammontare complessivo degli importi ricevuti con le trattenute effettuate dalle imprese appaltatrici e subappaltatrici, queste gli trasmettano un elenco nominativo di tutti i lavoratori, identificati mediante codice fiscale, impiegati direttamente nel mese precedente nell'esecuzione di opere e servizi affidati dal committente, con il dettaglio delle ore e l'importo della retribuzione versata.

cizio del potere organizzativo e direttivo da parte dell'appaltatore e senza assunzione di rischio sempre a suo carico, il lavoratore interessato può chiedere, mediante ricorso giudiziale, notificato anche soltanto al soggetto che ne ha utilizzato la prestazione, la costituzione di un rapporto di lavoro alle dipendenze di quest'ultimo.

Successione nell'appalto

Una particolare disciplina è dettata dall'art. 7, d.lgs. 23/2015 in materia di computo dell'anzianità negli appalti. Ai fini del calcolo delle indennità al cui pagamento il datore di lavoro sia condannato dal giudice in caso di licenziamento per giusta causa e giustificato motivo, nonché ai fini del calcolo dell'importo in sede di offerta di conciliazione da parte del datore di lavoro, l'anzianità di servizio del lavoratore che passa alle dipendenze dell'impresa subentrante nell'appalto si computa tenendo conto dell'intero periodo durante il quale questi è stato impiegato nell'attività appaltata. Ciò vale ad evitare la possibile fraudolenta limitazione della tutela attraverso successivi subentri di ditte appaltatrici nella medesima attività, che, in mancanza di una previsione come quella di cui all'art. 7, comporterebbero la riduzione dell'anzianità del lavoratore, con una corrispondente diminuzione dell'indennità o dell'importo di conciliazione. Questa disposizione – nella sua *ratio* – ha in qualche modo anticipato una regola, speculare e di maggiore portata, effetto della novella del co. 3 dell'art. 29 intervenuta ad opera dell'art. 30 della l. comunitaria 122/2016; per cui «l'acquisizione del personale già impiegato nell'appalto a seguito di subentro di nuovo appaltatore dotato di propria struttura organizzativa e operativa, in forza di legge, di contratto collettivo nazionale di lavoro o di clausola del contratto d'appalto, ove siano presenti elementi di discontinuità che determinano una specifica identità di impresa, non costituisce trasferimento d'azienda o di parte d'azienda» (v. *infra* il par. 7 per il tema del trasferimento di azienda) [18].

6. Distacco, gruppi e reti di imprese

L'istituto del distacco trova compiuta regolamentazione nell'art. 30, d.lgs. 276/2003: si configura «quando un datore di lavoro, per soddisfare un proprio interesse, pone temporaneamente uno o più lavoratori a disposizione di altro soggetto per l'esecuzione di una determinata attività lavorativa» (co. 1). Sul fronte transnazionale, va considerato che il distacco è oggetto di attenzione anche da parte dell'Unione europea, specialmente al fine di prevenire gli abusi di tale istituto e l'elusione delle tutele fondamentali attraverso le esternalizzazioni dei rapporti di lavoro all'estero. I principali riferimenti sono rappresentati dalla direttiva 2014/67/UE, concernente l'applicazione della direttiva 96/71/CE relativa al distacco dei lavoratori nell'ambito di una prestazione di servizi, e dalla direttiva 2018/957/UE. Quest'ultima garantisce la protezione dei lavora-

[18] V. Cass. 20 gennaio 2022, n. 1811; 31 gennaio 2020, n. 2315 e 29 marzo 2019, n. 8922 per vicende in cui si è ritenuto applicabile l'art. 2112 c.c.

tori distaccati durante il loro distacco in relazione alla libera prestazione dei servizi, stabilendo disposizioni obbligatorie riguardanti le condizioni di lavoro e la tutela della sicurezza e della salute dei lavoratori che devono essere rispettate. La direttiva del 2014 è stata trasposta in Italia con il d.lgs. 136/2016. Il d.lgs. 136 è stato modificato dal d.lgs. 15 settembre 2020, n. 122, che nel frattempo ha attuato la direttiva 2018/957 sopra citata, già intervenuta sulla disciplina della direttiva 96/71. Il Legislatore è ancora intervenuto di recente, con il d.lgs. n. 27/2023, in attuazione della direttiva (UE) 2020/1057 che stabilisce norme specifiche per quanto riguarda il campo di applicazione della Direttiva generale 96/71 e della direttiva 2014/67 sul distacco dei conducenti nel settore del trasporto su strada.

Originariamente il distacco dei lavoratori risultava frutto di interventi giurisprudenziali e prassi imprenditoriali, tesi a ricavare un legittimo ambito di utilizzo dissociato della prestazione lavorativa in ipotesi di possibili cointeressenze, in capo a distinti soggetti, imprenditori e non, all'impiego di un medesimo lavoratore. In specie, l'area di maggiore realizzazione di tale schema negoziale è sempre stata quella delle società collegate; collegate non tanto, e non solo, sul piano azionario quanto piuttosto su quello sostanziale delle strategie economico-imprenditoriali: i gruppi, in effetti, da sempre hanno messo in campo espedienti che consentissero di esercitare le suddette strategie *anche* sul versante della gestione delle risorse umane. E non a caso ancora oggi si riconosce nella realtà imprenditoriale dei gruppi una sorta di ideale contesto organizzativo allo sviluppo di pratiche di scambio di manodopera.

Interesse al distacco: natura e funzione

Perno fondamentale della fattispecie è la presenza di un interesse lecito del datore che abbia assunto il lavoratore di spostarlo verso un altro imprenditore [19]: l'interesse, quindi, a utilizzare la manodopera in un contesto che consenta un'esecuzione della prestazione lavorativa pur sempre utile all'organizzazione del datore di lavoro originario. In questi termini – in continuità con la fattispecie costruita in precedenza dal diritto vivente – si ritiene generalmente che il distacco sia una modalità di esercizio del potere direttivo del datore di lavoro [20]. Il distacco, allora, può essere legittimato da qualsiasi interesse produttivo del distaccante purché esso non coincida con quello alla mera somministrazione di lavoro altrui. Il che, ovviamente, non vale a negare o escludere la possibile sussistenza di un interesse al distacco anche in capo all'impresa ospitante (il distaccatario) così come una condivisione di interessi tra distaccante e distaccatario. In particolare proprio quest'ultima circostanza assume addirittura oggi una sua specifica e aperta rilevanza normativa, nell'ipotesi di distacco tra imprese unite da un contratto di rete ai sensi del d.l. 10 febbraio 2009, n. 5, convertito in l. 9 aprile 2009, n. 33. Difatti, in tal caso, «l'interesse della parte distaccante sorge automaticamente in forza dell'operare della rete»: così dispone il co. 4-*ter*, art. 30, d.lgs. 276/2003, aggiunto in sede di conversione del d.l. 28 giugno 2013, n. 76. Vi è poi l'ipotesi degli accordi sindacali finalizzati a salva-

---

[19] Per un'esemplificazione casistica v. Cass. lav. 6944/2015.

[20] In giurisprudenza, tra le tante, Cass. lav. 18425/2023 e 18888/2019.

guardare i livelli occupazionali nel contesto di procedure di licenziamenti collettivi (art. 8, co. 3, d.l. 148/1993, convertito in l. 236/1993, richiamato dall'art. 30); in questo caso il legislatore estende i margini della nozione di interesse, evidentemente in funzione del perseguimento di una finalità di ordine collettivo più ampio. Questa prospettiva sembra caratterizzare anche una recente normativa che, inserendosi nel solco delle disposizioni emergenziali legate alla pandemia da Covid-19, dispone in merito al contratto di rete. Specificamente, l'art. 43-*bis*, d.l. 34/2020 – aggiunto in sede di conversione – integra la disciplina delle reti, prevedendo la possibilità di stipulare – per tutto il 2020 – un contratto di rete con causale di solidarietà, per favorire il mantenimento dei livelli occupazionali delle imprese appartenenti alle filiere che si sono trovate in particolare difficoltà economica a causa dello stato di crisi o di emergenza. Pertanto, le imprese che stipulano il contratto di rete per lo svolgimento di prestazioni lavorative presso le partecipanti potranno ricorrere agli istituti del distacco e della codatorialità, ai sensi dell'art. 30, co. 4-*ter*, d.lgs. 276/2003, per perseguire le seguenti finalità: a) impiego di lavoratori delle imprese partecipanti alla rete che sono a rischio di perdita del posto di lavoro; b) inserimento di persone che hanno perso il posto di lavoro per chiusura di attività o per crisi di impresa; c) assunzione di figure professionali necessarie a rilanciare le attività produttive nella fase di uscita dalla crisi.

Va precisato che in generale l'interesse prescritto può non coincidere del tutto con le possibili ragioni imprenditoriali, che comunque sempre sono alla base – non fosse che in via di fatto – del provvedimento. Questa possibile sfasatura spiegherebbe la lettera del co. 3 dell'art. 30, dove si puntualizza che il distacco debba essere motivato da comprovate ragioni tecniche, organizzative, produttive e sostitutive nel caso di spostamenti «a una unità produttiva sita a più di 50 km da quella in cui il lavoratore è adibito» (art. 30, co. 3)[21].

Ritorna nel dibattito sulla natura dell'interesse il rilievo dei gruppi di imprese, dal momento che sovente si esalta il peso dei nessi societari proprio quale indizio di legittimità del distacco; anche se in prevalenza si rimarcano l'insufficienza e i limiti di un'eventuale presunzione in tal senso, non potendosi mai esimere da un accertamento in concreto della sussistenza di un interesse effettivo a supporto causale dello spostamento del lavoratore[22]. Un interessante spunto esegetico viene tuttavia di recente offerto dalla più volte citata innovazione introdotta con la legge di conversione del d.l. 76/2013. L'affermazione per cui, nel distacco tra aziende che abbiano sottoscritto un contratto di rete, «l'interesse della parte distaccante sorge automaticamente in forza dell'operare della rete» potrebbe effettivamente offrire una sponda analogica alle tesi – non affatto consolidate, comunque – che individuano nella sinergia di gruppo un (auto)sufficiente indizio della sussistenza di un interesse su cui fondare le pra-

---

[21] In effetti, se le nozioni di *interesse* (art. 30, co. 1) e *ragioni* (art. 30, co. 3) coincidessero, il co. 3 apparirebbe una mera ripetizione, irragionevole e incomprensibile nel ribadire una prescrizione puntualmente già sancita in apertura di articolo.

[22] Cass. pen., sez. IV, 49593/2018 e Cass., sez. lav., 18425/2023. V. anche Ministero del lavoro, *Interpello* 1/2011.

tiche di distacco tra aziende collegate[23]. Viceversa, il gruppo assume una propria identità in ambito lavoristico nella prospettiva – formalizzata dallo stesso legislatore (art. 31, d.lgs. 276/2003) – della gestione unitaria in capo alla capogruppo o ad apposita società consorziata degli adempimenti prescritti in materia di lavoro, previdenza e assistenza sociale dei lavoratori di cui all'art. 1, l. 12/1979, nonché della possibilità di assunzione congiunta di lavoratori da parte di imprese agricole appartenenti allo stesso gruppo ovvero riconducibili allo stesso proprietario o a soggetti legati tra loro da vincoli di parentela o affinità entro il terzo grado.

Temporaneità

Altro requisito del distacco è quello della temporaneità. Il riscontro della temporaneità serve a dimostrare che non vi è deviazione dal normale vincolo di subordinazione; l'*interesse* spiega la finalità del distacco causalmente ma è la *temporaneità* a renderlo compatibile con la continuità propria dell'originario vincolo di subordinazione. La lettura giurisprudenziale che viene data di questo requisito non lo valorizza però troppo, persistenza ritenendosi la durata del distacco, la sua temporaneità, discendente dalla dell'interesse del datore di lavoro: tal che non si potrebbe a priori escludere un distacco coincidente con l'intera durata del rapporto di lavoro. Tuttavia la prevalente dottrina continua a reclamare una puntuale specificità del requisito.

Il lavoratore viene distaccato per «l'esecuzione di una determinata attività lavorativa»; attività che può corrispondere o no alle ordinarie mansioni svolte dal collaboratore presso il distaccante. In questo secondo caso (mutamento delle mansioni) la legge impone il consenso del lavoratore. La previsione sul consenso può influenzare molto uno specifico aspetto della protezione giuslavoristica, sul versante dell'autotutela del lavoratore distaccato: in caso di difformità, cioè, il lavoratore potrebbe legittimamente eccepirla, rifiutando il proprio adempimento. Così come del resto potrebbe rifiutarlo in considerazione dei possibili, diversi standard di sicurezza del nuovo contesto in cui le sue mansioni andassero a inserirsi. L'art. 30, d.lgs. 276/2003 chiarisce, ad ogni modo, che il datore di lavoro distaccante «rimane responsabile del trattamento economico e normativo a favore del lavoratore».

La disposizione legale prevede, poi, la sopravvivenza di una specifica fattispecie di distacco previgente (il distacco quale misura alternativa ai licenziamenti collettivi) e la disciplina sanzionatoria applicabile nei casi di violazione del co. 1 dell'articolo sopra citato. Disciplina sanzionatoria che si muove sulla falsariga di quanto già in precedenza osservato. Analogamente, cioè, a quanto previsto per tutte le altre lecite forme di interposizione ovvero di esternalizzazione di manodopera, il legislatore predispone uno specifico apparato sanzionatorio, penale e civile, per i casi di violazione delle regole imposte dall'art. 30, d.lgs. 276/2003; salva ovviamente l'applicazione delle sanzioni amministrative previste in relazione agli adempimenti – in particolare quelli connessi agli obblighi di comunicazione e registrazione – in materia di accesso al mercato del lavoro. Pertanto, «quando il distacco avvenga in violazione di quanto

---

[23] Cass. 21 aprile 2016, n. 8068. Vedi su questi temi anche Cass. 1168/2015, che fa il punto in tema di codatorialità, e Cass. 11 febbraio 2019, n. 3899.

disposto dal co. 1, il lavoratore interessato può chiedere, mediante ricorso giudiziale a norma dell'art. 414 c.p.c., notificato anche soltanto al soggetto che ne ha utilizzato la prestazione, la costituzione di un rapporto di lavoro alle dipendenze di quest'ultimo». L'art. 18, sempre del d.lgs. 276/2003, prevede al co. 5-*bis* che: «nei casi [...] di distacco privo dei requisiti di cui all'art. 30, co. 1, l'utilizzatore [*è punito*] con la pena della ammenda di euro 50 per ogni lavoratore occupato e per ogni giornata di occupazione. Se vi è sfruttamento dei minori, la pena è dell'arresto fino a diciotto mesi e l'ammenda è aumentata fino al sestuplo».

7. Il trasferimento di azienda

Sinora abbiamo osservato due gruppi di istituti giuridici. Un primo (lavoro a domicilio e telelavoro) consente di alleggerire e ottimizzare l'organizzazione datoriale (nonché i suoi costi), decentrando all'esterno o smaterializzando lo svolgimento delle prestazioni lavorative, rivolgendosi a collaboratori che, però, rimangono alle dipendenze del datore di lavoro stesso; il secondo gruppo, rappresentato da tutti gli altri istituti, consente la diversa operazione, comportante il medesimo effetto di alleggerimento e di ottimizzazione, di beneficiare dell'inserimento – da intendersi in senso ampio, se ad esempio si pensa alla subfornitura – nella propria organizzazione di lavoratori assunti da altri.

A questo punto dobbiamo chiudere il cerchio e soffermarci sulla regolamentazione giuridica della modalità estrema di alleggerimento del complesso aziendale: la vicenda che prende il nome di trasferimento di azienda. «Si intende per trasferimento d'azienda qualsiasi operazione che, in seguito a cessione contrattuale o fusione, comporti il mutamento nella titolarità di un'attività economica organizzata, con o senza scopo di lucro, preesistente al trasferimento e che conserva nel trasferimento la propria identità a prescindere dalla tipologia negoziale o dal provvedimento sulla base del quale il trasferimento è attuato ivi compresi l'usufrutto o l'affitto di azienda» (art. 2112, co. 5).

La circolazione dell'azienda – cioè del complesso dei beni organizzati dall'imprenditore per l'esercizio dell'impresa (art. 2555 c.c.) – è al centro di una specifica attenzione del diritto del lavoro per le numerose implicazioni di tale vicenda commerciale sulle sorti dei rapporti di lavoro. Va posto immediatamente in luce che, come è ovvio, il livello di tutela sociale si riflette immediatamente sugli andamenti delle imprese e sulle interrelazioni tra esse; in particolare spesso il diritto del lavoro consente di contenere le pratiche imprenditoriali più spregiudicate: vale a dire quelle finalizzate a recuperi di competitività attraverso un taglio di costi incentrato sul mero abbattimento o sulla fraudolenta frammentazione del livello di tutela del lavoro. Questo carattere così ampio e articolato dei possibili effetti del trasferimento d'azienda aiuta a comprendere due caratteri fondamentali della relativa disciplina. Da un lato, l'enorme influenza del diritto dell'Unione europea, particolarmente sensibile a prevenire fenomeni di concorrenza basati sulla mera speculazione offerta da alcune oggettive differenze di disciplina protet- Nozione tiva (basti pensare ai differenti ambiti di tutela, sostanziale e sindacale, previsti per le piccole e le grandi imprese); dall'altro, la naturale ambivalenza della normativa in materia, sì tesa a garantire i lavoratori ma al contempo attenta a non irrigidire eccessivamente la possibilità di circolazione dei beni aziendali.

In effetti proprio la principale garanzia prevista dalla norma base sul trasferimento d'azienda – l'art. 2112 c.c. *ius speciale* rispetto agli artt. 2558, 2559 e 2560 c.c. che regolano dal punto di vista del diritto commerciale lo stesso fenomeno traslativo – già rivela il duplice carattere ora descritto; infatti, là dove al co. 1 è previsto che «in caso di trasferimento d'azienda, il rapporto di lavoro continua con il cessionario ed il lavoratore conserva tutti i diritti che ne derivano», si mette certamente al sicuro la posizione del lavoratore ma si consente, anche, di trasferire il contratto di lavoro dal cedente al cessionario senza passare per il consenso del lavoratore stesso, come sarebbe imposto ai sensi degli artt. 1406 ss. c.c. (sulla cessione del contratto). Tradizionalmente questa deroga viene spiegata argomentando il carattere "spersonalizzato" della parte "datore di lavoro/imprenditore" e, quindi, l'indifferenza della soggettività datoriale rispetto al dato oggettivo dell'organizzazione di beni e mezzi in cui si inserisce la prestazione di lavoro; da altra prospettiva si rimarca l'immanenza e il carattere integrato della forza-lavoro rispetto al complesso aziendale. In ogni caso, è evidente che la disposizione consente traslazioni dell'azienda più spedite, riducendo gli ambiti di eventuale resistenza da parte dei lavoratori. Resistenza ben possibile, perché la successione aziendale potrebbe peggiorare, e anche notevolmente (come la cronaca economica degli ultimi anni purtroppo ha troppo frequentemente testimoniato), il contesto lavorativo e professionale[24]. Tanto che – nel ridisegnare i contorni della norma su impulso del diritto comunitario – il legislatore ha previsto quale giusta causa di dimissioni nei tre mesi successivi al trasferimento d'azienda la "sostanziale modifica delle condizioni di lavoro".

Giusta causa di dimissioni in caso di sostanziale modifica delle condizioni di lavoro

Solidarietà debitoria

È peraltro evidente che, se indubbiamente il nucleo dell'art. 2112 ruota intorno a una finalità protettiva – lo testimonia del resto la sua stessa rubrica: "Mantenimento dei diritti dei lavoratori in caso di trasferimento d'azienda" –, nel suo complesso esso offre di sicuro, e non da ora, un mirabile esempio di pesi (tutele) e contrappesi (valorizzazioni della libertà imprenditoriale). Basti pensare alla garanzia della solidarietà sancita nel co. 2, per cui mentre il primo periodo sancisce che cedente e cessionario «sono obbligati, in solido, per tutti i crediti che il lavoratore aveva al tempo del trasferimento», il secondo prevede la possibile liberazione del cedente attraverso le apposite procedure conciliative.

Nelle sue varie metamorfosi, allora, la disciplina sul trasferimento d'azienda variamente oscilla tra queste sue due anime; e senza dubbio gli ultimi ritocchi

---

[24] Del resto a seguito della cessione è garantito il posto di lavoro ma non le sue condizioni economico-normative, ché anzi espressamente si prevede che «Il cessionario è tenuto ad applicare i trattamenti economici e normativi previsti dai contratti collettivi nazionali, territoriali ed aziendali vigenti alla data del trasferimento, fino alla loro scadenza, *salvo che siano sostituiti da altri contratti collettivi applicabili all'impresa del cessionario*»: con la sola salvaguardia dell'imposta omogeneità tra i due livelli contrattuali (art. 2112, co. 3).

– specie quelli introdotti dall'art. 32, d.lgs. 276/2003 – rendono non facile individuare quale di queste anime oggi prevalga. A fronte dell'ampiezza delle vicende che la disposizione mira a comprendere pare infatti ridimensionata la stessa *ratio* della norma, cioè la prescrizione di un legame forte tra azienda e rapporti di lavoro [25]; posto che la seconda parte del comma specifica che le medesime disposizioni «si applicano altresì al trasferimento di parte dell'azienda, intesa come articolazione funzionalmente autonoma di un'attività economica organizzata, *identificata come tale dal cedente e dal cessionario al momento del suo trasferimento*» (il c.d. ramo d'azienda). Pur con tutte le precisazioni giurisprudenziali del caso appare, dunque, evidente che le compagini imprenditoriali possono oggi influenzare le sorti del rapporto di lavoro senza alcuna possibilità per i lavoratori di incidere su tale contesto. Tra l'altro, la CGUE – in arresti recenti – non pare ravvisare in queste ipotesi un'elusione quanto piuttosto una compatibile estensione della disciplina europea.

Il ramo d'azienda

Ed è proprio in ragione dell'oggettiva posizione recessiva del lavoratore singolo, che il nostro ordinamento – anche in questo caso per un'esplicita necessità di adeguamento alla disciplina europea – prevede un coinvolgimento delle rappresentanze sindacali quando la vicenda traslativa riguardi aziende in cui sono occupati più di quindici dipendenti (art. 47, co. 1, l. 428/1990). Più in generale, la disposizione si è arricchita nel corso del tempo, prevedendo allo stato diverse ipotesi di partecipazione sindacale anche con riferimento al trasferimento di aziende facenti capo ad imprese in crisi ovvero coinvolte in procedura concorsuali: in tali casi l'autonomia collettiva è chiamata a sostenere la conservazione dei livelli occupazionali con la possibile sottoscrizione di accordi derogatori della disciplina sostanziale di cui all'art. 2112 c.c.

Trasferimento delle aziende in crisi

Invero, dopo l'approvazione del c.d. Codice della crisi di impresa (d.lgs. 14/2019), ormai la materia del trasferimento delle aziende in crisi rappresenta un tema quasi a sé stante; sebbene assai articolato e complicato sia il coordinamento tra la disciplina generale e le specifiche disposizioni giuslavoristiche contenute nel citato art. 47, esattamente come novellato dal d.lgs. 14/2019.

Nella prospettiva indicata da ultimo, il d.lgs. 14/2019 e ss.mm.ii. prevede un esplicito collegamento nel Capo IV del Titolo X (l'art. 368, rubricato proprio "Coordinamento con la disciplina del diritto del lavoro") tra questi ambiti disciplinari. Qui si interviene in merito a diverse vicende dell'impresa con impatto sui rapporti di lavoro. Specificamente, in tema di trasferimento d'azienda, varie sono le modifiche all'art. 47 citato; in particolare, tra queste, il nuovo co. 5 prescrive, a proposito del concordato preventivo liquidatorio, che possono essere stipulati con finalità di salvaguardia dell'occupazione «contratti collettivi [...] in deroga all'articolo 2112, commi primo, terzo e quarto, del codice civile».

Obblighi di informazione

In prima battuta, ritornando al piano generale, l'art. 47 prescrive in capo a cedente e a cessionario intenzionati al trasferimento – nella formulazione ori-

---

[25] Questo legame è rafforzato – a favore del lavoratore – dalla previsione per cui il trasferimento d'azienda di per sé non può costituire motivo di licenziamento (art. 2112, co. 4). Sulla nozione di trasferimento d'azienda v. Cass. 5 luglio 2021, n. 18948.

ginaria quest'obbligo vigeva solo il per cedente – l'obbligo di informare le rappresentanze sindacali dell'art. 19 dello Statuto dei lavoratori ovvero le rappresentanze sindacali unitarie nonché le associazioni sindacali firmatarie del contratto collettivo applicato nell'impresa cui appartiene il complesso aziendale ceduto prima di concludere il definitivo accordo sulla cessione, dando conto: a) della data o della data proposta del trasferimento; b) dei motivi del programmato trasferimento; c) delle sue conseguenze giuridiche, economiche e sociali per i lavoratori; d) delle eventuali misure previste nei confronti di questi ultimi (art. 47, co. 1). Le organizzazioni sindacali possono poi richiedere per iscritto un incontro per discutere i termini della cessione; tale consultazione si intende esaurita qualora, trascorsi 10 giorni dal suo inizio, le parti non abbiano raggiunto un accordo (art. 47, co. 2).

Il mancato adempimento dell'obbligo di informazione integra gli estremi della condotta antisindacale, con la possibilità di adire il giudice per ottenere il relativo provvedimento che ordini al datore di lavoro la cessazione dell'illegittimo comportamento e la rimozione dei suoi effetti. Molto discussa è l'incidenza del provvedimento giudiziale sulla validità del negozio traslativo posto in essere senza aver dato luogo all'informativa sindacale. Per vero si tende in prevalenza a escludere che l'esito del procedimento per l'accertamento della condotta antisindacale possa coinvolgere anche la legittimità del trasferimento stesso, sebbene alcuni argomenti, un tempo utilizzati per confortare tale tesi, sembrano oggi meno irresistibili; perché mentre originariamente non si voleva imporre al cessionario, in quanto terzo, l'effetto di una pronuncia strettamente riguardante la condotta sindacale del cedente, oggi, che entrambi sono interessati dalla medesima procedura sindacale, sembra più difficile sostenere che gli esiti dell'antisindacalità non siano direttamente influenti sul negozio sottoscritto dalle due parti imprenditoriali in violazione di un preciso obbligo di legge.

Per chiudere dobbiamo mettere in luce una particolare relazione tra la disciplina dell'art. 2112 c.c. e quella degli appalti, sopra esaminata. Un'impresa può infatti trasferire un proprio complesso aziendale per mere ragioni strategiche e di opportunità, senza quindi con questo volersi privare dell'apporto operativo prima fornito da quella struttura produttiva; essa a tal fine può – grazie alla medesima novella del 2003 già richiamata sopra (art. 32, d.lgs. 276/2003) – stipulare con l'acquirente del complesso aziendale trasferito un contratto di appalto, la cui esecuzione si avvale esattamente dell'azienda o del ramo d'azienda oggetto del trasferimento. In pratica, per fare un esempio, se la società A – che produce vini e ha sempre svolto il relativo, intero ciclo di lavorazione – decide di trasferire alla società B la parte aziendale (locali, macchine, tecnologie e operai) adibita all'imbottigliamento, può poi recuperare quella fase produttiva "reinternalizzandola" con la sottoscrizione di un contratto di appalto con la società B: appalto avente ad oggetto l'imbottigliamento, da eseguirsi con gli stessi beni aziendali e le stesse persone trasferite da A verso B (che economicamente, con i limiti e le garanzie di cui all'art. 29, d.lgs. 276/2003, finiscono quindi con il ritornare da B ad A).

Lo spettro delle operazioni commerciali che quindi fanno da sfondo alle varie vicende traslative dell'azienda è ormai amplissimo; e ciò spiega l'attenzione giurisprudenziale verso tali fenomeni, che inevitabilmente possono celare condotte fraudolente ed elusive.

8. Istituti interpositori, esternalizzazioni e lavoro nelle pubbliche amministrazioni

Merita una trattazione separata la spiegazione degli istituti sin qui osservati trasposti nell'ambito del lavoro pubblico (su cui v. cap. IV, par. 14), in quanto, su un piano generale, la gran parte delle norme analizzate non lo riguardano, non almeno nella versione che abbiamo esplicato: somministrazione, appalti, distacco, trasferimento di azienda sono infatti stati introdotti o profondamente modificati dal d.lgs. 276/2003, il cui art. 1 esclude le amministrazioni pubbliche e il loro personale dal suo campo di applicazione (ma v. già l'art. 6, l. 30/2003). E in effetti essi sono oggetto spesso di discipline speciali e, quand'anche trovino fonte comune, sono sempre accompagnati da una serie di deroghe e/o di precipue specificazioni normative.

Il comando nel lavoro pubblico

L'analisi può prendere avvio dagli istituti equivalenti al distacco. Questo negozio origina proprio dalla normativa del pubblico impiego, che sin dalle sue origini riconosceva la possibilità di spostare temporaneamente lavoratori di un'amministrazione verso amministrazioni diverse che ne richiedessero, per esigenze organizzative, il temporaneo affidamento. Nel pubblico impiego era, ed è ancora previsto in alcune amministrazioni, il comando (artt. 56 e 57 del T.U. per gli impiegati civili dello Stato); nel corso del tempo si sono regolate poi diverse e ulteriori forme di assegnazione temporanea ma la matrice è rimasta immutata e presenta profonde differenze con il lavoro privato. A partire già dal requisito base, cioè l'interesse a distaccare; che nel pubblico impiego è il più delle volte quello dell'amministrazione destinataria e nei fatti, più spesso, un interesse del lavoratore stesso.

Interventi normativi più recenti hanno cercato di contenere gli aspetti patologici del fenomeno ma non muta la sostanza dello stesso: si distacca e si comanda quando, e perché, un'amministrazione diversa da quella in cui è di ruolo il dipendente ne richiede la collaborazione. Diverso è poi il ruolo del consenso del lavoratore, che infatti è oggi sempre richiesto, sia dalla legge sia dalla contrattazione collettiva. Comunque tradizionalmente la disciplina del lavoro pubblico, anche in passato, si distingueva per l'esplicita considerazione della volontà del dipendente comandato.

Appalto e somministrazione

Per gli appalti abbiamo accennato al fatto che la specialità del settore pubblico risiede in un notevole *corpus* normativo – di derivazione eurounionista – dedicato proprio alla materia degli appalti pubblici, il d.lgs. 36/2023. Qui diverse disposizioni prevedono che la stazione appaltante pubblica debba attentamente valutare il rispetto da parte delle imprese partecipanti alle gare delle norme lavoristiche e previdenziali; in più avvisi, bandi e inviti devono prevedere – negli appalti ad alta densità di manodopera – specifiche clausole c.d. sociali che promuovano la stabilità occupazionale del personale impiegato.

Discorso diverso come già visto per la somministrazione. Esclusa del tutto la somministrazione a tempo indeterminato, quella a tempo determinato soggiace anche alla disciplina speciale del lavoro pubblico sui lavori flessibili, in linea di principio più restrittiva. In ogni caso, in presenza di un uso illecito della somministrazione, non sarà possibile la sanzione dell'imputazione del rapporto di lavoro all'effettivo utilizzatore (v. sulla questione l'art. 36, d.lgs. 165/2001). Questo perché il principio generale è che il rapporto di lavoro pubblico possa costituirsi solo attraverso la canonica forma del concorso (*ex* art. 97 Cost.).

Trasferimento d'azienda

Infine il trasferimento di azienda. Qui il contesto è eccentrico; sino al 2003 – anno in cui il d.lgs. 276 novellò nuovamente l'art. 2112 c.c., prevedendo in generale, come si è detto sopra, l'esclusione del lavoro pubblico da tutte le novità contenute nel Decreto stesso – nessuno dubitava dell'applicabilità al lavoro pubblico dell'art. 2112 c.c. e dell'art. 47, l. 428/1990 – salve eventuali disposizioni speciali – espressamente riconosciuta dal tutt'ora vigente art. 31, d.lgs. 165/2001. Ne consegue che: a) riteniamo dal 2003 in poi quest'ultima disposizione implicitamente abrogata; b) dobbiamo valutare l'ipotesi di due diversi artt. 2112 conviventi (uno per il pubblico e un altro per il privato) o infine c) dobbiamo prendere atto di una svista di coordinamento da parte del legislatore.

È comunque vero – a ridimensionare il problema interpretativo – che il comparto pubblico è costellato di discipline speciali, che intervengono ogni qual volta il legislatore contempli ipotesi di passaggio di funzioni o attività da un'amministrazione ad un'altra ovvero da un'amministrazione ad una società di diritto privato, con conseguente mobilità del relativo personale.

Capitolo XVII

Cassa integrazione guadagni, trattamenti di disoccupazione e strumenti per l'inserimento e la ricollocazione nel mercato del lavoro

1. I c.d. ammortizzatori sociali

I principi costituzionali

Al carattere attivo delle misure e degli istituti protesi a favorire impiego e occupazione, assecondando l'impegno costituzionale di cui all'art. 4 Cost. (v. cap. III), si giustappongono gli strumenti tesi a fronteggiare i principali eventi "traumatici" del percorso lavorativo: la perdita del posto di lavoro ovvero la riduzione e la sospensione dell'attività lavorativa. Il tratto "passivo" di tali strumenti risiede nel fatto che, tradizionalmente, il lavoratore sarebbe in questi casi mero destinatario – si può dire anche mero percettore – di indennizzi e provvidenze di carattere previdenziale – dunque non aventi natura di retribuzione ma comunque legati ad una pregressa vicenda di versamenti contributivi – e, in taluni casi, addirittura assistenziale (sganciati, cioè, da qualunque rapporto contributivo).

Le due espressioni, "previdenziale" e "assistenziale", rimandano a un ulteriore impegno fatto assumere allo Stato italiano dai nostri costituenti; ai sensi dell'art. 38 Cost. esso, attraverso organi e istituti appositamente preposti, provvede affinché sia dato riconoscimento, attuazione e sostegno al diritto al mantenimento e all'assistenza sociale di ogni cittadino inabile al lavoro e sprovvisto dei mezzi necessari per vivere (art. 38, co. 1) nonché al diritto, in capo ai lavoratori, «che siano preveduti ed assicurati mezzi adeguati alle loro esigenze di vita in caso di infortunio, malattia, invalidità e vecchiaia, disoccupazione involontaria» (art. 38, co. 2).

Si parla, dunque, di ammortizzatori sociali proprio a intendere che gli istituti compresi in tale definizione sono finalizzati a contenere, a rendere meno drammatiche le ricadute del venir meno della retribuzione in occasione della perdita dell'occupazione o della sua sospensione. Ciò attraverso il riconoscimento di strumenti di sostegno al reddito in caso di disoccupazione involontaria, così come in costanza di rapporto di lavoro.

L'esperienza pandemica a riprova della funzione essenziale del sistema di sicurezza sociale

Emblematica per comprendere la funzione degli ammortizzatori sociali è l'esperienza pandemica, in quanto in quel frangente storico la funzione sociale dell'ordinamento previdenziale è stata particolarmente evidente. Il legislatore ha, in effetti, predisposto strumenti che, in attuazione dell'art. 38 Cost., concorressero sia a prevenire la disoccupazione – si pensi alle misure dirette alla mera conservazione dei livelli occupazionali esistenti, anche attraverso la temporanea sospensione dei licenziamenti – sia a rafforzare gli ammortizzatori sociali nei confronti di tutte le categorie di lavoratori e le misure di contrasto alla povertà. Sono state introdotte, quindi, la CIG-Covid e alcune indennità a vario titolo rivolte ai lavoratori dipendenti del settore privato, ai lavoratori iscritti alla Gestione separata di cui all'art. 2, co. 26, l. 335/1995, ai lavoratori domestici e ai lavoratori autonomi. In quest'ultimo caso vale la pena sottolineare lo sforzo di rendere davvero "universale" la protezione in caso di disoccupazione, che è stata estesa a lavoratori non iscritti alle Gestioni previdenziali Inps e per i quali, dunque, non vi sarebbe stata alcuna tutela del reddito in caso di disoccupazione, nonostante l'entrata in vigore della l. 81/2017.

Ancora, per i beneficiari di talune prestazioni, quali il Reddito di cittadinanza (di seguito, RdC), tenuto conto della necessità di assicurare assistenza di carattere sociale o socio-assistenziale in relazione alle esigenze connesse all'emergenza epidemiologica da Covid-19, sono state introdotte in via transitoria sia deroghe agli obblighi connessi alla fruizione della misura, sia norme *ad hoc* per consentirne la compatibilità con lo svolgimento di alcune attività lavorative. Si è andati, poi, a estendere le misure di contrasto alla povertà anche oltre i beneficiari del RdC, introducendo – durante l'emergenza epidemiologica – una misura di sostegno economico (il Reddito di emergenza – Rem) in favore dei nuclei familiari in difficoltà, in ragione del reddito familiare e del patrimonio mobiliare.

Nella medesima prospettiva va segnalato che la UE ha istituito uno strumento di sostegno temporaneo per attenuare i rischi di disoccupazione nello stato di emergenza (SURE). Il Regolamento UE 2020/672 ha consentito agli Stati membri di richiedere un sostegno finanziario, anzitutto al fine di predisporre misure volte a ridurre i rischi della perdita di lavoro, sia dei dipendenti sia degli autonomi, ma anche per la predisposizione di misure di carattere sanitario, in particolare sul luogo di lavoro.

La vastità delle misure introdotte in fase pandemica aiuta a comprendere l'estesa accezione del riferimento allo "*stato di disoccupazione*" contenuto nell'art. 38, co. 2, Cost., da intendersi come vicenda totale e/o parziale: ciò spiega la possibilità di accomunare sotto il termine di *ammortizzatori sociali* sia le indennità di disoccupazione in senso stretto intese – per chi aveva lavoro ma l'ha perso – sia la cassa integrazione guadagni, che presuppone la sospensione del rapporto di lavoro ma non la sua estinzione. Con riguardo ai destinatari di tali prestazioni, deve comunque pur sempre trattarsi di persone che lavorano o abbiano lavorato, prevalentemente ma non esclusivamente, con contratto di lavoro subordinato: solo da ultimo sono state introdotte misure di sostegno rivolte a particolari tipologie di lavoratori autonomi, alcune in via permanente, altre in via sperimentale. Capitolo diverso è quello delle misure destinate alla garanzia di un reddito minimo del tutto sganciato da un criterio di ordine lavoristico, vale a dire dal coinvolgimento della persona in un pregresso rapporto di lavoro.

Disoccupazione e nuovi scenari del mercato del lavoro

L'ampliamento delle misure si spiega in ragione della diffusione crescente di tipologie contrattuali flessibili, tal che la disoccupazione non si manifesta più quale semplice incidente di percorso nell'attuazione della prospettiva del pieno impiego, bensì come una costante dei rapporti economico-sociali, con cui tanti devono fare i conti. Se in origine il sostegno al reddito per la perdita dell'occupazione poteva considerarsi – almeno nelle intenzioni ideali – una misura destinata a coprire fasi di inattività più o meno limitate, nel corso del tempo si è dovuto fare i conti con un andamento occupazionale sempre più discontinuo, imprevedibile e negativo. Accanto alla figura del disoccupato tradizionale acquistano rilevanza significativa le categorie dei cosiddetti inoccupati, cioè coloro che non riescono ad approdare al circuito lavorativo, e dei disoccupati di lunga durata, cioè i prestatori di lavoro che dopo avere perso il posto di lavoro non sono più riusciti a ricollocarsi professionalmente, nonché dei disoccupati intermittenti o sottoccupati, cioè di quei soggetti che, in mancanza di un'occupazione stabile e a tempo pieno, accettano di impiegarsi solo occasionalmente o ad orario ridotto. In relazione a tali figure sono emerse, dunque, nuove istanze di protezione sociale. Istanze cui il legislatore ha cercato e sta cercando di far fronte, anche attraverso un nuovo disegno di riforma attualmente *in fieri*, volto ad ampliare la platea dei destinatari degli ammortizzatori sociali. L'intento dichiarato, infatti, è un generale rafforzamento del sostegno al reddito dei lavoratori atipici, discontinui e precari, a cui si affianca un più efficace legame con le politiche attive e formative finalizzate a massimizzare l'occupabilità dei lavoratori e la loro rapida ricollocazione nel mercato del lavoro.

In ogni caso, nell'arco di un trentennio si sono succeduti per lo più interventi di piccola manutenzione degli istituti più risalenti (l'indennità di disoccupazione); progetti ambiziosi e spesso fallimentari (la riforma della cassa integrazione guadagni straordinaria e della disoccupazione industriale del 1991); misure occasionali ed emergenziali (le più importanti sono decisamente quelle volte a far fronte all'emergenza Covid). La "galassia" degli ammortizzatori sociali ha così assunto contorni caotici, apparendo chiaro che il quadro complessivo era privo di sistematicità, così come di organica e piena coerenza con la Costituzione. Le riforme più incisive, certamente, si sono avute a partire dal 2012 in quanto si è mirato, da un lato, ad operare una revisione strutturale delle indennità di disoccupazione e, dall'altro, ad introdurre nuove misure nazionali di contrasto alla povertà. Sono stati potenziati, in effetti, tanto gli strumenti previdenziali, riconosciuti ai lavoratori iscritti ad un sistema assicurativo, quanto quelli meramente assistenziali. Tutti gli interventi degli ultimi anni, comunque, hanno un tratto comune: l'essere intrinsecamente correlati alle politiche attive attraverso il principio di condizionalità (v. cap. III, par. 10).

2. Il sostegno al reddito in costanza di rapporto di lavoro: la CIG

Come anticipato, il nostro sistema legislativo mira a tutelare ad ampio raggio il reddito dei lavoratori, attraverso la predisposizione di strumenti previdenziali riconosciuti in costanza di rapporto di lavoro, al fine di fronteggiare i rischi derivanti anche da eventi temporanei di sospensione o riduzione dell'attività dell'impresa dovuti da impossibilità sopravvenuta o forza maggiore.

Lo strumento principe volto a far fronte a tale esigenza è la Cassa integrazione guadagni (CIG), utile sia per i lavoratori sia per i datori di lavoro. Infatti, proprio in ragione della non imputabilità a entrambe le parti delle cause della temporanea sospensione del rapporto, essa evita, da un lato, che i prestatori perdano la retribuzione e, dall'altro, che l'azienda sostenga ulteriori costi di manodopera. La CIG consiste, in altre parole, in una valida alternativa al licenziamento e fornisce la possibilità di avere ancora alle proprie dipendenze i lavoratori, una volta cessata la ragione di sospensione dell'attività.

Va rilevato che, sebbene inizialmente la CIG fosse sorta al solo scopo di far fronte alle esigenze di sospensione dei rapporti di lavoro alle dipendenze di imprese industriali e per le sole cause di impossibilità oggettiva[1], nel tempo il suo ambito di applicazione è stato esteso, sia dal punto di vista oggettivo che soggettivo, articolandosi così in CIG ordinaria; CIG straordinaria/mobilità.

In concreto la prestazione CIG consiste in un'indennità corrisposta al sussistere delle condizioni legali tassativamente indicate, sostitutiva della retribuzione in caso di sospensione del rapporto lavorativo, o integrativa, qualora dovesse esserci solamente una riduzione dell'attività lavorativa. Ovviamente il provvedimento amministrativo dell'Inps di autorizzazione dell'intervento è condizione necessaria per goderne.

L'indennità sarà anticipata dall'impresa e poi rimborsata dall'Inps, attraverso il conguaglio tra contributi dovuti e prestazioni corrisposte, entro un termine di decadenza di sei mesi. La somma erogata è equiparata alla retribuzione corrisposta in costanza di rapporto di lavoro e, di conseguenza, sarà soggetta ad im-

---

[1] La prima normativa in materia di CIG risale al d.l. lgt. 688/1945.

posizione fiscale e contributiva. Le somme sono coperte da contribuzione figurativa[2], utile ai fini sia del diritto che della misura della pensione.

I fondi per finanziare tale indennità sono reperiti sia attraverso contributi a carico degli imprenditori e con partecipazione dei lavoratori, sia mediante finanziamento statale[3]. A ciò si aggiunge un contributo addizionale imposto alle imprese che presentano istanza per la CIG. Il quadro normativo attuale si rinviene nel d.lgs. 148/2015 – come modificato dalla l. 234/2015, dal d.l. 198/2022 e dal d.l. 48/2023 – che ha razionalizzato e unificato l'articolato assetto della CIG. Essa si divide in Cassa integrazione ordinaria (CIGO), finalizzata alla conservazione dell'occupazione e del reddito in presenza di situazioni di tipo congiunturale, e Cassa integrazione straordinaria (CIGS); quest'ultima, il cui finanziamento grava prevalentemente sullo Stato, è destinata a fronteggiare situazioni strutturali di eccedenze di personale che non compromettano, comunque, la continuazione dell'attività aziendale.

Norme comuni per CIGO e CIGS

Nonostante le differenze tra CIGO e CIGS, che saranno evidenziate nei paragrafi seguenti, è opportuno indicare sin da ora alcune norme comuni, disciplinate nel Titolo I del d.lgs. 148/2015. Anzitutto, sono beneficiari di entrambe le integrazioni salariali tutti i lavoratori subordinati (compresi gli apprendisti e i lavoratori a domicilio, con esclusione dei dirigenti), a condizione però che abbiano conseguito un'anzianità effettiva di lavoro, presso l'unità produttiva per la quale è richiesto l'intervento, di almeno 30 giorni. Tale condizione non è necessaria nel caso di trattamenti ordinari di integrazione salariale per eventi oggettivamente non evitabili.

La misura del trattamento è pari all'80% della retribuzione globale che spetterebbe per le ore di lavoro non prestate, comprese fra le zero ore e il limite orario contrattuale. Nell'integrazione salariale non sono incluse festività, assenze non retribuite, come permessi orari e giornalieri non retribuiti, o di sciopero, né le giornate nelle quali il lavoratore ha svolto altre attività lavorative. La CIG è corrisposta della misura dell'importo massimo determinato considerando la retribuzione mensile di riferimento, annualmente rivalutata.

Come per tutti gli ammortizzatori sociali, anche per la CIG è stato potenziato il profilo della condizionalità al fine di evitare che vi siano abusi dell'istituto e di consentire, al contempo, l'occupazione dei soggetti uscenti dal mercato del lavoro. Pertanto, i lavoratori beneficiari di integrazioni salariali per i quali è programmata una sospensione o riduzione superiore al 50% dell'orario

---

[2] I contributi figurativi sono riconosciuti dal sistema previdenziale – che li pone a proprio carico – sul conto assicurativo del lavoratore per periodi in cui si è verificata una interruzione o una riduzione dell'attività lavorativa: dunque pur in assenza di un versamento effettivo dei contributi. La legge individua le ipotesi nelle quali i contributi figurativi possono essere accreditati, d'ufficio o su domanda del lavoratore, senza alcun costo per l'assicurato. Per tale motivo si differenziano dai contributi da riscatto (che coprono altri periodi: corso legale di laurea, lavoro all'estero, ecc.) i quali sono, invece, a carico del lavoratore.

[3] Più specificamente, la CIGO, è finanziata attraverso contributi ordinari a carico degli imprenditori; la CIGS, è a carico dei datori di lavoro, dei lavoratori, con previsione di un finanziamento statale.

di lavoro, calcolato in un periodo di 12 mesi, devono stipulare con i centri per l'impiego un patto di servizio personalizzato e sono assoggettati al regime di condizionalità previsto dall'art. 22, d.lgs. 150/2015. Per incentivare l'utilizzo di strumenti di sostegno al reddito che prevedano la riduzione dell'orario di lavoro invece che la sospensione dell'attività lavorativa, si consente di prolungarne il ricorso, in caso di stipula di un contratto di solidarietà (v. *infra*, par. 2.2).

2.1. La Cassa integrazione guadagni ordinaria

Abbiamo anticipato nel precedente paragrafo che, al di là della funzione sociale comune, nel tempo sono stati introdotti diversi tipi di CIG, che si differenziano quanto all'ambito di applicazione, alle causali per le quali è possibile presentare l'istanza, ai criteri di scelta dei lavoratori, alla procedura sindacale da avviare per poter avere accesso alla misura e alla durata della prestazione.

Ambito di applicazione, cause integrabili e procedura

Per quanto riguarda l'ambito di applicazione, la CIGO si applica al settore industriale, edile e agricolo.

Le cause che consentono di accedere alle prestazioni della CIGO in situazioni aziendali sono riconducibili agli eventi transitori e non imputabili all'imprenditore o agli operai, ovvero in situazioni temporanee di mercato.

Il ricorso alle integrazioni salariali è assoggettato al rispetto di un'articolata procedura sindacale (informazione e, in caso di richiesta, esame congiunto, anche in via telematica; non vi è l'obbligo di raggiungere un accordo); nel caso della CIGO, tale procedura è abbreviata in presenza di eventi oggettivamente non evitabili che rendano non differibile la contrazione o la sospensione dell'attività produttiva. Chiusa la procedura sindacale, per l'intervento ordinario il datore di lavoro è tenuto a comunicare all'Inps l'avvenuto adempimento della procedura, il cui espletamento costituisce dunque condizione di procedibilità della domanda di ammissione al trattamento.

Criteri di scelta

La scelta dei lavoratori da collocare in CIG spetta al datore di lavoro, con criteri diversi se si tratta di CIGO o di CIGS. Nel primo caso, valgono i tradizionali parametri di buona fede, correttezza e non discriminazione.

Durata

Il trattamento ordinario può essere corrisposto fino a un massimo di 13 settimane continuative, con eventuali proroghe trimestrali, fino ad un massimo complessivo di 52 settimane. Nel caso in cui l'azienda fruisca del trattamento per periodi non consecutivi, l'intervento non può superare 52 settimane in un biennio mobile (tale disposizione non è applicabile nei casi di intervento determinato da eventi oggettivamente non evitabili: art. 12). È considerato anche un limite di ore autorizzabili, non superiore a un terzo di quelle ordinarie lavorabili nel biennio mobile, con riferimento a tutti i lavoratori dell'unità produttiva mediamente occupati nel semestre precedente (art. 12, co. 5).

2.2. La Cassa integrazione guadagni straordinaria

Ambito di applicazione, procedure, cause integrabili

Per la CIGS l'ambito di applicazione è stato, nel tempo, sempre più ampliato. Dal 1° gennaio 2022, l'istituto comprende tutti i datori di lavoro, indipendentemente dal settore produttivo al quale appartengono, che nel semestre precedente alla data di presentazione della domanda abbiano occupato più di 15 dipendenti (salvo non siano già coperti dai fondi di bilaterali alternativi e territoriali).

Tra le causali integrabili sono ricomprese: la crisi aziendale; la riorganizzazione aziendale (non si parla più di ristrutturazione e riconversione aziendale), anche per realizzare processi di transizione individuati e regolati con decreto ministeriale; il contratto di solidarietà difensivo (che stabilisce una riduzione dell'orario al fine di evitare in tutto o in parte il licenziamento collettivo del personale).

Il d.lgs. 148/2015 ha definitivamente eliminato, a far data dal 1° gennaio 2016, la causale di crisi per cessazione dell'attività aziendale o di un ramo di essa, al fine di non consentire l'utilizzo dell'integrazione salariale in situazioni di eccedenza strutturale di personale. Tuttavia, in via transitoria, in deroga a tale previsione, negli ultimi anni sono state concesse eccezionali proroghe su autorizzazione del Ministero del Lavoro e delle Politiche sociali (v., da ultimo, d.l. 48/2023).

La procedura sindacale e i criteri di scelta

Quanto alla procedura di consultazione sindacale, nel caso della CIGS, l'esame congiunto consiste in una concertazione obbligatoria presso la Regione o il Ministero del lavoro (a seconda del numero e della dislocazione territoriale delle unità produttive coinvolte). Chiusa la procedura sindacale, la domanda è inoltrata al Ministero del lavoro entro un termine predeterminato.

Nei casi di riorganizzazione o crisi aziendale che non contemplino il completo recupero occupazionale, al fine di limitare il ricorso al licenziamento all'esito della CIGS, la procedura di consultazione sindacale può concludersi con un accordo, c.d. di ricollocazione, che indichi gli ambiti aziendali e i profili professionali a rischio di esubero (art. 24-*bis*); in tal caso, ai lavoratori interessati potrà essere riconosciuto l'assegno di ricollocazione (v. *infra*, par. 3.2).

La scelta dei lavoratori da collocare in CIGS e le relative garanzie sono rimesse al sistema di consultazione sindacale, essendo disposto che oggetto dell'esame congiunto debbano essere «i criteri di scelta dei lavoratori da sospendere, che devono essere coerenti con le ragioni per le quali è richiesto l'intervento, e le modalità della rotazione tra i lavoratori o le ragioni tecnico organizzative della mancata adozione di meccanismi di rotazione» (art. 24, co. 3). Il criterio della rotazione impone al datore di lavoro di ripartire il periodo di sospensione/riduzione dell'attività tra tutti i dipendenti che, nell'unità produttiva interessata, svolgono le medesime mansioni; il mancato rispetto delle modalità di rotazione concordate in sede di esame congiunto comporta l'incremento del contributo addizionale dovuto per i singoli lavoratori ai quali la rotazione non è stata applicata (d.m. 10 marzo 2016).

Durata

Relativamente alla durata della CIGS, è stato introdotto un forte ridimensionamento nell'utilizzo del trattamento di integrazione straordinario, riconosciuto entro limiti temporali tassativi (12-24 mesi), variabili in base alla causale integrabile e che premiano comunque il ricorso ai contratti di solidarietà difensivi (art. 22, co. 3 e 5)[4]; con previsione altresì, a decorrere da 24 mesi dall'entrata in vigore del decreto e per i soli programmi di riorganizzazione e per crisi aziendale, di un tetto massimo di ore autorizzabili, non superiore all'80% delle ore lavorabili nell'unità produttiva, nell'arco temporale del programma stesso.

Quando la CIGS è concessa per crisi o riorganizzazione aziendale, ai datori di lavoro che occupano più di 15 dipendenti può essere concesso un ulteriore trattamento di integrazione salariale straordinaria, finalizzato al recupero occupazionale dei lavoratori a rischio esubero, per un periodo massimo di 12 mesi complessivi, non ulteriormente prorogabili. Tale proroga è subordinata alla stipulazione di un accordo di transizione occupazionale (art. 22 ter) nel quale, in sede di consultazione sindacale, il datore di lavoro deve definire le azioni per la rioccupazione e l'autoimpiego dei lavoratori, quali formazione e riqualificazione professionale, anche ricorrendo ai fondi interprofessionali.

Eccezionalmente e in via provvisoria, prima per gli anni 2018, 2019 e 2020 e poi sino al 2024, è prevista la proroga della durata della CIGS sino ad un massimo di 12 mesi, al sussistere delle condizioni indicate nell'art. 22-*bis*, d.lgs. 148/2021, riconducibili a vincoli finanziari, alla rilevanza economica strategica della riorganizzazione aziendale e all'impossibilità oggettiva di concludere il piano di riorganizzazione entro i tempi massimi della CIG.

2.3. La Cassa integrazione in deroga e la Cassa integrazione Covid: deroghe all'impianto generale

La Cassa integrazione in deroga

Come anticipato, le contingenze storiche hanno reso necessario intervenire derogando all'impianto appena descritto, al fine di ampliare le tutele assicurate in costanza di rapporto di lavoro.

Il primo esempio è fornito dai c.d. *interventi in deroga*, originariamente istituiti per i settori produttivi non coperti dalla Cassa integrazione guadagni e spesso utilizzati in settori già coperti dalle integrazioni salariali, con lo scopo di prorogare la tutela oltre i limiti temporali massimi fissati per legge.

A questi trattamenti si è fatto reiterato e ampio ricorso soprattutto negli anni della crisi economica, affidandone quasi interamente la gestione all'azione amministrativa, con progressivo coinvolgimento delle regioni, di concerto con le parti sociali, nell'utilizzo delle ingenti risorse statali e del fondo sociale europeo. Benché le ultime riforme avrebbero dovuto comportare il loro superamento, tutte le leggi di bilancio successive al 2015, per agevolare il passaggio verso il riformato sistema di ammortizzatori sociali (che è stato interessato anche dal definitivo superamento, a partire dal 2017, dell'indennità di mobilità), hanno continuato a finanziare questi trattamenti, soprattutto per le imprese operanti

[4] Ai fini del calcolo della durata massima complessiva di ricorso alle integrazioni salariali, la durata dei contratti di solidarietà si computa, infatti, per la metà «per la parte non eccedente i 24 mesi e per intero per la parte eccedente»: art. 22, co. 5.

in territori soggetti a recessione economica e rilevante perdita occupazionale. Un cenno a parte merita anche la l. 26/2019 che, all'art. 26-*sexies*, prevede una disciplina *ad hoc* sulla CIG per i *call center*.

Durante la pandemia, è stata poi introdotta la CIG-Covid, volta a sostenere tutte le aziende costrette a sospendere o ridurre l'attività a causa dell'emergenza epidemiologica, per una durata condizionata al perdurare dell'emergenza stessa (d.l. 18/2020 ss.mm.ii.). Il ricorso alla misura è stato subordinato al rispetto di determinati limiti di spesa. Essendo uno strumento eccezionale, correlato al solo periodo emergenziale, sono state previste numerose deroghe ai termini e alle condizioni generali previste per il relativo accesso al trattamento.

2.4. I fondi di solidarietà bilaterali

Il d.lgs. 148/2015, come da ultimo novellato dalla l. 234/2021 e dal d.l. 198/2022, ha riorganizzato anche la disciplina dei fondi di solidarietà bilaterali, volti a garantire la medesima tutela assicurata dalla CIG in favore dei lavoratori da essa esclusi.

I fondi bilaterali sono di tre tipi.

I fondi di solidarietà bilaterali

Abbiamo *in primis* i fondi di solidarietà bilaterali di nuova costituzione (art. 26). Dal 1° gennaio 2022 il loro campo di applicazione è stato esteso a tutti i datori di lavoro esclusi dal campo di applicazione della CIG, a prescindere dal numero di dipendenti occupati. Come per la CIG, sono finalizzati alla tutela del reddito dei lavoratori destinatari di riduzione o sospensione dell'attività lavorativa. In tali casi è corrisposto un assegno pari all'indennità di integrazione salariale, con durata limitata nel minimo (13 settimane in un biennio mobile) e nel massimo (in relazione alle causali). Eventualmente, è possibile istituire prestazioni integrative.

I fondi di solidarietà bilaterali alternativi

I secondi tipi di fondi sono quelli di solidarietà alternativi, già operativi nell'ambito di consolidati sistemi di bilateralità (art. 27) e si rivolgono ai settori dell'artigianato e della somministrazione di lavoro. Anche tali fondi erogano un assegno ordinario, chiamato assegno di solidarietà, per una durata massima di 12 mesi in un biennio mobile.

Il fondo di integrazione salariale

Da ultimo, è previsto il Fondo di integrazione salariale (art. 28); esso ha carattere residuale, essendo rivolto alle aziende con almeno un dipendente, non coperte dalla CIG né dai richiamati Fondi di solidarietà bilaterali e alternativi. Anche tale Fondo eroga l'assegno di solidarietà, destinato ai dipendenti dei datori di lavoro che stipulano contratti di solidarietà, ossia accordi collettivi aziendali di riduzione dell'orario di lavoro al fine di evitare o ridurre le eccedenze di personale, nel corso di una procedura di licenziamento collettivo o di evitare plurimi licenziamenti individuali per giustificato motivo oggettivo.

Ai sensi dell'art. 22, d.l. 4/2019 conv. in l. 26/2019, i fondi di solidarietà bilaterali possono altresì erogare un assegno straordinario per il sostegno del reddito a favore dei lavoratori che maturino i requisiti per l'accesso al trattamento pensionistico anticipato (oggi, c.d. "quota 103").

Tutti i fondi bilaterali sono istituiti presso l'INPS e non hanno personalità giuridica. Essi, pur avendo origine nei contratti collettivi, seguono tutti i principi valevoli per la gestione dei fondi previdenziali pubblici. Il riferimento è all'obbligo del pareggio di bilancio e all'ormai più volte richiamato principio di condizionalità.

3. Il sostegno al reddito alla cessazione del rapporto di lavoro. L'origine dell'assicurazione sociale per l'impiego e l'indennità di mobilità

Passando alle misure di sostegno al reddito del lavoratore a seguito dell'uscita dal mercato del lavoro e, dunque, in caso di disoccupazione, dobbiamo evidenziare che negli ultimi anni il legislatore ha adottato un approccio molto innovativo. Come già detto in precedenza, sono stati rafforzati gli aspetti della condizionalità; in più, dal punto di vista soggettivo, in una prospettiva di universalizzazione delle tutele riconosciute alla cessazione del rapporto lavorativo, è stata superata la presunzione di sussistenza di uno stato di bisogno solamente nei confronti dei lavoratori subordinati, e la categoria dei soggetti beneficiari si è ampliata sino ad includere i lavoratori autonomi. Ciò, specialmente a seguito dell'emergenza Covid, che ha visto introdurre in via eccezionale numerosi bonus e indennità nei confronti di tutte le categorie di lavoratori, liberi professionisti inclusi.

Soffermandoci, per adesso, sugli interventi strutturali contemplati dal nostro ordinamento, possiamo dire che l'attuale assetto delle misure di contrasto alla disoccupazione si dirama in tutele nei confronti dei lavoratori subordinati, attraverso la c.d. Naspi, e nei confronti dei collaboratori coordinati e continuativi, mediante la c.d. Dis-Coll; entrambe le prestazioni sono regolate con il d.lgs. 4 marzo 2015, n. 22, attuativo della delega contenuta nell'art. 1, co. 2, lett. *b*, l. 183/2014. Quest'ultima revisione si affianca alla ridefinizione delle regole di flessibilità in uscita per i lavoratori assunti a tempo indeterminato successivamente alla data del 7 marzo 2015 (di cui allo speculare d.lgs. 23/2015: v. cap. XIV), nell'evidente auspicio di riequilibrare l'abbassamento delle tutele interne al rapporto con l'incremento di quelle apprestate nel mercato del lavoro; la strumentazione prescelta si incentra dunque, ancora una volta, su un *mix* di politiche di *flexibility* e *security* coerenti con i principi di matrice europea.

Il superamento dell'indennità di mobilità

In riferimento ai lavoratori subordinati, differentemente dal passato, le politiche passive statali oggi ruotano attorno ad un unico trattamento contro la disoccupazione involontaria. In particolare, la l. 92/2012 ha progressivamente eliminato l'indennità di mobilità di cui alla l. 223/1991 (v. *infra*), che è stata soppressa a partire dal 2017.

Dal 2017 tutti i lavoratori possono beneficiare esclusivamente della Naspi. La modulazione decrescente delle durate di erogazione sconta indubbiamente i rilevanti problemi – derivanti dall'abolizione dell'istituto – nella gestione degli esuberi di personale e, in particolare, nell'accompagnamento dei lavoratori anziani verso il pensionamento. Da qui la necessità di una gestione *soft* della sua abrogazione, che di fatto ha consentito ai lavoratori over cinquanta – occupati nelle aree del Mezzogiorno – di poter beneficiare di tale trattamento fino al 2018. Solo per gli eventi di disoccupazione con decorrenza successiva al 1° gennaio 2017, dunque, può parlarsi di una vera omogeneizzazione ed uniformità, con evidente penalizzazione degli ex percettori dell'indennità di mobilità (che potevano beneficiare di tale più favorevole trattamento fino a 48 mesi) e sensibile miglioramento nella durata di percezione del trattamento previdenziale per i disoccupati "ordinari".

3.1. La Nuova assicurazione sociale per l'impiego (Naspi)

Beneficiari e requisiti di accesso

Passiamo ora ad esaminare la disciplina della Naspi.

A seguito del processo di unificazione dei diversi trattamenti di disoccupazione preesistenti all'entrata in vigore del d.lgs. 22/2015 (Aspi e Mini-Aspi), attualmente è riconosciuta l'indennità Naspi per i lavoratori subordinati, inclusi i soci di cooperativa e gli apprendisti, per gli operai agricoli a tempo indeterminato delle cooperative e loro consorzi che trasformano, manipolano e commercializzano prodotti agricoli e zootecnici prevalentemente propri o conferiti dai loro soci, nonché il personale subordinato artistico, teatrale e cinematografico, con almeno tredici settimane di contribuzione nei quattro anni precedenti l'inizio del periodo di disoccupazione.

La prestazione non è riconosciuta nei confronti dei lavoratori occupati con contratto di lavoro a tempo parziale verticale su base annua, e dei lavoratori pubblici a tempo indeterminato, il cui rapporto è connotato da particolare stabilità.

Per poter godere dell'indennità è requisito essenziale lo stato di disoccupazione (v. cap. III, par. 10). Sintetizzando i requisiti parliamo di: disoccupazione, involontarietà di tale stato e condizionalità.

Alla luce di ciò, l'indennità spetta sempre in caso di licenziamento. Non spetta nelle ipotesi in cui il rapporto sia cessato a seguito di dimissioni o risoluzione consensuale, ad eccezione dei lavoratori che abbiano risolto consensualmente il proprio rapporto di lavoro nella procedura di cui all'art. 7, l. 604/1966. E infatti, per i lavoratori assunti prima dell'entrata in vigore del d.lgs. 23/2015, l'erogazione della Naspi deve raccordarsi con la disciplina in tema di risoluzione del rapporto di lavoro per giustificato motivo oggettivo (v. cap. XIV); il trattamento Naspi sarà erogato anche al lavoratore che sia addivenuto alla conciliazione di cui all'art. 7 richiamato, nonché al lavoratore che abbia accettato l'offerta conciliativa agevolata *ex* art. 6, d.lgs. 23/2015, permanendo l'involontarietà della disoccupazione.

Il lavoratore ha invece diritto all'indennità pure nelle ipotesi di dimissioni intervenute durante il periodo di maternità e di paternità tutelato dalla legge, ovvero di dimissioni per giusta causa, come tali intendendosi quelle non riconducibili alla libera scelta del lavoratore, in quanto indotte da comportamenti altrui idonei ad integrare la condizione della improseguibilità del rapporto.

Termini di presentazione dell'istanza e maturazione del diritto

Il diritto alla prestazione matura a partire dall'ottavo giorno successivo alla data di cessazione dell'ultimo rapporto di lavoro, oppure dal giorno successivo a quello in cui l'avente diritto ha presentato la domanda, fermo restando l'invio della stessa nei termini fissati. Per quanto attiene al termine di scadenza di presentazione della domanda all'Inps, in modalità telematica, questo è stabilito inderogabilmente ed a pena di decadenza del diritto stesso entro 68 giorni dalla data di cessazione del rapporto lavorativo.

Durata e importo

Per quanto concerne la durata, la Naspi è corrisposta mensilmente, per un numero di settimane pari alla metà delle settimane di contribuzione degli ultimi quattro anni. Pertanto, il periodo massimo di erogazione della prestazione è di 24 mesi.

L'importo corrisposto è rapportato alla retribuzione imponibile ai fini previdenziali degli ultimi quattro anni divisa per il numero di settimane di contribuzione e moltiplicata per il numero 4,33. La norma fornisce puntuali indicazioni sull'importo e la rivalutazione annuale; è fissato, quindi, un importo come limite soglia, su cui viene effettuato il relativo calcolo. Rispetto a tale limite (1.195 euro, rivalutato annualmente) si prevede che quando la retribuzione mensile sia pari o inferiore a detto ammontare, la Naspi ammonta al 75% della retribuzione mensile. Nei casi in cui la retribuzione mensile sia superiore al limite suddetto l'indennità è pari al 75% dell'importo stesso incrementato del 25%, calcolato sulla differenza tra la retribuzione mensile e il limite soglia. È disciplinato un meccanismo c.d. di *décalage:* la Naspi si riduce del 3% ogni mese a decorrere dal sesto mese di fruizione; tale riduzione decorre dall'ottavo mese di fruizione per i disoccupati che abbiano compiuto il cinquantacinquesimo anno di età alla data di presentazione della domanda.

Compatibilità con il lavoro

La compatibilità della prestazione con il reddito derivante da attività lavorative dipende da due fattori: la durata del rapporto lavorativo instaurato ed il reddito derivante da questa attività. Infatti, il lavoratore che durante il periodo in cui percepisce la Naspi instauri un rapporto di lavoro subordinato il cui reddito annuale sia superiore al reddito minimo escluso da imposizione fiscale decade dalla prestazione, salvo il caso in cui la durata del rapporto di lavoro non sia superiore a sei mesi. In questa ipotesi la prestazione è sospesa d'ufficio per la durata del rapporto di lavoro.

Nel caso in cui il lavoratore, durante il periodo di percezione della Naspi, instauri invece un rapporto subordinato il cui reddito annuale sia inferiore al reddito minimo escluso da imposizione conserva il diritto alla prestazione, anche se essa è ridotta di un importo pari all'80% del reddito previsto, rapportato al periodo di tempo intercorrente tra la data di inizio dell'attività e la data in cui termina il periodo di godimento dell'indennità o, se antecedente, la fine dell'anno. In questa ipotesi, comunque, il percettore è obbligato a comunicare all'Inps entro trenta giorni dall'inizio dell'attività il reddito annuo previsto. Oltretutto, per finalità antifraudolente, la compatibilità della prestazione è condizionata al fatto che il datore di lavoro o l'utilizzatore, qualora il lavoratore sia impiegato con contratto di somministrazione, siano diversi dal datore di lavoro o dall'utilizzatore per i quali il lavoratore prestava la sua attività quando è cessato il rapporto di lavoro che ha determinato il diritto alla Naspi e non presentino rispetto ad essi rapporti di collegamento o di controllo ovvero assetti proprietari sostanzialmente coincidenti.

Anche il lavoratore titolare di due o più rapporti di lavoro subordinato a tempo parziale che cessi da uno dei detti rapporti a seguito di licenziamento, dimissioni per giusta causa, o di risoluzione consensuale intervenuta nell'ambito della procedura di cui all'art. 7, l. 15 luglio 1966, n. 604, e il cui reddito corrisponda a un'imposta lorda pari o inferiore alle detrazioni spettanti ai sensi dell'art. 13 del testo unico delle imposte sui redditi di cui al decreto del Presidente della Repubblica 22 dicembre 1986, n. 917, ha diritto, ricorrendo tutti gli altri requisiti, di percepire la Naspi, ridotta nei termini di cui all'art. 10, a condizione che comunichi all'INPS entro trenta giorni dalla domanda di prestazione il reddito annuo previsto.

Nel caso di svolgimento di un'attività autonoma o di un'impresa individuale – ferma restando l'ipotesi della liquidazione anticipata – dalla quale si ipotizza di ricavare un reddito inferiore al limite utile ai fini della conservazione dello stato di disoccupazione (in questo caso pari a 4.800 euro), l'indennità Naspi viene ridotta sempre in misura pari all'80% del reddito che si prevede di percepire.

Nel complesso, può dirsi che la disciplina circa la compatibilità del beneficio della Naspi con un rapporto di lavoro subordinato o con lo svolgimento di attività lavorative in forma autonoma o di impresa individuale contiene un maggiore margine di tolleranza verso lo svolgimento *medio tempore* di lavori di breve durata, rinvenibile nell'ampliamento di tale periodo lavorativo dalle (previgenti al 2013) cinque giornate a sei mesi, con slittamento della data di fine prestazione. La dilatazione temporale sottende una chiara finalità antielusiva, nella consapevolezza della presenza di un mercato del lavoro sempre più caratterizzato dalla discontinuità lavorativa e dalla frequente alternanza di periodi di lavoro e di non lavoro, derivante dall'utilizzo di rapporti lavorativi flessibili ampiamente diffusi in tutti i settori produttivi e spesso di breve durata.

Sempre in base al d.lgs. 22/2015 il lavoratore destinatario dell'indennità può richiedere la liquidazione anticipata, in un'unica soluzione, di tutto l'importo non ancora percepito allo scopo di iniziare una attività lavorativa autonoma o di impresa individuale o per associarsi in cooperativa.

Al datore di lavoro che assuma a tempo pieno e indeterminato i beneficiari del trattamento di disoccupazione è riconosciuta una dote economica pari al 20% dell'indennità mensile residua di Naspi che sarebbe spettata al lavoratore.

Il beneficiario decade dalla fruizione della Naspi, nei casi di: a) perdita dello stato di disoccupazione; b) inizio di un'attività lavorativa subordinata senza provvedere alle comunicazioni di cui ai commi due e tre dell'art. 9, d.lgs. 22/2015; c) inizio di un'attività lavorativa in forma autonoma senza provvedere alla comunicazione di cui all'art. 10, d.lgs. 22/2015; d) raggiungimento dei requisiti per il pensionamento di vecchiaia o anticipato; e) acquisizione del diritto all'assegno ordinario di invalidità, sempre che il lavoratore non opti per la Naspi; f) violazione delle regole di condizionalità di cui all'art. 7, d.lgs. 22/2015 e all'art. 21, co. 7 ss., d.lgs. 150/2015. Decadenza

L'interruzione si realizza dal momento in cui si verifica l'evento che la determina, con conseguente obbligo di restituire l'indennità che eventualmente si sia continuato a percepire oltre la data del verificarsi dell'evento interruttivo.

3.2. L'assegno di ricollocazione

Ai percettori della Naspi la cui durata di disoccupazione eccede i quattro mesi, qualora ne facciano richiesta al centro per l'impiego presso il quale hanno stipulato il patto di servizio personalizzato, ovvero mediante la procedura di cui all'art. 20, co. 4, d.lgs. 150/2015, è riconosciuta una somma denominata assegno individuale di ricollocazione, graduata in funzione del profilo personale di occupabilità, spendibile presso i centri per l'impiego o presso i servizi accreditati. In particolare, gli interessati possono registrarsi presso il portale unico dei servizi per l'impiego. A seguito di tale registrazione i servizi per l'impiego si attivano con un patto di servizio personalizzato con il quale viene: delineato il profilo di occupabilità, individuato un responsabile delle attività e definite le azioni da porre in essere per trovare un lavoro (v. cap. III). In altre parole, nella fase di ricerca dell'occupazione il disoccupato è agevolato dall'assegno di ricollocazione. Tuttavia, in caso di inadempimento è predisposto un rigoroso – sulla carta – sistema sanzionatorio.

È importante rilevare che il pagamento avviene a risultato raggiunto, solo se l'interessato riesce a ottenere un contratto a tempo indeterminato, a tempo determinato, d'apprendistato o part time. L'importo messo a disposizione varia in relazione al tipo di contratto di lavoro stipulato e al grado di difficoltà per ricollocare l'assistito, stabilito al momento della profilazione.

Più di recente, il legislatore ha esteso la platea dei beneficiari dell'assegno di ricollocazione anche ai percettori delle misure di contrasto alla povertà (Rei e RdC) e ai lavoratori in Cassa integrazione straordinaria; in quest'ultimo caso, è necessario che nell'accordo sindacale venga indicato, per il loro profilo, un rischio di esubero. Se il percorso intensivo di ricerca conduce il lavoratore ad una nuova occupazione, sono previsti incentivi economici sia a suo favore, sia per l'azienda che assume (art. 24-*bis*, d.lgs. 148/2015, inserito dalla l. 205/2017).

3.3. L'indennità di disoccupazione per i lavoratori con rapporto di collaborazione coordinata e continuativa (Dis-Coll)

La tutela contro la disoccupazione, si è già detto, negli ultimi anni è stata estesa anche oltre il lavoro subordinato. Quando si parla di Dis-Coll, infatti, si fa riferimento alla prestazione, introdotta dapprima in via sperimentale e poi definitiva, nei confronti dei collaboratori coordinati e continuativi, anche a progetto, con esclusione degli amministratori e dei sindaci, iscritti in via esclusiva alla Gestione separata, non pensionati e privi di partita IVA, che abbiano perduto involontariamente la propria occupazione. Dall'entrata in vigore della l.

81/2017 questa prestazione è riconosciuta anche ad assegnisti e dottorandi di ricerca con borsa di studio.

Anche nel caso della Dis-Coll è necessario che il collaboratore abbia perso involontariamente la propria occupazione ed abbia maturato determinati requisiti contributivi. In particolare, i parasubordinati devono far valere: almeno un mese di contribuzione nel periodo che va dal primo gennaio dell'anno solare precedente l'evento di cessazione dal lavoro al predetto evento; nell'anno solare in cui si verifica l'evento di cessazione dal lavoro, un mese di contribuzione oppure un rapporto di collaborazione di durata pari almeno ad un mese e che abbia dato luogo a un reddito almeno pari alla metà dell'importo che dà diritto all'accredito di un mese di contribuzione. La Dis-Coll si riduce del 3 per cento ogni mese a decorrere dal sesto mese di fruizione, ed è corrisposta mensilmente per un numero di mesi pari a quelli coperti da contribuzione nel periodo intercorrente tra il 1° gennaio dell'anno precedente la cessazione del lavoro e il predetto evento, nel limite massimo di dodici mesi. Ai fini della durata non sono computati i periodi contributivi che hanno già dato luogo ad erogazione della prestazione.

Non dissimili rispetto alla Naspi sono le disposizioni su termini di presentazione della domanda, calcolo dell'indennità e compatibilità con lo svolgimento di un'attività autonoma o di un'impresa individuale. Tuttavia, in caso di nuova occupazione con contratto di lavoro subordinato, se superiore a cinque giorni, si decade dal diritto all'indennità.

Analogamente alla Naspi, attualmente per i periodi di fruizione della Dis-Coll sono riconosciuti contributi figurativi.

3.4. Le ulteriori misure di sostegno per i lavoratori autonomi: ISCRO e ALAS

L'emergenza pandemica ha reso palese la necessità di rafforzare l'assetto protettivo rivolto ai lavoratori autonomi. Per questa ragione è particolarmente apprezzabile l'introduzione in via sperimentale, attraverso la legge di bilancio 2021 (l. 178/2020), di una misura destinata a tutelare il reddito dei liberi professionisti, compresi i partecipanti agli studi associati o società semplici, iscritti alla Gestione separata di cui all'art. 2, co. 26, l. 335/1995, che esercitano per professione abituale attività di lavoro autonomo connesso all'esercizio di arti e professioni. Si tratta dell'indennità straordinaria di continuità reddituale ed operativa (ISCRO). La misura si pone, in realtà, a cavallo tra le prestazioni erogate in costanza di rapporto di lavoro e quelle erogate in caso di disoccupazione. Infatti, i liberi professionisti devono godere delle seguenti condizioni: non essere titolari di trattamento pensionistico diretto e non essere assicurati presso altre forme previdenziali obbligatorie; non essere beneficiari di Reddito di cittadinanza (alla luce dell'abrogazione dello stesso, deve ritenersi non debba essere beneficiario delle nuove misure di cui al d.l. 48/2023); avere prodotto un reddito di lavoro autonomo, nell'anno precedente alla presentazione della domanda, inferiore al 50% della media dei redditi da lavoro autonomo conseguiti nei tre anni anteriori all'anno precedente alla presentazione della domanda; avere dichiarato, nell'anno precedente alla presentazione della domanda, un reddito non superiore a 8.145 euro, annualmente rivalutato sulla base della variazione dell'indice Istat dei prezzi al consumo per le famiglie di operai e impiegati rispetto all'anno precedente; essere in regola con la contribuzione previdenziale obbligatoria; essere titolari di partita IVA attiva da almeno quattro anni, alla data di presentazione della domanda, per l'attività che ha dato titolo all'iscrizione alla gestione previdenziale in corso.

La misura di sostegno, prevista per il 2021, 2022 e 2023, consiste nell'erogazione di una indennità mensile tra i 250 euro e gli 800 euro, rivalutati sulla base della variazione dell'indice Istat dei prezzi al consumo per le famiglie di operai e impiegati rispetto all'anno precedente. L'ammontare da corrispondere è pari al 25%, su base semestrale, dell'ultimo reddito da lavoro autonomo certificato dall'Agenzia delle entrate e già trasmesso da quest'ultima all'Inps alla data di presentazione della domanda. Qualora in base al calcolo l'ammontare dovesse essere inferiore a 250 euro ovvero superiore a 800, l'indennità è erogata rispettivamente in misura pari a 250 euro e a 800 euro mensili. La prestazione non comporta accredito di contribuzione figurativa.

La prestazione ISCRO è ammessa una sola volta nel triennio ed è erogata per sei mensilità; spetta a decorrere dal primo giorno successivo alla data di presentazione della domanda.

Di rilievo è poi l'introduzione, dal 1° gennaio 2022, di una nuova indennità per la disoccupazione involontaria dei lavoratori dello spettacolo – denominata ALAS – erogata mensilmente dall'Inps e riservata ai lavoratori autonomi iscritti al Fondo pensione lavoratori dello spettacolo, con determinati requisiti[5] (art. 66, d.l. 73/2021). Il sussidio è pari a circa il 75% del reddito imponibile ai fini previdenziali e spetta per un massimo di 6 mesi. A differenza di quanto avviene per la Naspi, non opera, in questo caso, il meccanismo del *décalage*, né la decadenza nel caso in cui, durante la fruizione del beneficio, si riprenda a lavorare (sia come autonomi che come subordinati). Per i periodi in cui si fruisce dell'Alas spetta la contribuzione figurativa, utile ai fini della pensione. Resta ferma l'incompatibilità con altre indennità di disoccupazione.

[5] I lavoratori autonomi dello spettacolo di cui all'art. 2, comma 1, lett. *a*) e *b*), del d.lgs. 182/1997 non devono: avere in corso rapporti di lavoro autonomo o subordinato; essere titolari di trattamento pensionistico diretto a carico di gestioni previdenziali obbligatorie; essere beneficiari di Reddito di Cittadinanza; aver maturato, nel periodo che va dal primo gennaio dell'anno solare precedente la conclusione dell'ultimo rapporto di lavoro di lavoro autonomo alla data di presentazione della domanda d'indennità, almeno 15 giornate di contribuzione versata o accreditata al Fpls e avere un reddito relativo all'anno solare precedente alla presentazione della domanda non superiore a 35.000 euro.

4. L'evoluzione delle misure di inclusione sociale

Sebbene il nostro sistema continui indubbiamente ad essere legato a un modello di Welfare c.d. lavoristico – dove è il lavoratore più che il cittadino al centro delle misure di sicurezza sociale – negli ultimi anni, però, è stata più volta mostrata l'intenzione di introdurre una misura universalistica di reddito di base, che ha condotto all'adozione del c.d. Reddito di inclusione (ReI), del Reddito di Cittadinanza, (RdC, che ha abrogato il ReI) e, infine, dell'Assegno di Inclusione e del Supporto per la formazione e il lavoro. Si tratta di misure volte specificamente al sostegno del reddito di soggetti in condizioni economiche disagiate, a fronte della loro disponibilità a intraprendere percorsi di inserimento sociale e lavorativo.

Su questi temi, comunque, c'è stato un netto ritardo regolativo, per molte ragioni: esiguità delle risorse disponibili; difficoltà a gestire queste misure; non ultimo un complesso riparto di competenze tra Stato e Regioni, giacché la materia dell'assistenza sociale si ritiene devoluta in via esclusiva alle Regioni, nei limiti della competenza statale per la «determinazione delle prestazioni corrispondenti ai livelli essenziali delle prestazioni», da garantirsi in tutto il territorio nazionale (art. 117 Cost.). Questo spiega perché le sperimentazioni legislative più rilevanti in materia di reddito di base ovvero di cittadinanza si siano sviluppate a livello regionale (Campania, Lazio, Basilicata, Friuli Venezia Giulia, Puglia); e ciò anche a seguito della dichiarata incostituzionalità dell'art. 3, co. 101-103, l. 350/2003, che aveva introdotto il "reddito di ultima istanza", sulla cui falsariga si sono poi mosse la gran parte delle Regioni. È da considerare che proprio una legge statale, il d.lgs. 237/1998 – in ben altro contesto storico – introdusse il reddito minimo di inserimento, istituto che ha rappresentato la più significativa sperimentazione nazionale di reddito minimo attuata nel nostro Paese prima del RdC.

Altri istituti tendenti ad attuare, a livello nazionale, una politica di inclusione sociale più avanzata e coerente con una lettura evoluta dell'art. 38 Cost. sono stati la "Carta acquisti ordinaria" (c.d. *social card)* e la "Carta per l'inclusione". Nel primo caso si è trattato di una misura di contrasto alla povertà assoluta, istituita dal d.l. 112/2008 (art. 81, co. 32) e destinata a cittadini italiani "inabili al lavoro", in ragione del criterio selettivo della loro età anagrafica (ultrasessantacinquenni o famiglie povere con un bambino di età inferiore ai tre anni). La seconda misura è stata prevista prima nell'art. 60, d.l. 5/2012 – con l'originario nome di "Carta acquisti sperimentale" – e poi dall'art. 3, d.l. 76/2013, convertito in l. 99/2013 ed ha rappresentato la versione sperimentale e prodromica di un ulteriore strumento nazionale di contrasto alla povertà, il c.d. SIA (Sostegno per l'inclusione attiva), introdotto anch'esso in via sperimentale in 12 grandi città italiane, poi esteso a livello nazionale con la legge di stabilità per il 2016. La stessa legge ha istituito il Fondo nazionale per la lotta alla povertà e all'esclusione sociale, finalizzato a finanziare – insieme alle risorse provenienti dai Fondi europei – l'attuazione del Piano nazionale di lotta alla povertà e, in particolare, gli interventi e i servizi sociali territoriali di contrasto alla povertà.

Dopo la sperimentazione del SIA, il d.lgs. 147/2017, emanato in attuazione della l. delega 33/2017, ha istituito il ReI che, a decorrere dal 1° gennaio 2018, ha sostituito il SIA e l'ASDI (Assegno di disoccupazione)[6].

Il ReI era un'unica misura nazionale di contrasto alla povertà e all'esclusione sociale a carattere universale, fondata su un progetto personalizzato di inclusione sociale e lavorativa sostenuto dall'offerta di servizi alla persona.

In sostituzione del Rei è stato introdotto il Reddito di cittadinanza, misura volta ad assicurare un livello essenziale delle prestazioni *ex* art. 117, co. 2 lett. m) Cost. Anch'essa tuttavia, dopo aver subìto una serie di interventi "restrittivi" ad opera della legge di bilancio 2022 (l. 234/2021), del d.l. 50/2022 e della legge di bilancio 2023 (l. 197/2022), sarà sostituita da due nuove misure: l'Assegno di inclusione e il Supporto per la formazione e il lavoro (d.l. 48/2023).

5. Il reddito di cittadinanza

Prima di passare all'esame delle nuove misure, analizziamo sinteticamente la disciplina del Reddito di cittadinanza, contenuta nel d.l. 4/2019. Disciplina destinata a esaurirsi alla scadenza del 31 dicembre 2023.

Il RdC è una misura di contrasto alla povertà per i nuclei familiari in condizioni di bisogno, ai quali garantisce un sostegno economico a integrazione di modesti redditi familiari, precipuamente finalizzato al reinserimento lavorativo e sociale. La struttura del RdC è dunque connotata da un carattere marcatamente polifunzionale, stante la sua duplice articolazione quale misura «fondamentale di politica attiva del lavoro a garanzia del diritto al lavoro» e di «contrasto alla povertà, alla diseguaglianza e all'esclusione sociale» (art. 1, co. 1, d.l. 4/2019).

Reddito di cittadinanza

A ben guardare, il RdC può essere "sdoppiato". Esso, infatti, da un lato, ha assicurato una misura di contrasto alla povertà delle persone anziane, riconosciuta nei confronti dei nuclei familiari composti esclusivamente da uno o più componenti di età pari o superiore a 67 anni, adeguata agli incrementi della speranza di vita o nei casi in cui il componente o i componenti del nucleo familiare di età pari o superiore a 67 anni convivano esclusivamente con una o più persone in condizione di disabilità grave o di non autosufficienza. In tal caso si parla della c.d. Pensione di cittadinanza. Dall'altro lato, poi, è stato disciplinato il vero e proprio RdC, garantito ai nuclei familiari in possesso cumulativamente, al momento della presentazione della domanda e per tutta la durata dell'erogazione del beneficio, di requisiti reddituali e patrimoniali, oltre che di requisiti soggettivi di cittadinanza, residenza e soggiorno di lungo pe-

Pensione di cittadinanza

---

[6] Tale misura, introdotta nel 2015 a favore dei soli disoccupati che avessero già integralmente beneficiato della Naspi e che si trovassero in una condizione economica di bisogno (misurata con riferimento al nucleo familiare in termini di ISEE), è stata prioritariamente riservata ai lavoratori appartenenti a nuclei familiari con minorenni e, quindi, ai lavoratori in età prossima al pensionamento (ultra 55enni).

riodo, nonché di assenza di sottoposizione a misure cautelari personali o a condanne definitive nei dieci anni precedenti la richiesta[7].

Al nucleo familiare è corrisposta una prestazione economica, composta da due elementi: una componente a integrazione del reddito familiare e una componente a integrazione del reddito dei nuclei familiari residenti in abitazione in locazione, pari all'ammontare del canone annuo fissato nel contratto di locazione.

Il riconoscimento della misura è però assoggettato a un rigido regime di c.d. condizionalità, ossia il diritto-dovere del beneficiario di essere coinvolto in percorsi di inserimento professionale, attraverso una dichiarazione di immediata disponibilità al lavoro da parte dei componenti il nucleo familiare maggiorenni, nonché l'adesione ad un percorso personalizzato di accompagnamento all'inserimento lavorativo e all'inclusione sociale (che prevede attività al servizio della comunità, di riqualificazione professionale, di completamento degli studi, oltre che altri impegni individuati dai servizi competenti).

Tale percorso è definito mediante un Patto per il lavoro, stipulato dai beneficiari con i centri per l'impiego, ovvero un Patto per l'inclusione sociale, stipulato con i servizi sociali dedicati al contrasto alla povertà. Utilizzando un apposito sistema informativo istituito presso il Ministero del lavoro fondato sull'interoperabilità tra due apposite piattaforme dedicate al RdC, la platea dei destinatari viene suddivisa sulla base del "livello presunto di vicinanza al mercato del lavoro". Così, i nuclei familiari in cui sia presente almeno un componente uscito da poco tempo dal mercato del lavoro sono convocati dai centri per l'impiego; i restanti nuclei sono convocati dai servizi sociali competenti in materia di contrasto alla povertà, al fine di effettuare una valutazione in grado di identificare i bisogni dell'intero nucleo familiare. La valutazione consente di orientare il percorso successivo, per la definizione dei Patti per l'inclusione sociale ovvero, nel caso in cui i bisogni del nucleo familiare e dei suoi componenti siano prevalentemente connessi alla situazione lavorativa, per la definizione dei Patti per il lavoro con i competenti centri per l'impiego. E il Patto per il lavoro, così come quello per l'inclusione sociale, costituiscono livelli essenziali delle prestazioni.

È interessante notare che, essendo una misura riconosciuta nei confronti dei nuclei familiari, sono obbligati tutti i componenti il nucleo familiare maggiorenni, non già occupati e non frequentanti un regolare corso di studi. Per il componente con disabilità, è ferma la possibilità di richiedere la volontaria adesione a un percorso personalizzato di accompagnamento all'inserimento lavorativo e all'inclusione sociale, essendo inteso che tale percorso deve tenere conto delle condizioni e necessità specifiche dell'interessato. Sono esclusi dai medesimi obblighi i beneficiari della Pensione di cittadinanza ovvero i beneficiari del RdC titolari di pensione diretta o comunque di età pari o superiore a 65 anni, nonché i componenti con disabilità, fatta salva ogni iniziativa di collocamento mirato e i conseguenti obblighi ai sensi della medesima disciplina.

---

[7] Su questi requisiti vedi Corte cost. 122/2020.

Possono altresì essere esonerati dagli obblighi connessi alla fruizione del RdC: i componenti con carichi di cura (c.d. *caregivers*), valutati con riferimento alla presenza di soggetti minori di tre anni di età ovvero di componenti il nucleo familiare con disabilità grave o non autosufficienza, come definiti a fini ISEE; i lavoratori il cui reddito da lavoro dipendente o autonomo corrisponde a un'imposta lorda pari o inferiore alle detrazioni spettanti ai sensi dell'art. 13 del testo unico delle imposte sui redditi; coloro che frequentano corsi di formazione.

Come si diceva, i beneficiari del RdC non esclusi o esonerati sono tenuti a rendere dichiarazione di immediata disponibilità al lavoro entro trenta giorni dal riconoscimento del beneficio. Questi soggetti sono resi noti ai centri per l'impiego per il tramite della piattaforma digitale affinché siano convocati, se in possesso di uno o più dei seguenti requisiti al momento della richiesta del RdC: a) assenza di occupazione da non più di due anni; b) essere beneficiario della Naspi ovvero di altro ammortizzatore sociale per la disoccupazione involontaria o averne terminato la fruizione da non più di un anno; c) aver sottoscritto negli ultimi due anni un patto di servizio attivo presso i centri per l'impiego ai sensi dell'art. 20, d.lgs. 150/2015; d) non aver sottoscritto un progetto personalizzato ai sensi dell'art. 6, d.lgs. 147/2017. I percettori di età compresa tra 18 e 29 anni sono convocati, indipendentemente dal possesso degli altri requisiti.

I beneficiari del RdC, non esclusi o esonerati dagli obblighi, stipulano presso i centri per l'impiego ovvero, là dove consentito da provvedimenti regionali, presso i soggetti privati accreditati, un Patto per il lavoro, che equivale al patto di servizio personalizzato di cui all'art. 20 del d.lgs. 150/2015.

I beneficiari sono tenuti a: a) collaborare alla definizione del Patto per il lavoro; b) accettare espressamente gli obblighi e rispettare gli impegni previsti nel Patto per il lavoro e, in particolare: 1) registrarsi sull'apposita piattaforma digitale di cui all'art. 6, co. 1, anche per il tramite di portali regionali, se presenti, e consultarla quotidianamente quale supporto nella ricerca attiva del lavoro; 2) svolgere ricerca attiva del lavoro, verificando la presenza di nuove offerte di lavoro, secondo le ulteriori modalità definite nel Patto per il lavoro, che, comunque, individua il diario delle attività che devono essere svolte settimanalmente; 3) accettare di essere avviato alle attività individuate nel Patto per il lavoro; 4) sostenere i colloqui psicoattitudinali e le eventuali prove di selezione finalizzate all'assunzione, su indicazione dei servizi competenti e in attinenza alle competenze certificate; 5) accettare almeno una di tre offerte di lavoro congrue, ai sensi dell'art. 25, d.lgs. 150/2015; in caso di rinnovo del beneficio deve essere accettata, a pena di decadenza, la prima offerta utile di lavoro congrua.

Offerta congrua

Nella formulazione originaria del d.l. 4/2019 la congruità dell'offerta di lavoro era definita anche con riferimento alla durata di fruizione del RdC e al numero di offerte rifiutate, risultando sempre più stringente all'aumentare del periodo di godimento del beneficio e delle offerte di lavoro non accettate[8].

---

[8] In particolare, era definita congrua un'offerta con le seguenti caratteristiche: a) nei primi dodici mesi di fruizione del beneficio, è congrua un'offerta entro cento chilometri di distanza dalla residenza del beneficiario o comunque raggiungibile nel limite temporale massimo di cento

Sulla rimodulazione della congruità lavorativa si sono concentrate, come diremo tra poco, le innovazioni di maggior rilievo introdotte con le leggi di bilancio 2022 e 2023 [9].

Nel Patto per l'inclusione sociale sono inclusi, oltre agli interventi per l'accompagnamento all'inserimento lavorativo, gli interventi e i servizi sociali di contrasto alla povertà; tali interventi sono comunque attivati, ove opportuni e richiesti, anche in favore dei beneficiari che sottoscrivono il Patto per il lavoro.

In coerenza con le competenze professionali del beneficiario e con quelle acquisite in ambito formale, non formale e informale, nonché in base agli interessi e alle propensioni emerse nel corso del colloquio sostenuto presso il centro per l'impiego ovvero presso i servizi dei comuni, il beneficiario – eccezion fatta per colui che è esente dagli obblighi connessi al RdC – è tenuto ad offrire nell'ambito del Patto per il lavoro e del Patto per l'inclusione sociale la propria disponibilità per la partecipazione a progetti a titolarità dei comuni, utili alla collettività, in ambito culturale, sociale, artistico, ambientale, formativo e di tutela dei beni comuni, da svolgere presso il medesimo comune di residenza. Egli dovrà mettere a disposizione un numero di ore compatibile con le altre attività del beneficiario e comunque non inferiore al numero di otto ore settimanali, aumentabili fino ad un numero massimo di sedici ore complessive settimanali con il consenso di entrambe le parti.

---

minuti con i mezzi di trasporto pubblici, se si tratta di prima offerta, ovvero entro duecentocinquanta chilometri di distanza se si tratta di seconda offerta, ovvero, fermo quanto previsto alla lett. *d*), ovunque collocata nel territorio italiano se si tratta di terza offerta; b) decorsi dodici mesi di fruizione del beneficio, è congrua un'offerta entro duecentocinquanta chilometri di distanza dalla residenza del beneficiario nel caso si tratti di prima o seconda offerta, ovvero, fermo quanto previsto alla lett. *d*), ovunque collocata nel territorio italiano se si tratta di terza offerta; c) in caso di rinnovo del beneficio ai sensi dell'art. 3, co. 6, fermo quanto previsto alla lett. *d*), è congrua un'offerta ovunque sia collocata nel territorio italiano anche nel caso si tratti di prima offerta. Deroghe erano previste nel caso in cui nel nucleo familiare fossero presenti componenti con disabilità, o figli minori.

[9] Il concetto stesso di "offerta congrua" viene ridisegnato, in quanto si valorizza il criterio della coerenza con le esperienze maturate e si introduce un parametro retributivo nonché un riferimento al tipo contrattuale. In particolare l'offerta è considerata congrua se: a) è coerente con le esperienze e le competenze maturate (il criterio si applica in modo meno stringente dopo sei e dodici mesi); b) la sede di lavoro è localizzata entro ottanta chilometri di distanza dalla residenza del beneficiario o comunque raggiungibile nel limite temporale massimo di cento minuti con i mezzi pubblici, se si tratta di prima offerta, oppure ovunque collocata nel territorio italiano se si tratta di seconda offerta o, salvo non siano presenti figli minori nel nucleo familiare, di prima offerta ricevuta dopo il rinnovo del beneficio; in caso di rapporto di lavoro a tempo determinato o a tempo parziale entro ottanta chilometri di distanza dalla residenza o comunque raggiungibile nel limite temporale massimo di cento minuti con i mezzi pubblici, sia che si tratti di prima che di seconda offerta; c) la retribuzione è superiore di almeno il 10 per cento rispetto al beneficio mensile massimo fruibile da un solo individuo, inclusivo della componente ad integrazione del reddito dei nuclei residenti in abitazione in locazione, riproporzionata in base all'orario di lavoro fissato nel contratto individuale di lavoro, e comunque non inferiore ai minimi salariali previsti dai contratti collettivi; d) il rapporto di lavoro è a tempo pieno o con un orario di lavoro non inferiore al 60 per cento dell'orario a tempo pieno previsto nei medesimi contratti collettivi; a tempo indeterminato oppure determinato o di somministrazione di durata non inferiore a tre mesi.

Al fine di ottenere un servizio di assistenza intensiva nella ricerca del lavoro, il beneficiario del RdC tenuto a stipulare il Patto per il lavoro, decorsi trenta giorni dalla data di liquidazione della prestazione, riceve dall'ANPAL l'assegno di ricollocazione (AdR), graduato in funzione del profilo personale di occupabilità, da spendere presso i centri per l'impiego o presso i soggetti accreditati.

Per finalità antielusive, il legislatore ha introdotto diverse fattispecie sanzionatorie: alcune comportanti la perdita o la revoca del beneficio, come nel caso in cui non si effettui la dichiarazione di immediata disponibilità al lavoro; altre rilevanti invece sul piano penale, ad esempio per dichiarazioni mendaci o produzione di documenti falsi al fine di ottenere indebitamente il beneficio (artt. 7 ss., d.l. 4/2019).

Ferme le caratteristiche strutturali descritte fino ad ora, nel corso dell'ultimo biennio sono state apportate modifiche restrittive all'istituto, nell'attesa del suo definitivo superamento. I principali interventi hanno riguardato anzitutto la durata della misura, riconosciuta – dal 1° gennaio al 31 dicembre 2023 – per un periodo massimo di 7 mensilità, eccetto nel caso in cui nel nucleo familiare ci siano disabili, minorenni o persone con almeno sessant'anni di età, ovvero nel caso in cui i percettori, prima della scadenza dei sette mesi, siano stati presi in carico dai servizi sociali, in quanto non attivabili al lavoro. In secondo luogo, un'importante modifica si è avuta, come si diceva, in materia di decadenza dalla prestazione in caso di mancata accettazione di una sola offerta congrua. Infine, si è intervenuti in materia di formazione e riqualificazione, prevedendo che, con riguardo agli obblighi formativi, i percettori di RdC di età tra i diciotto e i sessantacinque anni – fermo restando che la fruizione non può andare oltre il 31 dicembre 2023 – debbano essere inseriti in un corso di formazione o di riqualificazione professionale.

Infine, i beneficiari compresi nella fascia di età dai 18 ai 29 anni che non abbiano adempiuto all'obbligo scolastico devono iscriversi e frequentare i percorsi di istruzione di primo livello, o comunque funzionali all'adempimento del predetto obbligo. Con riguardo alla partecipazione a progetti utili alla collettività, si richiede ai comuni l'impiego di tutti i percettori di RdC residenti che hanno sottoscritto un Patto per il lavoro o un Patto per l'inclusione sociale.

6. Nuove misure di inclusione sociale e lavorativa

Come anticipato, il d.l. 48/2023 ha introdotto due nuove misure di inclusione sociale e lavorativa: l'Assegno di inclusione e il Supporto per la formazione e il lavoro. Esse sostituiranno il RdC a partire, rispettivamente, dal 1° gennaio 2024 e dal 1° settembre 2023.

Soffermandoci sui tratti essenziali delle nuove misure, rileva innanzitutto la suddivisione delle fasce più deboli di popolazione – ad oggi percettrici del RdC – in due sotto-platee, in ragione delle esigenze diversificate di: a) nuclei familiari con minorenni, anziani ultrasessantenni o disabili; b) famiglie che non presentano, al proprio interno, queste figure. Nel primo caso, a partire dal 1° gennaio 2024 sarà riconosciuto l'Assegno di inclusione, nuova misura nazionale di contrasto alla povertà, "di sostegno economico e di inclusione sociale e professionale, condizionata alla prova dei mezzi e all'adesione a un percorso personalizzato di attivazione e di inclusione sociale e lavorativa" (art. 1, co. 2)[10].

La misura presenta tratti comuni con il suo antecedente, pur connotandosi per una platea di destinatari più circoscritta nonché per un ammontare e una durata più stringenti. Restano fermi, in effetti, i principi fondamentali alla base degli istituti di contrasto alla povertà, quali quelli relativi alla condizionalità, con una particolare enfasi sulle attività formative; alla compatibilità con l'attività lavorativa subordinata o autonoma entro un certo ammontare; alla decadenza in caso di mancata collaborazione con il sistema di politiche attive o di inadempimento relativo ai propri obblighi. Cambia però la nozione di offerta congrua, come si vedrà.

La nuova misura viene definita come "misura nazionale di contrasto alla povertà, alla fragilità e all'esclusione sociale delle fasce deboli attraverso percorsi di inserimento sociale, nonché di formazione, di lavoro e di politica attiva del lavoro". L'Assegno di inclusione, concretamente, consiste in un sostegno economico e di inclusione sociale e professionale, erogato attraverso una Carta di Inclusione, condizionata alla prova dei mezzi e all'adesione a un percorso personalizzato di attivazione e di inclusione sociale e lavorativa.

L'individuazione dei beneficiari, come si è detto, è legata anzitutto allo status soggettivo dei componenti del nucleo familiare (presenza di disabili, minorenni, ultrasessantenni, soggetti in condizione di svantaggio inseriti in programmi di cura e assistenza). Sono poi previsti requisiti soggettivi di cittadinanza e residenza, nonché requisiti legati a soglie economiche, e a vincoli reddituali e patrimoniali (art. 2). Interessante evidenziare che, quanto ai requisiti di soggiorno di lungo periodo sul territorio italiano, è stata contemplata una permanenza più breve rispetto al passato: al momento della presentazione della domanda, il soggetto deve essere residente in Italia per almeno cinque anni, di cui gli ultimi due anni in modo continuativo (rispetto ai dieci prescritti nella normativa precedente)[11]. La continuità della residenza si intende interrotta nella ipotesi di assenza dal territorio italiano per un periodo pari o superiore a due mesi continuativi, ovvero nella ipotesi di assenza dal territorio italiano per un periodo pari o superiore a quattro mesi anche non continuativi nell'arco di diciotto mesi, eccetto nel caso di assenze per gravi e documentati motivi di salute.

Non ha diritto all'Assegno di inclusione il nucleo familiare in cui un componente risulta disoccupato a seguito di dimissioni volontarie, nei dodici mesi successivi alla data delle dimissioni, fatte salve le dimissioni per giusta causa nonché la risoluzione consensuale del rapporto di lavoro intervenuta nell'ambito della procedura di licenziamento collettivo.

---

[10] La mancata adesione a questi percorsi, così come il rifiuto di un'offerta di lavoro da parte del componente attivabile, comporta la decadenza dal beneficio per l'intero nucleo familiare: art. 8, co. 6.

[11] Tale requisito è stato più volte oggetto di attenzione da parte della Corte Costituzionale. Con specifico riferimento alla sua legittimità, ai fini dell'accesso al RdC, v. la sent. 19/2022.

L'Assegno di inclusione è compatibile con il godimento di ogni strumento di sostegno al reddito per la disoccupazione involontaria, ove ricorrano le condizioni prescritte.

Analogamente al Reddito di cittadinanza, la misura consiste in un beneficio economico, composto da un'integrazione del reddito familiare e da un'integrazione del reddito dei nuclei familiari residenti in abitazione concessa in locazione. Il beneficio economico è erogato mensilmente per un periodo continuativo non superiore a diciotto mesi e può essere rinnovato, previa sospensione di un mese, per periodi ulteriori di dodici mesi. Allo scadere dei periodi di rinnovo di dodici mesi è sempre prevista la sospensione di un mese.

Al fine di incentivare la dichiarazione dei rapporti di lavoro eventualmente instaurati, si dispone che in caso di avvio di un'attività di lavoro dipendente da parte di uno o più componenti il nucleo familiare, il maggior reddito da lavoro percepito non concorre alla determinazione del beneficio economico, entro il limite massimo annuo di 3000 euro. Oltretutto, in caso di svolgimento di attività di lavoro autonomo, a titolo di incentivo, il beneficiario fruisce senza variazioni dell'Assegno di inclusione per le due mensilità successive a quella di variazione della condizione occupazionale, ferma restando la durata complessiva del beneficio. Il beneficio è successivamente aggiornato ogni trimestre avendo a riferimento il trimestre precedente, e il reddito concorre soltanto per la parte eccedente 3.000 euro lordi annui. Ancora, in caso di partecipazione a percorsi di politica attiva del lavoro che prevedano indennità o benefici di partecipazione comunque denominati, o di accettazione di offerte di lavoro anche di durata inferiore a un mese, è prevista la cumulabilità entro il medesimo limite annuo di 3.000 euro lordi.

Al fine di assicurare il principio di condizionalità, il beneficio, erogato su domanda, è riconosciuto dal mese successivo a quello di sottoscrizione, da parte del richiedente, di un patto di attivazione digitale. Il percorso di attivazione viene attuato per mezzo della piattaforma del Sistema informativo per l'inclusione sociale e lavorativa – SIISL –, attraverso l'invio automatico dei dati del nucleo familiare al servizio sociale del comune di residenza, per l'analisi e la presa in carico dei componenti con bisogni complessi e per l'attivazione degli eventuali sostegni. A seguito di tale invio, i beneficiari devono presentarsi per il primo appuntamento presso i servizi sociali entro centoventi giorni dalla sottoscrizione del patto di attivazione digitale. Successivamente, ogni novanta giorni, i soggetti non attivabili al lavoro sono tenuti a presentarsi ai servizi sociali, o presso gli istituti di patronato, per aggiornare la propria posizione.

I servizi sociali effettuano una valutazione multidimensionale dei bisogni del nucleo familiare, finalizzata alla sottoscrizione di un patto per l'inclusione. Nell'ambito di tale valutazione, i componenti del nucleo familiare di età compresa tra 18 e 59 anni, attivabili al lavoro, vengono avviati ai centri per l'impiego, o ai soggetti privati accreditati, per la sottoscrizione del patto di servizio personalizzato. Successivamente, i beneficiari sono tenuti a presentarsi ai centri per l'impiego, ovvero presso i soggetti accreditati, per aggiornare la propria posizione.

I componenti dei nuclei familiari maggiorenni, che esercitano la responsabilità genitoriale, non già occupati e non frequentanti un regolare corso di studi, e che non abbiano carichi di cura, una volta sottoscritto il patto di attivazione digitale sono tenuti ad aderire ad un percorso personalizzato di inclusione sociale e lavorativa. Possono aderire a questo percorso (ma non sono obbligati) i soggetti disabili, gli ultrasessantenni, le persone inserite in percorsi di protezione relativi alla violenza di genere o affette da malattie oncologiche. Le attività possono consistere anche in attività di volontariato o in progetti utili alla collettività.

Oltretutto, i soggetti possono accedere sulla piattaforma SIISL per consultare informazioni e proposte su offerte di lavoro, corsi di formazione, tirocini di orientamento e formazione, progetti utili alla collettività e altri strumenti di politica attiva del lavoro adeguati alle proprie caratteristiche e competenze.

Il beneficiario è tenuto ad accettare un'offerta di lavoro che abbia le seguenti caratteristiche: se a tempo indeterminato, non rilevano limiti di distanza nell'ambito del territorio nazionale; se a tempo determinato (senza limiti minimi di durata), rileva una distanza massima di 80 chilometri del luogo di lavoro rispetto al domicilio del soggetto; è altresì congrua l'offerta lavorativa part-time, se non inferiore al 60% dell'orario a tempo pieno. È confermato il rispetto dei minimi retributivi previsti nel contratto collettivo applicabile, ma non è più contemplata una soglia economica minima di congruità. Esclusivamente nel caso in cui nel nucleo familiare siano presenti figli con età inferiore a quattordici anni, anche qualora i genitori siano legalmente separati, l'offerta va accettata se il luogo di lavoro non eccede la distanza di 80 chilometri dal domicilio del soggetto o comunque è raggiungibile nel limite temporale massimo di 120 minuti con i mezzi di trasporto pubblico.

Infine, sono previste ipotesi di decadenza e sanzioni. Si decade dal beneficio qualora il beneficiario: non si presenti presso i servizi sociali o il servizio per il lavoro competente nel termine fissato, senza un giustificato motivo; non sottoscriva il patto per l'inclusione o il patto di servizio personalizzato; non partecipi, senza giustificato motivo, alle iniziative di carattere formativo o di riqualificazione o ad altra iniziativa di politica attiva o di attivazione, comunque denominate, nelle quali è inserito dai servizi per il lavoro, secondo quanto concordato nel patto di servizio personalizzato, ovvero non rispetti gli impegni concordati con i servizi sociali nell'ambito del percorso personalizzato, ovvero non frequenti regolarmente un percorso di istruzione degli adulti di primo livello o comunque funzionale all'adempimento dell'obbligo di istruzione; non accetti, senza giustificato motivo, un'offerta di lavoro congrua relativamente ai componenti del nucleo attivabili al lavoro; non rispetti gli obblighi in materia di compatibilità del lavoro subordinato o autonomo; non presenti una DSU aggiornata in caso di variazione del nucleo familiare; venga trovato, nel corso delle attività ispettive, intento a svolgere attività di lavoro, senza aver provveduto alle prescritte comunicazioni.

I controlli sono affidati all'INL e alla Guardia di finanza, con poteri di accesso alle banche dati dell'Inps. In caso di violazione della normativa, sono previste sanzioni penali; con un approccio innovativo rispetto al passato, sono state introdotte anche ipotesi di responsabilità amministrativo-contabili ed eventualmente disciplinari per tutti coloro che non procedano, o non procedano correttamente, all'espletamento dei controlli e delle verifiche, o non adempiano alle loro funzioni in questo ambito.

Qualche breve cenno, infine alla seconda misura introdotta dal d.l. 48/2023: il Supporto per la formazione e il lavoro. Essa è stata riconosciuta, a partire dal 1° settembre 2023, agli adulti trai 18 e i 59 anni che non vivono in famiglie con minori, disabili o anziani, ed è volta a sostenere l'attivazione al lavoro, mediante la partecipazione a progetti di formazione, qualificazione/riqualificazione professionale, orientamento al lavoro.

Questa misura, dunque, è rivolta ai soggetti c.d. occupabili, a rischio di esclusione sociale e lavorativa, che non presentano i requisiti per accedere all'Assegno di inclusione; può altresì essere richiesta anche dai componenti adulti che fanno parte di una famiglia beneficiaria del predetto Assegno, se non considerati ai fini della determinazione del requisito reddituale di accesso, così come del *quantum* di quest'ultimo. Per i percettori del primo tipo, però, l'accesso al Supporto è condizionato al soddisfacimento di un valore Isee familiare più basso (6.000 euro annui, in luogo dei 9.360 richiesti per l'Assegno di inclusione); e, pur trovandosi in condizione di maggiore povertà, il beneficio economico riconosciuto è non solo di importo inferiore rispetto a quello dell'Assegno (350 euro per una persona sola, in luogo di 500), e senza previsione del contributo per l'affitto, ma risulta erogabile per un periodo massimo di 12 mesi, non rinnovabile.

Fermo restando, poi, il severo regime di condizionalità all'accettazione di un'offerta lavorativa, ora rimodulata sulla base della richiamata nozione di congruità (art. 9), la principale novità del Supporto temporaneo è la sua configurazione quale "indennità economica di partecipazione alle misure di attivazione lavorativa" (art. 12, co. 7); esso è dunque riconosciuto in caso di effettiva partecipazione ai programmi formativi in cui il soggetto occupabile è inserito a seguito della sottoscrizione del patto di servizio personalizzato.

7. I tirocini formativi e di orientamento

Tra le varie misure di politica attiva del lavoro, che hanno l'obiettivo di collocare (o ricollocare) sul mercato chi non ha un lavoro, o chi è a rischio di perderlo, il nostro ordinamento annovera alcune iniziative d'inserimento lavorativo, di formazione o di riqualificazione professionale.

Le origini

La legge quadro in materia di formazione professionale (l. 845/1978) disciplinò un primo nucleo di tirocini; a questa ha fatto seguito l'intervento, più specifico, del 1993 (art. 9, co. 3-*ter* e 4, d.l. 148/1993, convertito nella l. 236/1993, poi novellato dalla l. 183/2010). Tuttavia, la normativa che ha messo ordine al sistema – piuttosto lacunoso e inefficiente – della formazione professionale è stato il c.d. "pacchetto Treu", cioè la l. 196/1997, con il suo regolamento di attuazione (d.m. 25 marzo 1998, n. 142), che ha abrogato tutte le norme precedenti e ha disciplinato i tirocini formativi e di orientamento, detti anche alla francese *stages* (che si legge anche all'inglese, volendo). Essi costituiscono una forma d'inserimento temporaneo all'interno di un'azienda pubblica o privata di neo-diplomati o neo-laureati, o appartenenti a categorie disagiate, al fine di «realizzare momenti di alternanza tra studio e lavoro e di agevolare le scelte professionali attraverso la conoscenza diretta del mondo del lavoro» (art. 18, co. 1, l. 196/1997) e la creazione di un'opportunità concreta per acquisire una specifica professionalità (c.d. tirocini non curriculari). A differenza dei rapporti di lavoro con finalità formative, i rapporti che i datori di lavoro privati e pubblici intrattengono con i soggetti da essi "ospitati" non costituiscono rapporti di lavoro; naturalmente, è sempre possibile provare la sussistenza di un normale rapporto di lavoro, occultato sotto forma di tirocinio. Nel 2011 il legislatore ha disposto alcune rilevanti novità in tema di soggetti promotori, beneficiari e durata dei tirocini, al fine di reprimere l'uso sproporzionato e non corretto degli stessi. Negli anni, infatti, si sono verificati veri e propri abusi nell'utilizzo dei tirocini, spesso a copertura di rapporti di lavoro. Ma questa legge fu travolta da un intervento della Corte costituzionale, che ne ha dichiarato l'illegittimità per l'indebita invasione delle competenze legislative regionali[12].

L'accordo Stato-Regioni del 25 maggio 2017

Pertanto, nel 2012 la l. n. 92 ha avviato la riscrittura della disciplina dei tirocini, rinviando alla Conferenza Stato-regioni la definizione di un accordo sulla materia. Il primo accordo, concluso il 24 gennaio 2013 e è stato sostituito dall'accordo Stato-Regione del 25 maggio 2017, con il quale sono state adottate le nuove linee guida in materia di tirocini formativi e di orientamento, fissando standard minimi di riferimento a cui le regioni devono attenersi. Con esse si intendono superare le criticità emerse nei primi anni di attuazione delle discipline regionali, attraverso il rafforzamento della vigilanza sulla qualità e genuinità dei tirocini, per fare emergere eventuali fittizie forme di lavoro subordinato. Le nuove linee guida sono state definite tenendo conto anche delle disposizioni europee in materia e, in particolare, della Raccomandazione del Consiglio dell'Unione europea del 10 marzo 2014, nella quale il tirocinio è individuato quale strumento fondamentale di inserimento dei giovani nel mondo del lavoro.

Soggetti destinatari e durata

Le linee guida attengono esclusivamente al tirocinio extracurriculare, che continua a non essere considerato un rapporto di lavoro, ma un periodo di orientamento al lavoro e di formazione che si basa su un progetto formativo individuale (Pfi), concordato tra un soggetto promotore, un soggetto ospitante e il tirocinante: nel progetto sono definiti gli obiettivi formativi da perseguire e le modalità di attuazione.

I tirocini sono misure formative di politica attiva, rivolte a: a) soggetti in stato di disoccupazione, compresi coloro che hanno completato i percorsi di istru-

[12] Corte cost. 287/2012, come era già avvenuto in precedenza con la sentenza 50/2005, che aveva dichiarato incostituzionale l'art. 60, d.lgs. 276/2003, istitutivo dei "tirocini estivi di orientamento".

zione secondaria superiore e terziaria; b) lavoratori beneficiari di strumenti di sostegno al reddito, in costanza di rapporto di lavoro; c) lavoratori a rischio di disoccupazione; d) soggetti già occupati che siano in cerca di altra occupazione; e) soggetti disabili e svantaggiati.

La durata del tirocinio, indicata all'interno del Pfi, deve essere congrua rispetto agli obiettivi formativi da conseguire e, comunque, non può superare i 12 mesi (elevabili a 24 per i soggetti disabili). Rispetto alle linee guida del 2013, aumenta la durata del tirocinio formativo e di orientamento per i giovani neodiplomati o neolaureati, che passa da 6 a 12 mesi.

Il tirocinante ha diritto a una sospensione del tirocinio per maternità, infortunio o malattia di lunga durata (superiore a 30 giorni solari) e per periodi di chiusura aziendale della durata di almeno 15 giorni solari; il periodo di sospensione non concorre al computo della durata complessiva del tirocinio.

Oltre a una durata massima, è ora prevista anche una durata minima del tirocinio, che non potrà essere inferiore a 2 mesi (ridotta a un mese se il tirocinio è svolto presso soggetti ospitanti che operano stagionalmente).

L'attivazione dei tirocini avviene sulla base di apposite convenzioni stipulate tra i soggetti promotori e i soggetti ospitanti pubblici e privati, che costituiscono le regole da applicare al rapporto formativo. Alla convenzione deve essere allegato un progetto formativo per ciascun tirocinante.

Soggetti promotori e soggetti ospitanti

Le linee guida definiscono i soggetti promotori. Le regioni e le province autonome individuano soggetti, pubblici e privati, accreditati o autorizzati, che possono promuovere il tirocinio nel proprio territorio e ne danno pubblicità e visibilità nel rispetto dei principi di trasparenza e non discriminazione. Promotori possono essere i servizi per l'impiego, le agenzie regionali del lavoro, gli istituti d'istruzione universitaria, gli istituti scolastici, i provveditorati agli studi, i centri pubblici di formazione professionale e/o orientamento, le comunità terapeutiche, le cooperative sociali, i servizi di inserimento lavorativo per disabili, le istituzioni formative private senza scopo di lucro, i soggetti autorizzati all'intermediazione dall'Anpal, ovvero accreditati ai servizi per il lavoro, l'Anpal. Il soggetto promotore è tenuto a garantire, salvo diverse disposizioni previste nella convenzione, il rispetto dell'obbligo assicurativo per il tirocinante contro gli infortuni sul lavoro, oltre che per la responsabilità civile verso i terzi.

I soggetti ospitanti sono gli enti pubblici o privati presso i quali viene realizzato il tirocinio. Essi devono: essere in regola con le norme relative alla sicurezza sul lavoro; rispettare la normativa sul collocamento obbligatorio dei disabili; non avere effettuato licenziamenti, salvo quelli per giusta causa e per giustificato motivo soggettivo, nei 12 mesi precedenti l'attivazione del tirocinio; non avere procedure di cassa integrazione straordinaria o in deroga in corso per attività equivalenti a quelle del tirocinio, nella medesima unità operativa; non avere in corso procedure concorsuali; se si tratta di professionista, non è possibile attivare tirocini per attività tipiche ovvero riservate alla professione.

Tirocini attivabili

Nelle more della definizione da parte di regioni e province autonome, il numero di tirocini attivabile contemporaneamente dipende dalle dimensioni dell'unità operativa in cui il tirocinante è inserito: i datori di lavoro che occupano fino a 5 dipendenti a tempo indeterminato possono ospitare un tirocinante, quelli che ne occupano da 6 a 20 non più di due; quelli con più di 20 non più del 10% dell'organico. In quest'ultimo caso, le nuove linee guida prevedono un meccanismo di premialità, riconoscendosi la possibilità di sforare la quota del 10%, nel caso in cui il soggetto ospitante abbia assunto, con contratto di lavoro subordinato di almeno 6 mesi, una certa quota dei tirocinanti inseriti nei 24 mesi precedenti.

L'indennità di partecipazione

Al tirocinante va corrisposta un'indennità di partecipazione (art. 1, co. 34, l. 92/2012), che non può essere inferiore a 300 euro mensili e che le leggi regionali possono scegliere di aumentare. Al termine del tirocinio, il soggetto promotore deve rilasciare al tirocinante, anche sulla base della valutazione effettuata dal soggetto ospitante, un'attestazione dei risultati formativi raggiunti, con l'eventuale indicazione delle competenze acquisite. Se il tirocinio dovesse risultare non conforme alla disciplina nazionale e alla regolamentazione regionale di riferimento, sussistendone le condizioni, esso potrà essere sempre qualificato dal giudice come un rapporto di lavoro di natura subordinata.

Sanzioni

Infine, altra novità individuabile nelle nuove linee guida è l'aver introdotto sanzioni che colpiscono, adesso, anche il soggetto promotore, nel caso in cui vengano violati i caratteri principali dell'istituto. Il legislatore distingue due macro aree di violazioni (sanabili e non sanabili), all'interno delle quali sono ricomprese le singole violazioni, a cui corrispondono diverse tipologie di sanzioni; rinviando poi alle regioni e alle provincie autonome il compito di inserire, per tali casi, apposite norme sanzionatorie.

La l. 234/2021 e la sentenza di incostituzionalità della Corte costituzionale

Nel 2021, specificamente per i tirocini extra-curriculari, la l. 234 ha richiesto l'adozione di Linee guida, sulla base dei seguenti criteri: revisione della disciplina, che circoscriva l'applicazione in favore di soggetti con difficoltà di inclusione sociale; individuazione degli elementi qualificanti, quali il riconoscimento di una congrua indennità di partecipazione, la fissazione di una durata massima comprensiva di eventuali rinnovi e limiti numerici di tirocini attivabili in relazione alle dimensioni d'impresa; definizione di livelli essenziali della formazione che prevedano un bilancio delle competenze all'inizio del tirocinio e una certificazione delle competenze alla sua conclusione; definizione di forme e modalità di contingentamento per vincolare l'attivazione di nuovi tirocini all'assunzione di una quota minima di tirocinanti al termine del periodo di tirocinio; previsione di azioni e interventi volti a prevenire e contrastare un uso distorto dell'istituto, anche attraverso la puntuale individuazione delle modalità con cui il tirocinante presta la propria attività. Tuttavia, la Corte costituzionale, con sentenza 70/2023 ha dichiarato incostituzionale tale normativa proprio nella parte in cui circoscrive l'ambito di applicabilità dei tirocini extracurriculari ai soli soggetti con difficoltà di inclusione sociale, escludendo la possibilità per le Regioni di introdurre, in sede di accordo, ogni diversa scelta formativa; ciò in quanto tale limitazione rappresenta una indebita invasione della competenza legislativa regionale residuale in materia di formazione professionale.

8. Gli incentivi all'occupazione

L'esigenza di stimolare la costituzione di nuovi rapporti di lavoro è da tempo perseguita anche attraverso il ricorso a variegate tipologie di incentivi all'assunzione. Gli incentivi sono previsti generalmente in via temporanea, a seconda delle specifiche esigenze del momento e in base alle disponibilità finanziarie ed hanno, per lo più, carattere economico (di solito, sgravi contributivi e/o fiscali). Essi sono riconosciuti in favore di datori di lavoro che assumono, preferibilmente (ma non solo) a tempo indeterminato, determinati soggetti svantaggiati e molto svantaggiati – ai sensi del Regolamento (UE) 651/2014 – che presentano particolari difficoltà a collocarsi/ricollocarsi nel mercato del lavoro. Rientrano certamente in tali categorie i giovani, per i quali da molto tempo sono predisposte misure *ad hoc*: si pensi, per fornire degli esempi concreti, agli incentivi previsti per il ricorso al contratto di apprendistato [13] o per l'assunzione di giovani di età inferiore a 36 anni con contratto di lavoro subordinato a tempo indeterminato e per le trasformazioni dei contratti a tempo determinato.

Relativamente a questi ultimi, se si guarda agli interventi normativi più recenti, l'art. 1, co. 10, l. 178/2020 (legge di bilancio 2021), al fine di promuovere l'occupazione giovanile stabile, ha riconosciuto ai datori di lavoro privati un esonero contributivo del 100 per cento, per un massimo di 3 anni, nel limite massimo di 6.000 euro annui (4 anni per le assunzioni in una sede o unità produttiva che si trova nelle Regioni del Mezzogiorno). La misura, riconosciuta per le assunzioni effettuate nel 2022, è stata prorogata anche per le assunzioni nel 2023 (art. 1, co. 297, l. 197/2022, che ha altresì aumentato il limite massimo di esonero a 8.000 euro).

Ancor più di recente, il d.l. 48/2023 ha introdotto una nuova agevolazione per favorire l'occupazione giovanile, rivolta ai datori di lavoro che assumono giovani NEET (cioè persone che non lavorano né sono inserite in corsi di studio o di formazione) di età inferiore a 30 anni, dal 1° giugno al 31 dicembre 2023. L'incentivo, pari al 60 per cento della retribuzione lorda a fini previdenziali per un anno, si applica alle assunzioni con contratto a tempo indeterminato, anche a scopo di somministrazione, e con contratto di apprendistato professionalizzante o di mestiere; non si applica, invece, ai rapporti di lavoro domestico. Esso è cumulabile con l'esonero dal versamento dei contributi previdenziali per l'assunzione di giovani under 36 previsto dalla legge di bilancio 2023; in questo caso verrà riconosciuto nella misura del 20 per cento della retribuzione mensile lorda imponibile per ogni lavoratore NEET assunto.

Ulteriori, recenti esempi di incentivi finalizzati a promuovere l'occupazione sono quelli rivolti ai datori di lavoro privati in caso di assunzione, nel 2023, di soggetti percettori del Reddito di Cittadinanza (legge di bilancio 2023, art. 1, co. 294-295) e, dal 2024, di beneficiari dell'Assegno di inclusione (art. 10, d.l.

---

[13] In questo caso, sono riconosciute anche agevolazioni normative, riconoscendosi al datore di lavoro la possibilità di inquadrare l'apprendista – per tutta la durata del rapporto – anche con due livelli stipendiali inferiori a quello di "approdo".

48/2023). L'art. 28 di quest'ultimo decreto, poi, ha contemplato altri incentivi economici al fine specifico di sostenere l'occupazione delle persone con disabilità.

Un'ampia e articolata tipologia di incentivi si rinviene, infine, per l'assunzione, tra gli altri, di: lavoratori in Cassa integrazione guadagni, in special modo se coinvolti in accordi di transizione occupazionale; donne prive di impiego in particolari condizioni svantaggiate (v., da ultimo, l'art. 1, co. 298, l. 197/2022 [14]); ultracinquantenni disoccupati da oltre 12 mesi; disoccupati percettori della Naspi.

---

[14] Anche in questo caso, è stato prorogato l'esonero introdotto dalla legge di bilancio 2021, riconosciuto ai datori di lavoro privato nella misura del 100 per cento dei contributi dovuti e nel limite massimo di 8.000 euro annui (al posto dei precedenti 6.000 euro). L'incentivo è riconosciuto per massimo 18 mesi, in caso di assunzione a tempo indeterminato e trasformazione a tempo indeterminato; in caso di contratto a tempo determinato, è riconosciuto per 12 mesi.

Capitolo XVIII
Le discriminazioni sul lavoro

1. Fonti e istituzioni del diritto antidiscriminatorio

La tutela contro le discriminazioni sul lavoro può sembrare un semplice corollario del principio di eguaglianza, un principio fondativo dei moderni ordinamenti giuridici che campeggia in tutti i *Bill of Rights* riguardanti la moderna cittadinanza politica e sociale, a cominciare dall'art. 3 della Costituzione italiana. Sotto il profilo latamente culturale è senz'altro così. Più complesso è però il discorso sul piano giuridico, in generale e specificamente per i rapporti di lavoro. Infatti, da un lato, il principio di eguaglianza si afferma come principio riguardante i rapporti tra i cittadini e lo Stato, non quelli interprivati. Nello specifico dei rapporti di lavoro, finché l'imprenditore è titolare di poteri esercitabili senza particolari limiti, è poi ben difficile far valere eventuali discriminazioni, le cui forme più insidiose si manifestano proprio nell'esecuzione del contratto piuttosto che nella sua conclusione. Pur potendosi eventualmente ricorrere alla nullità per motivo illecito determinante, rimane estremamente complesso fornire la prova, in virtù dei principi generali posta a carico del discriminato.

Eguaglianza formale e sostanziale, discriminazioni, parità

Buona parte di queste difficoltà giuridiche non sono affrontabili appellandosi unicamente al tradizionale principio di eguaglianza formale sancito dall'art. 3, co. 1, Cost.; e nemmeno determinante è l'introduzione del principio di eguaglianza sostanziale, di cui al co. 2 del medesimo articolo.

Nella nostra Costituzione compare piuttosto sin da subito il principio della parità di trattamento retributivo tra lavoratrici e lavoratori (art. 37), che, seppure con riferimento ambiguo alla parità di lavoro [1], obbliga le ulteriori fonti normative a prevenire ogni eventuale differenziazione delle condizioni di lavo-

[1] Da oltre mezzo secolo ormai non più interpretabile come riferito al rendimento/risultato dell'attività lavorativa.

ro basata su fattori di genere. Anche se la parità di trattamento non va confusa con i divieti di discriminazione, né concettualmente né in considerazione delle rispettive discipline.

Dagli anni '50 ad oggi molti progressi sono stati fatti proprio nella specifica regolazione di queste materie, anche grazie alla regolazione sovranazionale. Infatti già l'art. 119 del Trattato di Roma del 1957 (ora art. 157 TFUE) estendeva all'Europa unita – destinata come sappiamo ad allargarsi enormemente – la regola della parità retributiva di genere. Sempre in tema di parità uomo/donna e divieti di discriminazione per genere si sono poi avute direttive europee (n. 117/1975; n. 76/1976), attuate in Italia con la 903/77, che già promuoveva, seppur blandamente, le pari opportunità tra lavoratori e lavoratrici. Attualmente in queste materie vi è un importante *corpus* normativo – in buona parte riconducibile alle c.d. direttive di seconda generazione[2] – costituito dal d.lgs. 151/2001 – testo unico in materia di tutela e sostegno della maternità e della paternità, modificato oltre venti volte – e dal d.lgs. 198/2006, – codice delle pari opportunità tra uomo e donna (in seguito cod. par. opp.), anch'esso successivamente modificato. Di rilievo è anche l'estensione della tutela antidiscriminatorio oltre la sfera del lavoro subordinato[3].

Normativa europea e codice delle pari opportunità

La disciplina delle discriminazioni sul lavoro dovute a fattori diversi dal genere pure si è progressivamente evoluta. Dopo le prime leggi degli anni '60/'70 sulla discriminazione sindacale, politica e religiosa (art. 4, l. 604/1966 sul licenziamento individuale; art. 15 Statuto dei lavoratori) e per motivi legati al matrimonio (l. 7/1963), si è esplicitamente regolata la discriminazione dei lavoratori extracomunitari (d.lgs. 286/1998) e per i portatori di handicap (l. 104/1992, poi l. 68/1999). Sempre in applicazione delle c.d. direttive europee di seconda generazione, delle disposizioni dei Trattati riformati[4], della Carta dei diritti fondamentali (artt. 20-26) e degli orientamenti della Corte di giustizia, sono stati poi approvati i d.lgs. 215 e 216/2003 sulle discriminazioni diverse dal genere. Nel 2021, con la l. 126, è stata anche introdotta (art. 25, co. 2-*bis* del codice delle pari opportunità) la nozione di discriminazione per "esigenze di cura personale e familiare", che si verifica per la condizione soggettiva, indipendente dal sesso, di lavoratore che svolge attività di cura (c.d. *caregiver*).

È appunto l'insieme di queste norme che dà vita al diritto antidiscriminatorio, basato anche su uno specifico apparato istituzionale che ne deve garantire l'effettività.

Tale apparato è costituito essenzialmente da:

---

[2] Quelle successive al Trattato di Amsterdam (che modifica l'art. 13 TCE, ora art. 19 TFUE), le quali riflettono una più solida concezione dell'eguaglianza, della parità e della non discriminazione come principi dell'Unione. V. le direttive: 2000/43/CE relativa a razza e origine etnica; 2000/78/CE, che comprende nei divieti di discriminazione nell'accesso al lavoro una pluralità di fattori: religioso, età, orientamento sessuale, handicap, convinzioni personali; 2002/73/CE sulle discriminazioni tra donne e uomini, rifluita nella direttiva 54/2006/CE.

[3] V. CGUE 12 gennaio 2023, C-356/21.

[4] Artt. 18, 19 e 157 TFUE; artt. 2, 3 e 6 TUE.

Il diritto antidiscriminatori o e le istituzioni della parità

a) il Comitato nazionale per l'attuazione dei principi di parità di trattamento ed uguaglianza di opportunità tra lavoratori e lavoratrici (CNP), istituito presso il Ministero del lavoro e composto da esponenti del Governo, delle parti sociali, della società civile ed esperti in materie giuridiche, economiche e sociologiche (artt. 8-11, cod. par. opp.).

b) I Consiglieri di parità, pubblici ufficiali tenuti a segnalare all'autorità giudiziaria i reati di cui vengano a conoscenza e dotati del potere di agire in giudizio in via autonoma, nel caso delle discriminazioni collettive (artt. 12-18, cod. par. opp.). Il CNP e i Consiglieri di parità, nominati a tutti i livelli di governo del territorio, hanno anche funzioni propositive e consultive per rimuovere i comportamenti antidiscriminatori per sesso nei luoghi di lavoro e di ogni altro ostacolo che limiti di fatto l'eguaglianza di genere e per incentivare progetti di azioni positive (v. par. 2).

c) La Conferenza nazionale delle Consigliere e dei Consiglieri di parità, coordinata dalla Consigliera o Consigliere nazionale, con la funzione di accrescere l'efficacia delle diverse azioni e realizzare scambi di informazione ed esperienze e buone prassi (art. 19 cod. par. opp.)[5].

CUG e UNAR

d) Il Comitato unico di garanzia per le pari opportunità, la valorizzazione del benessere di chi lavora e contro le discriminazioni (CUG), previsto dall'art. 21, co. 1, lett. *c*, l. 183/2010, organo di natura paritetica con partecipazione di organizzazioni sindacali e rappresentanti delle amministrazioni, con compiti propositivi, consultivi e di verifica, volti a realizzare i principi di pari opportunità, di benessere organizzativo nelle pubbliche amministrazioni e a contrastare qualsiasi forma di discriminazione e di violenza morale o psichica per i lavoratori, in collaborazione con la consigliera o il consigliere nazionale di parità.

e) L'Ufficio nazionale antidiscriminazioni razziali (UNAR), per la promozione della parità di trattamento e la rimozione delle discriminazioni fondate su motivi attinenti alla razza o all'origine etnica, istituito presso la presidenza del Consiglio dei Ministri (d.lgs. 215/2003, art. 7, e art. 5-*bis*, .d.lgs. 216/2003, modificato dall'art. 1, l. 238/2021) a dispetto dell'anacronismo del termine "razza", con funzioni analoghe a quelle degli organismi che operano nel campo delle discriminazioni di genere.

2. Le nozioni di discriminazione e gli strumenti per realizzare le pari opportunità

Normative e apparati funzionano in base a nozioni e strumenti che assumono un significato sempre più tecnico. Le principali nozioni sono le seguenti:

Discriminazione diretta

a) discriminazione diretta, con cui si intende «qualsiasi disposizione, criterio, prassi, atto, patto o comportamento, nonché l'ordine di porre in essere un

[5] Il consigliere nazionale di parità non è da considerarsi autorità indipendente: v. Cons. Stato 5031/2010.

atto o un comportamento, che produca un effetto pregiudizievole discriminando le lavoratrici o i lavoratori in ragione del loro sesso e, comunque, il trattamento meno favorevole rispetto a quella di un'altra lavoratrice o lavoratore in situazione analoga» (art. 25 cod. par. opp.). La discriminazione diretta, che può verificarsi ad opera di qualunque soggetto e riguardare entrambi i sessi, deve avere carattere oggettivo. Questo significa che rilevano gli effetti della discriminazione e non l'intenzione dell'agente[6]. Ogni vicenda del rapporto di lavoro può dar luogo a comportamenti o atti discriminatori, pur essendovi regole specifiche per alcune materie (accesso al lavoro; formazione e promozione professionale; retribuzioni; progressioni di carriera; gravidanza, maternità e paternità, anche adottive; licenziamenti). La discriminazione risulta però, in linea di massima, a seguito di un giudizio comparativo; giudizio che può riguardare il presente, il passato o anche situazioni ipotetiche[7].

Oltre al genere, le discriminazioni dirette possono essere dovute ad altre ragioni o fattori. La legge (d.lgs. 215 e 216/2003, art. 2, lett. *a*) prevede infatti che si verifica una discriminazione diretta anche quando una persona è trattata meno favorevolmente di quanto sia, sia stata o sarebbe trattata un'altra in una situazione analoga per fattori legati a razza, origine etnica, religione, convinzioni personali, handicap, età od orientamento sessuale.

Il divieto di discriminazioni dirette non è comunque assoluto. Quanto al genere, sono previste eccezioni in casi piuttosto precisi[8]. Per le discriminazioni basate su altri fattori vi è una clausola generale (art. 3, co. 3-4, d.lgs. 215/2003; art. 3, co. 3, d.lgs. 216/2003) secondo cui non costituiscono discriminazioni quelle giustificate da un requisito essenziale e determinante ai fini dello svolgimento dell'attività lavorativa. I trattamenti differenziati in ragione dell'età del lavoratore non costituiscono poi discriminazioni se espressamente previste e oggettivamente e ragionevolmente giustificate da finalità legittime (v. artt. 4-*bis* e 4-*ter*, d.lgs. 216/2003)[9].

Discriminaziono indiretta

b) La discriminazione indiretta si verifica quando una disposizione, un criterio, una prassi, un atto, un patto o un comportamento apparentemente neutri mettono, o possono mettere, i lavoratori in una posizione di particolare svantaggio rispetto a lavoratori dell'altro sesso o rispetto a persone di una determinata razza od origine etnica o che professano una diversa religione o ideologia,

---

[6] V. Cass. 6575/2016.

[7] Per quest'ultimo aspetto v. Corte di giustizia europea, sentenza del 25 aprile 2012, causa C-81/12 *Associatia Accept* e Trib. Bergamo, ord. 28 marzo 2018.

[8] Per mansioni di lavoro particolarmente pesanti, individuate attraverso la contrattazione collettiva; per i concorsi pubblici nei casi in cui il sesso costituisca requisito essenziale per la natura del lavoro o della prestazione; per le attività della moda, dell'arte e dello spettacolo, quando l'appartenenza ad un determinato sesso sia essenziale alla natura del lavoro o della prestazione; per le forme pensionistiche complementari collettive, se necessario per tenere conto di dati attuariali qualificati.

[9] V. CGUE 417/2015, causa C-417/13, *ÖBB Personenverkerhr* AG c. *S.* in tema di discriminazioni per età relative a carriera e scatti retributivi. Sull'età v. l'orientamento restrittivo di CGUE 19 luglio 2017, causa C-143/16, *Abercrombie*, che ritiene legittimo prevedere differenze normative in ragione dell'età quando si miri «a favorire l'accesso dei giovani al mercato del lavoro».

o che sono portatrici di handicap o che hanno una particolare età o un orientamento sessuale (v. art. 25 cod. par. opp.; artt. 2, d.lgs. 215 e 216/2003)[10]. Anche in tal caso le discriminazioni hanno carattere oggettivo e ammettono eccezioni, quando le differenze riguardino requisiti essenziali allo svolgimento dell'attività lavorativa e risultino giustificate oggettivamente da finalità legittime per il conseguimento delle quali i mezzi impiegati siano appropriati e necessari (v. art. 25 cod. par. opp.; art. 3, co. 4, d.lgs. 215/2003; art. 3, co. 6, d.lgs. 216/2003)[11].

Altre nozioni legali di discriminazione

Il già citato art. 25, co. 2-*bis* cod. par. opp. prevede ora anche che è da considerarsi discriminatorio "ogni trattamento o modifica dell'organizzazione delle condizioni e dei tempi di lavoro" che, in ragione dei fattori sopra richiamati (e arricchiti con il riferimento ai *caregiver*), crea al lavoratore uno dei seguenti inconvenienti: a) posizione di svantaggio rispetto alla generalità dei lavoratori; b) limitazione della possibilità di partecipazione alla vita o alle scelte aziendali; c) limitazione dell'accesso ai meccanismi di avanzamento e di progressione nella carriera.

Nel diritto antidiscriminatorio si incontrano anche: le discriminazioni collettive, nelle quali non è agevole individuare in modo diretto e immediato le persone lese dalle discriminazioni (v. art. 37 cod. par. opp.; artt. 5, d.lgs. 215 e 216/2003); le discriminazioni doppie o multiple, in cui le discriminazioni per razza, origine etnica, religione, convinzioni personali, handicap, età e orientamento sessuale si intrecciano con quelle di genere (d.lgs. 215 e 216/2003, art. 1); le discriminazioni per causa di matrimonio, previste fin dagli anni '60, che determinano la nullità di clausole di qualsiasi genere, contenute nei contratti individuali e collettivi, o in regolamenti, che prevedano la risoluzione del rapporto di lavoro delle lavoratrici in conseguenza del matrimonio o, comunque, dei licenziamenti attuati a causa del matrimonio[12]; le discriminazioni per gra-

---

[10] La giurisprudenza ha considerato discriminazioni indirette: la previsione, in un bando di concorso, di un identico punteggio per prove di idoneità fisica, senza considerare la naturale differenza tra uomini e donne (Cons. Stato 2472/2012); la previsione, per l'accesso al lavoro, di un requisito di statura minima (non necessario all'attività: v. *infra*) superiore a quello mediamente riferibile alle donne (Cass. 30083/2017 e, prima, C. cost. 163/1993); la previsione, come condizione per progressioni economiche e/o di posizioni di lavoro, del contratto di lavoro *full-time* con esclusione del *part time*, al quale, per esigenze di conciliazione, accedono tipicamente le donne (v. App. Torino, 10 aprile 2014); la previsione di condizioni di accesso dei *riders* alla prenotazione di sessioni di lavoro tramite piattaforme digitali basate su statistiche relative alla "partecipazione e affidabilità" dei lavoratori raccolte ed elaborate tramite algoritmi predefiniti (v. Trib. Bologna 31 dicembre 2020).

[11] Secondo la Corte di giustizia europea la giustificazione deve basarsi su valutazioni di legittimità, necessità, adeguatezza ed obiettività (v. sentenza 14 marzo 2017, causa C-157/15) e non può consistere in mere ragioni di mercato o essere fondata su considerazioni di massima redditività aziendale: v. la sentenza 77/2003, causa C-77/02, *Steinicke* c. *Bundesanstalt für Arbeit*. Nelle sentenze del 14 giugno 2016, causa C-308/14, e del 18 ottobre 2017, causa C-409/16, poi, la Corte chiarisce la necessaria connessione tra giustificazione della discriminazione e natura dell'attività lavorativa.

[12] Si presumono discriminatori licenziamenti e dimissioni adottati nel periodo compreso tra il giorno della richiesta delle pubblicazioni del matrimonio e l'anno successivo alla celebrazione dello stesso, salvo limitate eccezioni di risoluzione giustificata del rapporto. Alla nullità segue la reintegrazione della lavoratrice e la corresponsione della retribuzione globale di fatto fino alla riammissione in servizio.

vidanza, maternità o paternità, rinvenibile in ogni trattamento meno favorevole riconducibile allo stato di gravidanza, maternità e paternità, o all'esercizio dei relativi diritti (art. 25 cod. par. opp.). Nullo è anche il licenziamento intimato dall'inizio dello stato di gravidanza o dall'inizio del congedo di paternità e fino ad un anno di età del bambino, fatte salve specifiche eccezioni (art. 54, d.lgs. 151/2001).

Le molestie

Alle discriminazioni sono da qualche anno equiparate le molestie. Prima degli interventi legislativi degli anni 2000 (d.lgs. 215 e 216/2003; art. 26 cod. par. opp.) le molestie erano tutelate nell'ambito del generale obbligo di sicurezza (art. 2087 c.c.). Esiste ora una specifica nozione legale nonché una convenzione OIL del 2019 ratificata dall'Italia (con l. 4/2021). Le molestie sono comportamenti indesiderati, posti in essere per ragioni connesse al sesso, ovvero per motivi di razza, di origine etnica, di religione, di convinzioni personali, di handicap, di età o di orientamento sessuale (v. artt. 2, co. 3, d.lgs. 215 e 216/2003), aventi lo scopo o l'effetto di violare la dignità di una lavoratrice o di un lavoratore (o di una persona) o di creare un clima intimidatorio, ostile, degradante, umiliante o offensivo (art. 26 cod. par. opp.). In particolare la molestia sessuale viene definita come un comportamento indesiderato, a connotazione sessuale, espresso in forma fisica, verbale o non verbale (art. 26, co. 2, cod. par. opp.). A differenza delle discriminazioni, la disciplina delle molestie, pur configurando in modo oggettivo i relativi comportamenti, sottolinea l'indesiderabilità dello specifico comportamento, che costituisce un requisito da valutare con equilibrio, evitando soggettivismi.

La tutela dei *whistleblowers*

Una disciplina speciale esiste poi anche per i dipendenti, privati e pubblici, autori di segnalazioni di reati o irregolarità di cui siano venuti a conoscenza nell'ambito di un rapporto di lavoro (c.d. *whistleblowers*): in tali casi si presume, salvo prova contraria, che gli atti o le misure organizzative con effetti negativi per i dipendenti successivi alla segnalazione siano discriminatori (o ritorsivi) e, in quanto tali, sono nulli (artt. 1, co. 7, e 2, co. 2-*quater*, l. 179/2017).

Le pari opportunità

Quanto agli strumenti per realizzare le pari opportunità – da ricondurre preferibilmente all'art. 3, co. 2, Cost. (principio di eguaglianza sostanziale), in quanto si tratta di riequilibrare situazioni di disparità sostanziale – va anzitutto considerato che tale garanzia appare ben radicata nel diritto sovranazionale. Ad essa fanno riferimento tanto l'art. 23 della Carta dei diritti fondamentali dell'Unione europea, quanto l'art. 157 TFUE: in base a tali norme va assicurata la parità tra uomini e donne in tutti i campi e, a tal fine, può anche essere previsto il mantenimento o l'adozione di misure che prevedano vantaggi specifici a favore del genere sottorappresentato. Queste misure danno vita alle c.d. azioni positive, in Italia già previste dalla l. 125/1991 e oggi contenute nel capo IV del cod. par. opp. Tali azioni nel settore privato sono volontarie, ma possono essere promosse dal CNP, dai consiglieri di parità, dai datori di lavoro, dalle organizzazioni sindacali nazionali, anche beneficiando di finanziamenti pubblici. Invece le pubbliche amministrazioni hanno l'obbligo di predisporre piani di azioni positive.

Le azioni positive. In particolare: le quote e la certificazione di genere

Le azioni positive sono dirette a prevenire discriminazioni, eliminare disparità, promuovere le parità di *chance* nella vita lavorativa, potendo anche attribuire specifici vantaggi favorendo flessibilità orarie e altre misure volte a conciliare tempi di vita e di lavoro (v. art. 42 ss. cod. par. opp.; art. 9, l. 53/2000, novellato dall'art. 38, l. 69/2009). Costituiscono tipi particolari di azioni positive le c.d. quote, cioè riserve, a favore del genere in situazione svantaggiata, di trattamenti preferenziali nella formazione, nell'accesso al lavoro, nella progressione di carriera o nella conservazione del posto. Al riguardo si parla anche di discriminazioni alla rovescia, volte in effetti a riequilibrare situazioni in cui l'eguaglianza si realizza solo attraverso un diritto diseguale [13]. La l. 162/2021, modificando ancora il codice delle pari opportunità (art. 46-*bis*), ha poi introdotto la certificazione della parità di genere al fine di attestare le politiche e le misure concrete adottate dai datori di lavoro per ridurre il divario di genere in relazione alla opportunità di crescita in azienda, alla parità salariale a parità di mansioni, alle politiche di gestione delle differenze di genere e alla tutela della maternità. Alla certificazione sono connesse sia premialità sia penalizzazioni per le imprese [14]. Le azioni positive non riguardano comunque soltanto il genere. Quanto meno si prevede infatti esplicitamente che l'UNAR possa promuovere l'adozione, da parte di soggetti privati e pubblici, di progetti di azioni positive dirette a evitare o compensare le situazioni di svantaggio connesse alla razza o all'origine etnica.

3. L'onere della prova e la tutela giudiziaria

Onere della prova: principi e discipline speciali

Come dall'inizio si è detto, uno dei profili più delicati è la prova delle discriminazioni sul lavoro, decisiva quando si tratta di far valere dinanzi al giudice le discriminazioni. In deroga al principio generale, secondo cui l'onere della prova grava su chi agisce in giudizio (*onus probandi incubit ei qui dicit*; nel diritto privato v. art. 2697 c.c.), per le discriminazioni esiste una disciplina speciale (art. 40 cod. par. opp., per le discriminazioni di genere; art. 28, co. 4, d.lgs. 150/2011 per le altre discriminazioni). In virtù di essa se il ricorrente fornisce elementi di fatto, desunti anche da dati di carattere statistico, idonei a fondare la presunzione dell'esistenza di atti, patti o comportamenti discriminatori, spetta al convenuto l'onere della prova sull'insussistenza della discriminazione. In tal modo si realizza un alleggerimento del carico probatorio gravante sull'attore, che deve solo allegare e dimostrare circostanze di fatto dalle quali desumere, per inferenza, che la discriminazione abbia avuto luogo. Se il giudice ritiene sussistenti tali circostanze, l'onere della prova si

[13] In materia la giurisprudenza delle Alte Corti ha dato un impulso determinante: CGUE 17 ottobre 1995, C-450/93, *Kalanke*; 11 novembre 1997, C-409/95, *Marshall*; 28 marzo 2000, C-158/97 *Badeck*; 6 luglio 2000, C-407/98 *Abrahamsson*; inoltre Corte cost. 422/1995; Corte cost. 49/2003.

[14] V. in via attuativa il decreto della Presidenza del Consiglio, Dipartimento per le pari opportunità del 29 aprile 2022.

trasferisce sul datore di lavoro, che è tenuto a dimostrare l'insussistenza della discriminazione[15].

Questo particolare regime è più difficilmente applicabile alle discriminazioni per ragioni politiche e sindacali, non essendo collegato all'art. 15 Statuto dei lavoratori, e alle molestie sessuali, che non necessariamente richiedono una comparazione con altre situazioni. La giurisprudenza però ha talora ricondotto le discriminazioni per ragioni sindacali a quelle dovute alle convinzioni personali, che, in quanto previste dal d.lgs. 216/2003, rientrano nel regime speciale dell'onere della prova[16]. E per il regime probatorio ha equiparato le molestie sessuali alle discriminazioni per motivi di sesso[17]. Di recente, poi, la legge (l. 205/2017, art. 1) ha rafforzato la posizione del lavoratore vittima di molestia che agisce in giudizio, tutelandolo dall'azione in ritorsione del datore di lavoro nella forma di licenziamento, demansionamento, trasferimento o altra misura organizzativa avente effetti negativi, diretti o indiretti, sulle condizioni di lavoro: tutti atti sanzionati con la nullità (art. 26, co. 3-*bis*, cod. par. opp.)[18].

Una disciplina speciale esiste anche per i c.d. *whistleblowers*, per i quali l'onere della prova dell'atto o della misura organizzativa con effetti negativi adottati successivamente alla segnalazione grava interamente sul datore di lavoro, che deve dimostrare che esso è fondato «su ragioni estranee alla segnalazione stessa» (artt. 1, co. 7, e 2, co. 2-*quater*, l. 179/2017).

Le azioni in giudizio per discriminazioni di genere: ...

L'azione in giudizio per far valere le discriminazioni può essere ovviamente individuale per ogni tipo di discriminazione. Essa, se basata sul rito ordinario (*ex* art. 15 Statuto dei lavoratori, con tutte le successive modifiche: art. 13, l. 903/1977; d.lgs. 216/2003), può mirare ad ottenere la dichiarazione di nullità di ogni atto o patto discriminatorio.

a) individuale/ collettiva; ordinaria/ speciale

Esiste poi un procedimento speciale più efficace (art. 38 cod. par. opp.). Esso è azionabile sempre individualmente, ha carattere urgente e finalità inibitoria e ripristinatoria[19], viene corredato da sanzione penale[20] (ispirandosi all'art. 28 Statuto dei lavoratori, dove però la legittimazione attiva è collettiva), ma può comprendere anche il risarcimento dei danni, patrimoniali e no, nei limiti della prova fornita. La "persona" interessata può anche agire dando delega alle organizzazioni sindacali, alle associazioni e alle organizzazioni rappresentative del diritto o dell'interesse leso, o alla consigliera o al consigliere provinciale o regionale di parità.

b) istituzionale; ordinaria e d'urgenza

Contro tutte le discriminazioni è anche prevista un'azione di carattere istituzionale, cui è autonomamente legittimato il consigliere di parità, competente

[15] Cass. 14206/2013; Cass. 2113/2016.

[16] V. Trib. Roma 21 giugno 2012; App. Roma 19 ottobre 2012.

[17] Cass. 23286/2016.

[18] La disposizione precisa che questa tutela non è garantita in caso di accertamento, anche con sentenza di primo grado, della responsabilità penale del denunciante per i reati di calunnia o di diffamazione, ovvero di infondatezza della denuncia.

[19] Può concludersi con un decreto immediatamente esecutivo, contenente l'ordine di cessazione del comportamento discriminatorio e di rimozione degli effetti.

[20] Ammenda fino a 50.000 euro o l'arresto fino a sei mesi.

per territorio (art. 37 cod. par. opp.), proponibile dinanzi al Tribunale in funzione di giudice del lavoro o al Tribunale amministrativo regionale territorialmente competente. Al giudice può chiedersi, in via ordinaria, una sentenza che, oltre a riconoscere il risarcimento dei danni patrimoniali e no, contenga l'ordine di definire un piano di rimozione delle discriminazioni accertate. Le medesime decisioni possono chiedersi anche in via d'urgenza alle medesime autorità giudiziarie; in tal caso il giudice del lavoro adotta, entro i due giorni successivi, un decreto motivato ed esecutivo, contro il quale può farsi opposizione entro i successivi 15 giorni. Sull'opposizione decide il medesimo giudice con sentenza. Se l'azione in via d'urgenza rientra nella giurisdizione del giudice amministrativo, si applicano le norme sul rito abbreviato nel processo amministrativo (v. art. 119, d.lgs. 104/2010).

Le consigliere o i consiglieri di parità regionali e, nei casi di rilevanza nazionale, la consigliera o il consigliere nazionale possono anche scegliere una via alternativa al giudizio inducendo l'autore delle discriminazioni a predisporre un piano di rimozione delle discriminazioni medesime, entro un termine non superiore a centoventi giorni. Se il piano viene considerato idoneo, può seguire una procedura di conciliazione, con eventuale verbale conclusivo cui il giudice del lavoro può, con proprio decreto, dare valore di titolo esecutivo.

Le azioni in giudizio per le altre discriminazioni

Nel caso di discriminazioni diverse dal genere, il soggetto discriminato può rivolgersi al giudice, scegliendo anche il rito sommario di cui all'art. 702-*bis* c.p.c., accompagnato dal sistema sanzionatorio previsto dall'art. 28, d.lgs. 150/2001. L'UNAR può fornire assistenza nei procedimenti giurisdizionali o amministrativi intrapresi dalle persone che si ritengano lese da comportamenti discriminatori, anche tramite richiesta di informazioni e osservazioni alle associazioni sindacali.

In linea generale i soggetti collettivi, *more solito*, possono agire direttamente in giudizio solo su delega della lavoratrice o del lavoratore. Ove si tratti di discriminazioni per razza o etnia, la delega può essere data ad associazioni ed enti inseriti in un apposito elenco, approvato dal Ministero per le pari opportunità (art. 5, d.lgs. 215/2003). Nei casi di discriminazione collettiva, qualora non siano individuabili in modo diretto e immediato le persone lese dalla discriminazione, associazioni ed enti inseriti nell'elenco suddetto sono legittimati ad agire autonomamente (artt. 4 e 5, co. 3, d.lgs. 215/2003)[21]. Per tutte le altre discriminazioni (religione, convinzioni personali, handicap, età e orientamento sessuale), valgono regole simili, con la differenza che i soggetti collettivi ai quali la persona interessata può dare la delega sono le organizzazioni sindacali, le associazioni e le organizzazioni rappresentative del diritto o dell'interesse leso. Gli stessi soggetti collettivi possono agire in via autonoma nei casi di discriminazione collettiva, qualora non siano individuabili, in modo diretto e immediato, le persone lese dalla discriminazione (art. 5, d.lgs. 216/2003).

---

[21] Cass. 11165/2017 e 11166/2017 hanno affermato la legittimazione di tali soggetti anche nel caso di discriminazioni collettive basate sul fattore "nazionalità".

Capitolo XIX

Negozi dispositivi, prescrizione e decadenza dei diritti del lavoratore. Prevenzione del contenzioso e cenni al processo del lavoro

1. L'art. 2113 c.c. e le sue origini

L'inderogabilità, caratteristica imprescindibile della norma lavoristica, ha inevitabili interrelazioni con l'"esercizio" dei diritti che maturano durante il concreto svolgimento del rapporto di lavoro, precisamente con la loro "disponibilità".

Inderogabilità della norma e (in)disponibilità del diritto

Avvicinandosi al problema, si potrebbe essere indotti a pensare che la norma inderogabile – la cui violazione l'art. 1418 c.c. colpisce con la nullità – dovrebbe impedire la disponibilità del conseguente diritto, e quindi comportare anche la nullità del relativo negozio dispositivo, perché, solo in tal modo, le imperative finalità di tutela del lavoratore subordinato perseguite dal legislatore sarebbero salvaguardate. In altre parole, come alle parti, ad esempio, non è consentito pattuire, per il lavoro da svolgere, una retribuzione inferiore al trattamento minimo previsto dalla disciplina inderogabile, allo stesso modo – si potrebbe ritenere – non dovrebbe essere permesso al lavoratore, una volta prestato il lavoro, di percepire una siffatta retribuzione disponendo al ribasso, in via negoziale, del diritto maturato sulla base di quella medesima disciplina (ad esempio, rinunciandovi, anche soltanto parzialmente). Inutile sottolineare che non vi è problema di sorta se le parti si accordano per un trattamento superiore a quello minimo garantito al lavoratore.

In realtà, la questione è, da sempre, più complicata.

L'originaria giurisprudenza

La giurisprudenza della prima metà del secolo scorso, dinanzi, da un lato, all'ingresso nel nostro ordinamento lavoristico di norme inderogabili – accompagnate dal divieto dei patti contrari – (il pensiero va all'art. 17, r.d.l. 1825/1924 sull'impiego privato), dall'altro lato al silenzio legislativo in merito ai negozi dispositivi dei conseguenti diritti, in un primo tempo si orientò nel senso appena descritto, con il sostegno anche della dottrina. Tuttavia, ben presto, imboccò una strada diversa, meno rigida.

Consapevole dell'interrelazione tra i due piani, considerò dapprima la rinuncia e poi anche la transazione, dispositive di diritti del lavoratore *in peius* rispetto al precetto inderogabile, invalide: non però per il contrasto in sé con la norma cogente, bensì perché ritenute, in virtù di una sorta di presunzione legale, affette da un "vizio della volontà" del lavoratore, riconducibile alla sua situazione di inferiorità socio-economica rispetto alla controparte contrattuale. Il vizio della volontà, se per un verso secondo il codice previgente era comunque foriero di nullità dell'atto negoziale (artt. 1108 ss.), per altro verso indusse la giurisprudenza a delimitare il raggio di quest'orientamento. Segnatamente, su di un primo versante, la nullità fu circoscritta ai negozi dispositivi intervenuti in costanza di rapporto, giacché – si affermò –, in seguito alla cessazione dello stesso, il prestatore di lavoro riacquista la propria indipendenza e, con essa, la libera volontà. Su di un secondo versante, nella medesima logica, si ammise la validità dei negozi transattivi compiuti in presenza, e quindi con l'assistenza, del magistrato o degli organi corporativi; in particolare, dell'associazione sindacale riconosciuta per ciascuna categoria, a cui già l'art. 4, r.d. 471/1928, attribuiva l'onere di «denunciare» la lite prima di procedere in giudizio (onere riproposto poi dall'art. 430 c.p.c.). Invero l'elaborazione incontrò le critiche di parte della dottrina, che ritenne le soluzioni indicate: a) non coerenti con la natura dei diritti in questione, la cui sorte – si osservava – finiva per dipendere dal momento o dai presupposti della relativa disposizione; b) contrarie al dato di diritto positivo, che prevedeva tre figure tipiche di vizio del consenso – errore, dolo e violenza –, alle quali la dottrina in parola non riteneva riconducibile il timore reverenziale derivante dallo stato di lavoratore subordinato.

L'articolata disciplina dell'art. 2113 c.c.

Venendo ai giorni nostri, il legislatore codicistico, allorquando con l'art. 2113 c.c. regola espressamente la materia, opera, dunque, su un «cospicuo patrimonio lasciatogli in eredità dall'esperienza giuridica precedente» (Voza 2007, p. 43). Nondimeno – come subito vedremo – il tentativo di contemperare le varie esigenze a essa sottese sfocia in una disciplina di non facile sistemazione teorico-sistematica. Sulla norma interverrà peraltro l'art. 6, l. 533/1973, con innovazioni attinenti però non al fondamentale profilo sinora considerato, bensì ad aspetti specifici, ovvero al suo ambito (soggettivo ed oggettivo) di applicazione nonché alle modalità e al termine di impugnazione del negozio invalido.

Rammentandone anzitutto il contenuto, l'art. 2113 c.c. fa espresso riferimento tanto alla rinunzia (atto unilaterale recettizio dismissivo del diritto) quanto alla transazione (contratto con il quale le parti, facendosi reciproche concessioni, pongono fine a una lite o ne prevengono l'insorgere: art. 1366 c.c.). Esso statuisce l'invalidità di questi due negozi qualora abbiano «per oggetto diritti del prestatore di lavoro derivanti da disposizioni inderogabili della legge e dei contratti o accordi collettivi concernenti i rapporti di cui all'art. 409 del codice di procedura civile». La relativa impugnazione «deve essere proposta, a pena di decadenza, entro sei mesi», la cui decorrenza – si badi – varia: slittando il *dies a quo* alla «data di cessazione del rapporto», se il negozio dispositivo è posto in essere durante lo stesso rapporto; decorrendo invece «dalla data della rinunzia o della transazione, se queste sono intervenute dopo la cessazione medesima». Il quadro è completato dall'ultimo comma, che prevede la non applicazione di quanto appena indicato «alla conciliazione intervenuta ai sensi degli artt. 185, 410, 411, 412-*ter* e 412-*quater* del codice di procedura civile»: ciò vuol dire che è valida la rinuncia o la transazione – in cui trova concreta traduzione giuridica la fase conciliativa della controversia – posta in essere dinanzi o al giudice, o alla Commissione di conciliazione costituita presso la Direzione territoriale del lavoro, o in sede sindacale secondo quanto previsto dai contratti collettivi sottoscritti dalle associazioni maggiormente rappresentate, o innanzi al collegio di conciliazione e arbitrato costituito dalle parti in base al citato art. 412-*quater* c.p.c. L'elencazione (così ampliata dall'art. 31, co. 7, l. 183/2010 e dall'art. 7, d.l. 132/2014) è da integrare con le ulteriori ipotesi di negozi dispositivi intervenuti in sede di conciliazione monocratica dinanzi a un singolo funzionario degli Ispettorati territoriali del lavoro *ex* art. 11, d.lgs. 124/2004 (v. anche l'art. 12, co. 2), o in una delle sedi di certificazione di cui all'art. 76, d.lgs. 276/2003 (art. 82 del medesimo d.lgs.), o all'esito della procedura di "negoziazione assistita da un avvocato" prevista dall'art. 2-*ter*, d.l. 132/2014, conv. con l. 162/2014 [1] (l'art. 2-*ter* precisa che ciascuna «parte è assistita da almeno un avvocato e può essere assistita anche da un consulente del lavoro», e che l'accordo raggiunto «è trasmesso a cura di una delle due parti, entro dieci giorni, ad uno degli organismi di cui all'art. 76, d. lgs. 276/2003», ossia ad uno degli organismi di certificazione: v. *infra*). I negozi dispositivi posti in essere in tutti queste ipotesi sono dunque validi.

2. *Segue*: La ricostruzione teorico-sistematica della norma

L'annullabilità del negozio dispositivo del diritto

Orbene, il punto da cui partire per cercare di comprendere l'articolata disciplina indicata è la *species* di invalidità contemplata dal legislatore. Al riguardo è pressoché unanime l'opinione che, argomentando dalla previsione del termine di decadenza, opta per l'annullabilità: un rimedio, rispetto alla nullità

---

[1] Articolo inserito dall'art. 9, c. 1., lett. d, del d.lgs. 149/2022. La "convenzione di negoziazione assistita da avvocati" è definita, in generale, dall'art. 2 dello stesso d.l. 132/2014 come «un accordo mediante il quale le parti convengono di cooperare in buona fede e con lealtà per risolvere in via amichevole la controversia tramite l'assistenza di avvocati iscritti all'albo anche ai sensi dell'art. 6 del d.lgs. 96/2001».

– sostenuta da autori non solo della prima metà del secolo scorso –, svantaggioso per il lavoratore, che, appunto, lo costringe a impugnare il negozio invalido in un preciso arco temporale.

Annullabilità del negozio dispositivo del diritto vs nullità per violazione della regola

Per spiegarne le ragioni – prescindendo qui da tesi interessanti ma minoritarie (De Luca Tamajo, 1976, p. 271) – la ricostruzione che ha, nel tempo, sempre più preso piede differenzia il piano della "regolazione" del rapporto, da cui nascerà il diritto (ad esempio, regola della retribuzione "sufficiente" *per il lavoro da prestare*), e quello del suo "svolgimento", attinente all'esercizio dello stesso diritto e quindi alla sua disposizione (ad esempio, rinuncia alla retribuzione *per il lavoro già svolto*). Donde, la spiegazione del duplice regime: nullità per la violazione della regola (*inderogabile*), annullabilità per il negozio dispositivo del diritto (*derivante* da norma inderogabile).

La distinzione, chiara dal punto di vista concettuale ma nei fatti più sfumata – presenta elementi di sostanziale continuità con la segnalata giurisprudenza degli anni '20-'30 e, quindi, con le concrete esigenze dalla stessa avvertite. Sul piano strettamente tecnico è sovente ricondotta alla risalente tesi che sottolinea, in riferimento all'art. 1418, co. 1, c.c., l'espressa "salvezza" di previsioni diverse rispetto al principio della nullità del patto contrario a norma imperativa (F. Santoro Passarelli, 1948, p. 53): tesi che, per la verità, «non era affatto nitida» (Magnani, 1990, p. 58), giacché l'art. 1418, co. 1, c.c., se dimostra la possibilità di modulare le conseguenze scaturenti dalla violazione della norma cogente, proprio perché richiede una diversa specifica indicazione normativa in tal senso non depone a favore della distinzione concettuale tra inderogabilità della norma e disponibilità del diritto.

Il criterio funzionale sotteso alla disciplina

In realtà, le soluzioni apprestate dall'art. 2113 c.c., in sintonia con le origini della disciplina, si spiegano sulla base di un criterio funzionale, attento alla combinazione tra principi giuridici e concreti interessi. La tutela del lavoratore subordinato conserva la consueta duplice ma unitaria matrice: di carattere soggettivo (tutela del contraente debole) e oggettivo (a garanzia di valori fondanti l'ordinamento: il lavoro quale strumento di espressione della persona e della cittadinanza) (cap. II, parr. 1-3). Questa duplice valenza trova completo e perentorio riscontro nell'inderogabilità della norma: il patto difforme *in peius* rispetto all'inderogabile disciplina è del tutto estraneo all'art. 2113 c.c. e cade sotto la scure della nullità. Per quanto concerne invece *l'esercizio dei diritti derivanti dall'applicazione di quella stessa disciplina*, quindi dallo svolgimento del rapporto, il legislatore modula l'intervento in ragione del presupposto di partenza dell'intera problematica, ossia della debolezza del prestatore di lavoro. In tale ottica interviene in modo articolato al fine di conciliare istanza protettiva e – si badi bene – esigenza di risoluzione delle controversie mediante composizioni stragiudiziali almeno in qualche misura "solide", nella consapevolezza della possibile utilità di siffatte celeri forme di risoluzione delle liti. Di conseguenza, nelle vicende inerenti all'esercizio del diritto, insieme alla debolezza del lavoratore, scolorisce, inevitabilmente, anche la componente oggettiva della finalità protettiva.

Esaminiamo, nella logica appena descritta, le diverse soluzioni apprestate dall'art. 2113 c.c.

La prima considera le rinunzie e le transazioni realizzate esclusivamente dal lavoratore, senza alcun sostegno esterno. In questo caso i due negozi sono giocoforza destinati a infrangersi contro la condizione di debolezza dello stesso lavoratore, e quindi risultano invalidi. Non nulli, però, bensì annullabili. Infatti, per arginare questa debolezza – ritiene evidentemente il legislatore – è sufficiente assicurare al lavoratore la possibilità di ritornare sulla decisione assunta in un momento in cui la sua situazione sia mutata, senza privare di effetti la rinuncia o la transazione. A tal fine la norma si concentra sulla scelta concernente l'*an* dell'impugnazione del negozio: per i negozi realizzati durante il rapporto di lavoro, fissa il *dies a quo* della decadenza dal potere di impugnazione al momento della cessazione dello stesso rapporto, quando non v'è più relazione giuridica tra datore e lavoratore; per i negozi posti in essere dopo la conclusione del rapporto, mantiene comunque ferma l'annullabilità (senza ovviamente modificare la normale decorrenza dalla data del negozio del termine di decadenza dell'eventuale impugnazione), dando così in qualche misura rilievo alla debolezza strutturale del lavoratore subordinato nel mercato del lavoro (cioè al di là della specifica relazione di lavoro). Specularmente, il legislatore esclude del tutto la nullità, con la privazione di effetti del negozio, ritenendo anzitutto che la conseguente estrema incertezza della relativa azione, non soggetta a prescrizione, avrebbe complicato molto la possibilità di composizione stragiudiziale: per intendersi, una conciliazione nulla, mediante l'imprescrittibile relativa azione di impugnazione, sarebbe stata demolibile *sine die* dal lavoratore, creando un'incertezza tale da pregiudicare l'interesse del datore di lavoro a conciliare[2].

Validità del negozio dispositivo in sede assistita

L'art. 2113 c.c. considera poi i negozi realizzati in una delle sedi indicate, dove il lavoratore è "assistito" da un soggetto "terzo". Il negozio dispositivo, in questi casi, è pur sempre individuale, ma il legislatore ritiene che il prestatore di lavoro, attraverso l'assistenza del terzo – per meglio dire, come afferma la migliore giurisprudenza, attraverso *l'attiva ed effettiva assistenza* del terzo[3] –, possa avere un quadro sufficientemente completo e consapevole della propria situazione: il che, di riflesso, ad avviso del legislatore, priva di rilievo giuridico l'abituale condizione di debolezza rispetto alla controparte e, quindi, elimina il motivo di invalidità del negozio.

Disponibilità limitata dei diritti del lavoratore

A ben guardare, quest'ultima soluzione è quella che, con ogni probabilità, nella composita disciplina meglio rende la natura dei diritti del lavoratore. Nell'art. 2113 c.c., infatti, all'inderogabilità della norma lavoristica sembra seguire, più che l'indisponibilità, ancorché relativa – come spesso si afferma – dei conseguenti diritti, la loro pur sempre possibile disponibilità, benché limitata: segnatamente limitata (non tanto dal mancato esercizio dell'azione di impugnazione, essendo l'annullamento di per sé espressione comunque di un disvalore, sì da intaccare il concetto stesso di disponibilità, quanto) dalla assistenza di un

[2] V. in tal senso Corte cost. 77/1974, concernente in particolare il diritto alla retribuzione *ex* art. 36 Cost.

[3] Cfr., tra le altre, Cass. 18503/2023, 16154/2021, 24024/2013; 4730/2002.

"terzo" in conformità alle indicazioni legislative, necessaria e al contempo sufficiente a dare piena validità al negozio dispositivo.

Come preannunciato, l'equilibrio realizzato dal legislatore è senz'altro delicato. Al riguardo vi possono essere motivi di perplessità. Si può ad esempio essere del parere che, in ragione della strutturale debolezza del lavoratore nel mercato, lo slittamento del termine di impugnazione del negozio alla cessazione del rapporto sia una misura insoddisfacente; o che, per i negozi successivi alla cessazione del rapporto, il termine di decadenza di sei mesi sia breve; o che l'assistenza del terzo tolga poco alla condizione socio-economica del lavoratore. E via discorrendo. Tuttavia, al di là di queste possibili ma soggettive valutazioni, appare evidente come la disciplina, in continuità con le sue origini, sia il risultato dello sforzo di dare soddisfacente combinazione, ad un tempo, a principi giuridici, istanza di tutela e concrete possibilità di "gestire" i diritti derivanti dallo svolgimento del rapporto di lavoro.

Proprio alla luce della delicatezza della problematica e del conseguente equilibrio raggiunto, va però guardata comunque con preoccupazione la più o meno recente tendenza a moltiplicare le sedi "assistite", con le ipotesi di rinunzia e transazioni pienamente valide, talvolta anche con il coinvolgimento di soggetti dalla "terzietà" per definizione debole (ad esempio, i consigli dei consulenti del lavoro, inclusi tra le sedi di certificazione di cui all'art. 76, d.lgs. 276/2003)[4].

3. *Segue*: L'ambito di applicazione della disciplina e le modalità di impugnazione delle rinunce e transazioni invalide

Ambito oggettivo di applicazione dell'art. 2113 c.c.

Ritornando all'analisi della disciplina, di cui ora occorre completare i vari profili, quanto detto, da un lato, spiega l'inclusione nell'ambito di applicazione dell'art. 2113 c.c. dei diritti derivanti da norme inderogabili non solo di legge, ma – come testualmente recita il dato normativo dopo la già ricordata sostituzione dell'art. 6, l. 533/1973 – anche di contratti o di accordi collettivi[5]; dall'altro rende estranei alla previsione codicistica i cc.dd. diritti futuri, intendendo per tali quelli concernenti un'attività lavorativa ancora da svolgere, quindi non maturati, e pertanto neppure disponibili, bensì, semplicemente, ancora componente della sola "regolazione" del rapporto: dimodoché i relativi negozi riguarderanno non il diritto ma la norma inderogabile e, ove la violino *in peius*, risulteranno inficiati da nullità (ad esempio, l'accordo tra datore e lavoratore concernente il diritto alla retribuzione che maturerà per lo

[4] In questa tendenza non può inscriversi il comma 6 dell'art. 2103 c.c., come modificato dall'art. 3 del d.lgs. 81/2015, concernente un'ipotesi di accordo individuale derogatorio (e non dispositivo) della disciplina delle mansioni.

[5] Per l'importanza della modifica ai fini della questione dell'efficacia c.d. reale del contratto collettivo v. cap. VII, par. 11.

svolgimento della prestazione lavorativa del mese successivo alla data dello stesso accordo)[6].

Da ricordare che la giurisprudenza esclude dall'ambito di applicazione dell'art. 2113 c.c. il diritto di impugnare il licenziamento. A tale conclusione giunge argomentando dalla libera disponibilità dell'interesse alla prosecuzione del rapporto di lavoro – a sua volta dedotta dalla facoltà di dimissioni del lavoratore –, dall'ammissibilità di risoluzioni consensuali e dal carattere facoltativo della stessa impugnazione del licenziamento[7]. Questo orientamento, invero, non appare esente da critiche alla luce della specifica normativa cui, a tutela del lavoratore, sono sottoposte dimissioni e risoluzione consensuale, normativa ora contenuta nell'art. 26, d.lgs. 151/2015 e non applicabile qualora l'uno o l'altro atto intervengano «nelle sedi di cui all'art. 2113, co. 4, c.c. o avanti alle commissioni di certificazione di cui all'art. 76, d.lgs. 276/2003».

Di sicuro invece non può essere interessata dall'art. 2113 c.c. la contribuzione relativa al rapporto di previdenza, sottratta del tutto alla disponibilità del prestatore di lavoro, giacché di essa è titolare l'ente previdenziale.

Le cc.dd. quietanze a saldo o liberatorie

La giurisprudenza ritiene poi che non abbiano natura dispositiva, bensì meramente ricognitiva o di scienza, le dichiarazioni che, sovente – a mo' di clausola di stile –, il lavoratore firma al termine del contratto di lavoro[8]. Si tratta delle cc.dd. quietanze a saldo o liberatorie, con le quali il lavoratore afferma di aver percepito tutto quanto a lui spettante e di non aver null'altro a pretendere: esprimendo così – ritiene unanime la giurisprudenza – una propria convinzione, senza l'intento di rinunziare ad alcunché. Salvo nell'ipotesi in cui – si precisa – attraverso una (non semplice) ricostruzione esegetica del comportamento complessivo delle parti, si dimostri che la quietanza sia stata rilasciata, consapevolmente, in relazione a specifici diritti e con l'effettiva volontà di dismetterli. In tal caso, in assenza di impugnazione nei termini previsti, la rinunzia si consoliderà.

Requisiti formali

Lo stesso rigore probatorio orienta la giurisprudenza là dove si discute di rinuncia tacita. Per la transazione, l'art. 1967 c.c. richiede espressamente la forma scritta *ad probationem*.

Le transazioni collettive

Dalle transazioni in sede sindacale regolate dall'art. 2113 c.c. vengono distinte le transazioni collettive, concluse dal sindacato nell'interesse di più lavoratori. Per queste ultime, ovvero per gli accordi collettivi transattivi, la giurisprudenza richiede uno specifico mandato del singolo prestatore di lavoro o una sua successiva ratifica, anche se si tratta di un iscritto al sindacato stipulante[9]. V'è da precisare che talvolta, erroneamente, vengono ricondotte all'ipotesi in parola atti con cui l'organizzazione sindacale provvede a regolare diritti futuri dei prestatori di lavoro, atti quindi configurabili come classici contratti

[6] V., per tutte, Cass. 19164/2022; 17108/2020; 12561/2006; 20686/2004; 13834/2001.

[7] V. Cass. 22158/2022; 22105/2009.

[8] Cfr., tra le tante, Cass. 20867/2006; 11536/2006; 20123/2004; 9636/2003; 4688/2003; 4442/1999.

[9] V. Cass. 1576/2000; 9646/1995; 827/1992; 4947/1991.

collettivi aziendali normativi, come tali sottoposti alle regole sulla successione temporale dei contratti collettivi.

Ambito soggettivo di applicazione

Passando al piano soggettivo, l'art. 2113 c.c., in virtù del rinvio all'art. 409 c.p.c., introdotto nel co. 1 dal già più volte rammentato art. 6, l. 533/1973, si applica a tutti i rapporti menzionati dalla norma processuale, che delimita i confini del rito speciale del lavoro. Pertanto, trova applicazione pure al di fuori dell'area della subordinazione, ossia agli indicati contratti agrari, di agenzia, di rappresentanza commerciale, e, più in generale, ai rapporti cc.dd. parasubordinati. L'estensione a figure di lavoratori autonomi spiega anche il riferimento, contenuto sempre nel co. 1, agli accordi (economici) collettivi, che tradizionalmente concernono appunto tale lavoro [10].

Infine, per quanto riguarda le modalità di impugnazione delle rinunce e transazioni invalide, ancora in seguito alle modifiche del '73, per evitare la decadenza non è più necessaria l'azione giudiziaria, ma è sufficiente un «qualsiasi atto scritto, anche stragiudiziale, del lavoratore idoneo a renderne nota la volontà» (co. 3). Con esso il lavoratore comunica la volontà di privare la rinunzia o la transazione della sua efficacia; a tal fine non deve osservare formule particolari, purché emerga detta volontà e l'atto, avendo natura unilaterale recettizia, giunga nel termine prescritto a conoscenza del datore. Beninteso, l'impugnazione stragiudiziale non sostituisce l'azione in giudizio: è pur sempre necessario che l'annullamento sia dichiarato dal giudice, con sentenza di accertamento costituivo. Il relativo termine quinquennale di prescrizione decorrerà dalla data dell'impugnazione stragiudiziale.

4. La prescrizione: i termini

Importanti punti di contatto con le tematiche appena trattate presenta l'istituto della prescrizione.

La prescrizione, come noto, è un istituto di carattere generale, che, secondo la terminologia del codice civile e l'opinione tradizionale, produce l'estinzione

---

[10] L'art. 54, d.lgs. 81/2015 prevede inoltre una specifica ipotesi di applicazione dell'art. 2113 c.c., volta a stabilizzare «collaboratori coordinati e continuativi anche a progetto e [...] persone titolari di partita Iva». Segnatamente, nel caso di «erronea qualificazione» di contratti stipulati con questi soggetti, l'art. 54 dispone l'estinzione dei relativi «illeciti amministrativi, contributivi e fiscali» se il datore di lavoro assume il lavoratore con un contratto di lavoro subordinato a tempo indeterminato ma a condizione che: 1) egli non receda dal contratto nei dodici mesi successivi, salvo giusta causa o giustificato motivo soggettivo; 2) il lavoratore sottoscriva atti di conciliazione «in una delle sedi di cui all'art. 2113, quarto co. 4, del codice civile, o avanti alle commissioni di certificazione» con riferimento «a tutte le possibili pretese riguardanti la qualificazione del pregresso rapporto». Considerando che l'«erronea qualificazione» di un contratto di lavoro autonomo, di norma, comporta l'instaurazione di un rapporto di lavoro subordinato senza che intervenga alcuna rinuncia del lavoratore, la fattispecie trova, eloquentemente ed essenzialmente, senso e limite nella restrizione del potere di recesso del datore, ora in particolare apprezzabile per l'ampliamento di questo potere nel contratto di lavoro a tutele crescenti.

del diritto là dove il suo titolare rimanga inerte (ossia non lo eserciti) per un dato tempo (art. 2934 c.c.). Varie sono le opinioni circa la sua *ratio*, per lo più ricondotta all'esigenza di certezza delle situazioni giuridiche e di responsabilità sociale, che mal tollera la negligenza dei singoli.

Alla prescrizione sono sottratti soltanto «i diritti indisponibili e gli altri diritti indicati dalla legge» (art. 2934 c.c.). I diritti del prestatore di lavoro quindi (secondo quanto prima osservato), disponibili seppur in modo limitato, vi sono soggetti.

Sempre in base alle regole generali, si sa che il termine di prescrizione "ordinario" di un diritto è di dieci anni. Esso, proprio in considerazione della finalità suindicata, decorre dal momento in cui il diritto può essere esercitato (non può esserlo, per fare un classico esempio, un diritto sottoposto a condizione sospensiva o a termine). Entrambe queste regole, però, presentano delle particolarità nel diritto del lavoro, ed è per questo che qui l'istituto viene ripreso; in particolare, la questione del *dies a quo* della prescrizione riporta al già trattato tema della disponibilità dei diritti del lavoratore.

Vediamo anzitutto i termini di prescrizione.

Termini di prescrizione dei diritti del lavoratore

In realtà, in proposito c'è solo un'espressa disposizione concernente la nostra materia, l'art. 2948, n. 5, c.c., che sottopone le «indennità spettanti per la cessazione del rapporto di lavoro» al termine "breve" di cinque anni. Tuttavia, è consolidata l'opinione secondo cui i crediti retributivi del lavoratore, avendo natura periodica, ovvero rientrando tra «ciò che deve pagarsi ad anno o in termini più brevi» (art. 2948, n. 4, c.c.), si prescrivono comunque in cinque anni. L'ordinario termine decennale trova invece applicazione in altre diverse ipotesi (indennità *una tantum*, rimborsi spese, liberalità, diritto alla qualifica, diritto al risarcimento del danno per responsabilità contrattuale, per omesso versamento – totale o parziale – dei contributi previdenziali *ex* art. 2116 c.c.).

Superato risulta l'indirizzo giurisprudenziale che riteneva soggetto a prescrizione pure l'accertamento della natura "subordinata" del rapporto di lavoro come l'accertamento dell'anzianità di servizio: indirizzo ampiamente criticato in quanto, sovrapponendo il fatto da cui scaturisce il diritto soggettivo al diritto stesso, estendeva al primo la prescrizione propria del secondo (ad esempio, si riteneva prescrittibile l'anzianità di servizio e non soltanto il derivante diritto agli scatti di anzianità).

Per trovare altre specifiche disposizioni concernenti il rapporto di lavoro occorre passare alla prescrizione presuntiva, che riguarda il piano probatorio. Nelle ipotesi di prescrizione presuntiva il decorso del termine determina una presunzione legale di avvenuto adempimento da parte del debitore, superabile tramite la confessione giudiziale del datore (art. 2959 c.c.) o il giuramento decisorio deferito (allo stesso datore) dal lavoratore (art. 2960 c.c.).

Il termine della prescrizione presuntiva è di un anno «per le retribuzioni corrisposte a periodi non superiori al mese» (art. 2955, n. 2, c.c.) e di tre anni per quelle «corrisposte a periodi superiori al mese» (art. 2956, n. 1, c.c.).

5. *Segue*: Il *dies a quo*

Il *dies a quo* della prescrizione

Di maggior interesse, perché decisamente peculiare, è la questione del *dies a quo* della prescrizione.

Dunque, secondo la già ricordata regola generale, la prescrizione dovrebbe cominciare a decorrere nel momento in cui il diritto può essere fatto valere (ad esempio, nel caso di retribuzione pagata a mese, per il diritto alla retribuzione della prestazione di lavoro svolta nel mese di gennaio 2014, dovrebbe decorrere dal 1° febbraio 2014). Sennonché, la questione è, da tempo, più complessa.

Nella sent. 63/1966 la Consulta, in riferimento al lavoro privato, dichiarò l'illegittimità costituzionale dei già citati artt. 2948, n. 4, 2955, n. 2 e 2956, n. 1 c.c., «limitatamente alla parte in cui consentono che la prescrizione del diritto alla retribuzione decorra durate il rapporto di lavoro». La Corte giunse a tale conclusione argomentando dalla disciplina della rinuncia dei diritti del lavoratore e dal relativo art. 2113 c.c., posto a salvaguardia – osserva la Corte – del diritto alla retribuzione sancito dall'art. 36 Cost. Da questo punto di vista, la sentenza realizza un coordinamento tra le due discipline; segnatamente, la Consulta afferma che «la situazione psicologica» può indurre il lavoratore a «non esercitare il proprio diritto per lo stesso motivo per cui molte volte è portato a rinunciarvi, cioè per timore del licenziamento», mettendo in evidenza la differenza rispetto al rapporto d'impiego pubblico, protetto invece da un regime di "stabilità". Donde lo slittamento al momento della cessazione del rapporto del *dies a quo* della prescrizione dei diritti – si badi – aventi natura retributiva (e non, ad esempio, del diritto alla qualifica o al risarcimento danni per omissione contributiva, estranei alla sent. 63/1966).

Questa regola tuttavia è stata, sia pur parzialmente, presto rivista, peraltro non senza suscitare alcune perplessità. La ragione è scaturita dal radicale mutamento del quadro legislativo relativamente a un aspetto, con ogni evidenza, centrale del ragionamento della Corte: «il timore del licenziamento», nel quale la Corte, in modo invero riduttivo, finisce per racchiudere lo stato di soggezione del lavoratore subordinato. Come noto, proprio nel 1966, con la l. 604, prenderà le mosse un profondo cambiamento della normativa del licenziamento individuale, con l'introduzione di significative tutele rispetto al recesso *ad nutum* di cui all'art. 2118 c.c., che toccherà il punto massimo nel 1970, grazie all'art. 18 dello Statuto dei lavoratori e alla relativa tutela c.d. reale. Ebbene, la successiva giurisprudenza [11], in ragione di questi sviluppi, ha ridisegnato il regime della prescrizione.

Corte cost. 63/66 e la correlazione prescrizione crediti retributivi – licenziamento

In sintesi, l'elaborazione giurisprudenziale ha condotto a un articolato quadro normativo, incentrato sulla correlazione tra licenziamento e prescrizione, in virtù del quale la prescrizione comincia a decorrere durante il rapporto di lavoro – se, ovviamente, secondo la regola generale il diritto può essere fatto valere – quando lo stesso rapporto gode di una stabilità di tipo "reale": quan-

---

[11] Cfr. Corte cost. 13/1981; 40-44/1979; 115/1975; 174/1972; 143/1969; Cass. S.U. 1073/1984; 1268/1976.

do, cioè, la legittimità del licenziamento è subordinata alla sussistenza di circostanze obiettive e predeterminate, rimessa al controllo giudiziale, che, in caso di illegittimità del recesso, conduce alla rimozione dei suoi effetti. Là dove trova invece applicazione la tutela obbligatoria o, a maggior ragione, la libera recedibilità, il *dies a quo* slitta alla cessazione del rapporto di lavoro, restando fermo quanto stabilito dalla Corte costituzionale con la sent. 63/1966.

Slittamento del *dies a quo* e attuale quadro normativo

Questo quadro, negli ultimi decenni assestatosi, a seguito della c.d. riforma Fornero (l. 92/2012) e dell'introduzione del contratto di lavoro a tutele crescenti (d.lgs. 23/2015) – che hanno decisamente modificato la disciplina del licenziamento –, è nuovamente mutato e risulta, al momento, incerto. Il discorso ovviamente riguarda soltanto i rapporti di lavoro prima garantiti dalla suindicata tutela di tipo reale contro il licenziamento ingiustificato, contemplata dall'art. 18 dello Statuto dei lavoratori. Come sappiamo (v. cap. XIV par. 9), siffatta tutela per questi rapporti, se regolati dalla riforma Fornero, trova applicazione in relazione ad alcune ipotesi nei termini prima indicati; se invece disciplinati dal d.lgs. 23/2015, quindi costituiti con il contratto a tutele crescenti, è ridotta alla sola ipotesi di «licenziamento per giustificato motivo soggettivo o per giusta causa in cui sia direttamente dimostrata in giudizio l'insussistenza del fatto materiale contestato» (art. 3, co. 2, dello stesso d.lgs.). Già nel dibattito sviluppatosi in riferimento alla riforma Fornero è sembrata comunque prevalere l'opinione favorevole a un ritorno alla sentenza della Corte cost. 63/1966, cioè a un generale slittamento del *dies a quo* della prescrizione al momento della cessazione del rapporto di lavoro. Non è mancato tuttavia chi, sottolineando o la permanente operatività della reintegrazione nell'ipotesi di insussistenza del fatto posto a base del licenziamento (art. 18, co. 4, Statuto dei Lavoratori) o l'espressa e generale possibilità che il lavoratore ha di dimostrare il motivo illecito del licenziamento ai sensi dell'art. 1345 c.c., con conseguente reintegrazione e pieno risarcimento danni (art. 18, co. 1, Statuto dei Lavoratori), ha ipotizzato scenari diversi, pur manifestando la consapevolezza della necessità di un intervento legislativo chiarificatore. In verità, appare arduo ritenere che la tutela di carattere assai limitato cui fa riferimento la prima e, ancor più, la seconda opinione possa costituire argine sufficiente al *metus* che contraddistingue la situazione di soggezione del lavoratore subordinato, già – come accennato – discutibilmente e riduttivamente identificato dalla giurisprudenza nel "timore del licenziamento". Peraltro, la tutela contro il motivo illecito, avendo carattere generale, evidentemente implicherebbe il ritorno alla situazione precedente la sentenza della Consulta 63/1966, con un'applicazione indistinta della regola della decorrenza della prescrizione dal momento in cui il diritto può essere esercitato, pure in costanza di rapporto. È facile intuire che queste ragioni valgono a maggior ragione per i rapporti di lavoro costituiti dopo il d.lgs. 23/2015, con il contratto di lavoro a tutele crescenti.

Di recente sulla questione è intervenuta la Corte di Cassazione, con la sentenza 26246/2022 – seguita dalla sent. 30957/2022 – che ha scritto una pagina rilevante della questione, escludendo, "per la mancanza dei presupposti di predeterminazione certa delle fattispecie di risoluzione e soprattutto di una loro tutela adeguata, che il rapporto di lavoro a tempo indeterminato, così come modulato per effetto della l. 92/2012 e del d.lgs. 23/2015, sia assistito da un regime di stabilità". A ciò consegue, secondo la Corte, in tutti i rapporti di lavoro privato lo slittamento del *dies a quo* della prescrizione alla loro cessazione [12].

6. La decadenza

Altro istituto di carattere generale in cui è centrale il decorso del tempo è la decadenza.

La decadenza

A differenza della prescrizione, la decadenza deve essere tassativamente e specificamente indicata dalla legge o dall'autonomia privata. Con essa, per esigenze di certezza in relazione a situazioni anche solo potenzialmente controverse, si sottopone a un termine breve e perentorio l'esercizio di un diritto, che, trascorso tale termine, sarà precluso.

Tra le ipotesi più significative di decadenza legale in materia di lavoro vanno annoverate quelle concernenti l'impugnazione del licenziamento individuale e collettivo, del termine illegittimo apposto al contratto di lavoro, dei negozi dispositivi invalidi (v. art. 6, l. 604/1966; art. 5, co. 3, l. 223/1991; art. 32, l. 183/2010; art. 2113 c.c.).

Decadenza e autonomia negoziale

Come si diceva, un termine di decadenza può essere introdotto anche dall'autonomia privata. È però nullo il «patto con cui si stabiliscono termini di decadenza che rendono eccessivamente difficile a una delle parti l'esercizio del diritto» (art. 2965 c.c.).

L'autonomia collettiva ha più volte dato seguito a questa possibilità, soprattutto in passato e in relazione alla c.d. amministrazione del contratto collettivo (procedure conciliative e arbitrali). E si è andato via via consolidando l'orientamento giurisprudenziale che individua nell'art. 2113 c.c. il parametro per valutare la legittimità delle clausole contrattuali di decadenza. In questa logica, si è per lo più considerato eccessivamente difficile l'esercizio di un diritto sottoposto a un termine di decadenza inferiore a sei mesi o la cui decorrenza abbia inizio in costanza di rapporto di lavoro [13]. Talvolta, tuttavia, la giurisprudenza ha fatto riferimento alla propria elaborazione in materia di prescrizione, non ritenendo necessario lo slittamento del *dies a quo* della decadenza alla cessazione del rapporto là dove questo sia "stabile" [14].

---

[12] Da segnalare che la Cass., con ord. 6051/2023, ha rimesso alle Sezioni Unite la questione del *dies a quo* della prescrizione in caso di successione di rapporti a termine nel lavoro pubblico.

[13] Cfr. Cass. 9647/2004; 11875/2003; 3186/1998; 3737/1985.

[14] Cfr. Cass. 11875/2003; 531/1981.

7. La certificazione

Finalità e oggetto della certificazione

Con la certificazione dei contratti, istituto introdotto dagli artt. 75-84, d.lgs. 276/2003, il legislatore si è prefisso lo scopo di ridurre il contenzioso in materia di lavoro, consentendo alle parti di ottenere una sorta di qualificazione ufficiale anzitutto dei contratti «in cui sia dedotta, direttamente o indirettamente, una prestazione di lavoro». Infatti, la certificazione del contratto di lavoro consiste proprio nella sua qualificazione giuridica da parte di una pubblica autorità ovvero di un ente a cui siano attribuiti pubblici poteri. Sino a oggi l'istituto non ha però prodotto gli effetti desiderati. Non a caso, tanto la l. 183/2010 quanto, più di recente, il c.d. *Jobs Act* si sono proposti di rivitalizzarlo.

La certificazione, più precisamente, può essere chiesta in materia di qualificazione del contratto (circa la natura subordinata, autonoma o parasubordinata), oppure, senza alcun riferimento alla natura del medesimo, per accertare la genuinità di clausole interne al contratto (ad esempio, un patto di non concorrenza). È poi prevista la certificazione delle rinunzie e transazioni; del regolamento interno delle cooperative, relativamente ai contratti stipulati con i soci lavoratori; dei contratti di appalto di cui all'art. 1655 c.c., anche ai fini della distinzione tra somministrazione di lavoro e appalto; delle clausole compromissorie arbitrali di cui all'art. 808 c.p.c., a pena di nullità.

Il d.lgs. 81/2015, sul riordino dei contratti di lavoro, ha indicato, inoltre, ulteriori ipotesi di certificazione, ossia per la: a) verifica dei requisiti delle collaborazioni coordinate e continuative stipulate dal 1° gennaio 2016; b) sottoscrizione di accordi individuali di modifica delle mansioni, della categoria e del livello di inquadramento nonché della relativa retribuzione, nell'interesse del lavoratore alla conservazione dell'occupazione, all'acquisizione di una diversa professionalità o al miglioramento delle condizioni di vita; c) sottoscrizione degli accordi conciliativi relativi alla "stabilizzazione" delle collaborazioni coordinate e continuative; d) stipula, nell'ambito di un contratto *part time*, di una clausola elastica che non sia stata espressamente disciplinata dal contratto collettivo [15].

La certificazione ha la finalità di individuare la coerenza formale tra la volontà espressa dalle parti stipulanti e le clausole contenute nel contratto da certificare.

Siamo in presenza di una volontarietà "qualificata", in quanto rafforzata dal duplice requisito della forma scritta e della comunanza dell'istanza, la quale deve essere necessariamente avanzata da entrambe le parti. La mancanza di uno dei requisiti comporta la violazione del procedimento.

Alla certificazione si può ricorrere non soltanto nella fase di formazione del contratto, ma anche in corso di esecuzione del rapporto. La tesi, già accolta in precedenza, è stata confermata anche dalla successiva l. 183/2010.

I soggetti

Sono organismi abilitati alla certificazione dei contratti di lavoro cinque diverse commissioni, che si differenziano in ragione dell'ente presso il quale sono

[15] Presso le sedi di certificazione – come si ricorderà – può essere, altresì, esperito il tentativo di conciliazione di cui all'art. 410 c.p.c.

istituite (art. 76, d.lgs. 276/2003, più volte novellato); è possibile, tra di esse, la stipulazione di convenzioni per la costituzione di commissioni unitarie.

Le commissioni possono essere costituite presso: a) gli Ispettorati del lavoro e le province; qualora le parti intendano adire una commissione istituita presso queste sedi devono rivolgersi a quella nella cui circoscrizione si trova l'azienda; b) il Ministero del lavoro, che svolge attività di certificazione esclusivamente in favore dei datori di lavoro con proprie sedi in almeno due province, anche di regioni diverse, o con un'unica sede di lavoro ma associati ad organizzazioni imprenditoriali che hanno predisposto a livello nazionale schemi di convenzioni; c) le Università [16]; d) gli Enti bilaterali [17]; e) i Consigli provinciali dei consulenti del lavoro, che svolgono l'attività di certificazione esclusivamente per i contratti di lavoro instaurati nell'ambito territoriale di riferimento e comunque unicamente nell'ambito di intese definite tra il Ministero del lavoro e il Consiglio nazionale dei consulenti del lavoro (protocolli d'intesa 24 marzo 2006 e 18 febbraio 2011).

Le commissioni di certificazione svolgono anche funzioni di consulenza ed assistenza alle parti contrattuali, sia in relazione alla stipulazione del contratto di lavoro e del relativo programma negoziale, sia in sede di attuazione del rapporto di lavoro, con particolare riferimento alla disponibilità dei diritti e alla esatta qualificazione dei contratti di lavoro. Le commissioni hanno la facoltà di verificare la correttezza del tipo di contratto scelto dalle parti e di proporre eventuali modifiche ed integrazioni. L'attività di consulenza e assistenza deve essere effettiva e non può esplicarsi in un'attività meramente burocratica.

La procedura

La procedura di certificazione è determinata all'atto di costituzione delle commissioni, ma in ogni caso deve svolgersi nel rispetto dei codici di buone pratiche e di alcuni principi generali. Come si diceva, la procedura ha carattere volontario e pertanto deve essere richiesta, in forma scritta, da entrambe le parti contrattuali. L'inizio del procedimento è comunicato al competente Ispettorato territoriale del lavoro, il quale provvede a inoltrare la comunicazione alle autorità pubbliche nei confronti delle quali l'atto di certificazione è destinato a produrre effetti. Queste possono presentare osservazioni alle commissioni di certificazione. Il procedimento deve concludersi entro trenta giorni dal ricevimento dell'istanza ovvero dal ricevimento della ulteriore documentazione che venga richiesta ad integrazione dalla commissione. Le parti sono tenute a presentarsi dinanzi alla commissione: l'eventuale assenza, anche solo di una di esse, rende

---

[16] Tali commissioni (ciascuna con competenza territoriale nazionale) possono essere istituite «esclusivamente nell'ambito di rapporti di collaborazione e consulenza attivati con docenti di ruolo di diritto del lavoro», previa registrazione in un apposito albo.

[17] Le commissioni individuate presso tali enti sono costituite nell'ambito territoriale di riferimento o anche a livello nazionale. Qualora le parti intendano adire una di esse, devono rivolgersi a quella costituita dalla rispettiva associazione dei datori o dei prestatori di lavoro. Con la circolare n. 4 del 13 febbraio 2018, l'Ispettorato nazionale del lavoro ha imposto nuovi e stringenti limiti in capo agli Enti bilaterali, precisando che possono definirsi tali, ai fini dello svolgimento delle attività di certificazione dei contratti di lavoro e di quelle di regolarità o congruità contributiva (stabilite dal d.lgs. 276/2003), solo i soggetti costituiti «a iniziativa di una o più associazioni dei datori e dei prestatori di lavoro comparativamente più rappresentative».

improcedibile l'istanza. La loro audizione ha per oggetto l'assunzione di informazioni sui fatti e sugli elementi dedotti o da dedurre nel contratto di lavoro di cui si chiede la certificazione [18].

L'atto di certificazione

A conclusione del procedimento, la commissione emette l'atto di certificazione, avente natura di provvedimento amministrativo, motivato. Più precisamente, esso è stato ricondotto all'atto di certificazione di rapporti privati, i quali costituiscono il risultato di un'attività conoscitiva e conferiscono certezza pubblica agli atti cui accedono. L'atto deve contenere l'esplicita menzione degli effetti, civili, amministrativi, previdenziali o fiscali, in relazione ai quali le parti hanno richiesto la certificazione. I contratti di lavoro certificati e la relativa pratica di documentazione devono essere conservati presso le sedi di certificazione per un periodo di almeno cinque anni.

Nel caso in cui sia stato adottato un provvedimento di diniego di certificazione, una successiva istanza può essere proposta davanti allo stesso organismo, ovvero a uno diverso, solo se fondata su nuovi presupposti e motivi.

Il contratto certificato

Con l'emissione del provvedimento di certificazione si realizza la fattispecie del contratto di lavoro certificato, che consta di due atti distinti ed autonomi: il contratto, che si è già perfezionato oppure si perfeziona nel corso del procedimento di certificazione; l'atto amministrativo che lo "qualifica". La certificazione non può sanare ovviamente i vizi del contratto, ma, nonostante l'inefficacia di questo, produrrà comunque i propri effetti. Modificazioni successive al contratto certificato non hanno la capacità di menomare la forza giuridica dell'atto di certificazione, almeno – come si vedrà tra breve – sino a quando non intervenga una contraria pronuncia giurisdizionale.

Gli effetti della certificazione, che decorrono dalla sottoscrizione del provvedimento da parte dei membri della commissione, permangono, anche verso i terzi, fino al momento in cui sia stato accolto, con sentenza di merito, uno dei ricorsi giurisdizionali esperibili, di cui si dirà tra poco. Nel caso di contratti in corso di esecuzione, gli effetti dell'accertamento retroagiscono al momento di inizio del contratto, qualora la commissione di certificazione abbia accertato che l'attuazione del medesimo sia stata, anche nel periodo precedente alla propria attività istruttoria, coerente con quanto da essa appurato. In caso di contratti non ancora sottoscritti dalle parti, gli effetti si producono soltanto se e nel momento in cui queste provvedano a sottoscriverli, con le eventuali integrazioni e modifiche suggerite dalla commissione.

Riguardo agli effetti giuridici, è importante precisare che la certificazione non può essere considerata alla stregua di un accertamento giurisdizionale, non essendo suscettibile di produrre una situazione di incontrovertibilità. L'atto che conclude la certificazione possiede, alla stessa stregua di qualsiasi altra certificazione amministrativa, la forza giuridica della certezza pubblica, precludendo la possibilità, per chiunque vi abbia interesse, in special modo per gli enti pre-

[18] Le parti presenziano personalmente all'audizione e, solo in caso di comprovate motivazioni valutate dal presidente della commissione, possono farsi rappresentare da un soggetto appositamente delegato. Il datore di lavoro e il lavoratore possono farsi assistere dalle rispettive organizzazioni sindacali o da un professionista regolarmente abilitato.

videnziali e per gli uffici ispettivi, di rimettere giuridicamente in discussione la qualificazione dell'accordo contrattuale – che, di conseguenza, deve ritenersi conforme all'ordinamento – salvo ricorso in giudizio. Infatti è prevista la possibilità di ricorrere al giudice ordinario avverso l'errata qualificazione del rapporto da parte della commissione nonché nel caso di vizi del consenso o di difformità tra il programma negoziale certificato e la sua successiva attuazione (art. 80, d.lgs. 276/2003). Ad avviso di molti è stato questo il motivo principale del sostanziale scarso successo dell'istituto.

L'impugnabilità dinanzi al G.O.

Prima della presentazione del ricorso giurisdizionale contro la certificazione deve comunque essere espletato, obbligatoriamente, presso la commissione che ha adottato l'atto di certificazione, un tentativo di conciliazione ai sensi dell'art. 410 c.p.c. Il tentativo è obbligatorio non soltanto per le parti che hanno sottoscritto il contratto certificato ma, in ragione della efficacia giuridica della certificazione, anche per i terzi interessati (ad esempio gli enti pubblici) che intendano agire in giudizio contro l'atto di certificazione. L'obbligatorietà è stata confermata dall'art. 31, co. 2, l. 183/2010, nonostante la ripristinata facoltatività del tentativo di conciliazione per le controversie di lavoro, introdotta dalla stessa legge.

... dinanzi al G.A.

I vizi dell'atto di certificazione in sé considerato, cioè non dipendenti dal contratto certificato, e consistenti nella violazione del procedimento o nell'eccesso di potere, sono invece impugnabili davanti al giudice amministrativo, che è il Tribunale amministrativo regionale nella cui giurisdizione ha sede la commissione che ha certificato il contratto.

Incentivi alla certificazione

A rafforzare il valore della certificazione, l'art. 30, co. 2-3, l. 183/2010 ha individuato due ulteriori suoi effetti che si riflettono in sede giudiziale: 1) nella qualificazione del contratto di lavoro (subordinato/autonomo) e nell'interpretazione delle relative clausole, il giudice non può discostarsi dalle valutazioni espresse dalle parti in sede di certificazione dei contratti di lavoro, salvo i già menzionati casi di ricorso al giudice ordinario; 2) nel valutare le motivazioni poste a base del licenziamento, il giudice «tiene conto» (con un certo margine di discrezionalità quindi) delle tipizzazioni di giusta causa e di giustificato motivo contenute nei contratti individuali di lavoro se stipulati con l'assistenza e la consulenza delle commissioni di certificazione.

Infine il giudice, nel prendere la decisione, potrà valutare anche il comportamento complessivo tenuto dalle parti in sede di certificazione del rapporto di lavoro e di definizione della controversia davanti alla commissione di certificazione.

L'eventuale accertamento giurisdizionale dell'erroneità della qualificazione ha effetto fin dal momento della conclusione dell'accordo contrattuale; l'accertamento relativo alla difformità tra il programma negoziale certificato e la sua successiva attuazione ha invece effetto a partire dal momento in cui la sentenza accerta che ha avuto inizio la difformità.

Ulteriore incentivo alla certificazione dei contratti di lavoro è costituito da una direttiva del ministero del lavoro (18 settembre 2008) in cui si chiede agli organi di vigilanza di effettuare gli accertamenti di propria competenza anzitutto nei confronti dei contratti di lavoro non certificati.

8. La conciliazione

La conciliazione quale strumento di risoluzione delle controversie

Le controversie relative ai rapporti individuali di lavoro possono trovare soluzione, oltre che attraverso la decisione del giudice – sulla base delle regole del processo del lavoro (sulle quali v. *infra* par. 5 ss.) –, in via consensuale, mediante due istituti di carattere generale: la conciliazione e l'arbitrato. Entrambi, nel diritto del lavoro, presentano più di una peculiarità.

Cominciando dalla conciliazione, a essa si è fatto cenno allorquando (nel capitolo precedente) si sono esaminate le rinunce e le transazioni, classiche componenti di un accordo conciliativo (specie la seconda). La conciliazione – si ricorderà – è specificamente contemplata dal legislatore nell'ultimo comma dell'art. 2113 c.c., dedicato appunto ai negozi dispositivi del lavoratore. Riprendendo quanto si diceva a tal proposito, il legislatore intende fornire uno strumento celere e solido di risoluzione delle controversie: a questo fine stabilisce – giova ribadirlo – che l'invalidità prevista dal co. 1 dello stesso art. 2113 c.c., per i negozi dispositivi di diritti del lavoratore derivanti da norme inderogabili, non trova applicazione «alla conciliazione intervenuta ai sensi degli artt. 185, 410, 411, 412-*ter* e 412-*quater* del codice di procedura civile»: posta in essere cioè in determinati sedi, giudiziali o stragiudiziali, in cui il lavoratore subordinato è, per il legislatore, adeguatamente assistito da un soggetto "terzo". Sedi – come già rammentato (v. il par. 2 di questo cap.) – negli ultimi anni tendenti a crescere di numero.

La conciliazione, lo si accennava prima, appartiene a esigenze antiche della nostra materia. Andando indietro nel tempo, se alle origini era da collegare anche all'assenza di un diritto sostanziale di regolazione del rapporto di lavoro – si pensi all'esperienza dei collegi probivirali, tenuti, prima di decidere secondo equità, a tentare la conciliazione tra le parti –, nel corso degli anni ha assunto via via particolare rilievo su altri piani: oltre che nell'ambito delle relazioni sindacali, quale strumento di gestione del contratto collettivo, sul piano giudiziario, al fine di ridurre il contenzioso dinanzi al giudice del lavoro.

Conciliazione obbligatoria e conciliazione facoltativa

Quest'ultima finalità ha segnato il cammino dell'istituto soprattutto dagli anni '90 in poi. Al raccordo tra intervento del giudice e suo tentativo di conciliazione – secondo quanto statuito dalla l. 533/1973 di riforma del processo del lavoro –, ha fatto seguito una crescente attenzione per il tentativo obbligatorio di conciliazione, in sede amministrativa o sindacale, configurato come condizione di procedibilità della domanda giudiziale: in un primo tempo, da parte della l. 108/1990, per la sola impugnazione del licenziamento nell'area della tutela obbligatoria, nell'intento di favorire soluzioni più tarate sulla specificità dei contesti produttivi di minori dimensioni e di evitare spese giudiziarie per i relativi imprenditori in riferimento a un istituto ad alto tasso di contenzioso; poi, da parte del d.lgs. 80/1998, in chiave di generale riduzione del contenzioso per tutte le controversie di lavoro, tanto privato quanto pubblico (quest'ultimo ricondotto alla giurisdizione ordinaria dallo stesso d.lgs. 80/1998). Dopo una più o meno breve esperienza, il legislatore è però ritornato sui suoi passi. Rivelatosi evidentemente un inutile appesantimento la generale imposizione del tentativo di conciliazione stragiudiziale, con la l. 183/2010 ne ha di nuovo previsto il carattere meramente facoltativo, anche in questa circostanza per il lavoro sia privato sia pubblico[19], nonostante tendenze di segno diverso[20]. Di conseguenza la conciliazione è tuttora condizione di procedibilità soltanto per l'impugnazione dell'atto di certificazione *ex* art. 80, d.lgs. 276/2003[21]. Per i lavoratori non assunti col contratto a tutele crescenti, nel solo caso di licenziamento per giustificato motivo oggettivo disposto da un datore di lavoro avente i requisiti dimensionali dell'art. 18, co. 4, l. 300/1970[22], la sua inosservanza incide invece sull'efficacia del licenziamento e sul conseguente regime sanzionatorio secondo quanto disposto dall'art. 18, co. 6, dello Statuto dei lavoratori come riscritto dalla l. 92/2012. Di recente, come si ricorderà, il legislatore è reintervenuto sulla questione, disponendo l'applicazione dell'art. 2113, c. 4, c.c. alla "negoziazione assistita da un avvocato" (art. 2-*ter*, d.l. 132/2014, conv. con l. 162/2014): novità che, si legge nella norma, non costituisce "condizione di procedibilità della domanda giudiziale"; nondimeno, inscrivendosi nella più volte rammentata tendenza a moltiplicare le sedi assistite, con la validità dei negozi dispositivi posti in essere, semplifica e rafforza la soluzione conciliativa, in chiave deflattiva del contenzioso.

Si diceva che la conciliazione può essere giudiziale o stragiudiziale.

Conciliazione giudiziale

La prima avviene nel corso del processo; il giudice è tenuto comunque a tentarla sin dalla prima udienza, nella quale formula una propria proposta (art. 420 c.p.c.). Il rifiuto della proposta di conciliazione, senza giustificato motivo, costituisce comportamento delle parti valutabile dallo stesso giudice ai fini del giudizio. Se invece la proposta ha buon fine, il relativo verbale acquisisce efficacia di titolo esecutivo.

... stragiudiziale

La conciliazione stragiudiziale può avvenire in sede amministrativa. L'art. 410 c.p.c. la contempla dinanzi alla Commissione di conciliazione costituita presso l'Ispettorato territoriale del lavoro, secondo un *iter* che la l. 183/2010 ha riscritto, sulla falsariga di un processo – ispirandosi alla previgente disciplina del lavoro pubblico[23] –, con un sensibile appesantimento burocratico e il rischio di disincentivarne l'utilizzazione. Anche in questo caso il rifiuto privo di adeguata motivazione della proposta della Commissione costituisce comportamento di cui il giudice tiene conto nel futuro giudizio.

---

[19] V., in particolare, l'art. 31, co. 1, che riscrive l'art. 410, co. 9 e 16 c.p.c.: i quali abrogano gli artt. 65 e 66, d.lgs. 165/2001 (per il lavoro pubblico), il primo, e gli artt. 410-*bis* e 412-*bis* c.p.c. il secondo.

[20] V. il d.lgs. 28/2010 sulla mediazione obbligatoria nel processo civile e, successivamente, il d.l. 69/2013, convertito con l. 98/2013.

[21] Art. 31, co. 2, l. 183/2010.

[22] Art. 7, l. 604/1966, come sostituito dall'art. 1, co. 40, l. 92/2012, non applicabile ai lavoratori assunti col *catuc* secondo quanto disposto dall'art. 3, co. 3, d.lgs. 23/2015. Per questi ultimi v. invece la conciliazione "incentivata" di cui all'art. 6 dello stesso d.lgs.

[23] Della disciplina del lavoro pubblico è tutt'oggi regola peculiare quella ora sancita nell'art. 410 c.p.c., che prevede l'esenzione della responsabilità di chi rappresenta la pubblica amministrazione, salvi i casi di dolo e colpa grave.

In virtù dell'art. 31, co. 13, l. 183/2010, il tentativo di conciliazione di cui all'art. 410 c.p.c. può essere esperito anche dinanzi alle sedi di certificazione indicate dall'art. 76, d.lgs. 276/2003.

È prevista poi la "conciliazione monocratica", condotta dal personale del Ministero del lavoro nell'ambito dell'intervento ispettivo o di vigilanza ai sensi dell'art. 11, d.lgs. 124/2004.

La conciliazione stragiudiziale può aversi, inoltre, in sede sindacale, secondo «le modalità previste dai contratti collettivi sottoscritti dalle associazioni sindacali maggiormente rappresentative» (art. 412-*ter* c.p.c.).

Infine, l'art. 412-*quater*, come riformulato dall'art. 31, co. 8, l. 83/2010, ha introdotto un'ulteriore specifica procedura di conciliazione e arbitrato – anch'essa piuttosto regolata –, da svolgersi dinanzi a un apposito collegio costituito dalle parti e all'interno della quale è espressamente contemplato un tentativo conciliativo (co. 8).

Della conciliazione stragiudiziale si redige verbale, che il giudice, una volta accertata la regolarità formale, dichiara esecutivo con decreto, secondo quanto previsto dall'art. 411, co. 1 e 3, c.p.c. e, per la conciliazione monocratica, dall'art. 11, co. 3-*bis*, l. 124/2004.

Merita di essere anche qui sottolineata, conclusivamente, la tendenza a semplificare il ricorso alla conciliazione "assistita" e a moltiplicare le relative sedi. Ciò, se per un verso si spiega con l'apprezzabile finalità (dapprima segnalata) di predisporre strumenti alternativi alla via giudiziaria veloci e affidabili, per altro verso genera perplessità, perché finisce per accrescere il fenomeno della disponibilità dei diritti dei lavoratori, con il rischio di uno speculare indebolimento della relativa rete di protezione, soprattutto nel caso di "assistenza" di soggetti dalla "terzietà" debole.

9. L'arbitrato

L'altra via consensuale per risolvere una controversia di lavoro è l'arbitrato, con il quale le parti conferiscono a un terzo soggetto, non togato (per l'appunto, l'arbitro), il potere di decidere la lite. Il diritto di difesa sancito dall'art. 24 Cost. impedisce di imporre per legge il ricorso all'arbitrato.

Compromesso e clausola compromissoria

Si può percorrere questa strada in riferimento a una controversia già insorta, stipulando il contratto di compromesso, oppure obbligandosi a far decidere all'arbitro le controversie che eventualmente sorgeranno dopo la conclusione del contratto di lavoro, attraverso la clausola compromissoria.

Arbitrato rituale e irrituale

In relazione poi all'effetto che si vuole raggiungere, l'arbitrato si distingue in rituale e irrituale. Nel primo, il lodo pronunciato dall'arbitro, e omologato con decreto dal giudice, produrrà gli stessi effetti di una sentenza (artt. 824-*bis* ss. c.p.c.); nel secondo, invece, anche l'esito rimane sul piano negoziale, giacché il lodo costituisce «determinazione contrattuale» (art. 808-*ter* c.p.c.).

In ragione dei particolari interessi in gioco e del conseguente timore di alterare sul versante processuale l'equilibrio tra le parti assicurato dalla tutela a favore del lavoratore subordinato, l'arbitrato concernente il contratto di lavoro è stato, tradizionalmente, soggetto a una specifica disciplina, che esprime la preferenza dell'ordinamento per la funzione giurisdizionale. Con la l. 183/2010, tuttavia, il legislatore ha rivisto questa sua posizione, sia pur parzialmente e in modo ambiguo, sì da creare non poche incertezze e opinioni discordanti. Ne è risultato coinvolto finanche il Capo dello Stato, che, durante l'*iter* normativo della legge in parola, ha fatto ricorso al potere di rinvio pregiudiziale alle Camere (art. 74 Cost.), preoccupato in particolare di un pregiudizio alla posizione di debolezza del lavoratore subordinato [24]. Nonostante le successive modifiche al testo giunto poi in porto, ambiguità e dubbi non sono stati eliminati.

Venendo all'esame della disciplina, l'arbitrato in materia di lavoro è, in linea generale, possibile solo ove sia previsto dalla legge o dai contratti collettivi (artt. 806 c.p.c. e 5, l. 533/1973).

L'arbitrato rituale, per quanto attiene ai criteri di decisione, deve tuttora, a pena di nullità, seguire non solo le regole di diritto ma anche quelle dei contratti collettivi (art. 829, co. 5, c.p.c.). Ciò ovviamente ne riduce spazio e significato: evidentemente, in considerazioni dei peculiari effetti, il legislatore continua ad avere una posizione di sostanziale chiusura nei suoi confronti.

Più complesso è il discorso in merito all'arbitrato irrituale, da inserire in un quadro normativo piuttosto ricco e variegato, volto ad incentivarne l'utilizzazione.

La clausola compromissoria, dopo il succitato intervento del Presidente della Repubblica, a salvaguardia della posizione e della volontà del lavoratore, è validamente pattuita dalle parti individuali qualora sia: a) prevista da accordi interconfederali e da contratti collettivi stipulati dalle organizzazioni dei datori di lavoro e dei lavoratori comparativamente più rappresentative sul piano nazionale; b) sottoscritta non prima della conclusione del periodo di prova o, in sua assenza, dopo 30 giorni dalla stipulazione del contratto di lavoro; c) certificata da una Commissione di certificazione (art. 31, co. 10, l. 183/2010) [25]. Da notare che la funzione autorizzatoria della contrattazione collettiva è soggetta alla spada di Damocle del decreto ministeriale, che interviene nel caso in cui il contratto non venga stipulato (art. 31, co. 10 e 11, l. 183/2010), condizionando inevitabilmente e sensibilmente le dinamiche negoziali, di cui altera senso e peso nell'equilibrio complessivo della norma.

Quattro sono le ipotesi di arbitrato irrituale previste. Le sedi sono le stesse prima indicate a proposito della conciliazione stragiudiziale (escluse le ipotesi *ex* artt. 11, d.lgs. 124/2004 e 2, d.l. 132/2014). Vale a dire: 1) l'Ispettorato territoriale del lavoro; 2) la sede sindacale, secondo quanto disposto dal già menzionato art. 412-*ter* c.p.c.; 3) il collegio costituito dalle stesse parti individuali sulla base della disciplina contemplata dall'art. 412-*quater* c.p.c.; 4) le Commissioni di certificazione di cui all'art. 76, d.lgs. 276/2003 (art. 31, co. 12, l. 183/2010).

In merito ai criteri di decisione dell'arbitro irrituale l'analisi va necessariamente articolata.

---

[24] V. il messaggio di rinvio alle Camere, del 31 marzo 2010, del d.d.l. 1167/B/*bis* A.S.

[25] La clausola compromissoria in ogni caso non può riguardare controversie relative alla risoluzione del contratto di lavoro.

10. *Segue*: Arbitrato irrituale e norma inderogabile

Dopo la l. 183/2010, tanto per il compromesso quanto per la clausola compromissoria, gli artt. 412, co. 2, n. 2 e 412-*quater*, co. 3 c.p.c. prevedono l'eventuale richiesta delle parti di «decidere secondo equità, nel rispetto dei principi generali dell'ordinamento e dei principi regolatori della materia, anche derivanti da obblighi comunitari». La novità ha destato molte discussioni. La decisione d'equità, infatti, secondo alcuni consentirebbe all'arbitro di superare i limiti derivanti dalle norme inderogabili, come sappiamo tutt'oggi nucleo portante del diritto del lavoro. Per converso, foriero di marcate incertezze e comunque a parer di molti insufficiente risulterebbe la salvaguardia dei richiamati principi.

Arbitrato d'equità e norma inderogabile

A ben guardare, questi timori non sembrano aver ragione d'essere.

Anche in materia di lavoro non si può prescindere da una premessa in generale pacifica: l'arbitrato, come ogni atto di autonomia privata, salvo diverse disposizioni di legge, non può essere «contrario a norme imperative», pena la sua nullità (art. 1418, co. 1, c.c.). Muovendo da questa premessa, i principi generali dell'ordinamento, come i principi regolatori della materia, costituiscono criteri alla stregua dei quali individuare la regola di giudizio non scritta più adeguata al caso concreto; costituiscono, in altri termini, un confine *in positivo* della decisione dell'arbitro, volti a evitarne «lo sconfinamento nell'arbitrio», come testualmente afferma l'importante sentenza della Corte cost. 206/2004. La norma inderogabile invece è da considerare in ogni caso un limite *in negativo* di quella decisione, diretto a proibirne il contrasto con gli interessi che comunque s'impongono all'autonomia individuale, anche là dove si sia ricorso all'arbitro. Ne consegue che la decisione secondo equità trova, sempre, un limite invalicabile nell'inderogabilità della norma: nel diritto del lavoro come in qualsiasi altra branca dell'ordinamento. Il fatto è che l'arbitrato appartiene, si può dire per sua natura, ad aree dove l'autonomia delle parti incontra pochi limiti "in negativo" (ovvero poche norme inderogabili): ciò riporta alle storiche difficoltà di questo istituto a decollare nel diritto del lavoro.

Tuttavia, se l'arbitrato d'equità è da collocare anche in materia di lavoro nel suo abituale ambito, ossia quello non coperto da norme inderogabili – certo, in tale materia, assai ristretto –, le incertezze delle innovazioni introdotte dalla l. 183/2010 non terminano qui, ma vanno al di là dell'arbitrato equitativo. V'è da tener presente infatti che, per espressa indicazione del legislatore del 2010, il lodo arbitrale produce «tra le parti gli effetti di cui all'art. 2113, quarto comma, c.c.»[26]. Orbene – come ancora rammentato nel precedente par. 2 – questo

Arbitrato e art. 2113, co. 4, c.c.

[26] Cfr. gli artt. 412, co. 3-4 e 412-*quater*, co. 10, c.p.c., che – come prima rammentato – disciplinano, ciascuno, una specifica ipotesi di arbitrato; in proposito, v. anche il già citato art. 31, co. 12, l. 183/2010, per l'arbitrato dinanzi agli organismi di certificazione di cui all'art. 76, d.lgs. 276/2003. Nulla invece si dice per l'arbitrato previsto dalla contrattazione collettiva, di cui all'art. 412-*ter* c.p.c., che peraltro tace pure in merito all'esecutività del lodo, dichiarata invece, nelle altre ipotesi di arbitrato, dal giudice con decreto, dopo l'accertamento di regolarità formale. Da notare che gli artt. 412, co. 3-4 e 412-*quater*, co. 10, c.p.c. prevedono l'impugnazione del lodo per

comma prevede la non impugnabilità delle rinunzie e transazioni poste in essere nelle indicate "sedi assistite", nonostante oggetto di disposizione siano diritti derivanti da norme inderogabili. Inevitabile, a questo punto, domandarsi se anche per il lodo dell'arbitro sia esclusa l'impugnazione. Benché a prima vista la risposta sembrerebbe affermativa – e non manca chi in tal senso è orientato –, così opinando sorgerebbero molti e rilevanti problemi.

In breve, per quanto riguarda la clausola compromissoria, è facile rendersi conto – con buona parte della dottrina – che la risposta affermativa condurrebbe molto oltre l'art. 2113 c.c. La clausola compromissoria attiene, per definizione, a controversie «nascenti» (art. 808 c.p.c.) e, quindi, a diritti futuri, come tali ancora non disponibili e del tutto estranei al raggio di azione dell'art. 2113 c.c. (v., *amplius*, il par. 3 di questo capitolo): l'improprio richiamo a questo articolo finirebbe, in sostanza, per incidere sulla "disciplina" del rapporto non sul conseguente diritto, eliminando il limite della norma inderogabile e privando il lavoratore di un quadro di regole ineludibili e certe. Ne conseguirebbero forti dubbi di legittimità costituzionale in relazione all'art. 3, co. 2 Cost., dal momento che evidenti sono le potenziali ripercussioni di un tale scenario sull'intero diritto del lavoro e, di conseguenza, sull'equilibro delle parti nel rapporto di lavoro.

Parzialmente diverso è il discorso per il compromesso. In questo caso l'«oggetto della controversia» deve essere determinato (art. 807 c.p.c.) e, pertanto, l'arbitrato riguarda specifiche situazioni soggettive già sorte. Nondimeno, pure in relazione ad esso esistono dubbi radicali.

Al riguardo qui è sufficiente osservare come la sostanziale irrilevanza della norma inderogabile, derivante dal richiamo dell'art. 2113, ult. co., c.c., amplierebbe sensibilmente lo spazio d'intervento dell'arbitro nella determinazione del regolamento contrattuale, per il rapporto di lavoro – giova ribadirlo – tutto incentrato su tale norma. Di conseguenza, anche nel compromesso, la controversia sarebbe definita, sì, negli elementi di fatto, ma non in quelli giuridici, giacché, prima della decisione dell'arbitro, in pratica non esisterebbe un quadro di regole dato, sia pur soggettivamente ricostruito da ciascuna parte, al quale rapportarsi per individuare il diritto a cui rinunciare o l'*aliquid datum aliquid retentum*, elemento identificativo della transazione (art. 1965 c.c.). Non vi sarebbe, in altre parole, un quadro normativo definito, fonte di diritti configurabili come "attuali" e disponibili: sicché il lavoratore, nel firmare il compromesso, interverrebbe comunque sulla regola da applicare a questa o a quella controversia, seppur specifica, e, quindi, sul relativo assetto di interessi e non semplicemente sulla disposizione di un diritto già maturato. Certo, in questo caso, a differenza della clausola compromissoria, si discuterebbe di una o più controversie determinate; il che rende forse più dubbia la violazione dell'art. 3, co. 2,

---

la «sua validità [...] ai sensi dell'art. 808-*ter* c.p.c.»: il richiamo a quest'ultima norma (così come la conseguente specifica previsione dell'impugnazione dinanzi al Tribunale, che decide in unico grado) appare irrilevante ai fini della questione della impugnabilità del lodo arbitrale per violazione di norma inderogabile, giacché l'art. 808-*ter*, co. 2, c.p.c. indica soltanto un elenco di motivi di "annullabilità" del lodo e nulla dice sulla violazione di precetti inderogabili, in presenza della quale si potrà evidentemente agire attraverso l'ordinario *iter* processuale.

Cost. Tuttavia forti resterebbero le perplessità: non solo per la tecnica normativa seguita, in ragione della scarsa trasparenza derivante da un rinvio inappropriato all'art. 2113 c.c., ma anche sotto il profilo concreto: arduo ritenere che le parti, specie il lavoratore, ricorrano al compromesso in un quadro normativo così ambiguo e incerto, dinanzi peraltro a una controversia già in atto e a un rapporto tra le stesse parti evidentemente incrinato.

S'intuisce facilmente come l'inadeguatezza del quadro normativo aumenti nel lavoro pubblico. Basti dire che le menzionate «disposizioni contenute» nel d.lgs. 165/2001 «diverse» da quelle del «capo I, titolo II, del libro V del codice civile e delle leggi sul rapporto di lavoro subordinato nell'impresa» hanno, per espressa previsione, «carattere imperativo» (art. 2, d.lgs. 165/2001): la ragione sta essenzialmente nella presenza dell'interesse pubblico, tuttora caratterizzante, sia pure indirettamente, l'area in questione. Questa presenza rende, per tale area, ancor più insoddisfacente il richiamo all'art. 2113 c.c., calibrato sulla disponibilità dei soli diritti del lavoratore derivanti da una norma inderogabile.

Dunque, non c'è da meravigliarsi se neanche la nuova disciplina ha sinora ridotto la difficoltà dell'arbitrato a far breccia nel diritto del lavoro.

11. Giustizia del lavoro e specializzazione della tutela giudiziale: materie e rapporti

Al di là degli strumenti e degli istituti osservati nei precedenti paragrafi, la materia delle controversie di lavoro ha il suo perno fondamentale nel processo del lavoro, che vede un ruolo peculiare di tutti i suoi partecipanti: giudice, parte ricorrente e parte resistente. In effetti, nel 1973, seguendo la traiettoria inaugurata con lo Statuto dei lavoratori (1970), in Italia veniva introdotto, con la l. 533/1973, un rito dedicato specificamente alle controversie di lavoro. Attraverso questa riforma si affermava, anche sul piano processuale, il carattere proprio e distinto del diritto del lavoro rispetto al sistema generale dei valori del diritto comune delle obbligazioni e dei contratti. Una materia, quindi, contraddistinta da oggetti e funzioni tanto particolari da richiedere, nelle aule di giustizia, una trattazione con principi e regole in gran parte diverse da quelle del rito ordinario.

La riforma del processo del lavoro: l. 533/1973

In effetti con la l. 533/1973 veniva a compimento la missione che l'ordinamento costituzionale ha attribuito al diritto del lavoro: quella di garantire ai lavoratori percorsi di tutela tesi all'eguaglianza sostanziale. Ad essi si consegnava una strumentazione processuale che tenesse conto effettivamente della natura dei diritti nascenti dal contratto di lavoro e del relativo contesto materiale in cui essi maturano.

I canoni su cui si è fondato il processo del lavoro sono: speditezza, concentrazione, immediatezza, oralità, ampiezza dei poteri del giudice. La cifra, anche simbolica, che nettamente si staglia è quella di un procedimento che, da una parte, indirizza le parti, per scongiurare pratiche dilatorie, ma, da un'altra parte, ha comunque un carattere aperto, non ingabbiato in forme e riti paludati;

sintonico, in pratica, con le istanze di democratizzazione e socializzazione che contraddistinguono la progettualità giuridica di quei tempi.

Questi caratteri si sono in gran parte conservati; anzi, il modello del processo del lavoro ha nel tempo ispirato le successive riforme del processo con rito ordinario; addirittura anche la recente c.d. "Riforma Cartabia" [27] (per il processo civile e, specificamente, del lavoro, l. 206/2021 e d.lgs. 149/2022) secondo alcuni si ispirerebbe ai principi fondanti l'innovativo rito del 1973. Tuttavia è innegabile che per tanti versi la situazione si sia, nel corso del tempo, sensibilmente modificata. Il processo del lavoro e previdenziale è stato travolto; si è trovato pienamente implicato nei problemi complessivi della giustizia italiana: eccessiva lunghezza dei tempi; costi; burocratizzazione; ineffettività dei rimedi. Tanto che – anche in ragione dei recenti, controversi interventi di riforma processuale sopra richiamati – si avverte sempre più un allentamento dello spirito originario. Esemplari, in tale ottica, l'art. 127-*ter* sulla trattazione scritta – di dubbia adattabilità al processo del lavoro – o le innovazioni in tema di giudizio in appello, che ne rendono particolarmente oneroso l'esperimento.

Il codice di procedura civile dedica due Capi alle controversie di lavoro: il Libro II, Titolo IV, nel quale il Capo I si intitola "Delle controversie individuali di lavoro" e il Capo II "Delle controversie in materia di previdenza e assistenza obbligatorie", riguardante il contenzioso che coinvolge gli enti previdenziali (INPS e INAIL).

Soffermandoci esclusivamente sul Capo I, esso si apre con l'art. 409, che circoscrive l'applicazione delle norme sul processo del lavoro alle controversie relative a: 1) rapporti di lavoro subordinato privato anche se non inerenti all'esercizio dell'impresa; 2) i rapporti derivanti dai contratti agrari; 3) rapporti di agenzia, rappresentanza commerciale e altri rapporti di collaborazione che si concretino in una prestazione di opera continuativa e coordinata, prevalentemente personale, anche se non a carattere subordinato; 4) rapporti di lavoro di dipendenti di enti pubblici che svolgono esclusivamente o prevalentemente attività economica; infine, 5) rapporti di lavoro dei dipendenti degli enti pubblici ed altri rapporti di lavoro pubblico, sempreché non siano devoluti dalla legge ad altro giudice. La giurisprudenza ritiene che rientrino nella competenza del giudice del lavoro tutte le controversie nelle quali la pretesa fatta valere in giudizio sia ricollegabile ad un rapporto di lavoro subordinato o parasubordinato (indicati al precedente n. 3) in atto, ovvero estinto o anche solo da costituirsi. Ai sensi dell'art. 413 c.p.c., le controversie *ex* art. 409 c.p.c. sono in primo grado di competenza del Tribunale in funzione di giudice del lavoro.

---

[27] La stessa che ha introdotto la negoziazione assistita di cui si è parlato sopra, a proposito degli istituti della conciliazione.

12. Concentrazione ed economia del procedimento, onere della prova, poteri del giudice e dialogo con l'ordinamento intersindacale

Gli elementi del ricorso che introduce la controversia

La domanda giudiziale si propone *ex* art. 414 c.p.c. con ricorso; là dove, viceversa, l'atto tipico introduttivo del processo civile – la citazione – ha caratteri diversi. La scelta di questo strumento è, quindi, già in sé funzionale ad almeno due dei principali canoni del processo del lavoro, quelli della concentrazione e dell'immediatezza, giacché sono il proponimento stesso del ricorso, che viene presentato al Giudice prima ancora di essere notificato ovvero "consegnato" alla controparte (con ordine inverso rispetto alla citazione), nonché il suo pedissequo deposito a segnare il momento formale di instaurazione della lite.

Il ricorso deve contenere: l'indicazione del giudice; le generalità (compresa l'indicazione del codice fiscale) del ricorrente nonché la residenza e il domicilio eletto e l'indirizzo pec del difensore per la ricezione delle comunicazioni; le generalità del convenuto o la denominazione della ditta nonché sua residenza o sede; la determinazione dell'oggetto della domanda (c.d. *petitum*); l'esposizione dei fatti e degli elementi di diritto sui quali si fonda la domanda, con le relative conclusioni; l'indicazione specifica dei mezzi di prova ed in particolare dei documenti offerti in comunicazione.

Alcuni di questi elementi sono essenziali; la conseguente omissione conduce alla nullità del ricorso; si ha nullità, in pratica, quando il *petitum* sia omesso o assolutamente incerto e non sia possibile determinarlo attraverso l'esame dell'atto introduttivo del giudizio nel suo complesso. La nullità del ricorso non preclude la possibilità di riproporre la domanda.

L'introduzione del giudizio è, allora, un momento delicato e strategico. Il legislatore impone al ricorrente l'esposizione dettagliata dei fatti nonché degli elementi di diritto sui quali si fonda la domanda (art. 414, n. 4, c.p.c.) proprio al fine di favorire una soluzione spedita della controversia, senza dilazioni o allungamenti tattici. Le parti, quindi, devono essere molto precise e circostanziate già nella fase della costituzione in giudizio: subito devono risultare chiare le posizioni in gioco, sia dal punto di vista fattuale sia da quello giuridico, con poco spazio per precisazioni e affinamenti successivi. Spetta al giudice valutare l'idoneità delle circostanze indicate nell'atto introduttivo ad assolvere, sotto il profilo della specificità, l'onere di allegazione dei fatti costitutivi del diritto azionato. E anche l'assenza delle ragioni in diritto della pretesa sono valutabili ai fini dell'ammissibilità del ricorso stesso: in pratica il convenuto deve essere messo nella condizione di esercitare compiutamente le proprie difese.

La mancata indicazione dei mezzi di prova, nonché la mancata produzione di documenti, prescritta dall'art. 414, n. 5, c.p.c., non comporta la nullità del ricorso bensì la decadenza dalla possibilità di successiva deduzione delle prove nel corso del processo (c.d. regime delle preclusioni). Tale conseguenza è, per il ricorrente, ben più *tranchante* della nullità, poiché l'insufficienza del quadro probatorio facilmente conduce al rigetto della domanda nel merito e, per il principio del *ne bis in idem*, il ricorso non può essere più riproposto: lo si potrà solo impugnare nel secondo grado di giudizio.

Il convenuto si costituisce, *ex* art. 416 c.p.c., almeno 10 giorni prima dell'udienza di discussione, mediante memoria difensiva. La costituzione del convenuto oltre il decimo giorno anteriore alla prima udienza non è nulla né inammissibile: essa comporta, in capo a quest'ultimo, l'accettazione del processo nello stato in cui si trova. Specularmente, l'art. 416, co. 3, c.p.c. impone al convenuto la medesima puntualità richiesta al ricorrente: la memoria difensiva, pertanto, non può limitarsi ad una generica contestazione dei fatti affermati nel ricorso introduttivo a fondamento della domanda ma dovrà compiutamente dispiegare le difese, in fatto e in diritto, con indicazione, a pena di decadenza, dei mezzi di prova dei quali ci si intende avvalere e dei documenti che si devono contestualmente depositare. I fatti non contestati sono elementi che il giudice, alla stregua di vere e proprie prove, porrà a fondamento della sua decisione, vale a dire del proprio convincimento. Il convenuto può inoltre proporre – nei termini di cui all'art. 418 c.p.c. – domanda in via riconvenzionale (una contro domanda). A questo punto – art. 416, co. 2 – si dovrà fissare una nuova udienza, perché a seguito di domanda riconvenzionale il ricorrente assume anche la veste di convenuto, e quindi gli va dato il tempo di presentare eventuali difese da opporre alla riconvenzionale.

L'udienza di discussione

Nell'udienza fissata per la discussione della causa il giudice, secondo quanto disposto dall'art. 420, co. 1, c.p.c. interroga liberamente le parti presenti e tenta la conciliazione della lite, formulando una proposta transattiva. Qui affiora, dunque, il canone dell'oralità. Se la proposta transattiva non viene accolta il processo prosegue con la sua fase istruttoria, che è quella dove si addensano le maggiori specificità del rito in esame. Nel processo del lavoro, infatti, per le ragioni sintetizzate sopra, pur all'interno del rigoroso sistema delle preclusioni sopra osservato, risulta notevolmente stemperato il c.d. principio dispositivo tipico del processo civile, in base al quale il giudizio si fonda sull'onere della prova; l'onere, cioè, per le parti di presentare al giudice compiutamente gli elementi utili per la formazione del suo convincimento. Viene rimarcata, a tal proposito, una qualche contaminazione con il sistema c.d. inquisitorio, che affida al giudice un ruolo attivo e rilevante nella ricerca della verità materiale: ciò in quanto il giudice del lavoro gode di ampie prerogative. Può disporre, in qualsiasi momento, l'ammissione di ogni mezzo di prova, anche fuori dei limiti stabiliti dal codice civile, ad eccezione del giuramento decisorio, nonché richiedere informazioni e osservazioni, sia scritte che orali, alle associazioni sindacali indicate dalle parti. Se lo ritiene necessario il giudice ordina la comparizione, per interrogarle liberamente sui fatti della causa, anche di quelle persone che siano incapaci di testimoniare o a cui ciò sia vietato. I poteri officiosi del giudice inevitabilmente potrebbero *in extremis*, quindi, anche sopperire a una deficitaria iniziativa delle parti; sempreché gli atti di causa posti in essere da queste consentano di avere consapevolezza della sussistenza di tali ulteriori, eventuali mezzi. Il giudice non può però rimuovere gli effetti di eventuali decadenze, non essendo nelle sue prerogative la possibilità di superare preclusioni già verificatesi.

L'art. 420, co. 5-8, c.p.c. stabilisce che il giudice, nell'udienza di discussione, ammette i mezzi di prova già proposti dalle parti e quelli che le parti non abbiano potuto proporre prima, se ritiene che siano rilevanti, disponendo, con ordinanza resa nell'udienza, per la loro immediata assunzione. Qualora ciò non sia possibile, fissa altra udienza, concedendo alle parti, ove ricorrano giusti motivi, un termine perentorio, non superiore a 5 giorni prima dell'udienza di rinvio, per il deposito in cancelleria di note difensive. Possono essere ammessi nuovi mezzi di prova; in tal caso sarà assegnato anche alla controparte un termine per dedurre mezzi di prova in relazione a quelli ammessi.

L'essenza della trattazione della causa è, in definitiva, la ricostruzione della vicenda contesa nei suoi tratti materiali; e abbiamo già visto come il giudice possa richiedere, a tal fine, anche una partecipazione delle associazioni sindacali.

A partire dal 2006, però, il collegamento tra accertamento giudiziale e attività sindacale è reso ancor più stringente e diretto, giusto il disposto dell'art. 420-*bis* c.p.c., che riconosce sul piano processuale alla contrattazione collettiva la sua essenziale funzione di fonte regolatrice dei rapporti di lavoro. Si prevede, infatti, che, quando per la definizione di una controversia è necessario risolvere, in via pregiudiziale, una questione concernente l'efficacia, la validità o l'interpretazione delle clausole di un contratto o accordo collettivo nazionale, «il giudice decide con sentenza tale questione, impartendo distinti provvedimenti per l'ulteriore istruzione o, comunque, per la prosecuzione della causa fissando una successiva udienza in data non anteriore a novanta giorni». La norma ricalca il previgente art. 64, d.lgs. 165/2001, che – con riferimento alle controversie dei dipendenti delle pubbliche amministrazioni e avuto riguardo alla specificità del contratto collettivo nel lavoro pubblico – non solo prevede il medesimo meccanismo processuale ma, prima ancora, affida alle stesse organizzazioni sindacali e all'Aran la possibilità di un intervento di "interpretazione autentica", con la stipula di un apposito accordo sindacale destinato a dirimere la questione pregiudiziale sollevata.

La sentenza di primo grado e i suoi effetti

Esaurita la discussione orale, raccolte le prove ed udite le conclusioni delle parti, terminata cioè la fase della discussione, la causa è ormai matura per la decisione. In questo momento, allora, il giudice pronuncia sentenza con cui definisce il giudizio, dando lettura del dispositivo – cioè il nucleo essenziale della decisione: in genere l'accoglimento o meno della pretesa attorea e l'eventuale condanna della parte soccombente – e dell'esposizione delle ragioni di fatto e di diritto della decisione (la sua motivazione).

La sentenza di primo grado reca con sé una serie di rilevanti effetti.

Essa è dotata di provvisoria esecutività; vale a dire che la pretesa ovvero le ragioni della parte vittoriosa riconosciute nel provvedimento giudiziale possono trovare immediata realizzazione e soddisfazione, senza dover attendere il consolidamento della sentenza in termini di giudicato, anche attraverso atti di esecuzione forzata. E a tal fine è addirittura sufficiente già il solo dispositivo.

Basti pensare cosa ciò possa comportare con riguardo all'eventuale riscossione di crediti di lavoro; tenuto conto, peraltro, che con la sentenza il giudice, quando condanna al pagamento di somme di denaro per crediti di lavoro, «deve determinare, oltre gli interessi nella misura legale, il maggior danno eventualmente subito dal lavoratore per la diminuzione di valore del suo credito», con decorrenza dal giorno della maturazione del diritto. Ci troviamo dinanzi ad una forma di tutela veramente speciale; il lavoratore non ha l'onere di provare il danno, che infatti si presume, là dove la giurisprudenza ritiene che la rivalutazione dei crediti di lavoro sia una sorta di accessorio di questi, un loro carattere intrinseco: dunque si cumula con gli interessi. Il suo calcolo si opera rifacendosi all'andamento dell'indice dei prezzi fissato dall'Istat.

Dopo la c.d. "Riforma Cartabia" nel codice di procedura civile troviamo uno specifico articolo sull'impugnazione giudiziale dei licenziamenti – con cui si supera il vecchio rito speciale c.d. Fornero, previsto dalla l. 92/2012 – ovverosia l'art. 441-*bis*, che prescrive regole atte a garantire una trattazione ancor più spedita di questo tipo di controversie.

13. Il ricorso in appello e in Cassazione

Il sistema delle impugnazioni: le peculiarità nel rito del lavoro

Ovviamente la parte soccombente nonché quella non integralmente soddisfatta possono ricorrere contro la sentenza di primo grado. Anzi, visto il carattere esecutivo di quest'ultima, talvolta l'impugnazione assume tratti di necessità tattica, nell'ottica del tentativo di sospendere l'esecutività della sentenza stessa.

Avuto riguardo al sistema delle impugnazioni non molte sono le specificità rispetto al generale rito. Le peculiarità sono, infatti, per lo più da ricondursi al trattamento di alcune conseguenze derivanti dalla specialità del primo grado di giudizio. Due le più evidenti, con riferimento al grado di appello, rimedio che consente una ridiscussione della causa, fermi i fatti originari: a) l'appello con riserva di motivi; b) la richiesta di sospensione dell'efficacia esecutiva della sentenza. I due aspetti sono collegati e possiamo quindi trattarli insieme.

Difatti, l'appello con riserva di motivi consiste nella possibilità di proporre l'appello prima del deposito della sentenza ovvero prima della sua notifica – quindi sulla base del solo dispositivo, già idoneo a costituire titolo esecutivo (art. 431 c.p.c.) – «ove l'esecuzione sia già iniziata» (art. 433 c.p.c.). Il ricorso dovrà poi essere integrato – pubblicata la sentenza – con la specificazione necessaria delle ragioni su cui si fonda l'impugnazione, nei termini prescritti dall'art. 434 c.p.c., recentemente novellato dal sopra citato d.lgs. 149/2022. Al di là della riserva, comunque, il giudice di appello può sempre disporre, con ordinanza non impugnabile, che l'esecuzione delle sentenze che pronunciano condanna a favore del lavoratore sia sospesa quando dalla stessa possa derivare alla controparte "gravissimo danno" (art. 431, co. 3). Viceversa, per sospendere l'effetto di pronunce sfavorevoli al lavoratore è sufficiente la ricorrenza di "gravi motivi".

In merito al ricorso in Cassazione – ricorso possibile solo per motivi di legittimità e non anche per una revisione del merito, come avviene in appello – meritano sottolineatura due aspetti, strettamente connessi alla specialità dell'assetto delle fonti del diritto del lavoro. Aspetti che ricaviamo in prima battuta dall'art. 360 c.p.c., intitolato "Sentenze impugnabili e motivi di ricorso".

Va dunque evidenziato che in base all'art. 360, co. 1, n. 3, c.p.c.– sulla scorta di riforme del 2006 – la sentenza resa in appello o in unico grado può essere impugnata in Cassazione per violazione e falsa applicazione non solo di norme di diritto ma anche di norme "dei contratti e accordi collettivi nazionali di lavoro". Si attribuisce così alla Suprema corte una facoltà di sindacato diretto sull'interpretazione e l'applicazione degli accordi sindacali. Facoltà che si esprime ancor con maggior nettezza nell'impugnativa della sentenza resa ai sensi dell'art. 420-*bis* c.p.c. sopra già richiamato; essa è difatti impugnabile soltanto con ricorso immediato per cassazione. Copia del ricorso per cassazione deve essere depositata, a pena di inammissibilità, presso la cancelleria del giudice che ha emesso la sentenza impugnata entro venti giorni dalla notificazione del ricorso alle altre parti; il processo si sospende dalla data del deposito.

14. Le particolari garanzie dei crediti del prestatore di lavoro

Il nostro ordinamento attribuisce al lavoratore subordinato una serie di garanzie a tutela dei suoi diritti di credito, anzitutto in ragione della funzione della retribuzione (art. 36 Cost.).

Privilegio generale

Regole particolari si rinvengono, in primo luogo, in materia di privilegi. Com'è noto, il privilegio è una causa legittima di prelazione accordata dalla legge, che costituisce garanzia patrimoniale sui beni del debitore in relazione alla causa del credito. Il titolare di un privilegio, pertanto, potrà precedere gli altri creditori chirografari per essere soddisfatto del proprio credito.

I "privilegi generali" riguardano tutti i beni mobili del debitore. L'art. 2751-*bis* c.c. (inserito nel codice civile dalla l. 426/1975) prevede un privilegio generale per le retribuzioni dovute «sotto qualsiasi forma», per le indennità derivanti dalla cessazione del rapporto di lavoro, nonché per il credito per i danni conseguenti a omissione contributiva o per licenziamento illegittimo.

Garanzia del TFR e della retribuzione

In caso di insolvenza del datore di lavoro, poi, il lavoratore che ha cessato il rapporto di lavoro senza ricevere soddisfazione del TFR e dei crediti retributivi può richiederne il pagamento al Fondo di garanzia, istituito presso l'INPS. Il Fondo, in presenza dei presupposti previsti, provvede al pagamento ed è surrogato di diritto al lavoratore nel privilegio sul patrimonio del datore.

Per quanto concerne però le retribuzioni, a norma del d.lgs. 80/1992, il Fondo corrisponde, entro un massimale comunque predeterminato[28], esclusivamente i crediti inerenti agli ultimi tre mesi del rapporto di lavoro, rientranti nei dodici mesi che precedono: a) la data del provvedimento che determina l'apertura della procedura concorsuale a carico del datore di lavoro; b) la data di inizio

[28] Il trattamento non può essere superiore a una somma pari a tre volte la misura massima del trattamento straordinario di integrazione salariale mensile.

dell'esecuzione forzata; c) la data del provvedimento di messa in liquidazione o di cessazione dell'esercizio provvisorio.

La protezione verso i terzi

La protezione del credito retributivo viene estesa anche nei confronti dei terzi, ai quali vengono imposte, per legge, limitazioni alla possibilità di aggredire il patrimonio del lavoratore, in deroga alle norme generali stabilite dall'art. 2740 c.c. (v. art. 545, co. 3 e 4, c.p.c.). Le somme percepite dal lavoratore a titolo di stipendio e le altre indennità relative alla cessazione del rapporto di lavoro possono essere oggetto di pignoramento nella misura stabilita dal giudice nel caso si debba soddisfare un credito alimentare di terzi; mai comunque in misura superiore alla metà dello stipendio. Per crediti di natura diversa, non potrà essere superata la misura del quinto dello stipendio.

Seguono la medesima *ratio* di tutela costituzionale della retribuzione anche le ipotesi di sequestro conservativo (art. 671 c.p.c.) e di compensazione (art. 1246, n. 3, c.c.), la cui parzialità e limitata assoggettabilità presentano gli stessi limiti descritti per il pignoramento.

Notizie sugli Autori

Gli autori sono tutti professori ordinari di diritto del lavoro: Marco Esposito nell'Università di Napoli Parthenope, Lorenzo Gaeta nell'Università di Siena, Antonello Zoppoli e Lorenzo Zoppoli nell'Università di Napoli Federico II.

Finito di stampare nel mese di settembre 2023
nella Stampatre s.r.l. di Torino
Via Bologna, 220

Giappichelli
edu
Lo studio di prossima generazione
L'acquisto di questo manuale ti permette l'accesso alla piattaforma online Giappichelli EDU: casi studio, mappe concettuali, quiz di autovalutazione, podcast, glossario e slide per studiare in modo interattivo e digitale.
Inquadra il QR Code e continua lo studio di DIRITTO DEL LAVORO su giappichelliedu.it
edu
Lav